DIE IMMER NEUE ALTSTADT | FOREVER NEW: FRANKFURT'S OLD TOWN

DIE IMMER NEUE ALTSTADT

Bauen zwischen Dom und Römer
seit 1900

❦

FOREVER NEW: FRANKFURT'S OLD TOWN

Building between Dom and Römer
since 1900

Herausgegeben von | edited by
Philipp Sturm
Peter Cachola Schmal

unter Mitarbeit von | with the assistance of
Moritz Röger

INHALT | CONTENTS

Peter Feldmann
GRUSSWORT
9
GREETING
242

❧

Peter Cachola Schmal
DIE IMMER NEUE ALTSTADT
10
FOREVER NEW:
FRANKFURT'S OLD TOWN
243

❧

Philipp Sturm
**FIKTION ALTSTADT –
FÜNF GESCHICHTEN VOM NEUANFANG**
16
THE FICTIONAL OLD TOWN –
FIVE STORIES ABOUT A NEW BEGINNING
246

❧

Björn Wissenbach
**DIE BAULICHE ENTWICKLUNG FRANKFURTS BIS IN DAS
19. JAHRHUNDERT UND IHRE ROMANTISIERUNG IN DEN
AQUARELLEN CARL THEODOR REIFFENSTEINS**
26
THE ARCHITECTURAL DEVELOPMENT OF FRANKFURT UNTIL
THE NINETEENTH CENTURY AND ITS ROMANTICIZATION IN THE
AQUARELLES OF CARL THEODOR REIFFENSTEIN
250

❧

Melchior Fischli
**MIT DER ELEKTRISCHEN STRASSENBAHN IN DIE ALTSTADT –
EIN NEUES RATHAUS UND FASSADEN FÜR DIE BRAUBACHSTRASSE**
36
BY ELECTRIC STREETCAR IN THE OLD TOWN –
A NEW CITY HALL AND FAÇADES ON BRAUBACHSTRASSE
254

❧

Claudia Quiring
**DIE TOTALE GESUNDUNG –
VOM UMGANG MIT DER ALTSTADT IN FRANKFURT AM MAIN UND
DRESDEN IN DEN 1920ER UND 1930ER JAHREN**
50
TOTAL RECOVERY –
ON DEALING WITH THE OLD TOWNS IN FRANKFURT AM MAIN AND
DRESDEN IN THE NINETEEN-TWENTIES AND THIRTIES
260

❧

Wolfgang Voigt
**„RUF DER RUINEN" ODER REKONSTRUKTION –
ALTSTADT, PAULSKIRCHE UND GOETHEHAUS NACH DEN
LUFTANGRIFFEN DES ZWEITEN WELTKRIEGS**
64
"CALL OF THE RUINS" OR RECONSTRUCTION –
THE OLD TOWN, PAULSKIRCHE AND GOETHE HOUSE AFTER THE
BOMBINGS OF THE SECOND WORLD WAR
266

❧

Philipp Sturm
**DER WETTBEWERB ALTSTADTKERN, 1950
UND DER RÖMERBERG-WETTBEWERB, 1951**
74
THE COMPETITION OLD TOWN CENTER, 1950
AND THE RÖMERBERG COMPETITION, 1951
272

❧

Philipp Sturm
DER WETTBEWERB DOM-RÖMERBERG-BEREICH, 1962/63
82
THE COMPETITION DOM-RÖMERBERG AREA, 1962/63
274

❧

Maximilian Liesner
**ZWISCHEN RADIKALITÄT UND RÜCKSICHTNAHME –
DAS TECHNISCHE RATHAUS UND DAS HISTORISCHE MUSEUM**
92

BETWEEN RADICALISM AND CONSIDERATION –
THE TECHNISCHES RATHAUS AND THE HISTORISCHES MUSEUM
277

Philipp Sturm
**DER STÄDTEBAULICHE IDEENWETTBEWERB
TECHNISCHES RATHAUS, 2005**
134

THE URBAN DEVELOPMENT IDEAS COMPETITION
TECHNISCHES RATHAUS, 2005
296

Moritz Röger
**(RE-)KONSTRUKTION VON GESCHICHTE –
DIE DEBATTE UM DIE RÖMERBERG-OSTZEILE**
100

(RE-)CONSTRUCTION OF HISTORY –
THE DEBATE ABOUT THE RÖMERBERG-OSTZEILE
281

Moritz Röger
**DIE WETTBEWERBE
STADTHAUS AM MARKT, 2009 UND DOM-RÖMER-AREAL, 2011**
140

THE COMPETITIONS
STADTHAUS AM MARKT, 2009 AND THE DOM-RÖMER AREA, 2011
298

Oliver Elser
**DIE SCHIRN –
MORD AM DOM ODER BEFREIUNGSSCHLAG?**
108

THE SCHIRN –
MURDER AT THE DOM OR LIBERATION?
284

**DIE IMMER NEUE ALTSTADT –
PETER CACHOLA SCHMAL UND PHILIPP STURM IM GESPRÄCH
MIT PETRA ROTH**
146

FOREVER NEW: FRANKFURT'S OLD TOWN –
PETER CACHOLA SCHMAL AND PHILIPP STURM IN A DISCUSSION
WITH PETRA ROTH
300

Peter Cachola Schmal
**DIE POSTMODERNE SAALGASSE –
SIND DIE HÄUSER AUS DEM JAHR 1986 DIE BLAUPAUSE FÜR DIE
NEUE ALTSTADT?**
118

THE POSTMODERN SAALGASSE –
ARE THE BUILDINGS FROM 1986 THE BLUEPRINT FOR THE
NEW OLD TOWN?
287

Till Schneider & Joachim Wendt
**WIE BAUT MAN EINE ALTSTADT IM
21. JAHRHUNDERT?**
150

HOW DOES ONE BUILD AN OLD TOWN IN THE
TWENTY-FIRST CENTURY?
302

Claus-Jürgen Göpfert
DIE ALTSTADT – EIN POLITISCHES LEHRSTÜCK
124

THE OLD TOWN – A POLITICAL LESSON
289

Uwe Bresan
**JENSEITS PRAGMATISCHER BAUBLÖCKE –
DIE ARCHITEKTEN UND DIE NEUE ALTSTADT**
156

BEYOND PRAGMATIC BUILDING BLOCKS –
ARCHITECTS AND THE NEW OLD TOWN
305

Gerhard Vinken
GESCHICHTE WIRD GEMACHT – ES GEHT VORAN?
DIE NEUE FRANKFURTER ALTSTADT IST SO BANAL WIE FATAL
160

HISTORY IS MADE – THINGS ARE PROGRESSING?
THE NEW FRANKFURT OLD TOWN IS AS BANAL AS IT IS DISASTROUS
307

❧

Stephan Trüby
DIE EINSTECKTUCHISIERUNG VERROHTER BÜRGERLICHKEIT –
WIE RECHTE IN FRANKFURT UND ANDERSWO EINE ALTERNATIVE
DEUTSCHE GESCHICHTE ZU REKONSTRUIEREN VERSUCHEN
168

THE POCKET HANDKERCHIEFING OF BRUTALIZED BOURGEOIS
CULTURE – HOW THE RIGHT IN FRANKFURT AND ELSEWHERE IS
TRYING TO RECONSTRUCT AN ALTERNATIVE GERMAN HISTORY
312

❧

Martin Mosebach
WIE DIE GLUCKE ÜBER DEN KÜKEN –
EIN RAHMEN FÜR DEN FRANKFURTER DOMTURM
176

LIKE THE MOTHER HEN OVER ITS CHICKS –
A FRAME FOR THE FRANKFURT DOM TOWER
317

❧

Andreas Maier
ALTSTADT, THE GAME
180

OLD TOWN, THE GAME
319

❧

HÄUSER ZWISCHEN DOM UND RÖMER
184

HOUSES BETWEEN DOM AND RÖMER
322

❧

AUSGEWÄHLTE LITERATUR
342

SELECTED BIBLIOGRAPHY
342

❧

ABBILDUNGSNACHWEIS
346

IMAGE CREDITS
346

❧

AUTOREN
348

AUTHORS
350

❧

REGISTER
354

INDEX
354

❧

DANK
360

ACKNOWLEDGMENTS
360

❧

IMPRESSUM
362

IMPRINT
362

1.1 Blick aus der neuen Altstadt, Foto: 2018

GRUSSWORT

Peter Feldmann

Frankfurt kann auf eine lange Geschichte als Messe- und Handelsstadt zurückblicken und es ist gerade diese Geschichte, die unsere Stadt heute zu einem internationalen Dienstleistungs-, Finanz- und Messezentrum macht. So ist Frankfurt heute zu einem Zuhause für mehr als 730.000 Menschen aus 180 Nationen geworden. Zwischen den hohen Bankentürmen der Skyline schlägt der Takt schneller als in vielen anderen Städten, dies vor allem auch aufgrund der gut ausgebauten Infrastruktur mit dem Frankfurter Hauptbahnhof und dem Frankfurter Flughafen. Dieses hohe Tempo und der stete Wandel prägen das Leben, das die weltoffene Handelsmetropole Frankfurt schon immer auszeichnete. Aus diesem Grund sehnen sich viele Frankfurterinnen und Frankfurter – genauso wie die zahlreichen Touristen – nach Orten der Rückbesinnung und Reflexion. Solche Orte finden sich bereits am Mainufer, im Stadtwald und im Frankfurter Grüngürtel. In Zukunft wird auch die wieder zurückgewonnene Kleinteiligkeit der neuen Altstadt im Herzen der Stadt zu einem Ort werden, der Heimatgefühl für die einen und historische Bedeutung für die anderen ausstrahlt.

Zwischen Dom und Römer wird seit vielen Jahrhunderten Geschichte geschrieben. Im Jahr 794 erstmals urkundlich erwähnt, war Frankfurt seit dem Mittelalter Messestadt, zwischen 1372 und 1866 Freie Reichsstadt und bis 1806 auch Krönungsstadt der römisch-deutschen Kaiser. Der Krönungsweg führte vom Kaiserdom über den Markt zum Römerberg. Um ihn herum lagen zahlreiche Handels- und Messehöfe wie der Nürnberger Hof und der Rebstock-Hof. Die baulichen Zeugen dieser Geschichte sind im Zweiten Weltkrieg zum großen Teil zerstört worden. Nach dem Krieg erwuchs ein modernes und demokratisches Frankfurt aus diesen Trümmern. Einige der Gebäude aus den 1950er bis 1970er Jahren sind heute schon wieder abgerissen und damit selbst bereits Geschichte geworden. Auf dem Gelände des früheren Technischen Rathauses, das 2010 abgerissen wurde, sind nun 35 neue Häuser entstanden – Neubauten und schöpferische Nachbauten wie die Goldene Waage oder das Haus Esslinger. In direkter Nachbarschaft steht seit 2016 das Stadthaus am Markt und seit 2017 der Neubau des Historischen Museums.

Dabei ging dem Neubau der Altstadt eine breite Debatte um das Für und Wider von Rekonstruktionen voraus. Ist die Wiedererrichtung eine große Geschichtsfälschung oder dient sie der Identitätsfindung einer breiten Bevölkerungsschicht? Inwieweit geht es bei Rekonstruktionen um das Vergessen von und das Erinnern an vergangene Architektur? Diesen und anderen Fragen geht die außergewöhnliche Ausstellung *Die immer Neue Altstadt – Bauen zwischen Dom und Römer seit 1900* im Deutschen Architekturmuseum nach und leistet damit einen wertvollen Beitrag zur Reflexion der Stadt- und Architekturgeschichte. Aufgezeigt werden die städtebaulichen Entwicklungen des 20. und 21. Jahrhunderts in diesem kleinen Bereich. Unterschiedliche stadtplanerische Eingriffe, architektonisch anspruchsvolle Gebäude, aber auch ungebaute Entwürfe werden in den architekturhistorischen und soziokulturellen Kontext der jeweiligen Zeit gesetzt.

Dass die Altstadt wie kein anderes Areal der Stadt eine spannungsreiche und politisch hoch aufgeladene Geschichte im Hinblick auf Architektur und deren Instrumentalisierung für Identität und Tradition aufweist, wird im vorliegenden Ausstellungskatalog anschaulich beschrieben.

Peter Feldmann
Oberbürgermeister der Stadt Frankfurt am Main und Schirmherr der Ausstellung *Die immer Neue Altstadt – Bauen zwischen Dom und Römer seit 1900*

DIE IMMER NEUE ALTSTADT

Peter Cachola Schmal

2.1 Dom-Römer-Areal, Foto: 2018

2.2

Vor elf Jahren, im Herbst 2007, entschieden sich die Frankfurter Stadtverordneten für den Wiederaufbau der ehemaligen Altstadt auf einem etwa 7.000 Quadratmeter großen Areal zwischen Dom und Römerberg, damals noch bebaut mit dem Technischen Rathaus und unterkellert von einer Tiefgarage und einer U-Bahn-Station. Der Entscheidung vorausgegangen war ein heftiger Streit in der Bürgerschaft über Sinn und Unsinn eines solchen Projekts, dessen Ausführung die skeptische Architektenschaft schließlich nur noch vom Rande aus betrachtete, nachdem sie im Nachgang des umstrittenen Wettbewerbs zur Neubebauung des Areals von 2005 die Sympathien der breiten Bevölkerung verspielt hatte. Auch im Deutschen Architekturmuseum (DAM) wurde im Oktober 2005 hitzig debattiert, hierzu hatte der Städtebaubeirat unter seinem Vorsitzenden, dem Architekten DW Dreysse, eingeladen. Die Fronten waren klar: Ernst Ulrich Scheffler, Jury-Mitglied des Wettbewerbes, den KSP Jürgen Engel Architekten[1] gewonnen hatten, argumentierte gegen eine Rekonstruktion, denn „die Altstadt wurde damals zerstört, weil zu viele Leute die falsche Partei gewählt haben. Die Nachkriegsbebauung war eine Entscheidung demokratischer Gremien."[2] Bereits in Wahlkampfstimmung geraten, hielt eine Gruppe junger Männer um Wolff Holtz, dem Vorsitzenden der Frankfurter Jungen Union, dagegen und trat in einer Allianz mit älteren Damen für eine „Stadtheilung" ein.[3] Alle nachdenklichen Mahner, die Authentizität nicht für wiedergewinnbar und die die vielfältigen Brüche und Sprünge in der Frankfurter Baugeschichte nicht missen wollten, waren bis 2007 beiseite gefegt worden und die populistische Position einer Gruppe von Altstadt-Aktivisten um die Freien Wähler BFF (Bürgerbündnis für Frankfurt) hatte sich politisch durchgesetzt. Ein veritabler Kulturkampf, wie er sich bereits in der Nachkriegszeit anlässlich des Wiederaufbaus des Goethehauses und der Paulskirche ereignet hatte, war entschieden.

Mit der Einsetzung der durchführenden DomRömer GmbH 2009 durch die Oberbürgermeisterin Petra Roth und unter der tatkräftigen Leitung ihres Geschäftsführers Michael Guntersdorf konnte das Bauprojekt auf die Schiene gesetzt und bis 2018 durchgezogen werden. 2.1 Der Bau dauerte fünf Jahre länger und wurde weit teurer, als ursprünglich von der Politik behauptet worden war. Gleichzeitig kann man am problematischen Umgang mit den historischen Altbeständen in Alt-Sachsenhausen, in der Altstadt Höchst oder mit dem vergessenen Torbau des Großen Riederhofs 2.2 am Ratswegkreisel erkennen, wie es um den Stellenwert des historischen Denkmals bestellt ist, wenn dieses nicht in der Stadtmitte steht und symbolisch überhöht werden kann.

Wodurch wird eine solche substantielle Investition von Steuergeldern gerechtfertigt? Es entstanden lediglich 80 Wohnungen für die in die Innenstadt zurückdrängende Oberschicht. Das Thema mangelnder Wohnraum kann es also nicht sein. Die etwa 30 Läden werden wie in einem Center gemanagt, mit unterschiedlich hohen Mieten je nach Konzept. Um wirtschaftlichen Gewinn scheint es dabei auch nicht zu gehen. Geht es vielmehr um den Imagegewinn im Bereich Stadtmarketing und Städte-Wettbewerb und um

2.2 Spätgotischer Torbau des Großen Riederhofes, Frankfurt am Main, 1492, Foto: 2018

2.3

2.4

den boomenden Städtetourismus? Die Anzahl der parkenden Reisebusse am Sachsenhäuser Schaumainkai wächst seit Jahren, die gefühlte Zunahme von Touristen aus Asien ebenso. Im Jahr 2017 wurden knapp über 300.000 Übernachtungen von Gästen aus China gezählt, die zweitgrößte Gruppe nach den US-Amerikanern. Seit etwa 15 Jahren steigen die Besucherzahlen Frankfurts stetig, die 10-Millionen-Marke an Übernachtungen wird vermutlich 2019 durchbrochen werden.[4] Berlin (24 Mio.), München (13 Mio.) und Hamburg (12 Mio.) sind bereits in dieser europäischen Top-Liga vertreten, die von London (57 Mio.) und Paris (36 Mio.) angeführt wird.[5] Aus dieser Perspektive macht das Touristenziel die neue Altstadt sehr viel mehr Sinn.

Das gebaute Ergebnis steht seit Mai 2018 allen Bürgern zur Begutachtung offen und erfährt Zuspruch von allen Seiten und aus allen politischen Lagern. Die anfängliche ideologische Grundsätzlichkeit der Gegenargumente ist über die Jahre der Baustellenbeobachtung pragmatischer Neugier gewichen, auch bei Skeptikern wie dem Autor. Ungläubig werden frühere Stadtfahrten betrachtet, wie sie bei Google Street View 2018 noch angeboten werden (Aufnahmen Stand 2008). Dass das Technische Rathaus mit einer solchen Masse und Höhe so weit in den Stadtraum ragte, ist inzwischen komplett verdrängt. **2.3 / 2.4** Leider konnten die Google-Fahrzeuge damals nicht entlang der Schirn fahren, um die frühere städtebauliche Leerstelle an den ausgegrabenen Resten der karolingischen Ruinen zu zeigen, die jahrzehntelang den Stadtraum unverhältnismäßig weit öffnete. Heute ist die Schirn durch den Bau des Stadthauses als Südrand des Areals stadträumlich eingefasst, ihre Kolonnaden machen endlich Sinn. Dramatisch der langsam sich nähernde Domturm, seine Proportionen zum Umfeld, seine himmelhoch jubilierende gotische Vertikalarchitektur kommt wieder zur Entfaltung und erinnert stark an das Münster in der Altstadt von Straßburg. Der Dom wirkt höher und weniger gedrungen. Ein ähnlich erfreuliches Bild bieten die Gassen der neuen Altstadt in ihren Räumen und Proportionen. Sie sind überraschend vertikal und wirken extrem dicht. Nun bevölkern neben wenigen Bewohnern vor allem Stadttouristen die neuen Gassen. Für die alltäglichen Routen der Frankfurter werden sich andere Wegebeziehungen, Umwege und Abkürzungen ausbilden als durch die stark frequentierte neue Altstadt. Zum Beispiel über den Platz vor dem neuen Historischen Museum von Lederer Ragnarsdóttir Oei mit seinen steinernen Sitzbänken nach Renaissance-Vorbild, die in den Abendstunden gerne von jungen Frauen und Pärchen besucht werden – Beweis für ein Gefühl von Sicherheit. Und dann weiter durch die immer menschenleere Saalgasse mit ihren postmodernen Fassaden in Richtung Dom und Fahrgasse, wo die Höfe

2.3 Fahrt durch die Braubachstraße, Google Street View: 2008

2.4 Braubachstraße, Foto: 2018

2.5 **2.6**

zwischen den Zeilenbauten der 1950er Jahre eine suburbane Ruhe ausstrahlen.

Abgesehen von den erfreulichen Plätzen und Stadträumen – was soll man von der Architektur der neuen Altstadt halten? Das ist die Frage! Wie halten wir es mit dieser Rekonstruktion, besonders im direkten Gegensatz zu den vielen Investoren-Architekturen, die wir zulassen? Die liebevoll und handwerklich perfekten Fachwerk-Rekonstruktionen wie die Goldene Waage behaupten, dass sie selbstverständlich seit ewig existieren. Obwohl ich ihre Entstehung mit absurd dünnen Betonstützen im Inneren der sie ummantelnden Fachwerkbalken mit eigenen Augen gesehen und kopfschüttelnd fotografiert habe, kann ich sie inzwischen akzeptieren. Es ist verblüffend, wie schnell auf der einen Seite ehemalige Bauten in der Erinnerung ausgelöscht sind, aber auch wie schnell auf der anderen Seite neue Zustände als gegeben angesehen werden. Die Rekonstruktionen werden schnell akzeptiert, sie wirken echt, leicht überrenoviert und erinnern an ähnliche Bauwerke an anderen Orten. Erstaunlich ist, dass es so wenige gekonnte Neuschöpfungen gibt. Das mag auch mit dem Verfahren des streng geregelten Wettbewerbs und der nachfolgenden Betreuung durch den Gestaltungsbeirat zu tun haben.

Mit manchen der deutlich historisierenden Neuzugänge, besonders entlang der Braubachstraße, tue ich mich schwer. Sie wirken plumper und angestrengter als die Rekonstruktionen und sind in ihren formalen Entscheidungen nicht einfach nachvollziehbar. Im Inneren gibt es Ausnahmen, da sind zum Beispiel die beiden komplett mit Schiefer bedeckten Häuser zu nennen, Markt 14 von Johannes Götz und Guido Lohmann aus Köln sowie, zwei Häuser weiter, Markt 10 von Ulrich von Ey Architektur aus Berlin. **2.6** In beiden Fällen sind es die Materialität und Struktur der Oberfläche, die einerseits als historische Referenz und andererseits als zeitgenössische Haltung beeindrucken. Am überzeugendsten ist jedoch der radikale Bau Markt 30 von Meinrad Morger und Fortunat Dettli aus Basel. **2.5** Hier haben die Architekten den historischen Umriss des vorher an dieser Stelle existierenden, geschossweise auskragenden Fachwerkbaus nachgeformt und mit einem einfarbigen dunklen Putz überzogen, ohne erkennbare Details. Der Entwurf ist so stark, dass auch die Einfügung eines historischen Portals verkraftet wird.

Gestärkt durch den Erfolg und die Vollendung der neuen Altstadt entwickeln Gruppen von Aktivisten neuen Mut für weitere Forderungen nach Rekonstruktionen. Ideen werden von Einzelnen sowie von Initiativen hervorgebracht, im Umfeld des Doms etwa wird auf die ehemaligen kleinen Garküchenhäuser am Weckmarkt verwiesen und südlich des Rathauses auf eine mögliche Rückkehr zum historischen Stadtgrundriss entlang der Alten Mainzer Gasse. Auch die Nachkriegsumformung der Paulskirche von 1948 wird wieder kontrovers diskutiert, denn ihre Sanierung

2.5 Morger und Dettli, Altes Kaufhaus, Markt 30, Foto: 2018

2.6 Götz und Lohmann, Neues Paradies, Markt 14 (links) und Ulrich von Ey, Haus Schönau, Markt 10 (Mitte), Foto: 2018

steht an. Ihre Gegner bemängeln, dass die demonstrative Bescheidenheit des Umbaus von Rudolf Schwarz nicht mehr zeitgemäß sei und sich in der niedrigen Wandelhalle kein Glamour aufbaue. Stattdessen solle doch der Originalzustand von 1848 mit einem oberen Rang wiederhergestellt werden. Etwas weiter ist die Initiative für die Rekonstruktion der beiden Rathaustürme „Langer Franz" und „Kleiner Cohn" gediehen, die vom Brückenbauverein unter Christoph Mäckler ausgeht. Es geht um die Notdächer, die nach dem Krieg auf die beiden Türme aufgesetzt wurden. Ein gemeinsamer Koalitionsantrag für die Rekonstruktion ist vor einem Jahr eingebracht worden. Am brisantesten ist der Wiederaufbau des historischen Schauspielhauses von 1902 zu bewerten, dessen Zuschauerraum noch immer die materielle Grundlage für denjenigen der heutigen Oper bildet. Auch einige historische Außenwandfragmente sind erhalten geblieben. Der Verein Pro Altstadt und das AltstadtForum hoffen, dass in der weiteren Diskussion um die Entscheidung zur Sanierung beziehungsweise zum Neubau der Städtischen Bühnen der Moment kommt, an dem die beiden Sparten Schauspiel und Oper wieder räumlich getrennt werden, denn dann könnte die Frage nach der Rekonstruktion von Vergangenem anstatt eines Opern-Neubaus auf einmal Relevanz entwickeln. **2.7**

Die Ausstellung *Die immer Neue Altstadt – Bauen zwischen Dom und Römer seit 1900*

Eine der bisher erfolgreichsten Ausstellungen im DAM war *Himmelstürmend – Hochhausstadt Frankfurt*, die von November 2014 bis April 2015 etwa 43.000 Besucher begeisterte. Sie wurde kuratiert von Philipp Sturm, einem Politologen, der die stadträumliche und architektonische Geschichte Frankfurts erforscht. Sturm schlug vor, analog zur Geschichte der Hochhausentwicklung die bewegte Geschichte der Transformationen der Altstadt aufzuarbeiten, um dann pünktlich zur Eröffnung der neuen Altstadt im Herbst 2018 daran zu erinnern, wie seit über 100 Jahren genau dieses Areal schon mehrfach massiv umgeformt worden ist.

Für diesen Katalog steuerten Architekten sowie Kunst- und Architekturhistoriker umfangreiche Essays zu den Bau- und Planungstätigkeiten der verschiedenen Dekaden bei. Über das Neubauprojekt auf dem Dom-Römer-Areal und dessen Geschichte seit etwa der Jahrtausendwende verfasste Claus-Jürgen Göpfert, Leiter der Stadtredaktion der *Frankfurter Rundschau*, ein politisches Lehrstück. Außerdem führte Sturm gemeinsam mit mir ein Gespräch mit der ehemaligen Oberbürgermeisterin Petra Roth, die maßgeblich

2.7

2.8

2.7 Demonstration von Pro Altstadt und dem AltstadtForum für den Wiederaufbau des alten Schauspielhauses, Frankfurt am Main, Foto: 2017
2.8 Modellbau mit 3D-Fräse, Frankfurt University of Applied Sciences, Foto: 2018

mit dem Entstehen der neuen Altstadt verbunden ist. Die Bebauung des historischen Stadtkerns ist von jeher voller Widersprüche und ideologisch höchst aufgeladen, dies kontextualisieren Stephan Trüby und Gerhard Vinken in ihren Beiträgen kritisch. Trüby hat jüngst einen weiteren Kulturkampf entfacht, indem er den Aktivisten der Altstadt-Rekonstruktion in einem Beitrag für die *Frankfurter Allgemeine Sonntagszeitung* vorhält, dass sie anfangs von geschichtsrevisionistischen Protagonisten verführt wurden. Die Schriftsteller Martin Mosebach und Andreas Maier runden den Essay-Teil der Publikation literarisch ab. Dank gilt neben den zahlreichen Autoren auch den Gestaltern von Feigenbaumpunkt und dem Jovis Verlag, die dieses Buch gemeinsam in eine gute Form gebracht haben.

Für die zweijährige gründliche Erforschung der Archivalien, Unterlagen und Quellen ist Philipp Sturm und Moritz Röger zu danken. Aus ihren Forschungen und dem zusammengetragenen Material sind das vorliegende Buch sowie die Ausstellung *Die immer Neue Altstadt – Bauen zwischen Dom und Römer seit 1900* entstanden. Großen Dank möchte ich auch allen Leihgebern für das Zurverfügungstellen von Zeichnungen, Plänen, Fotografien und Modellen aussprechen. Studierende der Frankfurt University of Applied Sciences haben sich unter Leitung von Maren Harnack in zwei Semestern ausführlich mit der Frankfurter Altstadt befasst. Aus dieser Beschäftigung sind städtebauliche Modelle **2.8** entstanden, die einen Teil der Ausstellung ausmachen, auch hierfür sei gedankt. Konzipiert und gestaltet wurde die Schau von den Frankfurter Büros Feigenbaumpunkt und Unique Assemblage.

Eine weitere Kooperation findet im Rahmenprogramm der Ausstellung mit dem Filmkollektiv Frankfurt statt. Dieses hatte selten gezeigte Altstadtfilme aus den Jahren 1933 bis 1985 erforscht, die nun im Kino des Filmmuseums präsentiert werden.[6]

Das alles wäre ohne finanzielle Unterstützung nicht möglich gewesen. Wir danken hierfür dem Dezernat für Planen und Wohnen und seinem Dezernenten Mike Josef sowie der DomRömer GmbH und ihrem Geschäftsführer Michael Guntersdorf. Weiterer Dank gilt dem Kulturdezernat und seiner Dezernentin Ina Hartwig, der Stiftung Polytechnische Gesellschaft und ihrem Vorsitzenden Roland Kaehlbrandt sowie der Gesellschaft der Freunde des DAM und ihrer Vorsitzenden Marietta Andreas.

[1] Das Büro firmierte 2005 noch unter dem Namen KSP Engel und Zimmermann.
[2] Hamm, Jorg, „Hitzige Diskussion um Altstadtbebauung", *Wiesbadener Kurier*, 20.10.2005.
[3] Kcd., „‚Mut zum Abschied' oder ‚Stadtheilung'", *Frankfurter Allgemeine Zeitung*, 20.10.2005.
[4] https://www.frankfurt-tourismus.de/Presse/Pressemeldungen/Gaeste-und-Uebernachtungszahlen-Frankfurt-am-Main-2017 (30.5.2018)
[5] https://www.rolandberger.com/de/press/Europäischer-Städtetourismus-über-10-Millionen-Übernachtungen-pro-Jahr---Berlin.html (30.5.2018)
[6] Unterholzner, Bernhard, „Die Frankfurter Altstadt im Film – Konstruktion, Rekonstruktion, Simulation", in: Fischl, Felix und Filmkollektiv Frankfurt e.V. (Hg.), *Wandelbares Frankfurt. Dokumentarische und experimentelle Filme zur Architektur und Stadtentwicklung in Frankfurt am Main*, Frankfurt am Main 2018.

FIKTION ALTSTADT –
FÜNF GESCHICHTEN VOM NEUANFANG

Philipp Sturm

3.1

3.1 Blick auf den Dom aus der Fahrgasse, Foto: 1950

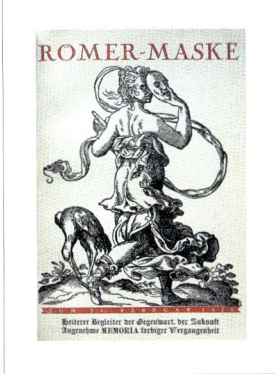

Eine neue Altstadt war schon immer ein Ding der Unmöglichkeit. Um sie errichten zu können, muss man den eigenen Mythen Glauben schenken. Die Frankfurter Altstadt wurde nicht nur wieder und wieder gebaut, sondern auch immer neu erzählt. Die Beiträge dieses Buches berichten von den Konjunkturen jenes Phantasmas und seinem Niederschlag in der Wirklichkeit. Schlaglichtartig sollen hier fünf Momentaufnahmen in die Debatten um die Altstadt einführen.

Der Bund der tätigen Altstadtfreunde und die bunte Altstadt

Im Juni 1922 prophezeite der Kunsthistoriker Fried Lübbecke „der vom modernen Leben umbrandeten und verödeten Frankfurter Altstadt schlimme Tage", um sogleich appellierend zu fragen, „[s]oll man also die Hände in den Schoß legen und mit zusehen, wie hier das Schicksal eines von Jahrhunderten geschaffenen Kunstwerkes sich unaufhaltsam vollende, das größer und wichtiger für Frankfurt und Deutschland als der herrlichste Raffael ist?"[1] Am 12. April desselben Jahres hatte Lübbecke den Bund tätiger Altstadtfreunde gegründet, dessen Zweck es sein sollte, die Altstadt auf sozialem, hygienischem und künstlerischem Gebiet zu fördern.
Um das Äußere der verödeten Altstadt aufzufrischen, nahm er mit Bruno Taut Kontakt auf, der kurz zuvor in Magdeburg zahlreiche Häuser hatte farbig anstreichen lassen. **3.2** Bis 1926 wurden dann auch an Frankfurts Altstadthäusern über 300 Anstriche ausgeführt. Die Stadtverwaltung zeigte sich verhalten. Die Ergebnisse seien von minderer Qualität, urteilte Magistratsbaurat Theodor Derlam, und daher folgte man bei der Farbgestaltung der Häuser in städtischem Besitz auch „nicht der Tautschen These, durch möglichst grelle Farbe den Unwert einer häßlichen Fassade zu übertönen; sie gleichen somit auch nicht den allzu bunten Tüchern, in die sich oft gerade häßliche Frauen hüllen …"[2]

Dessen ungeachtet feierte Lübbeckes Altstadt-Bund am 21. Februar 1925 im Frankfurter Römer einen großen „Maskenball der Farbe", zu dem die von Bildhauer Benno Elkan herausgegebene satirische Festschrift *Römer-Maske* verteilt wurde. **3.3** In ihr schreibt der Journalist und Soziologe Siegfried Kracauer, zwischen Beiträgen zu Groß-Frankfurt von Lübbecke oder zur Untertunnelung des Mains von Ingenieur Erich Lasswitz, über die „Nichtexistenz der Altstadt". Mit großer sprachlicher Raffinesse nimmt er dabei die Tätigkeit Lübbeckes und seines Bundes ironisch aufs Korn:

„[Die Altstadt hat] eine Metamorphose erlitten, die sie zu einer neuen Wesenheit macht, und daß diese Wesenheit immer noch Altstadt heißt, kann nur damit entschuldigt werden, daß der Auflösungsprozeß unbemerkt vor sich gegangen ist. […] auf den Fassaden jagt eine neue Farbe die andere, die Bordells haben das Zeitliche gesegnet, sozusagen zum Segen der Zeit, das Ghetto ist abgewandert, die Braubachstraße bricht für einen Verkehr durch, der nicht ausgebrochen ist – kurzum: es existiert am Orte der früheren Altstadt ein Gebilde, von dem sich mit Bestimmtheit nur sagen läßt, daß es in keiner Hinsicht dem terminologisch festgelegten Begriff ‚Altstadt' entspreche.
Wenn aber die Altstadt nicht existiert, so kann sie nur eine Ideologie des Bundes tätiger Altstadtfreunde sein. Das geht schon rein empirisch aus der Tatsache hervor, daß erst seit Bestehen des Bundes – und zwar infolge seiner Bemühungen – der Name ‚Altstadt', der allgemach im Verklingen war, wiederum eine fixierte Bedeutung gewonnen hat. […] Ergo: die nichtexistierende Altstadt ist die Ideologie eines tätigen Bundes."[3]

Reichsweit, reichswichtig – Dichterkult am Hühnermarkt und die Römerbergfestspiele

Die Initiative Lübbeckes und die fortschreitenden Sanierungen in der zweiten Hälfte der 1920er Jahre unter Stadtbaurat Ernst May und dem für die historische Bausubstanz

3.2 Gruß vom bunten Magdeburg, Postkarte, um 1925
3.3 *Römer-Maske*, erschienen zum „Maskenball der Farbe" am 21. Februar 1925

3.4

zuständigen Magistratsbaurat Derlam hatten zur Folge, dass die Altstadt mehr und mehr ins Bewusstsein von Bürgern und Besuchern der Stadt rückte.

Der Fremdenverkehr in die Altstadt wurde ab 1932 durch das reichsweit gefeierte Goethejahr und die von da an jährlich stattfindenden Römerbergfestspiele zusätzlich angekurbelt. Die zentralen Feierlichkeiten begannen am 22. März, an Goethes hundertstem Todestag, und endeten an seinem Geburtstag, dem 28. August.[4] In den *Frankfurter Nachrichten* schrieb man, „[m]onatelang haben wir Goethe gefeiert, nach jeder Richtung und in jeder Beziehung: es war eine kaum noch zu ertragende Reihe von festlichen Tagen."[5] Neben einem Goethezyklus im Schauspielhaus und der Eröffnung des neuen Museumstraktes am Goethehaus mit einer Festrede von Thomas Mann forcierte die Stadt auch am Hühnermarkt den Erinnerungskult. Die „Goethestätte" Haus Esslinger, in der die Tante des Dichters seinerzeit lebte, erhielt eine Gedenktafel für Johanna Melber. Fortan sprachen die meisten nur noch vom „Haus der Tante Melber". 32.3 Friedrich Stoltze, der andere Frankfurter Dichter, wurde im ubiquitären Gedenken nicht übergangen. Neben dem Stoltze-Brunnen (1892) erinnerte seit Mitte der 1930er Jahre auch die Fassade eines Neubaus an den im benachbarten Rebstock-Hof geborenen Mundartdichter: Ein roter Sgraffito mit Darstellungen aus Stoltzes Gedichten rundete den Dichterkult am Hühnermarkt ab.[6] 34.1

Für die Bevölkerung bedeutender waren die 1932 von Kulturdezernent Max Michel[7] (SPD) und Schauspielintendant Alwin Kronacher ins Leben gerufenen Römerberg-Festspiele. Im ersten Jahr bot das achtwöchige Theaterfestival seinen Besuchern unter freiem Himmel Werke von klassischen Autoren wie Goethe, Schiller und Shakespeare. Ab 1933 übernahm Hans Meissner, ein Freund des neuen Oberbürgermeisters Friedrich Krebs (NSDAP), die Intendanz des Schauspiels sowie der Festspiele. Auch die international renommierten Römerberg-Festspiele wurden damit Teil der nationalsozialistischen Kulturpolitik und sollten der Wiedererweckung „echt völkischen Gefühls" dienen, so Krebs.[8] Erfolglos versuchte er bei Reichspropagandaminister Joseph Goebbels, der auch für die Theater zuständig war, die Auszeichnung „Reichsfestspiele" zu erhalten – doch musste man sich in Frankfurt mit dem Prädikat „reichswichtig" begnügen.[9] 3.4 Mit Kriegsbeginn wurde die Durchführung der Römerberg-Festspiele ausgesetzt, fünf Jahre später zerstörten Bomben den mittelalterlichen Schauplatz.

Phoenix aus der Asche

„[D]ie Ruinen stehen nicht, sondern versinken in ihrem eigenen Schutt, und oft erinnert es mich an die heimatlichen Berge, schmale Ziegenwege führen über die Hügel von Geröll, und was noch steht, sind die bizarren Türme eines verwitterten Grates; einmal eine Abortröhre, die in den blauen Himmel ragt, drei Anschlüsse zeigen, wo die Stockwerke waren. So stapft man umher, die Hände in den Hosentaschen, weiß eigentlich nicht, wohin man schauen soll. Es ist alles, wie man es von Bildern kennt; aber es ist, und manchmal ist man erstaunt, daß es ein weiteres Erwachen nicht gibt; es bleibt dabei: das Gras, das in den Häusern wächst, der Löwenzahn in den Kirchen, und plötzlich kann man sich vorstellen, wie es weiter wächst, wie sich ein Urwald über unsere Städte zieht, langsam, unaufhaltsam, ein menschenloses Gedeihen, ein Schweigen aus Disteln und Moos, eine geschichtslose Erde, dazu das Zwitschern der Vögel, Frühling, Sommer und Herbst, Atem der Jahre, die niemand mehr zählt –"[10]

Im Mai 1946, ein Jahr nach Kriegsende, läuft der fünfunddreißigjährige Architekt und Schriftsteller Max Frisch durch die noch verbliebenen Mauern der Frankfurter Altstadt. 3.1 Er versucht sich zu orientieren – in den Trümmern und in seinen Gedanken: Wie kann mit dem stofflichen Verlust von Stadt und Architektur umgegangen werden? Welchen Sinn hat das Aufstellen historischer Attrappen? In Frankfurt ordnete sich zu jener Zeit die Stadtverwaltung

3.4 *Römerberg-Festspiele in der Goethestadt Frankfurt am Main*, 1934, Plakat

3.5 Hermann und Robert Treuner, Modell der Frankfurter Altstadt im Vorkriegszustand, 1925–1958

3.6

neu: Walter Kolb (SPD) wurde zum Oberbürgermeister gewählt, Eugen Blanck wurde Stadtrat für Planung und Bauen und setzte Werner Hebebrand als neuen Stadtplanungsamtsleiter ein. Die Modernen des Neuen Frankfurts, die zu Beginn der 1930er Jahre jäh hatten abdanken müssen, positionierten sich an den planerischen Schaltstellen. Die großen städtebaulichen Debatten dieser frühen Nachkriegsjahre wurden um den Wiederaufbau des Goethehauses und der Paulskirche geführt.[11]

Das Historische Museum unter seinem damaligen Leiter Albert Rapp positionierte sich eindeutig für einen Wiederaufbau der Altstadt. Um diesen Standpunkt visuell plausibel zu machen, ließ Rapp das in den 1920er Jahren begonnene und immer wieder erweiterte Altstadtmodell der Gebrüder Treuner bis 1958 fortlaufend ergänzen – wohlgemerkt gemäß dem Zustand vor der Bombardierung. **3.5** Während des Architektenwettbewerbes um den Aufbau des Altstadtkernes präsentierte das Historische Museum 1950 im Römer die Ausstellung *Unsere Stadt*: Dort erinnerte das Modell als zentrales Exponat an die untergegangene Altstadt. Aber auch die Verfechter der modernen Neuplanungen stützten ihr Anliegen mit einem Modell der Treuners. Das Modell, das den Nachkriegszustand der Altstadt zeigen sollte, stellte die Zerstörung in einem weit größeren Ausmaß dar, als Fotografien sie belegen können. Mit diesem „inszenierten" Modell versuchten die modernen Stadtplaner, die Sehnsucht nach Rekonstruktion zu erlöschen und den Willen zum Neuanfang zu stärken.[12] **3.6** Neben Goethehaus und Paulskirche wurde mit dem Römer,

dem Frankfurter Rathaus, nach grundlegenden Sicherungsarbeiten ab 1950 ein weiterer Leitbau wieder errichtet. Hierfür ging aus einem engeren Wettbewerb die Architektengemeinschaft von Otto Apel, Rudolf Letocha, William Rohrer und Martin Herdt siegreich hervor.[13] Die zum Römerberg gerichteten Häuser Alt-Limpurg, Zum Römer und Löwenstein wurden äußerlich unverändert wiederaufgebaut. Das Haus Frauenstein und das Salzhaus, die beide nördlich daran angrenzen, wurden dagegen als moderne Giebelbauten aus Eisenbeton mit Kalksteinverkleidung und Glasmosaiken konstruiert. **3.7** Insbesondere um das Salzhaus entbrannte ein Streit. Ein Antrag der konservativen Minderheit in der Stadtverordnetenversammlung, das Haus in alter Form wiederaufzubauen, wurde von der sozialdemokratischen Mehrheit abgelehnt. Die Architekten kamen jedoch den Rekonstruktionsfreunden entgegen und integrierten in die Brüstungen der linken Giebelfenster sechs noch erhaltene, kunstvoll geschnitzte Holztafeln aus dem Jahr 1595 mit Darstellungen der vier Jahreszeiten. An der Nordseite des Hauses symbolisiert dagegen das Mosaik *Phoenix aus der Asche*, 1956 vom Grafiker Wilhelm Geißler entworfen, die Auferstehung der Stadt aus ihren Ruinen.[14] **3.8**

Aus den Trümmern der Altstadt wuchsen so in den 1950er Jahren einige wichtige, historische Leitbauten. Südlich des Domes entstanden hingegen moderne Wohnzeilen mit ruhigen, begrünten Innenhöfen, die „Altstadtvater" Fried Lübbecke despektierlich „bolschewistische Wohnmaschinen"[15] nannte.

3.6 Hermann und Robert Treuner, Modell der zerstörten Frankfurter Altstadt, 1946/47

 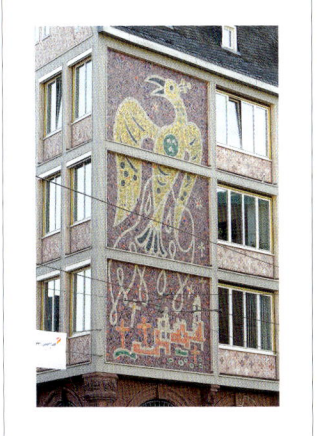

3.7   3.8

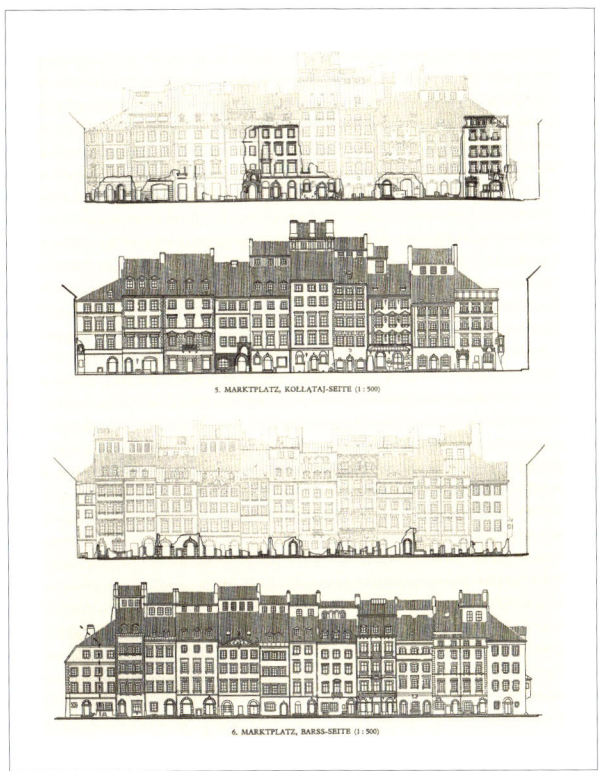

3.9

3.7 Otto Apel, Rudolf Letocha, William Rohrer und Martin Herdt, Wiederaufbau Römer mit den Neubauten Haus Frauenstein und Salzhaus, 1952–1953, Foto: 1953

3.8 Wilhelm Geißler, Mosaik *Phoenix aus der Asche* an der Fassade des Salzhauses, 1956, Foto: 2007

3.9 Rekonstruktionen am Marktplatz, Warschau, Fassadenansichten von 1939 und 1953

Dabei entschieden die „Bolschewisten" andernorts gerade so, wie es Lübbecke sich für Frankfurt gewünscht hätte. Max Frisch, der 1948 Polen besucht, formuliert in Warschau erneut die Frage nach der Sinnhaftigkeit von Wiederaufbau: „Man begreift, daß die Polen sich gefragt haben, ob sie Warschau noch einmal beziehen sollten; sie haben es getan – nicht zuletzt gerade darum, weil mit Bewußtsein versucht worden ist, Warschau für immer auszutilgen. […] Warschau hat fast alles von seinem historischen Gesicht verloren, was mehr als nur ein stofflicher Verlust ist; andererseits fragt es sich, wieweit es einen Sinn hat, historische Attrappen aufzustellen."[16]

Tatsächlich gilt die Warschauer Altstadt als größte Rekonstruktion eines historischen Altstadtensembles. Der Wiederaufbau sollte eine Antwort auf die systematischen Vernichtungsaktionen der deutschen Besatzer sein, und hatte so einen immensen, symbolischen Stellenwert für die polnische Gesellschaft. Vor dem Hintergrund der nationalsozialistischen Zerstörungspolitik, die ab 1939 die komplette Auslöschung Polens als Kulturnation zum Ziel hatte, ist die Rekonstruktion des Altstadtensembles (1949–1953) mit dem Marktplatz als zentralem Ort auch als Wiederauferstehung der polnischen Nation zu verstehen. **3.9** Gleichzeitig konnte die von Moskau eingesetzte kommunistische Staatsführung in den ersten Nachkriegsjahren so die Sympathien der Bevölkerung für sich gewinnen.[17]

Im Land der Täter hätte eine solche Entscheidung dagegen eine verheerende Signalwirkung entfaltet. Im Kernbereich der zerstörten Altstadt von Frankfurt sollte daher etwas komplett Neues entstehen. Hierfür wurde 1963 ein internationaler Architekturwettbewerb mit einem ambitionierten Bauprogramm für kulturelle Nutzungen ausgerichtet. Das Ziel der Stadtväter war, neue Räume zur Willens- und Meinungsbildung der noch jungen Demokratie zu schaffen.[18]

Der Römerberg-Spargel

In der Hauptstadt der DDR plante man nach der Sprengung des im Krieg zerstörten Stadtschlosses (1950) eine neue städtebauliche Dominante für die historische Mitte Berlins. Nachdem ein zentrales Regierungshochhaus aus wirtschaftlichen Gründen verworfen worden war, beschloss das Zentralkomitee der SED 1964, einen Fernsehturm auf der zentralen Ost-West-Achse zu errichten. Im Oktober 1969 wurde der 368 Meter hohe Turm von Walter und Lotte Ulbricht eingeweiht, gleichzeitig war dies der Beginn des Farbfernsehens in der DDR.[19]

Drei Monate später meldete die *Frankfurter Allgemeine Zeitung*, dass auch in Frankfurt die Stadtväter zusammen mit der Verwaltung der Bundespost planen, einen Fernsehturm im historischen Zentrum der Stadt zu errichten. Bis zu diesem Zeitpunkt, so die Berichterstattung der Zeitung, sei man davon ausgegangen, dass der Turm in der Nähe der im Bau befindlichen Bundesbank entstehen sollte. Doch nun schien Baudezernent Hans Kampffmeyer (SPD) dem Vorschlag der Bundespost folgen zu wollen, den circa 300 Meter hohen Turm auf der Brache zwischen Dom und

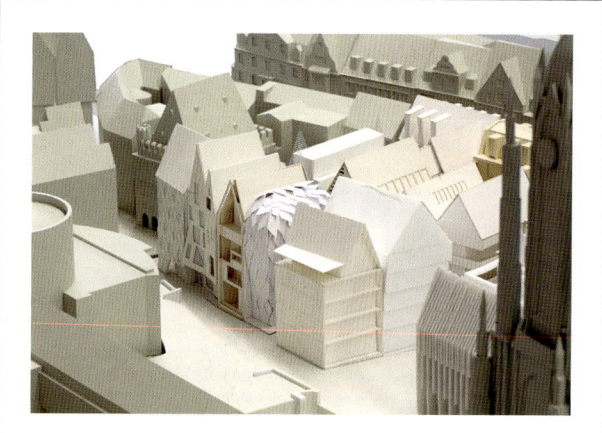

3.10

3.11

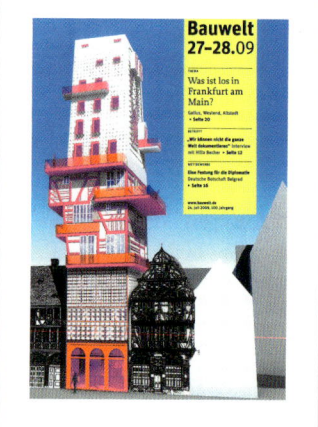

3.12

3.10 BDA-Workshop Altstadt Frankfurt, Testentwürfe von Till Schneider und Michael Schumacher, Felix Jourdan, Marie-Theres Deutsch, Petra Wörner und Stefan Traxler, Norbert Berghof, Kerstin Schultz, Karl Richter, Christian Nasedy (v.l.n.r.), Modelle, 2006

3.11 Franken Architekten, Voronoi-Haus, Visualisierung, 2009

3.12 Dieter Brell, „Jetztzeithaus", *Bauwelt*, 2009

3.13

Römer zu errichten. Die Post versichere der Stadt, dass bei der Gestaltung des in dunklem Sandstein verkleideten Turms die historische Umgebung berücksichtigt und im Sockelbereich genügend Platz für öffentliche Einrichtungen und Behörden vorgesehen werde. Die Architektengemeinschaft Bartsch, Thürwächter und Weber, die 1963 den Wettbewerb zum Dom-Römerberg-Bereich gewonnen hatte, solle nun den Fernsehturm samt seiner Umgebung gestalten „unter besonderer Berücksichtigung der Wiedererlebbarmachung des Krönungsweges." Gegen die Planungen formiere sich bereits eine Aktionsgemeinschaft und auch CDU sowie FDP äußerten strikte Ablehnung, hieß es.[20]
Der Artikel stellte sich als Silvesterscherz heraus, zeigt aber, wie stark das Gebiet zwischen Dom und Römer ideologisch besetzt war und wie kontrovers dort um jede bauliche Veränderung gestritten wurde. Fünf Jahre später eröffnete hier das neue Technische Rathaus[21], und zehn Jahre später wurde abermals über die Neugestaltung debattiert – Rekonstruktion und Postmoderne waren diesmal die Schlagworte.[22]

**Statements, selbstgenügsam –
(verwirkte) Zeitgenossenschaft am Krönungsweg**

Noch bevor Jürgen Engel 2005 den städtebaulichen Ideenwettbewerb Technisches Rathaus mit einem modernen Entwurf für sich entscheiden konnte, intervenierten die Altstadtfreunde in das laufende Verfahren.[23] Die Rekonstruktionsbefürworter erreichten in den folgenden zwei Jahren nicht nur den Wiederaufbau eines beträchtlichen Teiles der Altstadt und trieben dafür die Stadtregierung vor sich her; mit ihrer pauschalen Kritik an moderner Architektur manövrierten sie auch einen beträchtlichen Teil der zeitgenössischen Architektenschaft in die Defensive. Augenscheinlich wurde dies im Agieren des von Manuel Cuadra geführten Bundes der Architekten Frankfurt (BDA). Dieser veranstaltete im Mai 2006 einen dreitägigen Workshop, in dem 32 Architekten für 20 Parzellen des zu bebauenden Areals Testentwürfe erarbeiten sollten. Die Modelle, die dabei entstanden und anschließend im Historischen Museum ausgestellt wurden, waren so verschieden wie ihre Architekten: Es gab eine konservative Braubachstraßenfassade von Michael Landes, bewährtes Glas-Stahl-Fachwerk in Rautenform von Schneider und Schumacher und eine geschuppte Fassade aus beweglichen Schindeln von Norbert Berghof. 3.10 Vielleicht fassten einige Architekten die Aufgabe zu experimentell auf und entwickelten zu elitäre und futuristische Entwürfe. Der öffentlichen Diskussion über die geplante Bebauung half der Workshop, der sich auf einer rein ästhetischen Ebene bewegte, jedenfalls nicht weiter. Vielmehr fühlten sich die Befürworter einer Rekonstruktion des Alten in ihrer Ablehnung der modernen Architektur bestätigt.
Einen ähnlichen Versuch, zeitgenössische Architektur für die Altstadt zu entwerfen, startete Bernhard Franken im Juni 2009. Ebenfalls vom BDA initiiert, kuratierte er die kleine Kabinettausstellung *5x5 Jetztzeithäuser* im Historischen Museum und präsentierte fünf teils sehr futuristische Gebäude. Für seinen eigenen Entwurf, das sogenannte Voronoi-Haus, entwickelte Franken eine zellulare Fachwerkstruktur, und stellte zugleich klar, dass es sich nicht um einen Bauvorschlag, sondern lediglich um ein Statement handele. 3.11 Auch das provokante, pinke

3.13 Bettina Pousttchi, Installation *Framework* an der Schirn-Fassade, Foto: 2012

3.14

Fachwerkhochhaus von Dieter Brell (3deluxe) **3.12** und der gläserne Kasten von Nicole Kerstin Berganski und Andreas Krawczyk (nkbak) wollten nur als Kommentare verstanden werden. Einzig Schneider und Schumacher sowie Gruber und Kleine-Kraneburg stellten sich der Bauaufgabe und entwarfen für die Parzelle Markt 40 ein Gebäude aus stählernem Tragwerk mit einer Fassade aus rautenförmigen Fenstern und ein Haus mit perforierter Außenhaut aus rotem Mainsandstein. Die am Eröffnungsabend stattfindende Diskussion ließ erneut die Unversöhnlichkeit von Altstadtfreunden und zeitgenössischen Architekten zutage treten. „Lassen Sie bitte die Altstadt in Ruhe!", schallte es dem Architekten Michael Schumacher aus dem Publikum entgegen.[24]

Die Auseinandersetzung um den Bau der neuen Altstadt wurde 2012 durch eine künstlerische Intervention der Schirn bereichert. Der sogenannte „Tisch", ein integraler, von Künstlern für Projekte im öffentlichen Raum häufig genutzter Teil der Schirn-Architektur, musste dem Neubauprojekt weichen. Trotz Einspruch des damaligen Schirn-Direktors Max Hollein und dem Urheberrecht von Architekt Dietrich Bangert einigte man sich mit der Stadt und der Gebäudeteil wurde im Sommer 2012 abgerissen. Im selben Jahr setzte sich Bettina Pousttchi mit dem Bauprojekt Altstadt auseinander und entwickelte daraus ihre großformatige, ortsspezifische Fotoinstallation *Framework*.[25] **3.13** Aus Fachwerkelementen des Hauses Schwarzer Stern schuf sie ein sich wiederholendes Muster, das als Fries die postmoderne Schirn zierte und so als Auseinandersetzung mit dem vermeintlichen Bedeutungsverlust zeitgenössischer Architektur und politisch opportunem Bauen gelesen werden konnte.

Scheinbar unbeeindruckt von der Debatte um die Gestaltung der Altstadt zeigen sich heute zwei Häuser. Das Haus in der Kleinen Rittergasse (2014) in Alt-Sachsenhausen von Bernhard Franken **3.14** und die Evangelische Akademie (2017) am Römerberg von Meixner Schlüter Wendt zeigen, dass auch dezidiert zeitgemäßes Bauen im Altstadt- und Fachwerkkontext möglich ist.

3.14 Franken Architekten, Haus Kleine Rittergasse 11, Foto: 2014

[1] Lübbecke, Fried, „Von Frankfurts Altstadt", *Frankfurter Zeitung*, 8.6.1922.
[2] Derlam, Theodor, „Farbige Gestaltung von Gebäudefassaden in Frankfurt am Main", in: *Die farbige Stadt*, 1926, H. 3, S. 43.
[3] Kracauer, Siegfried, „Die Nichtexistenz der Altstadt. Eine philosophische Deduktion", in: Benno Elkan (Hg.), *Römer-Maske. Eine Festschrift phantastischer Satire und satirischer Phantasie*, Frankfurt am Main 1925, S. 43f.
[4] Hock, Sabine, „Vom Kanonendonner zu ‚Radio Goethe'. Ein Rückblick auf die Goethefeiern in Frankfurt am Main 1815–1982", unveröffentlichtes Typoskript, 1999. http://www.sabinehock.de/downloads/goethefeiern.pdf (27.4.2018)
[5] *Frankfurter Nachrichten*, 30.8.1932.
[6] S., „Neugestaltung Frankfurter Altstadthäuser", in: *Zentralblatt der Bauverwaltung*, 1939, H. 13, S. 357, 359.
[7] Max Michel (1888–1941) war von 1927 bis 1933 Kulturdezernent der Stadt Frankfurt am Main, ihm oblag 1932 die Durchführung des Goethejahrs. Im Gegensatz zu May engagierte sich Michel für die Pflege der Altstadt. 1933 wurde Michel wegen seiner jüdischen Abstammung und aus politischen Gründen entlassen, 1939 emigrierte er in die USA. Vgl.: Schilling, Jörg, „Michel, Max Friedrich", in: Brockhoff, Evelyn u.a. (Hg.), *Akteure des Neuen Frankfurt*, Frankfurt am Main 2016, S. 153.
[8] Drummer, Heike und Jutta Zwilling, „‚Bayreuth der deutschen Klassik'? Frankfurt und die Römerberg-Festspiele", Frankfurt am Main 2010. Vgl.: http://www.ffmhist.de/ffm33-45/portal01/druck.php?dateiname=t_ak_roemberg_festspiele_01 (27.4.2018)
[9] Ebenda.
[10] Frisch, Max, *Die Tagebücher: 1946–1949, 1966–1971*, Frankfurt am Main 1983, S. 32f.
[11] Vgl. in diesem Band Wolfgang Voigt, S. 64–73.
[12] Gerchow, Jan, „Vom Abbild zum Urbild. Das Altstadtmodell des historischen Museums", in: Gerchow, Jan und Petra Spona (Hg.), *Das Frankfurter Altstadtmodel der Brüder Treuner*, Frankfurt am Main 2011, S. 8f.
[13] Das Bauprogramm für den Wettbewerb zum Wiederaufbau stellte Theo Derlam auf. Neben der ARGE Apel-Letocha-Rohrer-Herdt reichten auch Gottlob Schaupp, Walter Maria Schultz und das Büro von Max Meid und Helmut Romeick Entwürfe ein. Vgl.: Meinert, Hermann und Theo Derlam (Hg.), *Das Frankfurter Rathaus. Seine Geschichte und sein Wiederaufbau*, Frankfurt am Main 1952, S. 30–39.
[14] Der Wuppertaler Grafiker und Künstler Wilhelm Geißler hatte in seinem ursprünglichen Mosaikentwurf auch stilisierte Bomber am Himmel vorgesehen. Ihm wurde jedoch nahegelegt, auf die martialische Darstellung zu verzichten, um die amerikanischen Besatzer nicht zu verstimmen. Vgl.: Wissenbach, Björn, Studie im Auftrag des Denkmalamtes Frankfurt am Main, *Bauschmuck der 1950er Jahre auf dem Gebiet der Frankfurter Altstadt*, unveröffentlicht 2013.
[15] Zitiert nach einem Brief des Leiters des Historischen Museums Albert Rapp an Oberbürgermeister Walter Kolb, Frankfurt am Main, 2.10.1948, in: Durth, Werner und Niels Gutschow, *Träume in Trümmern*, Band 2, Braunschweig 1988, S. 527–532.
[16] Frisch, Max, *Die Tagebücher: 1946–1949, 1966–1971*, Frankfurt am Main 1983, S. 265–267.
[17] Bartetzky, Arnold, „Altstadt von Warschau, Polen", in: Nerdinger, Winfried (Hg.), *Geschichte der Rekonstruktion. Konstruktion der Geschichte*, München u.a. 2010, S. 280–282.
[18] Vgl. in diesem Band Philipp Sturm, S. 82–91.
[19] Pfeiffer-Kloss, Verena, *Die Macht der Abwesenheit. Zur städtebaulichen Gestaltungsdebatte um den Stadtplatz unter dem Berliner Fernsehturm*, Berlin 2015. https://depositonce.tu-berlin.de/bitstream/11303/4600/1/Pfeiffer-Kloss_Verena.pdf (28.4.2018)
[20] Ech., „Barbarische Verschandelung des Stadtkerns", *Frankfurter Allgemeine Zeitung*, 31.12.1969.
[21] Vgl. in diesem Band Maximilian Liesner, S. 92–99.
[22] Vgl. in diesem Band Moritz Röger, S. 100–107.
[23] Vgl. in diesem Band Claus-Jürgen Göpfert, S. 124–133.
[24] Ballhausen, Nils und Doris Kleilein, „Lassen Sie bitte die Altstadt in Ruhe!", *Bauwelt*, 2009, H. 27/28, S. 48.
[25] Hollein, Max und Katharina Dohm, *Bettina Pousttchi, Framework*, [anlässlich der Ausstellung „Bettina Pousttchi Framework", Schirn-Kunsthalle Frankfurt, 19.4.–17.6.2012], Köln 2012.

DIE BAULICHE ENTWICKLUNG FRANKFURTS BIS IN DAS 19. JAHRHUNDERT UND IHRE ROMANTISIERUNG IN DEN AQUARELLEN CARL THEODOR REIFFENSTEINS

Björn Wissenbach

4.1

Der Beginn der baulichen Entwicklung des 794 erstmals urkundlich erwähnten Ortes franconofurt liegt im Dunkeln der Geschichte. Im Bereich des Hühnermarktes und des Domes wurden seit dem 18. Jahrhundert immer wieder römische Funde gemacht. Angenommen wird ein römischer Militärstützpunkt auf dem Domhügel, sicher hingegen ist das Vorhandensein eines karolingischen Kammerhofes, der später zu einer Pfalz ausgebaut worden war.

Als Quellen[1] sind eine große Anzahl Hausurkunden erhalten, die einen Eindruck von den Baulichkeiten und Problemen innerhalb der alten Stadt übermitteln und die erstmals im 18. Jahrhundert von dem Historiker und Priester Johann Georg Battonn (1740–1827) ausgewertet wurden. Als frühe Abbildungen helfen der 1552 von dem Maler Conrad Faber (~1500–1553) geschaffene Belagerungsplan, der wohl auch Georg Braun (1541–1622) und Frans Hogenberg (1535–1590) für deren Ansichten 1572 Pate stand. Dieser, nun geübte, Blick auf die Stadt wurde von dem Kupferstecher und Verleger Matthäus Merian (1593–1650) aufgegriffen, der seine außerordentlich genaue Vogelschau, die bis weit

4.1 Carl Theodor Reiffenstein, Der Markt, Blick aus dem Neuen Roten Haus, 1864

4.2

4.3

ins 18. Jahrhundert fortentwickelt wurde, 1628 vorlegte. **4.4** Im 19. Jahrhundert hat der Kulissenmaler des Frankfurter Theaters Carl Theodor Reiffenstein[2] (1820–1893) in meist kleinformatigen Aquarellen die alten Hausgewinkel der mittelalterlichen Stadt eingefangen, wobei an der Lichtführung in den Gemälden das romantische Moment der Zeit deutlich wird. Reiffenstein malte dem bereits aufziehenden Vergehen der Altstadt entgegen, denn er beschreibt auf seinen Blättern häufig in kurzen Texten, dass das gezeichnete Haus entweder in Veränderung begriffen sei oder ganz abgerissen werde.[3] Zu Beginn der Transformation Frankfurts zu einer Großstadt im modernen Sinne kamen ihm Fotografen wie Carl Friedrich Mylius (1827–1916) und Carl Abt (1853–1922) zu Hilfe. **4.1 / 4.2 / 4.3 / 4.11**

Die Entwicklung der Siedlungsfläche

Frankfurt bildete sich in karolingischer Zeit auf vier hochwasserfreien Hügeln heraus, die uns heute als Domhügel, Samstagsberg, Römerberg und Karmeliterhügel bekannt sind. In der Folge wurden die Niederungen zwischen den Hügeln aufgefüllt, sodass eine dem Main parallel folgende Siedlungsinsel entstand, die im Norden durch einen Nebenarm des Mains – den Braubach – begrenzt wurde. Eine spätkarolingische Stadtbefestigung sicherte das Gelände ab. Während die Siedlungsfläche an der Furt in der ottonischen und salischen Zeit ausreichte, wuchs unter den Staufern die Stadtfläche an. Diese wurde in der Zeit zwischen 1170 und 1200 durch eine Ringmauer geschützt und abgeschlossen. Die Mauer ist heute noch im Bereich der Konstablerwache und der Liebfrauenkirche zu sehen und durch den Verlauf der Grabenstraßen markiert (Großer und Kleiner Hirschgraben, Holzgraben, An der Staufenmauer). Aus jenen Jahren ist der erste Nachweis einer steinernen Brücke (1222) erhalten und es lässt sich daraus schließen, dass der heutige Stadtteil Sachsenhausen auf linksmainischem Gebiet ebenfalls erweitert und ummauert worden war. Sachsenhausen fiel die Aufgabe zu, den Brückenkopf zu sichern.

Im 14. Jahrhundert fand eine weitere Erweiterung des Stadtgebietes statt, die als Neustadt bezeichnet wurde und deren Siedlungsrand heute durch den Eschenheimer Turm (1428) und den Anlagenring als früheren Ort der Stadtmauer sichtbar ist. Letzter stadterweiternder Schritt der alten Zeit ist das Fischerfeld östlich der Fahrgasse, das ab 1780 für Neubauten erschlossen wurde und in Gebäuden des Zopfstils und des Klassizismus glänzte.

4.2 Carl Theodor Reiffenstein, Der Hof des Hauses Kruggasse 13, 1875

4.3 Carl Abt, Der Hof des Hauses Kruggasse 13, Foto: 1904

4.4 Matthäus Merian d. Ä., Vogelschau auf Frankfurt von Südwest, 1628

4.5

4.5 Carl Theodor Reiffenstein, Die Fahrgasse Ecke Schnurgasse mit der Johanniterkommende, 1871

4.6

4.7

4.8

4.9

4.6 Carl Theodor Reiffenstein, Der Tuchgaden, 1871

4.7 Carl Theodor Reiffenstein, Die Fahrgasse mit der Mehlwaage (rechts), dahinter das Haus Zum Fürsteneck (Blick nach Süden), 1845

4.8 Carl Theodor Reiffenstein, Blick aus dem Goethehaus in Richtung Westen, 1858

4.9 Carl Theodor Reiffenstein, Das Steinerne Haus, 1845

Die Organisation der Stadt

Die staufische Kernstadt war zum Fluss ausgerichtet, was sich durch eine Vielzahl von schmalen Haargässchen im Stadtgrundriss abbildete, die vom Main in die Gewerbestadt führten, in der die Messen stattfanden. Quer dazu verliefen nur wenige Gassen, die heute noch als Alte Mainzer Gasse, Saalgasse und Berliner Straße (ehemals: Schnurgasse) vorhanden sind. Als wichtigste Straße durchlief die Fahrgasse von der Mainbrücke kommend in gerader Linie die Stadt im Osten. 4.5 Wichtige Tore vor der Stadterweiterung unter Ludwig dem Bayern im 14. Jahrhundert waren im Westen am Ende der Münzgasse die später vermauerte Guldenpforte, im Nordwesten die Katharinenpforte und im Nordosten die Bornheimer Pforte.

In der Stauferstadt herrschte Enge und auch die Flussseite verschaffte keinen Freiraum, sie war durch eine Mauer vom Ufer getrennt, denn der Main war exterritoriales Gebiet und galt als königliches Regal.

Mittelalterliche Städte waren in der Regel nach Zünften, Organisationsabläufen und unter besonderer Beachtung des Umgangs mit Feuer geordnet. Auf der Frankfurter Mainbrücke stand eine Mühle, die aus dem angelieferten Getreide Mehl gewann, welches dann über die in der Fahrgasse stehende Mehlwaage an die Bäcker geliefert wurde, die später ihre Waren auf dem Weckmarkt am Dom feilboten. 4.7 In direkter Nachbarschaft am Main lag das Schlachthaus neben dem Metzgerviertel mit der langen Schirn, sodass man sich auf kurzem Weg mit Brot und Fleischprodukten versorgen konnte. 4.6 Nicht fern befanden sich der Krautmarkt, der Hühnermarkt und der Kräutermarkt.

Viele Frankfurter besaßen vor der Stadtmauer einen Garten, in dem sie Obst und Gemüse anbauten. Dieses Grünland vor den Toren der Stadt beanspruchten sie gegen den Willen der umliegenden Territorialfürsten, die darauf beharrten, dass die Grenze der königlichen Stadt die Stadtmauer sei. 4.8 Erst Ende des 15. Jahrhunderts konnte die Landwehr errichtet werden, die nun verbindlich war und von allen Parteien akzeptiert wurde. An den Schnittpunkten dieser Stadt- und Staatsgrenze mit den überregionalen Landstraßen wurden Warttürme errichtet.

Wer in jener Zeit parallel des Mains auf Frankfurter Seite unterwegs war, musste um die Stadt herum gehen, um nicht die Formalien eines Grenzübertritts durchlaufen zu müssen. So entstand im nördlichen Bereich vor der Staufermauer eine Umgehungsstraße – die heutige Zeil. Erst mit dem Bau der Neustadt wurde die Zeil innerstädtisch. Unter dem Stadtbaumeister Johann Georg Christian Hess erhielt die Stadt zwischen 1810 und 1812 mit dem Taunustor einen Ausgang nach Westen und dem Allerheiligentor einen nach Osten. Weiterhin sind im Norden das Eschenheimer Tor und das Friedberger Tor errichtet worden. In Sachsenhausen ist die Oppenheimer Pforte aus militärischen Gründen zugemauert worden, hier blieb nur das Affentor.

Die Bebauung

An romanischen Gebäuden existieren heute nur noch die Saalhofkapelle (1200–1215) und die Kirche St. Leonhardt (1219). Wie profane Gebäude aussahen, ist nicht überliefert. In gotischer Zeit standen die Häuser, meist in Fachwerk ausgeführt, giebelständig zur Gasse und waren durch sogenannte Traufgässchen vom Nachbarhaus getrennt. Später wurden viele der Zwischenräume mit Brandmauern zugebaut, um Stadtbrände zu verhindern. Während auf der Frankfurter Seite im Altstadtkern viergeschossige Häuser keine Seltenheit darstellten, so waren sie in der Neustadt und in Sachsenhausen meist nur zweigeschossig. Das kleine Fischerhäuschen Haus Schellgasse 8 (1292) in Sachsenhausen hat sich bis heute erhalten. Auf Frankfurter Seite stellt die Krawallschachtel in der Alten Gasse 24 (1526) das älteste gotische Gebäude dar.

Die gotischen Fachwerkhäuser standen in größerer Anzahl noch bis zur Zerstörung der Altstadt 1944. Entgegen mancher Behauptungen war die Frankfurter Altstadt nie ein in sich zusammenhängender gotischer Fachwerkverband. Alle Generationen haben je nach Nutzungsanforderung die Häuser umgebaut, erweitert oder abgerissen und neu gebaut. Die Häuser wurden im fränkischen Fachwerk errichtet, da um Frankfurt herum große Wälder existierten und es in direkter Umgebung keine ausreichenden Natursteinvorkommen gab. Der in Frankfurt oft anzutreffende rote Sandstein kam aus dem fernen unterfränkischen Miltenberg und wurde daher so sparsam wie möglich in die wenigen steinernen Gebäude eingesetzt. Nur besondere Gebäude wurden als Massivbauten errichtet. Dazu zählten die Kirchen[4] und Klöster, die die Stadtsilhouette prägten, sowie wenige patrizische Wohnhäuser wie der Römer, die Häuser Zum Laderam (Alten-Limpurg) und Löwenstein, das Fürsteneck an der Fahrgasse, das Steinerne Haus am Markt sowie die Stalburg auf dem Großen Kornmarkt. 4.9 Ebenfalls massiv errichtet wurden die kommunalen Gebäude wie das Leinwandhaus, die Stadt- und Mehlwaage und das Findelhaus (Konstabler Wache). 4.10 / 4.11

Die Messestadt

Zweimal jährlich fanden in Frankfurt Messen statt. Während dieser Marktzeiten hatten die Häuser zwischen Dom und Römer eine zusätzliche Funktion, sie dienten als Messehäuser. Die Altstadtbauten standen ursprünglich im Erdgeschoss frei und erst im Lauf der Renaissance wurden sie

4.10

4.11

geschlossen. Die freien Erdgeschosse hatten den Vorteil, dass der Marktort in großen Teilen überdacht war, ohne dass besondere Bauten hätten errichtet werden müssen. Das letzte Haus, welches wie das Michelstädter Rathaus (1484) über einem offenen Platz aufgeständert war, war das Neue Rote Haus (heute: Rotes Haus) am Markt. Der offene Raum unter dem Gebäude musste freigehalten werden, weil er als Eingang in die Gasse Tuchgaden diente. 4.1 / 4.6 Vor diesem Hintergrund wird klar, warum die Gasse zwischen Dom und Römer Markt hieß; angesichts der später verbauten Erdgeschosse ist dies nicht mehr einleuchtend. Zur Unterbringung der großen Handelszüge entstanden in der Stadt Messehöfe, die mit ihren Beherbergungstrakten, Remisen, Ställen und Stapelgebäuden oft über Jahrhunderte von Nürnberger, Ulmer und Augsburger Handelskompagnien gebucht wurden. Frankfurt war als Messestadt begehrt. So wurden 1361 zur Herbstmesse in 117 Häusern Waren feilgeboten und bei Ausbruch des Dreißigjährigen Krieges 1618 waren es bereits 600 Messegewölbe und 460 Verkaufsstände. 4.12 / 4.13

Die Messehöfe, Kurfürstenquartiere und klösterlichen Niederlassungen waren eigene Dörfer innerhalb der Stadt, bei denen eine Vielzahl von Gebäuden an Privatgassen lag, oft durch wehrhafte Torbauten von der Nachbarschaft getrennt.

Neuzeitliche Entwicklung

Während der Renaissance stand die Bürgerschaft in voller Blüte und ließ sich prachtvolle Häuser mit Schmuckfachwerk errichten, die die älteren Bauten in den Schatten stellen sollten. Die Obergeschosse wurden auf einen „steinernen Stock" gestellt und so entstanden charakteristische Erdgeschosszonen in Bogenstellungen mit Diamantquaderung, Schlusssteinen und Groteskenköpfen sowie wunderbar gearbeiteten Kragsteinen, die zu den hölzernen Obergeschossen überleiteten. Die Bauten durften jeweils zwei Auskragungen besitzen, die erste eine Elle und die zweite eine dreiviertel Elle breit.

Der öffentliche Raum war im 17. Jahrhundert fast durchgehend gepflastert mit sogenannten Katzenköpfen aus Basalt. In den Gassen und auf den Plätzen gab es eine Vielzahl von Brunnen zur Wasserversorgung, die ab der zweiten Hälfte des 18. Jahrhunderts wegen Unfallgefahr peu à peu zu Pumpenbrunnen modernisiert wurden. Öffentliches Grün gab es nicht, sodass die mittelalterliche und frühneuzeitliche Stadt ein sehr steinernes Bild abgab. Apfel- und Nussbäume auf den Kirchhöfen bildeten Ausnahmen. Das erste öffentliche Grün waren Maulbeerbäume, die in der Mitte des 18. Jahrhunderts aus ökonomischen Gründen – für die Seidenraupenzucht – am Roßmarkt auf dem heutigen Goetheplatz gepflanzt wurden. Der Roßmarkt galt zusammen mit der Zeil als vornehme Geschäftsadresse. Hier entstanden im 18. Jahrhundert die ersten Ladengeschäfte und prägten zusammen mit großbürgerlichen Hotels das Straßenbild. Das Geschäftszentrum verschob sich aus der Altstadt nach Norden. 4.14 / 4.15

Erst durch das Schleifen der Festungsanlagen ab 1806 entstand die Chance, einen neuen Siedlungsrand zu schaffen, der nun den Bürgern die Möglichkeit eröffnete, moderne Häuser zu bauen. Fortan wurde der Siedlungsrand durch weiße, pistaziengrüne und rosafarbene klassizistische Häuser mit großen Wallgärten geprägt.

Von da an kam es zu einer Entmischung der Kernstadtbevölkerung. Dadurch entstand eine soziale Schieflage zwischen der ärmeren Altstadtbevölkerung und einer wohlhabenderen in den neuen Stadtquartieren, die sich bis zur Zerstörung der Altstadt 1944 nicht mehr beheben ließ. Die ältesten Teile der Stadt dienten fortan als

4.10 Carl Theodor Reiffenstein, Der Weckmarkt mit Stadtwaage, Bestätteramt und Leinwandhaus (links) und dem Südquerhaus des Doms (rechts), 1870

4.11 Carl Friedrich Mylius, Das Leinwandhaus am Weckmarkt, links daneben Bestätteramt und Stadtwaage, 1873

romantisches Motiv für Künstler und Geschichtsinteressierte, das „moderne Leben" fand in der Neustadt statt. So begann der Abschied von der Altstadt. Wegen des starken Bevölkerungswachstums wurden neue Verkehrsachsen durch die Stadt getrieben, wie der Straßendurchbruch vom Roßmarkt zu den Westbahnhöfen in der Kaiserstraße (1872/73) und die Verlängerung der Zeil nach Osten (1881). Dies betraf vorerst die florierende Neustadt, die Stauferstadt blieb noch unangetastet. Erst in der Amtszeit des Oberbürgermeisters Franz Adickes zwischen 1890 und 1912 wurden auch hier Veränderungen forciert.

Verbunden mit den großen Eingriffen zur beginnenden Gründerzeit war eine Haltung der Kommune gegenüber der Altstadt, die Adickes auf den Punkt brachte: Die Altstadt sei ein Ort der Prostitution und Kriminalität. Die schleichende Veränderung der historischen Baustruktur war nun zum Programm geworden, der Durchbruch der Braubachstraße und die Neubauten des Rathauses sollten die beiden großen Projekte zur Erneuerung der Altstadt werden. Die Stadtverwaltung plante dazu, einen Großteil der Altstadtblöcke anzukaufen und abzureißen, nur die kunsthistorisch bedeutenden Gebäude sollten erhalten bleiben. Was darüber hinaus blieb, sind die Altstadtaquarelle Carl Theodor Reiffensteins.

[1] Das Institut für Stadtgeschichte in Frankfurt am Main (ISG) verwahrt 3371 Hausurkunden städtischer Provenienz aus der Zeit zwischen 1290 und 1948. Darüber hinaus erhielt das Archiv eine weitaus größere Summe Hausurkunden durch private Einlieferungen.

[2] Carl Theodor Reiffenstein, Sohn eines Bierbrauers und Wirtes, sollte eigentlich den Beruf seines Vaters übernehmen. Er entwickelte bereits als Kind besondere Fähigkeiten im Malen und Zeichnen. Nach der Schule ging er bei dem Theatermaler Meiler in die Lehre. Später erhielt er an der Städelschule eine Ausbildung bei Friedrich Maximilian Hessemer, Eduard Schmidt von der Launitz und Jakob Becker in Architektur-, Anatomie- und Landschaftsmalerei. Seine Landschaftsmalerei verfeinerte er auf Reisen in Deutschland, der Schweiz und Italien. Die Werke sorgten für reges Interesse in der Frankfurter Bürgerschaft. Besondere Bedeutung gewann Reiffenstein als zeichnender Chronist seiner Vaterstadt. Er hielt in ca. 1.700 Zeichnungen, Aquarellen und Gemälden das mittelalterliche Frankfurt fest, bevor es durch die Eingriffe der Gründerzeit verändert und später zerstört wurde. Reiffenstein heiratete im Alter von 47 Jahren Caroline Mansfeld und lebte zurückgezogen. Den größten Teil seiner Bilder kaufte die Stadt Frankfurt gegen eine Leibrente an. Er starb 1893 in Frankfurt.

[3] Lohne, Hans, *Frankfurt um 1850 – nach Aquarellen und Beschreibungen von Carl Theodor Reiffenstein*, Frankfurt 1967.

[4] Die Kirchen der Frankfurter Innenstadt, die seit der Säkularisation 1803 Eigentum der Stadt sind, wurden nach den Zerstörungen des Zweiten Weltkrieges von der Kommune fast in Gänze als identitätsstiftende Bauwerke wiederaufgebaut.

4.12

4.13

4.12 Carl Theodor Reiffenstein, Der Hof des Goldenen Lämmchens, 1856
4.13 Carl Theodor Reiffenstein, Nürnberger Hof, Eingang Hinter dem Lämmchen, 1875

4.14

4.14 Carl Theodor Reiffenstein, Die neue Kräme, 1854

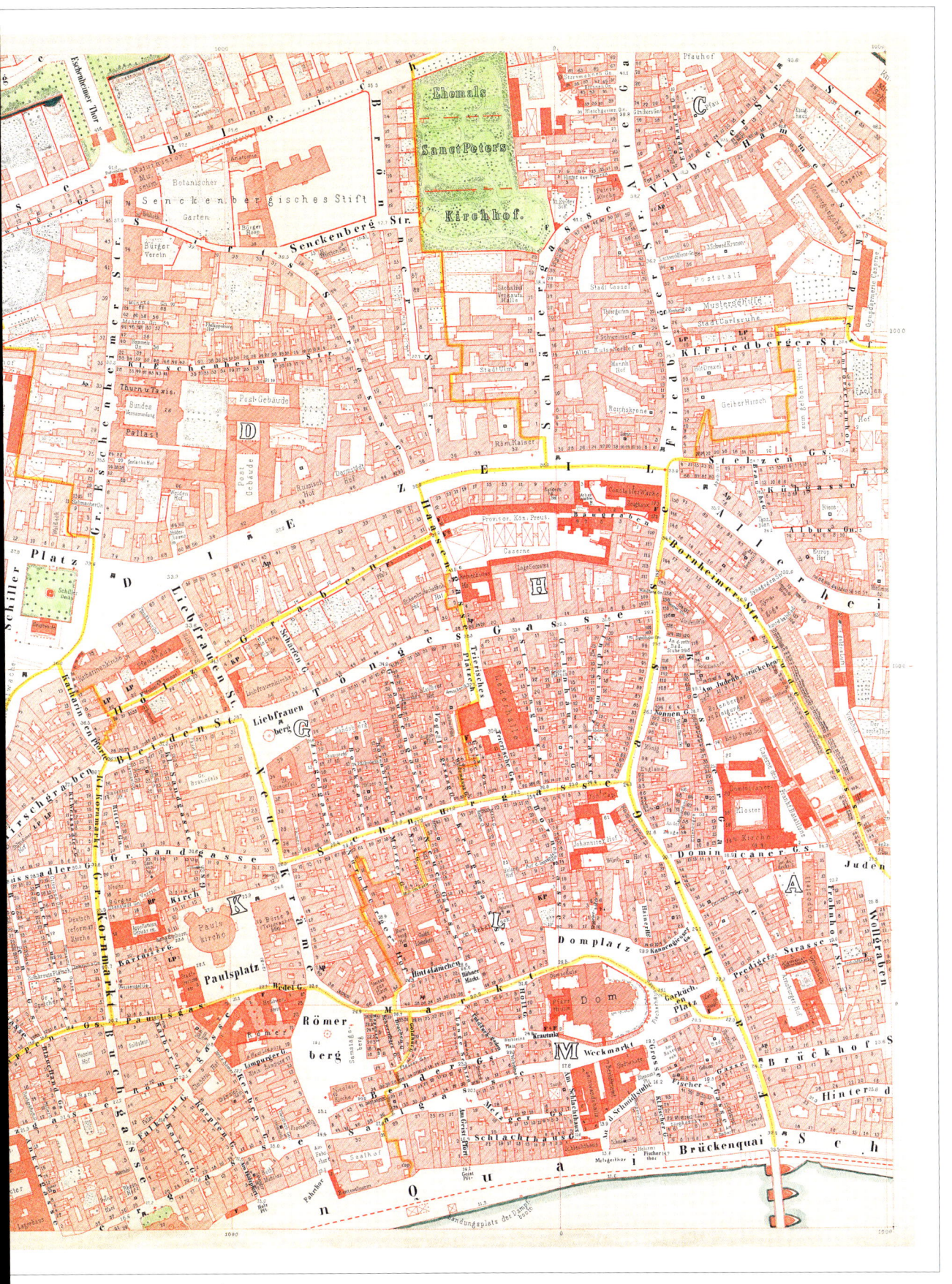

4.15 August Ravenstein, Geometrischer Plan von Frankfurt am Main, Blatt 5, 1862

MIT DER ELEKTRISCHEN STRASSENBAHN IN DIE ALTSTADT – EIN NEUES RATHAUS UND FASSADEN FÜR DIE BRAUBACHSTRASSE

Melchior Fischli

5.1

Nachdem die Frankfurter Altstadt im Lauf des 19. Jahrhunderts zunehmend oft im Bild dargestellt worden war, erlebte sie um 1900 unter Oberbürgermeister Franz Adickes die ersten tiefgreifenden Umgestaltungen im Zeichen des modernen Städtebaus: den Durchbruch der Braubachstraße und den Bau des Neuen (seit der Zwischenkriegszeit „Alten") Rathauses. Die Forderung nach Straßendurchbrüchen entsprach dabei einer verbreiteten Lehrbuchmeinung des 19. Jahrhunderts. Neu war an den Frankfurter Stadtumbaukampagnen, dass man hier gleichzeitig versuchte, das Stadtbild der Altstadt zu bewahren – und dabei umso tiefer in den Bestand ihrer Häuser eingriff. Vom Städtebau bis zum augenzwinkernden Historismus auf dem Kostümfest eröffnet sich dabei ein ganzes Panorama von Projekten, in dem die „Altstadt" ein Hauptthema des städtischen Baugeschehens war.[1]

5.1 Durchbruch der Braubachstraße, Blick von Osten, Foto: 1905

Eine krumme Straße

Die Altstadt ist in Frankfurt wie auch anderswo ein Thema der Moderne.² Ihren vielleicht ersten großen Auftritt im Baugeschehen der Gegenwart hatte sie auf der *Internationalen Elektrotechnischen Ausstellung* von 1891. Ausgerechnet auf dieser Feier der Modernität und der Technik, die als Fixpunkt in die Weltgeschichte der Elektrifizierung eingegangen ist, hatte man eine der großen Ausstellungshallen mit einer malerischen Kulisse mittelalterlicher Türme und Tore verkleidet.³ 5.2 Die von Architekt Ferdinand Luthmer (1842–1921) gestaltete Fassade war eine jener Altstadtrepliken wie sie im ausgehenden 19. Jahrhundert ganz allgemein zum Repertoire der großen Welt- und Industrieausstellungen gehörten und dort einen willkommenen Kompensationsraum zum technischen Fortschritt aufspannten.⁴ Es ist kaum ein Zufall, dass in denselben Jahren auch die Altstadt selbst in den Blick des Städtebaus rückte.

Als der Magistrat im April 1893 der Stadtverordnetenversammlung ein Projekt für einen Straßendurchbruch durch die innersten Bereiche der Altstadt vorlegte, bestand über die grundsätzliche Notwendigkeit des Vorhabens breites Einverständnis.⁵ Wie es der moderne Städtebau lehrte, sollte die verkehrstechnische Erschließung eine Modernisierung und Aufwertung der Altstadt bewirken, die man immer mehr als sanierungsbedürftiges Relikt ansah. Insbesondere eine Querverbindung von Ost nach West und eine bessere Anbindung an den 1888 eröffneten Hauptbahnhof standen weit oben auf der Agenda der städtischen Baupolitik. Die – tatsächlichen und bisweilen vermeintlichen – hygienischen Missstände sollten hingegen erst etwas später zum Lieblingsthema der Städtebauer werden. Eine Kontroverse entwickelte sich um das konkrete Vorgehen. Der Architekt Christof Welb (1847–1922), der als Mitglied der Stadtverordnetenversammlung bald der notorische Kontrahent der Stadtverwaltung in fast allen Baufragen war, vertrat dabei noch ganz die etablierte Städtebaupraxis des 19. Jahrhunderts: In seinem Vorschlag führte eine gerade Straßenachse mitten auf den Römerberg, um Platz und Rathaus zu verschönern und den Domturm als *point de vue* zu inszenieren; dem Stadtgefüge als Ganzem war dabei keinerlei Denkmalwert zugemessen.⁶ 5.3

Der Magistrat unter Oberbürgermeister Franz Adickes hingegen hatte für die geplante Braubachstraße ein vollkommen neuartiges Projekt vorgelegt: einen mehrfach gekrümmten Verlauf, der zudem tangential knapp am Römerberg vorbeiführte. 5.3 So sah der Magistrat in einem Straßendurchbruch auf den Römerberg nun die „Gefahr einer Zerstörung des alten Characters dieser historisch merkwürdigen Stadtgegend"⁷, weshalb man die Geschlossenheit des Platzes erhalten wollte. Als Adickes die krumme Straße einige Jahre später in einer Ratsdebatte noch einmal gegen Kritik verteidigen musste, meinte er zudem, dass man „die ganze, von allen kunstsinnigen Fremden bewunderte Altstadt ruiniere, wenn man in derselben anfange, mit dem Lineal zu arbeiten."⁸ Überhaupt zum ersten Mal wurde damit in größerem Maßstab vorgeschlagen, mit unregelmäßigen Baufluchten die Morphologie der Altstadt zu reproduzieren, um so nach damaliger Intention die städtebauliche Modernisierung mit der Erhaltung des Stadtbilds zu vereinbaren – ein Vorgehen, das ganz dem Künstlerischen Städtebau in der Nachfolge von Camillo Sitte entsprach. Zudem hatte die

5.2

5.3

5.2 Ferdinand Luthmer, Fassade der Halle für Verteilung und Werkstätten (links) auf der *Internationalen Elektrotechnischen Ausstellung*, Frankfurt am Main, Foto: 1891

5.3 Christof Welb, Schüppengassen-Projekt (Vorschlag Magistrat) und Münz-Gassen-Projekt (Gegenprojekt Welb), Varianten zur Trassierung des Straßendurchbruchs, Zeichnung, 1893

5.4 Dreigiebelfassade des Frankfurter Römers vor der Umgestaltung, Foto: 1855

5.5 Max Meckel, Entwurf für die Umgestaltung der Römerfassade, Zeichnung, 1890. Mit handschriftlichem Vermerk von Kaiser Wilhelm II., 1894: „Der Entwurf ist großartig, vornehm und künstlerisch schön aufgefaßt und entworfen. Er entspricht vollkommen der großen traditionellen Bedeutung des Römers und der herrlichen Stadt Frankfurt. Ich kann der letzteren gratulieren, wenn sie den Kaisern und sich selbst ein so hehres Denkmal setzt."

5.6 Franz von Hoven und Ludwig Neher, Rathaus Neubau in Frankfurt am Main, 1900–1904, aquarellierte Perspektive von Franz von Hoven, 1901

unregelmäßig gekrümmte Linienführung den Vorteil, dass sie sich besser den verfügbaren Grundstücken anpassen ließ. Noch bevor der Durchbruch vollendet war, wurde er in der damals lebhaften Altstadtdebatte als Vorbild propagiert.⁹ Bearbeitet wurde das Durchbruchsprojekt, was bei der neuartigen Lösung vielleicht erstaunt, allerdings von dem sonst gänzlich unbekannten Stadtbaurat Ferdinand Beutel.¹⁰ Wesentlich geprägt wurde es von Adickes selbst, der nach seiner Wahl 1890 energisch verschiedene städtebauliche Themen verfolgte und sich oft persönlich mit den Projekten für die Altstadt befasste.¹¹ Mitunter ging Adickes dabei recht autokratisch vor, sodass er sich 1893 nicht zum letzten Mal vorwerfen lassen musste, das Projekt sei unter Ausschluss der Öffentlichkeit erarbeitet und die Stadtverordnetenversammlung vor vollendete Tatsachen gestellt worden.¹²

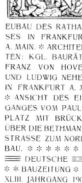

Das 1893 präsentierte Projekt des Magistrats wurde unter kleineren Anpassungen und mit den bei städtebaulichen Projekten durchaus üblichen Fristen einige Jahre später ausgeführt. 1900–1903 entstand zusammen mit dem Neuen Rathaus der Westteil der Straße, welcher dem verbreiterten Verlauf der Schüppen- und Paulsgasse folgte und nun Bethmannstraße hieß; wenig später folgte auf neuer Trasse die eigentliche Braubachstraße. Fürs Erste hatte der Wunsch nach der Bewahrung der Altstadt umfangreiche Demolierungen und eine ebensolche Neubautätigkeit nach sich gezogen. **5.1** Mitten durch das Trümmerfeld der Abbrucharbeiten nahm am 1. Januar 1905 die elektrische Straßenbahn den Betrieb durch die Braubachstraße auf. Pünktlich war die Moderne in der Altstadt angekommen.

Ein Neues Rathaus

Parallel zum städtebaulichen Projekt konkretisierte sich das Vorhaben eines neuen Verwaltungsgebäudes, das schließlich als Neues Rathaus die Ausführung des Durchbruchs wesentlich mitbestimmte.¹³ Stark angewachsene Kommunalverwaltungen wie auch gestiegene Repräsentationsbedürfnisse sorgten im ausgehenden 19. Jahrhundert für eine regelrechte

5.7 Franz von Hoven und Ludwig Neher, Neues Rathaus, Frankfurt am Main, 1900–1904, in: *Deutsche Bauzeitung*, 1909
5.8 Franz von Hoven und Ludwig Neher, Ratsdiele im Neuen Rathaus, 1900–1904, Foto: ca. 1909
5.9 Gustav Gull, Projekt für Verwaltungsbauten auf dem Oetenbach-Areal, Zürich, teilweise realisiert 1897–1914, Perspektive, 1911

Euphorie im Rathausbau.[14] Während nicht wenige deutsche Städte dabei ihre alten Rathäuser durch Neubauten ersetzten, hatte man in Frankfurt 1886 beschlossen, den Römer wegen seiner historischen Bedeutung weiterhin als Rathaus zu nutzen.[15] Dass der Bau und der nach ihm benannte Platz einst als Schauplatz der Kaiserkrönung gedient hatten, strich man natürlich umso lieber heraus, seit die Identität der Stadt mit der preußischen Annexion im Jahr 1866 arg lädiert worden war. Schwer tat man sich allerdings mit der fehlenden Monumentalität des sukzessive gewachsenen Baukomplexes. Er sei, so hieß es später in einer offiziellen Publikation zum Neubau, „eigentlich nur eine unregelmäßige Gruppe von Wohnhäusern", die „notdürftig zu einem öffentlichen Gebäude zusammengeflickt war".[16] Der Schmucklosigkeit der berühmten Dreigiebelfassade versuchte man deshalb 1889 mit einem Architekturwettbewerb abzuhelfen. 1896–1900 konnte Wettbewerbssieger Max Meckel schließlich ein mehrfach überarbeitetes Projekt realisieren, das im Vergleich zum ursprünglichen Entwurf bereits zurückhaltender war, dabei aber immer noch eine beträchtliche Überformung mit sich brachte.[17] **5.4 / 5.5**

Dies änderte nichts am Platzbedarf der Verwaltung. Als der Magistrat 1892 weitere Privathäuser im Umfeld des Römers ankaufen und dort eher bescheidene Neubauten ausführen wollte, gab der bereits bekannte Architekt Welb mit einer Denkschrift und einem Vorstoß in der Stadtverordnetenversammlung einen wichtigen Anstoß für eine großzügigere Planung. Diese wurde vom Magistrat freilich weitgehend im Alleingang weiterverfolgt, wobei das Projekt über mehrere Jahre sukzessive Gestalt gewann und immer stärker anwuchs.[18] Nachdem die Stadtverordnetenversammlung eine erste Studie von Stadtbauinspektor Carl Wolff von 1895 zurückgewiesen hatte, legte man dessen zweiten Entwurf der Römerbaukommission vor, die neben der Restaurierung fortan auch die Planung des Neubaus prägte. Ihre Empfehlung, von „hiesigen Architekten" weitere Studien erarbeiten zu lassen[19], mündete zuerst in einen Auftrag an die vier Kommissionsmitglieder Franz von Hoven (1842–1924), Ferdinand Luthmer (1841–1921), Ludwig Neher (1850–1916) und Heinrich Schmidt (1843–1904). In einem weiteren Schritt beauftragte der Magistrat von Hoven und Neher, ein gemeinsames Projekt auszuarbeiten. Als der Magistrat den beiden direkt auch die Ausführung übertragen und sich dieses Vorgehen im Januar 1898 quasi im Eilverfahren von den Stadtverordneten genehmigen lassen wollte, erntete er beißende Kritik. Einer von vielen Zeitungsartikeln war entrüstet darüber, „welche gewaltigen Veränderungen […] so ganz in aller Stille beschlossen und ins Werk gesetzt werden sollten", und von verschiedener Seite wurde ein Architekturwettbewerb gefordert, was auch durchaus üblicher Praxis entsprochen hätte.[20] Wie bereits mehrmals zuvor gelang es Adickes dennoch, die eher widerwillige Genehmigung zum Auftrag an die beiden Architekten zu gewinnen. 1900–1904 wurde der Hauptteil des Baukomplexes nach dem Entwurf von Hovens und Nehers ausgeführt; bis 1908 war auch der Westteil des Nordbaus fertiggestellt.[21]

Damit war ein Rathaus entstanden, das sich anders als die meisten seiner Pendants nicht als freistehender Monumentalbau aus einem Guss präsentierte. Vielmehr gestaltete man den Neubau als eine malerisch komponierte Baugruppe, die sich mit ihrer riesenhaften Baumasse in die bestehende Altstadtstruktur einschrieb. **5.6** Als eine scheinbar sukzessiv gewachsene Erweiterung des Römers gruppierte sie sich auf beiden Seiten des neuen Straßendurchbruchs und bezog die ehemalige Römergasse als Durchgang mit ein. Eine derartige Lösung hatte sich seit dem ersten Projekt Wolffs von 1895 herausgeschält, und der „reizvolle, äusserst glücklich gelöste Anschluss des Neubaues an die Architektur des alten Römers"[22] war denn auch ein Argument für die Kombination der beiden Entwürfe von Hovens und Nehers gewesen. Ausdrücklich sah man im Projekt einen Beitrag zu einer eigentlichen Form von Stadtbildpflege. Ziel sei es gewesen, meinte der ausführende Architekt Hellmuth Cuno (1867–1951), „daß nicht nur von allen Zugängen her malerische Bilder entstanden, die sich dem Charakter unserer Altstadt und dem Straßenbild derselben harmonisch anpaßten, sondern auch, daß die gesamte Baumasse in ihrer Silhouette eine Bereicherung des Stadtbildes mit seinen vielen reizvollen Türmen bot".[23]

Die Hauptschauseite gegen den Paulsplatz präsentierte sich als collageartiges Kompendium frankfurtischer Architekturgeschichte und sollte mit ihrer Gliederung in mehrere Trakte dazu dienen, „die alte Baugruppe des Römers nicht durch den wesentlich größeren Neubau zu erdrücken".[24] **5.6** Im Hintergrund des brückenartigen Verbindungsgangs ragte der 70 Meter hohe Rathausturm auf, eine ungefähre Replik des 150 Jahre zuvor abgebrochenen Sachsenhäuser Brückenturmes, die von Hoven beim Aufsetzen des Turmknaufs nach dem Oberbürgermeister auf den Namen „Der lange Franz" taufte.[25] **5.7** Das Spiel von Alt und Neu setzte sich auch im Inneren fort, wo die Ratsdiele mit ihrer Prunktreppe den Zugang zum neuen Festsaal am Paulsplatz bildete und mit ihren gotisierenden Rippengewölben als üppigere und lichtere Paraphrase der alten Römerhalle und der Kaisertreppe erschien. **5.8**

Ausgerechnet Ferdinand Luthmer – nicht nur Verfasser eines unterlegenen Rathausprojekts, sondern auch der Altstadtkulisse von 1891 – sah im malerischen Nebeneinander der verschiedenen Architekturstile nun „eine Krankheit der jüngsten Zeit, verbreitet und befördert durch die historischen Jahrmärkte unserer Ausstellungen".[26] Sonst stieß eine derartige Form von Stadtbildpflege in der Fachwelt

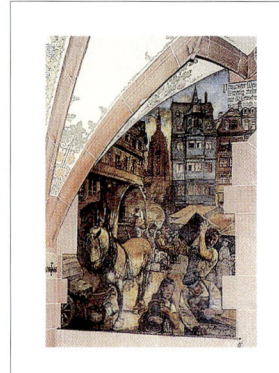

5.10

5.11

zur Zeit der Ausführung auf breite Zustimmung. Mögliches architektonisches Vorbild war die ebenfalls malerisch-unregelmäßig gestaltete Erweiterung des Nürnberger Rathauses (1885–1889) durch August Essenwein.[27] Direkt vergleichbar ist das gleichzeitig realisierte Aachener Stadthaus (1898–1903) von Friedrich Pützer.[28] Vom Frankfurter Neubau mit inspiriert war wohl das teilweise realisierte Stadthausprojekt (1897–1914) von Gustav Gull in Zürich: ein geradezu megalomaner Komplex von Verwaltungsbauten, der als malerische Baugruppe aber gleichermaßen die städtebauliche Einbindung suchte.[29] 5.9

Während der Römer im kollektiven Gedächtnis vor allem als kaiserliche Krönungsstätte erinnert wurde,[30] war das Neue Rathaus identitätspolitisch in einem städtisch-bürgerlichen Kontext verortet. Der Vergewisserung auf die „gute alte Zeit" dienten dabei nicht nur Architektur und Ausstattung; ein programmatischer Brennpunkt war auch der Ratskeller, von dem man schon in der Frühphase der Planung 1896 fand, er eigne sich nicht nur „zu einer reizvollen architektonischen Gestaltung", sondern werde auch „der Altstadt einen sehr erwünschten neuen Anziehungspunkt" verschaffen.[31] Als Rathauswirtschaft, wie sie um 1900 allgemeine Beliebtheit genoss, ist der kellerartige Raum im Inneren mit Wandbildern von Joseph Correggio ausgemalt, welche das „alte Frankfurt" als Ort heiterer Ausgelassenheit vergegenwärtigen – und das bis heute.[32] 5.10

Um 1900 beginnt nicht nur die Umwidmung der Altstadt zum Ausgeh- und Vergnügungsviertel; in einem volkstümlicheren Register kam hier derselbe Bezug auf die lokale Identität zum Ausdruck wie in den offiziellen Repräsentationsräumen des Rathauses. Vielleicht den Höhepunkt dieser unbeschwerten Form von Altstadtbegeisterung bot das

Altstädtische Fest des Architekten- und Ingenieur-Vereins und der Künstlergesellschaft von 1905. 5.11 Mit „Aepfelweinschenke", „Schaubude" und weiteren altstädtisch gestimmten Einbauten hatte man im eben fertiggestellten Neuen Rathaus den vergnüglichen Rahmen für ein Festspiel geschaffen, in dem kostümierte Architekten und Künstler mit einem sehr zeittypischen Einfall eine Art Apotheose der alten Reichsstadt Frankfurt zur Aufführung brachten.[33]

Fassaden für Frankfurt

Anders als die vom Neuen Rathaus eingenommene westliche Hälfte des Straßendurchbruchs war die östlich anschließende Braubachstraße samt der quer dazu verlaufenden Domstraße von Anfang an zur Bebauung mit Einzelhäusern vorgesehen.[34] Um eine Mustersammlung für diesen Straßenzug zu gewinnen, lobte die Stadt 1903 einen Fassadenwettbewerb aus und publizierte die prämierten Projekte in einer aufwendigen Mappe mit dem Titel *Fassaden für Frankfurt am Main*[35] 5.12 / 5.16–5.31 – ein Vorgehen, das seit einem Hildesheimer Wettbewerb von 1899 in deutschen Städten Konjunktur genoss.[36] Wohl auf Anregung des neuen Stadtbaumeisters Gustav Schaumann (1861–1937), der vor seiner Berufung nach Frankfurt in Lübeck einen Fassadenwettbewerb organisiert hatte, beschloss der Magistrat, einige prominent gelegene „Richtungsbauten"[37] auf eigene Rechnung zu erstellen, worauf man 1905 unter den Siegern des Fassadenwettbewerbs eine Ausschreibung für konkrete Bauplätze veranstaltete. 5.13 / 5.32

Bei einer gewissen Varianz in den Details hatten sich die prämierten Beiträge in beiden Wettbewerben sämtlich einem „altdeutsch" gestimmten Späthistorismus verschrieben, der

5.10 Joseph Correggio, Messe am Römerberg und Hochheimer Weinschiff, Wandmalereien im Ratskeller des Neuen Rathauses, Frankfurt am Main, 1904, Fotos: 2000

5.11 Altstädtisches Fest im Frankfurter Römer, veranstaltet von der Frankfurter Künstlergesellschaft und dem Frankfurter Architekten- und Ingenieur-Verein, Foto: 1905

5.12 Hermann Senf, *Fassaden für Frankfurt am Main*, Perspektive der Baugruppe am Domplatz, Wettbewerb 1903

5.13 Hermann Senf, Blick in den Hof Rebstock und Ansicht, zweiter Wettbewerb für die Neubebauung der Braubachstraße, Frankfurt am Main, Skizze, 1905

5.14 Hermann Senf und Clemens Musch, Haus Zur Maus, Ecke Braubachstraße/Domstraße, Frankfurt am Main, 1906, Foto: 1910

5.15 Hermann Senf und Clemens Musch, Haus Domstraße 10 mit Domrestaurant, 1907/08, Foto: um 1938

5.16

5.17

5.20

5.21

5.24

5.25

5.28

5.29

5.12 / 5.16–5.31 *Fassaden für Frankfurt am Main*, Perspektive der Baugruppe am Domplatz, Wettbewerb 1903:
Entwürfe von **5.16** Otto Sturm, **5.17** Fritz Geldmacher, **5.18** Fritz Göttelmann, **5.19** Franz von Hoven, **5.20** Heinrich Kaysser, **5.21** Georg Wilhelm Landgrebe,

5.18

5.19

5.22

5.23

5.26

5.27

5.30

5.31

5.22 Alexander von Lersner, **5.23** Claus Mehs, **5.24** W. Mössinger, **5.25** Ludwig Neher, **5.26** Karl Poppe und Artur Hartmann, **5.27** Josef H. Richter, **5.28** Julius Ruppert und Wilhelm Barth, **5.29** Friedrich Sander, **5.30** Theodor Martin, **5.31** Stefan Simon.

5.32

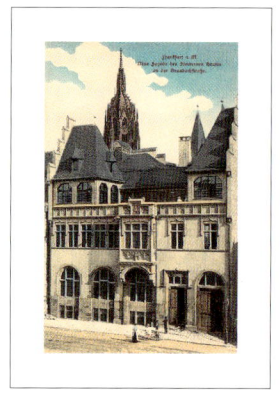

5.33

5.34

sich ganz ähnlich wie das Rathaus mit verschieferten Schweifgiebeln, Sichtfachwerk und rötlichem Mainsandstein einer spezifisch „frankfurtischen" Motivwelt bediente. Einige Wettbewerbsprojekte wurden in der Folge mehr oder weniger unverändert realisiert.[38] Hermann Senf etwa, für den der Wettbewerbserfolg der Anfang einer rund vierzigjährigen Karriere als Neubauarchitekt in der Altstadt war,[39] realisierte an der Kreuzung der Domstraße zusammen mit seinem Associé Clemens Musch zwei großvolumige, malerisch gegliederte Baukörper, die unter einer entsprechend komplizierten Dachlandschaft lagen und mit unterschiedlichen Applikationen von Blendfachwerk und Schiefergiebeln geschmückt waren. 5.14 / 5.15 Unrealisiert blieb wegen Einsprachen hingegen die von Senf vorgeschlagene hofartige Umbauung des Rebstocks. In vergleichbarer Weise integrierte Senf ab 1909 mit dem Lämmchenhof und dem Tordurchgang vom Nürnberger Hof bestehende Gebäudeteile in zwei unabhängig vom Wettbewerb entstandene Neubauten. 42.3 Eine originelle Verbindung von alten und neuen Formen führte der Rathausarchitekt Franz von Hoven 1906

in dem gleichfalls unabhängig vom Wettbewerb errichteten Vereinshaus der Architekten und Künstler vor, dessen oberstes Geschoss als Arrangement aus mehreren schiefergedeckten Pavillons mit großen Glasfronten gestaltet war. 5.33
Eine Kontroverse entzündete sich in der Folge des zweiten Wettbewerbs um die Nordzeile des Römerbergs, die im Zug des Durchbruchs abgebrochen wurde, um sie anschließend als räumlichen Abschluss des Platzes wieder aufzubauen. Einige Architekten forderten nun, man möge den Römerberg „wieder aufbauen, genau wie er war"[40], und der umtriebige Welb, der sich auch hier zum Wortführer machte, illustrierte dies mit der 150 Jahre zuvor entstandenen Platzansicht von Christian Georg Schütz d.Ä. 5.32 Schließlich entschied man sich beim Eckhaus aber für einen frei erfundenen Neubau mit drei Schiefergiebeln (1908) nach dem überarbeiteten Wettbewerbsprojekt von Friedrich Sander. 5.34 Die Architekten Paul Wallot, Friedrich Bluntschli und Gabriel von Seidl hatten in einem Gutachten bemerkenswerterweise geurteilt, dieser entspreche „mehr dem Charakter des Römerberges" als ein Wiederaufbau

5.32 Bericht zum zweiten Wettbewerb für die Neubebauung der Braubachstraße, abgebildet: Christian Georg Schütz, Römerberg Frankfurt, Gemälde, 1754 und Franz von Hoven, Wettbewerbsprojekt Römerberg-Nordzeile, Zeichnung, 1905, in: *Zentralblatt der Bauverwaltung*, 1905

5.33 Franz von Hoven, Nördlicher Anbau des Steinernen Hauses (Vereinshaus des Architekten- und Ingenieurvereins und der Künstlergesellschaft), 1906, Postkarte

5.34 Friedrich Sander, Neubau Römerberg 36, 1908 (links) und Franz von Hoven, Neubauten Römerberg 32/34, 1909 (rechts), Foto: ca. 1935

des tatsächlich erst kurz zuvor abgebrochenen Barockhauses.⁴¹ Auch beim Nachbarhaus (von Hoven, 1909) behielt der „Charakter" die Oberhand gegenüber dem tatsächlichen früheren Zustand, nachdem die „Kommission zur Erhaltung des altertümlichen Gepräges der Altstadt" vom geplanten Wiederaufbau dreier schmaler Giebelhäuser abgeraten und einen frei gestalteten Neubau empfohlen hatte, der sich lediglich „dem Bilde der Nordfront harmonisch einfügen" müsse.⁴² Eine Besonderheit bildeten die Konsolsteine an dem bis heute erhaltenen Erdgeschoss des Eckhauses Zum Kranich, für die man eigens Spolien aus den Demolierungsarbeiten verwendete.

Zwar zitierten die Neubauten immer noch recht freizügig aus dem Fundus frankfurtischer Architekturmotive; im Vergleich zur späthistoristischen Üppigkeit des Wettbewerbs war der Formenreichtum aber schon deutlich reduziert. Tatsächlich ist mit der aufkommenden Reformarchitektur ein allgemeiner Umschwung in der Architektur festzustellen, der sich auch in einer neuen Haltung zur Altstadt niederschlug.⁴³ Noch auf dem Denkmalpflegetag von 1902 in Düsseldorf waren Fassadenwettbewerbe als wirksames Mittel „zur Verhütung der Verunstaltung des alten Straßenbildes" empfohlen worden.⁴⁴ Nur wenige Jahre später war der späthistoristische Motivreichtum der meist in opulenten Mappen publizierten Projekte bereits vollkommen démodé. „Beim Durchblättern dieser hunderte von oft unbestreitbar reizvollen Entwürfen, in denen so viel fleißiges Altertumsstudium einer ganzen Schar deutscher Baumeister steckt, überfällt den Nicht-Romantiker ein gelindes Gruseln", meinte etwa der Jenenser Kunsthistoriker Paul Weber 1904 in der Zeitschrift *Der Städtebau*.⁴⁵ Gefragt war nun eine Architektur, die vor allem auf die Ensemblewirkung zielte, in ihren Einzelformen aber möglichst einfach gehalten war. Was damit gemeint war, zeigt etwa der Neubau des Stuttgarter Geißplatzviertels (Karl Hengerer, 1905–09) **5.35 / 5.36** – ein Projekt, das nach seiner Ausführung umgehend zur allgemeinen Referenz für das Bauen in der Altstadt avancierte.⁴⁶

Der Wandel in der allgemeinen Haltung gegenüber der Altstadt erklärt gewiss das spätere Desinteresse an den Neubauten des Straßendurchbruchs wie auch am Neuen Rathaus. Exemplarisch konnte man 1921 in Otto Schillings verbreitetem Handbuch zur Stadtsanierung lesen, die Braubachstraße sei in städtebaulicher Hinsicht „eine durchaus moderne Schöpfung", doch stehe leider die „Architektur damit nicht im Einklang".⁴⁷ Polemischer war bereits 1907 der Frankfurter Band in der Reihe *Stätten der Kultur*, der zur motivüberladenen Architektur der Braubachstraße spöttisch bemerkte: „Es wird jetzt so viel von der Stadtverwaltung für die ‚Kunst' getan, daß für die kommende Zeit gar nichts mehr übrig bleibt."⁴⁸

Es blieb dennoch einiges übrig. Die vielen Baulücken, die entlang der Braubachstraße noch bestanden, füllten sich sehr viel langsamer als erhofft, wobei die Neubauten mit ihren Formen entsprechend den Architekturauffassungen der Zeit zunächst zum Neoklassizismus (Braubachstraße 11 / Domstraße 6, Georg Wilhelm Landgrebe, 1912; Braubachstraße 33, Hermann Senf, 1914) und später zum Expressionismus (Braubachstraße 14–16, Franz Roeckle und Senf, 1926) tendierten. Heute überlebt der neue Straßenzug ironischerweise als einer der ältesten Teile der Frankfurter „Altstadt" – und wir sind weit genug entfernt, um auch diesen Versuch einer vermeintlichen Versöhnung von Alt und Neu als einen genuinen Ausdruck der Zeit um 1900 zu verstehen.

5.35

5.36

5.35 Geißplatz vor der Sanierung, Stuttgart, Foto: um 1900

5.36 Karl Hengerer, Sanierung des Geißplatzes, Stuttgart, 1905–1909

1. Die Geschichte des Straßendurchbruchs ist im Institut für Stadtgeschichte (ISG) insbesondere in den entsprechenden Akten und Berichten des Magistrats sowie den Akten und Protokollen der Stadtverordnetenversammlung dokumentiert und im Folgenden nach diesen Quellen zusammengefasst. Die eigentlichen Bauakten hingegen sind 1944 bei der Zerstörung der Altstadt verbrannt. – Vgl. zum Thema allg. bisher insbes. Mohr, Christoph, „Frankfurt Innere Stadt – Modernisierung – Bewahrung – Verlust – ‚Wiederaufbau'. Konzepte 1900–1955", in: *Gemeinsame Wurzeln – getrennte Wege? Über den Schutz von gebauter Umwelt, Natur und Heimat seit 1900* [etc.], Münster 2007, S. 193–201 sowie Nordmeyer, Helmut und Tobias Picard, *Zwischen Dom und Römerberg*, Frankfurt am Main 2006; von der zeitgenössischen Literatur Schilling, Otto, *Innere Stadterweiterung*, Berlin 1921, S. 104–125 sowie Bangert, Wolfgang, *Baupolitik und Stadtgestaltung in Frankfurt a.M. Ein Beitrag zur Entwicklungsgeschichte des deutschen Städtebaues in den letzten 100 Jahren*, Würzburg 1936, S. 44–47. Als Einstieg in die Thematik und insbesondere die Aktenbestände war die freilich wenig städtebaugeschichtlich ausgerichtete Untersuchung von Köhler, Jörg R., *Städtebau und Stadtpolitik im Wilhelminischen Frankfurt. Eine Sozialgeschichte*, Frankfurt am Main 1995 wichtig. Der Verfasser hat sich im Zusammenhang mit seinem Dissertationsprojekt mit dem Thema befasst.

2. Über die Altstädte um 1900 vgl. allgemein insbesondere Sonne, Wolfgang, „Stadterhaltung und Stadtgestaltung. Schönheit als Aufgabe der städtebaulichen Denkmalpflege", in: Meier, Hans-Rudolf, Sonne, Wolfgang und Ingrid Scheurmann (Hg.), *Werte. Begründungen der Denkmalpflege in Geschichte und Gegenwart*, Berlin 2013, S. 158–179; Vinken, Gerhard, *Zone Heimat. Altstadt im modernen Städtebau*, München, Berlin 2010; Enss, Carmen M. und Gerhard Vinken (Hg.), *Produkt Altstadt. Historische Stadtzentren in Städtebau und Denkmalpflege*, Bielefeld 2016. Eine besonders gut untersuchte einzelne Stadt, gerade auch in kulturgeschichtlicher Hinsicht, ist Wien; vgl.: Kos, Wolfgang und Christian Rapp (Hg.), *Alt-Wien. Die Stadt, die niemals war*, Ausstellungskatalog, Wien 2004.

3. Zur Elektrotechnischen Ausstellung allgemein vgl.: Steen, Jürgen, *„Eine neue Zeit…!" Die Internationale Elektrotechnische Ausstellung 1891*, Ausstellungskatalog, Frankfurt am Main 1991; zu ihrer Bedeutung in der Geschichte der Elektrifizierung auch etwa Gugerli, David, *Redeströme. Zur Elektrifizierung der Schweiz 1880–1914*, Zürich 1996, S. 104–125.

4. Vgl.: Wörner, Martin, *Vergnügung und Belehrung. Volkskultur auf den Weltausstellungen, 1851–1900*, Münster 1999, S. 49–144.

5. Das städtebauliche Projekt ist dokumentiert in ISG, Magistratsakte T 1139/1a; Stadtverordnetenversammlung 508; Protokoll Stadtverordnetenversammlung; Magistratsbericht.

6. Zu Welb vgl.: Zeller, Thomas, *Die Architekten und ihre Bautätigkeit in Frankfurt am Main in der Zeit von 1870 bis 1950*, Frankfurt am Main 2004, S. 398.

7. ISG, Protokoll Stadtverordnetenversammlung, Nr. 295, 18.4.1893, S. 141.

8. Zit. nach *Deutsche Bauzeitung (DBZ)*, 1898, H. 86, S. 556.

9. Vgl. insbesondere die Ausführungen bei Stübben, Josef, *Der Städtebau* (Handbuch der Architektur, 4. Teil, 9. Halbband), 2. Aufl., Stuttgart 1907, S. 232, die auf einen Vortrag auf dem Denkmalpflegetag in Erfurt 1903 zurückgehen.

10. Die Rolle Beutels ist nur aus einem Schreiben an Adickes bekannt, 30.3.1893, in: ISG, Stadtverordnetenversammlung 508.

11. Adickes (1846–1915) war bis 1912 Oberbürgermeister der Stadt Frankfurt. Vgl. zu seiner Rolle für den Städtebau Koch, Rainer, „Oberbürgermeister Franz Adickes und die Stadtentwicklung in Frankfurt am Main 1890–1912", in: *Frankfurt am Main und seine Universität. Vorträge der Frankfurter Geographischen Gesellschaft anläßlich der 75-Jahr-Feier der Johann Wolfgang Goethe-Universität im Jahre 1989*, Frankfurt am Main 1991, S. 9–32; vgl. auch Bleicher, Heinrich: „Franz Adickes als Kommunalpolitiker", in: *Franz Adickes. Sein Leben und Werk*, Frankfurt am Main 1929, S. 253–373, hier S. 296f.; Bangert 1936, S. 36–44. Viele Akten zur Braubachstraße und zum Rathausbau sind von Adickes persönlich gezeichnet.

12. Vgl.: ISG, Protokoll Stadtverordnetenversammlung, Nr. 195, 18.4.1893, S. 139–150; Nr. 428, 4.7.1893, S. 199–201.

13. Der Bau wurde von der Architekturgeschichtsschreibung weitgehend vergessen. Die besten Darstellungen zum schließlich realisierten Gebäude finden sich bei Schomann, Heinz, *Frankfurt am Main und Umgebung. Von der Pfalzsiedlung zum Bankenzentrum* (DuMont Kunst-Reiseführer), Köln 1996, S. 84–88 sowie Traut, Hermann, *Der Römer und die neuen Rathausbauten zu Frankfurt a.M.*, 3. Aufl., Frankfurt am Main 1924, allerdings ohne näheren Bezug auf den Zusammenhang zu den Straßendurchbrüchen.

14. Vgl. Mai, Ekkehard, Jürgen Paul und Stephan Waetzoldt (Hg.), *Das Rathaus im Kaiserreich. Kunstpolitische Aspekte einer Bauaufgabe des 19. Jahrhunderts*, Berlin (West) 1982; Kranz-Michaelis, Charlotte, *Rathäuser im deutschen Kaiserreich, 1871–1918*, München 1976.

15. Vgl. Magistratsbericht 1885/86, S. IX.

16. Cuno, H[ellmuth], „Das neue Rathaus in Frankfurt a.M.", in: *Das neue Rathaus in Frankfurt a.M.*, Frankfurt am Main 1904, S. 3 (Sonderdruck aus den *Frankfurter Nachrichten*, 1903). Vgl. auch die ähnlich lautende Einschätzung bei Bluntschli, Friedrich und Georg Lasius, „Stadt- und Rathäuser", in: *Gebäude für Verwaltung, Rechtspflege und Gesetzgebung; Militärbauten* (Handbuch der Architektur, 4. Teil, 7. Halbband, H. 1), Stuttgart 1900 (EA 1887), S. 34.

17. Wolf-Holzäpfel, Werner, *Der Architekt Max Meckel (1847–1910). Studien zur Architektur und zum Kirchenbau des Historismus in Deutschland*, Lindenberg 2000, S. 129–146; Stubenvoll, Willi, „Das Frankfurter Rathaus 1896–1901", in: Mai u.a. 1982, S. 415–451; Wolff, Carl und Rudolf Jung, *Die Baudenkmäler in Frankfurt am Main*, Bd. 2: *Weltliche Bauten*, Frankfurt am Main 1898, S. 226–235.

18. Planungs- und Baugeschichte nach ISG, Magistratsakte R 1071; Magistratsakte R 1074/1–4; Protokoll Stadtverordnetenversammlung; Cuno 1904; Traut 1924.

19. Stellungnahme von Mitgliedern der Römerbaukommission, 10.11.1896, ISG, Magistratsakte R 1074/1.

20. Vgl. ISG, Protokoll Stadtverordnetenversammlung, Nr. 102, 8.2.1898 sowie Zeitungsausschnitte in: ISG, Magistratsakte R 1071; Zitat: *General-Anzeiger*, 5.2.1898.

21. Zu von Hoven vgl.: *Allgemeines Künstlerlexikon (AKL)*, Bd. 75, Berlin 2012, S. 118; zu Neher vgl.: Zeller 2004, S. 264f.

22. *DBZ*, 1898, H. 57, S. 366 (Zitat nach einem Bericht der vereinigten Hochbau- und Tiefbau-Ausschüsse).

23. Cuno 1904, S. 4.

24. Ebenda, S. 6.

25. Kopie der Turmknaufurkunde, 17.10.1902, in: ISG, Magistratsakte R 1074/2.

26. *Frankfurter Zeitung*, 30.6.1898, ISG, Magistratsakte R 1071.

27. Vgl.: Brix, Michael, *Nürnberg und Lübeck im 19. Jahrhundert. Denkmalpflege, Stadtbildpflege, Stadtumbau*, München 1981, S. 153–164.

28. Eckdaten zum Bau bei Kranz-Michaelis 1976, S. 149 (Katalog).

29. Vgl. zum Projekt Gutbrod, Cristina, *Gustav Gull (1858–1942) – Architekt der Stadt Zürich 1890–1911 zwischen Vision und Baupolitik*, Diss. ETH Zürich 2009, S. 215–264.

30. Vgl.: Stubenvoll 1981.

31. Bericht einer Magistratskommission um Oberbürgermeister Adickes, 3.10.1896, ISG, Magistratsakte R 1074/1.

32. Vgl. Traut 1924, S. 114–116; zu Joseph Correggio (1870–1962) vgl.: *AKL*, Bd. 21, Berlin 1999, S. 315.

33. Vgl.: Askenasy, A[lexander] (Hg.), *Altstädtisches Fest im Römer und Rathaus am 6., 7. und 8. April 1905. Unter dem Protektorate des Magistrats der Stadt Frankfurt am Main veranstaltet von der Frankfurter Künstlergesellschaft und dem Frankfurter Architekten- und Ingenieur-Verein. Erinnerungsblätter zum Einzug in das Steinerne Haus*, Frankfurt am Main 1907.

34. Neubebauung nach ISG, Magistratsakte T 1139/2–3; Stadtverordnetenversammlung 487; Protokoll Stadtverordnetenversammlung; Magistratsbericht.

35. An dem Wettbewerb hatten sich 53 Büros beteiligt. Die Mitglieder des Preisgerichtes Oberbürgermeister Franz Adickes, Stadtrat Gustav Behnke, Karl Hofmann (Darmstadt), Hermann Ritter (Frankfurt am Main) und Paul Wallot (Dresden) traten am 12. Juni 1903 in der Frankfurter Klingerschule zusammen und prämierten 20 Entwürfe gleichwertig, von denen später 18 in der Mappe Fassaden für Frankfurt am Main publiziert wurden. Vgl.: *Fassaden für Frankfurt am Main. Bauten an der Braubachstrasse. 18 Preisgekrönte Entwürfe des von der Stadt Frankfurt a.M. ausgeschriebenen Wettbewerbs*, Leipzig [1903].

36. Zu Fassadenwettbewerben allgemein vgl.: Brix, Michael, „Fassadenwettbewerbe. Ein Programm der Stadtbildpflege um 1900", in: Meckseper, Cord und Harald Siebenmorgen (Hg.), *Die alte Stadt – Denkmal oder Lebensraum?*,

Göttingen 1985, S. 67–89; Wohlleben, Marion, *Konservieren oder restaurieren? Zur Diskussion über Aufgaben, Ziele und Probleme der Denkmalpflege um die Jahrhundertwende*, Zürich 1989, S. 20–28; Haps, Silke, „Erhaltung und Gestaltung von Altstadtbereichen. Fassadenwettbewerbe und Wertvorstellungen im Städtebau des frühen 20. Jahrhunderts", in: *Die Denkmalpflege*, 2011, Nr. 1, S. 25–33.

[37] ISG, Protokoll, Stadtverordnetenversammlung, Nr. 742, 18.7.1905, S. 448.

[38] Zu den realisierten Bauten vgl.: *Frankfurt am Main, 1886–1910. Ein Führer durch seine Bauten. Den Teilnehmern an der Wanderversammlung des Verbandes Deutscher Architekten- und Ingenieur-Vereine gewidmet vom Frankfurter Architekten- u. Ingenieur-Verein*, Frankfurt am Main [1910]; Schomann, Heinz u.a., *Denkmaltopographie Stadt Frankfurt am Main*, Braunschweig, Wiesbaden 1986; Dreysse, DW, Volkmar Hepp und Björn Wissenbach, *Dokumentation Altstadt. Planung Bereich Dom-Römer*, Frankfurt am Main 2006.

[39] Vgl. zu Hermann Senf (1878–1979) Klötzer, Wolfgang, *Frankfurter Biographie. Personengeschichtliches Lexikon*, Frankfurt am Main 1994–1996, Bd. 2, S. 383 sowie den Nachlass Senf, ISG, S1–299.

[40] Denkschrift Welb, 1908, S. 1, ISG, Magistratsakte T 1139/3.

[41] Bericht des Hochbauamts, 8.4.1908, S. 2 (Gutachten Bluntschli und Wallot), ISG, Magistratsakte U 600.

[42] Ebenda, S. 1.

[43] Vgl.: Fischli, Melchior, „Die Restaurierung der Stadt. Stadtmorphologische Denkfiguren in der deutschen Altstadtdebatte um 1900", in: Enss/Vinken 2016, S. 43–57; Sonne 2013.

[44] von Oechelhaeuser, Adolf (Hg.), *Denkmalpflege. Auszug aus den stenographischen Berichten des Tages für Denkmalpflege*, Bd. I, Leipzig 1910, S. 363.

[45] Weber, Paul, „Ungesunde Altertümelei im Städtebau", in: *Der Städtebau*, 1904, S. 55–58, hier S. 56.

[46] Vgl.: Langner, Bernd, *Gemeinnütziger Wohnungsbau um 1900. Karl Hengerers Bauten für den Stuttgarter Verein für das Wohl der arbeitenden Klassen*, Stuttgart 1994, S. 148–212 sowie ders., *Inszeniertes Glück. Die erneuerte Stuttgarter Altstadt 1909*, Stuttgart 2009.

[47] Schilling 1921, S. 114.

[48] Schmidt, Paul Ferdinand: *Frankfurt a.M.* (Stätten der Kultur, Bd. 2), Leipzig [1907], S. 144.

DIE TOTALE GESUNDUNG – VOM UMGANG MIT DER ALTSTADT IN FRANKFURT AM MAIN UND DRESDEN IN DEN 1920ER UND 1930ER JAHREN

Claudia Quiring

6.1 Altstadtkern, Frankfurt am Main, Luftbild: 1936

„Alt-Frankfurt" besaß nach dem Ersten Weltkrieg größtenteils noch seine mittelalterliche, gotische Stadtstruktur. Doch vielfache Überbauungen und Anbauten für Gewerbe- und Wohnzwecke in die einst freien Höfe des von Hirsch-, Holz-, Wollgraben und dem Main begrenzten Bereichs hatten die Wohnverhältnisse seit langem dramatisch verschlechtert. 6.1 Wer es sich leisten konnte, hatte sich daher nach den Wallschleifungen im 19. Jahrhundert in den neu entstandenen Stadtbezirken angesiedelt. Ein Großteil der Bevölkerung musste jedoch mangels finanzieller Möglichkeiten in der Innenstadt verbleiben, wo die Wohnverhältnisse durch Zuzug, hohe Geburtenrate sowie Neu- und Anbauten immer beengter wurden.[1] Zu einem größeren Eingriff in das gewachsene Gefüge kam es 1905 mit dem Abbruch von über 100 Altstadthäusern im Bereich Bethmannstraße und Braubachstraße – jedoch aus wirtschafts- und vor allem verkehrspolitischen Überlegungen heraus, nicht zur Verbesserung der Wohnsituation. Zudem verschärften zahlreiche städtische Ankäufe von Liegenschaften für geplante Abbrüche die Situation weiter. Nur zur kurzfristigen Kostendeckung wurden die Häuser noch einmal vermietet.

In Dresden stellte sich die Situation ähnlich dar, wenn auch die Gebäude und Strukturen hier vor allem auf die

6.2

Baublüte des Barocks zurückgingen. **6.2** Größere Eingriffe mit Niederlegung ganzer Altstadtviertel erfolgten Ende des 19. Jahrhunderts ebenfalls lediglich aus verkehrstechnischen Überlegungen heraus, beispielsweise durch die Neuanlage der König-Johann-Straße (heute: Wilsdruffer Straße) zur Schaffung einer durchgehenden innerstädtischen Ost-West-Straßenverbindung.

Größere und planerisch in eine Gesamtentwicklung eingebettete Sanierungen waren in beiden Städten unterblieben. Bauunterbrechungen während des Ersten Weltkrieges und das anschließende Bevölkerungswachstum hatten zu weiteren Zuspitzungen geführt. Es bestand also dringender Handlungsbedarf, dem die wirtschaftliche Situation nach Kriegsende vielfach entgegen stand.

Große Pläne, kleine Ergebnisse:
Die „Sanierungs-"planungen in den 1920er Jahren

Ab 1925 wehte in Frankfurt mit dem neuen Stadtbaurat Ernst May ein frischer Wind in die Stadt. Auch wenn May sich aufgrund des massiven Wohnungsmangels mehr auf neue Siedlungen am Stadtrand konzentrierte, erstellte das Siedlungsamt 1926 doch zudem eine hausgenaue Erhebung der Altstadtbauten, um eine tragfähige Grundlage für

6.2 Westliche Altstadt, Dresden, Luftbild: 1925

6.3

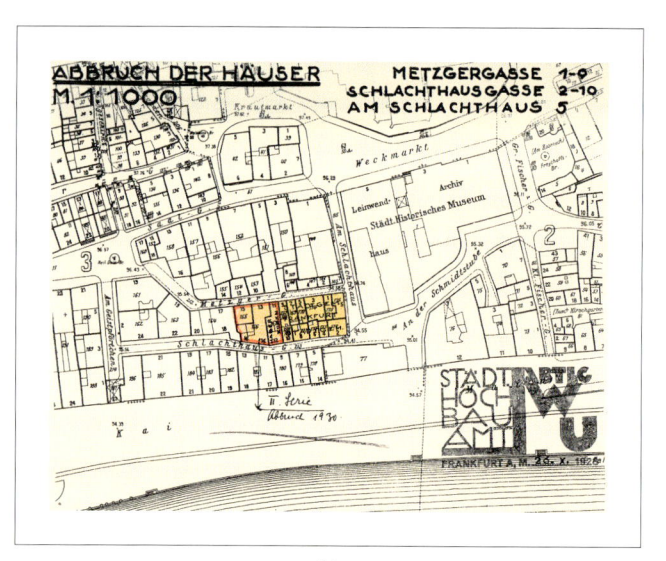

6.4

6.5

6.3 Abbruchplanung in Metzgergasse, Schlachthausgasse und Am Schlachthaus, Frankfurt am Main, 1928
6.4 Elendswohnung in der Metzgergasse, Frankfurt am Main, Foto: 1928
6.5 Frankfurter Altstadtkataster, Erfassungsblatt, Vorder- und Rückseite, 1932

weitere Planungen zu erhalten.² Im Ergebnis wurde die Unterhaltung einer großen Anzahl von Altstadthäusern aufgrund massiver wohnungshygienischer Missstände als unrentabel eingestuft und die Erstellung eines Sanierungsplans vorgeschlagen. Magistratsbaurat Theodor Derlam³ erinnert sich, dass 400 Altstadthäuser in städtischer Hand, deren Mehrzahl baufällig war, innerhalb von fünf Jahren abgerissen werden sollten.⁴ Nachdem 1925 bereits 20 Häuser mit 60 Wohnungen niedergelegt worden waren, wurde nun für 1926 bis 1933 der jährliche Abriss von 70 bis 100 Wohnungen aus städtischem Besitz in der Altstadt, aber auch in anderen Stadtteilen, geplant. Im von Derlam aufgestellten Abrissplan wird unterschieden zwischen „kulturell wertlosen" Häusern und schützenswerten Einzelgebäuden (z.B. dem Römer) sowie Straßenzügen, die aus fremdenverkehrspolitischen Erwägungen heraus saniert werden sollten.⁵ Im Bereich stark verdichteter Ensembles plante man, durch „Auskernung" – das heißt die Entfernung „wilder" Hofbebauungen – eine dauerhafte Verbesserung der Belüftung und Belichtung der Wohn- und Arbeitsbereiche zu erreichen. Das nördlich von Dom und Römer gelegene, etwa 35 Hektar umfassende Gebiet zwischen Tönges- und Schnurgasse (heute: Berliner Straße) wurde dagegen 1930 für eine „Sanierung" vorgesehen – wobei Sanierung damals Abbruch meinte. Durch diesen sollte Platz geschaffen werden für ein neues Geschäftshausviertel. „Unglücklicherweise" standen einer zügigen Umsetzung „wertvolle Baudenkmäler" und Teile der Altstadt im Wege, die sich „vielfach noch in einem befriedigenden baulichen Zustande" und zudem in Privathand befanden.⁶

Der südliche Altstadtkern zwischen Dom und Römer wurde aus kulturhistorischer Sicht und aus wirtschaftlichen Gründen als wertvoll und erhaltenswert eingeschätzt. „Energische Sanierungen" hätten aber auch hier in Form von baulicher Auflockerung, dem Abbruch von Hinterhäusern und der Verbesserung der sanitären Ausstattungen zu erfolgen. Jedoch kam es lediglich in dem „schlimmsten Slum-Viertel der Altstadt", im Bereich Schlachthausgasse und Metzgergasse, zu Abrissen. 6.3 / 6.4 Derlam vermeldet für 1927 bis 1930 den Abbruch mehrerer Fachwerkhäuser und die Neuanlage von drei Spielplätzen an deren Stelle.⁷

Unter May kam es damit nur zu relativ geringen Eingriffen in die Bausubstanz der Altstadt. Die große Ausnahme blieb das 1927 zwischen Rebstockhof und Domstraße errichtete Hauptzollamt von Werner Hebebrand; das Grundstück hierfür war allerdings schon seit dem Braubachstraßendurchbruch freigeräumt. Ein Grund für die sonst geringe Tätigkeit im Altstadtbereich lag auch in einem ab 1928 allmählich aktiveren Agieren der Denkmalpflege. May selbst war Mitglied der „Bezirkskommission zur Erforschung und Erhaltung der Denkmäler innerhalb des Regierungsbezirks Wiesbaden". Seine Einstellung zur Altstadt wird deutlich, wenn er für ein dortiges kontrastreiches Miteinander von Alt- und Neubauten ohne jegliche „gefällige Einpassung" sowie eine „dynamische Verspannung innerhalb der städtebaulichen Situation" plädiert.⁸ Der auch als Bezirksdenkmalpfleger tätige, aber dennoch modernen Strömungen gegenüber offene Direktor der Kunstschule, Fritz Wichert, konzentrierte sich zwar auftragsgemäß auf die historische Substanz, argumentierte dabei aber zukunftsorientiert. Er konnte, unter Nutzung von Vorarbeiten des Bundes tätiger Altstadtfreunde⁹, 1929 die Erstellung eines sogenannten Altstadtkatasters erwirken. Dieser sollte – aus Fehlern lernend – für den Städtebau der Zukunft auswertbar sein: „Die Auswertung des gewonnenen Materials für den modernen Städtebau und seine Forderungen ist als eigentliches Ziel der ganzen Unternehmung zu betrachten."¹⁰ Das vom Regierungspräsidenten finanziell bezuschusste Verzeichnis wurde vom Hochbauamt, dem Bezirksdenkmalpfleger und dem Bund tätiger Altstadtfreunde bearbeitet; dabei wurde nicht nur der kunsthistorische, konservatorische und bautechnische Zustand der Gebäude geprüft, sondern auch die sozialen, kulturellen und gesundheitlichen Verhältnisse ihrer Bewohner ausgewertet.¹¹ 6.5 Diese ursprünglich einmal auf zwei Jahre angesetzte, jedoch aufgrund des Umfangs der erhobenen Daten zeitintensive Erfassung bewirkte die Zurückstellung der Altstadtsanierung.¹²

Statt Abriss oder Umbau wurden nur noch kosmetische Eingriffe an der Oberfläche ausgeführt. Die 1922 schon vor Mays Amtszeit begonnenen, damals an Bruno Tauts Farbstürmen in Magdeburg orientierten Fassadenanstriche wurden in den *Richtlinien für die farbige Gestaltung* neu definiert und sollten nun die „in der modernen Architektur erstrebte Einfachheit"¹³ durch dezentere Farbwerte reflektieren. 6.6 / 6.7 Aus dieser Argumentation heraus erhielten die drei Staffelgiebel des Römers 1927 einen einheitlich roten Anstrich, für den auch Teile des erst gut 25 Jahre zuvor geschaffenen neugotischen Schmucks abgeschlagen wurden.¹⁴

Ansonsten wurden weiter Altstadthäuser für Sanierungen geräumt und einige auch abgerissen, andere jedoch aufgrund der großen Wohnungsnot und trotz vehementen Einspruchs des Hochbauamtes vom Wohnungsamt wieder mit Mietern belegt. Die neuen, auch gerade für die Altstadtbewohner geplanten Wohnungen in der Römerstadt, Praunheim etc. waren für diese meist zu teuer, und für den Umzug wurden auch nur „geringfügige Umzugsbeihilfen" gewährt.¹⁵ Die geplante Dezentralisation und damit Auflockerung der Altstadt konnte unter May nicht erreicht werden. Ihm war durch widrige Umstände der Wind aus den Segeln genommen worden.

Zu den Entwicklungen in Frankfurt gibt es in Dresden zahlreiche Parallelen. In der sächsischen Landeshauptstadt,

6.6   6.7

damals zu den zehn größten Städten in Deutschland zählend, übernahm nach einem kurzen Intermezzo von Hans Poelzig 1922 Paul Wolf[16] die Leitung des Hochbauamtes. Wolf sah sich damit konfrontiert, dass nach einer Wohnhauskontrolle durch Baurevisoren bei mehr als einem Drittel aller Dresdner Altwohnhaus-Grundstücke eine „Mängelbeseitigung" durch das Wohnungsamt als notwendig erachtet wurde.[17] Die Probleme konzentrierten sich in der inneren Altstadt, in Teilen der inneren Neustadt und in den alten Dorfkernen von 1921 eingemeindeten Vororten.[18] Besonders im Altstadtbereich erschien städtisches Eingreifen dringlich.[19] Eine von den Stadtverordneten angeregte „systematische, listenmäßige Zusammenstellung" aller Häuser, ähnlich dem Frankfurter Kataster, lehnte das Bauamt aber als „überflüssige Papierarbeit" ab.[20] 1929 wird jedoch lediglich zur „Verkehrsentlastung" der seit 1926 in Planung befindliche Straßendurchbruch zur Fortführung des Rings bis zum Wettiner Platz geplant.[21] **6.8** Dies betraf ein von Stiftstraße, Freiberger Platz, Annenstraße, Großer Zwinger Straße und Wettiner Straße umgrenztes, mehrere Baublocks umfassendes Areal, in dem der Großteil der Bebauung völlig neu überformt beziehungsweise durch komplett neue Baublocks an verbreiterten und begradigten Straßen ersetzt werden sollte. Auch ein Hochhaus wurde vorgesehen – Wolf hatte schon mehrfach diese Möglichkeit für den Rand des Rings vorgeschlagen. Später findet sich in den Plänen für das dann „Sanierung Fischhofplatz" genannte Großprojekt auch die Einzeichnung eines Großgaragenbaus.[22] **6.9** Bei einer Umsetzung dieser ähnlich wie in Frankfurt rücksichtslosen Planung wäre von der vorhandenen, kleinteiligen Substanz durch den so entstehenden Maßstabsprung nur

wenig übrig geblieben. Doch die Pläne blieben komplett unrealisiert.

Alte Pläne, neue Ziele: die „Gesundung" der Altstadt

Nach dem politischen Wechsel 1933 wurden in den sanierungswilligen Städten die alten Pläne, meist zusammen mit Voruntersuchungen zu den inzwischen schon allgemein als „soziale, hygienische, politische und nicht zuletzt sittliche Gefahrenherde"[23] bezeichneten Sanierungsgebieten, wieder aus den Schubladen geholt. Finanzielle Beihilfen des Reichsarbeitsministeriums lockten. Kritische Stimmen, die aus sowohl baukünstlerischen wie aus wirtschaftlichen und sozialen Gründen den möglichst umfangreichen Erhalt von Altsubstanz einforderten, blieben auch in den folgenden Jahren singulär.[24] Immer deutlicher wurde dagegen die Motivation eines Sozialstrukturaustauschs, da nun von „einem bisher verfolgten defensiven Hygienismus zu einem offensiven Biologismus"[25] übergegangen wurde.

In Frankfurt kann „Altstadtvater" Theodor Derlam auch nach der politischen Wende unter dem überzeugten Nationalsozialisten Friedrich Krebs als neuem Oberbürgermeister kontinuierlich an den Sanierungsplänen, nun „Gesundungspläne" genannt, weiterarbeiten und legt bereits im April 1933 eine überarbeitete Fassung seiner Sanierungsdenkschrift von 1930 vor.[26] Derlam orientiert sich weiter an den zuvor schon definierten zwei Zonen, passt aber die Formulierungen sprachlich an. Nun ist von der „Verpflanzung asozialer Elemente in verschiedene Aussen- und Vorstadtquartiere"[27] zu lesen, und von einer Vorgehensweise mit „Beil und Axt" in der zweiten Zone nördlich der Braubachstraße.[28]

6.6 Hans Leistikow, Entwurf zur Farbgestaltung der Frankfurter Altstadt (Saalgasse 20, 18 und 17), 1926

6.7 Farbgestaltung der Frankfurter Altstadt (Saalgasse 20, 18 und 17), Ansichtskarte, ca. 1938

Oberbürgermeister Krebs spricht konkretisierend von der „Ausmerzung der Widerstandsnester kommunistischer und sonstiger asozialer Elemente".[29] **6.10** Im Juli 1934 wurde ein Ideenwettbewerb für vier Neubaumaßnahmen im Bereich der Altstadt ausgelobt. **6.11** Diese umfassten den Straßendurchbruch und die Neubebauung der Schüppengasse und Umgebung, die Verbreiterung der Wedelgasse, den Ausbau der Lücke Fahrgasse 35–39 und den Ausbau der Löhergasse in Sachsenhausen. Die 125 eingereichten Arbeiten wurden vom Preisgericht, dem neben Stadtbaurat Reinhold Niemeyer[30], der den verhinderten Oberbürgermeister Krebs vertrat, und den städtischen Hochbaubeamten Derlam und Herbert Boehm auch als stellvertretender Bezirks-Konservator der Wiesbadener Landesoberbaurat Hermann Müller und als auswärtige Gutachter der für seine nationalistisch gefärbte Geschichtsschreibung bekannte Kunsthistoriker Wilhelm Pinder (München), Baudirektor Senator Karl Köster (Hamburg), der NSDAP-Referent für Städtebau Peter Grund (Düsseldorf) und Heinrich Tessenow (Berlin) angehörten, als nicht vollständig überzeugend

6.8 Paul Wolf, Sanierungsplanung mit Straßendurchbruch ab dem Wettiner Platz (oben links), Dresden, Modell, 1925

6.9 Paul Wolf, Planung Fischhofplatz, Dresden, 1937

6.10 Blick in die Gelnhäuser Gasse, Frankfurt am Main, Foto: ca. 1932/33. Die Gaststätten „Schmids Bierstübl" und „Zum Guschi" in den Eckhäusern zur Schnurgasse wurden gerne von Kommunisten besucht.

Hier setzt die Sanierung ein
Der Ideenwettbewerb um die Frankfurter Altstadt

* Der Oberbürgermeister hat, wie gestern berichtet, einen Ideenwettbewerb für vier Bauprojekte ausgeschrieben, die im Rahmen der Altstadtsanierung durchgeführt werden sollen. Diese vier Bauvorhaben bilden einen kleinen Teil des Sanierungsprogramms der Frankfurter Altstadt, das 1926 von Stadtrat May in Angriff genommen wurde und nach dem von ihm ausgearbeiteten Plan bereits 1931 abgeschlossen sein sollte.

Darüber, daß bei der Sanierung wichtige Baudenkmäler pfleglich behandelt werden, besteht heute keine Meinungsverschiedenheit mehr, schon allein aus dem Grunde, weil für allzu großzügiges Planen die Mittel nicht aufzubringen sind. Neben den rein wirtschaftlichen Gründen, die zwingen, volkswirtschaftliche Werte zu erhalten, läßt sich das Hochbauamt aber ebenso sehr von konservatorischen und baukünstlerischen Grundsätzen zur Erhaltung bestehender Bauwerke bestimmen.

Die erste Aufgabe des Wettbewerbes fordert geeignete Entwürfe für einen Straßendurchbruch und die Neubebauung der Schüppengasse und Umgebung. Die Schüppengasse, die bekanntlich die Querverbindung von der Weißadlergasse nach der Bethmannstraße herstellt, ist eine Massierung von Elendsquartieren. Eine enge, sich durch die in der Altstadt vielfach beobachtete Bauweise nach oben verjüngende Schlucht stellt die Gasse dar, in die lediglich in der Mittagsstunde für knappe Frist einige Sonnenstrahlen den Weg finden. Muffig und baufällig sind alle die Häuser, die teilweise noch überbewohnt sind. Dieses Viertel der Stadt hat eine ordnende Hand notwendig. Es ist notwendig, daß die unhygienischen Wohnungen beseitigt werden, und es ist notwendig, daß diese Gegend auch städtebaulich in einen Zustand versetzt wird, der den Erfordernissen unserer Zeit mehr entspricht, als dies heute der Fall ist.

Die zweite Aufgabe ist weniger städtebaulich und sozial als verkehrspolitisch bedingt. Man hat bei für die damalige Zeit unerhörten Durchbruch durch die Altstadt geschaffen mit der breiten Braubachstraße, die allen Verkehrsbedürfnissen auf unabsehbare Zeit hinaus genügen wird. Aber der Weg zu dieser Straße geht, wenn man die West-Ostrichtung fahren will, durch die Wedelgasse. Die Wedelgasse aber, die am Ratskeller beginnt und am Römerberg zu Ende ist, ist ein Engpaß schlimmer Art. Die Straßenbahn mußte dieses kurze Stück eingleisig geführt werden, und Fuhrwerke, die hier durch wollen, müssen gerade in den Hauptverkehrszeiten eine günstige Gelegenheit für die Durchfahrt abwarten.

Die Verbreiterung dieser Stelle war bereits vor langer Zeit vorgesehen. Bekanntlich wurde seinerzeit bereits ein Projekt für die Bebauung ausgearbeitet. Das Haus, das fallen muß, wenn die Verkehrsverhältnisse an dieser Stelle geschaffen werden sollen, gehört der Stadt, so daß Kosten für die Erwerbung nicht mit dem Projekt verbunden sind. Im Erdgeschoß des Hauses befinden sich Läden, in den oberen Geschossen ist die Grundstücksverwaltung untergebracht.

Die dritte Aufgabe, der Ausbau der Lücke Fahrgasse 35–39, ist eine rein städtebauliche Angelegenheit. Dieses verhältnismäßig kleine, spitzwinklige Gelände ist von einem Bauzaun eingeschlossen, der alles andere als schön ist. Händler haben Verkaufsbuden für die verschiedensten Dinge hier aufgemacht. Die beiden Rückseiten des Dreiecks werden von Brandmauern gebildet, von denen die größere eine riesige Reklame trägt; die restlichen sichtbaren Mauerstücke sind auch keine Zierde eines Straßenzugs.

Schließlich ist als vierte Aufgabe der Ausbau der Löhergasse gestellt. Nach dem Main zu klafft eine große Baulücke, von einem Bauzaun eingeschlossen, die die Wirkung des Städtebildes stark beeinträchtigt. Daneben aber befindet sich ein großer Teil der Häuser der Löhergasse in einem baulichen Zustand, der dringend weitgehende Eingriffe notwendig macht. Ein Haus mußte bereits wegen Baufälligkeit geräumt werden und steht nun mit leeren Fenstern da, mit Balken notdürftig gestützt, damit es nicht einstürzt und durch seinen Einsturz die Nachbarhäuser mit ins Rutschen kommen. Bei dem Unwetter der vergangenen Woche löste sich an der Außenwand des noch bewohnten Teils dieses Baublocks die Ziegelverkleidung. Auch andere Häuser sehen nicht viel besser aus. Mit einem Wort, auch die Löhergasse bedarf dringend und weitestgehend einer sanierend eingreifenden Hand. Es wäre dringend notwendig, daß die Reichsstellen die erforderlichen Mittel bereitstellen, nicht zuletzt auch im Interesse einer weiteren Arbeitsbeschaffung.

6.11 „Hier setzt die Sanierung ein. Der Ideenwettbewerb um die Frankfurter Altstadt", *Frankfurter Zeitung*, 26.7.1934

6.12 Übersichtsplan zu den Erneuerungsarbeiten in der Frankfurter Altstadt, 1936.

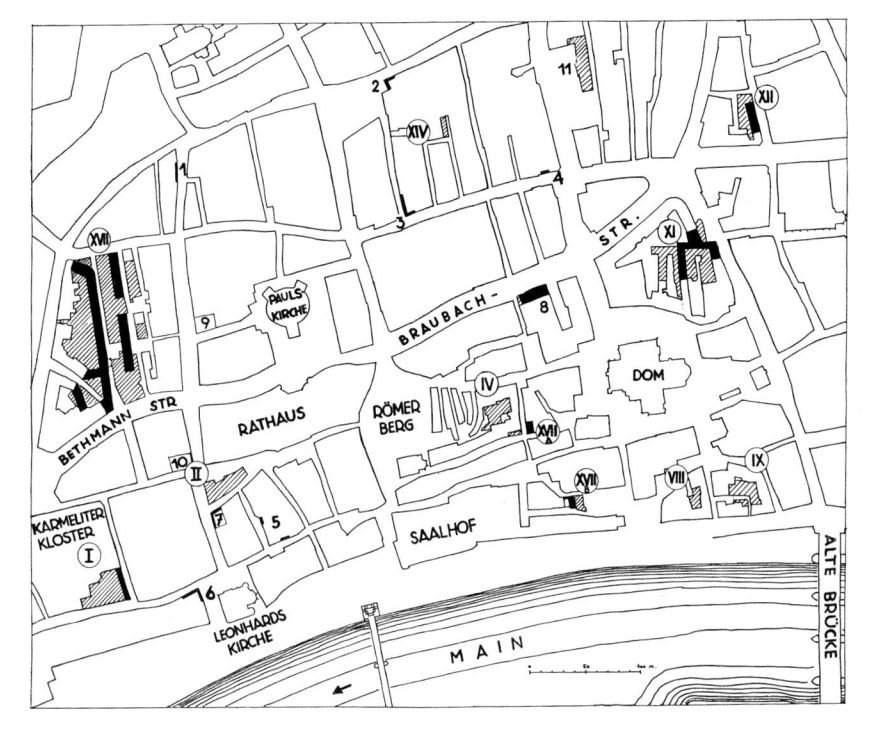

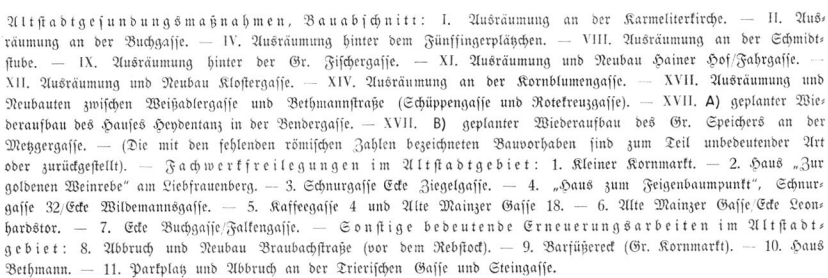

Die römischen Zahlen kennzeichnen die Sanierungsblöcke, die arabischen Zahlen die Einzelprojekte.

6.13 Haus Heydentanz zum Abriss vorgesehen, Rothekreuzgasse, Frankfurt am Main, Foto: 1937

beurteilt.³¹ Trotzdem flossen sie 1935 in Derlams Entwürfe für elf Bauvorhaben ein. **6.12**

Bis Anfang 1936 waren die Vorarbeiten nach Vorlage beim Regierungspräsidenten soweit gediehen, dass weitestgehend Klarheit über das weitere Vorgehen herrschte. Lediglich in Bezug auf die Schüppengasse, in der über 70 Altstadthäuser abgerissen und durch „Typenhäuser" ersetzt werden sollten,³² und die Lörgergasse mit zehn Abbruchhäusern herrschte noch Dissens mit der gutachterlich eingebundenen Denkmalpflege. Bei der Schüppengasse setzte die Stadt sich schließlich mit Hinweis auf die 500-jährige Tradition als „Dirnenviertel" über den Widerstand hinweg und ließ das Areal abbrechen.³³ Das baugeschichtlich bedeutende Haus Heydentanz wurde 1938 abgetragen und eingelagert, geplant war, es später im Altstadtkern, an der Ecke Bendergasse und Lange Schirn, wieder aufzubauen.³⁴ **6.13** Die Lörgergassen-Planung wurde dagegen fallen gelassen – sehr zur Freude der Bewohner, die sich 1934 bereits an Krebs gewandt hatten, um den nun nach den bereits überstandenen Planungen (1927) Mays zur Eindeichung der Altstadt zum Schutz vor Hochwasser erneut anstehenden Abbruch ihrer Gasse zu verhindern.³⁵ Zur Realisierung der beschlossenen Maßnahmen kam es vor allem zwischen 1936 und 1939, die künstlerische Oberleitung hatte hierbei Magistratsoberbaurat Otto Fischer.³⁶ Wo abgerissen wurde, zogen die Bewohner in andere Stadtteile oder wurden in leicht kontrollierbare Ersatzneubauten am Rande der Stadt umgesiedelt.³⁷ Theodor Derlam stellte die durchgeführten Arbeiten stolz in Ortsbegehungen der Presse sowie interessierten Gruppen vor und berichtete in zahlreichen Publikationen darüber, die Stadt gab Broschüren heraus, eine filmische Dokumentation fand Eingang in den Werbefilm *Besuch in Frankfurt*.³⁸ **6.14** Auf der *Deutschen Bau- und Siedlungsausstellung* 1938 in Frankfurt diente ein Modell des Handwerkerhöfchens der Gebrüder Treuner

6.14

6.14 „Diese wundervolle Märchenstadt, so schön, so schön!", *Frankfurter Volksblatt*, 9.11.1936

6.15

zur Propaganda für die „Altstadtauskernung" und „Altstadtgesundung".³⁹ **6.15**

Für Sanierungsarbeiten im heutigen Sinn, also die Verbesserung der bestehenden Wohnungen durch Um- und Ausbau, stellt Frankfurt vergleichsweise geringe Finanzmittel zur Verfügung. Der Großteil der Mittel wird bereits durch Ankauf und Abbruch von Grundstücken aufgebraucht.⁴⁰ Die Mieten (meist waren es Neu- statt Umbauten) stiegen nach den Sanierungen erwartungsgemäß an, sodass es zu einer Verdrängung der ehemaligen Bewohner kam. Auch Läden, Werkstätten und gewerbliche Betriebe verließen damals die Innenstadt, die Citybildung schritt damit deutlich voran – mit der politisch so stark propagierten „Stadt des Handwerks" hatte dies alles wenig zu tun.

In Dresden trat im August 1933 Ernst Zörner, ein Nationalsozialist der ersten Stunde, das Amt des Oberbürgermeisters an. Er gab – unter anderem bei Ortsbegehungen – die Zielsetzung aus, „[…] alle erbgesunden und rassisch hochwertigen kinderreichen Familien aus den stickigen Wohnverhältnissen in gesunde[n], allen hygienischen Erfordernissen entsprechende[n] Wohnungen unterzubringen."⁴¹ Die 1932 aus wirtschaftlichen Gründen aufgeschobenen Planungen wurden wieder aufgegriffen und in den folgenden Jahren als Erfolgsmeldungen immer wieder in die Propagandamaschine gegeben. In der Tagespresse wurden die Sanierungsgebiete als „Herde tückischer Krankheiten und Brutstätten politischer Verhetzung" vorgeführt.⁴² Aber man zeigte sich optimistisch, das „Kapitel Elendswohnungen" – und damit die Zerstreuung der politischen Gegner – sehr bald abschließen zu können.⁴³ 1938 wurde zumindest schon einmal von einem vorliegenden „Gesamt-Gesundungsplan" und bereits in Angriff genommenen Arbeiten berichtet.⁴⁴

In Dresden ging es dabei vor allem um drei Sanierungsbereiche: das Areal Salzgasse und Rampische Straße in der Nähe der Frauenkirche, die Kleine und Große Frohngasse (später Marktstraßen) und den Fischhof-Komplex. Die Auswahl der Sanierungsgebiete Frohngassen und Fischhof-Komplex wurde dabei mit wohnungshygienischen Problemen und dem Umstand begründet, „daß hier eine größere Anzahl von Bordellen zu finden war, in deren unmittelbarer Nachbarschaft eine große Zahl von Kindern und Jugendlichen aufwuchs".⁴⁵ Zudem handelte es sich um den Wahlkreis Innere Altstadt mit hohem Stimmanteil für SPD und KPD – also eine „Brutstätte politischer Verhetzung" – deren Netzwerke nun durch die mit der Sanierung verbundenen Verdrängungsmechanismen gestört werden konnten.⁴⁶

Auf dem Areal Salzgasse und Rampischer Straße ging es primär um eine „Totalsanierung", das hieß: den Abriss von Gebäuden. **6.16 / 6.17 / 6.18** Insgesamt 22 Altgrundstücke mit 100 Wohnungen waren betroffen. Die Denkmalpflege legte jedoch bei mehreren Grundstücken erfolgreich ihr Veto ein und im August 1939 mussten die Arbeiten nach einigen Abrissen schließlich zugunsten des Sanierungsgebietes Frohngassen zurückgestellt werden. Dort standen damals noch Teile der ältesten Bebauung der Stadt. **6.19** Die „Gesundungsplanungen" für diesen Bereich waren seit 1934 in

6.15 Modell des Handwerkerhöfchens zur Demonstration der „Altstadtauskernung", *Deutsche Bau- und Siedlungsausstellung*, Frankfurt am Main, Foto: 1938

6.16 Paul Wolf, Lageplan zur Salzgassensanierung, Dresden, 1939
6.17 Salzgasse vor der Sanierung, Dresden, Foto: 1907/08
6.18 Salzgasse nach der Sanierung (rechts) und Albertinum (links), Dresden, Foto: 1936
6.19 Haus Frohngasse 1 vor dem Abbruch, Dresden, Foto: ca. 1920
6.20 Neubau in der Marktstraße (ehemals: Frohngasse), Dresden, Foto: 1938

6.21

Vorbereitung und wurden ab 1936 ausgeführt. Das Projekt lief auf eine Entkernung des Gesamtblocks Weiße Gasse, Kreuzstraße, König-Johann-Straße, Moritz- und Gewandhausstraße hinaus. Wie schon die im Bereich Salzgasse und Rampische Straße teilweise von Privatarchitekten für Bauträger entworfenen Bauten weisen auch hier die durch die GEWOBAG (Gemeinnützige Wohnungsbau-Aktiengesellschaft) errichteten meist fünfgeschossigen Gebäude mit Wohnungen, Läden und Werkstätten ein etwas bemühtes Anknüpfen an historische Traditionen auf. Die recht steril erscheinenden Fassaden entsprachen aber offensichtlich dem städtischen Wunsch nach Erhaltung eines „individuellen Gepräges" im Rahmen eines „einheitliche[n] Gesamtbild[es]".[47] Auf Fotografien wirken sie auffällig sauber.[48] **6.20** Im Film wurden die Abrissarbeiten festgehalten,[49] Fotos präsentieren in der Tagespresse und in städtischen Publikationen das Erreichte.[50]

Für den dritten, seit 1935 wieder in Angriff genommenen Sanierungsbereich Fischhof,[51] wurde die „Leerstellung" von 267 Wohnungen geplant, 49 Betriebe hatten ihren Platz zu räumen.[52] Abgerissen werden sollten nahezu alle historischen Gebäude, historische Plätze eine starke Aufweitung erfahren und der nördliche Bereich auf komplett neuem Stadtgrundriss konzipiert werden. Für die „Verkehrs- als auch […] Wohnsanierung"[53] – in dieser Reihenfolge! – sah Wolf in Verfolgung seiner „Lieblingsidee", aber nachgeordnet, auch die Anlage von Grünflächen vor, sodass „Straßendurchbrüche in Verbindung mit Promenaden" und eine Verbindung mit dem Elbufer entstünden. Doch im September 1940 musste eingeräumt werden, dass das Projekt „über skizzenhafte [sic!] Vorentwürfe noch nicht hinausgelangt" sei.[54] Die 1939 und 1940 für die Altstadtsanierung in den Haushalt eingestellten Mittel wurden nie abgerufen.[55]

Als 1939 die Deutsche Gesellschaft für Wohnungswesen für das Reichsarbeitsministerium eine landesweite Erhebung zu den Sanierungsmaßnahmen durchführte, konnte Dresden „noch keinerlei Material in der gewünschten Ausführlichkeit zur Verfügung stellen, da die Arbeiten eben erst begonnen hatten", während Frankfurt einen ersten abgeschlossenen Abschnitt mit elf verschiedenen Sanierungsprojekten und einige weitere, vorwiegend Abbruchprojekte, zu vermelden hatte.[56] Als prominenteste Beispiele werden die Handwerkerhöfchen am Fünffingerplatz, der Kirschgarten an der Kleinen Fischergasse und die „Ausräumung" an der Karmeliterkirche benannt. **6.21** Die Altstadtsanierung lief als Sonderprogramm 1941/42 aus. Derlam, der 1946 wegen NSDAP-Mitgliedschaft entlassen, aber noch im selben Jahr nach diversen Entlastungsschreiben und der Einstufung als „Mitläufer" im Spruchkammerverfahren wieder eingestellt worden war, brüstete sich 1958 im Rückblick noch ganz im biologischen Duktus damit, dass es sich um „*echte* Sanierungen handelte, bei denen der ‚Patient' Altstadt – durch eine Operation im Inneren von allen Fremdkörpern und Überwucherungen befreit! – zur *Gesundung* gebracht wurde!"[57] **6.23** Eine wirkliche Altstadt konnte das nach dieser „totalen Gesundung" natürlich nicht mehr sein. Es war eine „Konstruktion von Altstadt"[58] – damals wie heute. Die in Frankfurt und Dresden durchgeführten Sanierungsprojekte – in Frankfurt früher, durch den Kataster gründlicher vorbereitet und in der Umsetzung umfangreicher – stehen stellvertretend für das Vorgehen in vielen europäischen Städten. In Frankfurt blieb durch die Bombenangriffe im Zweiten Weltkrieg – der schwerste erfolgte am 22. März 1944 – lediglich ein Teil der um 1938 entstandenen Neubauten am Hainer Hof von Gottlob Schaupp und Adam Aßmann erhalten. **6.22** In Dresden wurden die Sanierungsprojekte vor allem durch die Bombenangriffe vom 13. bis 15. Februar 1945 komplett zerstört. Damit entstand eine *tabula rasa* für wieder neue Planungen im Sinne einer aufgelockerten, grünen, durchlichteten und -lüfteten – eben „gesunden Stadt".

6.21 Sanierung Am Kirschgarten, Frankfurt am Main, Foto: ca. 1938

6.22

6.23

¹ Frankfurter Mieterverein (Hg.), *Das Wohnungselend und seine Abhilfe in Frankfurt a. M. Dargestellt nach einer Untersuchung des Frankfurter Mietervereins vom Herbst 1897*, Frankfurt am Main 1898.

² Cunitz, Olaf, *Stadtsanierung in Frankfurt am Main 1933–1945*, Magisterarbeit Johann-Wolfgang-Goethe-Universität Frankfurt am Main 1996, publikationen.ub.uni-frankfurt.de/frontdoor/index/index/docId/2310 (20.3.2018). Hingewiesen sei auch auf ein Personenlexikon, das in seinen Beiträgen zu den involvierten Personen (vor allem Theodor Derlam, Fried Lübbecke, Ernst May, Reinhold Niemeyer, Fritz Wichert), zahlreiche Informationen präsentiert: Brockhoff, Evelyn u.a. (Hg.), *Akteure des Neuen Frankfurt*, Frankfurt 2016.

³ Derlam (1886–1970) arbeitete von 1913 bis 1956 fast ununterbrochen im Frankfurter Hochbauamt, sein Schwerpunkt lag auf der Sanierung der Altstadt. Vgl.: Reinsberg, Julius, „Derlam, Theodor", in: Brockhoff 2016, S. 98–99.

⁴ Derlam, Theodor, *Aus dem Leben des letzten Frankfurter Altstadt-Baumeisters*, unveröffentlichte Lebenserinnerungen, nach 1958, ISG, S 5242, Bd. 1, S. 74.

⁵ Derlam 1958, S. 74–75.

⁶ „Die Altstadtsanierung in Frankfurt a. M.", Bericht für den Kongreß der Internationalen Vereinigung für Wohnungswesen und Städtebau 1931 in Berlin vom 15.10.1930, ISG, Magistratsakte 6206, Bl. 4–7 , hier Bl. 2, im Folgenden Bl. 3.

⁷ Ebenda, Bl. 3.

⁸ So unter anderem auf dem 1928 unter dem Motto „Altstadt und Neuzeit" in Würzburg stattfindenden Tag für Denkmalpflege und Heimatschutz. Wiedergegeben von Justus Bier, in: *Das Neue Frankfurt*, 1928, H. 1, S. 19. Vgl. auch *Das Neue Frankfurt*, 1928, H. 10, Mitteilungen, und Wichert, Fritz, *Die Denkmalpflege im Regierungsbezirk Wiesbaden. Bericht des Bezirkskonservators über die Jahre 1924–1928*, Frankfurt 1929, S. 16 (im Folgenden Denkmalpflege).

⁹ Der Bund tätiger Altstadtfreunde war 1922 von dem Kunsthistoriker Fried Lübbecke (1883–1965) gegründet worden und fühlte sich der sozialen, hygienischen und künstlerischen Belebung der Altstadt verpflichtet. 1929 besaß er – nach Angaben Lübbeckes – 1.300 Mitglieder. 1966 wurde der Verein als Freunde Frankfurts neugegründet.

¹⁰ [Amt für Wissenschaft, Kunst und Volksbildung], Organisationsplan zur Bearbeitung des Altstadtproblems in Frankfurt am Main, undatiert [1929], ISG, Magistratsakte S 1459, Bl. 13–15., hier Bl. 14.

¹¹ „Die Altstadtsanierung in Frankfurt a. M.", 1930, S. 4. Die historischen Bauten wurden für das Kulturamt zeichnerisch von Claus Mehs erfasst. Eine größere Anzahl der Zeichnungen hat sich erhalten und wird im Institut für Stadtgeschichte Frankfurt am Main aufbewahrt.

¹² Die Arbeit am Kataster wurde 1933 eingestellt. Bis auf geringe Ausnahmen wurde er 1944 durch einen Bombenangriff zerstört.

¹³ Derlam, Theodor, „Farbige Gestaltung von Gebäudefassaden in Frankfurt am Main", in: *Die farbige Stadt*, 1926, H. 3, S. 43–44, hier S. 44. Die Orientierung an Magdeburg war zuvor vor allem von Fried Lübbecke ausgegangen.

¹⁴ Nur aus rein wirtschaftlichen Gründen wurde von einer Abschlagung des gesamten damals angebrachten Schmucks abgesehen. Vgl.: Wichert, *Denkmalpflege*, S. 113.

¹⁵ „Die Altstadtsanierung in Frankfurt a. M.", 1930, S. 6.

¹⁶ Wolf (1879–1957) war Architekt und Stadtplaner und hatte von 1922 bis 1945 das Amt des Stadtbaurats von Dresden inne. Nach 1945 wurde seine Weiterbeschäftigung aufgrund politischer Belastung abgelehnt. Er versuchte daher fünf Jahre als freischaffender Architekt in Dresden am Wiederaufbau mitzuwirken. Von 1950 bis zu seinem Ruhestand 1952 war er noch einmal als Referent für Stadtplanung am DDR-Ministerium für Aufbau in Ost-Berlin tätig.

¹⁷ Übersicht über den Stand der Wohnungsaufsicht, aufgestellt vom Wohnungsamt, 18.10.1928, Stadtarchiv Dresden (im Folgenden SAD), 2.3.15/ 1090,

6.22 Gottlob Schaupp und Adam Aßmann, Hainer Hof, Frankfurt am Main, Foto: 1938

6.23 Hermann Mäckler, „Ham'mern endlich sauber? Sanierung in der Altstadt", Zeichnung, 1946. Das Büro Giefer und Mäckler gratulierte Theodor Derlam zu seiner Einstufung als „Mitläufer" im Spruchkammerverfahren.

18 Bd. 2, 12. Die Gesamtzahl der Wohnungen wurde auf 22.500 geschätzt.
18 Eingegrenzt wurde der Bereich in der inneren Altstadt von Wettinerstraße, Kleine Zwingerstraße, Annenstraße, Freiberger Platz und Stiftstraße sowie einem Teil der Rosenstraße, in der inneren Neustadt ging es um das Stadtviertel zwischen Königsbrücker Straße, Bautzner Straße, Prießnitzstraße und Bischofsweg.
19 Da es sich dort um größere Objekte handelte, erwartete man weniger Eigenleistungen. [Baupolizei] an den [Rat zu Dresden], 15.2.1929, SAD, 2.3.15/1090, Bd. 2, 15.
20 Schiedsstelle an Wohnungsamt, 6.7.1932, SAD, 2.3.15/1090, 32. Die bisher noch nicht untersuchten Wohnungen sollten stattdessen „im Laufe der nächsten Jahre" mit untersucht werden.
21 Statistisches Amt der Stadt Dresden (Hg.), *Die Verwaltung der Stadt Dresden 1926*, Dresden 1928, S. 65 und Wolf, Paul, „Die gesunde Stadt unter Berücksichtigung des Ergebnisses der Internationalen Hygiene-Ausstellung in Dresden 1930/31", in: *DBZ*, 1931, H. 65, Beilage Stadt und Siedlung, S. 109–113, hier S. 113 (Foto) und 114.
22 Wolf, Paul, Planung zur „Sanierung Fischhofplatz", 9.12.1937, Stadtplanungsamt, Dresden, Negativnr. XIII 3805.
23 „Die Beseitigung verwahrloster Wohnviertel", in: *XIII. Internationaler Kongreß für Wohnungswesen und Städtebau*, Bd. II: Programm und Generalberichte, Berlin 1931, S. 25–29, hier S. 25.
24 Jasieński, Henryk, „Die Frage der Altstadtsanierung", in: *Die Wohnung. Zeitschrift für Bau- und Wohnungswesen*, 1936, H. 2, S. 33–35.
25 Zalewski, Paul, „Kriminologie, Biologismus, Stadtsanierung. Hannovers Altstadt 1932–39", in: Enss, Carmen M. und Gerhard Vinken (Hg.), *Produkt Altstadt. Historische Stadtzentren in Städtebau und Denkmalpflege*, Bielefeld 2016, S. 107–121.
26 Denkschrift zur Altstadtsanierung vom April 1933, ISG, Magistratsakte 3360, Bd. 1.
27 Ebenda.
28 Derlam, Theodor, „Die Frankfurter Altstadtgesundung", in: *Deutsche Technik. Technopol 1937*, S. 384–386, hier S. 385, zitiert nach von Petz, Ursula, *Stadtsanierung im Dritten Reich*, Dortmund 1987, S. 103.
29 Krebs an den Reichsfinanzminister, 14.8.1933, zitiert nach Cunitz 1996, S. 57.
30 Niemeyer (1885–1959) war Architekt und Stadtplaner und von 1931 bis 1938 als Leiter des Dezernates für Bauwesen der Nachfolger von Ernst May. Ab 1943 arbeitete er als Abteilungsleiter im Arbeitsstab Wiederaufbau im Ministerium von Albert Speer.
31 Das Preisgericht tagte am 6./7.10.1934 in der Großmarkthalle. Preisträger der vier Bauaufgaben waren für die Schüppengasse Franz Hermann Willy Kramer (1. Preis), Johannes Solzer und Wilhelm Henß (2. Preis), Bernhard Hermkes und Heinrich Füller (3. Preis), für die Wedelgasse August Keune (1. Preis), Franz Hermann Willy Kramer (2. Preis), Karl Olsson (3. Preis), für die Fahrgasse Heinz Buff und Walter Junior (1. Preis), Gottlob Schaupp (2. Preis), Adam Aßmann und Fr. Beil (3. Preis) und für die Löhergasse Gottlob Schaupp (1. Preis), Karl Gräf (2. Preis), Bernhard Hermkes und Heinrich Füller (3. Preis). Vgl.: „Der erste öffentliche Schritt zu Frankfurts Altstadtsanierung", *Städtisches Anzeigeblatt*, 19.10.1934, ISG, Magistratsakte 6206, Bl. 152.
32 Bezirkskonservator Müller an OB Krebs, 2.10.1935, ISG, Magistratsakte 6206, Bl. 249.
33 Dieser Argumentation dienten wohl auch die Versuche zur Erfassung der Geschlechtskrankheiten der Bewohner der Schüppengasse durch Klinikanfragen. Der Bezirkskonservator wies jedoch darauf hin, dass Geschlechtskrankheiten ohnehin nicht an die Wohnverhältnisse gekoppelt wären. Vgl.: Bezirkskonservator für den Regierungsbezirk Wiesbaden an OB Krebs, 25.2.1936, ISG, Magistratsakte 6206, Bl. 273.
34 Fischer, Otto, „Neubauten in der Frankfurter Altstadt", in: *Frankfurter Wochenschau*, 1939, H. 11, S. 122.
35 Bewohner der Löhergasse an OB Krebs, 9.1934, ISG, Magistratsakte 6206, Bl. 161–164. Auch von anderer Seite kamen Proteste, vom Bund der Altstadtfreunde sowie von Kunst- und Geschichtsverbänden, was schließlich zur Einsetzung eines Denkmalpflegers führte. Vgl. dazu: Gehebe-Gernhardt, Almut, „Die Altstadt muss noch schöner werden – Altstadtsanierung 1933–1945 in Frankfurt am Main", in: Fleiter, Michael (Hg.), *Heimat/Front. Frankfurt am Main im Luftkrieg*, Frankfurt am Main 2013, S. 231–241, hier S. 235–236. Zum Eindeichungsprojekt von May vgl.: Quiring, Claudia, „Das Neue Frankfurt – Architektur als Motor der Moderne", in: Brockhoff, Evelyn (Hg.), *Von der Steinzeit bis in die Gegenwart*, Frankfurt am Main 2016, S. 109–124, hier S. 119.

36 Fischer (1889–1963) wechselte nach Tätigkeiten in Chemnitz und Dresden 1937 nach Frankfurt am Main und war bis 1951 Leiter des dortigen Hochbauamtes. Vgl.: ISG, Sammlung Personengeschichte, S2, Sig. 2.186.
37 Derlam, Theodor, „Die Frankfurter Altstadt und ihre Gesundung", in: *Der soziale Wohnungsbau in Deutschland* 4, 1942, S. 118–123, zitiert nach Flagmeyer, Michael, „Zwischen Nostalgie und sozialer Säuberung. Stadtsanierung im Dritten Reich", in: Krauskopf, Kai, Hans-Georg Lippert und Kerstin Zaschke (Hg.), *Neue Tradition. Konzepte einer antimodernen Moderne in Deutschland von 1900 bis 1960*, Dresden 2009, S. 221–244, hier S. 236.
38 Zu diesen und weiteren Werbemaßnahmen siehe Cunitz 1996, S. 84f. Der Film kam jedoch, anders als dort vermerkt, bereits 1936 heraus. Vgl. auch: Unterholzner, Bernhard, „Die Frankfurter Altstadt im Film – Konstruktion, Rekonstruktion, Simulation", in: Fischl, Felix und Filmkollektiv Frankfurt e.V. (Hg.), *Wandelbares Frankfurt. Dokumentarische und experimentelle Filme zur Architektur und Stadtentwicklung in Frankfurt am Main*, Frankfurt am Main 2018.
39 Morr, Oliver und Petra Spona, „Das Modell ‚Altstadtauskernung 1936' – ein Modell der Brüder Treuner", in: Gerchow, Jan und Petra Spona (Hg.), *Das Frankfurter Altstadtmodell der Brüder Treuner*, Frankfurt am Main 2011, S. 28–29.
40 Vgl. hierzu Cunitz 1996, S. 74–80.
41 „Systematische Beseitigung der Elendswohnungen. Die erfolgreiche Arbeit der Dresdner Wohnungsstelle.", *Dresdner Anzeiger*, 18.2.1937, Nr. 49, S. 5: SAD, 2.3.15/1090, Bd. 2, 57.
42 Ebenda.
43 Ebenda.
44 Wolf, Paul, „Historische Stadtform und künftige Gestaltung der Stadt Dresden", in: *DBZ*, 1938, H. 42, S. 1137–1143, hier S. 1143.
45 Wolf, Paul, *Städtebau* (Buchmanuskript), 1948, SAD, 16.2.14 (Nachlass Paul Wolf)/1.2.12. Zitiert nach Benz-Rababah, Eva, *Leben und Werk des Städtebauers Paul Wolf (1879–1957): unter besonderer Berücksichtigung seiner 1914–1922 entstandenen Siedlungsentwürfe für Hannover*, (Diss. Universität Hannover 1991) 1993, S. 87.
46 Ulbricht, Gunda, „Altstadtgesundung' in Dresden und Leipzig 1935 bis 1939 – Städteplanung im Nationalsozialismus", in: Hermann, Konstantin (Hg.), *Führerschule, Thingplatz, ‚Judenhaus'. Topographie der NS-Herrschaft in Sachsen*, Dresden 2004, S. 270–273, hier S. 272.
47 Besprechung zur Neuregelung der Bebauung in der Salzgasse, 15.3.1933, SAD, 2.3.15/1239, S. 2.
48 Statistisches Amt der Stadt Dresden (Bearb.): *Die Verwaltung der Stadt Dresden 1937*, Dresden 1938, S. 47 sowie GEWOBAG an Abteilung Wohnung und Siedlung, 4.11.1938, SAD, 2.3.14, 418. Foto eines Neubaus in: Wolf, Paul, „Historische Stadtform und künftige Gestaltung der Stadt Dresden", in: *DBZ*, 1938, H. 42, S. 1137–1143, hier S. 1142.
49 Boehner-Film Dresden, Stummfilm von 145 Metern. Er ist verschollen, es haben sich lediglich einige wenige Stills erhalten. Vgl.: Borchert, Christian (Hg.), *Dresden: Flug in die Vergangenheit. Bilder aus Dokumentarfilmen 1910–1949*, Dresden u.a. 1993, S. 294.
50 Statistisches Amt der Stadt Dresden (Bearb.), *Die Verwaltung der Stadt Dresden 1935*, Dresden 1937, S. 51 und Fotos S. 52ff. sowie *Adreßbuch der Landeshauptstadt Dresden, Freital, Radebeul, Vororte*, Dresden 1937, S. 14 und S. 15.
51 Ebenda, S. 54.
52 Besprechungsniederschrift vom 6.3.1937, SAD, 2.3.14/79, Bl. 7–9, hier Bl. 7.
53 Besprechungsniederschrift vom 6.3.1937, SAD, 2.3.14/79, Bl. 5–6, hier Bl. 5. Siehe auch *Niederschrift zur technischen Besprechung*, 9.11.1936, SAD, 2.3.14/79, Bl. 1–4.
54 Stadtplanung an Abteilung Wohnung und Siedlung, 17.9.1940, SAD 2.3.14/79, Bl. 26. Im Februar 1939 wird erstmals von einer „gegenwärtigen Aussichtslosigkeit der Sanierung" gesprochen, Beschluss vom 20.2.1939, SAD 2.3.14/79, Bl. 24.
55 Aufstellung vom 5.11.1938, SAD, 2.3.14/427, Bl. 24.
56 Deutsche Gesellschaft für Wohnungswesen (Hg.), *Altstadtsanierung mit Reichshilfe 1933–1938*, Berlin 1940, S. 9 bzw. 48. Durch die Zusendung eines Fragebogens waren im April 1939 insgesamt 41 Städte befragt worden, wovon – auch kriegsbedingt, wie eingeräumt wurde – nur 10 Städte vollständige Angaben lieferten.
57 Derlam 1958, S. 112f. Hervorhebungen im Original.
58 http://das-neue-dresden.de/altstadtsanierung-1935-38.html (20.2.2018).

„RUF DER RUINEN" ODER REKONSTRUKTION – ALTSTADT, PAULSKIRCHE UND GOETHEHAUS NACH DEN LUFTANGRIFFEN DES ZWEITEN WELTKRIEGS

Wolfgang Voigt

7.1 Blick vom Dom in Richtung Römerberg, Frankfurt am Main, Foto: 1944

Als 1945 der Zweite Weltkrieg zu Ende ging, waren weite Teile der Frankfurter Innenstadt ein Trümmerfeld.[1] Die Altstadt war das Ziel mehrerer aufeinander folgender Angriffe im Frühjahr 1944 gewesen. In der schlimmsten aller Bombennächte am 22. März starben etwa eintausend Menschen. Die um enge Gassen konzentrierte und zum großen Teil aus Fachwerkhäusern bestehende Bebauung wurde völlig zerstört. Im Kern der Altstadt standen die Kirchen noch aufrecht, jedoch waren auch sie ausgebrannt und ohne Dächer. Vom historischen Römer-Rathaus war wenig mehr als die Dreigiebelfront übrig geblieben. 7.1 / 7.2

„Ruf der Ruinen", „im Stein wie im Geiste" – die neue Paulskirche

Inmitten der Trümmer gab es mit der Paulskirche und dem Goethehaus zwei Ruinen besonderer Art. Sie galten als nationale Heiligtümer, an deren Schicksal nicht nur in Frankfurt, sondern im ganzen Land Anteil genommen wurde. Von dem aus dem 18. Jahrhundert stammenden Geburtshaus Johann Wolfgang Goethes am Großen Hirschgraben standen nur noch die seitlichen Brandmauern und Teile der Erdgeschossfassade. Mehr war von der klassizistischen Paulskirche vorhanden; hier erhob sich noch der Turm über dem 23 Meter hohen, vollständig ausgebrannten und nach oben offenen Oval des Kirchensaals.[2] 7.3 / 7.5 Beide Bauten besaßen einen hohen symbolischen Rang.

In der Paulskirche hatte sich 1848 das erste in allgemeiner Wahl zustande gekommene nationale Parlament versammelt.[3] Als unbeschädigtes Symbol für Demokratie, Einheit und politischer Freiheit gewann der Bau nach 1945 höchste Aktualität. Walter Kolb, der im Sommer 1946 gewählte SPD-Oberbürgermeister Frankfurts, machte sich dessen Wiederaufbau zum Programm, der Magistrat fasste einen entsprechenden Beschluss. Im Januar 1947 forderte ein im ganzen Land verbreiteter Aufruf der Stadt Frankfurt: „Ganz Deutschland muß die Paulskirche wieder aufbauen von außen und von innen, im Stein wie im Geiste."[4] Schon 16 Monate später sollte der Bau fertig sein, um in ihm den hundertsten Jahrestag des Parlaments von 1848 feiern zu können. Während der ersten Nachkriegsjahre lag hier das wichtigste politische Bauprojekt des Landes.

Nicht ohne Grund hegte Frankfurt damals Ambitionen auf den Sitz einer deutschen Nachkriegsregierung. Während das geteilte Berlin in politischer Insellage hierfür kaum mehr in Frage kam, schien Frankfurt seine Chance zu bekommen. Briten und Amerikaner hatten die Wirtschaftsgebiete ihrer Besatzungszonen zur „Bizone" vereinigt und deren Verwaltung Anfang 1947 in Frankfurt etabliert. In der neuen Paulskirche war die Einrichtung des Saales mit erhöhter Regierungsbank und einer auch parlamentarisch nutzbaren Bestuhlung als Einladung an eine künftige Nationalversammlung zu verstehen. 7.7 Die Paulskirche nicht nur als Symbol eines geistig erneuerten Deutschlands zu etablieren, sondern gleichzeitig auch als einen konkreten Ort gesamtdeutscher bundesstaatlicher Zukunft, das war der Plan. Dass daraus nichts werden würde und auch die Hoffnung auf Frankfurt als Hauptstadt des westdeutschen Teilstaats nicht aufgehen würde, konnten die Bauherren des Paulskirchenprojektes nicht wissen.

Nach einem bereits im Herbst 1946 veranstalteten Wettbewerb ging der Auftrag an eine eigens gegründete Planungsgemeinschaft unter der Leitung des Architekten Rudolf Schwarz, der vor 1933 durch beispielhaft modernen Sakralbau aufgefallen war.[5] Eine Rekonstruktion des klassizistischen Kirchensaals kam für Schwarz und für Johannes Krahn, der wesentliche Anteile am Entwurf hatte, nicht in Frage. Wegweisend für den Entwurf wurde das Erlebnis ihrer Ruine; Schwarz fand sie „weitaus herrlicher als das frühere Bauwerk, ein riesiges Rund aus nackten, ausgeglühten Steinen von einer beinahe römischen Gewaltsamkeit. So schön war das Bauwerk noch niemals gewesen, und wir erreichten, daß es so blieb."[6] 7.4 / 7.6 Nicht nur in Frankfurt entdeckte man die Ruine als Form-Potenzial für neue Gestaltung. Auch der Münchner Architekt Reinhard Riemerschmid reiste mit einem „Der Ruf der Ruinen" betitelten Vortrag 1946 durch die Westzonen.[7]

Von Stuckdekor und einer hölzernen Empore befreit, hatte das Oval der Paulskirche eine schlichte Monumentalität angenommen, die es zu übernehmen galt. Schwarz und Kollegen entfernten die Säulenstümpfe, die die Empore getragen hatten, hoben die Halle um ein Geschoss an und schufen so ein wenig belichtetes unteres Foyer. Die an die gekurvten Mauern angeschmiegten Treppen waren den barocken Anlagen eines Balthasar Neumann und deren Wirkungen entlehnt. So ergibt sich beim Aufstieg nach oben eine bewusst inszenierte Raumerfahrung: „Das Erlebnis dieses Aufstiegs aus dem Dunklen und Drückenden ins Helle und Freie ist stark, und wir dachten uns etwas dabei."[8] An die Stelle des zerstörten hohen Steildaches setzte man eine kupfergedeckte flache Kuppel mit Lichtöffnung, die dem Bau eine Anmutung des römischen Pantheons verlieh. In die Treppengeländer gehängte Füllbleche aus Aluminium, das aus dem Flugzeugbau für die NS-Luftwaffe übrig geblieben war, symbolisieren die Konversion vom Krieg zum Frieden. Die Schlichtheit des von jeglichem Bauschmuck freigehaltenen, strahlend weißen Raumes war Programm: „Wir hielten den Bau in einer fast mönchischen Strenge, es wurde mehr Kirche als Festsaal".[9] Rudolf Schwarz mag an eine läuternde Wirkung der neuen, Klarheit und Reinheit ausstrahlenden Form auf nationalsozialistisch versuchte Gehirne geglaubt haben, als er schrieb:

7.2 Hermann Mäckler, Blick von der Alten Brücke auf die Ruinen der Altstadt, Skizze, 1948

7.3 Blick vom Rathausturm auf die zerstörte Paulskirche, Foto: 1947

7.4 Rudolf Schwarz mit Eugen Blanck, Gottlob Schaupp und Johannes Krahn, Wiederaufbau der Paulskirche, 1947/48, Foto: 1956

7.5 Innenraum der zerstörten Paulskirche, Foto: 1947

7.6 Johannes Krahn, Wiederaufbau der Paulskirche, Innenansicht, Zeichnung, 1946

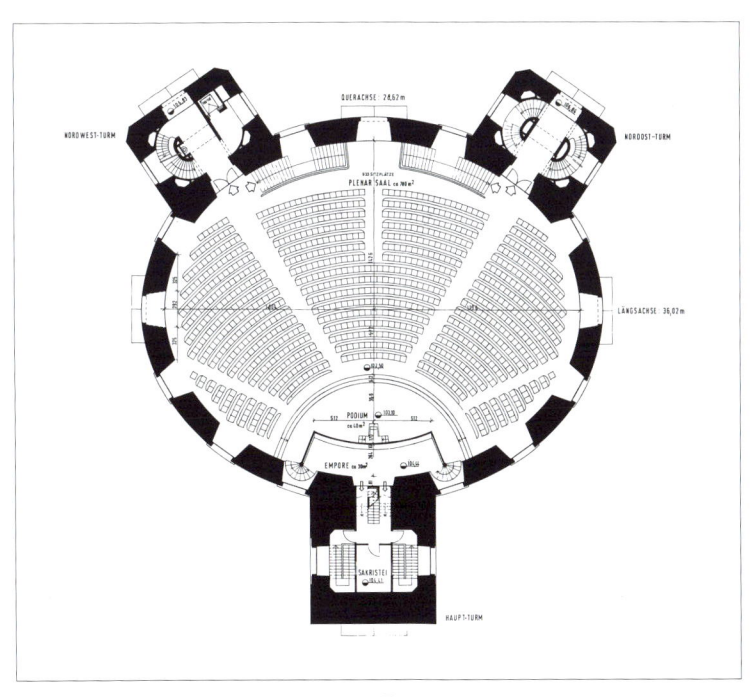

7.7 Rudolf Schwarz mit Eugen Blanck, Gottlob Schaupp und Johannes Krahn, Wiederaufbau der Paulskirche, Plenarsaalebene, Zeichnung, 1946

„Der Raum […] ist von einer solchen nüchternen Strenge, daß darin kein unwahres Wort möglich sein sollte."[10]

„Frankfurts kulturelles Heiligtum" – Aufruf zur Rekonstruktion des Goethehauses

Lange bevor das Goethehaus niederbrannte, hatte Ernst Beutler, Direktor des Freien Deutschen Hochstifts und Hausherr von „Frankfurts kulturellem Heiligtum" (Thomas Mann), für den Fall der Fälle vorgesorgt. Schon nach Kriegsbeginn 1939 wurde damit begonnen, das komplette Inventar einschließlich aller Erinnerungsstücke an den Dichter und seine Familie auszulagern.[11] Als die alliierten Bombenangriffe auf deutsche Städte 1942 an Intensität zunahmen, folgten eine Dokumentation des Hauses und eine akribische Bauaufnahme in Fotografien und in Zeichnungen durch den Architekten Fritz Josseaux.

Als das Befürchtete eingetreten war, ließ Beutler die Trümmer durchsuchen und herausholen, was er für einen Wiederaufbau für verwertbar hielt, denn der stand ihm bereits fest vor Augen. Zwei Monate nach der Zerstörung ging ein Aufruf „Für den Neubau des Goethehauses" an die Mitglieder und Freunde des Hochstifts, der diese zum Zusammenhalten in der Not aufrief und die Rekonstruktion des Hauses am gleichen Ort zur unabdingbaren Notwendigkeit erklärte, denn „wo anders könnten alle die Möbel und Bilder des Hauses, die ja gerettet sind, ihre Aufstellung finden als eben in diesem Hause." Nur die Stunde des Aufbaus sei unbekannt, „aber einmal wird sie kommen".[12]

Die Resonanz stärkte Beutler den Rücken; Schriftsteller wie Hermann Hesse und Karl Jaspers bekundeten ihre Anteilnahme und unterstützten den Aufbaugedanken, beachtliche Spenden gingen ein. Noch während des Krieges und auch danach gab es zahlreiche Neueintritte in das Hochstift, sodass die Zahl der Mitglieder von 2000 (1942) auf 6400 im Jahre 1948 anstieg.[13] Mit geringfügigen Änderungen, die zum Beispiel den „Feind" als Verursacher der Zerstörung des Hauses durch den unverfänglichen „Krieg" ersetzte, wurde der Aufruf nach dem Kriegsende weiter verwendet. In der 99 Tage dauernden Verwaltung von Wilhelm Hollbach, des nach der Einnahme der Stadt durch die Amerikaner am 28. März 1945 ernannten Bürgermeisters in Frankfurt, diente der politisch unbelastete Beutler als dessen Kulturreferent.[14] Als 1946 das Paulskirchenprojekt Gestalt annahm, wurde mit Billigung der Stadt auch die Planung für das Goethehaus in Angriff genommen.

„Es hatte seine Richtigkeit mit diesem Untergang" – Kritik am Wiederaufbau des Goethehauses

Die Jahre der Planung und des Bauens begleitete eine aufgebrachte Debatte um das Für und Wider. Der Zustimmung, die das Projekt von Ricarda Huch, Karl Jaspers, Benno Reifenberg, Dolf Sternberger und aus dem Ausland durch André Gide, Albert Schweitzer, Hermann Hesse und Thomas Mann erhielt, stand eine Front der Kritiker gegenüber, die insbesondere an der beabsichtigten Rekonstruktion Anstoß nahmen. Es war jedoch viel mehr als eine Debatte um ein berühmtes Haus. Worum letztlich gestritten wurde, war die Ausrichtung des kommenden Wiederaufbaus in Westdeutschland in Verbindung mit dem, was später die *Aufarbeitung* und *Bewältigung* nationalsozialistischer Vergangenheit genannt wurde.[15]

Von den kritischen Stimmen seien im Folgenden die wichtigsten genannt. Den Anfang machte im Dezember 1945 der katholische Schriftsteller Reinhold Schneider, der mutmaßte, mit dem wiederauferstehenden Goethehaus wolle man „mit einer Lüge uns über unsere Verluste, unsere Schmerzen, das Unheil unserer Geschichte hinweghelfen".[16] In der Stadtverwaltung gab es ab 1946 mit dem neu eingesetzten Stadtbaurat Eugen Blanck und dem Stadtplaner Werner Hebebrand, die beide bereits in Ernst Mays „Neuem Frankfurt" aktiv gewesen waren, zwei entschiedene Gegner des Vorhabens, die sich aber innerhalb des Magistrats nicht durchsetzen konnten.[17] Gegen die Rekonstruktion wandte sich auch der nach dem Krieg wiedergegründete Deutsche Werkbund.

Die prominenteste Kritik „Mut zum Abschied" las man aus der Feder von Walter Dirks 1947 in der frisch gegründeten Zeitschrift *Frankfurter Hefte*, die für die intellektuelle Erneuerung nach dem Nationalsozialismus eine bedeutende Rolle spielte. Das Goethehaus sei „nicht durch einen Bügeleisenbrand oder einen Blitzschlag oder durch Brandstiftung zerstört worden. […] Wäre das Volk der Dichter und Denker (und mit ihm Europa) nicht vom Geiste Goethes abgefallen, vom Geist des Maßes und der Menschlichkeit, so hätte es diesen Krieg nicht unternommen und die Zerstörung dieses Hauses nicht provoziert."[18] In der Vorstellung, „das geliebte Verlorene in die Wirklichkeit zurückzwingen zu können", sah Dirks den Geist politischer Restauration am Werk, der dem nun notwendigen Umdenken zur Demokratie im Wege stehen würde. So sei der Verlust als Ergebnis der Geschichte hinzunehmen, denn „es hatte seine bittere Logik, daß das Goethehaus in Trümmer sank. Es war kein Versehen, das man zu berichtigen hätte, keine Panne, die der Geschichte unterlaufen wäre, es hatte seine Richtigkeit mit diesem Untergang. Deshalb soll man ihn anerkennen."[19]

„Am Hirschgraben darf keine Kopie stehen!" war die Forderung des Architekten Hermann Mäckler, der die moderne Richtung vertrat und im Wiederaufbau der Stadt eine wichtige Rolle spielen sollte.[20] Nachdem vom Goethehaus fast nichts mehr übrig sei, könne der beabsichtigte

Wiederaufbau nichts anderes bringen als „jenes Talmi, als jene Pseudogröße, als jene Lügenfassaden" des Historismus im 19. Jahrhundert. In der eines Tages mit einem modernen Gesicht aufgebauten Straße würde das Haus nicht „anders als ein Witz" aussehen, schrieb Mäckler in der *Frankfurter Neuen Presse*.²¹ Ebenso wie Blanck, Hebebrand und die Mitglieder des Werkbundes fürchtete er nichts mehr als eine Signalwirkung mit Folgen für den gesamten Aufbau. Hier würde sich entscheiden, ob die Stadt, die in der Ära Ernst May wegen ihres spektakulären Neuen Bauens einzigartig gewesen sei, in Führung bleiben oder „zum Gespött werden" würde.²²

Für eine vermittelnde Position stand der Architekt Otto Bartning, der dem zerstörten Haus einen besonderen Gefühlswert attestierte: Dieselben Schwellen zu betreten, „die Goethes Fuß betreten hat, das machte den Ort einer Wallfahrt wert". Die Rekonstruktion mache daraus „ein Pseudo-Goethehaus, in dem man nicht mehr unterscheiden könnte, was echt und was ‚echt-imitiert' ist, in dem man nicht mehr wüßte, ob man Dinge berührt, die auch Goethes Hand berührt hat, oder ob es die täuschend ähnliche Kopie ist".²³ Er plädierte für einen neutralen Neubau an gleicher Stelle mit schlichten Räumen, „die genau den Proportionen und Lichtverhältnissen der gewesenen Räume entsprechen, so daß darin die geretteten Möbel, Geräte und Bilder zur rechten Wirkung kommen".²⁴ Als geeigneten Architekten nannte er Heinrich Tessenow, der wie kein anderer in der Lage sei, diese Aufgabe zu meistern.

Das Freie Deutsche Hochstift – pro Rekonstruktion, „freilich nicht mehr Goethes Geburtshaus"

In Vorausahnung des Streits, den der Wiederaufbau hervorrufen würde, hatte Ernst Beutler schon in den 1944 publizierten Aufruf Argumente eingefügt, welche die in der Rekonstruktion enthaltenen Ambivalenzen im Prinzip einräumten, den Vorwurf der gebauten Lüge jedoch entkräften sollten. Die Aufzählung kleiner und großer Bauteile, die auf dem Grundstück noch in ihrer Positionen standen oder aus dem Trümmerschutt geborgen worden waren, war lang und ließ erwarten, dass die vorgesehene Rekonstruktion unter Verwendung originaler Elemente vorgenommen werden könne; jedoch: „Was dann entstehen wird, ist freilich nicht mehr Goethes Geburtshaus. Das ist gewesen." Das Ergebnis werde gleichwohl eine „getreue Wiederherstellung" sein.²⁵ Die Rekonstruktion würde ein solitäres Beispiel für die Bürgerhäuser geben, wie sie für Frankfurt typisch gewesen seien. Das vollständig dokumentierte Haus sei das einzige in der ganzen Stadt, das als Hausmuseum entwickelt werden könne. Hundertprozentige Originalität habe es auch im zerstörten Haus, das Goethes Mutter 1795 verkauft hatte, nicht mehr gegeben. Bis zum Erwerb durch das Hochstift 1863 sei Einiges verändert worden, das danach „wiederhergestellt" worden sei.²⁶ „Wir sind uns bewußt: Le mort ne revient pas", bekräftigte Beutler 1947 gegenüber Walter Kolb; daher werde das neue Haus auch nicht mehr Goethehaus heißen, sondern

7.8 Theo Kellner, Wiederaufbau des Goethehauses, Richtfest, Foto: 1949

7.9 Theo Kellner, Wiederaufbau des Goethehauses, 1947–1951, Foto: 1951

eine Abteilung des Goethemuseums sein; tatsächlich blieb es später beim alten Namen.[27]

Zu der entscheidenden Sitzung des Magistrats im April 1947 waren Beutler und Bartning als Sachverständige geladen. Walter Kolb umzustimmen gelang Bartning nicht, und so beschloss der Magistrat den Wiederaufbau durch den Architekten Theo Kellner nach Beutlers Vorgaben. Wiederum trieb ein bevorstehendes Jubiläum zur Eile. Die Fertigstellung sollte bis zu Goethes 200. Geburtstag im Jahre 1949 gelingen. Wegen finanzieller Schwierigkeiten des Hochstifts infolge der Währungsreform dauerte es zwei Jahre länger.[28] Am 10. Mai 1951 konnte schließlich die feierliche Einweihung stattfinden.[29] Einer der Ehrengäste war der amerikanische Hochkommissar in Deutschland, John Jay McCloy, der zwischen 1941 bis 1945 stellvertretender Kriegsminister der USA gewesen war. **7.8 / 7.9**

„Hier muss Haß heilig werden" – die Frankfurter Altstadt als nationalsozialistischer Ruinenpark

Die Anfänge des westdeutschen Wiederaufbaus mit den Auseinandersetzungen um das Goethehaus als Vorspiel haben in den vergangenen Jahrzehnten ein stabiles Narrativ hervorgebracht, das einige Male erzählt worden ist.[30] Allerdings ist eine Episode dabei immer zu kurz gekommen, aus der sich eine unerwartete Vorgeschichte zum „Ruf der Ruinen" ergibt.

Um dieser auf die Spur zu kommen, bedarf es eines Blicks in die NS-Presse und ihrer Behandlung des Luftkriegs vor, während und nach den Frankfurter Bombennächten des März 1944. Im Jahr zuvor hatte Albert Speer auf Veranlassung Hitlers einen Wiederaufbaustab gegründet, der im Verborgenen mit Planungen für die Zukunft einiger betroffener Städte beschäftigt war.[31] Öffentlich behandelt wurde dagegen die demagogisch zu wertende Ankündigung, die Hitler am 9. November 1943 in seiner traditionellen Rede zum Putschversuch von 1923 gegeben hatte. Der Wiederaufbau sei nur eine Frage von einigen Millionen Kubikmetern Beton, sodass zwei bis drei Jahre nach dem Sieg „die Wohnungen restlos wieder da" seien, „mögen sie zerstören so viel sie wollen".[32]

Über die Luftangriffe und die Folgen wurde in der Regel nur dort berichtet, wo die alliierten Bomberflotten gerade zugeschlagen hatten, das heißt in der Lokalpresse der betroffenen Städte. Dort war das Verschweigen nicht nur sinnlos, die Blätter mussten den Ausgebombten auch ein Minimum an Seelentrost liefern, immer verbunden mit Durchhalteparolen und Anklagen gegen Briten und Amerikaner; auch waren Hinweise zur Essensausgabe, zur Bergung von Hausrat, zu Evakuierungen oder zu Sofortmaßnahmen zur dringendsten Trümmerräumung unvermeidbar. Die faktische Luftüberlegenheit der Alliierten und das Ausmaß der Verwüstung in immer mehr Städten sollten indessen verborgen bleiben. Stattdessen häuften sich ab Juni 1944 Berichte über erfolgreiche Angriffe auf britische Ziele mit den als „Wunderwaffen" gepriesenen V1- und V2-Geschossen, mit denen der finale Sieg errungen werden sollte.

So reagierte bereits am Folgetag der am 19. März 1944 begonnenen Serie von Angriffen der *Frankfurter Anzeiger* und meldete die Zerstörung der Altstadt, „heiliger Boden unserer Heimat und klassisches Feld deutscher Kunst und Geschichte", der sich in „ein klagendes und aufschreiendes Feld ehrwürdiger Trümmer" verwandelt habe.[33] Vom Goethehaus, das erst zwei Nächte später völlig niederbrannte, war noch nicht die Rede.

Am 7. Mai brachte der NS-offizielle *Völkische Beobachter* einen Bericht über das Goethehaus, geschrieben von dem Kunsthistoriker Ernst Benkard, der einerseits als einfühlender Nachruf auf den in dessen Räumen waltenden Geist zu verstehen war, ebenso aber als Widerrede gegen die Absichten des Hochstifts, das den Aufruf zum Wiederaufbau gerade erst in Druck gegeben hatte. Dem Ruinenrest des Hauses wurde eine Rolle für die Zukunft zugewiesen, es sollte als Mahnmal an die Verbrechen der Feinde erinnern. Die Adresse Großer Hirschgraben 23 sei ein Trümmerhaufen, und das müsse „heute mit wachen Augen geschaut und hingenommen werden", das Haus sei „dahin und ausgelöscht für alle Zeiten". Der Feind habe mit seiner „Mordbrennerei […] vor der gesamten noch zivilisierten Welt sich eine Hypothek aufgeladen, die niemals zu tilgen sein wird".[34]

Damit war das Stichwort zu donnernder Anklage gegeben, die nun in Variationen wiederkehrte, auf das Goethehaus ebenso bezogen wie auf die Altstadt. „Hier muß Haß heilig werden", lautete etwa die Überschrift über einem Bericht der *Rhein-Mainischen Zeitung*, der den großen Dichter auf einen nationalen Titanen von Weltgeltung reduzierte: „Des Genius Wort drang aus den Mauern unserer Stadt, übersprang die Grenzen des Reiches, lief um die Welt"; im Goethehaus, diesem „Heiligtum der gesitteten Welt […] neigte die Menschheit das Haupt und verstummte gegenüber der Gewalt des deutschen Geistes". Nun gehe es um das „Abschiednehmen für immer, begleitet vom Fluch über all diejenigen, die Befehl gaben zur entmenschten Tat".[35]

Nicht nur die Ruine des Goethehauses, auch die Relikte der Altstadt sollten keinem anderen Ziel mehr dienen als den Hass auf die Feinde zu schüren. Von dem von Hitler gegebenen Aufbauversprechen würde Frankfurts Altstadt ausgenommen sein, so ergibt es sich aus einem am 18. Mai 1944 unter der Überschrift „Was wird aus den Ruinen?" gegebenen Bericht im *Frankfurter Anzeiger*. Einziger Inhalt war die Wiedergabe einer kurz zuvor im *Völkischen*

Beobachter publizierten Äußerung „zu der jetzt auflebenden Aussprache".³⁶ Das darin skizzierte Konzept erteilt jeglicher Nostalgie hinsichtlich des „Aufbau[s] unserer durch die barbarischen Angriffe aus der Luft hingemordeten Städte" eine eindeutige Absage. „Frankfurt am Main, so wie es einmal gewesen ist, modellgerecht wiederherzustellen", sei eine „monströse Vorstellung". Man müsse heute „zu dem radikalen Entschluß bereit sein, das, was gestorben ist, im Grabe ruhen zu lassen". In der Altstadt würde man „einzig die ausgebrannten Wahrzeichen der Stadt (Kirchen und einzelne bedeutende Häuser), soweit sie im Gerippe noch vorhanden sind, […] als ewige Anklage erhebende Ruinen konservieren". Die Reste der übrigen Bauten würden abgeräumt. Wie hatte man sich das als Stadtraum vorzustellen?

Hierfür nennt der *Völkische Beobachter* ein berühmtes Vorbild: „An Stelle der ehedem blühend-gesunden Stadt rückte also ein ‚Forum Romanum', dessen Denkmäler inmitten anzulegender Grünflächen zu schauen wären. Selbst als Ruinen würden die Monumente noch ein für uns wehmütiges, für unsere Feinde dauernd beschämendes Zeugnis ablegen."³⁷ In einzelnen Fällen könne man Baulücken durch „Neubauten öffentlichen Charakters (Museen)" füllen, sofern diese die konservierten Ruinen in der Wirkung nicht „erdrücken" würden. Der Text schließt mit einem Bekenntnis zum zeitgemäßen Bauen, das von jeder „Belastung durch geschichtliche Vorurteile" freizuhalten sei. So dürfe der Aufbau der Städte „nichts von einem Kompromiß an sich haben […]. Nur ein Entschluß mag die Geister leiten: im Sinne unserer Zeit, ohne einengende Hemmungen Neues zu wirken, nachdem das Alte, Ehrwürdige zu ewigem Schlaf gebettet worden ist."³⁸

Kein Einspruch à la „Altstadtfreunde", die bis zur Zerstörung ihres Büros im März 1944 aktiv geblieben waren³⁹, sollte das Vorhaben behindern. Zusammengefasst ergibt sich das Bild eines locker gruppierten Ensembles von Ruinen in einem Park auf der Fläche der weiträumig zerstörten Altstadt. Von den zwischen die Ruinen eingestreuten Museen darf man annehmen, dass sie neben der Erinnerung an die untergegangene Stadt den erlittenen Luftkrieg als Verbrechen der Alliierten verewigen sollten.

Für die Zeit nach dem erhofften Sieg und die Jahrzehnte danach bereitete das „Dritte Reich" schon während des Krieges ein Netz von Memorialplätzen vor, für die bereits zahlreiche Standorte feststanden. Zu seinem eigenen Mausoleum hatte Adolf Hitler eine Skizze angefertigt, die von Hermann Giesler in die Planung der „Stadt der Bewegung" München integriert wurde.⁴⁰ Für das Andenken an die Schlachten und Siege des von den Nationalsozialisten begonnenen Zweiten Weltkrieges waren nach Entwürfen des „Generalbaurats für die deutschen Kriegerfriedhöfe" Wilhelm Kreis monumentale Denkmäler und Soldatenfriedhöfe geplant, die an 36 Orten zwischen Frankreich, Norwegen, Nordafrika und Russland liegen würden.⁴¹ Ebenfalls nach Entwürfen von Kreis waren in Berlin die monumentale „Soldatenhalle" für den militärischen Heroenkult und ein Weltkriegsmuseum geplant.⁴²

Im Zusammenhang dieser Projekte ist auch das Konzept des Frankfurter Ruinenparks zu denken, der – eventuell auch stellvertretend für die übrigen betroffenen Städte – mit entsprechender Inszenierung an den Luftkrieg erinnern, den Hass auf die zu besiegenden Feinde des nationalsozialistischen Imperiums „heilig" machen und für alle Zeit konservieren würde. Ein Verfasser wurde nicht genannt, sodass über die Herkunft des Vorschlags, zu dem keine Skizze und kein Plan überliefert ist, nur spekuliert werden kann. Das bemerkenswert klare Bekenntnis zu einem Wiederaufbau „im Sinne unserer Zeit" und nicht gehemmt durch irgendwelche Rücksichten auf Geschichte lässt einen Architekten vermuten, dem das Denken in Kategorien der Moderne nicht fremd gewesen sein.

Über die Aufnahme des Ruinenplans in Frankfurt ist nichts überliefert. Dass er nicht auf ungeteilte Zustimmung stieß, ergibt sich aus der begleitenden Bemerkung des *Frankfurter Anzeigers*, derzufolge man „über den Inhalt der dort gemachten Vorschläge noch verschiedener Meinung sein könnte".⁴³ Das Freie Deutsche Hochstift verweigerte das ihm nahegelegte „Abschied nehmen für immer", so wie es auch den nach 1945 ergangenen Aufforderungen zum Verzicht auf die Rekonstruktion nicht folgte. Zwei Wochen nach der Veröffentlichung des Ruinenplans begann man mit der Versendung des erwähnten Aufrufs⁴⁴; im Juli 1944 folgte ein auszugsweiser Abdruck im *Frankfurter Anzeiger*.⁴⁵

Das für die Altstadt Frankfurts bestimmte Konzept des als Mahnmal gedachten Ruinenparks ist im Zusammenhang des deutschen Wiederaufbaus ohne Parallele. In einzelnen Fällen wurden zerstörte Kirchen als Weltkriegs-Mahnmale gestaltet und hierfür als Ruinen konserviert wie die Kaiser-Wilhelm-Gedächtniskirche⁴⁶ in West-Berlin, die Aegidienkirche⁴⁷ in Hannover oder die Nikolaikirche⁴⁸ in Hamburg; oder sie wurden zusammen mit ihrem Schuttkegel stehen gelassen, wie die Frauenkirche in Dresden bis zu ihrem erst Jahrzehnte später begonnenen Wiederaufbau (1993 – 2005).⁴⁹ Die Ausdehnung eines Mahnmals auf ein Ruinenfeld in der Größenordnung eines Quartiers oder Stadtteils von der Fläche der Frankfurter Altstadt hat es nicht gegeben. Anders in Frankreich, wo in dem Dorf Oradour-sur-Glane unmittelbar nach dem Krieg ein ähnliches Konzept zur Erinnerung an ein von der Waffen-SS begangenes Kriegsverbrechen verwirklicht wurde. Das aus circa 80 Gebäuden bestehende, im Verlauf des an 653 Bewohnern verübten Massakers völlig zerstörte Dorf wurde als Ruinen-Ensemble konserviert.⁵⁰ **7.10**

7.10

Ruine pars pro toto? – der Goethehaus-Streit als Vorspiel deutscher Erinnerungskultur

Der Blick auf die Goethehaus-Kontroverse, die 1944 schon im Gange war, um in den Aufbaujahren wieder aufgenommen zu werden, macht deutlich, dass die auf den Zweiten Weltkrieg reagierende Erinnerungskultur keine Stunde Null gekannt hat, in der die Hebel auf „Start" gestanden hätten. Die Auseinandersetzung um die Art und die Orte des Erinnerns begann bereits im „Dritten Reich". Seit 1942 waren die Ruinenlandschaften in immer mehr Städten ein dauerhafter Teil des Stadtbildes, und es kann nicht überraschen, dass sie, von den umgebenden Schuttresten befreit, ähnlich den Ruinen der Antike und den Phantasie-Ruinen der Romantik ästhetische Anziehungskraft entwickelten.

Eine 1947 entstandene Skizze aus der Hand des Architekten Gerhard Weber, der am Bauhaus in Dessau ausgebildet war, zeigt, wie die Goethehaus-Ruine als konserviertes Mahnmal aussehen würde. Man erkennt die westliche Brandmauer und einen Teil der rückwärtigen massiven Wand, beide ragen noch einige Meter in den Himmel. Wie im Ruinenpark-Konzept steht der mahnende Hausrest isoliert im Grün. Erst in einiger Entfernung erscheint ein mit Rasterfassade versehener Neubau.[51] **7.11**

Der „Ruf der Ruinen", der die neue Paulskirche bestimmte, beim Goethehaus jedoch scheiterte, hatte die Architekten schon vorher erreicht. Neben der Ruine sind auch die Motive „Verzicht", „Abschied nehmen", „Ablehnung von Rekonstruktion", „Aufbau der Stadt ohne einengenden Kompromiss" bereits 1944 Elemente des Diskurses, die später wiederaufgenommen werden. Der Ruinenpark ist danach zusammengeschrumpft, die Forderung nach Nicht-Aufbau trifft nur noch das prominente Goethehaus-Grundstück: die ausgeräumte Ruine *pars pro toto* als Mahnung an die bittere Wahrheit. Das Neue in diesem nach dem Krieg geführten Streit der Worte waren nicht die Motive. Neu war die ins Gegenteil gewendete Sinngebung, weg vom Hass auf barbarische Feinde, hin zu Reue und zum notwendigen Eingeständnis deutscher Schuld.

Der Gedanke war auch Ernst Beutler nicht fremd, bei aller Ablehnung des geforderten Verzichts. Die Mitglieder des Hochstifts, von deren Unterstützung der Aufbau des neuen alten Goethehauses abhing, mochte er jedoch nicht hart anfassen: „Wie bringen wir es unseren Leuten bei, ohne sie zu verletzen", fragte er 1946 Eugen Kogon, der mit Walter Dirks die *Frankfurter Hefte* herausgab: „Denn wir alle sind an jeder Stelle wund, haben Schmerzen in jedem Gelenk und überall reibt es und scheuert. Einem solchen Patienten zu sagen, du bist selbst schuld, ist psychologisch eine Kunst. Und doch muss es ihm gesagt werden."[52]

7.11

7.10 Ruinen-Ensemble des 1944 durch die Waffen-SS zerstörten Dorfes Oradour-sur-Glane, Frankreich, Foto: 2006

7.11 Gerhard Weber, Entwurf für die Neugestaltung der Ruine des Goethehauses, Skizze, 1947

1. Fleiter, Michael (Hg.), *Heimat/Front. Frankfurt am Main im Luftkrieg*, Frankfurt am Main 2013.
2. Pehnt, Wolfgang und Hilde Strohl, *Rudolf Schwarz 1897–1961. Architekt einer anderen Moderne*, Ostfildern-Ruit 1997.
3. Stadt Frankfurt am Main, Baudezernat (Hg.), *Die Paulskirche in Frankfurt am Main. Schriftenreihe des Hochbauamtes zu Bauaufgaben der Stadt Frankfurt am Main*, Frankfurt am Main 1988.
4. Göpfert, Claus-Jürgen, „Zeichen der Demut", in: *Frankfurter Rundschau Geschichte. Die Nachkriegsjahre in Frankfurt*, Bd. 6, Frankfurt am Main 2015, S. 42–45.
5. Leitl, Alfons, „Berichte über Baupläne (I). Der Wiederaufbau der Paulskirche", in: *Baukunst und Werkform*, 1947, H. 1, S. 99–103; Durth, Werner und Niels Gutschow, *Träume in Trümmern. Planungen zum Wiederaufbau zerstörter Städte im Westen Deutschlands 1940–1950*, Bd. 2, Braunschweig u.a. 1988, S. 479–485.
6. Schwarz, Rudolf, *Kirchenbau. Welt vor der Schwelle*, Heidelberg 1960, S. 94.
7. Kappel, Kai, *Memento 1945? Kirchenbau aus Kriegsruinen und Trümmersteinen in den Westzonen und in der Bundesrepublik Deutschland*, Berlin 2008, S. 44; ders., „Der Umgang mit Ruinen und Trümmersteinen des Zweiten Weltkriegs", in: Nerdinger, Winfried und Inez Florschütz (Hg.), *Architektur der Wunderkinder. Aufbruch und Verdrängung in Bayern 1945–1960*, Salzburg u.a. 2005, S. 24–31.
8. Schwarz 1960, S. 94.
9. Ebenda.
10. Ebenda.
11. Seng, Joachim, *Goethe-Enthusiasmus und Bürgersinn. Das Freie Deutsche Hochstift – Frankfurter Goethe-Museum 1881–1960*, Göttingen 2009, S. 453f.
12. „Für den Neubau des Goethehauses. Ein Aufruf des Freien Deutschen Hochstifts", *Frankfurter Anzeiger*, 13.7.1944.
13. Seng 2009, S. 466f.
14. Seng 2009, S. 473.
15. Fischer, Torben und Matthias N. Lorenz (Hg.), *Lexikon der ‚Vergangenheitsbewältigung' in Deutschland. Debatten- und Diskursgeschichte des Nationalsozialismus nach 1945*, Bielefeld 2015.
16. Schneider, Reinhold, „Goetheverehrung oder Goethekult? Eine Frage", *Freiburger Nachrichten*, 14.12.1945.
17. Durth, Gutschow 1988, S. 485f.; Gräwe, Christina, „Blanck, Eugen", sowie Quiring, Claudia und Thomas Flierl, „Hebebrand, Werner Bernhard", in: Brockhoff, Evelyn u.a. (Hg.), *Akteure des Neuen Frankfurt*, Frankfurt am Main 2016, S. 87f. und S. 115f.
18. Dirks, Walter, „Mut zum Abschied. Zur Wiederherstellung des Frankfurter Goethehauses", in: *Frankfurter Hefte*, 1947, H. 8, S. 819–828.
19. Dirks 1947, S. 826.
20. Gehebe-Gernhardt, Almut, *Architektur der 50er Jahre in Frankfurt am Main – Am Beispiel der Architektengemeinschaft Alois Giefer und Hermann Mäckler*, Frankfurt am Main 2011.
21. Mäckler, Hermann, „Wiederaufbau des Goethehauses – eine umstrittene Entscheidung. Ein Architekt eröffnet die Diskussion", *Frankfurter Neue Presse*, 14.5.1947.
22. Ebenda.
23. Bartning, Otto, „Entscheidung zwischen Wahrheit und Lüge", in: *Baukunst und Werkform*, 1948, H. 2, S. 28f.
24. Ebenda.
25. „Für den Neubau des Goethehauses. Ein Aufruf des Freien Deutschen Hochstifts", *Frankfurter Anzeiger*, 13.7.1944.
26. Ebenda.
27. Ernst Beutler an Oberbürgermeister Walter Kolb, 10.4.1947. ISG, Magistratsakten 8.116. Zitiert nach Seng 2009, S. 509.
28. Rodenstein, Marianne, „Goethehaus Frankfurt am Main", in: Nerdinger, Winfried mit Markus Eisen und Hilde Strobl, *Geschichte der Rekonstruktion. Konstruktion der Geschichte*, München u.a. 2010, S. 434–436.
29. Freies Deutsches Hochstift (Hg.), *Einweihung des Goethehauses. Frankfurt am Main, den 10. Mai 1951*, Frankfurt am Main 1951.
30. So bei Durth, Gutschow 1988; von Beyme, Klaus, „Frankfurt am Main. Stadt mit Höhendrang", in: von Beyme, Klaus u.a. (Hg.), *Neue Städte aus Ruinen. Deutscher Städtebau der Nachkriegszeit*, München 1992, S. 197–216; Pehnt, Wolfgang, *Deutsche Architektur seit 1900*, München 2005, S. 260f.; Durth, Werner und Paul Sigel, *Baukultur. Spiegel gesellschaftlichen Wandels*, Berlin 2009, S. 405–420; Gehebe-Gernhardt 2011, S. 57–71.
31. Durth, Gutschow 1988, S. 55–118.
32. Hitler, Adolf, Rede am 8. November 1943, *Völkischer Beobachter*, 9.11.1943.
33. „Trauer in der Altstadt. Terror gegen Wohnungen und Kostbarkeiten der Kultur", *Frankfurter Anzeiger*, 20.3.1944.
34. Benkard, Ernst, „Großer Hirschgraben Nr. 23. Zur Vernichtung von Goethes Geburtshaus", *Völkischer Beobachter* (Süddeutsche Ausgabe), 7.5.1944.
35. Stadler, Otto, „Hier muß Haß heilig werden", *Rhein-Mainische Zeitung*, 18.6.1944.
36. „Was wird aus den Ruinen? Eine Betrachtung im ‚Völkischen Beobachter'", *Frankfurter Anzeiger*, 18.5.1944.
37. Ebenda.
38. Ebenda.
39. Lübbecke, Fried, *Der Muschelsaal*, Frankfurt am Main 1960, S. 415.
40. Früchtel, Michael, *Der Architekt Hermann Giesler. Leben und Werk (1898–1987)*, o. O. 2008, S. 211–213.
41. Mai, Ekkehard, „Von 1930 bis 1945: Ehrenmäler und Totenburgen", in: Nerdinger, Winfried und Ekkehard Mai (Hg.), *Wilhelm Kreis. Architekt zwischen Kaiserreich und Demokratie 1873–1955*, München u.a. 1994, S. 156–167, 268f.
42. Arndt, Karl, „Problematischer Ruhm – die Großaufträge in Berlin 1937–1943", in: Nerdinger, Mai 1994, S. 168–187, 266.
43. „Was wird aus den Ruinen? Eine Betrachtung im ‚Völkischen Beobachter'", *Frankfurter Anzeiger*, 18.5.1944.
44. Seng 2009, S. 467.
45. „Für den Neubau des Goethehauses. Ein Aufruf des Freien Deutschen Hochstifts", *Frankfurter Anzeiger*, 13.7.1944.
46. Kappel, Kai, „Eine kurze Geschichte der Kaiser-Wilhelm-Gedächtniskirche bis 1955", in: Kappel, Kai und Evangelische Kaiser-Wilhelm-Gedächtnis-Kirchengemeinde Berlin (Hg.), *Egon Eiermann. Kaiser-Wilhelm-Gedächtnis-Kirche Berlin 1961/2011*, Lindenberg im Allgäu 2011, S. 8–13.
47. Rogacki-Thiemann, Birte, „Aegidienkirche", in: Puschmann, Wolfgang (Hg.), *Hannovers Kirchen*, Hermannsburg 2005, S. 32–35.
48. Hirschfeld, Gerhard, *Geschichte des Mahnmals und der Kirchenbauten von St. Nikolai in Hamburg*, Hamburg 2010.
49. Glaser, Gerhard und Stiftung Frauenkirche Dresden (Hg.), *Die Frauenkirche zu Dresden. Werden – Wirken – Wiederaufbau*, Dresden 2005.
50. Fouché, Jean-Jacques, *Oradour*, Paris 2001.
51. Frank, Hartmut, „Trümmer. Traditionelle und moderne Architekturen im Nachkriegsdeutschland", in: Schulz, Bernhard (Hg.), *Grauzonen, Farbwelten. Kunst und Zeitbilder 1945–1955*, Berlin 1983, S. 43–83, Abb. S. 54.
52. Seng 2009, S. 481.

DER WETTBEWERB ALTSTADTKERN, 1950 UND DER RÖMERBERG-WETTBEWERB, 1951

Philipp Sturm

8.1 Altstadtbebauung, Luftbild: 1955

Nachdem 1949 mit der Entscheidung, Bonn zum bundesdeutschen Regierungssitz zu erklären, die Pläne für ein Regierungsviertel auf dem Frankfurter Altstadtareal vom Tisch waren, standen drei Planungsvorschläge für die Neugestaltung des Areals zur Diskussion. Der Vorschlag des Stadtplanungsamtes unter Leitung Herbert Boehms orientierte sich an der Verkehrskonzeption des Generalfluchtlinienplans von 1948 und sah Zeilenbauten nördlich und südlich der neuen Berliner Straße vor, für die zahlreiche Baudenkmäler geopfert werden sollten. **8.2** Das städtische Bauamt forderte parallel zwei Gruppen auf, ihrerseits Pläne für den Wiederaufbau zu erarbeiten. Die Gruppe der Altstadtfreunde[1] sah auf dem mittelalterlichen Stadtgrundriss einen kleinteiligen Wiederaufbau unter Berücksichtigung des noch vorhandenen Bestandes sowie die Rekonstruktion der Römerberg-Ostzeile vor. **8.4** Eine Arbeitsgemeinschaft freier Architekten[2] plante dagegen, ähnlich dem Entwurf der Stadtplaner, eine strenge Zeilen-Bebauung in Nord-Süd Ausrichtung. **8.3** Dabei versuchten die Architekten, einzelne noch existente Bauten in ihrer an der Moderne orientierten Planung zu integrieren. Die Entwürfe wurden im Oktober 1949 in den Römerhallen präsentiert und lösten einen öffentlich ausgetragen Streit zwischen „Traditionalisten" und „Modernisten" aus. Die Konsequenz war, dass die Stadtverwaltung beschloss, einen Ideenwettbewerb zur Erlangung von Vorschlägen für den Aufbau des Altstadtkernes auszuschreiben.

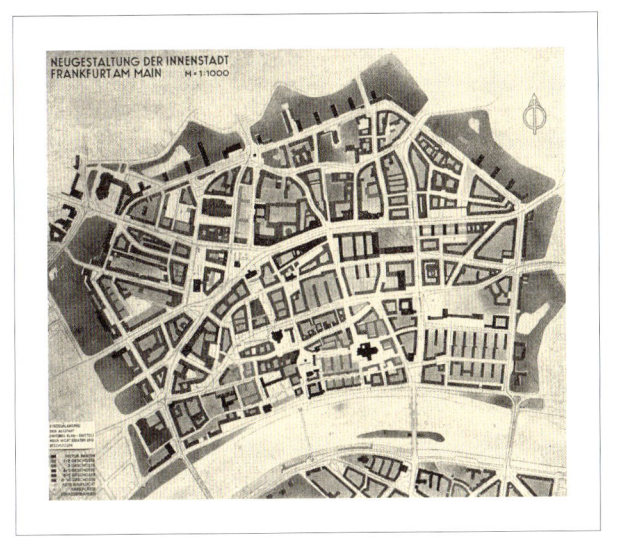

8.2

8.3

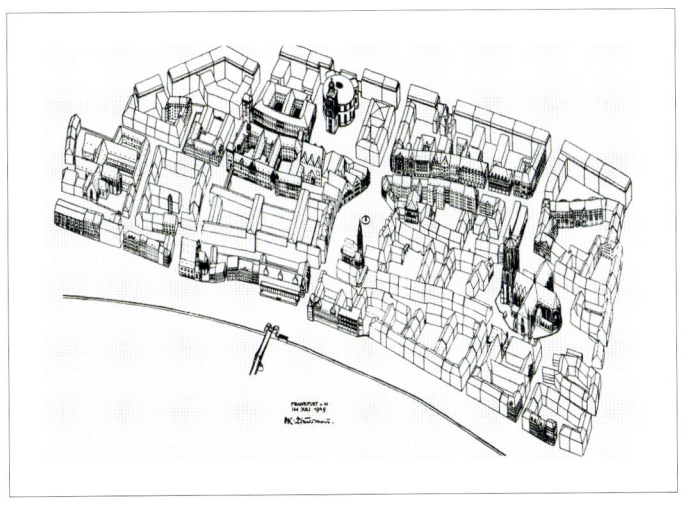

8.4

8.2 Stadtplanungsamt, Neugestaltung der Innenstadt, 1949

8.3 Arbeitsgemeinschaft Correggio, Drevermann, Dierschke, Giefer, Hebebrand, Schaupp, Scheinpflug, Schultz, Scotti, Vorschlag zum Aufbau der Altstadt, 1949

8.4 H. K. Zimmermann, Aufbauvorschlag für die innere Altstadt, 1949

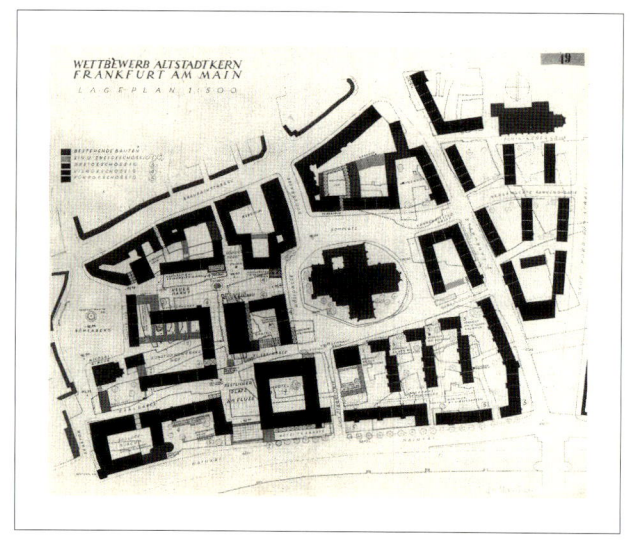

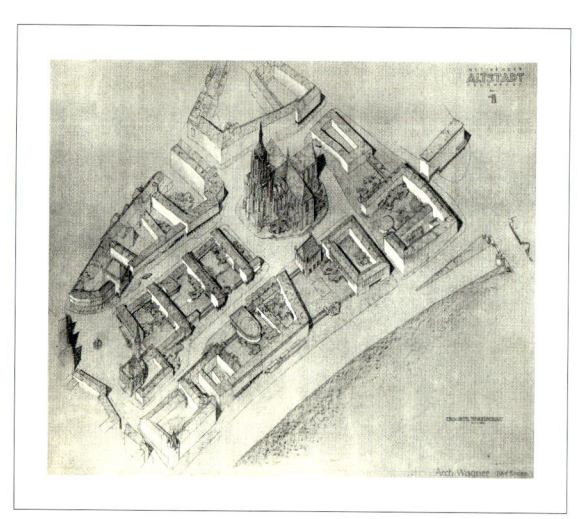

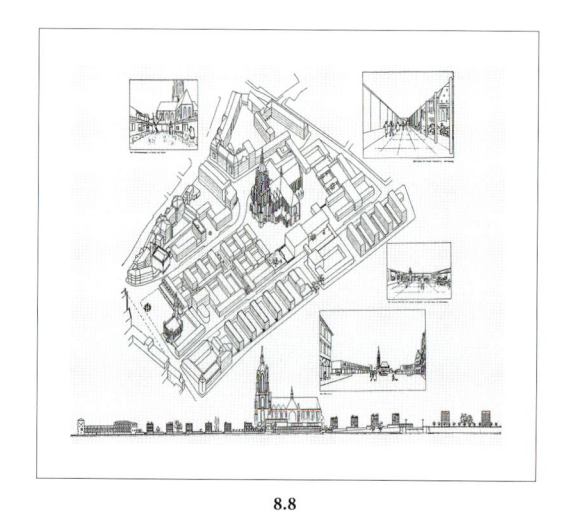

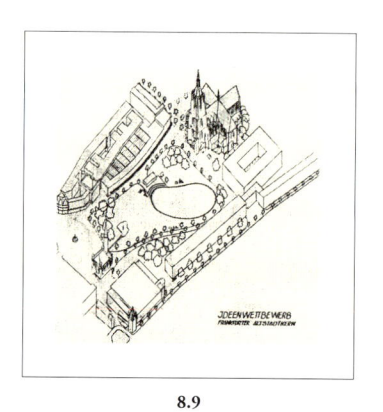

8.5 Wilhelm Massing, Wettbewerbsentwurf Altstadtkern (1. Preis), Lageplan, 1950

8.6 Werner Dierschke mit Karl Dahm, Wettbewerbsentwurf Altstadtkern (1. Preis), Isometrie, 1950

8.7 Ferdinand Wagner, Wettbewerbsentwurf Altstadtkern (1. Preis), Isometrie, 1950

8.8 Walter Schwagenscheidt, Wettbewerbsentwurf Altstadtkern, Isometrie, 1950

8.9 Unbekannt, Wettbewerbsentwurf Altstadtkern, Isometrie, 1950

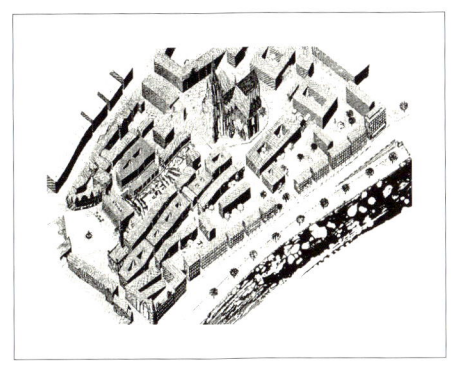

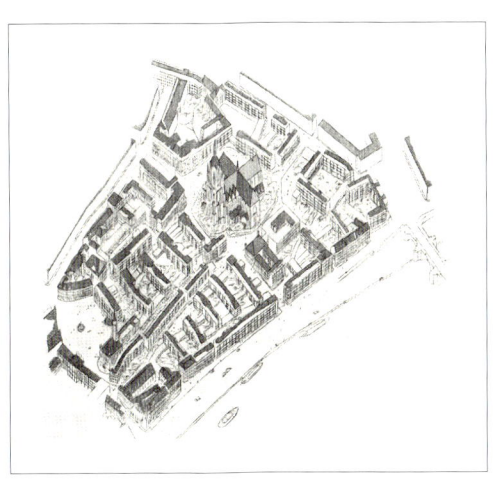

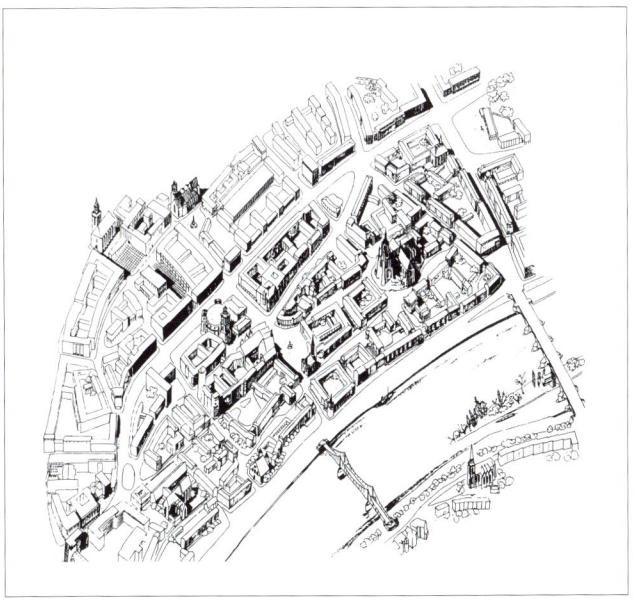

8.10 Gerhard Weber, Wettbewerbsentwurf Altstadtkern, Isometrie, 1950

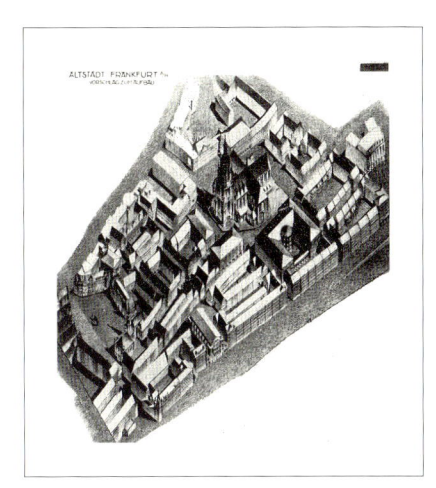

8.11 Unbekannt, Wettbewerbsentwurf Altstadtkern, Isometrie, 1950

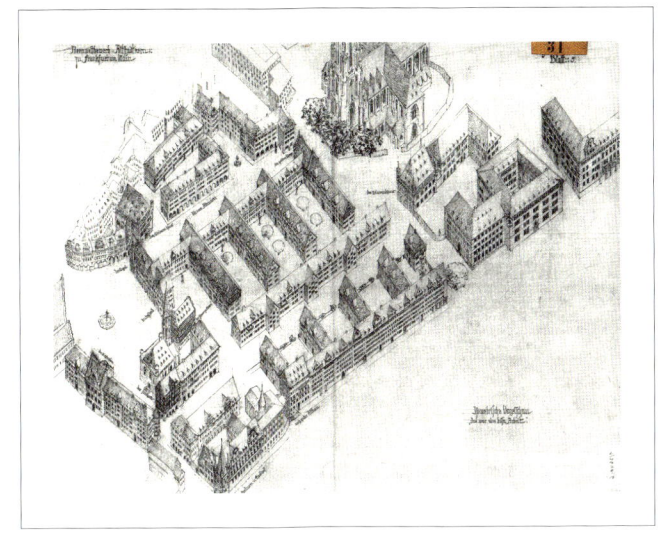

8.12 Fritz Schad, Wettbewerbsentwurf Altstadtkern, Isometrie, 1950

8.13 Unbekannt, Wettbewerbsentwurf Altstadtkern, Perspektive vom Römerberg zum Dom, 1950

8.14 Werner Hebebrand, Kurt Freiwald und Walter Schlempp, Wettbewerbsentwurf Altstadtkern (1. Ankauf), Isometrie, 1950

8.15 Stadtplanungsamt, Bebauungsplan für die Innenstadt, Zeichnung von Karl Sippel, 1953

Der Wettbewerb für den Aufbau des Altstadtkernes zwischen Römer und Dom, 1950

Bereits im Auslobungstext sprach Planungsdezernent Moritz Wolf (FDP) davon, dass sich alle Hoffnungen, die „frühere soziologische Struktur" dem Wiederaufbau zugrunde zu legen, das Straßennetz sowie die Parzellenzuschnitte nur geringfügig zu korrigieren, als Illusion erwiesen hätten.[3] Die Aufgabe an die Architekten war, einen stadtplanerischen Gestaltungsvorschlag für Wohnbauten, Läden und Werkstätten des kulturellen Sektors sowie gepflegte Gaststätten zu entwickeln. Die Dichte und Höhe der Bebauung sollte angemessen auf den Dom und die zu erhaltenden Baudenkmäler reagieren und gleichzeitig, im Sinne der Moderne, ausreichend Licht und Luft bieten. Ziel war es, der geistigen und wirtschaftlichen Führungsschicht im Kern der Stadt Wohnraum zu bieten.[4]

Als am 14. Juli 1950 in der Paulskirche das Preisgericht unter dem Vorsitz von Moritz Wolf zusammen trat,[5] standen 71 Arbeiten zur Auswahl, von denen 17 in die engere Wahl kamen. 8.5–8.14 Da keiner der Entwürfe allen Ansprüchen genügte, wurden drei erste Preise zu gleichen Teilen an Wilhelm Massing, Werner Dierschke mit Karl Dahm sowie Ferdinand Wagner vergeben. Mit dieser Auswahl positionierte sich die Jury unmissverständlich zugunsten der modernen Entwürfe. Massing schlug neben einem breit angelegten Markt einen weiteren Platz zum Mainufer hin vor sowie eine große Konzerthalle zwischen den entstehenden Freiräumen. Dabei ignorierte er den historischen Stadtgrundriss weitgehend. Die Jury kritisierte seine Römerberg-Ostzeile: „Mittelalterliche Giebelbauten in Betonskelettbauten wieder aufleben zu lassen, muss etwas problematisch erscheinen."[6] 8.5 Die Entwürfe von Wagner und Dierschke waren ebenfalls durch eine aufgelockerte Zeilenbauweise geprägt. Wagner ordnete seine Zeilen streng und schloss zum Römer entschieden modern ab; die Jury lobte die Eingliederung der erhaltenen Baudenkmäler in die zeitgenössischen Bauten. 8.7 Dierschke sah auf den Zeilenbauten Giebeldächer vor und kam so dem Altstadtcharakter am nächsten; die Jury kritisierte die Platzerweiterung in der Saalgasse, die *Frankfurter Allgemeine* dagegen lobte die Platzgestaltung um den Dom.[7] 8.6 Der erste Ankauf war die Arbeit von Werner Hebebrand, Kurt Freiwald und Walter Schlempp. Als „originell" wertete das Preisgericht die Idee, mit erdgeschossigen Ladenbauten die historische Gassenführung beizubehalten und orthogonal

8.16

8.17

8.18

8.16 Helmuth Hartwig, Wettbewerbsentwurf Römerberg Ostwand (1. Preis), Zeichnung, 1951

8.17 Johannes Krahn, Wettbewerbsentwurf Römerberg Ostwand, Zeichnung, 1951

8.18 Werner Dierschke und Friedel Steinmeyer, Wettbewerbsentwurf Römerberg Ostwand, Zeichnung, 1951

dazu mit modernen mehrgeschossigen Zeilen eine neue Stadt zu errichten.⁸ 8.14 Die Breite der übrigen Ideen zeigen exemplarisch zwei Entwürfe. Walter Schwagenscheidt schlug vor, die historische Altstadt vollkommen in einer radikalen städtebaulichen Moderne verschwinden zu lassen, aus der nur noch der Dom ragen sollte. 8.8 Dem städtebaulichen Richtungsstreit zwischen Tradition und Moderne entzieht sich ein unbekannter Architekt. Sein Entwurf empfahl, die Altstadttrümmer zwischen Dom und Römer durch einen Park mit Teich zu ersetzen.⁹ 8.9

Vor allem in Anlehnung an Massings Entwurf erarbeitete das Stadtplanungsamt unter Herbert Boehm 1952/53 einen Plan, der im darauffolgenden Jahr südöstlich des Domes umgesetzt wurde. 8.15 Der Bauträger, die Frankfurter Aufbau-AG, beauftragte für dessen Umsetzung drei Architekturbüros – die von Wilhelm Massing, Werner Dierschke sowie Max Meid und Helmut Romeick. 8.1

Der Römerberg-Wettbewerb, 1951

Bereits ein Jahr nach dem Altstadtwettbewerb lobte die Stadtverwaltung einen Folgewettbewerb aus, anhand dessen ein Vorschlag für die Bebauung der Römerberg Ostwand gefunden werden sollte. Am 14. Juli diskutierte das Preisgericht unter Vorsitz Otto Bartnings in der Paulskirche die 62 eingereichten Arbeiten. Die Preisträger Helmuth Hartwig (1. Preis) 8.16, Franz Hufnagel und Rudolf Dörr (2. Preis) sowie Rudolf Rosenfeld (3. Preis) positionierten sich mit ihren Entwürfen weder traditionell konservativ noch dezidiert modern[10], sondern boten laut Heinrich Henning „ganz einfach verwaschene Kompromisse"[11] an. Die Entwürfe von Alois Giefer und Hermann Mäckler 8.20, Werner Dierschke und Friedel Steinmeyer 8.18, Johannes Krahn 8.17 sowie Ferdinand Wagner 8.19 muteten dagegen zurückhaltend modern an. Wilhelm Massing, der Preisträger von 1950, arbeitete seine Idee einer giebelständigen Platzwand weiter aus, konnte damit die Jury jedoch nicht überzeugen. 8.21 Bemerkenswert ist, dass sich nur ein Wettbewerbsteilnehmer für die Rekonstruktion der Ostzeile aussprach, mit diesem Vorschlag jedoch bereits im ersten Rundgang ausschied.[12]

Bis Mitte der 1950er Jahre konnten die zweitplatzierten Hufnagel und Dörr mit zwei Gebäuden einen Teil der Ostzeile realisieren und so dem Platz zumindest in einem Abschnitt wieder eine Wand geben. 8.22

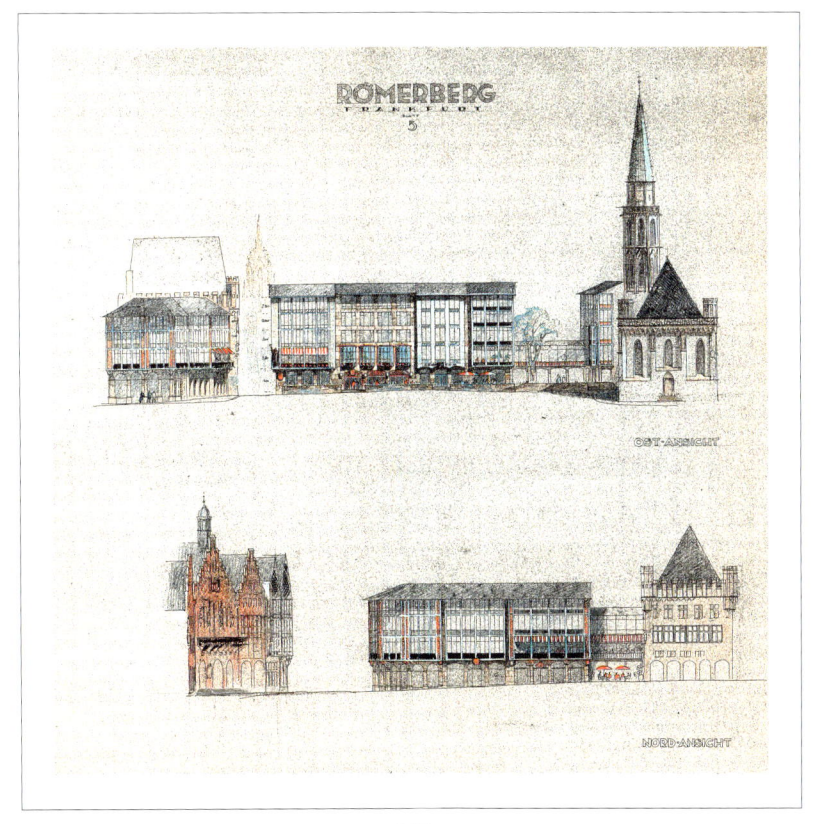

8.19

8.19 Ferdinand Wagner, Wettbewerbsentwurf Römerberg Ost- und Nordwand (Ankauf), Zeichnung, 1951

8.20 Alois Giefer und Hermann Mäckler, Wettbewerbsentwurf Römerberg Ostwand, Zeichnung, 1951

8.21 Wilhelm Massing, Wettbewerbsentwurf Römerberg Ostwand, Zeichnung, 1951

8.22 Franz Hufnagel und Rudolf Dörr, Römerberg-Ostzeile, Foto: 1961

1. Die Gruppe der Altstadtfreunde formierte sich um den Gründer des Bundes tätiger Altstadtfreunde Fried Lübbecke und dem Leiter der Frankfurter Außenstelle des hessischen Landeskonservators H. K. Zimmermann. Weitere Mitglieder waren Theodor Kellner (Architekt des wiederaufgebauten Goethehauses), Franz Carl Throll, Albert Rapp (Direktor des Historischen Museums) sowie Theodor Derlam und Otto Fischer (beide vom städtischen Bauamt).
2. Die Architekten waren Sepp Correggio, Wolf Klaus Drevermann, Werner Dierschke, Alois Giefer, Werner Hebebrand, Gottlob Schaupp, Gustav Scheinpflug, Walter Maria Schultz und Georg Scotti.
3. Stadt Frankfurt a. M., Bauverwaltung – Hochbau (Hg.), *Ideenwettbewerb zur Erlangung von Vorschlägen für den Aufbau des Altstadtkernes zwischen Römer und Dom in Frankfurt am Main*, 27.3.1950, DAM 002-085-001.
4. Ebenda.
5. Weitere Preisrichter waren Stadtrat Adolf Miersch, Architekt und Stadtrat Max Kemper, Martin Elsaesser (München), Franz Schuster (Wien), der hessische Landeskonservator Friedrich Bleibaum, Bankier Michael Hauck, A. Mettenheimer, Spediteur Georg Delliehausen, Planungsamtsleiter Herbert Boehm sowie Theodor Derlam (Hochbauamt).
6. Protokoll über die Sitzung des Preisgerichts beim Wettbewerb zur Erlangung von Vorschlägen für den Aufbau des Altstadtkernes zwischen Römer und Dom in Frankfurt a. Main, 15.7.1950; ISG, Nachlass Adolf Miersch, S1-297/36.
7. Ius., „Handwerkerhöfe und Erhaltung des Alten", *Frankfurter Allgemeine Zeitung*, 18.7.1950.
8. Protokoll über die Sitzung des Preisgerichts beim Wettbewerb zur Erlangung von Vorschlägen für den Aufbau des Altstadtkernes zwischen Römer und Dom in Frankfurt a. Main, 15.7.1950; ISG, Nachlass Adolf Miersch, S1-297/36.
9. „Das Problem der alten Stadt", *Baukunst und Werkform*, 1951, H. 6, S. 11.
10. Neben den drei Preisträgern wurden fünf Entwürfe von Emil Schmidt, Theo Find, Johannes Krahn, Ferdinand Wagner und Gustav Friedrich Scheinpflug angekauft. Vgl.: Ius., „Römerberg-Wettbewerb – Eintritt frei!", *Frankfurter Allgemeine Zeitung*, 16.7.1951.
11. Henning, Heinrich, „Anmerkung zu einem Altstadtwettbewerb", *Die Neue Stadt*, 1951, H. 8, S. 308–309.
12. Ius., „Römerberg-Wettbewerb – Eintritt frei!", *Frankfurter Allgemeine Zeitung*, 16.7.1951.

DER WETTBEWERB DOM-RÖMERBERG-BEREICH, 1962/63

Philipp Sturm

9.1 Dom-Römerberg-Bereich, Blick vom Dom, Foto: 1961

9.2

9.3

Zwei temporäre Bauten standen im Frühsommer 1963 auf der seit Kriegsende brachliegenden Fläche zwischen Dom und Römer. Die sogenannte Brandt-Blase – ein kugelförmiger Pavillon mit großer Freitreppe – zeigte interessierten Bürgern die Ausstellung *Die ersten 100 Jahre SPD*. 9.2 In dessen Schatten, streng bewacht, war ein rechteckiges Zelt aufgebaut, in dem unter Ausschluss der Öffentlichkeit 56 Entwürfe aus dem Wettbewerb Dom-Römerberg-Bereich und damit die künftige Gestalt des historischen Zentrums zur Diskussion standen.[1] Es war vor allem die sozialdemokratisch geprägte Nachkriegsarchitektur Frankfurts, über die hier debattiert wurde.

Die Situation

Bis in die Mitte der 1950er Jahre waren in unmittelbarer Umgebung des Doms und des Römerbergs öffentlich geförderte Wohnbauten als Ergebnis des Altstadtwettbewerbs von 1950 entstanden.[2] Obwohl auch das Kernstück zwischen Dom und Römer Teil des damaligen Wettbewerbs war, blieb es aufgrund einer wachsenden Unsicherheit hinsichtlich der zukünftigen Bestimmung dieses historischen Ortes unbebaut. 9.1 Die Frage war, ob an diesem Ort weitere Wohngebäude errichtet werden sollten.
Zu Beginn der 1960er Jahre brachte Planungsdezernent Hans Kampffmeyer (SPD) mit Unterstützung des Oberbürgermeisters Werner Bockelmann (SPD) das etwa zwei Hektar große Areal wieder ins Gespräch und ließ 1962 einen neuen Wettbewerb veranstalten. Bereits in der Auslobung erteilte Kampffmeyer den Altstadtfreunden um Fried Lübbecke und der oppositionellen CDU, die einen möglichst getreuen Wiederaufbau der Altstadt vorschlugen,[3] eine klare Absage. Seine Argumentation lautete, aus den alten Bauformen würde sich nur wieder eine Wohnnutzung mit kleinen Läden ergeben. Gleichfalls lehnte er die Idee ab, den Platz frei zu halten oder gar in eine Grünfläche zu verwandeln, um der Nachkriegsgeneration die städtebauliche Entscheidung zu überlassen.[4]

Bauprogramm und Bauaufgabe

Im Unterschied zum Ideenwettbewerb von 1950 erarbeitete das Stadtplanungsamt diesmal ein detailliertes Nutzungskonzept, an dem sich die Wettbewerbsteilnehmer orientieren sollten. Der Gedanke des amerikanischen Schriftstellers Thornton Wilder, dass erst die moderne Demokratie allen Menschen die Möglichkeit zur Partizipation am kulturellen Leben ermögliche, wurde aufgenommen und zum Grundsatz der Wettbewerbsausschreibung.[5] Das Bauprogramm forderte neben einer zentralen Bücherei eine Musikschule, ein Jugendzentrum, Restaurants und ein Hotel, außerdem Läden, eine Wohnberatung, ein Kunstkabinett, eine Kleinkunstbühne, Künstlerateliers und das Ausstellungshaus „Frankfurt und die Welt", dem eine besondere Bedeutung zufiel. In Wechselausstellungen sollten hier Brücken geschlagen werden zwischen der Stadt und den Ländern, die mit ihr in Beziehung stehen.[6] Das größte Einzelvorhaben der projektierten Bebauung war das Gebäude für die technischen Ämter, das spätere Technische Rathaus. Zwischen Braubachstraße und Krönungsweg sollte es mit 10.000 Quadratmetern Fläche knapp die Hälfte der gesamten Planung ausmachen. Hierfür hatte das Stadtplanungsamt bereits 1962 einen Vorentwurf angefertigt, der im Wettbewerb nur noch städtebaulich eingegliedert werden sollte.[7] Die Erschließung des verkehrsberuhigten Gebietes sollte durch unterirdische Parkebenen erfolgen. Die U-Bahn war 1963 noch unter der Berliner Straße geplant mit einer Station an der Paulskirche.
Insgesamt wurden hohe Erwartungen an den Wettbewerb gestellt. Die Vorschläge der Architekten sollten dem Bereich zwischen Dom und Römer die Stadtkernfunktionen zurückgeben und gleichzeitig als Symbol für den demokratischen Wiederaufbau dienen.

9.2 Temporärer Ausstellungspavillon auf dem Römerberg, Foto: 1963
9.3 Preisgerichtssitzung mit NN, Hans Kampffmeyer, Rudolf Hillebrecht, NN, Rudolf Menzer und Werner Bockelmann (v.l.n.r.), Foto: 7.6.1963

Der Wettbewerb und seine Entwürfe

Zur Teilnahme am Wettbewerb waren alle in der Bundesrepublik ansässigen Architekten aufgerufen. Gesondert eingeladen wurden noch Georges Candilis, Alexis Josic, Shadrach Woods (Paris), Fred Forbat (Stockholm), Walter Gropius (Cambridge, USA), Arne Jacobsen (Kopenhagen), Ernst May (Hamburg), Frode Rinnan (Oslo), Hans Scharoun (Berlin) und Albert Steiner (Zürich).[8] Rudolf Hillebrecht, der Stadtbaurat von Hannover, wurde zum Vorsitzenden des Preisgerichts gewählt, das vom 5. bis 7. Juni 1963 in jenem Zelt auf dem Römerberg zusammentrat.[9] 9.3
Bereits bei der ersten Sichtung der Beiträge kamen die Preisrichter zu der Übereinkunft, dass hohe und monolithische Baukörper auf dem Areal fehl am Platz seien, da diese die Polarität zwischen Dom und Römer stören würden – eine Tatsache die erstaunt, wenn man an das Technische Rathaus denkt, dessen Bau sieben Jahre später begann.[10] Außerdem sollten das Ausstellungshaus, die Gastronomie und das Hotel am Römerberg positioniert werden. Nach drei Runden verblieben noch 19 Entwürfe in engerer Wahl.[11]
Am Ende entschied sich die Jury mit einem klaren

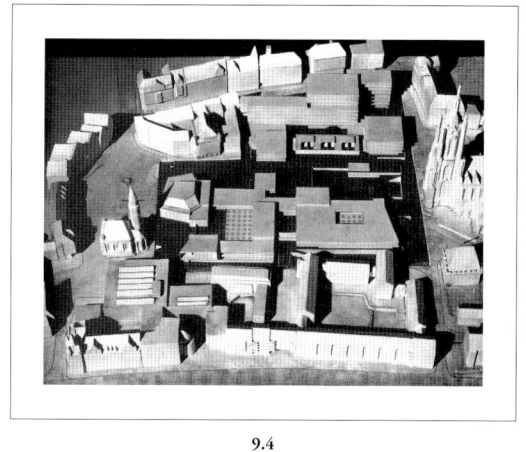

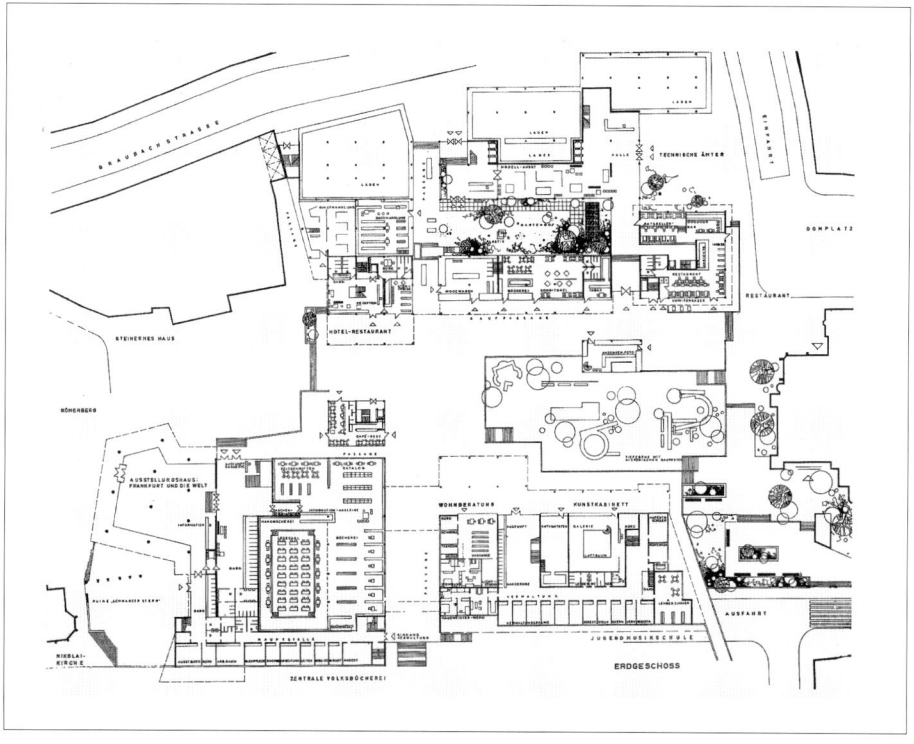

9.4

9.5

9.6

9.4 / 9.5 / 9.6 Wolfgang Bartsch, Anselm Thürwächter und Hans H. Weber, Wettbewerbsentwurf (1. Preis), Modell, Skizze, Grundriss Erdgeschoss, 1963

Bekenntnis für den Entwurf von Wolfgang Bartsch, Anselm Thürwächter und Hans H. Weber, der den ersten Preis erhielt. **9.4 / 9.5 / 9.6** Ein zweiter Preis wurde nicht vergeben, dafür vier dritte Preise an die Büros von Hans Scharoun, von Werner Böninger und Peter Biedermann, von Otto Apel und Hannsgeorg Beckert sowie von Hans Peter Burmester und Gerhard Ostermann. Mit dieser Entscheidung setzte die Jury ein deutliches Signal an Politik und Stadtplanung für die Umsetzung des ersten Preises. Am Siegerentwurf lobte das Preisgericht vor allem den Baukomplex aus Ausstellungshaus und Jugendzentrum in einem auf Stützen ruhenden Gebäude mit polygonalem Grundriss, das direkt am Römerberg vorgesehen war. Außerdem wurde positiv auf die entstehenden Plätze vor dem Steinernen Haus, hinter der Nikolaikirche und an der Südwestecke des Domes hingewiesen sowie auf den gelungenen Versuch, das Gebäude für die technischen Ämter zur Braubachstraße und zum Krönungsweg hin mit Läden und Cafés für Fußgänger zu öffnen; dafür schlugen die Wettbewerbssieger allerdings den Abriss des Hauptzollamtes vor.[12] Helene Rahms, die Architekturkritikerin der *Frankfurter Allgemeinen Zeitung*, wies auf den städtebaulichen Kompromiss der

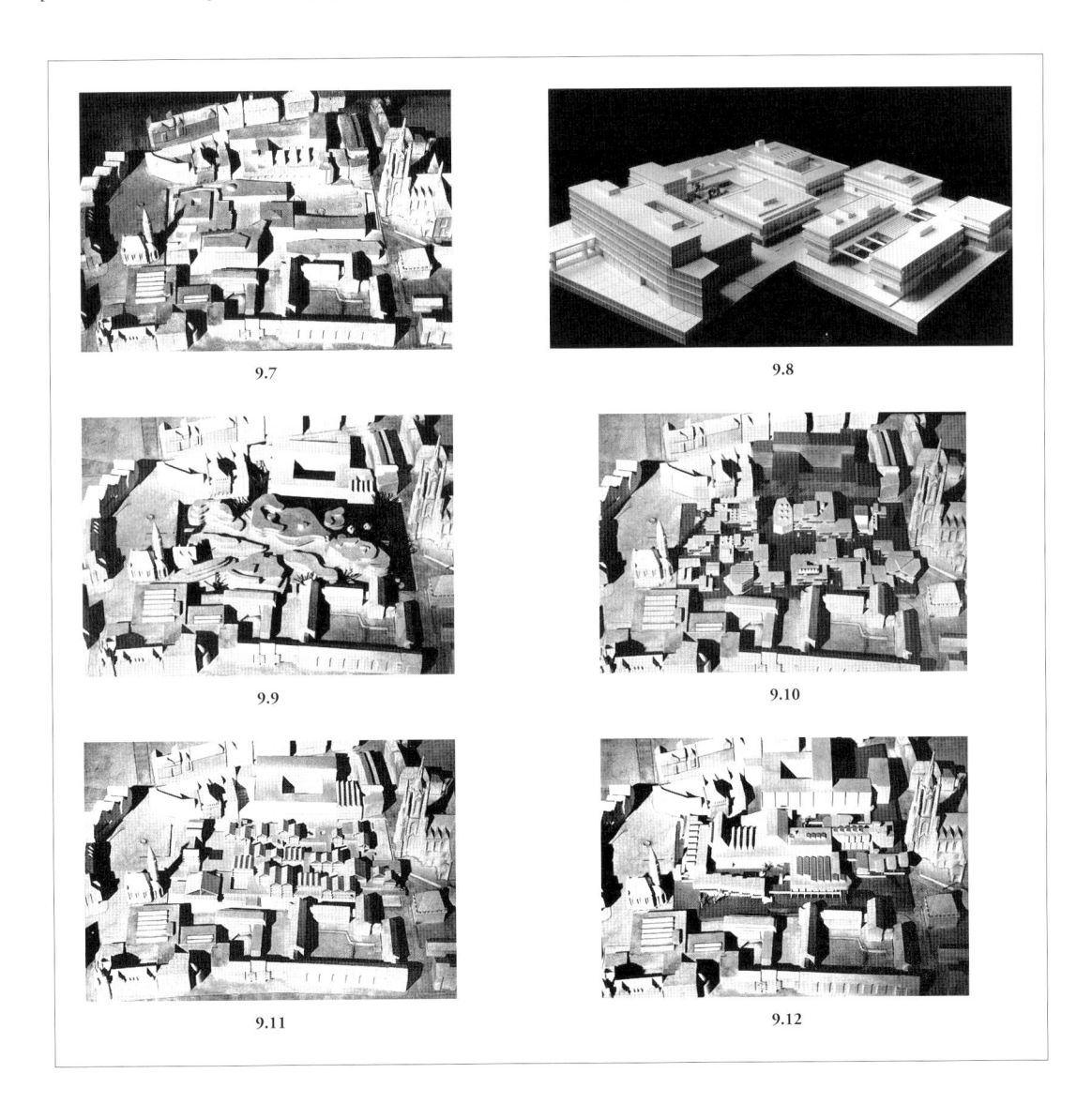

9.7–9.12 Wettbewerb Dom-Römerberg-Bereich, 1963:
Entwürfe von **9.7** Hans Scharoun (3. Preis), **9.8** Otto Apel und Hannsgeorg Beckert (3. Preis), **9.9** Christa und Fritz Seelinger,
9.10 Walter Schwagenscheidt und Tassilo Sittmann, **9.11** Jochen Kuhn, **9.12** Ernst May.

9.13 Georges Candilis, Alexis Josic und Shadrach Woods, Wettbewerbsentwurf, Grundriss Erdgeschoss, 1963

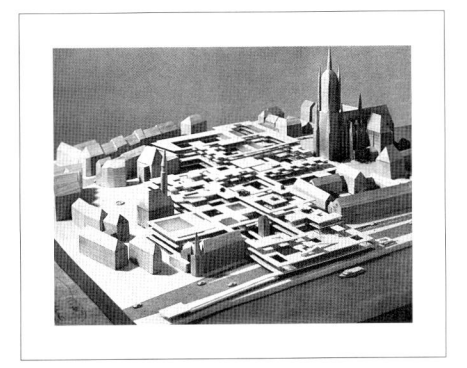

9.14

Juryentscheidung hin: Der Entwurf zeige nicht „die Puppenstubenintimität, wie sie einige Altfrankfurter erhofft haben, aber auch keine überraschend originelle Architektur, wie sie vielleicht radikal gesinnte Jugend erwartet".[13]

Die vier Drittplatzierten schlugen ebenfalls moderne und großmaßstäbliche Baukörper vor. Scharoun, der einzig prämierte unter den gesondert eingeladenen Architekten, entwickelte entlang des Krönungsweges miteinander verzahnte, heterogene Bauformen, Apel und Beckert gruppierten ihre freistehenden, quaderförmigen Gebäude zum Römerberg hin und planten eine große Freifläche vor dem Dom.[14] **9.7 / 9.8**

Der radikalste Vorschlag stammte aus dem französischen Büro von Candilis, Josic und Woods. Die Architekten entwarfen eine sich bis zum Main ziehende, orthogonale Stadtstruktur auf vier Ebenen, die einer Synthese aus mittelalterlichen Gassen und labyrinthischer Medina gleicht.[15] Die geplanten Betonstrukturen sollten eine Verbindung zum Flussufer schaffen, nahmen dabei aber keinerlei Rücksicht auf die Umgebung und negierten vollständig die Baugeschichte des Geländes. Dies war vermutlich der Grund, warum der Entwurf nicht einmal in die engere Wahl genommen wurde. Rahms hingegen lobte das städtebauliche Konzept der Arbeit als „geistreich", „provenzalisch anmutend" und „keineswegs frankfurterisch".[16] **9.13 / 9.14**

Ähnlich großmaßstäblich zeigt sich auch der Entwurf von Christa und Fritz Seelinger. Sie organisierten alle Bauaufgaben in einer expressiven gebirgsartigen Großform.[17] **9.9** Walter Schwagenscheidt und Tassilo Sittmann, die kurz zuvor mit dem Bau der Frankfurter Nordweststadt beauftragt worden waren, gingen in ihrem Vorschlag entgegengesetzt an die Aufgabe heran. Sie sahen keine großen Monolithen vor, sondern ein Ensemble aus kleinmaßstäblichen Baukörpern, Plätzen und Wegen.[18] **9.10** Auch der Entwurf von Jochen Kuhn schlägt eine kleinteilige Bebauung vor, an der die Jury jedoch den außerordentlich starken malerischen Aspekt beanstandete.[19] **9.11**

Kritik

Genau diesen malerischen Aspekt vermisste Fried Lübbecke vom Bund tätiger Altstadtfreunde im Wettbewerbsergebnis. Er kritisierte in der *Neuen Presse*, „[a]lle Architekten schrieben statt der zackigen Schrift Goethes und Bismarcks die sanfte Schreibe Sütterlins und hatten – so scheint es – das dem früheren Frankfurter Stadtbaudirektor B.[oehm] in den Mund gelegte Wort beherzigt: ,Wer jetzt noch ein steiles Dach baut, der stiehlt auch silberne Löffel.'"[20] Seinem Rat, den Platz vorerst frei zu halten und stattdessen von Fall zu Fall zu entscheiden, wurde letzten Endes unbeabsichtigt gefolgt.

Auch der frühere Planungsdezernent Ernst May kritisierte die Entscheidung der Jury. Am Siegerentwurf störte ihn der „uniforme Funktionalismus Miesscher Prägung".[21] Dagegen mutete sein eigener Wettbewerbsbeitrag, eine Aneinanderreihung verschiedener Baukörper aus rotem Sandstein, sehr regional an und wurde von der Jury nicht bedacht.[22] **9.12**

Der Architekturkritiker Eberhard Schulz fragte in der *FAZ*, „[w]arum aber baut keiner einen steinernen Platz? Warum ist das Barock […] erloschen? Warum kein Forum noch eine griechische Agora[?]"[23] Er kritisierte zudem die kleine Dimension der meisten Entwürfe, und schlug stattdessen vor, das „Brachfeld der Zerstörung in einen Freiplatz umzuwandeln, in dem die Geister der Geschichte anwesend wären und der Schatten des Doms seine schweigende Herrschaft ausübt".[24]

Insgesamt standen nicht nur die einzelnen Arbeiten in der Kritik, sondern auch das Bauprogramm der Stadt selbst. Helene Rahms formulierte eine Hoffnung: „[v]ielleicht finden sich noch würdigere Zwecke für die Gebäude, die den Platz umrahmen sollen, und damit auch eindeutigere feingliedrigere Architekturformen. Vielleicht wächst mit den Jahren, die die Bebauung des Platzes beanspruchen wird, die

9.14 Georges Candilis, Alexis Josic und Shadrach Woods, Wettbewerbsentwurf, Modell, 1963

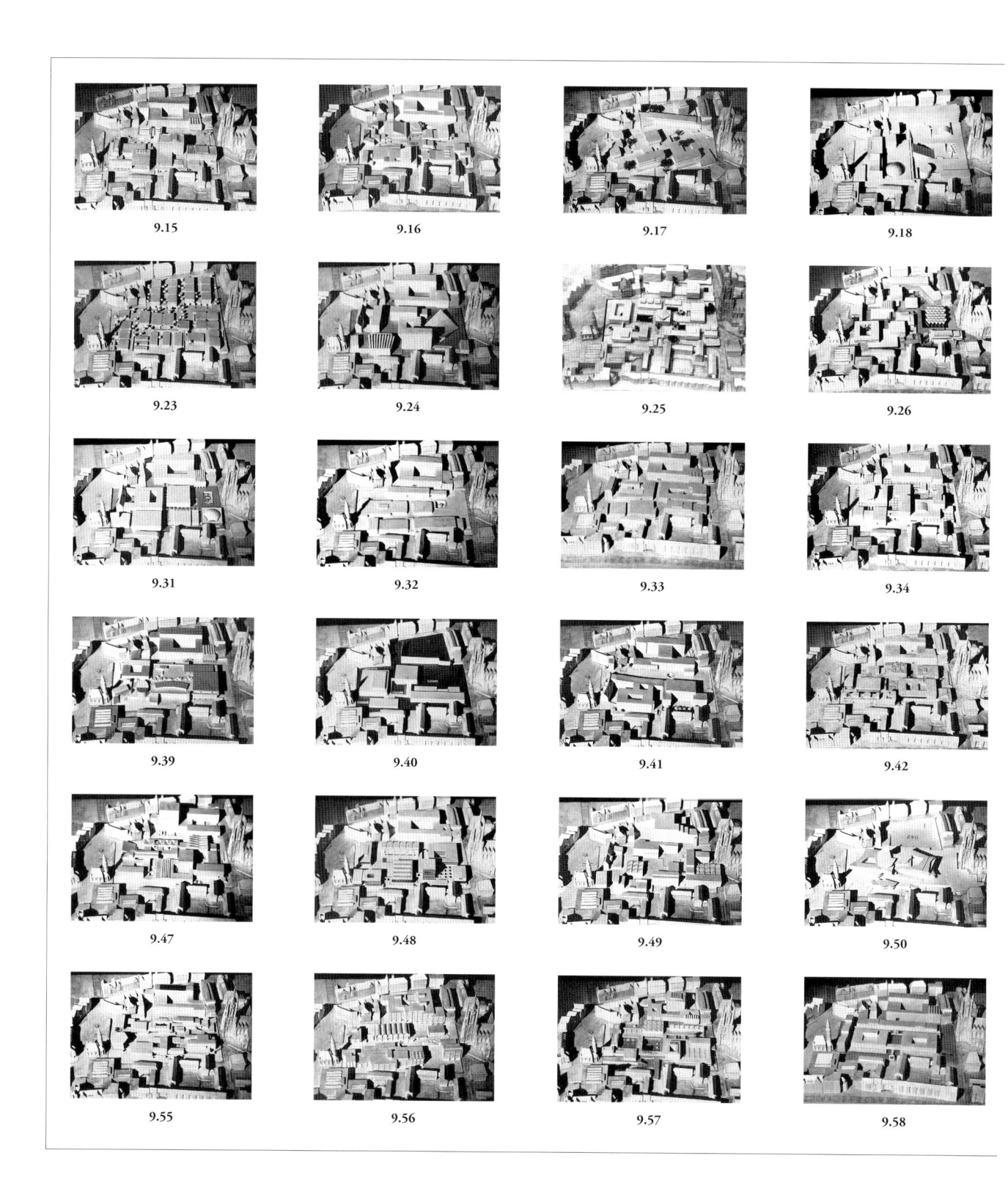

9.15	9.16	9.17	9.18
9.23	9.24	9.25	9.26
9.31	9.32	9.33	9.34
9.39	9.40	9.41	9.42
9.47	9.48	9.49	9.50
9.55	9.56	9.57	9.58

9.15–9.62 Wettbewerb Dom-Römerberg-Bereich, 1963:

Entwürfe von **9.15** Rudolf Lederer, **9.16** Werner Böninger, Peter Biedermann (3. Preis), **9.17** Rudolf Ostermayer, Peter Steckeweh, **9.18** Richard Heller, Günther Eckert, **9.19** Dirk Didden, Friedrich Zorn, **9.20** Herbert Rimpl, **9.21** Justus Herrenberger, Yalcin Dalokay, **9.22** Csaba Mikecz, Jürgen Stockhausen, Josef Radics, **9.23** Frode Rinnan, **9.24** Wolfgang Matthes, **9.25** Robert Kämpf, **9.26** Udo von Schauroth, Peter Schröder, **9.27** Hartmut Thimel, **9.28** Walter Effenberger, **9.29** Wilhelm von Wolff, **9.30** Etta Menzel, **9.31** Walter Nickerl, Siegfried Hoyer, **9.32** Theodor Triebsee, **9.33** Fred Forbat, Heinrich Nitschke, **9.34** Klaus Poppe, **9.35** Hermann Huber, **9.36** Horst Günther, **9.37** Ulrich S. von Altenstadt, **9.38** Hans Dieter Luckhardt, Gerhard Dreier,

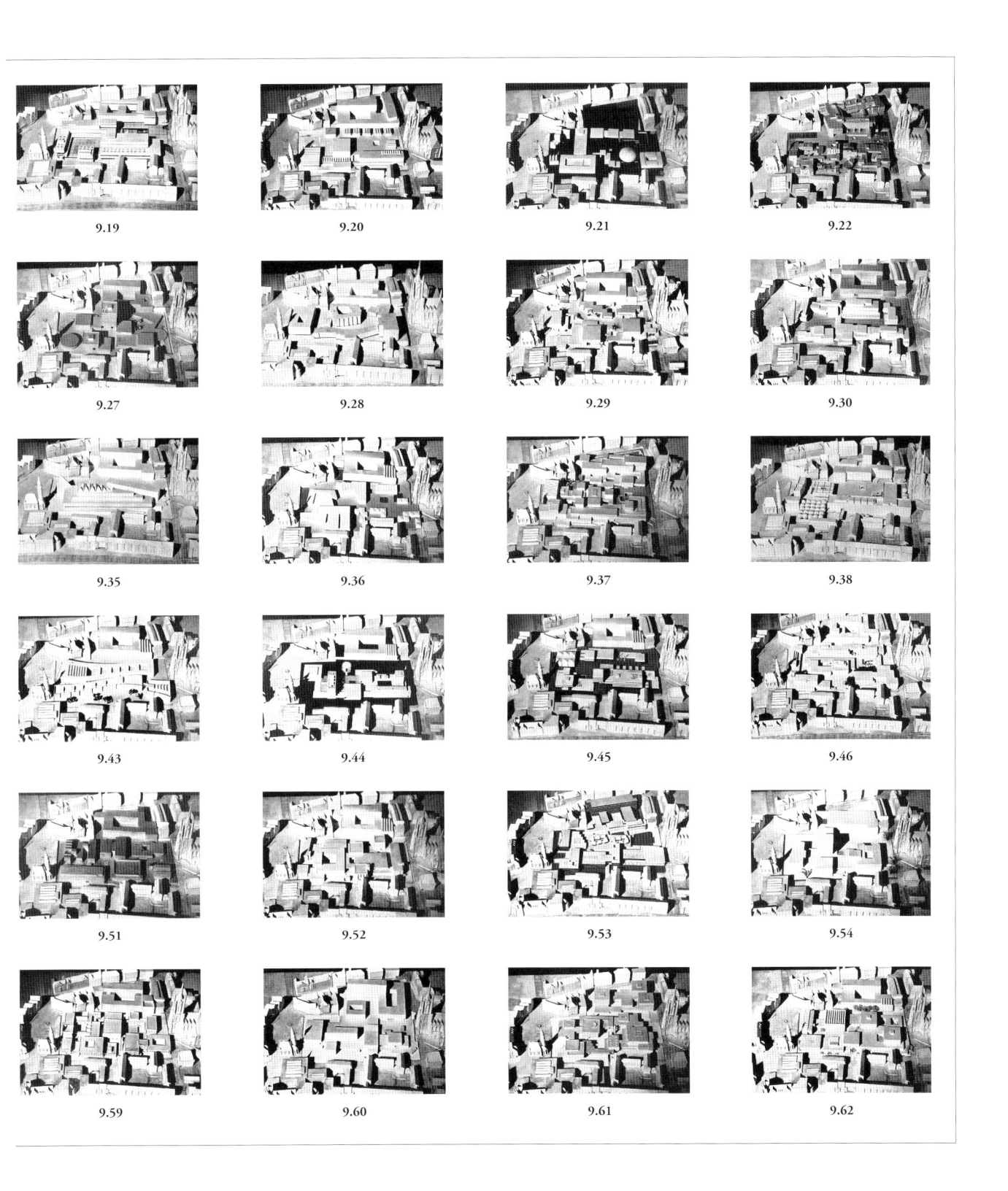

9.19	9.20	9.21	9.22
9.27	9.28	9.29	9.30
9.35	9.36	9.37	9.38
9.43	9.44	9.45	9.46
9.51	9.52	9.53	9.54
9.59	9.60	9.61	9.62

9.39 Gerhard Balser, Hubertus von Allwörden, Rolf Schloen, **9.40** Günter Schwerbrock, **9.41** Walter Semmer, **9.42** Walter Nicol, **9.43** Heinrich Geierstanger, Erwin Liewehr, **9.44** Kettner, Weidling + Weidling, **9.45** Franz Gill, Dieter Gill, Gottfried Pfeiffer, **9.46** Günter Fischer, Karl Heinz Walter, Manfred Grosbüsch, Werner Laux, **9.47** Günter Lange, Wolfgang Ebinger, **9.48** Rudolf Letocha, William Rohrer, Walter Maria Schultz, **9.49** Klaus Pfeffer, **9.50** Eike Rollenhagen, **9.51** Heinz Mahnke, **9.52** Walter Gropius, Louis A. McMillen, **9.53** Hans Peter Burmester, Gerhard Ostermann (3. Preis), **9.54** Joseph Siebenrock, **9.55** Klaus Kirsten, Heinz Nather, **9.56** Karl Heinz Gassmann, **9.57** Johannes Schmidt, F. J. Mühlenhoff, **9.58** Ferdinand Wagner, **9.59** J. M. Michel, K. Wirth, **9.60** Jochen Dramekehr, **9.61** Günter Bock, Carlfried Mutschler, Peter Buddeberg, **9.62** Eugen Söder, Volker Wagner.

9.63

Einsicht, daß die Fülle der Geschichte, die sich dort darstellte, nicht durch einen Verwaltungsakt beendet werden kann."[25]

Außer Konkurrenz: studentische Hochhäuser und ein unbekanntes Alterswerk

Auch die Architekturausbildung nahm sich der Wettbewerbsaufgabe an. Ein Semester lang befasste sich Max Guther vom Lehrstuhl für Entwerfen an der Technischen Hochschule Darmstadt mit der Neugestaltung in Frankfurts Altstadt.[26] Seine Studenten DW Dreysse, Dieter Hofmann und Ingo Tiedemann erarbeiten hierfür einen Entwurf, der in einheitlicher Gestaltung inmitten großer Fußgängerbereiche eine dichte Geschäfts- und Wohnbebauung vorsah. Die Stadtsilhouette zwischen Paulskirche und Dom sollte dabei durch eine Reihe von Hochhäusern ergänzt werden. **9.63**

Im Alter von 84 Jahren zeichnete Hermann Senf, der zwischen 1905 und 1940 eine Vielzahl von Gebäuden entlang der Braubachstraße errichtet hatte, ebenfalls einen Bebauungsvorschlag für das Areal. Sein Entwurf war bestimmt durch einen breiten Krönungsweg zum Dom und einen hexagonalen Ausstellungsbau am Römerberg. Warum er diesen Vorschlag nicht eingereicht hatte, ist unbekannt.[27] **9.64**

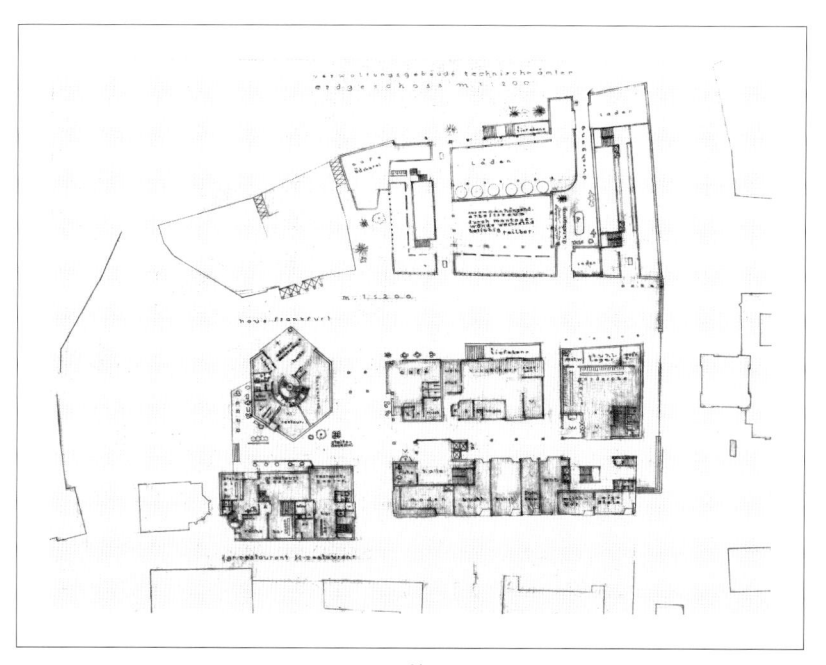

9.64

9.63 Ingo Tiedemann, Dieter Hofmann und DW Dreysse mit dem Modell ihres Vorschlages für den Dom-Römerberg-Bereich, 1962

9.64 Hermann Senf, Bebauungsvorschlag für den Dom-Römerberg-Bereich, Grundriss Erdgeschoss, 1963

1. Rahms, Helene, „Der neue Platz vor dem Römer in Frankfurt", *Frankfurter Allgemeine Zeitung*, 11.6.1963.
2. Vgl. in diesem Band Philipp Sturm, S. 74–81.
3. Lübbecke, Fried, „Das künftige Gesicht des Römerbergs. ‚Entscheidet von Fall zu Fall'", *Frankfurter Neue Presse*, 22.6.1963; Anträge der CDU-Fraktion an die Stadtverordnetenversammlung, 2.12.1959 und 17.12.1959, Beschluss der Stadtverordnetenversammlung, 10.3.1960, ISG, Protokoll Stadtverordnetenversammlung, P 1.114.
4. Kampffmeyer, Hans und Erhard Weiss, *Dom-Römerberg-Bereich. Wege zur neuen Stadt*, Bd. 1, Frankfurt am Main 1964, S. 7.
5. Thornton Wilder (1897–1975) erhielt am 6. Oktober 1957 in der Frankfurter Paulskirche den Friedenspreis des deutschen Buchhandels. Vgl.: Wilder, Thornton, *Kultur in einer Demokratie*, Frankfurt am Main 1957; Kampffmeyer 1964, S. 8 und 11.
6. Ebenda, S. 12 und 21.
7. Ebenda, S. 12, 21 und 24f.
8. Jacobsen und Steiner mussten wegen anderer Verpflichtungen absagen. Vgl.: Ebenda, S. 9.
9. Weitere Fachpreisrichter waren Planungsdezernent Hans Kampffmeyer, die Frankfurter Architekten Johannes Krahn und Max Meid, Franz Schuster (Wien), Stadtplanungsamtsleiter Erhard Weiss (Frankfurt) und Cornelis van Traa (Rotterdam). Die Sachpreisrichter waren Oberbürgermeister Werner Bockelmann, Stadtverordneter Ewald Geißler, Stadtkämmerer Georg Klingler, Stadtverordnetenvorsteher Heinrich Kraft, Stadtrat Karl vom Rath und Bürgermeister Rudolf Menzer aus Frankfurt sowie der hessische Landeskonservator Hans Feldtkeller als Fachgutachter. Vgl.: Ebenda, S. 33.
10. Vgl. in diesem Band Maximilian Liesner, S. 92–99.
11. Kampffmeyer 1964, S. 35.
12. Ebenda, S. 39–43.
13. Rahms, Helene, „Der neue Platz vor dem Römer in Frankfurt", *Frankfurter Allgemeine Zeitung*, 11.6.1963.
14. Kampffmeyer 1964, S. 44–46 und 50–52.
15. Ebenda, S. 72f.
16. Rahms, Helene, „Der neue Platz vor dem Römer in Frankfurt", *Frankfurter Allgemeine Zeitung*, 11.6.1963.
17. Kampffmeyer 1964, S. 91.
18. Ebenda, S. 84.
19. Ebenda, S. 67; Huf, Beate, „Frankfurt, Metropole am Main – eine Stadt plant in die Zukunft", in: Wentz, Martin (Hg.), *Hans Kampffmeyer. Planungsdezernent in Frankfurt am Main 1956-1972*, Frankfurt am Main 2000, S. 116–118.
20. Lübbecke, Fried, „Das künftige Gesicht des Römerbergs. ‚Entscheidet von Fall zu Fall'", *Frankfurter Neue Presse*, 22.6.1963.
21. Stromberg, Kyra, „Das Loch in der Geschichte", *Deutsche Zeitung*, 11.7.1963.
22. Kampffmeyer 1964, S. 80f.
23. Schulz, Eberhard, „Ein Forum für Kultur?", *Frankfurter Allgemeine Zeitung*, 14.9.1963.
24. Ebenda.
25. Rahms, Helene, „Der neue Platz vor dem Römer in Frankfurt", *Frankfurter Allgemeine Zeitung*, 11.6.1963.
26. „Berichte von den Lehrstühlen", in: *Der Architekt*, 1964, H. 13, S. 96–108.
27. ISG, Nachlass Hermann Senf, S1–299/47.

ZWISCHEN RADIKALITÄT UND RÜCKSICHTNAHME – DAS TECHNISCHE RATHAUS UND DAS HISTORISCHE MUSEUM

Maximilian Liesner

10.1

10.2

10.1 / 10.2 Bartsch, Thürwächter und Weber, Technisches Rathaus, 1970–1974, Postkarten, ca. 1978

Die Aufbruchstimmung zwischen Dom und Römer, angeheizt durch den Wettbewerb von 1963,[1] verpuffte in der Rezession 1966/67, die das Wirtschaftswunder beendete. Weil der Stadt selbst die Mittel fehlten, hoffte sie zunächst vergebens auf Investitionen aus der freien Wirtschaft. Interessiert zeigte sich ein Hotelunternehmen, aber wegen der beengten Platzverhältnisse, die nicht die nötige Anzahl an Betten zuließen, verwarf es diesen Plan bald darauf.[2] Erst 1969 erwachte nach der bundesdeutschen Konjunktur auch die städtische Bautätigkeit wieder. Höchste Priorität hatte zu dieser Zeit der Bau der U-Bahn. Weil diese nicht wie ursprünglich geplant unter der Berliner Straße, sondern direkt unter dem Römerberg hindurchführte, begann die Umsetzung des Wettbewerbsentwurfs zumindest in Teilen.[3] Dazu auserkoren wurde das Technische Rathaus mit einer Tiefgarage, und außerdem das bereits seit Mitte der 1950er Jahre anvisierte Historische Museum.[4] Beide Bauten wurden 2010/11 wieder abgerissen. Mit ihren großen Sichtbeton-Oberflächen und der offengelegten Konstruktion wiesen sie zentrale Merkmale des Brutalismus auf – das Historische Museum noch eindeutiger als das Technische Rathaus, das sich eher um Eleganz bemühte. Weil keines der beiden Gebäude seine Formen skulptural übersteigerte, waren sie vergleichsweise nüchterne Vertreter dieses Stils.

Das Technische Rathaus

Schon vor Baubeginn hatte das Technische Rathaus für heftige Diskussionen gesorgt, denn im Vergleich zum Entwurf von 1963 hatten sich die Vorzeichen geändert. Der Raumbedarf der technischen Ämter war nun um rund zwei Drittel höher veranschlagt; zudem sollte das eigentlich zum Abriss vorgesehene Hauptzollamt erhalten bleiben.[5] Das hieß: weniger Platz für mehr Volumen. Um keine städtebaulichen Freiräume zu opfern, entschieden sich Bartsch, Thürwächter und Weber dafür, die Masse in drei eng benachbarte, unterschiedlich hohe Türme von sieben, zehn und 13 Geschossen aufzulösen – ein Ansatz, der Anselm Thürwächter, dem Leiter des Projekts innerhalb des Büros, kurz zuvor in London beim Economist Cluster (1962–1964) von Alison und Peter Smithson imponiert hatte.[6] **10.3** Während er nach diesem Vorbild für solitäre Türme plädierte, forderte die Bauverwaltung allerdings einen gemeinsamen Sockel über mehrere Geschosse.[7] **10.4 / 10.5 / 10.6** Dieser sollte den Höhenunterschied zwischen Krönungsweg und Braubachstraße angleichen. In den unteren Geschossen sowie in dem niedrigeren Pavillon in Richtung Römer gruppierten sich Läden und Gastronomie um einen Innenhof. Die beiden höchsten Türme säumten die Braubachstraße, um abgerückt vom Domturm nicht in Konkurrenz zu diesem zu treten. Bei der Fassadengestaltung berücksichtigte Thürwächter ebenfalls die Umgebung, indem er mit abgeschrägten Gebäude- und Dachkanten arbeitete. Außerdem griff er das Prinzip Egon Eiermanns auf, der beinahe zeitgleich die Fassade seiner Olivetti-Türme in Frankfurt-Niederrad (1968–1972) mit Umgängen und einem filigranen Metallgestänge auflockerte.[8] Als Material zur Verkleidung der Brüstungen wählte Thürwächter Waschbeton. Planungsdezernent Hans Kampffmeyer (SPD) hatte sich kurz zuvor noch Naturstein gewünscht[9] und ließ die Architekten einen 1:1-Fassadenausschnitt aus rotem Tuff anfertigen, doch verspürte Thürwächter mit den Bauten des Nationalsozialismus im Hinterkopf eine „Aversion gegen Naturstein"[10].

10.3

10.4

10.3 Alison und Peter Smithson, Economist Cluster, London, 1962–1964, Foto: 1965
10.4 Modell des Technischen Rathauses und des Historischen Museums im Magistratssitzungssaal des Römers, Foto: ca. 1970

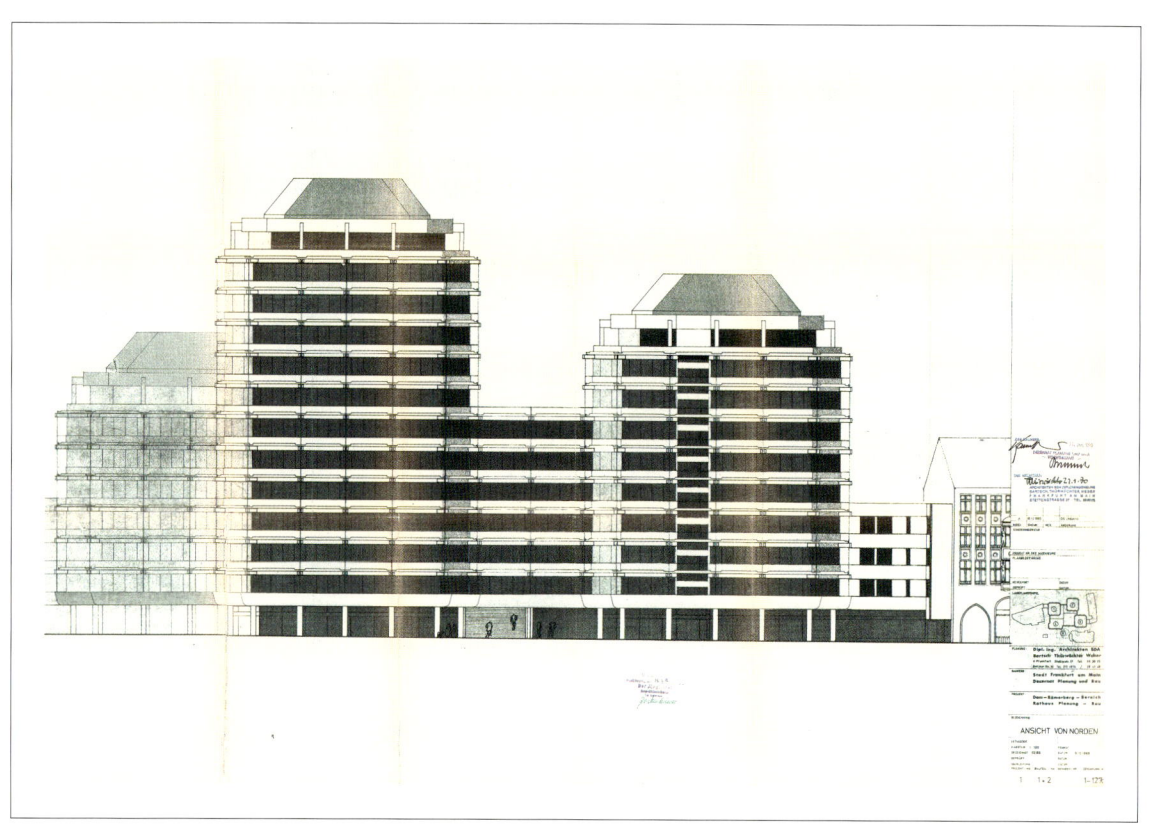

10.5 / 10.6 Bartsch, Thürwächter und Weber, Technisches Rathaus, Ansicht von Norden und Süden, 1969

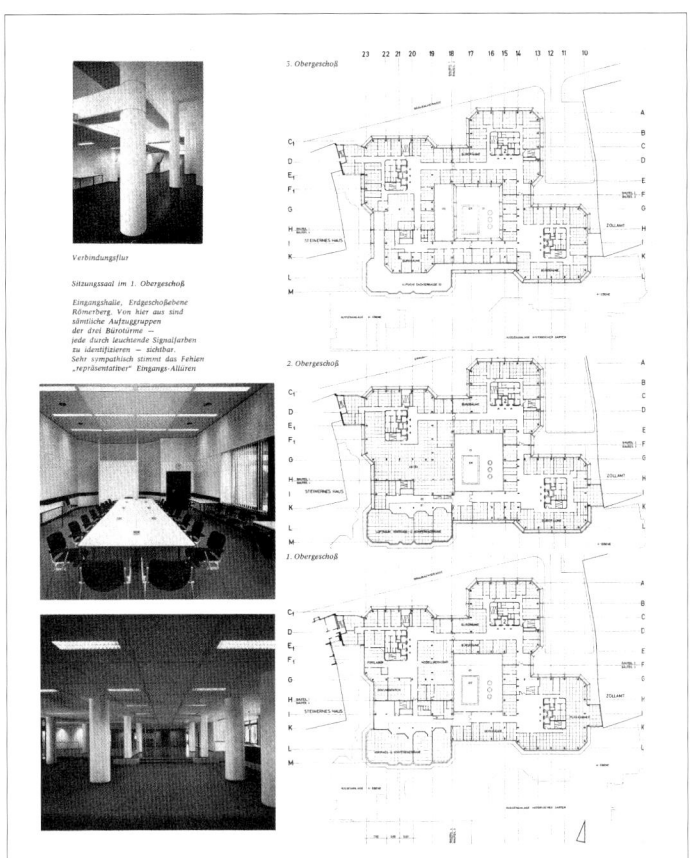

10.7 Bartsch, Thürwächter und Weber, Technisches Rathaus im Bau, Blick von Westen, Foto: 1971

10.8 Bartsch, Thürwächter und Weber, Technisches Rathaus, Innenaufnahmen und Grundrisse, in: *Bauwelt*, 1973

10.9 Wochenmarkt auf der sogenannten „Höckerzone" mit Steinernem Haus und Technischem Rathaus, Foto: 1973

Die schnell laut werdende Kritik am Gebäude richtete sich nicht in erster Linie gegen eine moderne Architektur in der Altstadt, sondern vielmehr gegen den gebauten Kompromiss zwischen Radikalität und Rücksichtnahme. Es handele sich, schrieb Eberhard Schulz in der *Frankfurter Allgemeinen Zeitung*, um Türme, die „weder ganz hoch hinaus noch allzusehr sich ducken wollen"[11] und die so „als ein unheiliges ‚Dennoch'"[12] aus der Altstadt ragten. Skurrile Blüten auf dem Weg zu diesem Kompromiss waren drei große Ballons, mit denen die Höhe der Türme simuliert worden war,[13] und die sprachlichen Verrenkungen, die die SPD aus Angst vor deren bedrohlicher Wirkung unternahm, indem sie sie nur „Hochbaukörper"[14] nannte. **10.7** Schon vor Baubeginn gewannen die Rufe nach Rekonstruktionen Oberwasser in der öffentlichen Meinung. Vor allem die Freunde Frankfurts wünschten sich einen Wiederaufbau nach historischem Vorbild.[15] **14.3** Ihren Vorschlag, das Technische Rathaus stattdessen am Dominikanerplatz (heute: Börneplatz) zu bauen, konnten sie nicht durchsetzen,[16] wobei die technischen Ämter ironischerweise heute doch an dieser Stelle ansässig sind. Während den Architekten von Professoren[17] und Architekturkritik[18] durchaus qualitativ hochwertige Arbeit attestiert wurde, wandte sich der bürgerschaftliche Ärger gegen das Planungsdezernat und dessen Leiter Kampffmeyer. Vor dem Hintergrund des Häuserkampfs im Westend wurden ihm eine „‚Durchpeitschung' des Projekts"[19] sowie eine „selbstherrliche Verwaltung"[20] vorgeworfen. In ungünstigem Licht erscheinen ließ das Projekt zudem die Tatsache, dass das Gebäude nicht zuletzt der Sitz der städtischen Baubehörden selbst werden würde,[21] deren explodierender Raumbedarf intransparent war.[22] Solcherlei Assoziationen wollten die Bauherren vorbeugen, indem sie im Inneren auf jedwede Annehmlichkeit verzichteten. Von einem ersten Rundgang kurz nach dem Bezug berichtete die *Frankfurter Allgemeine*: „Man sieht nur graue Linoleumböden, kahle weiße Wände […] und spartanisches Mobiliar."[23] **10.8** Die exponierte Lage rechtfertigte Kampffmeyers Nachfolger Hanns Adrian (SPD) mit der demokratischen Öffnung der Verwaltung.[24] Und tatsächlich bemerkte Wilfried Ehrlich, Architekturkritiker der *FAZ*, eine Versöhnung vieler ehemaliger Gegner mit dem Technischen Rathaus – „oder gar das Eingeständnis, so schön habe man es sich von den Plänen her nicht vorgestellt."[25] **10.1 / 10.2 / 10.9**

Das Historische Museum

Zeitgleich wurde der Neubau für das Historische Museum errichtet – unter Einbezug der Altbauten im Saalhof, wo die 1878 gegründete Institution nach diversen Umzügen seit 1951 zu Hause war.[26] Nicht umgesetzt worden waren zuvor die Entwürfe von Ferdinand Wagner und Theo Kellner aus den Jahren 1955[27] bis 1962. **10.12** Die Gründe dafür waren zuerst finanzieller[28], später ästhetischer Art. 1969 empfanden viele Stadtverordnete den Entwurf als zu massig, sodass

10.10

10.10 Hochbauamt Frankfurt am Main, Historisches Museum, 1970–1972, mit Haus Wertheym (rechts), Foto: 1972

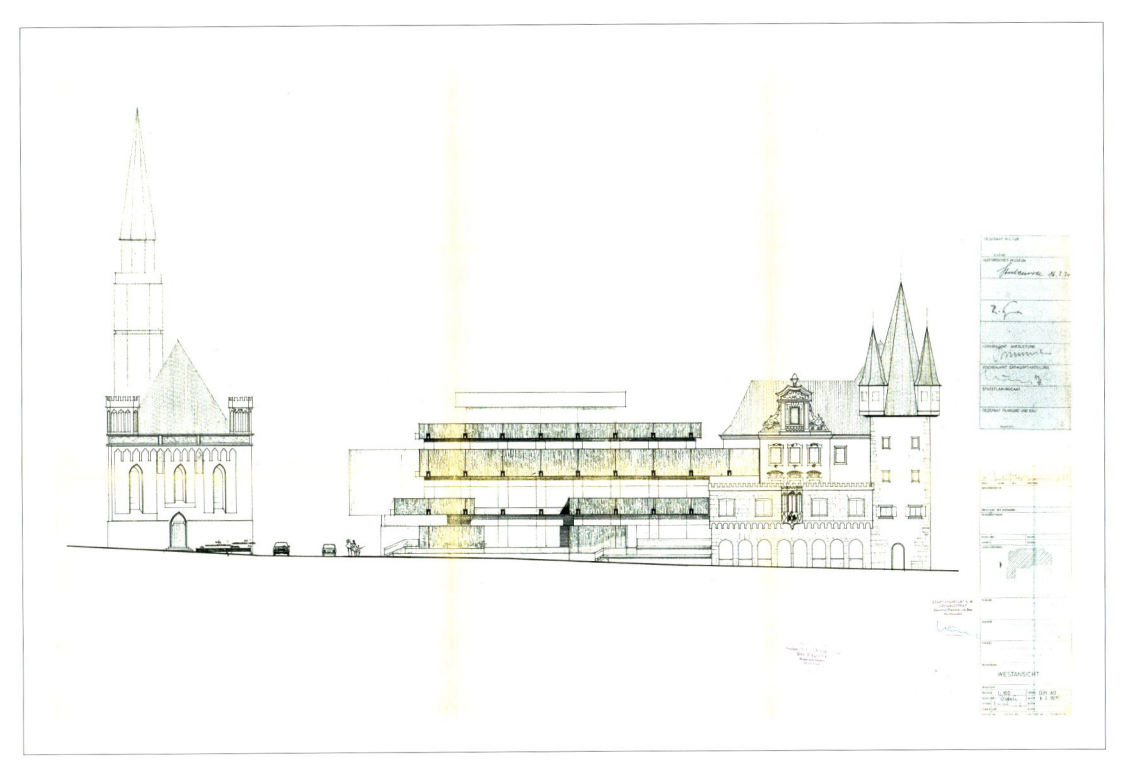

10.11 Hochbauamt Frankfurt am Main, Historisches Museum, Ansicht von Westen, 1970

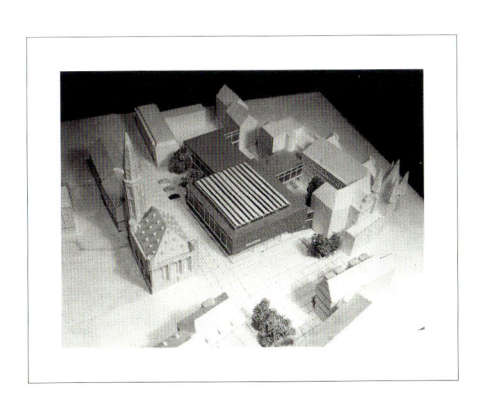

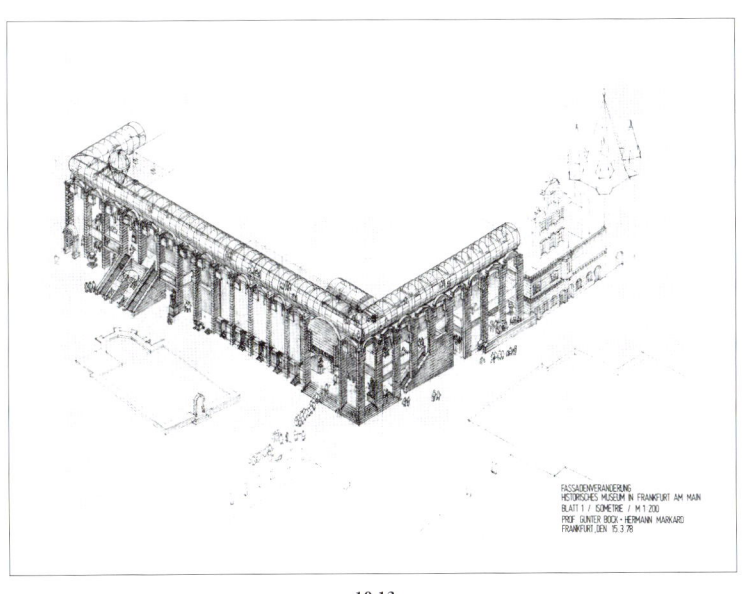

10.12 Ferdinand Wagner und Theo Kellner, Entwurf für das Historische Museum, Modell, 1959

10.13 Günter Bock und Hermann Markard, „Emanzipierte Fassade" für das Historische Museum, Zeichnung, 1978

10.14

10.15

sich die Entwurfsabteilung des städtischen Hochbauamtes unter der Leitung von Friedrich W. Jung und der Mitarbeit von Bernhard Nagel selbst der Planung annahm.[29] **10.11** Dieser Entwurf fand allgemeinen Beifall. Helene Rahms lobte den Ansatz, sich zwar deutlich als moderne Ergänzung erkennen zu geben, sich dabei aber der historischen Umgebung „wirklich unter[zu]ordnen"[30]. Heinrich Heym zog den Entwurf gar als Gegenbeispiel zur „Gigantomanie"[31] des Technischen Rathauses heran. Je weiter die Bauausführung jedoch voranschritt, die mit dem Architekturbüro Schanty erfolgte, desto mehr kippte die Stimmung. Viele fühlten sich vom Entwurf hinters Licht geführt. Der *Frankfurter Allgemeinen* fehlte die Maserung der Betonoberflächen und sie stellte fest, dass die horizontale Ausrichtung des Neubaus inmitten der vertikal gegliederten Nachbargebäude im Modell nicht deutlich geworden sei.[32] So fielen plötzlich Schlagworte wie „Bunkerarchitektur"[33] oder „Parkhaus"[34]. Dass die durchaus vorhandenen, teils sogar raumhohen Fensterbänder tief in die Fassade eingeschnitten waren,[35] trug nicht zur Entkräftung dieses Eindrucks bei. Die Anleihen, die die auskragenden Betonkonsolen bei der umliegenden Fachwerkarchitektur machten, konnten solcherlei Urteile ebenfalls nicht revidieren. **10.10** Und auch das Argument, dass die historischen Teile des Areals selbst aus unterschiedlichen Epochen stammten und eine radikal moderne Ergänzung gut vertrügen, zählte nicht mehr.[36] Die ebenfalls neu entwickelte Dauerausstellung verschrieb sich unter Direktor Hans Stubenvoll und Kulturdezernent Hilmar Hoffmann (SPD) dem progressiven Leitbild „Kultur für alle".[37] Dazu bettete Herbert W. Kapitzki die Exponate in ein innovatives System visueller Kommunikation unter dem Einsatz neuer Medien ein.[38] Infolge der architektonischen und auch aufkommenden konzeptionellen Schwierigkeiten des Museums dauerte es nicht lange, bis die Stadt 1978 Günter Bock, den Leiter der Architekturklasse an der Städelschule, mit der Überarbeitung der Fassade beauftragte. Zusammen mit dem Maler Hermann Markard legte er zwei Entwürfe einer „emanzipierten Fassade"[39] vor. Diese sollte sich mit attraktiven Funktionen wie dem Museumscafé oder neuen Wandelgängen stärker nach außen öffnen und so „eine Art Vor-Museum [bilden], das eben nicht didaktisch, sondern beiläufig und unterhaltend, zerstreut rezipierbar, aufgebaut ist."[40] **10.13**

Der Traum des Kulturdezernenten: ein Frankfurter Centre Pompidou

Zwischen Technischem Rathaus und Historischem Museum blieb die sogenannte „Höckerzone" zurück, die ihren Namen von den aus der Tiefgarage ragenden Anschlussstellen für eine zukünftige Bebauung erhalten hatte. Die nächsten Schritte verzögerten sich jedoch wegen finanzieller Engpässe, sodass der Bereich vorerst als öffentlicher Platz diente. Im Wettbewerb von 1963 war dem Areal eine kulturelle Nutzung zugedacht worden. Die Vision Hilmar Hoffmanns sah dafür ab 1971 ein „Zentrum der urbanen Kommunikation"[41] vor – eine Kombination aus Stadtbücherei, Volkshochschule, Verwaltungsseminar und Medienzentrum im Geiste des parallel in Paris entstehenden Centre Pompidou.[42] Mit der Planung betraut waren auch hier Bartsch, Thürwächter und Weber,[43] die als Diskussionsgrundlage ein Massemodell bauten. **10.14** Dieses zeigte einen länglichen, viergeschossigen Baukörper, in dem das erwünschte Bauprogramm unterzubringen wäre. Aus Kostengründen wurde die Planung bald in zwei Bauabschnitte unterteilt. Der erste umfasste siebzig Prozent des Volumens und schlug ein reduziertes Raumprogramm

10.14 Bartsch, Thürwächter und Weber, Planungsvorschlag für das Kulturelle Zentrum, Modell, 1972

10.15 Bartsch, Thürwächter und Weber, überarbeitete Planung für das Kulturelle Zentrum mit Fassadenvorschlag zum Römerberg, Zeichnung, 1978

mit starkem Fokus auf die Bücherei vor, das aber in seiner genauen Ausgestaltung noch auf Beiträge der anstehenden öffentlichen Debatte reagieren sollte. Aus diesem Grund blieb auch die Funktion des zweiten Bauabschnittes vorerst bewusst offen.[44] Die Diskussion entzündete sich allerdings nicht an der Frage der Nutzung, sondern an der des Baustils, da die Mehrheit der Bevölkerung eine moderne Formensprache ablehnte.[45] Kritiker bemängelten, der Gestaltungsspielraum sei zu gering, da die „Höckerzone" schon zu viele Fakten schaffe. Sie befürchteten, dass das Massemodell nur noch marginal weiterentwickelt werde.[46] Kurze Zeit später hatte sich der politische Wille zur Rekonstruktion der Ostzeile gefestigt. Die Architekten wurden daraufhin beauftragt, diese in ihrer weiteren Planung zu berücksichtigen und dahinter eine moderne Bebauung vorzuschlagen, deren Ausmaß wieder vollkommen offen war, da die Stadtbücherei nun auf die östliche Zeil zog und Hoffmanns Kommunikationszentrum dadurch seine Grundlage verlor.[47] Einen der Entwürfe führten die Architekten in rein moderner Formensprache aus, indem sie ihn zum Römerberg hin mit einem beinahe giebelförmigen Sheddach ausstaffierten.[48] **10.15** Dieser Vorschlag konnte den Lauf der Dinge nicht mehr aufhalten, sodass die Stadtverordnetenversammlung 1978 im Zuge des Beschlusses zur Rekonstruktion der Ostzeile auch Abstand vom Ergebnis des 1963er-Wettbewerbs sowie der Zusammenarbeit mit Bartsch, Thürwächter und Weber nahm[49] und einen neuen Wettbewerb auf den Weg brachte.[50]

---

[1] Vgl. in diesem Band Philipp Sturm, S. 82–91.

[2] Heym, Heinrich, „Im Spannungsfeld zwischen Dom und Römer", *Frankfurter Allgemeine Zeitung*, 29.11.1969.

[3] Müller-Raemisch, Hans-Reiner, *Frankfurt am Main. Stadtentwicklung und Planungsgeschichte seit 1945*, Frankfurt am Main, New York 1996, S. 343–345.

[4] Ech., „Fünfundvierzig Millionen für das Technische Rathaus", *Frankfurter Allgemeine Zeitung*, 2.12.1969.

[5] Thürwächter, Anselm, „Die Planung für den Dom-Römerberg-Bereich 1969–1972", in: *Bauwelt*, 1973, H. 32, S. 1398–1399, hier S. 1399.

[6] Anselm Thürwächter in einem Interview für diesen Band am 6.4.2017. Das Gespräch führten Philipp Sturm und Maximilian Liesner.

[7] Ebenda.

[8] Ebenda.

[9] „Das Herz", *Frankfurter Allgemeine Zeitung*, 11.3.1969.

[10] Vgl. Fußnote 6.

[11] Schulz, Eberhard, „Der kleine Koloß am Frankfurter Dom", *Frankfurter Allgemeine Zeitung*, 28.11.1969.

[12] Ebenda.

[13] Ech., „Die Türme werden nicht zu hoch sein", *Frankfurter Allgemeine Zeitung*, 14.6.1969.

[14] Ech., „Eine relativ vernünftige Lösung'", *Frankfurter Allgemeine Zeitung*, 17.1.1970.

[15] Freunde Frankfurts (Hg.), „Bürger Frankfurts wehrt Euch" (Flugblatt gegen das Technische Rathaus), 1969, HMF, C 44335.

[16] Müller-Raemisch, Hans-Reiner, *Frankfurt am Main. Stadtentwicklung und Planungsgeschichte seit 1945*, Frankfurt am Main u.a. 1996, S. 344.

[17] Heym, Heinrich, „Die Türme schreien", *Frankfurter Allgemeine Zeitung*, 12.1.1970.

[18] Conrads, Ulrich, „Das alte neue Herz Frankfurts. Ausgespart oder liegengeblieben?", in: *Bauwelt*, 1973, H. 32, S. 1391.

[19] Heym, Heinrich, „Im Spannungsfeld zwischen Dom und Römer", *Frankfurter Allgemeine Zeitung*, 29.11.1969.

[20] Bt., „Stadtplanung bitte deutlicher", *Frankfurter Allgemeine Zeitung*, 14.1.1972.

[21] Rahms, Helene, „Selbstdarstellung der Bürokratie", *Frankfurter Allgemeine Zeitung*, 1.12.1969.

[22] Heym, Heinrich, „Im Spannungsfeld zwischen Dom und Römer", *Frankfurter Allgemeine Zeitung*, 29.11.1969.

[23] Hes., „'Trutzburg' mit ein paar Blumentöpfen", *Frankfurter Allgemeine Zeitung*, 20.1.1973.

[24] Adrian, Hanns, „Von den Schwierigkeiten, eine alte Stadtmitte neu zu beleben", in: *Bauwelt*, 1973, H. 32, S. 1396–1397, hier S. 1397.

[25] Ehrlich, Wilfried, „Die Zukunft am Dom ist doch verbaut", *Frankfurter Allgemeine Zeitung*, 2.9.1972.

[26] Cilleßen, Wolfgang P. und Jan Gerchow, „Die Baudenkmäler des Historischen Museums Frankfurt", in: Historisches Museum Frankfurt (Hg.), *Cura 2010*, Eigenverlag 2010, S. 8–31, hier S. 9–12.

[27] D.S., „Der Neubau des Historischen Museums", *Frankfurter Allgemeine Zeitung*, 15.3.1955.

[28] Stadt Frankfurt am Main. Der Magistrat – Baudezernat (Hg.), *Dom-Römerberg-Bereich. Wettbewerb 1980*, Braunschweig u.a. 1980, S. 18.

[29] Der händisch verfasste Lebenslauf von Bernhard Nagel, der den Vorentwurf, Entwurf und die Planungsoberleitung für das Historische Museum bei ihm verortet, liegt dem DAM vor.

[30] Rahms, Helene, „Selbstdarstellung der Bürokratie", *Frankfurter Allgemeine Zeitung*, 1.12.1969.

[31] Heym, Heinrich, „Im Spannungsfeld zwischen Dom und Römer", *Frankfurter Allgemeine Zeitung*, 29.11.1969.

[32] Bt., „Stadtplanung bitte deutlicher", *Frankfurter Allgemeine Zeitung*, 14.1.1972.

[33] Ebenda.

[34] Ebenda.

[35] Jung, Friedrich W., „Das Historische Museum", in: *Bauwelt*, 1973, H. 32, S. 1406–1408, hier S. 1408.

[36] Ehrlich, Wilfried, „Frankfurter Kontraste'", *Frankfurter Allgemeine Zeitung*, 10.6.1972.

[37] Hoffmann, Hilmar, *Das Frankfurter Museumsufer*, Frankfurt am Main 2009, S. 118.

[38] Ze., „Kein Ort für sterile Ausstellungen", *Frankfurter Allgemeine Zeitung*, 12.5.1972.

[39] Bock, Günter, *Gedachtes und Gebautes*, Frankfurt am Main 1998.

[40] Ebenda.

[41] Hoffmann, Hilmar, „Ein Zentrum der urbanen Kommunikation", in: Presse- und Informationsamt der Stadt Frankfurt am Main (Hg.), *Zur Diskussion: was kommt zwischen Dom und Römer*, Frankfurt am Main 1975.

[42] „Ein Vorschlag für die Bebauung der Mittelzone zwischen Römer und Dom", in: *Bauwelt*, 1973, H. 32, S. 1409.

[43] Stadt Frankfurt am Main. Der Magistrat – Baudezernat (Hg.), *Dom-Römerberg-Bereich. Wettbewerb 1980*, Braunschweig u.a. 1980, S. 20.

[44] Thürwächter, Anselm, „Der Architekt zu seinem Vorschlag", in: Presse- und Informationsamt der Stadt Frankfurt am Main (Hg.), *Zur Diskussion: was kommt zwischen Dom und Römer*, Frankfurt am Main 1975.

[45] Vgl. in diesem Band Moritz Röger, S. 100–107.

[46] Ehrlich, Wilfried, „Die Zukunft am Dom ist doch verbaut", *Frankfurter Allgemeine Zeitung*, 2.9.1972.

[47] Ehrlich, Wilfried, „Hinter historischen Fassaden Gasthäuser oder Audiovision?", *Frankfurter Allgemeine Zeitung*, 27.1.1977.

[48] Ehrlich, Wilfried, „Lüge ist, was die Architekten nicht wollen", *Frankfurter Allgemeine Zeitung*, 3.8.1978.

[49] Magistrats-Beschluss Nr. 2302, „Bebauung des Dom-Römer-Bereichs", Frankfurt am Main, 31.7.1978; Vgl.: Stadt Frankfurt am Main. Der Magistrat – Baudezernat (Hg.), *Dom-Römerberg-Bereich. Wettbewerb 1980*, Braunschweig u.a. 1980, S. 20.

[50] Vgl. in diesem Band Oliver Elser, S. 108–117.

(RE-)KONSTRUKTION VON GESCHICHTE – DIE DEBATTE UM DIE RÖMERBERG-OSTZEILE

Moritz Röger

11.1

Als 1983 der Weihnachtsmarkt erstmals vor der Kulisse der wieder errichteten Römerberg-Ostzeile stattfand, titelte die *Abendpost*: „Alle sind sich einig. So schön war der Weihnachtsmarkt noch nie."[1] Oberbürgermeister Walter Wallmann (CDU) hatte die Eröffnung zum Anlass genommen, die sechs Bauten gegenüber dem Römer und den Schwarzen Stern an die Bürger zu übergeben. **11.1** Vorausgegangen war dem Bauprojekt eine energische Kontroverse zwischen Stadtpolitikern, Denkmalpflegern, Architekten und engagierten Bürgern. Während der Magistrat das Projekt vorangetrieben hatte, war es vor allem der oberste Denkmalpfleger des Landes Gottfried Kiesow, der sich gegen die Nachbauten aussprach.

Die Debatte um die Ostzeile

Begonnen hatte die Diskussion 1974, als Oberbürgermeister Rudi Arndt (SPD) den Aufbau der Ostzeile in einem

11.1 Ernst Schirmacher, Römerberg-Ostzeile, und Klaus Peter Heinrici und Karl-Georg Geiger, Schwarzer Stern, 1981–1983, Foto: 1985

historisierenden Baustil vorschlug. Dass dieser Anstoß von Arndt kam, der sich 1965 den Spitznamen Dynamit-Rudi eingehandelt hatte, als er sich für den Abbruch der Ruine der Alten Oper aussprach,[2] war nicht ohne Ironie. Heinrich Klotz, der Gründungsdirektor des Deutschen Architekturmuseums, fragte im Zuge der Debatte um die Ostzeile, einem historisch angepassten Stil und der Rekonstruktion historischer Häuser. Offen blieb, was auf dem Gelände dahinter entstehen sollte, eklatant sichtbar ist dies auf den Zeichnungen von Ferry Ahrlé in der Broschüre. 11.3 Die Befragung ergab, dass die Schließung der Platzwand ein großes Anliegen war, unabhängig davon, was dahinter

11.2

wie es sein könne, dass ein „Dynamit-Rudi" zum „Fachwerk-Rudi" wird.[3] Die *Frankfurter Allgemeine Zeitung* nahm die Idee im Frühjahr 1975 auf, war jedoch der Meinung, dass sich eine vollständige Rekonstruktion der ursprünglichen Ostzeile nicht lohne. Die Zeitung schlug vor, neben den Häusern Kleiner Engel und Schwarzer Stern die ebenfalls zerstörte Goldene Waage und das Haus Lichtenstein in die neue Ostzeile zu integrieren.[4] 11.2
Im März 1975 verteilte das Presse- und Informationsamt eine Broschüre zur Römerberg-Bebauung an interessierte Bürger.[5] Aufgrund der Spekulation und des Häuserkampfes im Westend sowie des Baus des Technischen Rathauses in der Altstadt war die Stadtverwaltung Anfang der 1970er Jahre massiv in die Kritik geraten und versuchte dem nun mit einer partizipativen Planungspolitik entgegenzuwirken. Dem Heft lag ein Fragebogen bei, mit dem die Bürger kundtun konnten, welche Bebauung sie wünschen. Sie konnten wählen zwischen einer modernen Bebauung, Gebäuden in entstehen sollte. 41 Prozent sprachen sich für die Rekonstruktion aus, 46 Prozent für eine historisierende Bebauung und nur vier Prozent für moderne Bauten.[6] Der Magistrat konnte so mit scheinbar breiter Unterstützung der Bevölkerung am 31. Juli 1978 den Beschluss fassen, „die Ostseite des Römerbergs (Samstagsberg) historisch wie vor der Zerstörung der Frankfurter Altstadt wieder [aufzubauen]", genauso sollten der Schwarze Stern und das Leinwandhaus wieder errichtet werden.[7] Gleichzeitig entschieden wurde die Ausrichtung eines Wettbewerbes für die Bebauung bis hin zum Dom.[8]

Eine Podiumsdiskussion zur Gestalt des Römerbergs und zum Denkmalschutz

Die Debatte um die Ostzeile war mit dem Magistratsbeschluss noch nicht beendet. Im Steinernen Haus, Sitz des Frankfurter Kunstvereins, fand im Januar 1979 eine

11.2 Vorschlag für die Bebauung der Römerberg-Ostzeile mit der Goldenen Waage (rechts), Zeichnung von Krahwinkel, *Frankfurter Allgemeine Zeitung*, 8.3.1975

11.3 Ferry Ahrlé, Das Dom Römer Areal, Zeichnung, 1975

11.4 Podiumsdiskussion im Steinernen Haus mit Gottfried Kiesow, Helene Rahms, Iring Fetscher, Hanns Adrian, Volkwin Marg, N.N. und Heinrich Klotz (v.l.n.r.), Foto: 26.1.1979

11.5 Ernst Schirmacher, Vorstudie zur Ostzeile mit Anschlussbauten, Nordansicht, 1979

11.6 Bangert Jansen Scholz Schultes, Anschlussbauten der Ostzeile, Modell, 1980

11.7 Oberbürgermeister Walter Wallmanns symbolischer Hackenschlag mit Hilmar Hoffmann (rechts), Foto: 31.1.1981

lebendige Diskussion statt, an der auch Heinrich Klotz und Gottfried Kiesow teilnahmen.[9] **11.4** Hier bemängelte Hermann-Josef Kreling (CDU), dass die Wettbewerbe der letzten Dekaden kein befriedigendes Ergebnis hervorgebracht hätten und dass es nun um eine historisch getreue Bebauung gehen müsse und nicht um eine historisierende.[10] Erwin Schöppner (SPD) stimmte mit Kreling in der Bewertung der Nachkriegsarchitektur überein, welche er als „sterile und monotone Fließband- und Fertigteilarchitektur" bezeichnete, die von einer „brutale[n] und tötende[n] Kälte" geprägt sei.[11] Eine Kopie des Vergangenen lehnte er jedoch ab, da dies zu einer „Puppenhausrekonstruktion" ohne ein notwendiges Identifikationspotenzial führe.[12] Volkwin Marg, Vertreter des BDA, betrachtete den Plan der Politik mit Skepsis: Das Areal müsse als Ganzes betrachtet und kein Teil dürfe isoliert herausgegriffen werden. Er sah die Politik in der Verantwortung, auch Entscheidungen zu fällen, die in der Bevölkerung unpopulär seien.[13]

Gottfried Kiesow positionierte sich in der Diskussion klar gegen den Wunsch nach Rekonstruktion. Er erkannte an, dass der historisierende Aufbau der Ostzeile auf eine demokratische Entscheidung zurückgeht, die es als solche zu respektieren gelte. Gleichzeitig macht er aber deutlich, dass diese nichts mit Denkmalschutz zu tun habe, da dieser Originalsubstanz zur Voraussetzung habe. Mit deren Verlust sei das Werk für immer verloren. Auf die Nachbildung bestimmter Gebäudeteile solle nur zurückgegriffen werden, wenn dadurch noch vorhandene Bausubstanz integriert werden könne. Bereits der Kunsthistoriker und Denkmalpfleger Georg Dehio hatte 1905 klargestellt, „[d]ie Denkmalpflege will Bestehendes erhalten, die Restauration will Nichtbestehendes wiederherstellen. […] Nichts ist berechtigter gewiß als Trauer und Zorn über ein entstelltes, zerstörtes Kunstwerk; aber wir stehen hier einer Tatsache gegenüber, die wir hinnehmen müssen, wie die Tatsache von Alter und Tod überhaupt; in Täuschung Trost suchen wollen wir nicht."[14] Der Substanzgebundenheit des Bauwerks konsequent folgend stellte Kiesow dem neuen Entwurf der Ostzeile den Altstadtentwurf von Werner Hebebrand, Kurt Freiwald und Walter Schlempp aus dem Jahr 1950 lobend entgegen. Die Architekten hatten damals vorgeschlagen, auf den noch intakten Erdgeschossen der ehemaligen Altstadthäuser moderne Bauten zu errichten.[15] Kiesow zeigte sich erstaunt, dass für den Aufbau des Schwarzen Stern „nicht ein einziger originaler Stein verwendet worden [sei]"[16], obwohl Ende der 1970er Jahre noch Fragmente des Erdgeschosses eingelagert waren. Auch widersprach er den städtischen Planern, dass die Gebäude so gut dokumentiert seien, dass man sie rekonstruieren könne.[17] Grundsätzlich seien mit dem Technischen Rathaus und der U-Bahn Fakten geschaffen worden, die jede „Chance zu einer Wiederherstellung des mittelalterlichen Stadtgrundrisses mit einer kleinteiligen Bebauung auf den alten Parzellen endgültig"[18] zunichtemachten.

Bauen am Römerberg

Vor dem Wettbewerb zur Bebauung des Dom-Römerberg-Bereichs erstellten die Architekten Ernst Schirmacher für die Ostzeile sowie Klaus Peter Heinrici und Karl-Georg Geiger für den Schwarzen Stern 1979 jeweils eine Vorstudie für die Nachbauten inklusive Anschlussbauten zur Erschließung und für die städtebauliche Einbindung. **11.5** Sie erhielten nach der Wettbewerbsentscheidung den Auftrag für die Nachbauten, die Anschlussgebäude wurden hingegen von den Wettbewerbssiegern Dietrich Bangert, Bernd Jansen, Stefan Scholz und Axel Schultes (BJSS) entworfen. **11.6** Mit Wallmanns symbolischem Hackenschlag begannen 1981 die Bauarbeiten. **11.7** Um der Kritik an dem Vorhaben und dem Vorwurf der Fassadenarchitektur zu begegnen, legte das Hochbauamt großen Wert auf historische Konstruktions- und Bautechniken.[19] Sowohl der Schwarze Stern als auch die Gebäude der Ostzeile ähneln so in Gestalt und Konstruktion den Ursprungsbauten, im Inneren finden sich jedoch wesentliche Modifikationen, um den modernen Bedürfnissen zu entsprechen. Das offene, frei erfundene Fachwerk bildet den augenfälligsten Unterschied zu den verschieferten und verputzten Fassaden der Vorkriegszeit. In den ersten beiden Geschossen entstanden Gewerberäume und darüber Wohnungen, die über die Anschlussbauten erschlossen sind. Anzumerken bleibt, dass der letzte Dokumentationsstand der verloren gegangenen Gebäude an der Ostzeile bereits eine Konstruktion von Geschichte darstellte, eine „[e]rfundene Tradition" der Jahrhundertwende.[20] Der Architekturhistoriker Winfried Nerdinger schreibt dazu, „Heimat wurde in den Industriestädten künstlich geschaffen, und was heute […] als typisches Stadtbild bewundert wird, ist Regionalromantik, ‚Erfindung von Tradition', oder zumindest Überformung von älteren Bauten und Ensembles nach den damaligen Vorstellungen vom Bild der jeweiligen Heimat."[21] **11.8 / 11.9 / 11.10**

Zurück zur guten alten Zeit

Frankfurt war nicht die einzige Stadt, in der in den 1980er Jahren eine historische Platzsituation wiederhergestellt wurde. In Hildesheim wurden bis 1989 Teile der früheren Marktplatzbebauung wieder errichtet.[22] Wie in Frankfurt entschieden sich dort Anfang der 1950er Jahre die Stadt- und Verkehrsplaner für eine moderne Bebauung. Mitte der 1970er Jahre kamen auch hier Forderungen nach einer erneuten Umgestaltung der Platzsituation auf. Der

11.8

11.8 Römerberg-Ostzeile, Foto: ca. 1938

11.9 Römerberg-Ostzeile mit Schwarzem Stern, Foto: ca. 1940

11.10 Römerberg-Ostzeile, Schwarzer Stern und Nikolaikirche, Foto: 1986

11.11

1983 beschlossenen Rekonstruktion des Knochenhaueramtshaus musste zuvor ein moderner Bau, das Hotel Rose (1962–1964, Dieter Oesterlen), weichen. **11.11**

Dass der Wunsch nach Rekonstruktion nicht auf westdeutsche Städte beschränkt war, zeigt das von der SED-Führung forcierte Nikolaiviertel in Ost-Berlin. Bis 1987, rechtzeitig zur 750-Jahr-Feier Berlins, konnte das historische Quartier um die Nikolaikirche nach einem städtebaulichen Entwurf von Günter Stahn teils in Plattenbauweise und teils mit historischen Leitbauten wie dem Ephraim-Palais und dem Gasthaus Zum Nussbaum in abgewandelter Form nachgebaut werden.[23] **11.12**

Obwohl sich viele Stadtplaner nach dem Krieg bewusst gegen einen Wiederaufbau entschieden hatten, sind nun die Projekte der späten 1970er und 1980er Jahre durch ein Bemühen geprägt, eine verlorengegangene städtebauliche Situation in Teilen wiederherzustellen. Meist mit dem Argument, den Orten damit ihre Identität zurückzugeben, denn darin habe die Nachkriegsarchitektur versagt.

Dass die Nachkriegsarchitektur sehr wohl auch qualitätsvolle Lösungen für historisch sensible Plätze fand, zeigte sich bereits im Wettbewerb zur Bebauung der östlichen Platzwand des Römerberges im Jahr 1951.[24] Zwar wurden nur zwei Häuser nach den Entwürfen von Franz Hufnagel und Rudolf Dörr gebaut, die wenige Jahre später auch wieder abgerissen wurden. **8.22** Jedoch reagierten diese mit einer den 1950er Jahren eigenen, zurückhaltenden Formensprache und unter gleichzeitiger Verwendung von traufständigen Giebeldächern sensibel auf den Ort.

Unbeantwortet bleiben die Fragen, woher der Wunsch nach jener Rückkehr zu alten Formen kommt und wodurch sich das Bedürfnis nach der Heimeligkeit einer (re)konstruierten Vergangenheit erklärt.

11.12

11.11 Heinz Geyer, Knochenhaueramtshaus, Hildesheim, 1987–1989, Foto: 2007

11.12 Günter Stahn, Städtebaulicher Entwurf Nikolaiviertel, Ost-Berlin, Titelseite *Architektur der DDR*, 1982

1 „Alle sind sich einig. So schön war der Weihnachtsmarkt noch nie", *Abendausgabe der Abendpost*, 25.11.1983.
2 Ner., „Dynamit-Million", *Frankfurter Allgemeine Zeitung*, 26.10.1965, und W.F., „Knall", *Frankfurter Allgemeine Zeitung*, 11.11.1965.
3 Dezernat Bau (Hg.), „Dom-Römerberg Bebauung. Protokoll einer Podiumsdiskussion zur künftigen Gestaltung des Dom-Römerberg", Frankfurt am Main 1979, S. 25, DAM Bibliothek.
4 Ehrlich, Wilfried, „Attrappe, Disneyland oder Nostalgie – aber schön", *Frankfurter Allgemeine Zeitung*, 8.3.1975.
5 Presse-und Informationsamt der Stadt Frankfurt am Main (Hg.), „Zur Diskussion: was kommt zwischen Dom und Römer", Frankfurt am Main 1975.
6 Empirisch ist die Befragung mit Vorsicht zu genießen. So weist das Amt darauf hin, dass es keine repräsentative Umfrage durchgeführt hat. Unabhängig davon, dass mit 961 von 70.000 nur eine sehr geringe Anzahl der Fragebögen zurückgeschickt wurde, ist davon auszugehen, dass vorwiegend interessierte Bürger teilgenommen haben. Vgl.: Bürgerinformation des Presse- und Informationsamtes der Stadt Frankfurt am Main, „Das Ergebnis der Fragebogenaktion", Frankfurt am Main 1975, Archiv Luise King, Berlin.
7 Magistrats-Beschluss Nr. 2302, „Bebauung des Dom-Römer-Bereichs", Frankfurt am Main, 31.7.1978.
8 Vgl. in diesem Band Oliver Elser, S. 108–117.
9 An der von dem Politikwissenschaftler Iring Fetscher moderierten Diskussion nahmen Helene Rahms, Gottfried Kiesow, Hanns Adrian, Volkwin Marg, Heinrich Klotz, Hermann-Josef Kreling, Erwin Schöppner und Rudi Saftig (FDP) teil. Vgl.: Dezernat Bau (Hg.), „Dom-Römerberg Bebauung. Protokoll einer Podiumsdiskussion zur künftigen Gestaltung des Dom-Römerberg", Frankfurt am Main 1979, DAM Bibliothek.
10 Ebenda, S. 3f.
11 Ebenda, S. 4f.
12 Ebenda, S. 5.
13 Ebenda, S. 14.
14 Dehio, Georg, „Denkmalschutz und Denkmalpflege im neunzehnten Jahrhundert. Festrede an der Kaiser-Wilhelms-Universität zu Straßburg, den 27. Januar 1905", in: Dehio, Georg und Alois Riegel, *Konservieren nicht restaurieren. Streitschriften zur Denkmalpflege um 1900*, Bauwelt Fundamente 80, Braunschweig 1988, S. 97.
15 Vgl. in diesem Band Philipp Sturm, S. 74–81.
16 Kiesow, Gottfried, „Die Neubauten des Dom-Römerberg-Bereiches in Frankfurt am Main", in: *Deutsche Kunst und Denkmalpflege*, 1984, H. 1, S. 7.
17 Es bestand offensichtlich eine grundlegende Uneinigkeit über den Dokumentationsstand. In der Auslobung ist zu lesen: „Das Bedenken des hessischen Denkmalpflegers, die geplanten historischen Bauten der Ostzeile seien nicht genügend baulich dokumentiert und daher auch nicht zur Gänze rekonstruierbar, konnte inzwischen entkräftet werden." Vgl.: Auslobung der Stadt Frankfurt am Main. Realisierungs-Wettbewerb zur Bebauung des Dom-Römer-Bereichs, in der Textfassung von Oktober 1979, S.42, DAM, Nachlass Max Bächer.
18 Kiesow, Gottfried, „Die Neubauten des Dom-Römerberg-Bereiches in Frankfurt am Main", in: *Deutsche Kunst und Denkmalpflege*, 1984, H. 1, S. 4f.
19 In diesem Punkt unterscheiden sich die Bauten der Ostzeile von jenen der neuen Altstadt, denn dort sind mancher Betonwand Holzbalken nur vorgeblendet, so z. B. beim Haus Zur Flechte, Markt 20.
20 Nerdinger, Winfried, „Die ‚Erfindung der Tradition' in der deutschen Architektur 1870–1914", in: Nerdinger, Winfried, *Geschichte Macht Architektur*, München 2012, S. 69ff.
21 Ebenda, S. 76.
22 Paul, Jürgen, „Der Streit um das Knochenhaueramtshaus in Hildesheim", in: *Deutsche Kunst und Denkmalpflege*, 1980, H. 1/2, S. 64–76.
23 „Rund um die Berliner Nikolaikirche", in: *Architektur der DDR*, 1982, H. 4, S. 218–225; „Bauen am Marx-Engels-Forum", in: *Architektur der DDR*, 1987, H. 5, S. 9–33; Bernau, Nikolaus, *Architekturführer Nikolaiviertel Berlin*, Berlin 2009.
24 Ius., „Römerberg Wettbewerb – Eintritt frei", *Frankfurter Allgemeine Zeitung*, 16.7.1951.

DIE SCHIRN – MORD AM DOM ODER BEFREIUNGSSCHLAG?

Oliver Elser

12.1 Dietrich Bangert, Bernd Jansen, Stefan Scholz und Axel Schultes (BJSS), Wettbewerbsentwurf Dom-Römerberg-Bereich (1. Preis), Modell[1], 1980

12.2

Vier Tage lang hatte die Jury diskutiert, zweimal bis nachts um elf, einmal bis zehn Uhr, bevor am 22. Juni 1980 der Frankfurter Oberbürgermeister Walter Wallmann (CDU) vor die Presse trat und das Ergebnis verkündete. Das Gremium unter dem Vorsitz von Max Bächer hatte in einer ungewöhnlich langen Sitzung einstimmig entschieden, dass die Berliner Architektengruppe Bangert Jansen Scholz Schultes (BJSS) die beste Arbeit für den Dom-Römerberg-Bereich abgegeben habe.[2] **12.1 / 12.2** Um den Spitzenplatz unter 92 zugelassenen Entwürfen noch deutlicher zu markieren, war das für damalige Verhältnisse üppige Preisgeld umgeschichtet worden. Die Gewinner erhielten nun 120.000 DM, da ihr Entwurf „durch eine Erhöhung des ausgesetzten Preises eine Hervorhebung verdiene".[3]

Aber herrschte wirklich Einigkeit, war hier der große Wurf gelungen und die seit Jahrzehnten währende Debatte nun an ein vorläufiges Ende gelangt? Mitnichten. Die Fronten waren verhärtet wie zuvor. Der Wettbewerb war auf raffinierte Weise so konzipiert worden, dass eigentlich zwei Fragen zur Abstimmung standen: der Neubau eines Kulturzentrums einerseits, das in Anlehnung an die seit dem Mittelalter hier angesiedelten Verkaufsstände (Schirnen) den Namen „Kulturschirn" erhielt. Zugleich aber war das Ziel, dem Bau der Römerberg-Ostzeile in Form der recht frei interpretierten Fachwerkhaus-Rekonstruktionen den endgültigen fachlichen Segen zu geben, indem sie in ein konsensfähiges Gesamtkonzept eingebunden werden. Die „historische Zeile" war zwar bereits 1978 beschlossen worden.[4] Aber der Widerstand in Teilen der Öffentlichkeit, insbesondere unter Architekten und Denkmalpflegern, war gewaltig. Der Bund Deutscher Architekten (BDA) meldete sich bereits 1976 mit einem Positionspapier von Luise King zu Wort.[5] 1979 fand eine Diskussion im Kunstverein statt.[6] Hämische Artikel zum Frankfurter „Mickeymaus-Mittelalter"[7] und „Tüttelkram im Städtebau"[8] erschienen in der überregionalen Presse. Die Stadt Frankfurt entschied sich zur Befriedung der Situation für ein taktisches Manöver, das als „Legitimation durch Verfahren" (Niklas Luhmann) den Anschein einer autoritären Setzung zu vermeiden versuchte, indem die endgültige Entscheidung an ein Expertengremium in Gestalt einer Wettbewerbsjury delegiert wird. Den teilnehmenden Architekturbüros wurde in einer Geste der vermeintlichen Offenheit freigestellt, eine zusätzliche „Variante ohne die Berücksichtigung der vorgesehenen historischen Bauten vorzulegen"[9]. Mit anderen Worten: Sollen sich die Architekten doch selbst dabei blamieren, es besser machen zu wollen! Wer hingegen die Ostzeile akzeptiert und beweist, dass dahinter ein zeitgenössisches Kulturzentrum entstehen kann, der bestätigt nachträglich die Richtigkeit des Wiederaufbau-Beschlusses. Das Preisgericht prämierte die Varianten ohne Rekonstruktion von Gerkan, Marg und Partner, BJSS sowie Baustudio 32 (Althoff und Wüst, Wäschle) mit Sonderpreisen.[10] **12.3–12.9**

Was im Nachhinein betrachtet leicht wie eine Farce wirken kann, wie das Vorgaukeln einer Pseudo-Alternative, obwohl doch alle Entscheidungen bereits getroffen sind, hatte in der politisch aufgeheizten Dynamik der damaligen Situation durchaus seine Berechtigung. Aus den Erinnerungen des DAM-Gründungsdirektors Heinrich Klotz lässt sich eine Art Patt-Situation herauslesen. Die in die Wettbewerbsjury berufenen Architekten drohten bei einem Vortreffen damit, das Verfahren platzen zu lassen, wenn die „Gleichberechtigung für den ‚Modernen Entwurf'" nicht gewährleistet sei.[11]

Doch es waren ja nicht allein die Architekten, die erhebliche Zweifel hatten. Die Denkmalpflege in Person des Landesdenkmalpflegers Gottfried Kiesow war strikt gegen die „historische Zeile". Die stärkste Skepsis kam jedoch aus einer ganz anderen Richtung. Im einflussreichen Lokalteil

12.2 Jurysitzung mit Heinrich Klotz, dem dirigierenden Vorsitzenden Max Bächer, Klaus Müller-Ibold, Leo Hugot, N.N., N.N., Frolinde Balser, Walter Wallmann, N.N., Alois Giefer, Christa-Mette Mumm von Schwarzenstein, Günther Rotermund und Wolfram Brück (v.l.n.r.), Foto: 20.6.1980

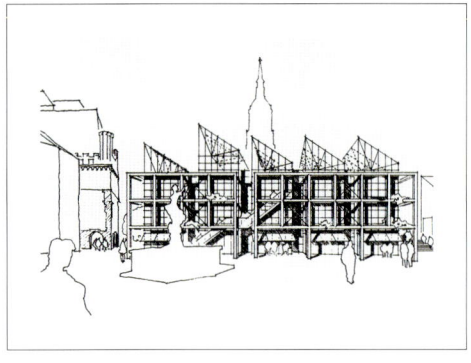

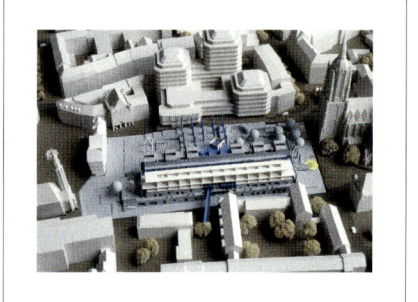

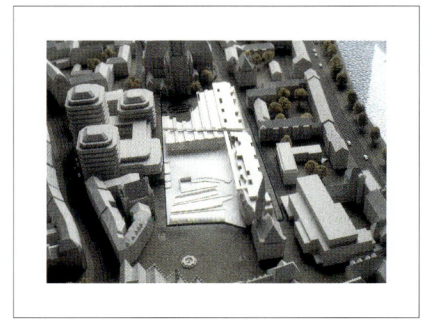

der *Frankfurter Allgemeinen Zeitung* wurde das Ergebnis des Schirn-Wettbewerbs mit Argumenten kritisiert, die bis heute immer wieder gegen das Bauwerk vorgetragen werden: „ohne Rücksicht", „starrsinnig" und mit einer „Beziehungslosigkeit zur Geschichte."[12] Die *FAZ* blieb auch in den folgenden Jahren bei ihrem Kurs. „Mord am Dom"[13] war 1986 der Verriss der fertiggestellten Schirn betitelt, der in der Samstagsbeilage „Bilder und Zeiten" erschien, riesig illustriert mit einem nicht minder drastischen Bild der Fotografin Barbara Klemm. Auch Dieter Bartetzko, der seinerzeit noch als freier Architekturkritiker arbeitete und eher dem linksliberalen Milieu der Stadt zuzuordnen war, kritisierte die Schirn mit ähnlichen Argumenten, „was dominiert, ist die Botschaft der Fassaden, die Gesamtgestalt der Baukörper. Beide übermitteln den Eindruck unantastbarer Würde und beinahe gewalttätigen Raumanspruchs."[14] Nur die deutschsprachige Architekturfachpresse zeichnete zur Eröffnung, trotz gelegentlicher Skepsis, ein weitaus positiveres Bild als die Zeitungen. „Die erschreckende Arkadenreihe, dieser Schnitt durch die Altstadt, hat etwas Befreiendes"[15], so der *Baumeister*. Oft wird zitiert, wie heftig umstritten das Bauwerk in der Publikumspresse diskutiert werde, bis hin zum Vorwurf der Nazi-Architektur. „Barriere, Rammbock, Schlauch, gegen den Dom gerichtetes Maschinengewehr, faschistoides Monument", so fasst der Kritiker Ulf Jonak die Resonanz zusammen.[16] Da mag auch der Kritiker der

12.3–12.9 Wettbewerb Dom-Römerberg-Bereich, 1980. Prämierte Entwürfe ohne die Rekonstruktion der Ostzeile von:
12.3 von Gerkan, Marg und Partner (1. Sonderpreis), **12.4** BJSS (2. Sonderpreis), **12.5** Baustudio 32, Ernst Althoff, Urs Wüst und Walter Wäschle (3. Sonderpreis), **12.6** Nicolas Fritz mit Jo Eisele und Udo Meckel (Sonderankauf 1. Platz), **12.7** Werkfabrik, Helga Medenbach, Rita Müner, Guido Spütz und H. P. Winkes (Sonderankauf 2. Platz), **12.8** Luise King und Günter Bock (Sonderankauf 3. Platz), **12.9** Axel Spellenberg (Sonderankauf).

12.10 **12.11**

12.12

12.10 / 12.11 / 12.12 Dietrich Bangert, Bernd Jansen, Stefan Scholz und Axel Schultes (BJSS), Schirn Kunsthalle, 1983–1986, Fotos: 1986

Architectural Review nicht zurückstehen: „Albert Speer would have been proud of its powerful, lifeless monumentality."¹⁷
12.10 / 12.11 / 12.12
Erscheint es plausibel, dass der Schirn-Entwurf von BJSS wegen genau jener Eigenschaften gewonnen hat, die ihm nach der Juryentscheidung immer wieder zur Last gelegt wurden? Der Urteilsspruch der Jury beginnt gleich im ersten Satz damit, den Mut zur verneinenden Verweigerung zu loben, der nicht auf Einpassung abziele, sondern ein „dialektisch zu nennende[s] Prinzip"¹⁸ als Antwort auf die disparate Situation als einzig richtige Lösung erscheinen lasse. Ein Vergleich mit den übrigen Arbeiten zeigt hier tatsächlich ein Alleinstellungsmerkmal. Es wirkt, als hätten BJSS deutlich weniger Baumasse auf dem Gelände zu verteilen gehabt als die Konkurrenten. Während fast alle anderen Teilnehmer sich redlich bemüht haben, ein kleines Stadtviertel zu entwerfen, ist das Verhältnis von Figur und Grund beim ersten Preis ins Gegenteil verkehrt. BJSS entwerfen ein Gebäude, kein Quartier. Bei nahezu allen Entwürfen wird das Grundstück bis an seine Grenzen mit Bauvolumen aufgefüllt, das dann mit kleinen Gassen durchpflügt oder häufig auch von einem Urbanitätsklischee der 1980er Jahre durchzogen wird, der glasgedeckten Passage nach den Pariser Vorbildern des 19. Jahrhundert. **12.13–12.30** Die Zweitplatzierten, die Projektgruppe Architektur und Städtebau um Jochem Jourdan und Bernhard Müller, kombinierten sogar beides miteinander – historische Gassenstruktur und Passagen. **12.13**

Bei BJSS hingegen ist es umgekehrt. Was bei den anderen die Passage ist, also ausgesparter Negativraum, das schießt

12.13–12.30 Wettbewerb Dom-Römerberg-Bereich, 1980. Prämierte Entwürfe mit der Rekonstruktion der Ostzeile von:
12.13 PAS Jochem Jourdan, Bernhard Müller (2. Preis), **12.14** Thomas Hadamczik (3. Preis), **12.15** Heinz Peter Maurer (4. Preis),
12.16 Wolfgang-Michael Pax (5. Preis), **12.17** Charles W. Moore (6. Preis), **12.18** Hartmut und Ingeborg Rüdiger (7. Preis), **12.19** Erich Grimbacher, Bruno Schagenhauf (8. Preis), **12.20** Michael A. Landes, Wolfgang Rang (Sonderankauf 9. Platz), **12.21** Peter A. Herms (Sonderankauf 10. Platz),

bei ihnen als Positivform eines langen Riegels von der Nikolaikirche zum Domturm. Hier blitzt eine Idee erstmals auf, die Axel Schultes, einer der Partner von BJSS, bei späteren Wettbewerben variieren wird und schließlich mit dem „Band des Bundes" im Berliner Regierungsviertel am Spreebogen als symbolschwangere Ost-West-Brücke ab 1993 schließlich realisieren kann. Die Radnabe der Schirn-Rotunde hingegen ist ein direktes Zitat der Neuen Staatsgalerie von James Stirling in Stuttgart.

Eine Sonderstellung unter den übrigen Wettbewerbsbeiträgen haben die Arbeiten von Charles Moore und Adolfo Natalini. Heinrich Klotz hatte sich stark für Moore eingesetzt, musste aber feststellen, dass der Entwurf und das rosafarbene Modell bei den Juroren auf Ablehnung stießen.[19] Die Spitze des New Yorker Chrysler-Building nach Frankfurt zu verfrachten, das war niemandem verständlich außer Klotz. **12.17 / 12.35**

Natalini hingegen hatte seinen Entwurf, entstanden auf Initiative von Günter Bock für ein Seminar der Städelschule, durch namentliche Kennzeichnung „außer Konkurrenz" abgegeben und das Raumprogramm vollständig ignoriert. Oswald Mathias Ungers verfasste einen Text für die Wettbewerbsdokumentation, in dem er die Arbeit als „Architekturgedicht" beschreibt. Natalini schlug vor, das gesamte Wettbewerbsgebiet mit einer Art Vitrine zu überbauen, die zum Römerberg mit Fassaden aus Cortenstahl in den Dimensionen der alten Häuserzeile abschließt. In einer Zeichnung sieht man Demonstranten fahnenschwenkend durch eine Halle ziehen, die auf Stützen der über der Tiefgarage liegenden „Höckerzone" errichtet werden

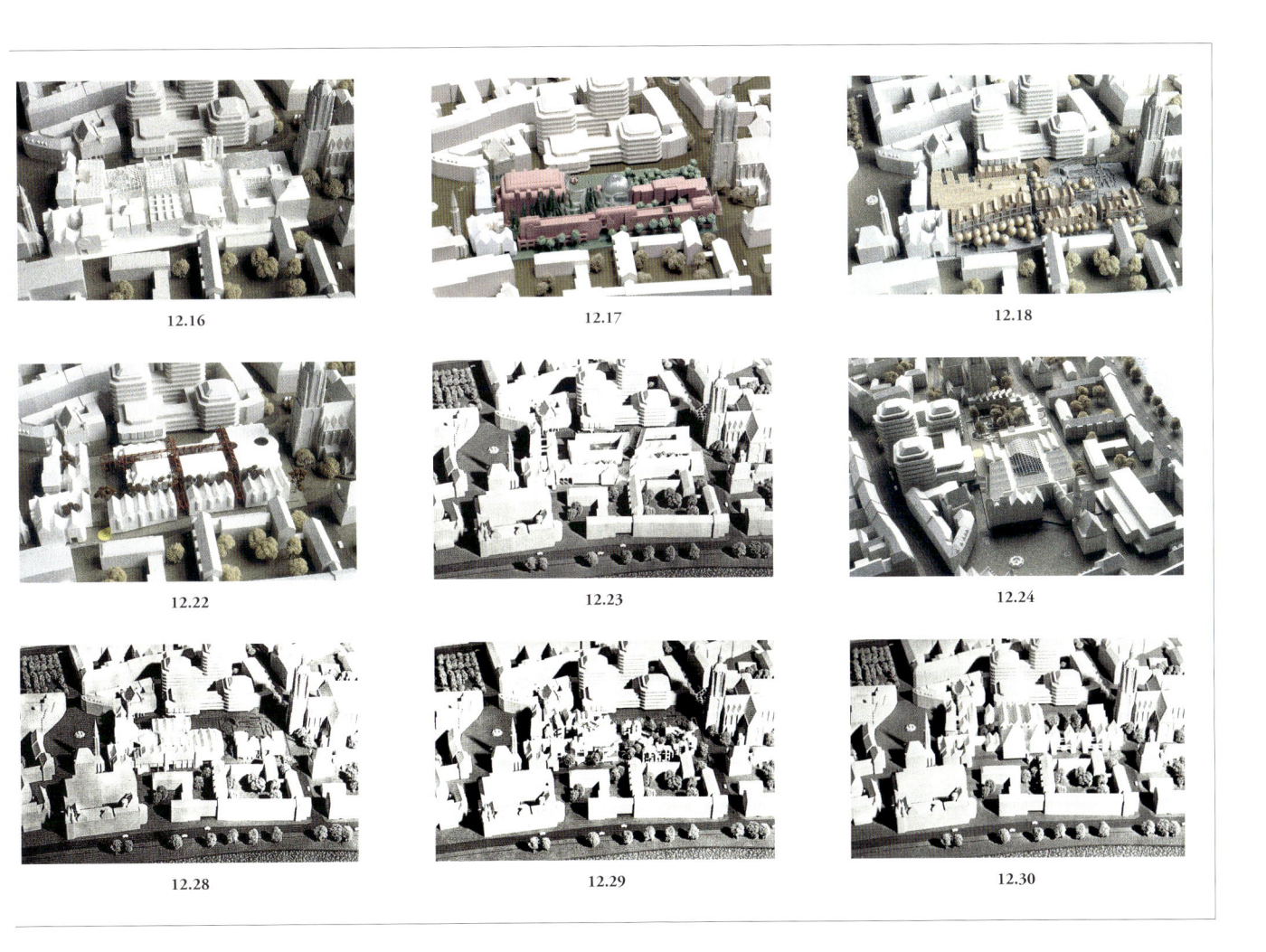

12.22 Detlef Unglaub, Wilhelm Horwath (Sonderankauf 11. Platz), **12.23** Gerhard Wittner (Sonderankauf 12. Platz), **12.24** von Gerkan, Marg und Partner (Sonderankauf 13. Platz), **12.25** Hermann und Christoph Mäckler (Sonderankauf 14. Platz), **12.26** H. Hohmann, G. Bremmer, H. Bremmer, B. Lorenz (Sonderankauf 15. Platz), **12.27** Lothar G. Possinke, Werner Quarg (16. Platz), **12.28** Helmut Joos, Reinhard Schulze (17. Platz), **12.29** Diedrich Praeckel, Albert Speer (18. Platz), **12.30** ABB Architekten, Gilbert Becker, Walter Hanig, Heinz Scheid, Johannes Schmidt.

12.31

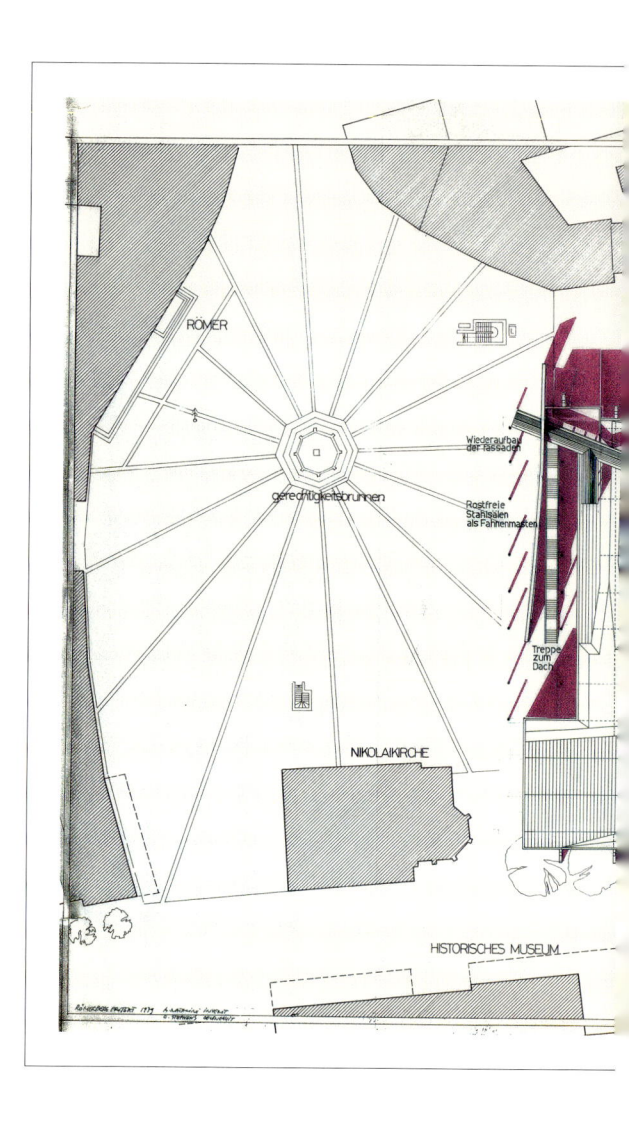

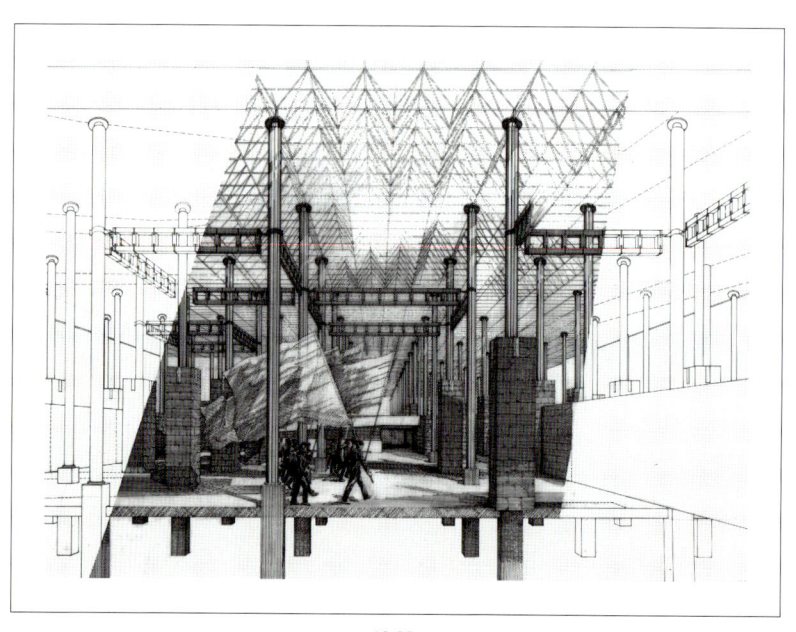

12.32

12.31 / 12.32 Superstudio, Adolfo Natalini mit Roy Barris, Martine Bedin, Giovanni de Carolis, Demetz & Ploner, Chris Stephens, Römerberg Projekt, Vorschlag zur Bebauung zwischen Römerberg und Dom, Perspektiven, 1979

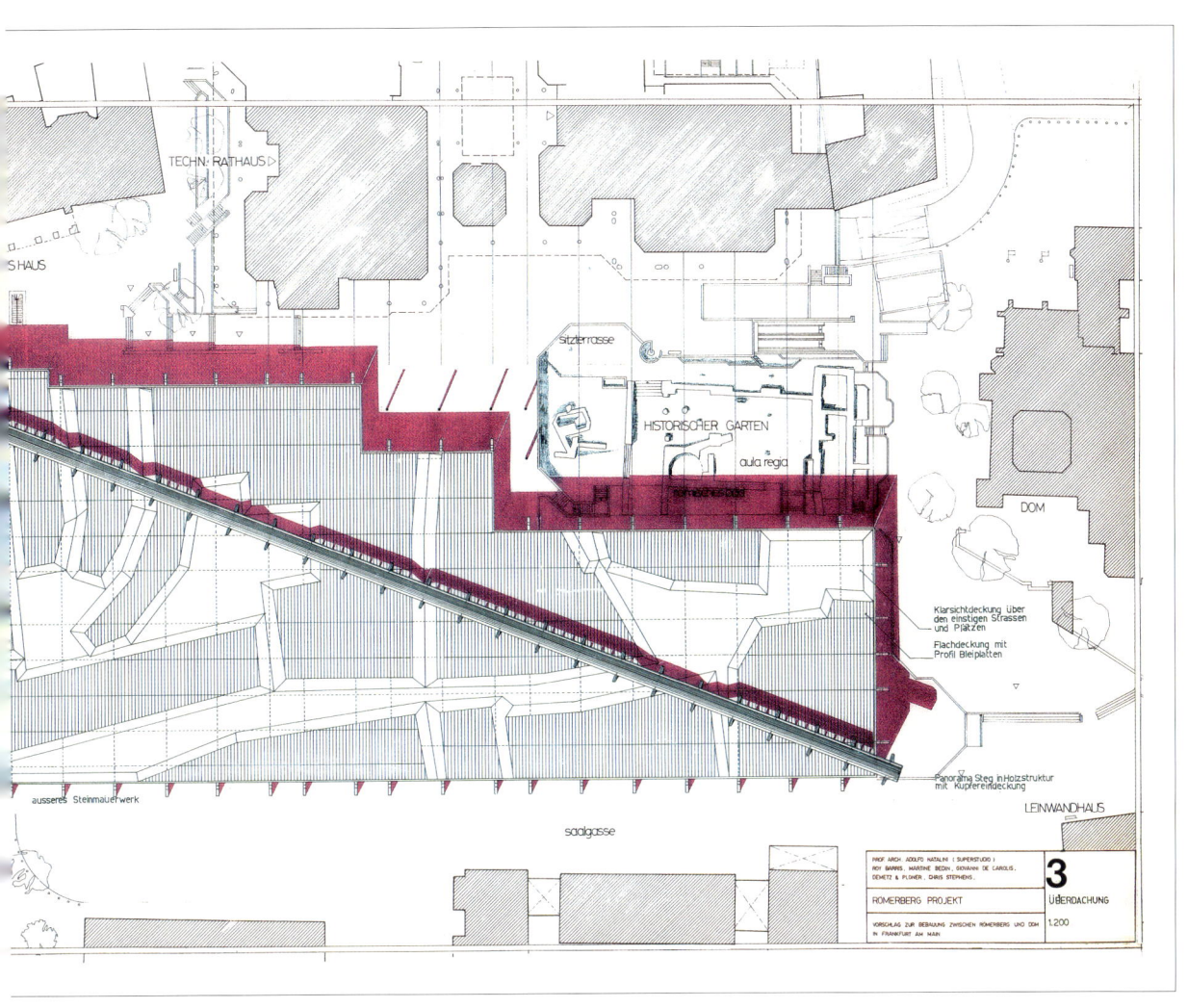

12.33

12.34

12.33 / 12.34 Superstudio, Adolfo Natalini mit Roy Barris, Martine Bedin, Giovanni de Carolis, Demetz & Ploner, Chris Stephens, Römerberg Projekt, Vorschlag zur Bebauung zwischen Römerberg und Dom, Dachaufsicht und Isometrie, 1979

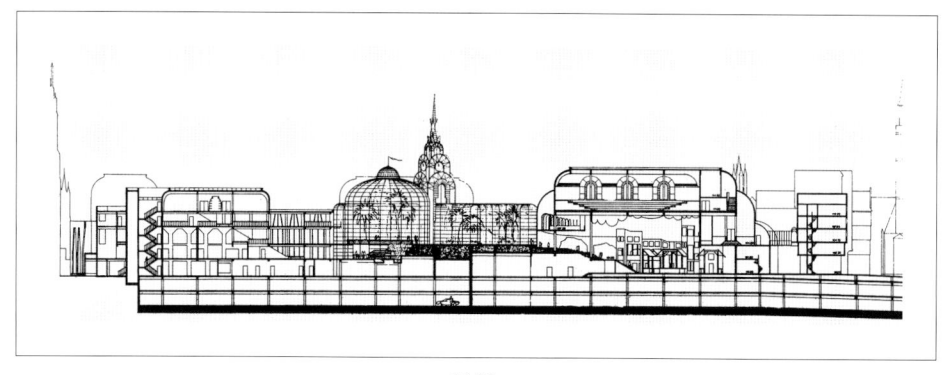

12.35

sollte. Die Fragmente der bisherigen Planungen werden zum Kunstwerk erklärt. 12.31–12.34

Bei aller architektonisch-städtebaulichen Kritik, die seinerzeit an den Wettbewerbsergebnissen geäußert wurde: In der Altstadtdebatte nach der Jahrtausendwende stand die Schirn als Ganzes nie ernsthaft zur Diskussion, auch wenn Christoph Mäckler anriet, die Schirn-Rotunde abzureißen.[20] Ob denn der Eingang noch ausreichend sichtbar sei und was er von den Altstadtplänen halte, wurde der Schirn-Direktor Max Hollein voller Ehrfurcht gefragt.[21] Der „Tisch" neben dem Café wurde zwar abgerissen, aber dafür erfuhr die zu Recht als leblos kritisierte Arkade durch ihr neues Gegenüber, das Stadthaus, endlich ihre wahre Bestimmung als räumlich prägnante Wegeverbindung zum Dom. 16.9

Heute ist die Schirn ein selbstverständlicher Teil, oft eine Lokomotive des Frankfurter Kulturangebots. Aber halten wir fest: Es gab nie einen Masterplan, dass damals am Römerberg ein Doppelschlag gelingen sollte – vorne die „Gut Stubb" der Ostzeile und dahinter die schnurrende Ausstellungsmaschine von internationaler Strahlkraft, die das in der Ära Walter Wallmanns und seines Kulturdezernenten Hilmar Hoffmann (SPD) aufgebaute Museumsufer ergänzt. Nein, im Gegenteil, es war mühsam. Was heute Schirn genannt wird, war im Raumprogramm des Wettbewerbs von 1979 noch als neues Vermittlungszentrum der Volkshochschule (VHS) vorgesehen. Von einer Kunsthalle war zunächst nicht die Rede, die Ausstellungsflächen waren in der Wettbewerbsausschreibung mit mageren 600 Quadratmetern angesetzt. Erst eine Umplanung während der Bauzeit ließ die Fläche auf 2.000 Quadratmeter anwachsen und ermöglichte die Etablierung des Ausstellungsprogramms unter dem ersten Direktor Christoph Vitali. Vom „Schirntreff", einem niedrigschwelligen Kulturangebot, blieb nur die Jugendmusikschule im ersten Obergeschoss übrig. Das alles verwundert doch sehr, denn Hilmar Hoffmann hatte bereits seit den frühen 1970er Jahren die ambitioniert erscheinenden Pläne eines „Audiovisuellen Zentrums" entwickelt,[22] diese aber, seinen Erinnerungen zufolge, in der Ära des Oberbürgermeisters Rudi Arndt (SPD) jedoch wieder aufgegeben. Das „Audiovisuelle Zentrum" schwirrt jedoch auch 1977 noch durch die Presse. Im Januar des Jahres 1979 erwähnt Heinrich Klotz ein Radiointerview Hilmar Hoffmanns, in dem dieser von einer Art Centre Pompidou oder Stockholmer Kulturhuset am Römerberg schwärmt.[23] Im August desselben Jahres war eine Bestandsaufnahme zur Lage der Frankfurter Museen erschienen, in der eine gemeinsame Halle für Sonderausstellungen gefordert wurde, die am Römerberg errichtet werden solle.[24] Dass zunächst nichts dergleichen in den Wettbewerb aufgenommen wird, kann nur dahingehend interpretiert werden, dass die politischen Machtspiele in der Stadt Frankfurt keineswegs immer nach der Regie des selbstbewussten Kulturdezernenten abliefen.

Der erbitterte Streit um die Rekonstruktion der Ostzeile hat alle Beteiligten seinerzeit anscheinend so stark blockiert, dass eine vernünftige Diskussion über das „Dahinter" nicht zu einem Ende geführt werden konnte, obwohl längst Vorschläge auf dem Tisch lagen. Eine Situation der Verkrampfung, die sich in der Altstadtdebatte um 2010 wiederholt hat, man denke nur an das gänzlich unbestimmte Stadthaus. Trotzdem, fantasieren wir uns doch die Geschichte für einen Moment so zurecht: Dass 1979/80 die geniale Doppelstrategie aus Rekonstruktion einerseits und Avantgarde-Zentrum Schirn andererseits Hand in Hand auf den politischen Weg gebracht werden konnte, sollte uns ein Vorbild sein. Wir sollten uns fragen, wo denn heute in Frankfurt das ergänzende zeitgenössische Gegenstück zur neuen Altstadt zu finden ist. Nirgendwo? Da wurde wohl verpasst, aus politischen Rivalitäten das nötige Feuer zu schlagen.

12.35 Charles W. Moore, Wettbewerbsentwurf Dom-Römerberg-Bereich (6. Preis), Schnitt Nordansicht, 1980

1 Das Umgebungsmodell wurde vom Hochbauamt auch für den Wettbewerb für das Museum für Moderne Kunst, 1982/83 genutzt. Erkennbar ist dies an dem Einsatzmodell (linker Bildrand) von Hans Hollein.
2 Weitere Fachpreisrichter waren Hanns Adrian (Hannover), Fred Angerer (München), Helge Bofinger (Wiesbaden), Gottfried Böhm (Köln), Alexander von Branca (München), Alois Giefer (Frankfurt am Main), Leo Hugot (Aachen), Frank van Klingeren (NL Zaandijk), Klaus Müller-Ibold (Hamburg), Hochbauamtsleiter Günther Rotermund (Frankfurt am Main), Peter C. von Seidlein (München) und Oswald Mathias Ungers (Köln). Die Sachpreisrichter waren Oberbürgermeister Walter Wallmann, die Magistratsmitglieder Ernst Gerhardt, Wolfram Brück, Hans-Erhard Haverkampf, Hilmar Hoffmann, Hans Küppers, Bernhard Mihm und Karl-Heinrich Trageser sowie die Stadtverordneten Hans-Ulrich Korenke (CDU), Hermann-Josef Kreling (CDU), Friedrich Franz Sackenheim (SPD) und Klaus von Lindeiner-Wildau (FDP). Sachverständige ohne Stimmrecht waren DAM-Direktor Heinrich Klotz, Denkmalamtsleiter Heinz Schomann, Landeskonservator Gottfried Kiesow und Jerzy Buszkiewicz (PL Poznan). Vgl.: Stadt Frankfurt am Main, Baudezernat (Hg.), *Dom-Römerberg-Bereich. Wettbewerb 1980*, Braunschweig u.a. 1980, S. 162f.
3 Ebenda, S. 38.
4 Vgl. in diesem Band Moritz Röger, S. 100–107.
5 King, Luise und Bund Deutscher Architekten (Hg.), *Zur Diskussion. Was kommt zwischen Dom und Römer*, Frankfurt am Main 1976.
6 Vgl. in diesem Band Moritz Röger, S. 100–107.
7 Sack, Manfred, „Lüge mit der Geschichte", *Die Zeit*, 1978, H. 30, 21.7.1978.
8 „Verlogene Kulisse", *Der Spiegel*, 1979, H. 2, 8.1.1979.
9 Stadt Frankfurt am Main, Baudezernat 1980, S. 27.
10 Weitere Sonderankäufe von Varianten ohne Rekonstruktion gingen an Nicolas Fritz, an die Werkfabrik von Helga Medenbach, Rita Müner, Guido Spütz und H.P. Winkes, an Luise King und Günter Bock sowie an Axel Spellenberg. Vgl.: Stadt Frankfurt am Main, Baudezernat 1980, S. 102–108.
11 Die Klotz-Tapes. Das Making-of der Postmoderne, *ARCH+*, 2014, H. 216, S. 65f.
12 Ehrlich, Wilfried, „,Ohne die historische Zeile geht es nicht'", *Frankfurter Allgemeine Zeitung*, 23.6.1980.
13 Schreiber, Mathias, „Mord am Dom", *Frankfurter Allgemeine Zeitung*, 1.3.1986.
14 Bartetzko, Dieter, „Die Kulturschirn – Baucollage, Barriere und Rammbock", in: *Deutsches Architektenblatt*, 1987, H. 12, S. 1486.
15 Peters, Paulhans, „Die Kulturschirn in Frankfurt", in: *Baumeister*, 1987, H. 3, S. 34–43.
16 Jonak, Ulf, „Frankfurts Politik: Musées au Chocolat", in: *Archithese*, 1986, H. 5, S. 88–90. Vgl. auch Rumpf, Peter, „Zwischen Puppenstube und Weltstadt", in: *Bauwelt*, 1980, H. 29, S. 1260–1261; Jaeger, Falk, „Frankfurt. Die Gestaltung der neuen Kulturbauten auf dem Römerberg", in: *db. deutsche bauzeitung*, 1987, H. 1, S. 44–48.
17 Davey, Peter, „Rationalism is not enough", in: *Architectural Review*, 1987, H. 1088 (Oktober), S. 70–75.
18 Stadt Frankfurt am Main, Baudezernat 1980, S. 45.
19 *ARCH+* 2014, S. 95, 97.
20 Trö./emm., „Abriss der Schirn-Rotunde ‚nicht koalitionsfähig'", *Frankfurter Allgemeine Zeitung*, 19.6.2007.
21 Ebenda.
22 Vgl. in diesem Band Maximilian Liesner, S. 92–99.
23 Stadt Frankfurt am Main, Dezernat Bau (Hg.), *Dom-Römerberg Bebauung. Protokoll einer Podiumsdiskussion zur künftigen Gestaltung des Dom-Römerberg*, Frankfurt am Main 1979, S. 36.
24 Stadt Frankfurt am Main, Dezernat Kultur und Freizeit (Hg.), *Entwurf für einen Museumsentwicklungsplan der städtischen Museen in Frankfurt am Main*, Frankfurt am Main 1979.

DIE POSTMODERNE SAALGASSE –
SIND DIE HÄUSER AUS DEM JAHR 1986 DIE BLAUPAUSE FÜR DIE NEUE ALTSTADT?

Peter Cachola Schmal

13.1

13.1 Adolfo Natalini/Superstudio, Saalgasse Haus 4, Bronzemodell, 1981/82

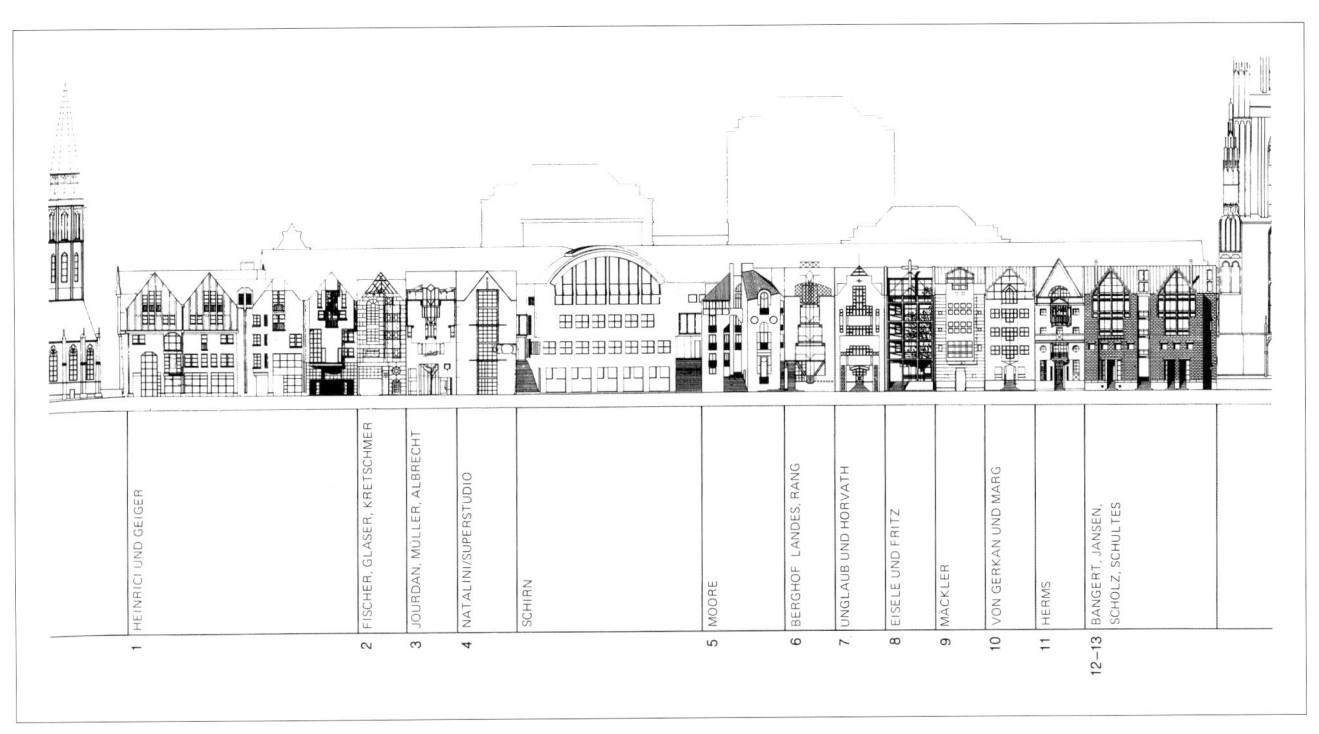

13.2

Mit dem Entwurf der Freizeit- und Kulturschirn im Juni 1980 durch das Berliner Architekturbüro Bangert Jansen Scholz Schultes (BJSS) entstanden erhebliche Anpassungsprobleme zwischen der gewaltigen neuen Ordnung, dem über 150 Meter langen „Rückgrat" der Ausstellungshalle in Ost-West Richtung von Dom bis Römerberg und seiner bestehenden Umgebung. Im Norden zum Kunstverein und zum Technischen Rathaus hin vermittelten die als Gelenk ausgebildete Rotunde und das Tischbauwerk, das 2012 im Vorfeld des Baus der neuen Altstadt abgerissen wurde. Nun soll eine Sandsteinmauer mit Pergola, entworfen von Francesco Collotti, den Höhenunterschied vom Krönungsweg zur Schirn und den Übergang vom großen zum kleinen Maßstab bewältigen. Zwischen Schirn und Römerberg liegt die rekonstruierte Römerbergzeile mit zwei weiteren schlanken Zeilenbauten als Backup im Rücken, die dem Verlauf der mittelalterlichen Gässchen folgen und in denen sich neben Wohnräumen der notwendige technische Service wie Treppenhäuser und Aufzüge befinden. Als Vermittlung zu dem südlich angrenzenden Wohnquartier der Nachkriegszeit zum Mainkai hin schlugen BJSS eine neue Randbebauung entlang der früheren Saalgasse in Ost-West-Richtung vor. Ein quer liegender Vortragssaal im Obergeschoss der Schirn sollte mit Blick hinaus zum Main visuell seine Präsenz in der Saalgasse zeigen und Fußgänger direkt in die Rotunde und zum Eingang der Schirn leiten. Heute dient dieser Saal als Teil der Ausstellungsflächen.

Eine Rekonstruktion wurde vom Hochbauamt für die Stadthäuser der Saalgasse 1980 nicht in Betracht gezogen. Vielmehr beschloss man nach dem Wettbewerb, die Reihung der 14 Stadthäuser so vielgestaltig wie die frühere Altstadt zu entwickeln. Um dieses Ziel zu erreichen, sollten die Gebäude von unterschiedlichen Architekten entworfen werden.[1] Dies entsprach auch den Wiederaufbauvorstellungen der 1950er Jahre für den nördlichen Abschluss des Römerbergs, nach denen die Beibehaltung der Parzellenstruktur und der Maßstäblichkeit das entscheidende Element für die städtebauliche Kontinuität war, während die formale Ausführung zeitgenössisch ausfallen konnte. Beide Komplexe, der Römerberg Nord der 1950er und die Saalgasse der 1980er Jahre, können somit als direkte Vorbilder für die 20 Neubauten der neuen Altstadt von 2018 angesehen werden.[2] Jede Parzelle an der Saalgasse ist 7,50 Meter breit und 10 Meter tief. Die Häuser sind viergeschossig und giebelständig, dienen bis auf das Erdgeschoss dem Wohnen und mussten einige gestalterische Vorgaben beachten: Die Sockelzone sollte betont, der Putz hell und das Dach mit Schiefer oder Zink gedeckt werden. **13.2** Von den insgesamt 14 Parzellen bauten BJSS die drei direkt an die Schirn zum Dom hin angrenzenden Häuser (Haus 12, 13, 14)[3], um einen harmonischen Übergang zu gewährleisten. Das erste Haus (Haus 1) von den Frankfurter Architekten Heinrici und Geiger ist ein Sonderfall, denn auf der Vorderseite beinhaltet es die Rekonstruktion des historischen Gasthauses Schwarzer Stern

13.2 Saalgasse, Zeichnung, 1983

am Römerberg, während zur Saalgasse die Tiefgaragenausfahrt untergebracht werden musste. Die Architekten lösten die Aufgabe, indem sie durch eine Abfolge von vier Giebeln den Maßstab des breiten Baus reduzierten und dem der benachbarten Häuser anpassten. Die übrigen zehn Architekten wurden am 27. November 1980 aus den Preisen und Ankäufen des Schirn-Wettbewerbs gewählt, wobei die beiden bekannteren, internationalen Architekten Adolfo Natalini/ Superstudio aus Florenz und Charles W. Moore aus Santa Monica (USA) bei der Platzwahl bevorzugt wurden, indem ihnen die etwas breiteren Parzellen links und rechts des querstehenden Arkadenhauses der Schirn zugeteilt wurden.[4]

In enervierend „gruppendynamischen" Beteiligungs- und Workshop-Prozessen unter Federführung des Hochbauamt-Leiters Roland Burgard wurden die Entwürfe über anderthalb Jahre miteinander abgestimmt und weiterentwickelt. Diese Vorgehensweise erwies sich als sehr zeitaufwändig und in der späteren Bauphase als wenig effizient, da die einzelnen Architekten die Vergabe und Bebauung ihrer kleinen Parzelle unabhängig von den anderen organisierten. Diese Risiken vermied die DomRömer GmbH beim Bau der neuen Altstadt, indem sie Schneider und Schumacher 2009 mit einem Generalplanerauftrag versah, um Vergabe und Bauausführung von zentraler Stelle aus zu steuern. Die einzelnen Entwurfsarchitekten blieben dabei involviert.

Von meinem Vorgänger, dem Gründungsdirektor des Deutschen Architekturmuseums Heinrich Klotz, wurden die Entwürfe für die Saalgasse als Teil einer breiten postmodernen Erneuerung in der Architektur gefeiert und publizistisch befeuert. Leider konnten die realisierten Ergebnisse

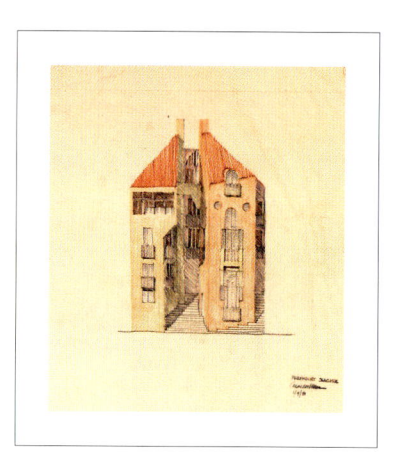

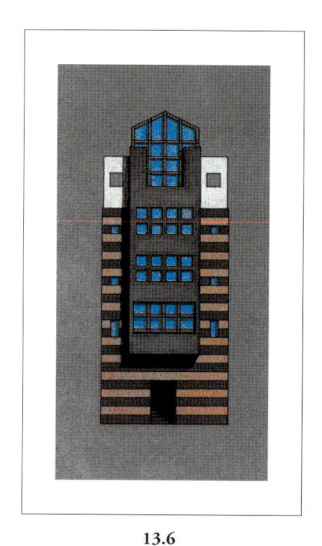

13.3 Adolfo Natalini/Superstudio, Saalgasse Haus 4 mit *Italia und Germania* (nach Friedrich Overbeck, 1828), Zeichnung, 1981/82

13.4 Charles W. Moore, Saalgasse Haus 5, Zeichnung, 1981

13.5 Berghof Landes Rang Architekten, Saalgasse Haus 6, Collage, 1981

13.6 Christoph Mäckler, Saalgasse Haus 9, Zeichnung, 1981

mit den veröffentlichten hochpoetischen Darbietungen nicht mithalten. So ist bei Natalini von der dramatischen Versöhnung der deutsch-italienischen Kultur in Form von 90 Zentimeter aus den Wänden ragenden, bronzenen Ästen einer Eiche und eines Zitronenbaums wenig übrig geblieben.[5] **13.1 / 13.3** Der massive Bau (Haus 4) aus hellroten Betonwerksteinen und dunkelrot gefärbter Leichtmetallfassade mit großer zylindrischer Säule an der Ecke links von der Schirntreppe gelegen, wirkt heute eher hermetisch. Auch der Witz von Charles W. Moores Bau (Haus 5), der rechts neben der Treppe behauptet, eine kleine Gasse zwischen zwei Häusern ins Innere zu führen, entpuppte sich als Kalauer ohne funktionale Vorteile für den Bewohner.[6] **13.4** Der farblich und dekorativ lauteste Solist (Haus 6)[7] der damaligen Gruppe Berghof Landes Rang Architekten wurde als einer von wenigen in den letzten Jahren aufgefrischt und strahlt wieder in leuchtendem Rot mit blau-gelb gekacheltem Sockel, mit Einhorn und Drache auf dem Dach sowie comicartig sternförmigen Öffnungen in der Fassade. **13.5** Andere sind von ruhiger unauffälliger Gestalt wie das Gebäude (Haus 9) von Christoph Mäckler mit einem an Ungers erinnernden Erker aus quadratischen Fenstern[8] **13.6** oder sein weißer Nachbar (Haus 10) des Hamburger Büros von Gerkan, Marg und Partner mit seinem mittigen 45-Grad-Erker. Auch Jourdan, Müller, Albrecht (Haus 3)[9] waren bereits damals involviert, nachdem sie sich im Umgang mit Renovierungen im ländlichen Raum einen Namen gemacht und auch Klotz' Privathaus in Marburg gebaut hatten. **13.8** Doch lediglich der störrische Bau (Haus 8) der damals jungen Hoffnungsträger Jo Eisele und Nicolas Fritz (eisele + fritz)

13.7

13.8

13.9

13.7 eisele + fritz, Saalgasse Haus 8, Collage, 1981
13.8 Jochem Jourdan, Saalgasse Haus 3 (rechts) mit Haus 4 von Adolfo Natalini (links), Zeichnung, 1981
13.9 eisele + fritz, Saalgasse Haus 8, Modell, 1981

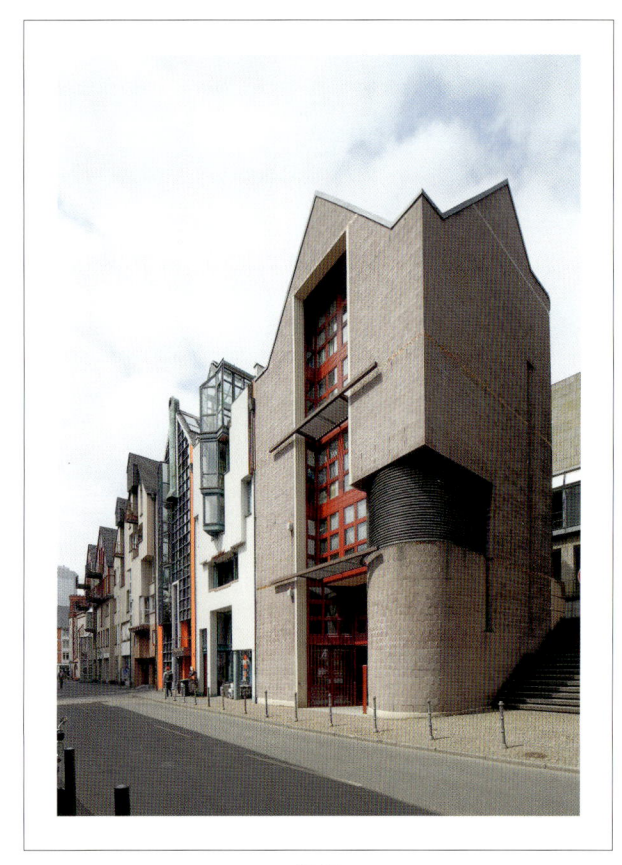

13.10

13.11

aus Darmstadt, die sich gewitzt gegen die Gestaltungssatzung wehrten, indem sie einen abgeseilten Edelstahlkamin als Giebel deklarierten und ihre Fassade als farblose Metallrahmenkonstruktion ausführten, fällt heute angenehm aus der Reihe und präsentiert sich gestalterisch als seiner Zeit leicht voraus.[10] **13.7 / 13.9** Man könnte ihn ohne weiteres zwanzig Jahre jünger schätzen.

Kaum bekannt und noch weniger genutzt ist die rückwärtige Fußgängerverbindung der Saalgassenhäuser. Sie verdeutlicht die gestalterische Unmöglichkeit, einerseits die Maßstabslosigkeit der Rückseite der Schirn mit ihrer langen Front nach Süden durch das Einfügen von maßstäblicheren Stadthäusern zu verdecken, andererseits den Bewohnern der Häuser ein ansprechendes Umfeld zu schaffen. Diese von niemandem genutzte innerstädtische Gasse leistet überhaupt nichts, außer den räumlichen Abstand zwischen der Schirn und den Häusern zu gewährleisten.

Wie sind die Saalgassenhäuser heute im Licht der neuen Altstadtbauten zu bewerten? In den 1980er Jahren wurde über die postmodernen Häuser der Saalgasse vielfach vorab berichtet und die Bauten daher vielleicht überbewertet. Die so erzeugten hohen Erwartungen konnten sie in der Realität nicht erfüllen und heute sind sie sogar fast in Vergessenheit geraten. **13.10 / 13.11**

Bei den neuen Altstadthäusern auf dem Dom-Römer-Areal scheint es genau entgegengesetzt: Von einem großen Teil der Architektenszene, der Architekturkritik und (bisher) auch vom Autor wurden sie moralisch abgestraft, verächtlich belächelt oder bestenfalls ignoriert. Doch das eine oder andere Werk wird seinen Weg auf positive Weise in den Diskurs finden. Erste Anzeichen dafür sind bereits heute erkennbar. So werden die Störenfriede in der neuen Altstadt, die Basler Architekten Meinrad Morger und Fortunat Dettli mit ihrer detaillosen Fassade (Markt 30), die eine „datierbare Zeitlosigkeit" ausdrücken soll, garantiert Freunde finden. Auch die exaltiert verschieferten Vertreter das Haus Markt 14 der Kölner Johannes Götz und Guido Lohmann und das Haus Markt 10 des Berliner Büros von Ey Architektur erwecken reichlich Neugierde. Wer weiß, wie wir diesen Bauten in 30 Jahren gegenüber treten werden?

13.10 Saalgasse, Blick nach Westen, Foto: 2018
13.11 Saalgasse, Blick nach Osten, Foto: 2018

1. Borchers, Wilfried, „Der neue Römerberg", in: Klotz, Heinrich (Hg.), *Jahrbuch für Architektur 1984. Das Neue Frankfurt 1*, Braunschweig 1984, S. 27.
2. Schmal, Peter Cachola, „Die postmoderne Altstadt der 1980er Jahre und die Korrespondenz zwischen Saalgasse und der geplanten Altstadt", in: *Denkmalpflege & Kulturgeschichte*, 2013, H. 2, S. 14–18.
3. Die Nummerierung der Häuser in diesem Artikel folgt einer linearen Zählung der Häuser im Gesamtprojekt der Saalgasse und entspricht nicht der Adressierung in der Straße.
4. Borchers 1984, S. 29.
5. „Adolfo Natalini. Haus Saalgasse 4", in: Klotz, Heinrich (Hg.), *Jahrbuch für Architektur 1984. Das Neue Frankfurt 1*, Braunschweig 1984, S. 46–51.
6. „Charles Moore. Haus Saalgasse 5", in: Klotz, Heinrich (Hg.), *Jahrbuch für Architektur 1984. Das Neue Frankfurt 1*, Braunschweig 1984, S. 52.
7. „Berghof, Landes, Rang. Haus Saalgasse 6", in: Klotz, Heinrich (Hg.), *Jahrbuch für Architektur 1984. Das Neue Frankfurt 1*, Braunschweig 1984, S. 53–58.
8. „Christoph Mäckler. Ein Haus in der Saalgasse. Römerberg – Frankfurt a. M.", *Jahrbuch für Architektur 1981/1982*, Braunschweig 1981, S. 84–85.
9. „Jochem Jourdan/Bernhard Müller. Römerberg, Frankfurt am Main", *Jahrbuch für Architektur 1981/1982*, Braunschweig 1981, S. 78–83.
10. „Eisele und Fritz. Haus Saalgasse 8", in: Klotz, Heinrich (Hg.), *Jahrbuch für Architektur 1984. Das Neue Frankfurt 1*, Braunschweig 1984, S. 59–65.

DIE ALTSTADT –
EIN POLITISCHES LEHRSTÜCK

Claus-Jürgen Göpfert

14.1

14.1 Richtfest Dom-Römer-Projekt mit Ulrich Baier, Edwin Schwarz, Uwe Becker, Petra Roth, Mike Josef, Peter Feldmann, Francesco Collotti, DW Dreysse, Dieter von Lüpke, Michael Landes, Corinna Endreß, Nicolai Steinhauser, Felix Jourdan (v.l.n.r.), Foto: 15.10.2016

Prolog: Zwischen Freizeitpark und Seele der Stadt

Es ist ein politisches Lehrstück. Und es spielt sich auf überschaubarem Raum ab. Gerade einmal 7.700 Quadratmeter Fläche umfasst die neue Altstadt im Zentrum von Frankfurt am Main. Früher stand hier das Technische Rathaus. Heute gruppieren sich 35 kleine Gebäude an seiner Stelle, drängen sich um den zentralen Hühnermarkt, entlang des Krönungsweges zwischen Römer und Dom. Fünfzehn von ihnen sind Rekonstruktionen von Häusern, die in den Bombenangriffen des Zweiten Weltkriegs 1944 untergegangen waren. Zwanzig weitere sind „Nachempfindungen", die an charakteristische Stilelemente der historischen Altstadt „anknüpfen", wie es der Bauherr, die städtische DomRömer GmbH, ausdrückt.

Etwa 200 Millionen Euro hat sich Frankfurt dieses Projekt offiziell kosten lassen. Das ist nicht die ganze Wahrheit, weil einzelne Positionen wie etwa die Eröffnungsfeier im September 2018 in anderen Etats versteckt worden sind. Finanziell ist das Quartier kein Erfolg. Nach dem Verkauf der Eigentumswohnungen für knapp 200 Menschen bleibt die Kommune auf einem Verlust von 90 bis 100 Millionen Euro sitzen. Bis zum Jahr 2020 muss die DomRömer GmbH eine Schlussrechnung erstellen.

Doch um Geld geht es bei der Altstadt nicht. Von Anfang an ist dieses Viertel politisch überhöht, philosophisch aufgeladen, von seinen Befürwortern in den Himmel gehoben, von den Kritikern verdammt und verspottet worden. „Wir geben unseren Menschen ein Stück Seele zurück", nicht weniger als das proklamiert Oberbürgermeister Peter Feldmann (SPD). „Es ist nur ein Disneyland, es wird als Magnet für Touristen hervorragend funktionieren", prophezeit ein anderer Sozialdemokrat, der frühere Planungsdezernent und heutige Projektentwickler Martin Wentz. Und der Architekt Jürgen Engel nennt das Quartier kritisch einen künstlich geschaffenen „Freizeitpark" und eine „große Attraktion für Touristen".

In Gesprächen mit Beteiligten wird deutlich, die neue Altstadt erzählt vom Zustand der deutschen Gesellschaft eingangs des 21. Jahrhunderts. Sie bedeutet „eine Niederlage für die moderne, die zeitgenössische Architektur", wie es der Grüne Stadtrat Stefan Majer unumwunden zugibt. „Die moderne Architektur schafft keine guten öffentlichen Räume", urteilt bündig der Architekt Christoph Mäckler, der den Gestaltungsbeirat für die Altstadt führt. Er spricht zugleich von der „Haltlosigkeit der Gesellschaft in unserer globalisierten Welt". Die moderne Architektur sei nicht in der Lage, eine Antwort auf die „Entwurzelung" der Menschen zu geben, ihre „Sehnsucht" nach einer emotionalen „Heimat" zu stillen. Das biete die neue Altstadt. Die ehemalige Oberbürgermeisterin Petra Roth (CDU) fasst ihre Meinung so zusammen: „Die Altstadt, das ist ein Stück Heimat!"

Der Architekt Jochem Jourdan, der mit der Rekonstruktion des Hauses Goldene Waage den prachtvollsten und mit neun Millionen Euro teuersten Bau des Quartiers geschaffen hat, urteilt, „eine Stadt sollte ihre Erinnerung nicht verlieren. [...] Mit der Altstadt gewinnt Frankfurt sein historisches Herz zurück." 14.2 Der Architekt DW Dreysse sieht in dem gesamten Projekt den Beleg für „die erstaunliche Kraft von populistischen Aktionen". Die Bürgerinitiativen, die anfangs für die Rekonstruktion der Altstadt kämpften, seien „zahlenmäßig klein, aber lautstark" gewesen.

„Unsere Ausgangslage war eigentlich hoffnungslos", bestätigt auch der Rechtspopulist Wolfgang Hübner, vor fünfzehn Jahren einer der ersten Aktivisten für den Wiederaufbau des Quartiers. Heute sagt er: „Ich bin mit der Altstadt zufrieden, es ist mehr geworden, als wir erhofft hatten." Doch warum ist das so? Warum machte sich die Stadtregierung Frankfurts nach und nach die Forderungen kleiner, aber lautstarker Gruppen zu eigen?

Wer nach Antworten sucht, findet sie in dem politischen Bündnis von CDU und Grünen, das Frankfurt in der entscheidenden Zeit führte. Die Altstadt wurde zum Renommierprojekt der schwarz-grünen Römer-Koalition, die von 2006 bis 2016 regierte. In diesem Millionenvorhaben fanden sich zwei bürgerliche Parteien, die sich auf ganz erstaunliche Art und Weise einander angenähert hatten. Sie hielten zäh und gegen alle Widrigkeiten an der Altstadt fest, auch als die Sache finanziell aus dem Ruder lief. Im Frühjahr 2013 waren die Kosten, die ursprünglich mit 77 Millionen Euro beziffert worden waren, schon bei 150 Millionen Euro angekommen. Der damalige Bürgermeister Olaf Cunitz (Grüne) und der Kämmerer Uwe Becker (CDU) veröffentlichten daraufhin am 16. April 2013 eine umfangreiche Treue-Erklärung für die Altstadt. Darin finden sich erstaunliche Sätze, die aber die Haltung von CDU und Grünen perfekt beschreiben. Die Stadt sei „natürlich auch gehalten, wirtschaftlich zu arbeiten, aber die normalen Maßstäbe anderer Vorhaben lassen sich hier nicht anlegen." Bei der Altstadt handele es sich um „ein Jahrhundertprojekt". Und dann folgte der Freispruch für alle weiteren Ausgabensteigerungen: „Erst in zweiter Linie steht die Frage nach der Höhe der Projektkosten."

Es ist heute keine Überraschung, dass die Altstadt viele Väter und Mütter hat. 14.1 Der frühere Planungsdezernent Edwin Schwarz (CDU) zum Beispiel sagt ohne Umschweife: „Ohne mich gäbe es die Altstadt nicht." Und der ehemalige Frankfurter SPD-Chef Franz Frey erinnert daran, dass seine Partei schon 2006 den Beschluss für den städtebaulichen Wettbewerb zur Altstadt „mitgetragen" und er 2007 als OB-Kandidat dann schon vom „Recht auf Fachwerk" gesprochen habe.

Die tatsächlichen Ereignisse sind etwas komplexer und nicht frei von Widersprüchen.

1. Kapitel: Abschied vom Technischen Rathaus

Das Technische Rathaus: Kaum ein anderer Bau in Frankfurt hat in der Nachkriegszeit solche Emotionen auf sich gezogen. 1974 war der Komplex an der Braubachstraße eröffnet worden. Errichtet nach dem Entwurf des Architekturbüros Bartsch, Thürwächter und Weber barg er die technischen Ämter der Stadt, aber auch Läden und Restaurants. Der Betonbau im Stile des Brutalismus, typisch für die Nachkriegsmoderne in der Stadt, provozierte bereits in der Planungsphase Proteste. Der Verein Freunde Frankfurts verteilte schon im Jahre 1970 ein Flugblatt mit dem Aufruf „Bürger Frankfurts wehrt Euch!" 14.3

Nach seiner Eröffnung geriet das Technische Rathaus, in dem der umstrittene Planungsdezernent Hans Kampffmeyer (SPD) sein Büro hatte, auch zum Symbol für die verfehlte

Planungspolitik der absoluten SPD-Mehrheit in den 1970er Jahren. In den späten 1990er Jahren machen sich erste prominente Politiker dafür stark, dass das Technische Rathaus verschwinden soll. Achim Vandreike, damals designierter OB-Kandidat der SPD, fordert im September 2000: „Am besten sprengen das Ding!" Auch der neue Planungsdezernent Edwin Schwarz (CDU) bemüht sich, auf den anfahrenden Zug aufzuspringen. „Der Stadtrat ist seit 20 Jahren absolut kein Freund dieses Hauses", versichert Schwarz-Referent Burkhard Palmowsky damals gegenüber der *Frankfurter Rundschau* (*FR*). Der städtische Denkmalpfleger Heinz Schomann verwirft einen Schutz für den Bau, denn es handele sich um „ein maßstabsloses Gebäude" ohne historischen Wert.

Oberbürgermeisterin Petra Roth (CDU) ernennt Baudezernent Martin Wentz (SPD) zum „Beauftragten" für das Technische Rathaus. Tatsächlich war das Gebäude stark mit Asbest verseucht. Wentz, der zuvor elf Jahre lang Planungsdezernent gewesen war, beginnt vertrauliche Verhandlungen mit potenziellen Investoren. Im Dezember 2000 präsentiert er eine überraschende Lösung. Das Technische Rathaus soll abgerissen und durch ein Fünf-Sterne-Hotel, eine Ladenpassage und ein Bürohaus ersetzt werden. Investor ist die Feuring Hotelconsulting GmbH. **15.2**

14.2 Jochem Jourdan, Goldene Waage, Fassadenmalerei, Foto: 2017
14.3 Flugblatt der Freunde Frankfurts „Bürger Frankfurts wehrt euch!", 1970
14.4 Jourdan und Müller, Haus am Dom, Foto: 2016

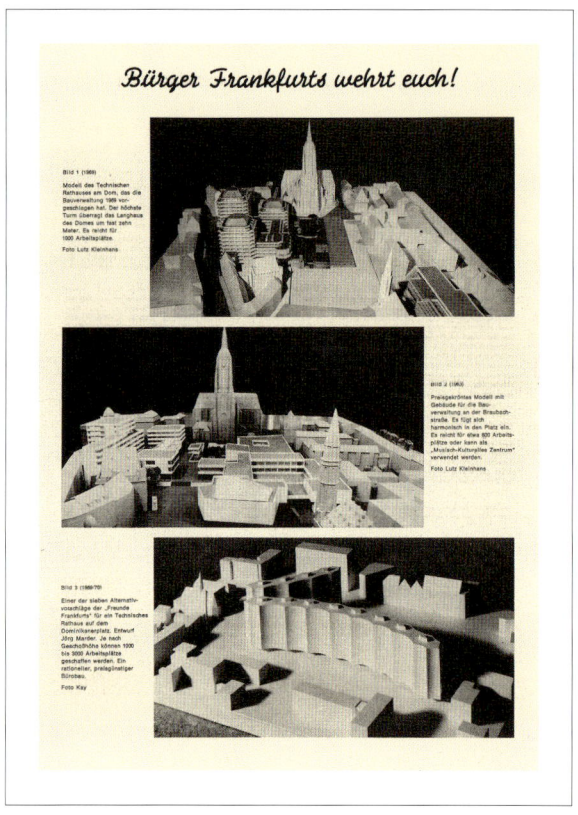

Die Grünen im Römer zeigten sich für Verhandlungen offen: „Wir unterstützen alle Lösungen, die dafür sorgen, dass das Technische Rathaus so schnell wie möglich abgerissen werden kann", so der damalige Fraktionschef im Römer, Lutz Sikorski. Doch die CDU legt sich quer. „Mich hat die Kubatur des Hotels gestört, es war ein riesiger Klotz. Da hätte man das Technische Rathaus auch stehen lassen können", so der frühere Planungsdezernent Schwarz. Auch der Kämmerer Albrecht Glaser (CDU) verwirft die Lösung wegen zu hoher Kosten. „Glaser hat die Sache kaputtgemacht", resümiert Wentz.

Denn der Pferdefuß der neuen Bebauung war, dass die Stadt das Technische Rathaus zuvor von seinem Besitzer, der Deutschen Immobilien Leasing (DIL), hätte zurückkaufen müssen. Das hätte laut Glaser mehr als 50 Millionen Euro gekostet, aus seiner Sicht zu teuer. Petra Roth verlangt in dieser Situation von den Streithähnen Wentz, Schwarz und Glaser, dass sie bis Januar 2001 ein gemeinsames Konzept für das Gelände des Technischen Rathauses vorlegen. Doch dazu kommt es nicht.

Stattdessen geht die Stadt doch die Sanierung des Gebäudes an, für dessen Abriss eigentlich CDU, SPD und Grüne plädieren. Aber der Geist ist aus der Flasche. Der Abbruch des Technischen Rathauses ist nicht mehr aufzuhalten. Spätestens mit dem 2007 auslaufenden Vertrag zwischen Stadt und DIL soll ein Wettbewerb für das Gelände ausgeschrieben werden. Tatsächlich wird alles viel schneller gehen.

2. Kapitel: Das Haus am Dom – Vorspiel zur Altstadt

Die Kommunalwahl 2001 wirft das fragile politische Gleichgewicht im Frankfurter Rathaus über den Haufen. Erstmals scheint eine schwarz-grüne Koalition im Römer möglich und beide Parteien sind entschlossen, diese Zusammenarbeit zu wagen. Am politischen Horizont steht die Konstellation, die dann später den Bau der Altstadt ermöglichen wird.

Im April 2001 wird es ernst. Die Frankfurter Grünen erklären, es gebe „keine Kontaktsperre" mehr zur CDU, trotz der ausländerfeindlichen Doppelpass-Kampagne der hessischen CDU 1999. Allerdings zeigt eine Kreisversammlung der Grünen, dass die Koalition in der Partei stark umstritten ist und am 19. Juni 2001 zerbricht die noch nicht gebildete schwarz-grüne Koalition schon wieder, weil ein CDU-Stadtverordneter in geheimer Wahl einem Stadtrat der rechtsextremen Republikaner seine Stimme gegeben hatte.

Die Politik rettet sich in ein fragiles Vierer-Bündnis aus CDU, SPD, Grünen und FDP. Um jede Entscheidung wird nun zäh gerungen und die Entwicklung auf dem Grundstück des Technischen Rathauses abgebremst.

Es beginnt ein Streit um ein Areal in der Nachbarschaft des Rathauses, der vieles vom späteren Konflikt um die Altstadt vorwegnimmt. 2001 gewinnt das Büro Jourdan und Müller einen Wettbewerb, den das Bistum Limburg ausgeschrieben hatte. **14.4 / 47.2** Das alte Hauptzollamt (1927) sollte zu einem Kommunikationszentrum umgebaut werden. Die katholische Kirche wollte sich in einem modernen Gebäude präsentieren und ihr verstaubtes Image abstreifen. Jourdan und Müller entwerfen einen roten Klinkerbau mit überdimensionalen Fensterfronten und einem Flachdach. Doch die Kommunalpolitik interveniert. Die Oberbürgermeisterin kündigt an, sie werde diesen Entwurf kippen: „Ich finde es zum Weglaufen!" Jochem Jourdan erklärt heute diplomatisch, „die OB sagte mir, sie wolle den Entwurf nicht."

Roth und die CDU stören sich insbesondere am Flachdach und verlangen historisierende Giebeldächer. Roth sagt heute: „Ich wollte, dass die Architektur an dieser Stelle der Altstadt eine Harmonie ausstrahlt." Auf Vermittlung des Ex-Stadtkämmerers Ernst Gerhardt (CDU) kommt es zu einem Acht-Augen-Gespräch zwischen Bischof Franz Kamphaus, Roth, Gerhardt und Jourdan. Roth erinnert, „zu meiner Überraschung sagte der Bischof, dass auch ihm das Flachdach nicht gefalle." Damit war die Umplanung beschlossen und „Jourdan war lange sauer", so die ehemalige Oberbürgermeisterin. Und Jourdan erzählt: „Ich habe dann ein neues Konzept für die Dächer entworfen, es entstanden zwei gegliederte Steildächer."

Es war der Probelauf für eine erfolgreiche Intervention der Politik bei der Gestaltung des historischen Stadtzentrums. Anfang 2002 beginnt das Planungsamt, den städtebaulichen Ideenwettbewerb für das Grundstück des Technischen Rathauses vorzubereiten. Der Leiter des Stadtplanungsamtes, Dirk Zimmermann, sagt der *FR*, anstelle des riesigen Betongebäudes solle eine maximal sechsgeschossige Bebauung entlang der Braubachstraße treten. Sie müsse sich am alten städtebaulichen Maßstab orientieren. Im April 2002 überrascht Planungsdezernent Schwarz mit der Aussage, er könne sich noch immer ein Hotel auf dem Grundstück vorstellen, möglich sei aber auch „eine Mischung von Wohnungen und Büros".

Tatsächlich führt das zerbrechliche Vierer-Bündnis von CDU, SPD, Grünen und FDP dazu, dass lange nichts geschieht. Der Wettbewerb wird nicht ausgeschrieben. Keine der regierenden Parteien möchte sich festlegen. Am 14. Juli 2004 erklärt Schwarz in der *FR*: „Ich will keinen Ideenwettbewerb mehr, weil das rausgeworfenes Geld wäre. Wir bekämen viele schöne Ideen, die keiner bauen kann." Er möchte stattdessen abwarten, welcher Investor den Zuschlag bekomme, ein Ersatzgebäude für das Technische Rathaus zu bauen. Dieser Bauherr solle dann die Neugestaltung des Areals organisieren.

Erst Anfang 2005 bringt das Stadtplanungsamt den städtebaulichen Ideenwettbewerb auf den Weg. Während die

Öffentlichkeit auf die Ergebnisse des Wettbewerbs wartet, die für Herbst 2005 angekündigt sind, prescht Wolfgang Hübner vor, der einzige Stadtverordnete der rechtspopulistischen Bürger für Frankfurt (BFF). „Wir wollten ein Zeichen setzen", sagt Hübner heute. Sein Antrag Nr. 1988 vom 20. August 2005 trägt den Betreff: „Technisches Rathaus: Den Abriss als Chance nutzen!" Darin fordert die BFF, dass die neue Bebauung sich „am Erscheinungsbild der Altstadt vor der Zerstörung im Zweite Weltkrieg" orientieren soll und „historisch wertvolle Gebäude" rekonstruiert werden sollen. In der Begründung seines Antrages steht, diese Lösung respektiere die Stadt- und Baugeschichte, verspreche „hohe Popularität" und bringe „ein wichtiges Stück Stadtheilung".

Dieser Antrag wird vom Vierer-Bündnis damals abgelehnt. Er formuliert aber genau das, was später tatsächlich geschieht. „Es war ein kleines Zeitfenster offen, das haben wir genutzt, das passiert nicht oft im Leben", so Hübner heute.

3. Kapitel: Der Aufstand gegen die Moderne

Am 15. September 2005 tritt das Preisgericht des städtebaulichen Wettbewerbes unter dem Vorsitz von Arno Lederer zusammen. Die Jury kürt die Arbeit des Architekturbüros KSP Engel und Zimmermann (heute: KSP Jürgen Engel Architekten) zum Sieger. **14.5** Auch der Planungsdezernent Schwarz (CDU) und der Leiter des Stadtplanungsamtes, Dieter von Lüpke, gehören zu den Preisrichtern. Die Entscheidung fällt einstimmig. Auch der planungspolitische Sprecher der Grünen, Ulrich Baier, ist Mitglied der Jury.

„Was damals geschah, gehört für mich zu den negativsten Erfahrungen in solchen Konkurrenzen", sagt er heute. Die Jury lobt ausdrücklich den Quartiersgrundriss und die „spannungsvolle, überzeugende Folge unterschiedlicher Gassen und Platzräume", die „hohe Qualität besitze". Christoph Mäckler erinnert sich völlig anders, „ich war entsetzt über die Arbeit von KSP, man hatte den alten Stadtgrundriss völlig aufgegeben". Auch der ehemalige Planungsdezernent Schwarz, der ja für den Entwurf gestimmt hatte, sagt heute, „alle waren entsetzt." Michael Guntersdorf, später Geschäftsführer der städtischen DomRömer GmbH, urteilt, „der Aufschrei in der Bevölkerung war groß" und erinnert, dass sich Petra Roth „zur Wortführerin gegen den Siegerentwurf gemacht hat." Roth sagt heute, sie habe die Pläne von KSP „immer abgelehnt", als Begründung nennt sie vor allem deren „Disharmonie". Der Grüne Stefan Majer weiß noch, dass es 2005 heftige Kritik an den „großen Blöcken" gegeben habe, die KSP entworfen hatte.

In den Fraktionen von CDU und Grünen fällt die Planung durch. Die BFF und der Verein Freunde Frankfurts machen öffentlich gegen den Siegerentwurf mobil. Für Jürgen Engel beginnt eine schwierige Zeit, „das Ganze hat sich völlig verselbstständigt, es war eine irrationale Argumentation, ich wurde persönlich in öffentlichen Ausschusssitzungen scharf angegriffen." Dennoch erhält Engel den offiziellen Auftrag der Stadt, seinen Entwurf weiter zu entwickeln. Er überarbeitet ihn stark. Die Grundstücksparzellen werden kleiner und die Gebäude mit Schrägdächern versehen. **14.6**

Doch es hilft alles nichts. „Die Stadt ist eingeknickt vor dem Geschrei der Altstadt-Freunde", sagt der frühere Planungsdezernent Wentz. Dass dies geschieht, ist vor allem

14.5

14.6

14.5 KSP Engel und Zimmermann, Städtebaulicher Ideenwettbewerb Technisches Rathaus, Wettbewerbsentwurf (1. Preis), Visualisierung, September 2005

14.6 KSP Engel und Zimmermann, überarbeiteter Wettbewerbsentwurf, Visualisierung, November 2005

14.7

der Annäherung von CDU und Grünen zu verdanken. Nur wenige Monate nach der Entscheidung des Wettbewerbes sollte im Sommer 2006 die Koalition von CDU und Grünen offiziell beschlossen werden. Und eines der zentralen Projekte im Koalitionsvertrag wird die neue Altstadt sein. Petra Roth erinnert sich, dass es nicht schwierig war, die Verhandlungsführer der Grünen von dem Projekt zu überzeugen. „Ich kannte ja meine Grünen", sagt sie. Sie seien zum einen „sehr nostalgiebewusst" gewesen, zum anderen aber „zuverlässig und verantwortungsvoll." Roth lobt im Rückblick besonders den damaligen Fraktionsvorsitzenden der Grünen im Römer, Lutz Sikorski: „ein Mann mit Visionen." Sebastian Popp, heute kulturpolitischer Sprecher der Grünen, sieht es nüchterner: „Die Grünen wollten die Koalition mit der CDU unbedingt, dafür hat man die Altstadt in Kauf genommen."

4. Kapitel: Die Kommunalpolitiker ignorieren die Fachleute

Ende 2005 geht alles recht schnell. Schon kurz nach dem Wettbewerbsergebnis, am 26. September fordert die CDU ein neues kleinteiliges Quartier, „so wie die Altstadt bis zu ihrer Zerstörung 1944 war." Der Grüne Ulrich Baier fragt noch entsetzt: „Will man die hygienischen Zustände des späten Mittelalters wieder?" Und am 6. Oktober 2005 organisieren die Bürger für Frankfurt (BFF) eine große Versammlung im Historischen Museum, um für die Rekonstruktion der Altstadt zu werben.

Wenige Tage später trifft sich die Gegenseite. Am 18. Oktober lädt der Städtebaubeirat in das Deutsche Architekturmuseum (DAM) zu einer Podiumsdiskussion ein. Auf dem Podium sitzt unter anderen der damalige Vorsitzende des Städtebaubeirates, DW Dreysse. „Es war proppevoll und ging heiß her, ich habe vehement gegen Rekonstruktion plädiert", so Dreysse. Die Mehrheit im Saal spricht sich gegen eine Rekonstruktion aus. Dreysse macht den Vorschlag, in der kleinteiligen Struktur der früheren Altstadt moderne Gebäude zu errichten und Jochem Jourdan rechnet vor, dass eine neue Bebauung mit rekonstruierten Fachwerkhäusern rund zehn Mal so teuer sei wie die moderne Bauweise.

Doch die Politiker ignorieren die Fachleute. Zwischen CDU und SPD entwickelt sich ein Wettlauf um die Gestaltung der Altstadt. Er bestimmt die Auseinandersetzung bis zur Kommunalwahl am 26. März 2006. Bereits am 20. Oktober 2005 fordert der SPD-Vorsitzende Franz Frey „so viel Anlehnung an die historische Altstadt wie möglich" und behauptet, „die Bürger haben ein Anrecht auf Fachwerk." Am 8. November 2005 entscheidet die Oberbürgermeisterin Roth, das Technische Rathaus im Jahr 2007 für 69 Millionen Euro von dem Immobilienfonds DIL zurückzukaufen um so die Kontrolle über die Entwicklung der Altstadt zu erhalten.

In den nächsten Monaten folgt eine Kette von Veranstaltungen mit heftigen Diskussionen. Am 18. November 2005 organisiert das Planungsdezernat eine öffentliche Anhörung zur Altstadt und stellt den überarbeiteten Entwurf von KSP Engel und Zimmermann vor, am 24. November folgt eine Bürgerversammlung im Stadtparlament, am 19. Dezember berät der Bund Deutscher Architekten (BDA). Die Römerberggespräche am 21. Januar 2006 finden unter dem Thema „Umbau der Stadt" statt.

Dann bringt die Kommunalwahl vom 26. März 2006 eine

14.7 BDA-Workshop zur Bebauung des Dom-Römer-Areals im Technischen Rathaus, Foto: 5.5.2006

14.8

14.9

politische Weichenstellung. CDU und Grüne bilden eine schwarz-grüne Koalition und gehen diese mit großer Verve an, die SPD dagegen stürzt ab und muss in die Opposition. Politisch ist der Weg frei für die neue Altstadt, die wichtiger Bestandteil der Koalitionsvereinbarung wird.

Der Architekt DW Dreysse erhält vom Planungsamt den Auftrag für eine Studie, die den Dokumentationsstand der historischen Altstadtbauten auf dem Areal erfassen sollte. Anfang Mai organisiert der BDA einen Workshop, auf dem Entwurfsmodelle für die Altstadt entstehen. Es sind moderne Häuser, keine Rekonstruktionen. **14.7**

Doch es ist zu spät. Großen Rückhalt erhält die Idee einer Rekonstruktion durch ein digitales Modell, das der junge Offenbacher Bauingenieur Dominik Mangelmann für seine Diplomarbeit an der Fachhochschule Mainz angefertigt hatte. **14.8** Mit Unterstützung der Freunde Frankfurts und der BFF präsentiert das Junge-Union-Mitglied Mangelmann sein Modell auch im neu eingesetzten Sonderausschuss Dom-Römer. Im März 2006 ergänzt der Geograf Jörg Ott die Arbeit Mangelmanns durch ein umfangreiches, virtuelles Altstadtmodell. **14.9** In den parlamentarischen Gremien gerät Architekt Jürgen Engel mit seinem Entwurf immer mehr unter Druck. „Ich wurde persönlich angegriffen", sagt er heute, „es entstand eine regelrechte Kampagne, die von einer Frankfurter Zeitung stark gepusht wurde." Gemeint ist die *Frankfurter Allgemeine* (*FAZ*), die sich im Regionalteil unter Leitung von Günter Mick immer wieder für eine Rekonstruktion stark macht.

Nach der Kommunalwahl 2006 wirft Architekt Engel entnervt hin und gibt den Auftrag für die städtebauliche Gestaltung des Areals an die Kommune zurück. „Ich war enttäuscht", so Engel im Rückblick, aber zugleich „froh,

dass ich so entschieden habe. Es war eine Niederlage für die zeitgenössische Architektur. Statt einem Wohnquartier in nostalgischen Altstadthäusern hätte ich mir für das Quartier ein modernes, kulturelles Zentrum gewünscht, ein Centre Pompidou für Frankfurt." Der frühere Planungsdezernent Wentz erlebte die Entwicklung des Jahres 2006 so: „CDU und Grüne haben damals einen politischen Kuhhandel für die Altstadt geschlossen, für die moderne Architektur war das Ergebnis ein Desaster."

5. Kapitel: CDU und Grüne stellen die Weichen

Am 5. September 2006 beschließt die neue schwarz-grüne Römer-Koalition den Rückkauf des Technischen Rathauses für 72 Millionen Euro und bekommt so die Kontrolle über das Grundstück.

Am 6. und 7. Oktober organisiert das Planungsamt eine Planungswerkstatt zur Altstadt – eine zentrale Forderung der Grünen. Das Ergebnis war, die neue Bebauung soll sich am historischen Grundriss der Altstadt orientieren und vier kunsthistorisch wichtige Häuser sollten rekonstruiert werden.

Innerhalb der Grünen gab es in dieser Zeit „eine vehemente Diskussion", so erinnert sich Stefan Majer (Grüne). Sollte die Partei einer Rekonstruktion von Teilen der Altstadt zustimmen? „Etlichen war dieser Ansatz zu konservativ", sagt Majer. Und doch, weiß der Stadtverordnete Ulrich Baier, „verlagerte sich das politische Gewicht hin zur Rekonstruktion." Aber warum? Majer sieht einen wichtigen Grund in der Enttäuschung, die damals über die Architektur der Nachkriegsmoderne geherrscht habe. Gerade in Frankfurt sei die städtebauliche Erneuerung nach der

14.8 Dominik Mangelmann, Digitales Altstadtmodell, 2005
14.9 Jörg Ott, Virtuelles Altstadtmodell, Hühnermarkt, 2006

14.10

14.11

Zeit der nationalsozialistischen Terrorherrschaft „unglaublich autoritär" vorangetrieben worden. Die Grünen hätten die Gebäude der Nachkriegsmoderne „immer verteidigt", aber mussten auch erkennen, dass es durch die Amputation historischer Bebauung bei vielen Menschen einen „Phantom-Schmerz" gab, so Majer.

„Große Teile der modernen Bebauung im Frankfurter Stadtzentrum haben mich damals nicht überzeugt", sagt Baier und fügt hinzu: „Ich bin ein Anhänger von Ornament, von Kleinteiligkeit." Baier wird bei den Grünen zur treibenden Kraft für die Altstadt, gemeinsam mit dem späteren Planungsdezernenten Olaf Cunitz. Dieser hatte seine Magisterarbeit über die Altstadt geschrieben und wurde ihr leidenschaftlicher Befürworter.

Bei der CDU herrschte eine wesentlich größere Geschlossenheit für das Projekt Altstadt. „Es gibt einfach ein Bedürfnis der Menschen nach Harmonie, nach Individualität", erklärt Petra Roth und beteuert zugleich, „die Altstadt ist kein Misstrauensantrag gegen moderne Architektur." Und Edwin Schwarz bekennt: „Ich hatte und habe ein Problem mit der Architektur der 1950er Jahre." So schlägt er in seiner Amtszeit sogar vor, die denkmalgeschützten Wohnhäuser an der Berliner Straße und die Kleinmarkthalle (1954) von Gerhard Weber abzureißen, kann sich damit aber nicht durchsetzen. Schwarz skizziert seine Motive für die Altstadt so: „Die Menschen haben eine Sehnsucht nach Bauten, mit denen sie sich identifizieren können, eine Sehnsucht nach Wärme."

Am 8. November 2006, nur wenige Wochen vor der Oberbürgermeisterwahl am 28. Januar 2007, beschließen CDU und Grüne „Eckpunkte für die weitere Planung" des Altstadtareals. Dazu zählen der Wiederaufbau von mindestens sechs ehemaligen Altstadthäusern (Junger Esslinger, Alter Esslinger, Goldenes Lämmchen, Klein Nürnberg, Goldene Waage, Rotes Haus und, wenn möglich, Großer Rebstock). Die Sozialdemokraten votieren gegen diesen Antrag. Zugleich versucht aber der OB-Kandidat der SPD, Franz Frey, die offenkundig vorhandene Stimmung für die Altstadtbebauung zu nutzen. Frey sah das damals so: „Die Leute haben eine Sehnsucht nach festen Ankerpunkten in der Stadt." Die SPD wollte „einen Begriff wie Heimat nicht den Rechten überlassen". Der damalige sozialpolitische Sprecher der SPD, Peter Feldmann, kämpft nach eigener Erinnerung 2006/07 „für den Begriff einer sozialen Heimat". Die Rekonstruktion der Altstadt lehnt er als „zu teuer" ab.

Es hilft aber nichts, die SPD verliert die OB-Wahl krachend und Petra Roth (CDU) siegt im ersten Wahlgang mit über 60 Prozent. Der Architekt Christoph Mäckler kommentiert den Sachverstand der Sozialdemokraten heute sarkastisch, „die SPD hatte damals keine Ahnung von Architektur."

Im März 2007 macht sich eine Delegation von Stadtverordneten auf eine Studienreise und besichtigt die Altstädte von Dresden, Nürnberg und Ulm. Besonders der Wiederaufbau in Dresden weckt das Interesse der Politiker. Aus der Sicht des Grünen Stefan Majer brachte diese Reise den politischen Durchbruch, „bei dieser Fahrt gab es eine Verständigung zwischen CDU und Grünen auf einen Kompromiss." Dieser habe vorgesehen, nur bestimmte „Leitbauten" zu rekonstruieren. Auf keinen Fall, so Majer, wollten die Stadtverordneten einen „Fake à la Dresden", – also moderne Betongebäude mit vorgehängter Fassade. 14.10

Am 20. Juni 2007 beschließt der schwarz-grüne Magistrat den Vortrag M 112 mit dem Betreff „Neubebauung des Dom-Römer-Areals". Er wird fortan die Grundlage allen

14.10 Kai von Döring, rekonstruierte Leitbauten am Neumarkt (Quartier I), Dresden, 2004–2006, Foto: 2008

14.11 Abriss des Technischen Rathauses, Baggerbiss durch die Oberbürgermeisterin Petra Roth, Foto: 12.4.2010

Handelns sein. Der Beschluss geht von sechs Rekonstruktionen historischer Häuser plus dem Wiederaufbau des Großen Rebstocks aus. Die „von der Stadt zu finanzierenden Positionen" werden auf 105,9 Millionen Euro addiert. Hinzu kommt der Rückkauf des Technischen Rathauses mit 72 Millionen Euro. 14.11 Diese Summe taucht später in keiner Rechnung mehr auf.

Auf die Steuerung des Projekts bereiten sich die städtische Frankfurter Aufbau AG (FAAG) mit ihrem Direktor Frank Junker und die OFB Projektentwicklungsgesellschaft vor. Junker sagt stolz: „Wir können das!" Doch es sollte anders kommen.

6. Kapitel: Die kritischen Stimmen werden leise

Kritische Stimmen gibt es nun nur noch bei Architekten und Planern. Der scheidende Baudezernent Franz Zimmermann (FDP) sagt in seinem Abschiedsinterview mit der *FR* am 16. Oktober 2007: „Ich hätte mir aber auch gut eine modernere Architektur vorstellen können." Der Leiter des Stadtplanungsamtes, Dieter von Lüpke, hatte es noch 2006 gewagt, in einer Zeitschrift seiner Behörde die Rekonstruktion von Altstadthäusern „als Zeichen der Mutlosigkeit einer Stadtgesellschaft" einzuschätzen, „die vor den Herausforderungen und Gefahren der ‚Globalisierung' zurückweiche."

Der Architekt Bernhard Franken sagt am 4. September 2008 im Interview mit der *FR*, „dass die Politik in Frankfurt so stark auf die Rekonstruktion der alten Häuser setzte, ist nach meiner Meinung reiner Populismus vor der Kommunalwahl gewesen."

Doch die Entwicklung hin zur Altstadt hält das nicht mehr auf. Die Kommune entscheidet sich, das Projekt in die Hände einer eigenen Gesellschaft zu legen und gründet am 15. Mai 2009 die städtische DomRömer GmbH, die im Juli dann parlamentarisch bestätigt wird. Zum Geschäftsführer beruft Planungsdezernent Schwarz einen engen Freund, den Projektentwickler Werner Pfaff. Doch nach nur knapp drei Monaten im Amt muss dieser zurücktreten. Die Staatsanwaltschaft Frankfurt hatte zuvor bestätigt, dass Pfaff die Zahlung von Bestechungsgeldern zugegeben hatte.

Sein Nachfolger wird Michael Guntersdorf. Seine Berufung erweist sich als Glücksgriff. Der Architekt hatte in den 1980er und 1990er Jahren die Neubauten der Landeszentralbank und der Dresdner Bank gemanagt. Er sagt heute offen, „die Altstadt war damals noch kein Projekt, eher eine fixe Idee der Politik." Guntersdorf überführt sie in die Praxis und nutzt dabei die positive Grundhaltung von CDU und Grünen zur Altstadt: „Die hatten begriffen, dass sie damit Staat machen konnten."

Am 10. Dezember 2009 beschließt der Magistrat eine Gestaltungssatzung für das neue Quartier und beruft einen Gestaltungsbeirat unter dem Vorsitz von Christoph Mäckler. Dieser soll bauliche Details festlegen und überwachen, von Satteldächern über Traufhöhen, von Baumaterialien bis hin zu Fassadenverkleidungen. „Die Politiker hatten von all diesen Dingen keine Ahnung", sagt Mäckler unumwunden. Im Herbst 2010 schreibt die DomRömer GmbH den

14.12

14.12 Preisgericht für die Neubauten des Dom-Römer-Areals in der Commerzbank-Arena mit N.N., Christoph Mäckler, Petra Roth, Michael Guntersdorf, Ulrich Baier und Edwin Schwarz (v.l.n.r.), Foto: März 2011

14.13

Architektenwettbewerb für die Altstadt aus. Der ursprünglich engagierte Kritiker, der Architekt DW Dreysse, nimmt an dem Wettbewerb nicht teil, aber wird später zwei Rekonstruktionen – Klein Nürnberg und Alter Esslinger – ausführen. Zu den Motiven seines Sinneswandels sagt er, „wir sind gedrängt worden von der Stadtplanung" und gesteht ein, „eine richtige Gradlinigkeit gab es bei mir nicht."

Im März 2011 wählt ein Preisgericht die Entwürfe aus. 14.12 Insgesamt 56 Büros sind mit ihren Arbeiten einbezogen. „Das Ergebnis des Wettbewerbes wurde von der Bevölkerung extrem positiv aufgenommen", sagt Guntersdorf. Von da an sei das Arbeiten für ihn „easy" gewesen, „die Politiker fingen alle an, sich mit der Altstadt zu schmücken."

Mit Rückendeckung der schwarz-grünen Koalition stellt es die DomRömer GmbH den Käufern der 35 Grundstücke frei, ob dort Rekonstruktionen oder moderne „Nachempfindungen" entstehen. Auf diese Weise wächst die Zahl der rekonstruierten Gebäude am Ende auf fünfzehn. „Die Politik hat klein beigegeben, es sind zu viele Rekonstruktionen geworden", kritisiert Mäckler heute. Er beklagt zugleich, dass das Interesse der Kommunalpolitik an der konkreten Gestaltung nach 2011 stark zurückgegangen sei. Einzig die Grünen und namentlich Ulrich Baier, den Vorsitzenden des Sonderausschusses Dom-Römer, lobt der Architekt: „Er hat sich stark eingebracht und viele Dinge vorangetrieben."

Der Arbeit des Gestaltungsbeirates sei es zu verdanken, so Mäckler, dass die Erdgeschosse der Altstadthäuser öffentlich genutzt seien und der öffentliche Raum Qualität besitze.

Epilog: Die Rekonstruktion eines Traumes

Wo die Bombenangriffe des Jahres 1944 einst eine Brachlandschaft entstehen ließen, ist heute die neue Altstadt gewachsen. Sie ist die Rekonstruktion eines Traumes, einer Wunschvorstellung. Denn so sauber, so clean, wie sich das Quartier nun präsentiert, war die historische Altstadt nie. Sie galt in Wahrheit stets als der schmuddelige Kern, den man nicht gerne betrat: enge Gassen, lichtlose Wohnungen, prekäre hygienische Verhältnisse. In zahlreichen historischen Texten lässt sich das nachlesen, von Goethe bis Victor Hugo. Die Fachleute, die an diesem Projekt beteiligt sind, wissen das natürlich. Und doch würdigt etwa Jochem Jourdan, der mit der Goldenen Waage das prachtvollste Haus rekonstruierte, die Altstadt als „große Leistung städtebaulicher Denkmalpflege".

Und immer wieder sprechen die Befürworter des Quartiers, wie etwa die frühere Oberbürgermeisterin Petra Roth oder der ehemalige Planungsdezernent Edwin Schwarz, von der „Heimat", die das neue Viertel biete. 14.13 Wie heimatlos, wie entwurzelt müssen die Menschen sein, dass sie dieser Kulisse bedürfen. Der Grüne Ulrich Baier nennt die Altstadt gar „eine notwendige und heilsame Provokation." Es gehe um „ideelle Werte, die sich nicht in Kosten messen lassen." Der Architekt Jürgen Engel, dessen moderner Entwurf verdrängt wurde, weiß: „Viele Menschen haben heute eine romantische Idee von der Vergangenheit, die an der Wirklichkeit vorbeigeht." Die neue Altstadt von Frankfurt am Main wirft die spannende Frage auf, was unsere Gesellschaft der Architektur der Moderne noch zutraut.

14.13 Grundsteinlegung für das Dom-Römer-Projekt mit Petra Roth, Edwin Schwarz und Michael Guntersdorf (v.l.n.r.), Foto: 23.1.2012

DER STÄDTEBAULICHE IDEENWETTBEWERB TECHNISCHES RATHAUS, 2005

Philipp Sturm

15.1 KSP Engel und Zimmermann, Wettbewerbsentwurf (1. Preis), Modell, 2005

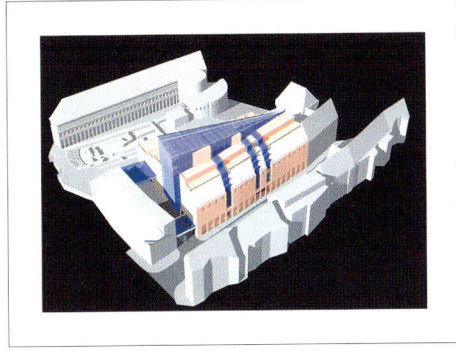

15.2  **15.3**

Nachdem die Pläne für einen keilförmigen Hotelneubau nach einem Entwurf von Richard Martinet (2000)[1] **15.2** und später für einen Umbau des Technischen Rathauses in Wohntürme durch Stefan Forster (2004)[2] **15.3** politisch keine Mehrheiten gefunden hatten, bereitete die Stadtregierung eine umfassende Neubebauung des Areals vor. Die Deutsche Immobilien Leasing (DIL), die das Technische Rathaus 1994 von der Stadt erworben hatte, stand mit der Stadtverwaltung in Verhandlung über eine Verlängerung des Leasingvertrags oder einen möglichen Rückkauf.[3] Im Dezember 2004 beauftragte die Stadtverordnetenversammlung den Magistrat der Stadt, einen beschränkten städtebaulichen Ideenwettbewerb für die Bebauung des Areals zwischen Dom und Römer durchzuführen.

Die Bauaufgabe

Das Ziel des Wettbewerbs war es, ein Raumprogramm mit 20.000 Quadratmeter Brutto-Grundfläche (BGF) für Wohnen, Einzelhandel, Büros, Gastronomie, ein Hotel sowie Platz für die Stadtbücherei zu entwickeln. Eine eventuelle Überbauung des Archäologischen Gartens wurde mit zusätzlichen 7.000 Quadratmeter BGF veranschlagt. In der Auslobung des Stadtplanungsamtes wurde festgehalten, dass der Erhalt des Technischen Rathauses von weiten Teilen der Bevölkerung nicht gewünscht sei.[4] Außerdem sollte mit der Gesamtmaßnahme der Markt – als Krönungsweg bekannt – wieder auf sein ursprüngliches Niveau und damit einige Meter tiefer gelegt werden.

Das Preisgericht und seine Entscheidung

Zu dem europaweit ausgeschriebenen Wettbewerb wurden von 61 Bewerbern 20 Büros zur Teilnahme ausgewählt. Das Preisgericht, zu dessen Vorsitzendem Arno Lederer aus Stuttgart bestimmt wurde, tagte am 15. September 2005 im Technischen Rathaus.[5] Von besonderem Interesse für die Jury waren die Maßstäblichkeit der Bebauung, der Krönungsweg und die Sichtbeziehung zum Dom sowie die Überbauung des Archäologischen Gartens. Aus sechs in die engere Wahl genommenen Arbeiten ging der Entwurf von KSP Engel und Zimmermann einstimmig als Sieger hervor.[6] **15.1 / 15.23**

Der Entwurf besteht aus einer schmalen Überbauung des Archäologischen Gartens für kulturelle Nutzungen, einem dreieckigen Bürogebäude mit spitzem Winkel zum Römerberg, einem dreiteiligen Wohnkomplex zur Braubachstraße sowie einem großen Hotelbau im Osten parallel zum ehemaligen Hauptzollamt. Entgegen der historischen Situation verlegte Jürgen Engel den Krönungsweg nach Süden und ließ ihn direkt auf den Turm des Domes und nicht auf dessen Eingang zulaufen.[7] Die Jury lobte in ihrer Beurteilung die wirtschaftlichen Grundrisse des Konzeptes und Edwin Schwarz (CDU) berichtete, dass auch die DIL als Investor den ersten Preisträger favorisiere.[8] Das Preisgericht bemängelte an Engels Entwurf die ahistorischen Flachdächer, die spitzwinklige Gebäudeausbildung zum Römerberg sowie die Lage des Krönungsweges und empfahl eine Überarbeitung.

Der zweitplatzierte Entwurf stammte aus dem Büro Jourdan und Müller und greift in vereinfachter Form den historischen Stadtgrundriss mit Krönungsweg und Hühnermarkt auf, außerdem wirkt die Dachlandschaft dank zahlreicher Giebel differenzierter. **15.4** Ähnlich stark an der historischen Situation orientierten sich auch die nicht prämierten Entwürfe von Christoph Mäckler und Zvonko Turkali. **15.6 / 15.7** Besonderen Charme besitzt der Entwurf von Kramm und Strigl, der den dritten Preis erhielt, und sich ebenfalls

---

15.2 Richard Martinet, Hotelprojekt am Markt, Visualisierung, 2000

15.3 Stefan Forster, Revitalisierung des Technischen Rathauses zu Wohntürmen, Visualisierung, 2004

15.4	15.5
15.6	15.7

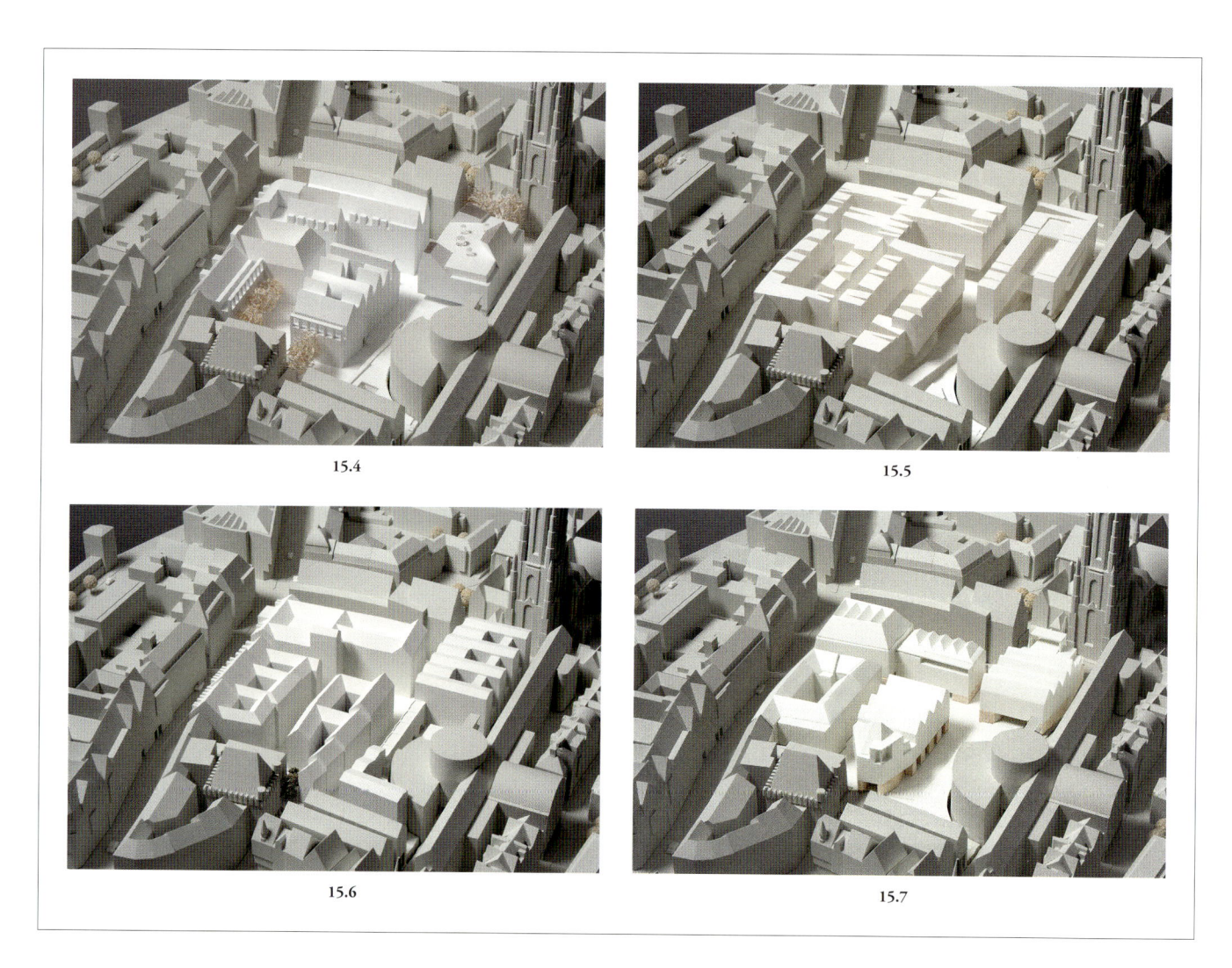

am ehemaligen Stadtgrundriss orientiert, gleichzeitig aber mit einer progressiven Dachlandschaft aus eingeschnittenen Giebeln aufwartet. Der Jury erschienen diese Dächer allerdings „artifiziell und bemüht".[9] **15.5**

Kritik

Dieter Bartetzko, Architekturkritiker der *Frankfurter Allgemeinen Zeitung*, übt deutliche Kritik am ersten Preisträger. Er beanstandet die Flachdächer und die vorgeschlagenen Materialen Travertin, Granit und Sichtbeton.

Bartetzko schreibt, der „Vorschlag besteht zwar glänzend vor den Augen jedes Anhängers der aktuellen sogenannten Zweiten Moderne. Doch er geht, gelinde gesagt, lax mit der Besonderheit der Aufgabe und des Ortes um [...]."[10] Eine gegenteilige Position vertritt Ursula Kleefisch-Jobst in der *Bauwelt*. Sie schätzt sowohl die Verteilung der Baumassen als auch die unterscheidbaren Strukturen der einzelnen Areale. Allgemein kritisiert sie jedoch die starke Fokussierung auf Frankfurter Büros und die dem Wettbewerb zugrunde liegende „Flucht in die Vergangenheit", denn beides verhindere ein breiteres Spektrum an Möglichkeiten.[11]

15.4–15.7 Städtebaulicher Ideenwettbewerb Technisches Rathaus, 2005:
Entwürfe von **15.4** Jourdan und Müller (2. Preis), **15.5** Kramm und Strigl (3. Preis), **15.6** Mäckler Architekten, **15.7** Zvonko Turkali.

15.8	15.9	15.10
15.11	15.12	15.13
15.14	15.15	15.16
15.17	15.18	15.19
15.20	15.21	15.22

15.8–15.22 Städtebaulicher Ideenwettbewerb Technisches Rathaus, 2005: Entwürfe von **15.8** Schneider und Schumacher, **15.9** Marzluf Maschita Zürcher, **15.10** Schultze und Schulze, **15.11** Albert Speer und Partner, **15.12** Hans Struhk, **15.13** Dierks Blume Nasedy, **15.14** Stefan Forster, **15.15** Kalmbacher und Ludwig, **15.16** Atelier 30, **15.17** Jo. Franzke, Magnus Kaminiarz, **15.18** Karl Dudler, Max Dudler, **15.19** Michael Frielinghaus, **15.20** Kissler und Effgen Architekten mit Harald Neu, **15.21** Gruber und Kleine-Kraneburg, **15.22** Ferdinand Heide.

Zweiter Versuch mit Giebeln

Nur zwei Monate nach der Jury-Entscheidung präsentierte Jürgen Engel bereits einen überarbeiteten Entwurf. Dieser wies nun eine Dachlandschaft mit Giebeln und einen nach Norden verschobenen Krönungsweg auf. **15.24 / 15.25** Für die vier Rekonstruktionen, die in der zwischenzeitlich ausgelösten Altstadtdebatte gefordert wurden, schlug Engel einen gruppierten Wiederaufbau im Baufeld zwischen Krönungsweg und der Gasse Hinter dem Lämmchen vor.[12] Dieser sonderbare Umgang mit Rekonstruktion musste nicht mehr lange diskutiert werden, da der aufziehende Kommunalwahlkampf insgesamt eine andere städtebauliche Richtung für das Areal vorgegeben hatte.

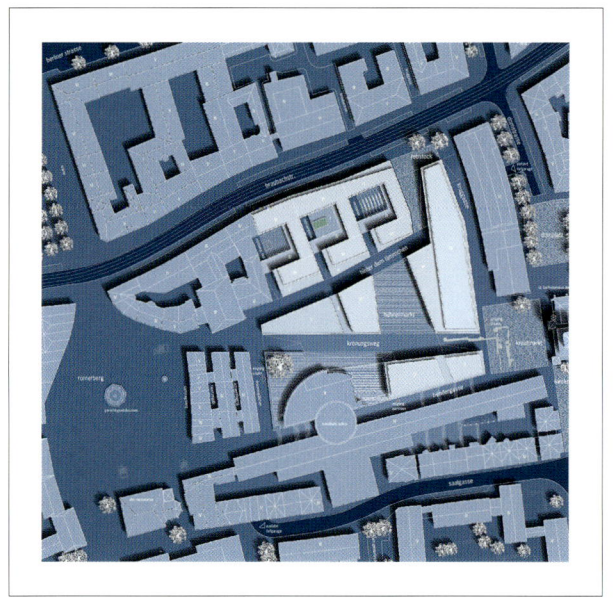

15.23

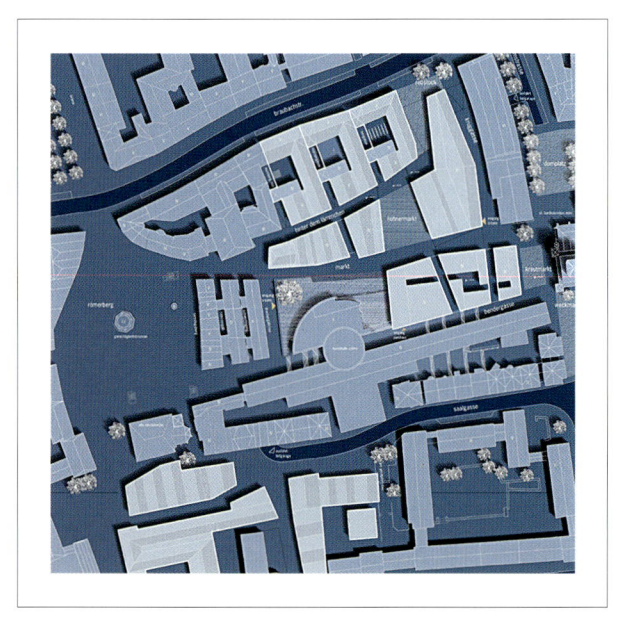

15.24

15.25

15.23 KSP Engel und Zimmermann, Wettbewerbsentwurf (1. Preis), Lageplan, September 2005

15.24 KSP Engel und Zimmermann, überarbeiteter Wettbewerbsentwurf, Lageplan, November 2005

15.25 KSP Engel und Zimmermann, überarbeiteter Wettbewerbsentwurf, Hühnermarkt, Visualisierung, November 2005

[1] Bartetzko, Dieter, „Wir wären gern gut anstatt so roh", *Frankfurter Allgemeine Zeitung*, 19.12.2000.

[2] Alexander, Matthias, „Umbau statt Abriß", *Frankfurter Allgemeine Zeitung*, 9.11.2004.

[3] Alexander, Matthias, „Spannungsvolle Folge von Gassen und Plätzen", *Frankfurter Allgemeine Zeitung*, 17.9.2005.

[4] Stadt Frankfurt am Main, Dezernat Planung und Sicherheit, Stadtplanungsamt Frankfurt am Main (Hg.), *Städtebauliche und architektonische Neuordnung zwischen Dom und Römer. Beiträge zum Expertenhearing des Stadtplanungsamtes Frankfurt am Main vom 18.11.2005*, Frankfurt am Main 2006, S. S. 49f.

[5] Weitere Preisrichter waren Johann Eisele (Darmstadt), Dörte Gatermann (Köln), Ulrike Lauber (München), Ernst Ulrich Scheffler (Frankfurt am Main), Edwin Schwarz (Planungsdezernent, Frankfurt am Main), Dieter von Lüpke (Stadtplanungsamt, Frankfurt am Main) sowie die Stadtverordneten Ulrich Baier (Grüne), Jürgen Hupe (SPD), Volker Stein (FDP) und Klaus Vowinckel (CDU). Beim ersten wertenden Juryrundgang war auch die Oberbürgermeisterin Petra Roth zu Gast. Vgl.: Stadt Frankfurt am Main, Dezernat Planung und Sicherheit, Stadtplanungsamt 2006, S. 51.

[6] Das Büro KSP Engel und Zimmermann Architekten firmiert heute unter KSP Jürgen Engel Architekten. Neben den drei Preisträgern wurden die Arbeiten von Dierks Blume Nasedy Architekten, Atelier 30 und Struhk Architekten angekauft. Vgl.: Stadt Frankfurt am Main, Dezernat Planung und Sicherheit, Stadtplanungsamt 2006, S. 61.

[7] Ebenda, S. 57f.

[8] Alexander, Matthias, „Spannungsvolle Folge von Gassen und Plätzen", *Frankfurter Allgemeine Zeitung*, 17.9.2005.

[9] Stadt Frankfurt am Main, Dezernat Planung und Sicherheit, Stadtplanungsamt 2006, S. 56.

[10] Bartetzko, Dieter, „Die Oberbürgermeisterin möchte, daß alles in den Main kippt", *Frankfurter Allgemeine Zeitung*, 15.11.2005.

[11] Kleefisch-Jobst, Ursula, „Technisches Rathaus: Neues Altstadtquartier am Römerberg", in: *Bauwelt*, 2005, H. 39, S. 10.

[12] Alexander, Matthias, „Fachwerkhäuser an neuem Ort", *Frankfurter Allgemeine Zeitung*, 19.11.2005.

DIE WETTBEWERBE
STADTHAUS AM MARKT, 2009
UND DOM-RÖMER-AREAL, 2011

Moritz Röger

16.1

16.1 Preisgericht für die Neubauten des Dom-Römer-Areals in der Commerzbank-Arena mit Edwin Schwarz, Petra Roth, Michael Guntersdorf und Christoph Mäckler (v.l.n.r.), Foto: März 2011

16.2

Im September 2007 beschloss die Stadtverordnetenversammlung einen neuen städtebaulichen Rahmenplan, welcher vorab, unter Berücksichtigung der Ergebnisse einer Planungswerkstatt im Jahr zuvor, im Stadtplanungsamt erarbeitet wurde. **16.2** Neben Gestaltungsleitlinien, in denen weitere architektonische Details festgelegt wurden, sah der Beschluss auch die Gründung einer städtischen Gesellschaft zur Organisation und Durchführung des Projektes sowie für das Quartiersmanagement vor.[1] Teil dieses Planes war eine „möglichst originalgetreu[e]" Rekonstruktion der Altstadthäuser Goldene Waage, Rotes Haus sowie der nördlichen Häuserzeile der Gasse Hinter dem Lämmchen.[2] Auf die Entscheidung hin gründete sich im Mai 2009 die DomRömer GmbH, deren erster Geschäftsführer Werner Pfaff wurde. Im gleichen Jahr konstituierte sich der Gestaltungbeirat, dem neben den stimmberechtigten Mitgliedern Christoph Mäckler, Arno Lederer und Fritz Neumeyer auch Petra Kahlfeldt und Björn Wissenbach angehören. **16.10** Über die DomRömer GmbH lobte die Stadt zwei Wettbewerbe zur Bebauung des Areals aus.

Der Wettbewerb zum Stadthaus, 2009

Von den 105 Büros, die sich auf die Teilnahme an dem nicht offenen Wettbewerb zur Überbauung des Archäologischen Gartens mit einem Stadthaus bewarben, waren 26 erfolgreich – weitere vier Büros waren bereits zuvor gesetzt. Kritik kam von Seiten des Bundes Deutscher Architekten (BDA), der das fehlende Raum- und Nutzungsprogramm des zukünftigen Stadthauses bemängelte,[3] ein Problem, das bis heute unzureichend geklärt ist. Trotz dieser Kritik fand der Wettbewerb wie geplant statt und bei der Sitzung des Preisgerichts am 17. Dezember 2009 wurde, unter dem Vorsitz von Franz Pesch aus Stuttgart,[4] das Büro Bernhard Winking Architekten mit Martin Froh zum Sieger gekürt. Weitere Preisträger waren Kleihues und Kleihues (2. Platz), Braun und Schlockermann (3. Platz) und Meurer Architekten mit Christian Bauer (4. Platz). **16.3–16.6** Grundsätzlich entschieden die Preisrichter sich für Entwürfe, die zwischen der zukünftigen Altstadtbebauung und dem großen Bauvolumen der Schirn vermitteln. Einige Büros ließen sich

16.2 Stadtplanungsamt, Rahmenplan für die Bebauung des Dom-Römer-Areals, Mai 2007

16.3–16.8 Wettbewerb Stadthaus am Markt, 2009:

Entwürfe von **16.3** Bernhard Winking Architekten mit Martin Froh (1. Preis), **16.4** Kleihues und Kleihues (2. Preis), **16.5** Braun und Schlockermann (3. Preis), **16.6** Meurer Architekten mit Christian Bauer (4. Preis), **16.7** Meixner Schlüter Wendt Architekten, **16.8** Wandel Hoefer Lorch Architekten.

16.9

von der Dachlandschaft der zerstörten Altstadt inspirieren, beispielsweise die Büros Meixner Schlüter Wendt und Wandel Hoefer Lorch. **16.7 / 16.8** Nach Überarbeitung der vier prämierten Entwürfe wurde im September 2010 entschieden, den Vorschlag von Meurer Architekten umzusetzen.[5] **16.9**

Der Wettbewerb für die Neubauten des Dom-Römer-Areals, 2011

Über eine wesentlich größere Baumasse wurde bei dem Wettbewerb für die Neubauten der neuen Altstadt verhandelt. Nach erfolgreicher Bewerbung wurden 38 Büros zum Wettbewerb zugelassen, 18 weitere waren bereits gesetzt, sodass 56 Büros ihre Vorschläge abgeben konnten. Für den Wettbewerb hatte die DomRömer GmbH als Auslober ein spezielles Vorgehen geplant, das bis zu diesem Zeitpunkt noch ohne Vorbild war. So gab der städtebauliche Rahmenplan den Stadtgrundriss vor, wie er vor der Zerstörung im Zweiten Weltkrieg existierte. Daraus ergaben sich 35 zu bebauende Parzellen; auf acht von diesen waren bereits „schöpferische Nachbauten" beschlossen, die durch städtische Förderung finanziell gesichert waren. Auf weiteren neun Parzellen stellte die Stadt derlei Nachbauten in Aussicht, sollten Käufer die entstehenden Mehrkosten übernehmen. Unabhängig davon wurden die 27 noch freien Parzellen für den Wettbewerb auf sieben Lose aufgeteilt, welche drei bis vier nicht nebeneinander liegende

16.10

16.9 Thomas Meurer, Stadthaus mit Schirn, überarbeiteter Entwurf, Skizze, 2010

16.10 Gestaltungsbeirat am Wurststand von Ilse Schreiber in der Kleinmarkthalle mit Christoph Mäckler, Petra Kahlfeldt, Fritz Neumeyer, Björn Wissenbach, Patrik Brummermann und Dieter Bartetzko (v.l.n.r.), Foto: 2011

PARZELLE 52 - MARKT 40
BLOCK 1

16.11

PARZELLE 53 - BRAUBACHSTRASSE 29
BLOCK 2

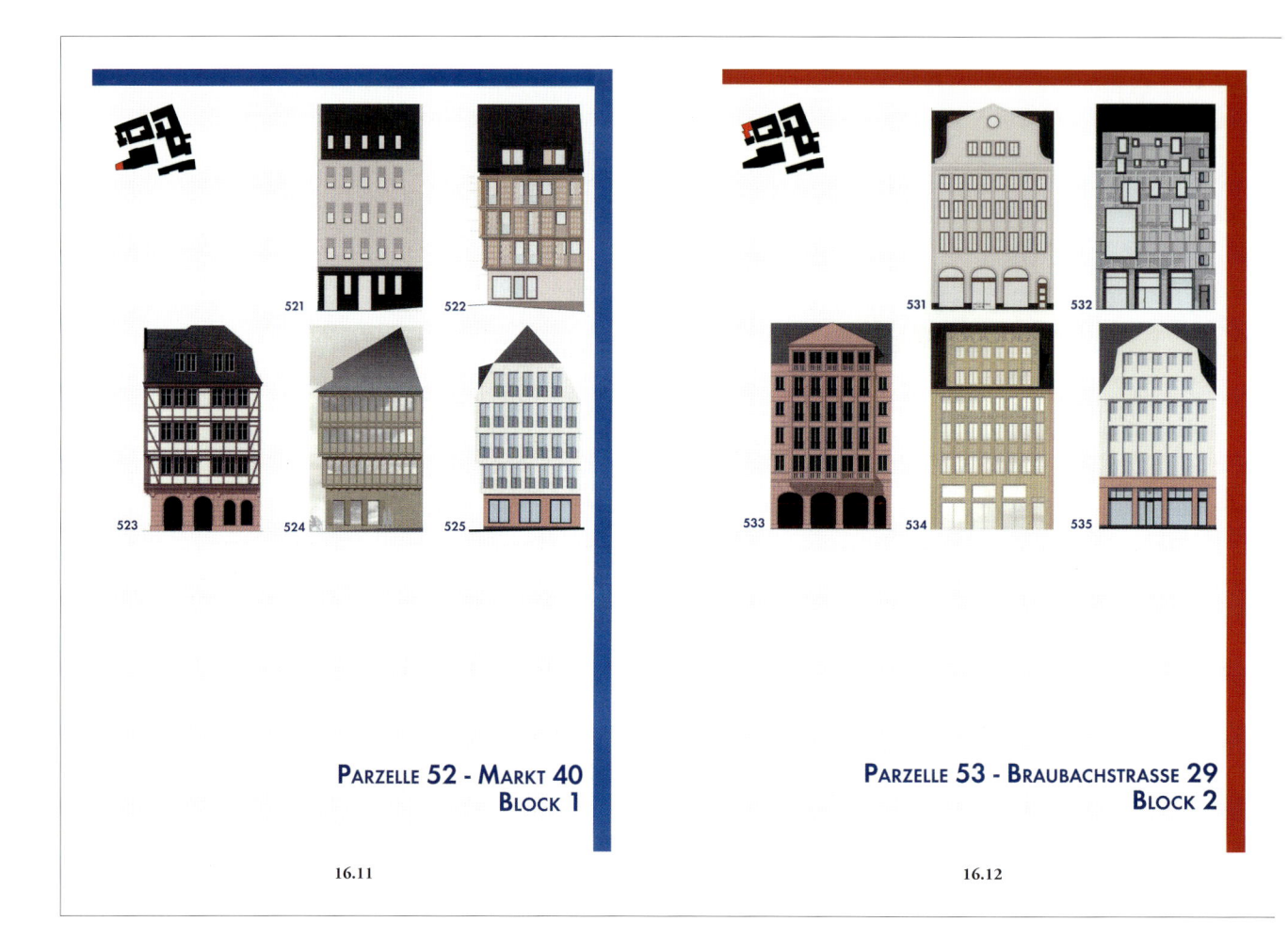

16.12

Parzellen umfassten. Jeweils fünf bis acht Architekturbüros wurden je einem dieser Lose zugeteilt, um die Entwurfsarbeit überschaubar zu halten. 16.11–16.14 Um die einzelnen zu entwickelnden Neubauten zu einem Ganzen fügen zu können, kam eine rigide Gestaltungssatzung zum Tragen, die 2009 vom Gestaltungsbeirat verfasst und von den Stadtverordneten beschlossen wurde. Sie sah neben steilen und mit Schiefer eingedeckten Satteldächern auch eine strenge Fassadengliederung vor – Sockel aus Basaltlava, Erdgeschoss aus rotem Sandstein, stehende Fenster und keine straßenseitigen Balkone. Außerdem war die Verwendung vorhandener Spolien ausdrücklich erwünscht.
Als am 21. und 22. März 2011 das Preisgericht unter Vorsitz von Christoph Mäckler in der Commerzbank-Arena zusammen kam und über die Entwürfe debattierte, stand der Gesamteindruck des Areals im Fokus und somit die Wirkung der einzelnen Gebäude in ihrem nachbarschaftlichen Kontext.[6] 16.1 Für die Parzellen Markt 40, prominent zum Römerberg gelegen, und Markt 7 brachte der Wettbewerb nach Ansicht der Jury keine befriedigende Lösung. Einen nachgeschobenen Wettbewerb konnten Jordi und Keller (Markt 40) und Helmut Riemann (Markt 7) für sich entscheiden. Trotz prämierter Neubau-Entwürfe entschieden sich die Käufer von sieben Parzellen gegen diese und stattdessen für schöpferische Nachbauten, so etwa bei den Häusern Zur Flechte (Markt 20) und Grüne Linde (Markt 13).

16.11 Wettbewerb Dom-Römer-Areal, 2011, Fassadenentwürfe für Parzelle 52 – Markt 40, Los 5:
521 – Meurer Architekten, 522 – Jan Schulz ARGE, 523 – Hans Kollhoff, 524 – KneRer und Lang Architekten und 525 – Stephan Höhne.

16.12 Wettbewerb Dom-Römer-Areal, 2011, Fassadenentwürfe für Parzelle 53 – Braubachstraße 29 (heute: Braubachstraße 31), Los 5:
531 – Meurer Architekten (2. Preis), 532 – Jan Schulz ARGE, 533 – Hans Kollhoff, 534 – Kneer und Lang Architekten (1. Preis) und 535 – Stephan Höhne.

16.13

16.14

[1] Vortrag des Magistrats an die Stadtverordnetenversammlung M112, 20.6.2007.
[2] Die Forderung an dieser Stelle nach möglichst originalgetreuer Rekonstruktion überrascht, stellt doch die von DW Dreysse erarbeitete *Dokumentation Altstadt 2006* fest, dass der Dokumentationsstand für das Areal nur eine „annähernde Rekonstruktion" einiger Bauten zulasse. Vgl.: Dreysse, DW, Volkmar Hepp, Björn Wissenbach und Peter Bierling, *Dokumentation Altstadt*, Frankfurt am Main 2006, S. 7.
[3] Alexander, Matthias, „BDA fordert neue Ausschreibung für Stadthaus", *Frankfurter Allgemeine Zeitung* 20.7.2009 und Stellungnahme des BDA, „Der Murks am Markt ist programmiert", 16.7.2009, http://bda-hessen.de/2009/07/der-murks-am-markt-ist-programmiert/ (30.5.2018)
[4] Weitere Preisrichter waren der Architekt der Schirn Dietrich Bangert (Berlin), Michael Guntersdorf (DomRömer GmbH), Vittorio Lampugnani (Zürich), Dieter von Lüpke (Stadtplanungsamt, Frankfurt am Main), Florian Nagler (München), Edwin Schwarz (Planungsdezernent, Frankfurt am Main), Felix Waechter (Darmstadt), Gerd Weiß (Landeskonservator, Wiesbaden) sowie die Stadtverordneten Heike Hambrock (Grüne), Elke Sautner (SPD) und Klaus Vowinckel (CDU).

[5] Vgl. in diesem Band Mirjam Schmidt, S. 216–217.
[6] Weitere Preisrichter waren Elisabeth Boesch (Zürich), Dietrich Fink (München), Regina Fehler (Hauptamt, Frankfurt am Main), Michael Guntersdorf (DomRömer GmbH), Hans Klumpp (Stuttgart), Arno Lederer (Stuttgart), Dieter von Lüpke (Stadtplanungsamt, Frankfurt am Main), Silvia Malcovati (Milano), Fritz Neumeyer (Berlin), Edwin Schwarz (Planungsdezernent, Frankfurt am Main) sowie die Stadtverordneten und Aufsichtsratsmitglieder der DomRömer GmbH Ulrich Baier (Grüne), Jochem Heumann (CDU), Brigitte Reifschneider-Groß (FDP) und Elke Sautner (SPD).

16.13 Wettbewerb Dom-Römer-Areal, 2011, Fassadenentwürfe für Parzelle 33 – Markt 14, Los 3:
331 – Johannes Götz und Guido Lohmann (1. Preis), 332 – Hild und K Architekten, 333 – Peter W. Schmidt, 334 – Jessen Vollenweider Architektur (2. Preis), 335 – Architekten Stein Hemmes Wirtz, 336 – Schneider und Schumacher, 337 – Eingartner Khorrami Architekten (1. Preis) und 338 – Jóse Rafael Moneo Vallés.

16.14 Wettbewerb Dom-Römer-Areal, 2011, Fassadenentwürfe für Parzelle 23 – Markt 8, Los 2:
231 – Jourdan und Müller PAS, 232 – Helmut Riemann Architekten (2. Preis), 233 – Tillmann Wagner, 234 – Nöfer Architekten, 235 – KK Gesellschaft von Architekten, Christoph Kohl, 236 – Jordi und Keller Architekten (1. Preis), 237 – Büro CO A., Jakob Koenig und 238 – Walter A. Noebel.

DIE IMMER NEUE ALTSTADT
PETER CACHOLA SCHMAL UND PHILIPP STURM
IM GESPRÄCH MIT PETRA ROTH

Deutsches Architekturmuseum, 26. Januar 2018

17.1

Philipp Sturm: Zu Beginn der 2000er Jahre forcierten Sie mit Ihrem Planungsdezernenten Edwin Schwarz den Abriss des Technischen Rathauses und eine Neubebauung an diesem Ort. Dazu wurde 2005 ein Ideenwettbewerb veranstaltet, den KSP Engel und Zimmermann mit einem typischen, zeitgenössischen Entwurf gewonnen hatte. Wie standen Sie zu dem Ergebnis dieses Wettbewerbes?

Petra Roth: Dieser Entwurf hat mir nicht zugesagt, weil er schwerpunktmäßig mit flachen Dächern entwickelt wurde. Auch wenn es lediglich ein Ideenentwurf war, um die Baumassen darzustellen, machte sich meine Kritik darin fest. Denn wenn erst einmal Bilder in der Öffentlichkeit sind, sind sie sehr schnell in den Köpfen. Daraufhin wurde der Entwurf zurückgegeben, um ihn bezüglich der Verteilung der Baumassen und der Dachformen zu überarbeiten. Ähnlich der historischen Bebauung sollten dies Giebeldächer werden.

Sturm: Im September 2005 standen trotzdem alle relevanten politischen Kräfte – CDU, SPD, Grüne, FDP –

17.1 / 17.2 / 17.3 Petra Roth, Peter Cachola Schmal und Philipp Sturm, Fotos: 26.1.2018

hinter dem Planungsdezernenten und der Juryentscheidung. Wenige Tage zuvor stellte Wolfgang Hübner von der rechtspopulistischen Wahlgruppierung Bürgerbündnis für Frankfurt (BFF) im Stadtparlament einen Antrag für kleinteilige Bebauung. Die Rekonstruktion der Altstadt war das Ziel. Wie positionierten Sie sich als Oberbürgermeisterin und Chefin des Römerbündnisses in dieser Situation?

Roth: Allgemein kann ich sagen: Die Altstadt, wie wir sie heute sehen, hat von den Ideen aller Fraktionen im Römer profitiert. Es ist richtig, dass von einer Gruppe um Herrn Hübner eine kleinteilige Bebauung gefordert wurde. Andere verfolgten moderne Quaderformen. Daraus ist dann der Kompromiss entstanden, über die Wiederentstehung der Altstadt zu diskutieren.

Die Frage war, welchen Zeitpunkt wir wiederherstellen möchten. Die Altstadt, wie sie 1944 untergegangen ist, hat es nicht 1910 und nicht 1815 gegeben und vor allem hat es sie nicht 1648 nach dem Dreißigjährigen Krieg gegeben. Die Altstadt, die uns vor Augen schwebte, steht auf dem Grundriss von ungefähr 1720. Die neue Altstadt ist dabei das Ergebnis eines bürgerschaftlichen Engagements aller Frankfurter. Sie haben sich hier das Herzstück der Stadt zurückgegeben.

Sturm: In Ihrer Partei begannen der Bauingenieurstudent Dominik Mangelmann und die Junge Union für eine möglichst umfassende Rekonstruktion zu werben. Dies passierte im Kommunalwahlkampf 2005/06, sodass die Parteien unter Druck gerieten und das Projekt Neue Altstadt entstehen konnte.

Roth: Ich würde nicht sagen, unter Druck geraten! Da die Altstadt zu einem Bürgerthema wurde, entstanden viele Initiativen und Vorstellungen. Herr Mangelmann hatte präzise, auch bildlich dargestellte Vorstellungen, was man machen könnte. Die Formen und Nutzungen der einzelnen Bauten sind ja immer im Bürgersinn entschieden worden. Einen Bürgerentscheid gab es nicht, aber wir haben immer die Meinung der Bürger ernst genommen, unsere Anträge verändert, angepasst und parlamentarisch zum Erfolg geführt.

Sturm: Heute gibt es fast nur noch Fans der Altstadt. Oberbürgermeister Peter Feldmann – vor seiner Amtszeit eher ein Gegner des Projektes – hat seine Haltung geändert und wirbt sehr für das Dom-Römer-Projekt. Auch Sie waren zu Beginn für nur vier Rekonstruktionen und heute sind Sie eine begeisterte Freundin der Altstadt. Wie erklären Sie sich diesen Bewusstseinswandel?

Roth: Ich war für vier Rekonstruktionen, weil im Dezember 2005 noch nicht so viele Fotos, Spolien und derlei gefunden worden waren, um mehr Gebäude wiederaufzubauen. Es ist dann so eine Art Pioniergeist in Frankfurt wach geworden. Auf einmal wurden überall Spolien gefunden, die von Experten geprüft wurden. Es gab wundervolle Geschichten von Familien, die Spolien in ihrem Garten verbaut hatten, die sie nach dem Krieg mitgenommen hatten. Es bestand dann die Möglichkeit, auch mehrere Häuser zu rekonstruieren. Es kam darauf an, wieviele Spolien vorhanden waren.

Es ist ein Philosophiestreit unter den Architekten entbrannt, was eine Rekonstruktion ist und was ein Neubau. Gespräche zwischen Verwaltung, Architektenschaft, Politikern und Bürgern ergaben, wir könnten vier Rekonstruktionen ermöglichen. Dann hab ich gesagt, dann können wir auch sechs oder mehr. Heute haben wir fünfzehn Rekonstruktionen und zwanzig Neubauten. Ich bin der Überzeugung, dass es gelungen ist, mit dieser großen Anzahl von Spolien den Eindruck wieder entstehen zulassen, wie die Häuser damals aussahen. Es ist verblüffend, wie hoch die Häuser sind. Sie sind höher als die Hochhausrichtlinien, teilweise über 22 Meter hoch. Das zeigt den Wohlstand, der damals in der Kaufmannsstadt Frankfurt herrschte. Eine Stadt aus Steinhäusern, nicht wie im Hessenpark aus Fachwerkhäusern. Da war und ist natürlich Fachwerk drunter. Aber es wurde verputzt, um zu zeigen, dass man ein Steinhaus hat.

Das macht auch deutlich, welche Handwerkskunst vor 300 Jahren in Deutschland herrschte. Beim Neubau der Altstadthäuser wurden bis zu 400 Jahre alte Baumstämme verwendet und historische Herstellungsabläufe für die Fachwerkfüllung aus Gräsern und Lehm fortentwickelt. Wie in der Historie kamen auch heute unterschiedliche Sandsteine zum Einsatz, der Aschaffenburger Sandstein ist ein anderer als der aus Mainz. Und das ist wiedergewonnene Geschichte!

Peter Cachola Schmal: Sie haben im Dezember 2009 Michael Guntersdorf als Chef der DomRömer GmbH eingesetzt. Wie kamen Sie auf ihn?

Roth: Der damalige Geschäftsführer Werner Pfaff stand ab Oktober 2009 nicht mehr zur Verfügung. Das war eine kleine Krise, denn eine Vielzahl weiterer Geschäftsverbindungen war bereits in Planung. Herr Guntersdorf war zu der Zeit bei der OFB Projektentwicklung, einer Tochter der Helaba (Landesbank Hessen-Thüringen). Er hatte immer ein großes Interesse an Restrukturierung und bot sich an. Ich habe ihn für glaubwürdig und qualifiziert gehalten und habe gesagt, mach das! Er hat es wunderbar hingekriegt!

Bedenken Sie, die neue Altstadt fußt auf nur einem Bebauungsplan und alles wird zusammen fertig. Dazu viele Firmen, die koordiniert werden müssen, und das mit exakten Zeitplänen. Das alles bedarf einer Person, die Management kann und führungsstark ist! Und jetzt ganz persönlich, ich habe in den letzten Jahren gemerkt, Herr Guntersdorf lebt diese Baustelle. Und das ist schön. Nichts ist erfolgreicher als Begeisterung und Überzeugung.

17.2

Schmal: Wie kam es, dass Christoph Mäckler der Chef des Gestaltungsbeirates wurde?
Roth: Die Idee, einen Gestaltungsbeirat einzurichten, kam von Herrn Mäckler. Die Frage, ob ein Käufer dort ein rotes Haus oder ein gelbes oder ein grünkariertes haben möchte, galt es zu beantworten. Können wir so etwas in der Stadtverordnetenversammlung beraten? Die beratenden Architekten haben gesagt, Kinder, das könnt ihr nicht machen, nur weil ihr das schön findet! Das hat etwas mit Ästhetik, mit Stadtentwicklung und mit Historie zu tun. Herr Mäckler schlug dann einen Gestaltungsbeirat vor. Und so wurde neben der DomRömer GmbH auch der Gestaltungsbeirat gegründet. Ich habe als Zuhörerin auch ab und an drin gesessen, weil mich die Diskussionen fasziniert haben.
Schmal: Dresdens Altstadt ist ohne Subventionen rekonstruiert worden. Die Planungspolitik hatte dort die Methode, die einzelnen Blöcke aus dem 18. Jahrhundert als Mini-Malls zu entwickeln und zu rekonstruieren. Hinter den Fassaden kann man über Rolltreppen auf die verschiedenen Einkaufsebenen fahren. Von Seiten der Stadt Frankfurt hieß es, wir werden das nicht so machen. Wir möchten nicht, dass die Stadt eine Mall wird. Wir müssen das finanziell anders hinkriegen.
Roth: Das ist genau richtig. Dresden war kein Vorbild für die Rekonstruktion der Frankfurter Altstadt. Der Magistrat und die Stadtverordnetenversammlung entschieden, die Bauherrenschaft zu übernehmen und den Grund und Boden im Herzen der Stadt in Erbpacht zu vergeben. Es ist ein städtisches Projekt. Die Frankfurter Bürger erhalten damit ihre historische Altstadt zurück.
Schmal: Und die DomRömer GmbH bleibt bestehen und soll das Viertel managen.

Roth: Ja, es geht auch darum. Die Käufer können nicht hierherkommen und kaufen, also in Erbpacht kaufen, und dann übermorgen wieder verkaufen. Einige sagten, das sei ja Sozialismus. Aber es ist etwas, das die Frankfurter ihrer Stadt schenken: Es gibt keine Spekulationsmöglichkeiten zwischen Dom und Römer. Das spricht für diese Stadtgesellschaft und den urbanen Gedanken einer freien Stadt. Die Bürger bauen sich ihre Stadt. Zukünftig wird nicht nur über Frankfurts beeindruckende Skyline berichtet; auch die historische Altstadt, entstanden im 21. Jahrhundert, wird mit ihrer innovativen Ingenieurleistung in der Fachliteratur einen bedeutenden Platz einnehmen.
Sturm: Wenn Sie heute durch die Altstadt laufen, wie empfinden Sie die Mischung aus Neubauten und Rekonstruktionen? Hätten Sie sich gewünscht, die eine oder andere mutigere zeitgenössische Architektur mit hinzuzunehmen?
Roth: Also ich habe die Entwürfe gesehen, die haben wir ja alle ausgewählt. Ich finde das, was wir heute an modernen Häusern haben, ist absolut gelungen. Ich finde auch die Häuser in der Braubachstraße mit ihren Fassaden hervorragend gelungen.
Sturm: Wie sollte sich das Altstadtareal in Ihren Augen weiterentwickeln? Sind weitere Rekonstruktionen wünschenswert – beispielsweise eine Bebauung südlich des Rathauses, die Rathaustürme, oder wie stehen Sie zum Wiederaufbau des historischen Schauspielhauses?
Roth: Ich persönlich engagiere mich für den Wiederaufbau des Rathausturms „Langer Franz". Die Türme sind eigentlich keine Reminiszenz an die Vergangenheit, sondern vielmehr eine Harmoniefrage der Architektur. Die Rathaustürme zu rekonstruieren, würde meinem Anspruch entsprechen, das Rathaus wieder harmonisch entstehen zu lassen.

Zum zweiten Punkt, dem Bereich südlich der Limpurgergasse und um das Haus Wertheym, neben dem nun dieser Glasbau steht: Sie können nicht die ganze Stadt wiederaufbauen. Die heutige Bebauung mit dem Historischen Museum und der Evangelischen Akademie ist eine gelungene Symbiose der Frankfurter Nachkriegsarchitektur. Am Weckmarkt und entlang der Fahrgasse, wo kleine Galerien entstanden sind, sollte die Architektur der 1950er Jahre Bestand haben.

Zum Schluss zum Schauspiel: Zu meiner Zeit, bis 2012, planten wir mit dem Kulturdezernenten Felix Semmelroth, die Gebäudesubstanz zu prüfen. Es war klar, dass saniert werden muss. Ob nun mit rund 900 Millionen Euro saniert werden muss oder ob es auch andere Pläne für die Sanierung geben kann, müssen weitere Gutachten feststellen. Für mich ist dieser Standort gesetzt. Der unterirdische Verkehrsknoten sichert den Standortfaktor Kultur für Frankfurt – die Kulturstadt!

Schmal: Es gibt ja eine Gruppe – der Verein Pro Altstadt –, die aufgrund des Erfolgs der Altstadt sagt: Wir haben die Altstadt geschafft, jetzt können wir mit dem Schauspiel das nächste große Ding angehen.

Roth: Ok, das verstehe ich. Das ist aber ein Projekt, das auch parlamentarisch beschlossen werden muss. Wir haben jetzt 2018. Bis das durchgesetzt wäre, wäre es 2025 und das gebaute Ergebnis käme vielleicht 2030? Wie dann der Nutzeffekt einer Rekonstruktion aussähe, muss man überlegen. Ich sehe das nicht.

Zusammenfassend: Altstadt gelungen! Ein Herzstück meiner Politik wird sichtbar. Es ist auch der Weg eines demokratischen Prozesses der städtischen Gremien. Und die in Rede stehenden zukünftigen Wiederaufbauten und Veränderungen der Stadt werden auch weiterhin eines demokratischen bürgerschaftlichen Dialoges auf der Grundlage von Fakten bedürfen.

17.3

WIE BAUT MAN EINE ALTSTADT IM 21. JAHRHUNDERT?

Till Schneider und Joachim Wendt

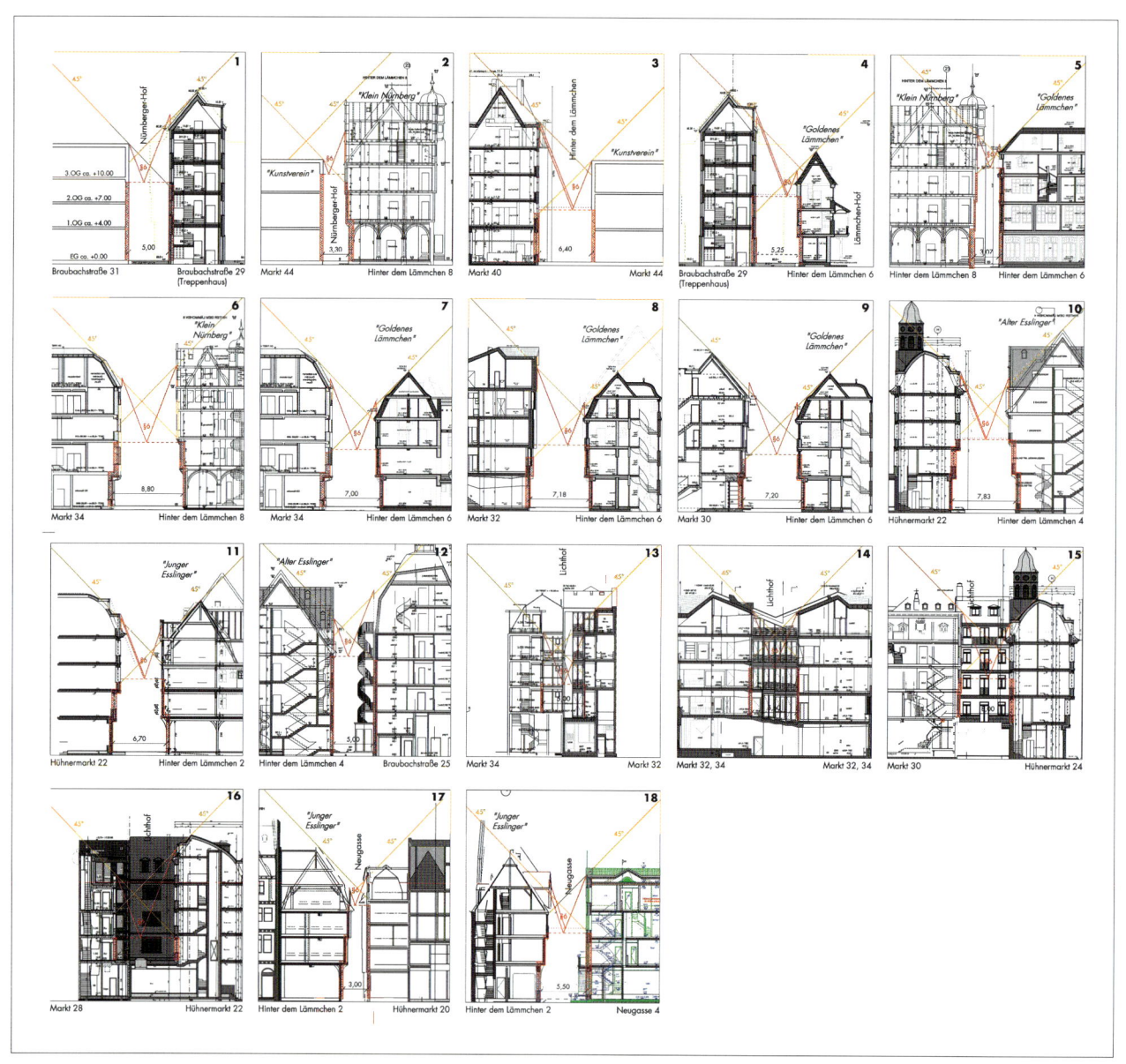

18.1 Schneider und Schumacher Architekten, Dom-Römer-Areal, Belichtungsstudien, 2013

„Hände weg vom Stadtgrundriss!" – so lautete in den 1980er Jahren die beschwörende Unterlassungsaufforderung von Max Bächer, der an der Technischen Universität Darmstadt den Lehrstuhl für Raumgestaltung innehatte. Bewusst hatte er dabei nicht das einzelne Gebäude, sondern den städtischen Raum unter Schutz gestellt, weil sich gerade in diesem das kollektive Gedächtnis wiederfinden kann. Die Brache, die auf die Altstadtzerstörung im Zweiten Weltkrieg folgte, konnte diesem Axiom von Bächer genauso wenig entsprechen wie das Technische Rathaus von 1974. Es hat gute 60 Jahre gedauert, dass die Erinnerung an diese städtische Keimzelle – zunächst planerisch – wieder Raum einnehmen konnte.

Die Akteure

Anzufangen ist bei der Stadtgesellschaft und ihren Repräsentanten, deren moralische und inhaltliche Rückendeckung eine wesentliche Voraussetzung für das Gelingen des Projektes war. Sie begleitete alle Fortschritte kritisch, aber zugleich wohlwollend. Die Mehrheit der Stadtverordnetenversammlung und der Magistrat der Stadt sowie besonders die ehemalige Oberbürgermeisterin Petra Roth standen für das Projekt und haben es im politischen Raum verankert. Dieser institutionelle Beistand war sehr wertvoll, da er das Vorhaben vor Grundsatzdiskussionen schützte und somit eine zielorientierte Projektarbeit ermöglichte.

18.2

2009 übernahm das Büro Schneider und Schumacher die Masterplanung für das Dom-Römer-Quartier und bereitete auf deren Basis anschließend den Architektenwettbewerb vor. Fünf Jahre lang war unser Büro in der Rolle des Projektarchitekten für die Gesamtplanung und Bauüberwachung tätig. Für die Umsetzung eines Projektes dieser Größenordnung bedurfte es verschiedener Komponenten, die in ihrem Zusammenspiel für das heutige Ergebnis sorgten.

Um eine Antwort auf die Frage zu geben, wie man eine neue Altstadt baut, werden zunächst die Projektbeteiligten vorgestellt und anschließend der Prozess dargestellt, den das Projekt durchlief.

Die DomRömer GmbH agierte als Bauherr. Dies war ein kluger Schachzug insofern, als mit der privatwirtschaftlich organisierten GmbH eine entscheidungsfreudige Struktur zur Verfügung stand. Das Ziel war, ein Projekt umzusetzen und es nicht nur zu verwalten, was bei kommunalen Projekten keineswegs selbstverständlich ist.

Als Berater in allen Fragen rund um die Planungen diente der Gestaltungsbeirat unter Vorsitz von Christoph Mäckler. Mit Hilfe des Beirates wurde ein hoher Qualitätsanspruch sichergestellt. Die Mitglieder diskutierten verschiedene Aspekte der Architektur, des Städtebaus, der Detaillierung sowie die zu verwendenden Farben und Materialien. **18.2**

18.2 Markus Schlegel (Hochschule Hildesheim), Farbkonzept der Bebauung am Hühnermarkt (vor dem ehemaligen Bundesrechnungshof), Foto: 2014

18.3 Schneider und Schumacher Architekten, Dom-Römer-Areal, Bauteilqualitäten, 2. Obergeschoss, 2013

18.4 Baustelle Dom-Römer-Areal, im Hintergrund das Haus am Dom, Foto: 2012

18.5 Baustelle Stadthaus und Goldene Waage, Foto: 2012

Die Architekten und Ingenieure sind als wichtige Projektbeteiligte zu nennen. Ihnen wurden nach einem Wettbewerb im Jahr 2011 die Objektplanungen der Häuser übertragen. Die Rekonstruktionen wurden direkt beauftragt. Hierbei stand die erforderliche besondere Fachkunde im Umgang mit historischen Konstruktionen und Baumaterialien im Vordergrund.

Die Handwerker waren als ausführende Kräfte des Dom-Römer-Projektes ein weiterer zentraler Bestandteil. Im Vergleich zu anderen aktuellen Bauvorhaben bei denen von „ausführenden Firmen" die Rede ist, beauftragte man in diesem Fall gezielt Handwerker. Die Ausführung erforderte, nicht zuletzt dadurch, dass die Gebäude kleiner sind als das meiste derzeit Gebaute, eine intensive Zusammenarbeit und hervorragende Fachkunde in Gewerken wie Holzbau, Steinmetzarbeit, Putz, Fensterbau und Dachdeckung.

Auch Bauaufsicht, Feuerwehr und Stadtplanung gingen außerordentlich konstruktiv und kooperativ an das Projekt heran. Wenn man bedenkt, dass die Hessische Bauordnung dazu geschaffen wurde, städtebauliche Vorkriegsverhältnisse nie mehr zuzulassen, erforderte der Bau einer neuen „gotischen Altstadt" ein hohes Maß an Auslegungskreativität der Bauordnung. Für die Verwaltung war dies eine große Herausforderung. Beispielhaft seien die Belichtungsstudien genannt, mit denen die Nutzbarkeit der Wohnflächen nachgewiesen wurde. **18.1**

Zuletzt ist unsere Arbeit als Projektarchitekten zu nennen. Vom städtebaulichen Entwurf über die Objektplanung bis hin zum Bau- und Projektmanagement betreuten Schneider und Schumacher nicht nur die planerische Seite, sondern auch die Überwachung der Ausführung. Im Verlauf des Projektes oblagen unserem Büro nach Einreichung des Bauantrages für das gesamte Areal die Ausschreibungen und die Vergabe aller Bauarbeiten für die Neubauten sowie einzelner Gewerke für die Rekonstruktionen. Weiterhin stimmten wir die Planungen der 35 Bauten untereinander und mit den beteiligten Unternehmen ab. Eines der Ziele war, trotz aller Unterschiedlichkeit der einzelnen Häuser, Synergieeffekte, etwa durch die Verwendung gleichartiger Konstruktionsmaterialien, zu erzeugen.

Der Blick des Projektarchitekten aufs Ganze ermöglichte es, plötzlich auftretenden Problemen oder Verzögerungen entgegenzuwirken. Dabei wurden übergreifende Lösungen gefunden, ohne die Individualität und die hohe Qualität der Einzelprojekte zu beeinträchtigen. Genauso wichtig war es, sich immer wieder mit allen Projektbeteiligten, von den Architekten über die Handwerker, die Lieferanten bis hin zu den Behörden, auszutauschen und in den Diskurs mit ihnen zu treten. Da wir als Projektarchitekten von einer Metaebene aus agierten und alle einzelnen Arbeitsschritte direkt verfolgen konnten, nahmen wir automatisch eine vermittelnde Rolle ein und wurden dadurch – neben der Projektleitung des Bauherrn, der DomRömer GmbH – gewissermaßen zur Seele des Projektes.

Der Prozess

Im Jahr 2007 startete der Prozess mit dem Magistratsbeschluss M 112 über den Bau der neuen Altstadt in den städtebaulichen Grundzügen der historischen Altstadt. Das Stadtplanungsamt verfasste 2009 einen Parzellenplan des zukünftigen Quartiers, der Grundlage für alle Planungen werden sollte. Eine Gestaltungssatzung, die altstadttypische Elemente wie Basaltsockel, roten Sandstein, Putze und Fassadenordnungen festlegte, wurde im selben Jahr erlassen.

Auf dieser Grundlage beauftragte man uns 2009 mit der Erstellung eines Masterplans. Wir fertigten auf Basis der städtebaulichen Historie für jedes Gebäude einen Testentwurf an, wodurch die Gebrauchsfähigkeit für Wohnen, Läden und Gastronomie nachgewiesen werden konnte. Beispielsweise wurden städtebauliche Bezüge wie die Wegeführung mit Sichtverbindung zwischen Rebstockhof und der Barockfassade des Hauses Esslinger in der Neugasse angepasst, indem der geplante Neubau Goldenes Kreuz (Bernd Albers) in der Neugasse zugunsten der historischen Blickbeziehung nach Süden verschoben wurde. **16.2**

Auch die strukturell wichtige Entscheidung, jedes Gebäude einzeln auf seiner Parzelle, konstruktiv unabhängig vom Nachbarn, wie in einer gewachsenen Stadt zu errichten, fiel auf Grundlage der Testentwürfe. Theoretisch kann nun ein Haus ohne Beeinträchtigung der Nachbargebäude durch ein neues ersetzt werden, wie es seit Jahrhunderten in Städten geschieht. **18.3**

Mit der Beauftragung des Masterplans war auch die konstruktive Planung verbunden, welche die technischen Anforderungen durch den Abbruch des Technischen Rathauses, die Lastveränderungen auf dessen Untergeschosse und die Empfindlichkeiten der U-Bahn-Trasse unter dem Areal plausibel machten.

Das Fundament der neuen Altstadt ist die zweigeschossige Tiefgarage des ehemaligen Technischen Rathauses, unter der die U-Bahn-Trasse verläuft. Aus dieser Anordnung heraus waren die Untergeschosse zwingend zu erhalten, ein Abbruch aus Gründen der unterschiedlichen Setzungen nicht möglich. Strukturell unterscheidet sich die kleinteilige, verwinkelte Altstadtbebauung grundlegend von der geordneten Rasterstruktur der Konstruktion und Gründung des Vorgängerbaus. Unter weitreichenden Annahmen aus dem Masterplan über Konstruktion, Lage und Lasten der zu bauenden Häuser wurde das erste Untergeschoss so umgebaut und der oberirdischen Struktur angeglichen, dass die neuen Lasten in die regelmäßigen Stützen und Fundamente des zweiten Untergeschosses geleitet werden konnten. **18.4 / 18.5** Der U-Bahn-Ausgang musste vom ursprünglichen Ort, auf dem heute die Goldene Waage steht, in das Erdgeschoss des gegenüberliegenden Hauses Großer Rebstock (Markt 8) verlegt werden. **18.6 / 37.2** Ebenso wurde im Zuge des Umbaus die Tiefgarage neu gestaltet und als Reminiszenz an das Technische Rathaus das Wandgemälde von Benno Walldorf integriert. **18.7**

In Zusammenarbeit mit dem Tragwerksplaner RSP und dem Bauherrn wurden Entscheidungen getroffen, die einer Gratwanderung zwischen dem Erhalt von Freiheiten zugunsten der späteren Entwürfe und den notwendigen Festlegungen für die Planung glichen. All dies mündete in der Wettbewerbsauslobung, auf deren Grundlage die Architekten Gebäude entwarfen. Auch wir hatten uns mit Entwürfen (Markt 14, Markt 26 und Braubachstraße 23) an dem Wettbewerb beteiligt. **18.8 / 16.13**

Wie baut man nun also eine Altstadt im 21. Jahrhundert? Aus Sicht eines unmittelbar und zentral Beteiligten stellten sich einige Entscheidungen als positiv, wichtig, vielleicht sogar unverzichtbar heraus; andere dagegen würde man schon jetzt, mit geringem zeitlichen Abstand, anders treffen. Wichtig erschien uns die Rolle des Bauherrn als kleine, handlungsfähige und konstante Einheit. Konstanz, Vertrauen und Verlässlichkeit waren wesentliche Stichworte, die das Projekt charakterisieren. Ohne sie und mit möglicherweise ständig wechselnden Beteiligten wären ein konstruktives Miteinander und eine lösungsorientierte Zusammenarbeit nur schwer möglich gewesen.

Eine zweite wichtige Grundentscheidung war es, das Projekt von Anfang bis Ende in städtischer Hand zu halten, einen Bauherrn zu haben, der selbst baut. In anderen Städten – beispielsweise in Dresden und Lübeck – wurden einzelne Parzellen nach Erstellung des Rahmenplans veräußert. Die Wahrscheinlichkeit einer gegenseitigen Nachbarblockade wurde dadurch erhöht. In Frankfurt, wo die Käufer ihre Wohnungen und Häuser erst nach Fertigstellung übernahmen, konnte das Projekt in einem Zug geplant und errichtet werden. Themen wie Brandschutz, Belichtung und Abstände konnten in einem Zusammenhang – unter Hilfe juristischer Expertise – geplant und mit den Behörden abgestimmt werden.

So bleibt abschließend festzuhalten, dass die wichtigsten Bestandteile für die Arbeit am Dom-Römer-Areal, aus unserer Sicht als Projektarchitekten, in der hohen Qualitätssicherung auf verschiedenen Ebenen liegen, in der engen Zusammenarbeit mit den beteiligten Akteuren und in der Individualität in der Ausführung des Quartiers, der Häuser und der Details.

18.6

18.7

18.8

18.6 Schneider und Schumacher Architekten, Neugestaltung der U-Bahn-Station Dom/Römer, Visualisierung, 2011

18.7 Schneider und Schumacher Architekten, Neugestaltung des Parkhauses Dom/Römer, Foto: 2013

18.8 Schneider und Schumacher Architekten, Fassadenentwurf Braubachstraße 23, 2011

JENSEITS PRAGMATISCHER BAUBLÖCKE – DIE ARCHITEKTEN UND DIE NEUE ALTSTADT

Uwe Bresan

19.1

Sieht man einmal von der Rekonstruktion des Berliner Stadtschlosses ab, so wurde kaum ein Bauprojekt in den letzten Jahren von der Mehrheit der deutschen Architektenschaft so leidenschaftlich abgelehnt wie der Wiederaufbau der Frankfurter Altstadt. **19.1** Geteilt und getragen wurde diese ebenso erwartbare wie reflexhafte Ablehnung nicht zuletzt von zahlreichen Fachmedien. Beispielhaft sei an dieser Stelle auf die anhaltende Berichterstattung der *Bauwelt* verwiesen, in der *pars pro toto* die zentralen Argumentationslinien der Wiederaufbau-Kritiker sichtbar werden.

So favorisierte die *Bauwelt* noch 2009 das Ergebnis des ersten, 2005 durchgeführten städtebaulichen Ideenwettbewerbes, bei dem sich das Architekturbüro KSP Engel und Zimmermann mit einer Lösung aus „pragmatische[n] Baublöcke[n]" durchsetzen konnte. Allerdings seien diese im Prozess der 2007 abgeschlossenen Rahmenplanung „zu

19.1 Blick vom Dom auf die neue Altstadt, Frankfurt am Main, Foto: 2017

dreißig irrational verzogenen Giebelhäuschen zerrieben [worden]".[1] Man beachte die Diktion! Die 2011 prämierten Wettbewerbsentwürfe zur Bebauung der einzelnen Parzellen verurteilte man in der *Bauwelt* wiederum en bloc als „Imitate und Plagiate",[2] während man den mittlerweile fertiggestellten Bauten 2017 attestierte, sie versuchten, „einer vermeintlichen Homogenität [...] hinterherzuträumen, statt ihre eigene Zeit zu vertreten". Die zunächst offen an den Leser formulierte Frage, ob die neue Frankfurter Altstadt nun als „überfällige Stadtreparatur oder pure Nostalgie" zu bewerten sei, beantwortete die *Bauwelt* damit kurzerhand selbst.[3]

Die pauschale Verurteilung des gesamten Projektes durch die große Mehrheit der Architektenschaft nützt allerdings niemandem. Vielmehr verhindert sie die längst überfällige, kritische Auseinandersetzung der Profession mit den städtebaulichen und architektonischen Leitbildern der Spätmoderne. Architektur soll bitteschön pragmatisch, innovativ und wahrhaftig sein! Das sind die drei Leitlinien, die die deutsche Architektur seit der Mitte des letzten Jahrhunderts prägen. Mit ihrer Hilfe argumentieren die Kritiker der neuen Altstadt gegen den Wiederaufbau. Und so werden auf Grundlage überkommener Prinzipien Vorurteile gepflegt und Urteile gefällt. Ein Prozess, der immer weniger Außenstehenden zu vermitteln ist. Auch das lässt sich am Frankfurter Beispiel wie unter einem Brennglas beobachten.

Das Vokabular der Stadt

Der Dom, um den herum ein Stück Altstadt wieder entstanden ist, gilt als ein zentrales Monument deutscher Geschichte. Seit den Zerstörungen des Zweiten Weltkriegs klaffte zu seinen Füßen eine schmerzliche Wunde: Das Areal war ein städtebaulicher Unort ohne Gesicht und Struktur im Herzen der Stadt. Nach zahlreichen Eingriffen spannte sich zuletzt zwischen dem Technischen Rathaus und der Schirn ein unwegsames Gelände auf, das von der abgesenkten Ebene des archäologischen Gartens sowie von U-Bahn- und Tiefgaragen-Abgängen zerschnitten wurde. Die Leere, in der der Kaiserdom für fast ein Dreivierteljahrhundert stand, ließ ihn in seiner städtebaulichen und historischen Bedeutung auf die Größe einer gewöhnlichen Stadtkirche schrumpfen. Wer als Architekt oder Architekturkritiker dieser trostlosen Situation heute noch ernsthaft nachtrauert, dem möchte man mitunter die Eignung zu seinem Beruf absprechen.

Erst mit dem Wiederaufbau der Altstadt hat der Dom eine ihm gemäße Umbauung zurückerhalten, in der das Große und Hohe seiner Form wieder Betonung findet durch das Kleine und Unscheinbare, das um ihn herum gewachsen ist. Diese Form eines hierarchischen Städtebaus mit einer Stadtkrone, die sich aus einem Meer kleiner, alltäglicher Häuser erhebt, die ihr den nötigen Maßstab verleihen, ist ein durchaus bekanntes Motiv. Es lässt sich heute überall dort beobachten, wo historische europäische Stadtbilder intakt geblieben sind. Unvoreingenommen betrachtet, schließt die neue Altstadt also nur an Vorstellungen an, die den vormodernen europäischen Städtebau über Jahrhunderte hinweg prägten. 19.2

Das zeigt sich auch im Detail: im spannungsvollen Wechselspiel schmaler und breiter Gassen; in der rhythmischen Abfolge von intimen Höfen, gefassten Plätzen und sich öffnenden Wegräumen; in der bewussten Anlage von Passagen, Laubengängen und Loggien. Kaum vorstellbar, dass „pragmatische Baublöcke" eine solche Vielfalt städtebaulicher Vokabeln hätten hervorbringen können. Vielmehr zeigt sich hier die besondere Qualität einer kleinteiligen Parzellierung, die sich, wie im Rahmenplan festgelegt, an der „historischen Parzellenstruktur", das heißt „an der historischen Straßen- und Platzstruktur" sowie den „Baufluchten von einst", orientiert.[4] Die notwendigen Anpassungen an die aktuellen gesetzlichen Vorgaben etwa in Hinsicht auf Brandschutz und Mindestabstand löste der durch das Büro Schneider und Schumacher ausgearbeitete Masterplan. Sicher hätte es pragmatischere und einfacher zu realisierende Lösungen gegeben, aber wäre ihre Wirkung auch nur im Ansatz vergleichbar gewesen?

Die Werkzeuge der Architektur

Die kleinteilige städtebauliche Körnung erzeugt ein spannungsreiches und differenziertes Fassadenbild. „Dass sich jedes einzelne Haus als Teil des Ensembles verstehen muss und die Gesamtwirkung des Areals über allem steht",[5] zeugt dabei von einer klugen Haltung der Bauherrenschaft. Ein architektonisches Kuriositätenkabinett wie in der benachbarten Saalgasse wollten die Macher auf jeden Fall vermeiden. Der Ensemble-Gedanke, wie ihn etwa die Vertreter des New Urbanism[6] im angelsächsischen Raum seit Ende der 1980er Jahre propagieren, gilt den Kritikern hierzulande noch immer als reiner Fassaden-Zauber, als Freizeitpark- oder Gated-Community-Phänomen.[7]

Auch ob für die Bewertung des neuen Quartiers die fehlende ursprüngliche Bausubstanz seiner Bauten eine Rolle spielt, wie es das Reden von „Imitaten und Plagiaten" intendiert, lässt sich bezweifeln. Vielmehr zeigt sich in dieser Argumentation vor allem der ahistorische Blick der Moderne auf die Architektur, deren Entwicklung von der Antike bis weit ins 19. Jahrhundert hinein von tradierten Formen und überlieferten Symbolen bestimmt wurde. Erst seit der Moderne gelten die Übernahme und das

19.2

Fortschreiben eines erprobten Formenkanons als Makel; ist Revolution wichtiger als Evolution.

Die Architekten der neuen Altstadt haben sich bewusst für einen Bruch mit der Moderne entschieden. Ihre Bauten sind nicht pragmatisch, nicht originell oder innovativ und vielleicht auch nicht wahrhaftig. Die Qualitäten der Bauten liegen jenseits dieser Parameter in den ureigenen Ausdruckswerten der Architektur: in Raum und Proportion, in Material und Farbe, in Detail und Licht und – nicht zuletzt – in Ornamentik und Symbolik. Das sind die Werkzeuge des Architekten, derer sich die Baumeister der Frankfurter Altstadt wieder frei und vorurteilslos bedient haben. Schaut man zum Vergleich auf die Vielzahl gesichtsloser aber vermeintlich zeitgemäßer Neubauten, die tagtäglich in den Innenstädten entstehen, an denen jedes Fenster dem anderen gleicht, kein Vorsprung oder Gesims für einen lebendigen Schlagschatten sorgt und das Auge an keinem Detail hängen bleibt, dann kann man eine Entwicklung wie in Frankfurt nur begrüßen.

Die Wirkung des Ensembles

Klar ist, dass die richtige Handhabung der Werkzeuge allzu lange vergessen war. Die Architekten mussten vieles erst wieder lernen. Klar ist auch, dass dabei Fehler gemacht wurden. Das zeigt sich weniger an den 15 rekonstruierten Bauten als vielmehr an den 20 Neubauten, die, wie in der Gestaltungssatzung gefordert, die „Charakteristik eines durch altstadttypische Dichte geprägten, kleinteilig strukturierten Quartiers" erkennen lassen sollten.[8] Mancher Neubau wirkt in dieser Hinsicht etwas plump. Die Unsicherheit im Umgang mit dem wiedergewonnenen Formenrepertoire ist mitunter deutlich spürbar – innerhalb des Ensembles allerdings auch leicht verzeihbar. An anderer Stelle hingegen sind kleine, feine Meisterwerke entstanden, in denen das tradierte Vokabular schöpferisch weiterentwickelt wurde. Hervorzuheben sind hier etwa das Alte Kaufhaus von Morger und Dettli, das subtil die Geschossstaffelung historischer Fachwerkbauten zitiert; das Neue Paradies von Götz und Lohmann,

19.2 Altstadt, Frankfurt am Main, Luftbild: 1938

die das Thema der Schieferfassade in eine fast expressionistisch anmutende Form übersetzten; oder auch der Große Rebstock von Jordi und Keller, dessen Fassade durch horizontale Rauputzstreifen fein gegliedert ist.

Alles in allem zeigt das Ergebnis eine erstaunliche Wirkung. Es ist ein wirklicher Stadtbaustein entstanden – mit Betonung auf Stadt. Sein Erfolg beim breiten Publikum ist sicher. Betritt man das Areal über die Braubachstraße, empfangen einen stolze Stadthäuser mit großen Rundbogenfenstern im Erdgeschoss, mit hochgestreckten und lisenengeschmückten Fassaden und mächtigen Dachhäusern als Abschluss. Die kleinen Innenhöfe, die sich hinter der Braubachstraße verstecken, überraschen wiederum mit hölzernen Veranden und Laubengängen, mit Treppentürmchen und Erkern. Unzählige Gauben schmücken die Dächer. Durch die Höfe hindurch erreicht man die Gasse Hinter dem Lämmchen. Nach rechts geht es zum Kunstverein, dessen strenger Nachkriegsbau sich in die Achse schiebt. Das Auge wandert leicht um ihn herum, die Gedanken eilen dem Römer entgegen. Die Füße allerdings tragen den Menschen nach links zum Hühnermarkt. Es ist ein wirklicher Platz; keine Autoschneise, wie so viele andere Plätze. Der Hühnermarkt ist nicht so groß, dass man sich auf ihm verliert. Hier begegnen sich Menschen, anstatt aneinander vorbeizulaufen. Ja, vielleicht ziehen sie sich sogar hübsch an, wenn sie hierherkommen, weil sich der Platz selbst hübsch gemacht hat – mit seinen Fenstergesimsen, seinen extravaganten Giebeln und seinen unzähligen Bauschmuckdetails. Die Menschen schauen hinauf zu den hunderten von Fenstern. Jedes kann eine andere Geschichte erzählen. Wie langweilig sind dagegen die Glasfronten entlang der Zeil. Und dann verlässt man den Hühnermarkt an seiner offenen Seite und steht auf dem Krönungsweg – links der Dom, rechts die Schirn. Im Erdgeschoss des Roten Hauses schützt eine offene Laube vor Regen und Sonne. Am anderen Ende des Weges bilden die Rekonstruktion der Goldenen Waage und der neue Große Rebstock ein charmantes Geschwisterpaar. Sie sind verschieden, gehören aber doch sichtbar zu einer Familie. Freundlich geleiten sie den Besucher zum Dom.

In der Architektur offenbart die Altstadt ein wiedererwachtes Verständnis für die Wirkung von Proportionen, die Profilierung von Fassaden, für Dach- und Fensterformen, Farben und Schmuck. Auf Seiten der Stadtplanung wiederum zeigt sich, dass sich das historische Leitbild mit den heutigen infrastrukturellen, baurechtlichen und brandschutztechnischen Anforderungen verbinden lässt. Zusammen sind das nicht die schlechtesten Fortschritte hin zu einer Architektur, die nicht mehr nur allein auf herausragende Schöpferpersönlichkeiten vertraut, deren Werke die Kraft haben, einer Zeit Ausdruck zu verleihen; sondern hin zu einer Architektur, die wieder auf einen gemeinsamen Kanon eingeübter Formen und gelernter Wirkungen beruht. Eine lebendige und lebenswerte Stadt braucht beides!

[1] Ballhausen, Nils und Doris Kleilein, „Lassen Sie bitte die Altstadt in Ruhe!", in: *Bauwelt*, 2009, H. 27/28, S. 42–49.
[2] Santifaller, Enrico, „Imitate und Plagiate: Wiederaufbau der Altstadt in Frankfurt am Main", in: *Bauwelt*, 2011, H. 15/16, S. 10–14.
[3] Crone, Benedikt, „Dom-Römer-Areal", in: *Bauwelt*, 2017, H. 16, S. 30–37.
[4] Vortrag des Magistrats an die Stadtverordnetenversammlung M 112, „Neubebauung des Dom-Römer-Areals", Frankfurt am Main, 20.6.2007.
[5] N.N., „Die Weiterentwicklung von Fassaden", in: *DomRömerZeitung – Informationen zum Wiederaufbau der Frankfurter Altstadt*, Ausgabe 12, 07/2013, S. 3.
[6] New Urbanism ist eine Bewegung im Städtebau, die Ende der 1980er, Anfang der 1990er Jahre entstanden ist und sich gegen die Suburbanisierung der Städte wendete. Vgl.: Katz, Peter, *The New Urbanism: Toward an Architecture of Community*, New York 1993.
[7] Roost, Frank, *Die Disneyfizierung der Städte*, Wiesbaden 2000.
[8] „Gestaltungssatzung für das Dom-Römer-Areal", *Amtsblatt der Stadt Frankfurt am Main*, 16.2.2010, S. 127.

GESCHICHTE WIRD GEMACHT – ES GEHT VORAN? DIE NEUE FRANKFURTER ALTSTADT IST SO BANAL WIE FATAL

Gerhard Vinken

20.1 Dom-Römer-Areal, Foto: 2018

20.2

20.3

20.4

„Wir planen die Altstadt"[1], das war 2010 das selbstbewusste Versprechen, und nun ist es vollbracht: Das Frankfurter Dom-Römer-Areal, gefeiert als neue Altstadt, ist fertiggestellt.[2] **20.1 / 20.2** Und die neue Altstadt ist, so scheint es, fast so schön wie ihr digitales Modell. **20.3 / 20.4** Konnte man die Ankündigung „eine Altstadt zu planen" je nach Laune und Einstellung als provozierendes Wortspiel, Versprechen oder Drohung empfinden, scheint heute die Errichtung mehr oder weniger „historischer" Viertel fest zum Repertoire der Stadtplaner zu gehören.[3] Wie lässt sich das Projekt einordnen, nachdem sich der Schlachtenlärm verzogen hat? Und nicht zuletzt, wofür stehen diese rekonstruktiven Gebilde? Offensichtlich ist, dass pseudohistorische Altstadtklone breite Unterstützung finden. Nicht nur konservative Pressure Groups wie Pro Altstadt und die Freunde Frankfurts, Nachfolger des 1922 gegründeten Bundes tätiger Altstadtfreunde, machten sich einst das Rekonstruktionsprojekt zu eigen, sondern auch sich geläutert gebende Architekten und Planer, der örtliche Einzelhandelsverband (City Forum ProFrankfurt e.V.), die Agentur Equipe Marketing – und schließlich die CDU, die sich 2005/06 im lokalen Wahlkampf Rückenwind von dem Projekt versprach, so wie Walter Wallmann es Ende der 1970er Jahre mit der Rekonstruktion der sogenannten Ostzeile am Römerberg vorgemacht hatte. Aber auch der SPD-Oberbürgermeister Peter Feldmann ließ es sich im OB-Wahlkampf 2018 nicht nehmen, die fast fertig gebaute Altstadt persönlich der Öffentlichkeit vorzustellen. Welche Bedürfnisse, Wünsche und Sehnsüchte drücken sich – jenseits der Phantasien der Immobilienmärkte und des Einzelhandels – in diesen revisionistischen Konstrukten aus? Zeichnet sich im kleinteilig Heimeligen gar nach der nutzungsentmischten Fußgängerzone und der gleichermaßen konsumorientierten City Mall ein neues gesellschaftliches und urbanes Leitbild ab?

Historische Themenarchitektur

Unübersehbar ist, dass sich dieses Projekt in eine internationale Konjunktur von altstädtisch gewandeten Bauprojekten einordnen lässt. An dem Punkt der vollständigen Entkopplung der Altstadt von tatsächlichem Alt-Sein scheint die Nähe dieser Projekte zu einem anderen Feld des Immoliensektors auf, das international große Erfolge feiert, nämlich die historisierende Themenarchitektur.[4] Entstanden in

20.2 Baustelle Dom-Römer-Areal, Foto: 2012

20.3 Hühnermarkt, Südseite, Visualisierung, 2011

20.4 Hühnermarkt, Südseite, Foto: 2018

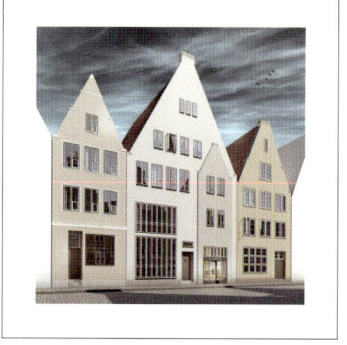

20.5 / 20.6 Designer Outlet Berlin, Wustermark, Foto: 2017

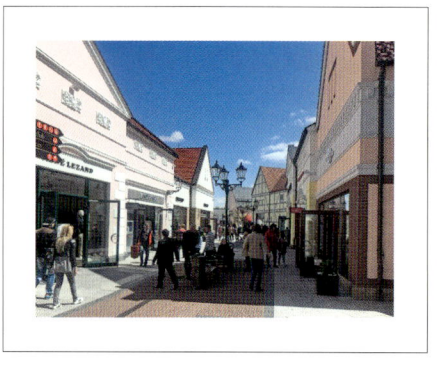

20.7 Seaside (Florida), USA, mit Jim Carrey in dem Film *The Truman Show*, 1998

20.8 / 20.9 Poundbury bei Dorchester, Großbritannien, Foto: 2010

20.10 One City, Nine Towns – Thames Town, China, Foto: 2006

20.11 Bauplatz Projekt Gründungsviertel, Lübeck, Foto: 2016

20.12 Mäckler Architekten, Gründungsviertel, Lübeck, Rendering 2015

den Konsumwelten der Vergnügungsparks und Spielerparadiese, sind ihre frühen Ikonen Las Vegas mit Seufzerbrücke, Eiffelturm und Pyramiden und natürlich Main Street in Disney-Land als immerwährende Wiederaufführung des amerikanischen Heile-Welt-Kleinstadt-Traums. Doch sind die „historischen" Szenerien, die als Kulissen eines konsumorientierten Freizeitvergnügens erdacht worden sind, längst in der realen Welt angekommen. Während die Shopping-Malls zumindest in den USA zuletzt als verlassene und in großartiger Ruinenschönheit verfallende Zeugen vergangener Konsumwelten Aufsehen erregten,[5] boomen überall sogenannte Outlet-Villages, die sich an historischen und regionalen kleinstädtischen Pattern orientieren. Die tiefen Verkaufsräume der Konzerne der Outlet-Villages bei Wertheim oder Berlin etwa reihen sich Seit' an Seit' hinter kleinteiligen Store-Fronten, die mit Giebeln und Gauben bewehrt sind. Diese Architektur-Pastiches sind mit wenigen, eher groben Elementen hergestellt, im Umland Berlins mit deutlichen Anklängen an vorindustriell-heimische Formen wie die „märkische" Backsteingotik und den preußischen Klassizismus. **20.5 / 20.6** Die historischen Verweise sind auf das Notwendigste beschränkt, städtische Elemente und Versatzstücke nur mehr skizzenhaft zitiert. Vergleichbar mit der Frankfurter „Altstadt" ist aber die angestrebte heimelige Gestimmtheit und konsumfreundliche Wirkung dieser kleinstädtisch dimensionierten Räume, die gewachsene Strukturen imitieren, die sicher und überschaubar sind – und auf unbestimmbare Art vertraut wirken. Das Frankfurter Dom-Römer-Areal erfüllt diese Vorgaben allerdings mit einem in jeder Hinsicht gesteigerten Aufwand, dafür aber nicht in Stadtrandlage mit Autobahnanschluss, sondern mitten im Herzen der Bankmetropole, nur wenige Schritte von Dom, Schirn und Rathaus entfernt.

Die theoretische Analyse von Themenparks und Outlet-Village hat erhellende Einblicke eröffnet und zum Beispiel mit *Learning from las Vegas* die Geschichte der Architektur einschneidend beeinflusst,[6] architektonisch gesehen sind sie aber den Paria und Outcasts zuzurechnen. Den Weg der Themenarchitektur in die wirkliche Welt bahnte eine Spielart des *New Urbanism*, der sich in den USA ursprünglich mit guten Argumenten gegen die Landschafts- und Ressourcenverschwendung des *Urban sprawl* richtete. Ein neues verdichtetes und traditionsbezogenes Bauen sollte Gegenmodell sein zu der Anonymität und formlosen Großflächigkeit der suburbanen Wohngegenden. Die Reaktivierung von räumlichen und ästhetischen Mustern kleinstädtisch-vorindustriell organisierter Nachbarschaften gerann jedoch vielerorts zu einer willfährigen und beliebigen historischen Themenarchitektur. Erfolgreich war sie vor allem auf dem gehobenen Immobiliensektor, etwa mit Seaside in Florida, das auch als Kulisse für den Film *The Truman Show* diente **20.7**, sowie mit der von der Disney Company errichteten Stadt Celebration.[7] Das vielleicht spektakulärste Beispiel in Europa hat Léon Krier, unterstützt von Prince Charles, seit 1993 nahe Dorchester angelegt.[8] Poundbury, das sich so energisch old-english gibt, ist eine großflächige Vorstadtsiedlung in gediegen-vorindustriellen Formen. **20.8 / 20.9** Bezeichnenderweise sehen Frankfurts Altstadtfreunde in diesem künstlichen – und ganz ohne „Rekonstruktion" auskommenden – Alt-England-Klon durchaus ein Vorbild. Auf der Homepage des Vereines Pro Altstadt weisen sie auf Léon Kriers Projekte als gelungene Beispiele eines traditionsbezogenen und antimodernistischen Bauens hin.[9] Diese gutbürgerliche Vorstadt in Form einer altenglischen Kleinstadt wird aufgrund der großen Nachfrage derzeit beträchtlich erweitert und schnürt dem zunehmend verödenden Stadtzentrum von Dorchester, das sich mit ungleich größerem Recht historisch nennen darf, die Luft zum Atmen ab. Die rechtspopulistische UK Independence Party (UKIP) unterlegte Anfang der 2010er Jahre ihren Werbespot „Building for the Future" über lange Strecken mit Bildern aus Poundbury, das als traditionell englische Architektur gefeiert und einem modernen Bauen entgegengestellt wird, das als *eyesore* (Schandfleck) gebrandmarkt und zum Abriss freigegeben wird.[10]

Wenig überraschend ist auch, dass die zentral gelenkte Stadtplanung der Boom-Städte in China sich dieses erfolgreiche Konzept nicht entgehen lässt. Rings um die Megacity Shanghai entstanden unter dem Projektnamen *One City, Nine Towns* zahlreiche Satellitenstädte nicht nur im altenglischen Stil, sondern nach einer ganzen Palette europäischer Themenarchitekturen. **20.10** Die in Nordchina errichtete Grachtenstadt Neu-Amsterdam ist dagegen inzwischen eine Investitionsruine, weil fundamentale Bedürfnisse des chinesischen Wohnens unberücksichtigt blieben.[11]

Citytainment hat Dieter Hassenpflug die chinesischen Satellitenstädte im alteuropäischen Stil genannt.[12] Dieser Begriff trifft aus meiner Sicht recht genau das, was in Frankfurt und andernorts in Deutschland derzeit passiert. Es entstehen – mitten in unseren Städten! – gentrifizierte Wohlfühlviertel von vorindustriell-kleinstädtischem Flair für eine konsumstarke Mittelschicht. Die Altstadt, einst ein Emblem der bürgerbewegten Proteste nach 1968 und im Europäischen Jahr für Denkmalpflege 1975 Identifikationsangebot für Fachwelt und Bevölkerung gleichermaßen, ist heute vollends zum Produkt geworden, zu einem jederzeit und überall aufrufbaren Architekturpattern, das bestimmte Stimmungswerte reproduziert, hoch konsensfähig scheint und erfolgreich vermarktet werden kann.[13]

Altstadt ist heute auch in Deutschland kein Erhaltungs- oder Revitalisierungsthema mehr, sondern oft ein Neubauprojekt mit antimoderner Stoßrichtung. Denn Frankfurt steht ja nicht allein: Von Hildesheim über Dresden bis Potsdam wird die Liste der Klone immer länger. In der Lübecker Altstadt, immerhin Weltkulturerbe, entsteht derzeit ebenfalls ein ganz neues Viertel in einem historisierenden Ambiente.[14] Auch hier bot der Abriss von Nachkriegsarchitektur die Gelegenheit zu einer städtebaulichen Revision. Das Gründungsviertel oder Kaufmannsviertel im Herzen der Stadt war 1942 bei Luftangriffen zerstört und 1954 bis 1961 in aufgelockerter Bauweise wiederaufgebaut worden. Unter anderem entstanden hier weitläufig angelegte Schulen in „ortstypischem" Backstein und modernen Formen, die in der *Süddeutschen Zeitung* als „einfallsloser, schnurgerader Backsteinstil der 50er Jahre" geschmäht worden sind.[15] Nach einem im Übrigen vorbildlich partizipativen Verfahren waren sich Öffentlichkeit, Expertenrunden und der Lübecker Welterbe- und Gestaltungsbeirat einig, hier wieder „im historischen Maßstab" zu bauen. Straßenführung und historische Parzellen sollen wiederbelebt und die neu angelegten Straßen mit Giebelhäusern entsprechend dem „historischen Vollbild" bebaut werden. 20.12 Der international ausgeschriebene Wettbewerb hatte ähnlich straffe Baurichtlinien wie der Frankfurter; den Bauträgern wurde freigestellt, sich an die prämierten Entwürfe zu halten, oder aber auch Kopiebauten der Vorkriegshäuser erstellen zu lassen. Kritischen Beobachtern fiel auf, dass der behauptete Ortsbezug der Entwürfe sehr oberflächlich ist, die teils „wortgetreu gotische Giebel aus Stralsund bzw. Wismar" wiederholen, teils „gemütvolle Heimatschutzarchitektur" bieten.[16] Das *Baunetz* nannte den Wettbewerb zutreffend einen „Kostümfilm".[17] 20.11 / 20.12

Kritische Rekonstruktion?

Im Allgemeinen werden diese Projekte jedoch unter ganz anderen Schlagworten verhandelt, nämlich denen der Heilung, der Reparatur, des Wiederaufbaus. Till Briegleb begrüßte das neue, angeblich „in der Stadtgeschichte und gewachsenen Struktur" gründende Lübecker Viertel als „Wieder-Erringung" von Heimat und spricht von Kritischer Rekonstruktion.[18] Der Begriff, mit dem ein Bogen zu den anspruchsvollen Theoriedebatten der 1970er und 1980er Jahre geschlagen wird, fällt häufiger, wenn solche und ähnliche Projekte legitimiert werden sollen – und er ist grob irreführend. Kritische Rekonstruktion, in Deutschland zuerst prominent von Joseph Kleihues mit der IBA Berlin (1977–1987) ins Werk gesetzt, meinte ein „Weiterbauen" der Stadt unter Bezug auf die dort vorgebildeten Typologien und Bauformen, im Rekurs auf den Stadtgrundriss, die historischen Platz- und Straßenräume.[19] Mit diesem Aufbruch im Städtebau, der unter den Stichworten behutsame Stadterneuerung und Stadtreparatur stand, kam das Historische in seiner ganzen Komplexität und Widersprüchlichkeit wieder zu Wort, als eine Antithese zum Funktionalismus der Avantgarde-Moderne. Mit Robert Venturi oder Kevin Lynch wurden Bild- und Zeichenhaftigkeit wieder als eine Qualität in Architektur und Städtebau etabliert,[20] Aldo Rossis *Architektur der Stadt* setzte sich für eine ortsspezifische Architektur ein, die durch die individuellen städtischen Typologien, Strukturen und Monumente eine Erneuerung der Architektur in Auseinandersetzung mit dem Bestehenden auf den Weg bringen sollten.[21] Nicht einem formalistischen Rekonstruktivismus hat die postmoderne Theorie hier das Wort geredet, sondern versucht, mit einer historisch informierten Architektur wieder an die Qualitäten der viel beschworenen „europäischen" Stadt anzuschließen, nach den stadtfeindlichen Exzessen einer technologischen Planungsphase, die der gewachsenen Heterogenität und Dichte der Kernstädte mit der Abrissbirne zu Leibe gerückt war.

Kritische Rekonstruktion heißt „Analyse der geschichtlichen und gestalterischen Werte des Bestehenden"[22], also das jeweils Vorgefundene einer urteilenden und abwägenden Wertung zu unterziehen, um Anknüpfungspunkte für eine nachhaltige (das Wort kam erst später in Mode) Gestaltung zu finden. Eben dieses Bestehende, die Nachkriegsarchitektur, wird aber in Potsdam, Frankfurt, Dresden und Hildesheim umstandslos für revisionistische und naiv rekonstruktive Projekte platt gemacht. Hatten wir nicht gerade erst gelernt, den „Ort" ernst zu nehmen? In der Frankfurter Innenstadt war das Technische Rathaus, dessen Abriss das Altstadtprojekt erst ermöglichte, nicht der erste und einzige Maßstabssprung. Die um 1905 geschlagene Schneise der Braubachstraße hatte das Gefüge bereits irreversibel verändert, ebenso wie im Wiederaufbau die typologisch völlig unpassende Vorstadtbebauung mit Zeilenbauten auf der südlichen Seite der Saalgasse. Der Archäologische Garten, der U-Bahn-Bau, vor allem das anspruchsvolle Projekt der Kunsthalle Schirn und später das Haus am Dom haben das Umfeld je auf ihre Art radikal verändert – und eine Kritische Rekonstruktion müsste genau diesen heterogenen Stadtraum zu ihrem Ausgangspunkt machen. So wie es die Bebauung zwischen Römer und Schirn vormachte, die sich hinter der zu Recht kritisierten Fachwerkzeile um eine historisch informierte Architektur bemüht und sich dabei vielfach auf lokale historische Strukturen bezieht, ohne die urbanen Gegebenheiten und räumlichen Anforderungen aus dem Blick zu verlieren.

Nicht durch Zufall sind rekonstruktive Projekte wie das Dom-Römer-Areal oft architektonisch banal. Wo neben Fassadenrekonstruktionen auch neue Entwürfe zugelassen werden wie in Frankfurt oder Lübeck legen die jeweiligen Ausschreibungen ein rigides formalistisches Korsett fest, das von einem Misstrauen gegen die Fähigkeiten zeitgenössischer Architektur geprägt ist und in dem Festlegen auf „historische" Materialien sowie Dach- und Fensterformen an Gestaltungssatzungen für denkmalpflegerische Schutzzonen erinnert. Mit einem ähnlich formalistischen Ansatz hatte schon Hans Stimmann versucht, den Berliner Postwendeboom zu domestizieren, und dort wie hier war es ein Wunder, wenn einzelne Architektenteams trotz dieser beklemmenden Vorgaben noch anspruchsvolle Lösungen fanden. Mit der freien und abstrakten Herangehensweise der Kritischen Rekonstruktion, die in Berlin strukturell den von Mischnutzung geprägten Berliner Block als formale und soziale Ordnungsstruktur wiedergewinnen wollte, haben diese Verfahren allerdings nichts gemein.

Rekonstruktion und Revisionismus

Zu Gute halten kann man dem Dom-Römer-Areal, dass es den totalen architektonischen Offenbarungseid abwenden konnte: die Totalrekonstruktion des Stadtviertels im Vorkriegszustand, wie er besonders von den Altstadtfreunden gefordert worden war. Der heimliche Motor, das Ideal aller rekonstruktiven Projekte, ist der historisierende Fassadismus à la Dresden oder die Totalkopie. Wiederaufbau heißt in Deutschland das Zauberwort rekonstruktiver und historisierender Planungen. Immerhin fünfzehn „verlorene" Bürgerhäuser sind auch in Frankfurt neu errichtet worden. Und in Lübeck hoffte ein Kritiker des Wettbewerbs, dass es möglich sein sollte „die eine oder andere echte" Fassade zu rekonstruieren „als authentische[n] Anknüpfungspunkt an die Geschichte des Viertels".[23]

Die populäre Lesart der Projekte in Potsdam, Lübeck oder Frankfurt als Wiederaufbau ist 70 Jahre nach Kriegsende zumindest erstaunlich. Betrachtet man die Argumentationsmuster näher, werden zwei Aspekte deutlich: ein revisionistischer Blick auf Architektur und Städtebau mit antimoderner Stoßrichtung und ein trotz seiner Unschärfe beunruhigender Blick auf die Geschichte wie auf die Realitäten unserer Gesellschaft.

Am Anfang des Dom-Römer-Projektes wie auch der Rekonstruktionen in Hildesheim, Dresden, Berlin oder Potsdam stand ein naiv daherkommendes Wiederhabenwollen: „[…] die Frankfurter Altstadt war bis zu ihrer Kriegszerstörung im Mai 1944 eine der schönsten gotischen Altstädte Deutschlands. Die mehr als 1.200 zum großen Teil historisch bedeutsamen Gebäude wurden Opfer eines schrecklichen Bombenhagels. Nun, nach Abriss des Technischen Rathauses im Jahr 2010, über 65 Jahre nach der Zerstörung, hat Frankfurt erstmals wieder die Chance, circa 30 Altstadthäuser zu rekonstruieren und damit ein wertvolles Stück seiner Altstadt zurückzuerhalten."[24] Die Chance, ein wertvolles Stück „gotischer" Altstadt zurückzuerhalten also, unter Ausblendung von 500 Jahren Stadtgeschichte und aller städtebaulichen wie denkmalpflegerischen Aktivitäten des 19. und 20. Jahrhunderts. Diese Altstadt hat offenbar keinerlei soziale oder gesellschaftliche Realität. Unsere Ansprüche an urbane Räume sind mit den Realitäten der Vorkriegszeit – vom Mittelalter einmal ganz zu schweigen – nicht kompatibel. Es ist ein idealisiertes Bild, das als ursprünglich, rein und echt allen Rekonstruktionssehnsüchten Nahrung gibt, dessen Realisierung in einem „Wiederaufbau" Identität stiften soll, gegen die Unklarheiten, Unübersichtlichkeiten und Zumutungen aller Art.

Diese in ihrer Klitterung labile Konstruktion bedarf der Stabilisierung durch ein ganzes Arsenal von Stabilitätsankern. So hieß es in Frankfurt ja nicht, was zutreffend gewesen wäre, der Hühnermarkt würde neu angelegt, sondern es wird „*am* Hühnermarkt" gebaut – so, als ob es das Plätzchen immer gegeben hätte, das doch zunächst der Krieg und dann der Koloss des Technischen Rathauses vollständig zum Verschwinden gebracht hatte. Hier sind die Häuser „wiedererstanden", deren sprechende Namen bereits Alter und Aura verbürgen: Goldene Waage, Goldenes Lämmchen, Alter Esslinger etc. Und als „Gütesiegel" und substanziell greifbare Authentizitätsbehauptungen müssen schließlich Architekturspolien herhalten, die nach dem Krieg geborgen und vorsorglich eingelagert worden waren und nun teils willkürlich verbaut worden sind, als „lebendige Boten des Vergangenen".[25]

Ausradiert werden in dieser revisionistischen Geschichtssicht zwei Ebenen, und das ist bezeichnend. Zum einen wird die Wunde des Krieges in der bereits zitierten Sprechweise der Altstadtfreunde nicht auf den Nationalsozialismus und die aggressive Vernichtungspolitik des Dritten Reiches zurückgeführt, sondern werden die Zerstörungen einem „schrecklichen Bombenhagel" zugeschrieben, der wie aus heiterem Himmel die Stadt zum „Opfer" macht. Ausradiert werden zum anderen alles Störende und alle Störungen, und hier ist es vor allem die Nachkriegsmoderne, die die Stadt in dieser Perspektive zum zweiten Mal zum Opfer machte. In Hildesheim, Lübeck und Frankfurt werden die Zeugen einer als gescheitert erklärten Nachkriegsmoderne bedenkenlos abgeräumt, so wie in Dresden und Potsdam die DDR-Moderne zur Disposition stand und steht. Historische Zeugen, auch unbequeme, mussten und müssen weichen für einen pseudo-historischen Hochglanz-Fassadismus. **20.13 / 20.14**

Nun hat sich die Architektur der Nachkriegszeit in Frankfurt und andernorts nicht nur mit Ruhm bekleckert. Zu Recht wurde die Unwirtlichkeit unserer (modern wiedererstandenen) Städte moniert;[26] die vom selben Autor Alexander Mitscherlich beklagte Unfähigkeit zu trauern allerdings hat bei den Altstadtklonen ganz neue Dimensionen angenommen.²⁷ Was kann die gesellschaftliche Funktion eines Bauens sein, das in der Beschwörung des Guten Alten so lokalstolz, so treudeutsch daherkommt? Dieses Planen und Bauen, so fürchte ich, redet einer fragwürdigen deutschen Leitkultur das Wort und dem treuherzigen Bekenntnis zu einer Heimat, das doch immer auch die Bipolarität von Innen und Außen, *dahoam* und *nei'gschmeckt*, zugehörig und fremd, bestärkt. *On est chez nous* war der zentrale – und durchaus fremdenfeindlich gemeinte – Werbeslogan des Front National im französischen Wahlkampf von 2017.

Architektur und Städtebau müssen aber die Herausforderungen einer heterogenen und von Brüchen gezeichneten Gesellschaft und Geschichte positiv aufgreifen, erst recht in den öffentlichen und zentralen Räumen unserer Städte. Dass in Deutschland nun ein Ministerium für Inneres, Bauen und Heimat entstanden ist, passt ins Bild und stimmt auch in Bezug auf das Bauen nicht optimistisch. Die letzte Strophe des im Titel zitierten Fehlfarben-Songs²⁸ heißt: „Graue B-Film Helden/Regieren bald die Welt/Es geht voran". Nun ja.

20.13

20.14

20.13 Hilmer & Sattler und Albrecht, Rekonstruktion Palast Barberini am Alten Markt, Potsdam, 2013–2017, Foto: 2016

20.14 Sepp Weber, Ehemalige Fachhochschule am Alten Markt, Potsdam, 1970–1974, Foto: 2017

1   N.N., „Wir planen die Altstadt", in: *DomRömerZeitung – Informationen zum Wiederaufbau der Frankfurter Altstadt*, Ausgabe 1, 10/2010, S. 1.
2   Zum Dom-Römer-Areal vgl.: Wenzel, Ursula und Deutscher Werkbund Hessen (Hg.), *Standpunkte. Zur Bebauung des Frankfurter Römerbergs*, Frankfurt am Main 2007; Hansen, Astrid, „Die Frankfurter Altstadtdebatte – Zur Rekonstruktion eines ‚gefühlten Denkmals'", in: *Die Denkmalpflege*, Bd. 65, Nr. 1, 2008, S. 5–17; Vinken, Gerhard, „Unstillbarer Hunger nach Echtem. Frankfurts neue Altstadt zwischen Rekonstruktion und Themenarchitektur", in: *Forum Stadt. Zeitschrift für Stadtgeschichte, Stadtsoziologie, Denkmalpflege und Stadtentwicklung*, 40, 2/2013, S. 119–136; Crone, Benedikt, „Dom-Römer-Areal", in: *Bauwelt*, 2017, H. 16, S. 30–37.
3   Vinken, Gerhard, „Im Namen der Altstadt. Stadtplanung zwischen Modernisierung und Identitätspolitik. Einführung in eine wechselhafte Geschichte", in: Enss, Carmen M. und Gerhard Vinken (Hg.), *Produkt Altstadt. Historische Stadtzentren in Städtebau und Denkmalpflege*, Bielefeld 2016, S. 9–26.
4   Vinken 2013, S. 134–136.
5   Schwartz, Nelson D., „The Economics (and Nostalgia) of Dead Malls", *The New York Times*, 3.1.2015, https://www.nytimes.com/2015/01/04/business/the-economics-and-nostalgia-of-dead-malls.html (14.3.2018)
6   Venturi, Robert, Denise Scott Brown und Steven Izenour, *Learning from Las Vegas*, Cambridge (Mass.) 1972.
7   Walker, Alissa, „Why is New Urbanism So Gosh Darn Creepy?", *Gizmodo*, 18.4.2014, http://gizmodo.com/why-is-new-urbanism-so-gosh-darn-creepy-1564337026 (14.3.2018)
8   HRH Charles, Prince of Wales, *A Vision of Britain. A Personal View of Architecture*, New York 1989; Krier, Leon, *Architecture. Choice or Fate*, Winterbourne (UK) 1998.
9   http://www.pro-altstadt-frankfurt.de/index.php/component/content/article/13-stimmen/9-leon-krier (30.5.2018)
10 UK Independence Party (UKIP), „Building for the Future", https://youtu.be/L0EkIahdooM (30.5.2018)
11 Hassenpflug, Dieter, *Der urbane Code Chinas*, Basel 2008; Den Hartog, Harry, „Urbanisation of the Countryside", in: ders. (Hg.), *Shanghai New Towns: Searching for community and identity in a sprawling metropolis*, Rotterdam 2010, S. 7–42.
12 Hassenpflug, Dieter, „Citytainment oder die Zukunft des öffentlichen Raums", in: Matejovski, Dirk (Hg.), *Metropolen, Laboratorien der Moderne*, Frankfurt am Main u.a. 2000, S. 308–320.
13 Enss, Vinken 2016.
14 Dokumentationen zum Gründungsviertel und mehrere Beiträge zum Neubauprojekt finden sich in: *Bürgernachrichten. Zeitschrift der Bürgerinitiative Rettet Lübeck*, z.B. 2013–2015, H. 113–115.
15 Briegleb, Till, „Die Zukunft des Giebelhauses", *Süddeutsche Zeitung*, 16.2.2015.
16 M.(anfred) F.(inke), „Ein ungewohntes Ereignis: Müssen wir ein solches Gründerviertel wollen?", in: *Bürgernachrichten. Zeitschrift der Bürgerinitiative Rettet Lübeck*, 2015, H. 115, S. 5.
17 „Gründungsviertel Lübeck. Ein Wettbewerb als Kostümfilm", *Baunetz*, 23.2.2015, http://www.baunetz.de/meldungen/Meldungen-Ein_Wettbewerb_als_Kostuemfilm_4234983.html (12.3.2018)
18 Briegleb, Till, „Die Zukunft des Giebelhauses", *Süddeutsche Zeitung*, 16.2.2015.
19 Bauausstellung Berlin GmbH (Hg.), *Internationale Bauausstellung Berlin 1987*, Projektübersicht, Offizieller Katalog, Berlin 1987.
20 Venturi, Scott Brown, Izenour 1972; Lynch, Kevin A., *Image of the City*, Cambridge (Mass.) 1960.
21 Rossi, Aldo, *L'architettura della città*, Padua 1966.
22 So Joseph Kleihues mit Bezug auf Rossi. Vgl.: Brichetti, Katharina, *Die Paradoxie des postmodernen Historismus: Stadtumbau und städtebauliche Denkmalpflege vom 19. bis zum 21. Jahrhundert am Beispiel von Berlin und Beirut*, Berlin 2009, S. 138–152, S. 162f.
23 M.(anfred) F.(inke), „Ein ungewohntes Ereignis: Müssen wir ein solches Gründerviertel wollen?", in: *Bürgernachrichten. Zeitschrift der Bürgerinitiative Rettet Lübeck*, 2015, H. 115, S. 5.
24 http://www.altstadtforum-frankfurt.de (30.5.2018)
25 Bartetzko, Dieter, „Lebendige Boten des Vergangenen", *Frankfurter Allgemeine Zeitung*, 22.4.2015; Bartetzko, Dieter, „Aus alt macht neu. Plädoyer für eine wahrhaft alte Altstadt", in: Wenzel, Ursula und Deutscher Werkbund Hessen (Hg.), *Standpunkte. Zur Bebauung des Frankfurter Römerbergs*, Frankfurt am Main 2007, S. 52–55.
26 Mitscherlich, Alexander, *Die Unwirtlichkeit unserer Städte. Anstiftung zum Unfrieden*, Frankfurt am Main 1965.
27 Mitscherlich, Alexander und Margarete Mitscherlich, *Die Unfähigkeit zu trauern. Grundlagen kollektiven Verhaltens*, München 1967.
28 Fehlfarben, „Ein Jahr (Es geht voran)", 1980.

DIE EINSTECKTUCHISIERUNG VERROHTER BÜRGERLICHKEIT – WIE RECHTE IN FRANKFURT UND ANDERSWO EINE ALTERNATIVE DEUTSCHE GESCHICHTE ZU REKONSTRUIEREN VERSUCHEN

Stephan Trüby

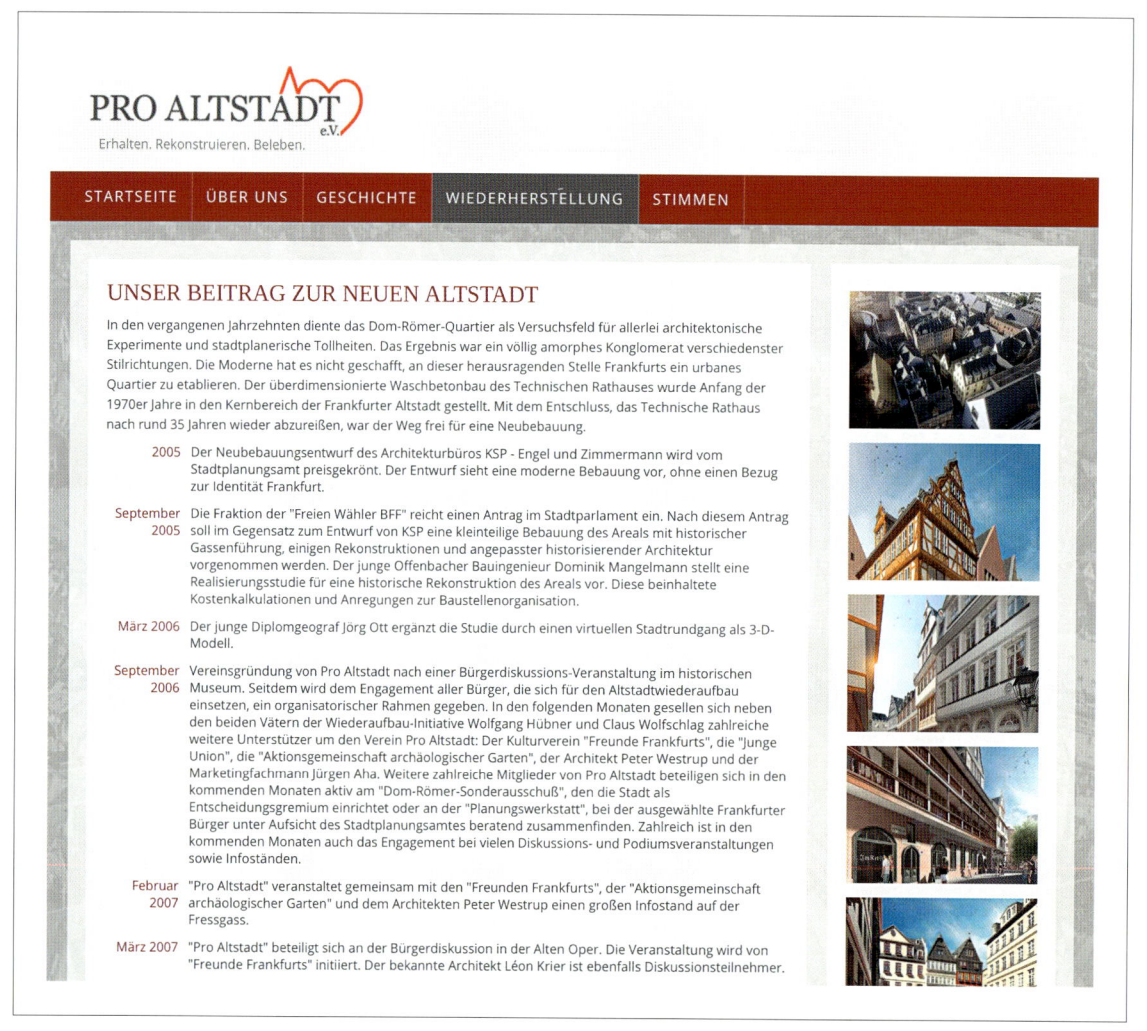

21.1 Website von Pro Altstadt e.V., 2018

Ein Bild von ebenso hohem Symbolwert wie unklarer Provenienz flottiert seit geraumer Zeit durchs Internet: Irgendein Dresdner Rechter hat sich originellerweise kein Hakenkreuz, keine SS-Runen oder Ähnliches auf den Rücken tätowieren lassen, sondern ein Bild der 1726 bis 1743 nach einem Entwurf von Georg Bähr erbauten, im Feuersturm des 13. und 14. Februar 1945 ruinierten und schließlich 1994 bis 2005 wiederaufgebauten Frauenkirche zu Dresden.[1] Darüber steht kein Nazi-Spruch wie „Meine Ehre heißt Treue" sondern jener Beiname Dresdens, der

21.2   **21.3**

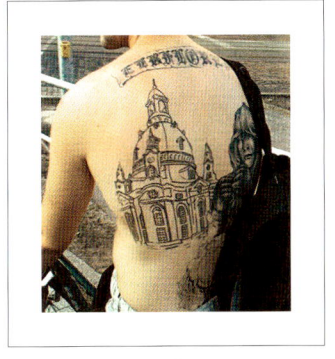

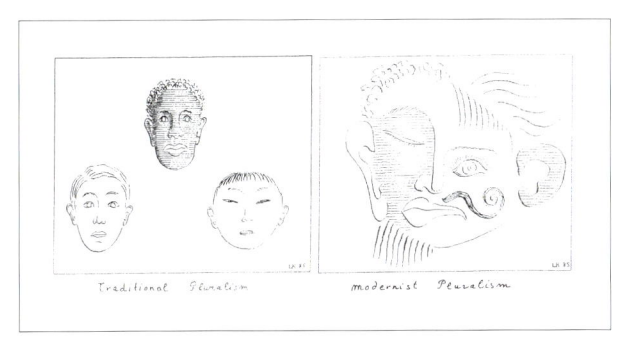

sich ab Anfang des 19. Jahrhunderts einbürgerte und bis heute dem Citymarketing der sächsischen Landeshauptstadt international voraneilt: „Elbflorenz". 21.2 Das Bild taugt als Memorandum einer bis dato kaum beachteten, aber umso bedrohlicheren Entwicklung der letzten Jahre: Architektur – genauer: rekonstruierte Architektur – scheint zu einem Schlüsselmedium der autoritären, völkischen, geschichtsrevisionistischen Rechten geworden zu sein. Und das nicht nur in Dresden. Auch in anderen deutschen Städten verbergen sich hinter den glänzenden Architekturoberflächen neu errichteter oder noch neu zu errichtender Geschichtsbilder mitunter Machenschaften von Rechtsradikalen, die mithilfe eines scheinbar nur-ästhetischen Diskurses zunehmend politische Terraingewinne im lokalstolzen, aber teils eben auch politisch naiven Kulturbürgertum verbuchen können. Konkret: Im Anfang mindestens zweier zentraler Rekonstruktionsprojekte in Deutschland – nämlich der Garnisonkirche in Potsdam und der neuen Altstadt in Frankfurt am Main – stehen die Worte von pseudo-konservativen Revolutionären, die mithilfe vermeintlich populärer Retrobauten versuchen, ihrem politischen Umsturzprojekt einen harmlosen, konservativ-bewahrenden Anstrich zu verleihen.

Nicht nur scheint Rekonstruktionsarchitektur zu einem Schlüsselmedium der Rechten geworden zu sein, auch hat sich in den letzten Jahren die Berichterstattung über Architektur in neurechten Medien deutlich intensiviert – was nicht zuletzt daran liegen mag, dass es heute insgesamt mehr Publikationsorgane aus diesem politischen Spektrum gibt als etwa noch vor zwanzig Jahren. Damals konnten rechtsradikale Kunsthistoriker wie beispielsweise Richard W. Eichler[2] ihre Bücher *Die Wiederkehr des Schönen* (1984) oder *Baukultur gegen Formzerstörung* (1999) nur im Schmuddelmilieu des vom Bundesamt für Verfassungsschutz beobachteten Tübinger Grabert-Verlages veröffentlichen. Heutzutage verfügen geistesverwandte Autoren über Publikationsmöglichkeiten mit wesentlich gepflegter daherkommender Optik, völlig unbeobachtet von Verfassungsschützern.

Vor allem die 2017 erstmalig erschienene Zeitschrift *Cato*, die vom Göttinger Gymnasiallehrer und neurechten Publizisten Karlheinz Weißmann ins Leben gerufen wurde und deren Redaktion vom langjährigen *Junge-Freiheit*-Autor Andreas Lombard geleitet wird, hat sich mit den bis dato erschienenen Ausgaben zum feintuerischsten unter den neuen gegenmodernen Magazinen entwickelt. Die Zeitschrift, die sich in kulturhistorischer Planlosigkeit (oder auch in perfider Fake-News-Bereitschaft) im Untertitel „Magazin für Neue Sachlichkeit" nennt, betreibt eine systematische Verunsachlichung des kulturellen Diskurses insgesamt und des Architekturdiskurses im Besonderen. In Ausgabe 1 durfte etwa der britische Weinkenner, Schwulenhasser[3] und Feminismuskritiker Roger Scruton einen übellaunigen „Abgesang auf die narzisstische Exzentrik der Moderne" publizieren; in Ausgabe 2 folgte – flankiert von einer Hymne Weißmanns auf Peter Zumthors Bruder-Klaus-Kapelle (2005–2007) in der Eifel und einer Homestory beim notorisch resentimentgeladenen Hans-Jürgen Syberberg – eine Begehung der Humboldt-Forum-Baustelle mit Wilhelm von Boddien, dem Geschäftsführer des Fördervereins für den Wiederaufbau des Berliner Schlosses. Und in der Ausgabe 3 betreibt der luxemburgische Architekt und Albert-Speer-senior-Fan Léon Krier unter dem Titel „Berufen oder arbeitslos" entschlossen Geniekult in eigener Sache – und darf gleich auch noch eine rassistische Zeichnung aus eigener Fertigung veröffentlichen, die „modernistischen Pluralismus" als quasi „entartet" diffamiert und „traditionellen Pluralismus" als „Rasseneinheit" feiert. 21.3 Die Einstecktuchisierung verrohter Bürgerlichkeit schreitet voran.

21.2 Tätowierung „Elbflorenz" mit Dresdner Frauenkirche, Foto: unbekannt
21.3 Léon Krier, Traditioneller Pluralismus und moderner Pluralismus, Zeichnung, 1985

21.4 Pressemitteilung der AfD-Fraktion Brandenburg, „Wiederaufbau der Potsdamer Garnisonkirche muss gesichert werden!", 26.10.2016

David Irving und die Folgen

Die rekonstruktionsaffinen Programme der Pseudo-Kultiviertheit, die sowohl auf den Seiten von *Cato* wie auf dem tätowierten Rücken des mindestens lokalpatriotischen, wenn nicht neonazistischen Dresdners zu finden sind, arbeiten einem Deutschland zu, über das der Architekturtheoretiker Philipp Oswalt einmal ebenso kritisch wie mit guten Gründen geschrieben hat, dass es „nicht von einer anderen Zukunft, sondern von einer anderen Geschichte"[4] träumen würde. Man könnte auch sagen, von einem Geschichtsrevisionismus, in dem Deutschland endlich nicht mehr Täter, sondern Opfer sein soll. Als historisch folgenträchtigster Stichwortgeber dieser Umwertungsbewegung darf der Brite David Irving gelten, der in Deutschland erstmalig 1963 mit seinem Publikumserfolg *Der Untergang Dresdens* bekannt geworden ist, auf den ein Jahr später dann *Und Deutschlands Städte starben nicht* folgte. Beide Bücher dokumentieren die zentrale Idee der „kulturellen Vernichtung" im Zweiten Weltkrieg – und versuchen fälschlicherweise Großbritannien die Schurkenrolle zuzuweisen. Bei Lichte betrachtet war es aber der deutsche Bombenangriff auf Coventry vom 14. November 1940 (der den zynischen Operationsnamen „Mondscheinsonate" trug), der zum Wendepunkt des Zweiten Weltkrieges wurde insofern, als hier erstmals nicht Rüstungs- und Industrieanlagen zerstört werden sollten, sondern ein Kulturgut. Spätestens im April 1942 eskalierte dann die Situation, und Gustaf Braun von Stumm, Legationsrat im Auswärtigen Amt, gab bekannt, dass die deutsche Luftwaffe fortan jedes Gebäude in Großbritannien mit drei Sternen im *Baedeker* bombardieren werde.[5] Schon bald warnten britische Medien vor den sogenannten „Baedeker raids", also den „Baedeker-Angriffen", die die Moral der Zivilbevölkerung brechen sollten – aber genau den gegenteiligen Effekt hatten. Dass diese Dynamik schließlich im Herbst 1944 in der Zerstörung Dresdens ihren traurigen Höhepunkt finden würde, sollte daher niemanden überraschen. Auch heute nicht. Ebenso wenig Irvings weitere „Karriere" als Holocaust-Leugner, der in mehreren Ländern, darunter Deutschland, Einreiseverbote erhielt.

Auf der von Irving und anderen zusammenmontierten Klaviatur aus Geschichtsrevisionismus, Bombardement-Viktimisierung, Täter-Opfer-Umkehr und Identitätsüberschuss spielen derzeit vor allem die zahllosen rekonstruktionsaffinen Stadtbildvereine ihr Lied der architektonischen Harmonie. Ohne historische Kontextualisierung wird etwa auf der Website des Dachverbands Stadtbild Deutschland e.V. beklagt: „Als innerhalb weniger Jahre die aberwitzige Menge von 1,3 Millionen Tonnen Spreng- und Brandbomben auf die jahrhundertealten Kerne deutscher Städte herabregnete, als sich mit den resultierenden flächenhaften Feuern bauliche Zeugnisse aus bis zu 30 Generationen in Asche und Staub verwandelten und so insgesamt 97 mitteleuropäische Stadtbilder aufhörten zu existieren, war noch kein einziges der Gründungsmitglieder von Stadtbild Deutschland geboren."[6] Letzteres mag sein. Aber sollte es nicht gerade in den Verantwortungsbereich jüngerer Generationen gehören, nach den historischen Voraussetzungen zu fragen, die zu den Zerstörungen führten, statt einen Opfermythos zu perpetuieren? Es verwundert nicht, dass die geschichtsrevisionistische Großwetterlage, die sich auf der Website von Stadtbild Deutschland als vergangenheitsseliger Architekturpopulismus entlädt, auch Rechtspopulisten ein Podium bietet. So hat Harald Streck, Vorstandsmitglied des Vereins und bis April 2018 auch dessen Bundesvorsitzender, die „Erklärung 2018" mitunterzeichnet, in der Andreas Lombard und Karlheinz Weißmann gemeinsam mit Michael Klonovsky (dem persönlichen Referenten des AfD-Politikers Alexander Gauland), Dieter Stein (Gründer, Chefredakteur und Geschäftsführer der *Jungen Freiheit*) und anderen Rechten gegen „illegale Masseneinwanderung" wettern. So postet auch Markus Rothhaar, bis Ende April 2018 Bundesvorstand des Vereins und im Hauptberuf Inhaber der Stiftungsprofessur für Bioethik an der Katholischen Universität Eichstätt-Ingolstadt, in sozialen Medien bevorzugt Artikel aus *Tichys Einblick*, kritisiert Diversitätskonzepte in Unternehmen, beklagt den kritischen Umgang mit Rolf Peter Sieferles rechtsradikalem Spätwerk und schimpft über den „Mehltau von Gesinnungsschnüffelei, Denunziation und Pseudomoralismus", den Angela Merkel und ihre „Handlanger aus Presse, Kirchen und Politik über das Land gelegt" hätten.

Der Nexus von rechtem Gedankengut, Geschichtsrevisionismus und Rekonstruktionsengagement kann besonders gut bei dem vom Stadtbild Deutschland e.V. vehement unterstützten Wiederaufbauprojekt der Garnisonkirche in Potsdam nachvollzogen werden. **21.4** Das 1735 durch Johann Philipp Gerlach erbaute, im Zweiten Weltkrieg stark zerstörte und im Jahre 1968 dann abgerissene Gotteshaus war in der DDR zum „Symbol des deutschen Militarismus" avanciert – auch weil die Kirche in der Weimarer Republik in nationalistischen, antidemokratischen und rechtsradikalen Kreisen äußerst beliebt war[7] – und sie entsprechend am 21. März 1933 zum Ort des berüchtigten Hitler-Hindenburg-Handschlags, also zur Allianzstätte von Nationalsozialisten und konservativen Deutschnationalen auserkoren wurde. Das Rekonstruktionsvorhaben geht auf Aktivitäten der Iserlohner Traditionsgemeinschaft Potsdamer Glockenspiel e.V. und ihres ehemaligen Vorsitzenden Max Klaar zurück, einem Oberstleutnant a. D., der ab Mitte der 1980er Jahre nicht nur das Glockenspiel der Garnisonkirche nachbauen ließ, um es 1991 dann offiziell der Stadt Potsdam in einem Festakt zu überreichen, sondern auch sechs Millionen Euro für die Komplettrekonstruktion der Garnisonkirche sammelte – aber bitte „nicht für eine, in der Schwule getraut oder Kriegsdienstverweigerer beraten werden".[8] Klaar, der wiederholt die Schuld Deutschlands am Ausbruch des Zweiten Weltkriegs infrage stellte und mit seinem Verband deutscher Soldaten und der Zeitschrift *Soldat im Volk* vom Bundesverteidigungsminister als rechtsextrem eingestuft wurde, zog sich zwar 2005 aus dem Rekonstruktionsprojekt zurück,

21.5

21.5 Haus Esslinger, Frankfurt am Main, Foto: 2018

aber erfolgreich war er dennoch. Seit 2017 ist die Kirche im Bau – gestützt von einer breiten Koalition in Kirchen, Politik, Wirtschaft und öffentlichem Leben. Wissenschaftlich begleitet wurde das Rekonstruktionsvorhaben unter anderem vom Kunsthistoriker Peter Stephan, der 2015 als Professor für Architekturtheorie und Geschichte der Architekturtheorie der Fachhochschule Potsdam ein Symposium zur Garnisonkirche durchführte – in Kooperation mit der Stiftung Garnisonkirche Potsdam und der Fördergesellschaft für den Wiederaufbau. Stephans politische Positionen sind seit einem *ARCH+*-Artikel des Verfassers dieses Aufsatzes bekannt, in dem die Facebook-Publizistik des Wissenschaftlers publik gemacht wurde, die von Pegida-Verstehertum, Kreuzzüge-Verharmlosung sowie Islamhass geprägt ist und sich unter anderem gegen eine „linke Gesinnungsdiktatur", gegen die „Scheiße" einer frauen- und migrantenfreundlichen Sprache richtet.[9]

Die neue Frankfurter Altstadt: die Initiative eines Rechtsradikalen

Während in Potsdam mit der Garnisonkirche die Initiative eines Rechtsradikalen nur zu einem (wenngleich höchst symbolischen) Einzelbau führt, führte sie in Frankfurt am Main mit der neuen Altstadt zum zentralen Stadtteil der wichtigsten kontinentaleuropäischen Finanzmetropole. 21.5 Denn es war Claus Wolfschlag, der 1966 geborene völkische Autor der Neuen Rechten – auch er hat die „Erklärung 2018" mitunterzeichnet –, der zwar seine seriöse Seite mit sporadischen Veröffentlichungen in der *Frankfurter Allgemeinen* und der *Offenbach-Post* zu wahren versucht, aber seine ersten Aufsätze Ende der 1980er Jahre in der NPD-nahen Zeitschrift *Europa* veröffentlichte, der seitdem in stramm rechten Blättern wie der *Jungen Freiheit*, den *Burschenschaftlichen Blättern*, der *Preußischen Allgemeinen Zeitung* oder auch in Götz Kubitscheks rechtsradikaler *Sezession* publiziert und offene Antisemiten-Blätter wie *Zur Zeit*[10] sowie die nationalrevolutionär bis rechtsextrem orientierten Zeitschriften *Wir selbst* beziehungsweise *Volkslust* mit eigenen Beiträgen beliefert – dieser Claus Wolfschlag war es, der im August 2005 als Fraktionsmitarbeiter jenen Antrag Nr. 1988 der Freien Wähler BFF (Bürgerbündnis für Frankfurt) formulierte und seinem Stadtverordneten Wolfgang Hübner überreichte, damit dieser ihn im Stadtparlament einreiche.[11] Dieser Antrag wurde im Stadtparlament zwar mit breiter Mehrheit abgelehnt, jedoch beschreibt er genau das, was ab 2006 die schwarz-grüne Koalition auf den parlamentarischen Weg brachte und heute nun gebaut ist. In der Folge wurde 2006 der BFF-nahe Verein Pro Altstadt e.V. gegründet (unter dem Vorsitz von BFF-Mitglied Cornelia Bensinger und heute ein sogenannter „befreundeter Verein" von Stadtbild Deutschland e.V.), sodann der kurz zuvor noch preisgekrönte Wettbewerbsentwurf für das Areal von KSP Engel und Zimmermann gekippt – und nach und nach der Weg frei gemacht für die Rekonstruktion von fünfzehn Altstadthäusern zwischen Dom und Römer. Die Website von Pro Altstadt e.V. benennt Wolfschlag und Hübner heute als „Väter der Wiederaufbau-Initiative".[12] 21.1 Auf die Frage, ob er sich als „Vater der neuen Altstadt" sieht, antwortete Wolfschlag kürzlich, für ihn habe das Ganze wie eine Gaswolke in der Luft gelegen, die er nur noch zu entzünden brauchte.

Wolfschlags zündende Idee hatte leichtes Spiel in einer Metropole, in der Musealisierungs- und Historisierungstendenzen in der Altstadt schon um 1900 einsetzten.[13] Nach 1945 war es vor allem die 1951 abgeschlossene Rekonstruktion des Goethehauses durch Theo Kellner, die als „Schlüsselbau lokaler und nationaler Selbstverortung nach der ‚Stunde Null'"[14] gelten darf. Walter Dirks, Mitherausgeber der *Frankfurter Hefte*, gehörte zu den artikuliertesten Gegnern dieser Rekonstruktion. Er begründete seine ablehnende Haltung damit, dass nur die Schicksalsannahme goethewürdig sei; dass es entscheidend sei, „die Kraft zum Abschied [zu] haben, zum unwiderruflichen Abschied"; dass man „sich selbst und niemanden in frommer Täuschung vorschwindeln" sollte, das Haus sei „eigentlich doch da".[15] Hinter Dirks Haltung stand – aus heutiger Sicht völlig zu Recht – die Sorge, dass man mit einer Rekonstruktion die Spuren des Nationalsozialismus und damit auch der eigenen Schuld löschen wollte.[16] 30 Jahre später ging Frankfurt erst so richtig in die geschichtsrevisionistischen Vollen, und zwar mit der Rekonstruktion der Ostzeile des Römerbergs (1981–1983). Unter größtem Protest vieler Architekten und Denkmalpfleger und auf dünnster bauhistorischer Informationsgrundlage entstand ein Quartier teils frei erfundener Geschichtssimulation. Das Frankfurt unter Oberbürgermeister Walter Wallmann zwischen 1977 und 1986, in das die Komplettierung der Ostzeile fällt, brachte den ersten Versuch einer westeuropäischen Stadt hervor, das Lokale mittels historisierender Referenzen in den Dienst einer globalen Standortpositionierung zu stellen.[17]

Eine neoliberale Standortpositionierung, die derzeit Gefahr läuft, gleichsam durchzudrehen. Denn mit ihr könnten illiberale Ideologeme in den Mainstream vermeintlich kultursinniger Stadtbürgerlichkeit eingespeist werden. Für nichts anderes steht Wolfschlags Architekturtheorie, die zusammengefasst in einem längeren Aufsatz vorliegt, und zwar in „Heimat bauen" aus dem Jahre 1995. In dem Text, der in dem vom ehemaligen NPD- und DVU-Funktionär Andreas Molau herausgegebenen Sammelband *Opposition für Deutschland* erschienen ist (und in dem u.a. der Stuttgarter Rechtsextremist und Bauunternehmer Hans-Ulrich Kopp (Lautenschlager und Kopp),

21.6

der Münchner NPD-Aktivist Karl Richter und der Holocaust-Leugner und Neonazi Germar Rudolf mit Einlassungen vertreten sind), plädiert Wolfschlag für eine Aufwertung des Architekturthemas in rechten und rechtsradikalen Kreisen: „[…] wer von Volk und Heimat reden will, kann von der Architektur (in und mit welcher das Volk ja schließlich lebt) wohl nicht schweigen."[18] Im Folgenden schimpft er über die „Asyllobby" und „die herbeigewünschten fremden Völker"[19] – und empfiehlt einen sofortigen Stopp von Neubauten: „Jede weitere Bautätigkeit versiegelt zusätzlich ökologisch wertvolles Grünland oder fördert zumindest die weitere Verstädterung des deutschen Siedlungsgebietes."[20] Moderne Architektur lehnt Wolfschlag grundsätzlich ab, vor allem „weil sie sich der Erde" schäme: „Eine menschliche Architektur möchte ihre Verwurzelung mit der Erde wieder sichtbar machen."[21] Wenngleich Wolfschlag mit historisierenden Modellstädten wie dem von Léon Krier für Prince Charles erbauten Poundbury in Dorset durchaus sympathisiert, sieht Wolfschlag die Zukunft des Bauens nicht in einem krierschen Klassizismus – der ist ihm dann doch zu internationalistisch – sondern in einer national gesinnteren Formensprache: „Großdenkmale wie das Leipziger Völkerschlachtdenkmal von 1913, zahlreiche Bismarck-Türme, die am organischen Jugendstil ausgerichteten Tempelentwürfe des Malers Fidus oder die in der NS-Zeit fertiggestellte Ordensburg Vogelsang von Clemens Klotz können als Anregungen dienen, wie eine sorgfältig platzierte, nicht antikisierende Monumentalität aussehen kann. Wuchtige Natursteinblöcke, die wie ein frühzeitiges Hünengrab in die Landschaft herauszustrahlen scheinen. Rundungen und Höhlen passen eher in nordische Gefilde als glatte marmorne Pfeilerreihen."[22] Exakt zehn Jahre später, im Altstadt-Rekonstruktionsantrag der BFF-Fraktion im Römer, schluckte derselbe Ideologe Kreide und warb erfolgreich für eine „Stadtheilung", für die Rückgewinnung einer Frankfurter „Seele" – um dann in einem 2007 erschienenen Artikel in der Quartalszeitschrift *Neue Ordnung*, die das Dokumentationsarchiv des österreichischen Widerstandes im Rechtsextremismus verortet, wieder deutlicher zu werden. Unter dem Titel „Rekonstruktion. Zur Wiedergewinnung architektonischer Identität" ruft Wolfschlag zum Ende des „Schuldkultes" mithilfe einer „Wiedergewinnung des historischen Bauerbes" auf.[23]

Eindimensionales Heile-Welt-Gebaue

Um Missverständnissen vorzubeugen: Es geht hier weder um einen Aufruf zum Abriss von Fachwerkhäusern[24] noch darum, allen Unterstützern von Rekonstruktionen rechtes Gedankengut zu unterstellen. Ebensowenig geht es darum, Rekonstruktionen als solche zu skandalisieren. Rekonstruktionen im Sinne von Wiederherstellungen nach Katastrophen und Kriegen sind eine historische Selbstverständlichkeit. So brachte der Wiederaufbau nach dem Zweiten Weltkrieg eine beachtliche Bandbreite verschiedenster kulturell überzeugender Rekonstruktionsformen hervor,[25] von denen gerade die „Kompromissformen"[26] zwischen den beiden Extrempositionen „idealisierende Rekonstruktion" und „Abriss

21.6 Johannes Krahn, Wiederaufbau der Paulskirche, Treppenaufgang, Zeichnung, 1946

21.7

21.8

von Kriegsruinen und moderner Neubau" – denkt man etwa an Rudolf Schwarz' Paulskirche in Frankfurt am Main (1947–1948) oder an Hans Döllgasts Alte Pinakothek in München (1946–1957) – zu Meisterwerken von bleibendem Wert führten. **21.6/21.7** Nicht zuletzt auf diese Vorbilder berief sich denn auch das Team um David Chipperfield bei der Rekonstruktion des Neuen Museums in Berlin (1997–2009), mit der der gänzlich zerstörte Nordwestflügel und der Südostrisalit in enger Anlehnung an die ursprünglichen Volumina und Raumfolgen neu errichtet und die erhaltenen Bauteile restauriert und ergänzt wurden. Entstanden ist ein virtuoses Amalgam von Vergangenheit und Gegenwart, das die Brüche der Geschichte sichtbar hält und auch künftigen Generationen komplexes Anschauungsmaterial für die Diskontinuitäten der Zeitläufte bietet. **21.8** Ganz anders die neue Frankfurter Altstadt. Zu skandalisieren ist hier, dass die Initiative eines Rechtsradikalen ohne nennenswerte zivilgesellschaftliche Gegenwehr zu einem Stadtviertel mit scheinbar bruchlosen Wiederholungsarchitekturen führte; historisch informiertes Entwerfen verkommt hier zum unterkomplexen Heile-Welt-Gebaue, das der Verblödung seiner Liebhaber zuarbeitet, indem es Geschichte auf ein eindimensionales Wunschkonzert reduziert. Vergangenheit soll für dieses Publikum wie geschmiert laufen, und zwar in Richtung einer alternativen Historie für Deutschland. Einer Historie, in der der Nationalsozialismus, die deutschen Angriffskriege und der Holocaust maximal Anekdoten zu werden drohen.

21.7 Hans Döllgast, Wiederaufbau der Alten Pinakothek, München, 1946–1957, Foto: 2012

21.8 David Chipperfield, Rekonstruktion des Neuen Museums, Berlin, 1997–2009, Foto: 2009

1. Dieser Artikel ist die Langfassung eines Aufsatzes, der am 8.4.2018 unter dem Titel „Wir haben das Haus am rechten Fleck gebaut" in der *Frankfurter Allgemeinen Sonntagszeitung* erschien. Auf die Veröffentlichung folgte ein Shitstorm des Rekonstruktionsmilieus, der unter anderem auf der rechtsradikalen Website *PI-News / Politically Incorrect* und dem Blog von Claus Wolfschlag sowie dem rechtspopulistischen Magazin *Tichys Einblick* entfesselt wurde. Vgl. Hübner, Wolfgang, „Neue Altstadt in Frankfurt: Sind schönere Städte ‚rechtsradikal'? Zum Denunziationsversuch eines Modernisten", *PI-News*, 9.4.2018, http://www.pi-news.net/2018/04/neue-altstadt-in-frankfurt-sind-schoenere-staedte-rechtsradikal/ (30.5.2018); Wolfschlag, Claus, „Frankfurts Neue Altstadt – Das Herz am rechten Fleck. Eine Antwort.", 9.4.2018, https://clauswolfschlag.wordpress.com/2018/04/09/frankfurts-neue-altstadt-das-herz-am-rechten-fleck-eine-antwort/ (30.5.2018); Tichy, Roland, „Jagd auf Rechte: Jetzt sind die Fachwerkhäuser dran!", *Tichys Einblick*, 12.4.2018, https://www.tichyseinblick.de/tichys-einblick/jagd-auf-rechte-jetzt-sind-die-fachwerkhaeuser-dran/ (30.5.2018); Wolfschlag, Claus, „Trüby, Oswalt, Sauerbrei und ARCH+ – eine weitere Antwort zur modernistischen Seilschaft", 11.5.2018, https://clauswolfschlag.wordpress.com/2018/05/11/trueby-oswalt-sauerbrei-und-arch-eine-weitere-antwort-zur-modernistischen-seilschaft/ (30.5.2018). Die Tageszeitung *Die Welt* reagierte mit zwei Artikeln und die Wochenzeitung *Junge Freiheit* führte ein Interview mit Claus Wolfschlag. Vgl.: Guratzsch, Dankwart, „Ist Fachwerk faschistisch?", *Die Welt*, 23.4.2018; Poschardt, Ulf, „Fachwerk ist antifaschistisch", *Die Welt*, 4.5.2018; Wolfschlag, Claus, „‚Mit Disneyland hat das nichts zu tun'", *Junge Freiheit,* 2018, H. 21, 18.5.2018.
2. Der Kunsthistoriker Richard W. Eichler (1921–2014) war während des Nationalsozialismus als Lektor für Hans F. K. Günther, Paul Schultze-Naumburg und Wolfgang Willrich tätig. In den 1980er Jahren schrieb er Beiträge für das rechtsextreme, neuheidnische Thule-Seminar und bekam 1990 den *Dichtersteinschild* des rechtsextremen Vereins Dichterstein Offenhausen verliehen.
3. In seinem Essay „Sexual morality and the liberal consensus" (1989) bezeichnet Roger Scruton Homosexualität als Perversion. Er glaubt argumentieren zu können, dass Homosexuelle an keinen sozial stabilen Zukünften von Gesellschaft mitbauen können, da sie keine Kinder zeugen wollen. Vgl. https://en.wikipedia.org/wiki/Roger_Scruton (30.5.2018)
4. Oswalt, Philipp, *Stadt ohne Form, Strategien einer anderen Architektur*, München u.a. 2000, S. 56.
5. Grayling, A. C., *Among the Dead Cities*, London 2006.
6. https://stadtbild-deutschland.org/anliegen-und-leitbild/ (30.5.2018)
7. Grünzig, Matthias, *Für Deutschtum und Vaterland. Die Potsdamer Garnisonkirche im 20. Jahrhundert*, Berlin 2017.
8. Weidner, Anselm, „Kirchlicher Glanz für militärisches Gloria", *die tageszeitung*, 13.10.2012, http://www.taz.de/!550903 (30.5.2018)
9. Trüby, Stephan, „Rechte Räume – Über die architektonische ‚Metapolitik' von Rechtspopulisten und -extremisten in Deutschland", in: *ARCH+ 228: Stadtland – Der neue Rurbanismus*, April 2017, S. 154–161. Wenige Tage nach Erscheinen des Artikels löschte Peter Stephan seinen Facebook-Account.
10. Das Blatt schrieb 1999 von Adolf Hitler als „großem Sozialrevolutionär", der am Ausbruch des Zweiten Weltkriegs keine Schuld hätte, Winston Churchill sei der Schuldige. Im Jahr 2000 wurde unter dem Pseudonym Norbert Niemann ein „Ende der Vergangenheitsbewältigung" gefordert; auch wurde der Eindruck vermittelt, dass die Juden für den Antisemitismus verantwortlich seien. Vgl. https://de.wikipedia.org/wiki/Zur_Zeit (21.3.2018)
11. Für die Hinweise zum BFF-Antrag, seinem Verfasser Claus Wolfschlag und der Gründung des Vereins Pro Altstadt danke ich Philipp Sturm. Er führte gemeinsam mit Moritz Röger Gespräche mit Wolfgang Hübner am 15.1.2018 und mit Claus Wolfschlag am 31.1.2018.
12. http://www.pro-altstadt-frankfurt.de/index.php/wiederherstellung (30.5.2018)
13. In den 1920er Jahren etwa wurde die Frankfurter Altstadt zum kompensatorischen Pendant des „Neuen Frankfurts" vor den Toren der Stadt. Vgl. Welzbacher, Christian, *Durchs wilde Rekonstruktistan. Über gebaute Geschichtsbilder*, Berlin 2010, S. 49.
14. Welzbacher 2010, S. 63.
15. Rodenstein, Marianne, „Goethehaus, Frankfurt am Main", in: Nerdinger, Winfried (Hg.), *Geschichte der Rekonstruktion. Konstruktion der Geschichte*, München 2010, S. 434.
16. Ebenda.
17. Bideau, André, *Architektur und symbolisches Kapital. Bilderzählungen und Identitätsproduktion bei O.M. Ungers*, Bauwelt Fundamente 147, Basel 2011, S. 90.
18. Wolfschlag, Claus, „Heimat bauen. Für eine menschliche Architektur", in: Molau, Andreas (Hg.), *Opposition für Deutschland. Widerspruch und Erneuerung*, Berg am See 1995, S. 113–152, hier: S. 114.
19. Ebenda, S. 115.
20. Ebenda.
21. Ebenda, S. 127.
22. Ebenda, S. 134.
23. Wolfschlag, Claus, „Rekonstruktion. Zur Wiedergewinnung architektonischer Identität", in: *Neue Ordnung*, 2007, H. 1, S. 25.
24. Dem Verfasser wurde dies in einer bewusst desinformierenden Replik auf „Wir haben das Haus am rechten Fleck gebaut", *Frankfurter Allgemeine Sonntagszeitung*, 8.4.2018 von Roland Tichy unterstellt. Vgl. Tichy, Roland, „Jagd auf Rechte. Jetzt sind die Fachwerkhäuser dran!", *Tichys Einblick*, 12.4.2018, https://www.tichyseinblick.de/tichys-einblick/jagd-auf-rechte-jetzt-sind-die-fachwerkhaeuser-dran/ (30.5.2018)
25. Falser, Michael S., „Trauerarbeit in Ruinen. Kategorien des Wiederaufbaus nach 1945", in: Braum, Michael und Ursula Baus (Hg.), *Rekonstruktion in Deutschland. Positionen zu einem umstrittenen Thema*, Basel 2009, S. 60.
26. Ebenda.

WIE DIE GLUCKE ÜBER DEN KÜKEN – EIN RAHMEN FÜR DEN FRANKFURTER DOMTURM

Martin Mosebach

22.1 Kaiserdom St. Bartholomäus, Frankfurt am Main, Luftbild: ca. 1935

Lange Zeit habe ich den Raum zwischen Dom und Römer als leere sandige Fläche erlebt. Nirgendwo war die Zerstörung der Stadt im Zweiten Weltkrieg so gegenwärtig wie gerade hier, und zugleich war auch klar, warum der sonst ungebremste Wiederaufbau der Stadt, der sorglos auch die erbärmlichsten Lösungen zuließ, hier bei der Keimzelle von Frankfurt innehielt. Den leeren Raum begrenzten im Westen das Rathaus mit seinem berühmten Treppengiebel, mit den alten Messehallen im Erdgeschoss, über denen die römisch-deutschen Kaiser ihr Krönungsmahl hielten, und im Osten der Kaiserdom, in dem eben diese Kaiser gewählt und gekrönt worden waren. Zwischen diesen numinosen Bauten waltete der neugekrönte Kaiser zum ersten Mal seines Amtes, denn die Prozession unter einem Baldachin wurde in dieser sakralen Monarchie als eine Amtshandlung begriffen, in welcher der Kaiser von seinem Reich Besitz ergriff.

Frankfurt hatte in den Wiederaufbaujahren besonders entschlossen die Last der Geschichte abgeworfen; bis in die achtziger Jahre schien es, als wollten die Stadtväter die Stadt gewissermaßen als Neugründung betrachten und sähen die von den Bomben verschonten Überreste eigentlich nur als zu beseitigende Hindernisse an. Respekt oder gar Scheu vor der Vergangenheit waren dieser Gesinnung fremd – umso unerklärlicher, dass man so lange davor zurückschreckte, die große Wüste zwischen Römer und Dom in derselben Weise auszufüllen wie in allen anderen Quartieren der untergegangenen Altstadt. Es entspricht übrigens geradezu den Gesetzen der Geschichte, dass diese Altstadt in ihrer einzigartigen Qualität nur knapp vor ihrer Vernichtung erkannt worden war. Im 19. Jahrhundert war sie, wie viele Altstädte Europas, ein Slum; erst kurz bevor sie in Schutt und Asche gelegt wurde, war sie restauriert und gerettet worden. Eine Aktion, die mit dem Kunsthistoriker Fried Lübbecke verbunden war und ihm den Ehrentitel „Altstadt-Vater" eingetragen hat. Seines Namens sollte gerade jetzt, angesichts der Rekonstruktionen, die im Grunde eine Fortsetzung seines Werkes sind, dankbar gedacht werden.

Ich muss bekennen, dass ich höchst skeptisch war, als man begann, das Vorhaben zu diskutieren, Teile des Altstadtgefüges zwischen Dom und Römer zu rekonstruieren. Das irgendetwas geschehen musste, um die Riesenwunde vernarben zu lassen, war offensichtlich. Das kostbarste Bauwerk Frankfurts, der Domturm von Madern Gerthener, diese in Stufen aufsteigende Skulptur mit dem die Kaiserkrone darstellenden Helm, war von dem brutalistischen Betongebirge des Technischen Rathauses um seine Wirkung gebracht worden – es gehört zu meinen Jugenderinnerungen, als Schüler gegen diesen Bau Unterschriften gesammelt zu haben, ein damals verlorener Kampf. Aber selbst wenn man beim Anblick dieser Gebäudemassen mit den neckisch Altstädtisches zitierenden Schieferdächern davon träumen durfte, sie eines fernen Tages wieder verschwinden zu sehen – weil die erdrückenden Volumina der zeitgenössischen Architektur oft eben keine lange Lebensfähigkeit besitzen –, kam mir die Vorstellung, man könne wenigstens andeutungsweise einen Eindruck von dem kleinteiligen Altstadtgeschiebe zu Füßen des Turms wiederherstellen, aussichtslos vor. Ein Schloss, eine Kirche mit überlieferten Bauzeichnungen von der Hand namhafter Architekten – gewiss, das konnte man wiederaufbauen, so dachte ich. Aber das kollektive Werk vieler Generationen, kleine Häuser, die in Jahrhunderten unzählige Veränderungen erfahren hatten, in der Enge des mauerumgrenzten Raums ineinander gedrückt, miteinander verfilzt, das war, wenn es einmal abgebrannt war, unwiederbringlich verloren. Und zugleich war es ja dies ineinander verzahnte Gebilde schmaler spitzgiebliger Häuser, welches das Meisterwerk, der Domturm, als Umgebung forderte. In der Vergangenheit war der Turm immer wieder verglichen worden mit einer Glucke, die über ihren Küken die Flügel ausbreitet – nah an seine Massivität herangerückte Kleinteiligkeit war der Rahmen, der ihm allein entsprach. Eine dem Maßstab des Turms entsprechende Bebauung rund um den Dom musste diese dichte Kleinteiligkeit haben, genau das, was der zeitgenössischen Architektur am allerschwersten fällt. Sie denkt nun einmal in großen und übergroßen Maßen, weiten Plätzen und breiten Avenuen. Unmöglich an dieser Stelle – aber war eine Rekonstruktion von Altstadthäusern nicht ebenso unmöglich? Dies war ein wirkliches Problem – unlösbar, wie es schien. Gegen einen auch nur teilweisen Wiederaufbau wurden alle Argumente ins Feld geführt, die bisher gegen jedes Rekonstruktionsprojekt in Deutschland vorgebracht worden sind. Schon Goethes Geburtshaus wäre nicht wieder aufgebaut worden, hätte man den ästhetischen und politischen Bedenken, die dagegen sprachen, stattgegeben. Es gehört zu dieser Debatte, die gegenwärtig um die Potsdamer Garnisonkirche geführt wird, dass die zwingende Beweisführung stets bei den Gegnern der Rekonstruktion liegt, die oft genug dabei sind, ihren Prozess zu gewinnen. Und dass die viel weniger philosophisch und politisch beschlagenen Befürworter des Wiederaufbaus sich, gleichsam unter der Diskussion hindurchtauchend, schließlich, wenn das jeweilige Projekt endgültig begraben zu sein scheint, durchsetzen und Fakten schaffen. Dann steht plötzlich zu Stein geworden da, was eben noch für unmöglich gehalten wurde. Man kann keine Altstadt rekonstruieren – außer man tut es.

Man tat es allerdings auf eine Weise, die für die Großprojekte der Gegenwart überaus atypisch ist. Das Wachstum über Jahrhunderte konnte man nicht nachahmen, wohl aber die Mischung aus individuellem Bauen und gemeinschaftlicher Planung. Viele Köche sollten den Brei genießbar machen. Alle waren zahlreichen Vorgaben unterworfen, aber zugleich bestand das Vertrauen, dass die Hand des Einzelnen sich mehr oder weniger deutlich Sichtbarkeit verschaffen würde. Als ich von dem großen Vorhaben hörte, beunruhigte mich der Plan, das Quartier nicht vollständig zu rekonstruieren, sondern mit Neuentwürfen zu durchsetzen, die sich allerdings dem alten Kataster zu unterwerfen hatten. Solche einer Altstadt-Silhouette angenäherten Neubauten, wie sie in der ersten Phase des Wiederaufbaus auch Köln und Nürnberg versucht hatten oder in Frankfurt etwa bei dem Haus Alten Limpurg neben dem Römer entstanden sind, erhielten oft etwas Kunstgewerbliches, unsicher zwischen den tief voneinander geschiedenen ästhetischen Kategorien traditionellen und industriellen Bauens Schwankendes. Mehr als durch das einzelne besondere Haus wirkt eine Altstadt durch das Ensemble der Häuser, ihr aus Einzelbauten zusammengefügtes Ganzes – dies ist es ja gerade, was gegenwärtiges urbanes Bauen von den alten europäischen Städten zu lernen hätte – da und dort auch schon gelernt hat. Würden die Häuser, die zu zeitgenössischer Gestaltung freigegeben wurden, nicht das Zustandekommen dieses Ganzen durchkreuzen? Würden sie nicht den Eindruck einer Bauausstellung hervorrufen oder im Nebeneinander

22.2 Blick in den Krönungsweg, Frankfurt am Main, Foto: 2018

mit den rekonstruierten Häusern unwillkommene Dissonanzen entstehen lassen?

Es gehört zu den großen Überraschungen, dass dieses Nebeneinander, generell gesehen, nicht nur gelungen ist, sondern zum Gelingen des Vorhabens entscheidend beigetragen hat. Wenn von solchen Rekonstruktionsplänen die Rede ist, fällt in der öffentlichen Auseinandersetzung unweigerlich der fatale Begriff „Disneyland", und es scheint nun an der Zeit, sich von diesem Wort zu verabschieden. Wer es im Zusammenhang mit dem Dom-Römer-Quartier immer noch benutzt, beweist damit nur, dass er in seine Vorurteile verliebt ist und sich weigert, die Augen aufzumachen. Es ist eben keine aus bühnenmäßigen Mittelalter-Fantasien kompilierte Kulisse entstanden, sondern Straßen und Plätze mit zwar einigen spektakulären Bauten, aber auch mit viel städtischem Normalmaß, dessen Funktion darin besteht, Bindeglied im Raumganzen des Viertels zu sein. Die neuentworfenen Häuser zwischen den „alten" geben den Straßen ein selbstverständliches Aussehen – kein Rothenburg ist entstanden, um eine zweite Stereotype zu nennen –, sondern das Bild einer weitgehend erhaltenen, aber da und dort durch Zerstörung oder Abriss mit Lücken versehenen, im 20. und 21. Jahrhundert weitergebauten Stadt. In diesem Zusammenhang sei ein Loblied gesungen auf jene Architekten, die der Versuchung widerstanden haben, sich mit ihren Neuinterpretationen eines Altstadtbauwerks ein Denkmal zu setzen. Was manchmal wie Einfallslosigkeit aussieht, könnte auch Ausdruck guten Geschmacks sein, der, mit Bescheidenheit verbunden, genau weiß, welche Rolle es an einem bestimmten Ort und im Kontext mit anderen prominenten Gebäuden zu spielen gilt. Das Altstadtquartier bestand nicht nur aus Kostbarkeiten wie der Goldenen Waage, sondern auch aus vielen schmalbrüstigen Handwerkerhäusern – dazwischen dann die großen Warenlager für die seit dem Mittelalter in der Stadt abgehaltenen, in Zeiten zahlloser Zollschranken kaiserlich privilegierten Messen. Als dieses Viertel entstand, wurde es beherrscht von Gebäuden, die heute „Zweckbauten" genannt werden müssten, so als habe ein prachtvolles Patrizierwohnhaus nicht ebenfalls einem Zweck gedient.

Bei der Rekonstruktion der Ostzeile des Römerbergs zur Zeit des Oberbürgermeisters Wallmann, die eine wichtige Voraussetzung, vielleicht die wichtigste für das nun vollendete Werk war, hatte man das reiche Fachwerk der Häuser sichtbar gelassen – aus verständlichen Gründen, denn solche aufwendige Zimmermannsarbeit hat großen Reiz. Wie Vorkriegsfotos zeigen, ist das Fachwerk vieler Häuser der Altstadt aber nicht sichtbar, sondern verputzt gewesen. Die überlieferte Holzbauweise ist einst als nicht städtisch empfunden worden, die Häuser hatten wie Steinhäuser wirken sollen, oder sie waren über die ganze Fassade mit Schindeln bedeckt gewesen. Im Dom-Römer-Quartier, das zu großen Teilen aus kunstgerechten Fachwerkbauten besteht, hat man nun immer wieder ein solches Fachwerkhaus in alter Weise verputzt und das tut der Wirkung des Ganzen gut; man hat die Postkarten- und Weihnachtsmarkt-Romantik bewusst gedämpft, denn die Leute, die hier wohnen werden, suchen eine historische, aber nicht eine theatralische Atmosphäre.

Das ungeplante, durch die strangulierenden Mauerringe allerdings doch stark in Form gebrachte Wachstum der Frankfurter Altstadt ist im Wiedererstehen schon beinahe nachgeahmt worden. Zwei Großbauten auf dem Terrain hätte man mit Gewissheit nicht in der Form errichtet, die sie heute haben, wenn die Altstadtplanung schon Realität gewesen wäre: die Schirn Kunsthalle und das Haus am Dom. Als sei dies nicht schon Korsett genug für die

Rekonstruktion gewesen, wurde auch noch ein Stadthaus von gegenwärtig nicht deutlicher Funktion für notwendig befunden. Seine blasse „Altstadt"-Fassade bedrängt nun die dadurch geradezu zerbrechlich wirkende Goldene Waage, das Prunkstück des ganzen Areals, das von der anderen Seite durch das wenig inspirierte massive Haus am Dom in die Zange genommen wird. Auch an anderer Stelle gibt es unglückliche Zusammenstöße, gewiss, aber wenn ich hier nicht weiter darauf eingehe, dann nur deshalb, weil das große Ganze in einem nur unbegreiflich zu nennenden Sieg über viele Unwahrscheinlichkeiten so außerordentlich geglückt ist. Das Prinzip der vielen Köche hat den Brei eben nicht verdorben – es dürfte auch für die Stadtplanung ganz neuer Quartiere „auf der grünen Wiese", das neue Viertel an der A5 etwa, beispielhaft sein und ein Studienobjekt werden. Die strengen Vorgaben für die neue Architektur im Dom-Römer-Gebiet haben zum Teil Großartiges hervorgebracht. Das Haus Schönau sei hier erwähnt, auf winzigem Grundriss mit seiner gewellten Schieferfassade, der Große Rebstock, der einen U-Bahn-Zugang verbirgt, ein geradezu klassischer Bau, und der Glauburger Hof mit seiner Fassade aus geschliffenem Beton, der in seinem Giebel in großen Buchstaben die geistreiche Umkehr des berühmten Schiller-Zitats aus dem *Wilhelm Tell* trägt: „Das Neue stürzt und altes Leben wächst aus den Ruinen." Das konnte man in der Braubachstraße in den Monaten erleben, als das Riesengebirge des Technischen Rathauses abgetragen wurde. Verblüfft erfährt man nach einem langen Rundgang durch das neue Quartier, dass die ganze vielgestaltige Komposition, dieses Denkmal für die untergegangene Frankfurter Altstadt, nicht größer ist als der Waschbetonkoloss es war, der sich gerade noch an dieser Stelle erhoben hat wie für die Ewigkeit gebaut.

22.3

22.3 Blick vom Dom auf die Altstadt, Frankfurt am Main, Foto: ca. 1935

ALTSTADT, THE GAME

Andreas Maier

23.1 Hühnermarkt, Frankfurt am Main, Foto: 2018

Historische Rekonstruktionen können einen jeweils verschiedenen Sinn beinhalten. Das betrifft einerseits die zuvor der Rekonstruktion oder Neukonstruktion zugrunde gelegte Idee, also das Telos der Planer oder derer, die sich für einen Wiederaufbau ausgesprochen haben. Das betrifft ebenso die nachträgliche Interpretation durch die in der Öffentlichkeit meinungsführende Mehrheit oder durch Einzelpersonen (beispielsweise mich). Ursprüngliches Telos und nachträgliche Interpretationen können mehr oder minder kongruieren beziehungsweise auseinanderklaffen.

Nehmen wir als Beispiel von kleinerem Format die Römerberg-Ostzeile. Weil sie nicht als wichtig und staatstragend gilt, konnten hier stets unterschiedlichste Kommentare ins Kraut schießen, ohne dass die jeweilige Sprecherin oder der jeweilige Sprecher größere Anwürfe befürchten musste. Die Frankfurterinnen und Frankfurter haben ja ein ungebrochenes Verhältnis zur Ostzeile des Römers, weil sie sie in architektonischer Hinsicht – zu Recht: Die Fassaden sind teilweise frei erfunden, die Deckenhöhen angeglichen, die rückwärtige Front des Komplexes besteht aus einem reinen Betonbau – gar nicht ernstnehmen. Vordergründig sollte die Zeile „Vergangenheit herstellen" und den alten Platz wieder sichtbar machen, überhaupt dem Römerberg auf ihrer Seite die ehemals gewohnte Struktur zurückgeben, Platzstruktur und Fassadengesicht. Sie nimmt zwar einen exponierten, aber nur kleineren Teil in einem Ensemble ein, sie ist eine partielle Entscheidung und dadurch ein interpretatorischer Solitär. Indem wir über die Ostzeile reden, sprechen wir weder über den gesamten Römerberg noch über die Altstadt. Sondern immer nur über die Ostzeile selbst. Das rettet sie. Man kann diese Zeile erklären und gutheißen, ohne sie als Architektur wertschätzen zu müssen, und gerade das begründet ihre allgemeine Akzeptanz seitens der Bevölkerung. Man sieht: Bei der Rezeption der Ostzeile des Römerbergs könnte es sich um ein ziemlich dialektisches Angelegenheits-Ding handeln.

Ich möchte zwei Beispiele nennen, bei denen das Telos der Rekonstruktion offenkundig ist und die in der Öffentlichkeit vertretene Mehrheits- sowie meine persönliche Meinung nicht weiter von der zugrunde liegenden Idee abweichen: die Warschauer Altstadt und das Knochenhaueramtshaus in Hildesheim.

Ähnlich wie bei der Römerzeile Ost handelt es sich bei der Warschauer Altstadt um keine substantielle architektonische Rekonstruktion, sondern um eine Wiederherrichtung von Fassaden und Gebäudearrangements. Bautechnisch ist das alles andere als authentisch. Die Gebäude erfahren teils gänzlich andere Nutzungen und zeigen andere Innenraumstrukturen als im Vorvernichtungszustand. Doch welche Idee lag der Entscheidung für den sogenannten Wiederaufbau zugrunde? Es ging darum, den Nationalsozialisten, die die Altstadt in Schutt und Asche gelegt haben, nicht auch *post festum* den Sieg zu überlassen, sondern zu demonstrieren, dass zumindest an dieser Stelle und in dieser einen städtebaulichen Hinsicht ihre Vernichtungspolitik zunichtegemacht und das Ausradieren wiederum ausradiert werden konnte. Diese Idee ist scharf konturiert. So eindeutig könnte man über die Wiedererrichtung der Römerberg-Ostzeile nie sprechen.

Das Knochenhaueramtshaus in Hildesheim ist ein in restauratorischer Hinsicht hochwertiges, in den 1980er Jahren so weit wie möglich mittels historischer Handwerkstechniken errichtetes Gebäude. Das Original wurde gegen Kriegsende 1945 zerstört. Über die Wiederrichtung hatte man in Hildesheim lange debattiert. Der Vorgängerbau war aus dem Bewusstsein der Einwohner nie ganz verschwunden, auch nachdem an seiner Stelle ein Hotelneubau errichtet worden war. Man kann das, und so wurde auch diskutiert, in seinen politischen und historischen Implikationen problematisch finden, diese Problematisierung ist bei fast jeder Rekonstruktion in der Bundesrepublik angebracht. Das Knochenhaueramtshaus ist nun keine bloße Fassaden(blend)kunst, sondern steht beispielhaft schräg zu fast allen anderen, handwerklich weniger gemäßen Reproduktionen. Teile der Fassade, deren figürliche Bemalung nicht mehr zu rekonstruieren war (die Windbretter), wurden zu neuer künstlerischer Gestaltung freigegeben. Dort findet sich nun zeitgenössische Malerei, die teils Krieg und Zerstörung, teils ganz anderes thematisiert. In einer Museumsetage im Gebäude wird die seit der Nachkriegszeit geführte kontroverse Diskussion um den Wiederaufbau – und nicht bloß die *post festum* durch den Wiederaufbau festgeschriebene Bedeutung des Bauwerks für die Stadt – präzise dokumentiert. Die dieser historischen Rekonstruktion zugrunde liegende Idee bestand darin, das Gebäude so wiederherzustellen, dass die Vortäuschung eines ursprünglichen Zustands vermieden und durch die Wiedererrichtung das Problematische derselben nicht getilgt, sondern vielmehr gezeigt wird. Das Gebäude vermittelt seinem Betrachter: Ich stehe hier in voller Pracht und Schönheit, aber das hat sein Für und Wider, und statt dich zu blenden und dir etwas vorzugaukeln, will ich darüber aufklären. Zum Wiederherstellen einer schönen alten Zeit bin ich nicht zu gebrauchen. In dieser Geste spiegelt sich ein nach handwerklichen, intellektuellen und moralischen Gesichtspunkten ungewöhnlich anspruchsvoller Umgang mit dem Phänomen der historischen Rekonstruktion. Es ist unmittelbar ersichtlich, dass die neu errichtete Frankfurter Altstadt nicht entlang solch klarer Linie konzipiert wurde. Sie wird in der Folge auch nicht so wahrgenommen werden. Sie ist weniger fragmentarisch als die Römerberg-Ostzeile, keiner wird sie bloß achselzuckend durchgehen lassen. Als Großprojekt ruft sie mehr Zustimmung und Identifikation oder eben Ablehnung hervor, das hat schon die dem Bau vorangegangene öffentliche Debatte bewiesen.

Die neue Altstadt soll weder durch augenscheinliche Identität mit dem Original eine Wunde tilgen wie in Warschau – das wäre auch ein katastrophaler Gedanke – noch ausschließlich historische Bautechniken vorführen, noch soll sie sich selbst didaktisch problematisieren. Stattdessen liegt diesem Projekt ein Gemenge verschiedener Kompromisse zugrunde, sein Telos ist mit der Formulierung „irgendwie so etwas wie die alte Altstadt" zu bauen vermutlich noch am präzisesten beschrieben.

Eine Zeitlang war dann die Stadt damit beschäftigt, dieses „irgendwie so wie …" näher auszuformulieren. Einige Häuser sollten exakt gemäß ihrem Zustand am 22. März 1944 rekonstruiert (also meist im verputzten und nicht im „originalen" Zustand), andere frei und neu erfunden werden. Man wollte sich am alten Straßenbild orientieren. Die neu zu erfindenden Gebäude sollten Assoziationen wie „alt" oder „historisch" vermitteln. Und das nicht allein dadurch, dass man Giebel errichtet, die alte Kubatur ausfüllt und die Traufhöhen in früherer Höhe anlegt.

Kurzum, die neue Altstadt sollte in gewissen Details die alte Altstadt sein, aber sie sollte sie zugleich auch nicht sein. Sie sollte als Komplex das Alte sichtbar machen, ohne es im Ganzen authentisch verkörpern zu müssen.

Was ist das also, was jetzt da steht, wo früher mal die Frankfurter Altstadt, die „wirkliche", stand? Man läuft dort nicht zwischen altertümelnden Fassaden herum. Sieht man von der Goldenen Waage als Prunkstück des Ensembles ab, fehlt das durchweg Überbordende der Römerberg-Ostzeile. Jedes Haus der neuen Altstadt steht merklich für sich und hat Eigengewicht. Jedes davon ist wirklich ein Haus und kein Fake, das heißt: Es ist, was es darstellt, ein Wohnhaus, teils mit Läden im Erdgeschoss.[1] Weil die frei erfundenen Bauten merklich für sich stehen und gestalterische Eigenart besitzen, vermittelt das Terrain sogar den Eindruck, nicht am Reißbrett geplant, sondern Stück für Stück gewachsen zu sein. Die Architektur dieser Häuser greift auf Versatzstücke verschiedener Epochen zurück. Wenn man genauer hinschaut, löst sich um sie herum das Raum-Zeitkontinuum auf. Manche dieser Häuser könnten ebenso gut in Prag, Bayreuth oder Colmar stehen und in verschiedenen Jahrhunderten entstanden sein.

Nehmen wir Haus Schönau, Markt 10: Es sieht unzweifelhaft aus wie ein Altstadthaus in dem Sinne, dass es in das Gesamtgefüge, das „irgendwie" Altstadt sein soll, hineinpasst. Wenn ich das Haus Schönau allerdings in einer anderen Umgebung sähe, käme ich vermutlich gar nicht auf den Gedanken, es handle sich um ein Haus, das nach einem Altstadt-Gebäude aussehen soll. Es spricht ja bis heute nichts dagegen, Giebeldächer zu bauen und mit Schiefer bis hinab in die unteren Stockwerke der Fassade zu arbeiten. Dieses Haus könnte vermutlich auch in New York stehen.

An einzelnen Häusern der neuen Altstadt finden sich Formen aus der Gründerzeit ebenso wie aus dem Jugendstil, manches wirkt fast so, als habe dem Architekt der Kubismus als Schalk im Genick gesessen. Die durchweg historischen, fotogenau rekonstruierten Fassaden laden die nichthistorischen Häuser in ihrer Nachbarschaft mit ihrer Historizität auf. Aber eben nur durch Nachbarschaft. Wenn die Altstadt in einem eindeutig ist, dann darin, dass sie historisch unbestimmt bleibt.

Also was ist denn nun diese Altstadt? Sollten wir sie einfach „neuer Stadtteil" nennen? Dann ginge der Verweis auf die alte Altstadt verloren. Sollte sie einfach „Altstadt" heißen? Das wäre auch absurd. Beschreibt „Ausstellungsgelände für Häuser mit bestimmten baulichen Vorgaben, die sich auf eine vormals existente Altstadt beziehen", was wir vor uns haben? Was werden die Menschen denken, die durch dieses Kunstgebilde laufen? Werden sie über unseren Umgang mit der Zeit und Historie reflektieren, um das Rätsel der neuen Frankfurter Altstadt zu lösen?

Schon beim ersten Gang durch die neue Altstadt hatte ich eine Assoziation. Hier wird in oft gelungener Architektur und unter Vermeidung von Langeweile und Serialität an der Aufhebung von Geschichte gearbeitet, und zwar, indem man verschiedene Teile der Architekturgeschichte wie auf einem Spielfeld gegenüberstellt und ihnen gemeinsame Spielregeln gibt (vorgegebene Kubatur, Traufhöhe, Straßenzüge, Dachform etc.). So etwas hätten wir ein, zwei Fernsehgenerationen früher noch eher auf dem Holodeck des Raumschiffs Enterprise erwartet. Dort konnte man frei erfundene historische Zustände an- und wieder ausschalten, nach Belieben zwischen ihnen wechseln und lange Zeit, manchmal über mehrere Episoden hinweg, in den zugehörigen Welten schwelgen. Auch Computerspiele wollen einen in die von den Entwicklern geschaffene Welt locken und schaffen Appetenz gerade durch deren liebevolle und detaillierte Gestaltung. Die neue Frankfurter Altstadt hat den Gedanken des Holodecks und des virtuellen Spiels in die physische Materialität geholt. Man kann nun in der Simulation leben und dort seine eigene, moderne Geschichte erleben, als Frankfurter Bürgerin und Bürger mit Kind, Beruf und alledem. „Werden Sie Altstadtbewohner in Frankfurt!" Das bildet für mich den interpretatorischen Kern des Ganzen: Das Areal ist keine Theaterkulisse, sondern eine begehbare und bewohnbare Fiktion von Vergangenheit, erschaffen nicht mit dem 3D-Drucker, sondern mit den Mitteln klassischer Baukunst, bestehend aus echten Häusern, die selten die Vergangenheit nachäffen und häufig den zeitgenössischen ästhetischen Maßstäben entsprechen. Damit unterscheidet sich die neue Frankfurter Altstadt von anderen bisherigen Rekonstruktionsprojekten. Sie ist das teuerste und modernste Game auf dem Markt.

---

[1] Anders als etwa das berüchtigte Braunschweiger Residenzschloss, das nach seiner Neuerrichtung nach außen ein Schloss darstellt, aber ein riesiges Kaufhaus (und noch andere artfremde Nutzungsweisen) birgt.

HÄUSER ZWISCHEN DOM UND RÖMER

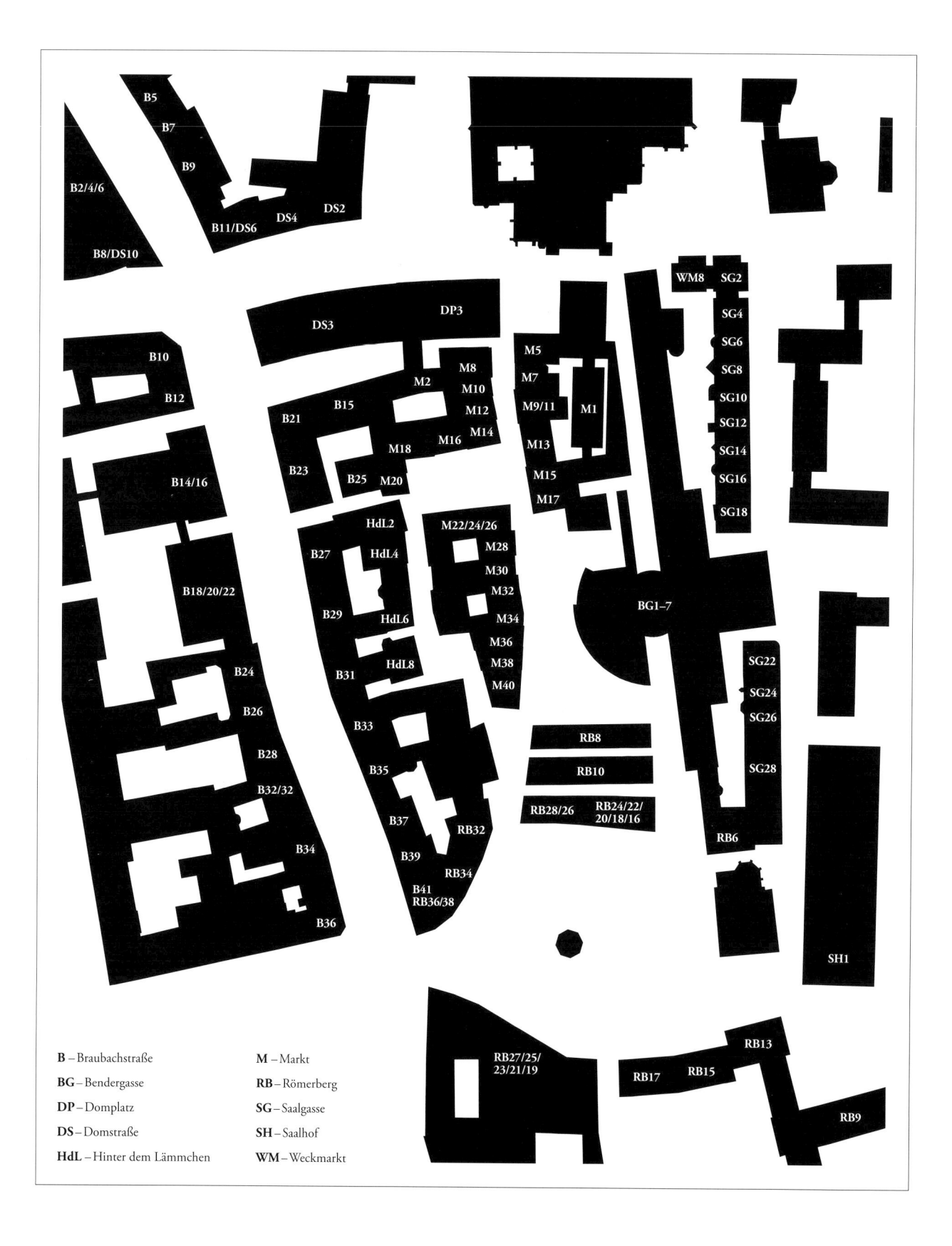

B – Braubachstraße
BG – Bendergasse
DP – Domplatz
DS – Domstraße
HdL – Hinter dem Lämmchen
M – Markt
RB – Römerberg
SG – Saalgasse
SH – Saalhof
WM – Weckmarkt

B2/4/6 – 1927, Josef H. Richter / 1991, Hans Hollein

B5 – 1913, Josef H. Richter

B7 – 1913, Josef H. Richter

B8/DS10 – 1905, Hermann Senf, Clemens Musch / 1991, Hans Hollein

B9 – 1913, Josef H. Richter

B10 – 1906, Hermann Senf, Clemens Musch / 1990, Hans-Jörg Kny, Winfried Gladis

B12 – 1925, Hermann Senf

B14/16 – 1926, Franz Roeckle, Hermann Senf

B15 – 2018, Jourdan und Müller – S. 232

B18/20/22 – 1926, Paul Vincent Paravicini

B21 – 1940, Hermann Senf / 2018, Jourdan und Müller – S. 228

B23 – 1940, Hermann Senf / 2018, Eingartner Khorrami – S. 228

B24 – 1910, Alexander von Lersner

B25 – 2018, Bernd Albers

B26 – 1910, Alexander von Lersner

B27 – 1912, Hermann Senf, Clemens Musch / 2018, Eckert Negwer Suselbeek – S. 227

B28 – 1913, Alexander von Lersner

B29 – 1911, Hermann Senf, Clemens Musch / 2018, Bernd Albers – S. 222

B30/32 – 1927, Adam Aßmann

B31 – 1914, Hermann Senf, Clemens Musch / 2018, Knerer und Lang – S. 218

B33 – 1914, Hermann Senf, Clemens Musch – S. 218

B34 – 1907, Fritz Geldmacher

B35 – 1906, Franz von Hoven / 1950er, Hochbauamt Frankfurt

B36 – 1906, Fritz Geldmacher

B37 – 1906, Friedrich Sander

B39 – 1907, Friedrich Sander

B41/RB36/38 – 1908, Friedrich Sander / 1950er, Hochbauamt Frankfurt

BG1-7 – 1986, Bangert Jansen Scholz Schultes

DP3 – 2007, Jourdan und Müller – S. 234

DS2 – 1912, Georg Wilhelm Landgrebe

DS3 – 1927, Werner Hebebrand – S. 234

DS4 – 1912, Georg Wilhelm Landgrebe

DS6/B11 – 1912, Georg Wilhelm Landgrebe

HdL2 – 2018, Denkmalkonzept – S. 200

HdL4 – 2018, DW Dreysse Architekten

HdL6 – 2018, Claus Giel – S. 224

HdL8 – 2018, DW Dreysse Architekten, Jourdan und Müller – S. 220

M1 – 2016, Meurer Architekten und cba architectes – S. 216

M2 – 2018, Meurer Architekten

M5 – 2018, Jourdan und Müller – S. 212

M7 – 2018, Helmut Riemann – S. 212

M8 – 2018, Jordi und Keller – S. 210

M9/11 – 2018, Dreibund Architekten

M10 – 2018, Ulrich von Ey – S. 208

M12 – 2018, Dreibund Architekten

M13 – 2018, Claus Giel

M14 – 2018, Götz und Lohmann – S. 206

M15 – 2018, Denkmalkonzept – S. 196

M16 – 1935, Karl Olsson / 2018, Thomas van den Valentyn – S. 204

M17 – 2018, Denkmalkonzept – S. 196

M18 – 2018, Dreibund Architekten – S. 202

M20 – 2018, Denkmalkonzept

M22/24/26 – 2018, Hans Kollhoff – S. 198

M28 – 2018, Denkmalkonzept

M30 – 2018, Morger und Dettli – S. 194

M32 – 2018, Tillmann Wagner – S. 192

M34 – 2018, Francesco Collotti – S. 190

M36 – 2018, Dreibund Architekten

M38 – 2018, Michael Landes – S. 188

M40 – 2018, Jordi und Keller – S. 186

RB6 – 1983, Klaus Peter Heinrici, Karl-Georg Geiger

RB8 – 1983, Bangert Jansen Scholz Schultes

RB9 – 1956, Ferdinand Wagner / 2017, Meixner Schlüter Wendt – S. 238

RB10 – 1983, Bangert Jansen Scholz Schultes

RB13 – 1950er, Ferdinand Wagner

RB15 – 1950er, Ferdinand Wagner

RB17 – 1950er, Ferdinand Wagner

RB24/22/20/18/16 – 1983, Ernst Schirmacher

RB27/25/23/21/19 – 1904, Franz von Hoven, Ludwig Neher / 1953, Otto Apel, Rudolf Letocha, William Rohrer, Martin Herdt

RB28/26 – 1950er, Franz Hufnagel, Rudolf Dörr / 1983, Ernst Schirmacher

RB32 – 1909, Franz von Hoven / 1964, Rudolf Letocha, William Rohrer

RB34 – 1909, Franz von Hoven / 1950er, Ferdinand Wagner

SH1 – 1972, Hochbauamt Frankfurt / 2017, LRO Lederer Ragnarsdóttir Oei – S. 236

SG2 – 1986, Bangert Jansen Scholz Schultes

SG4 – 1986, Bangert Jansen Scholz Schultes

SG6 – 1986, Peter A. Herms

SG8 – 1986, von Gerkan, Marg

SG10 – 1986, Christoph Mäckler

SG12 – 1986, Eisele + Fritz

SG14 – 1986, Detlef Unglaub, Wilhelm Horvath

SG16 – 1986, Berghof Landes Rang

SG18 – 1986, Charles W. Moore

SG22 – 1986, Adolfo Natalini/Superstudio

SG24 – 1986, Jourdan Müller Albrecht

SG26 – 1986, Fischer Glaser Kretschmer

SG28 – 1986, Klaus Peter Heinrici, Karl-Georg Geiger

WM8 – 1986, Bangert Jansen Scholz Schultes

ZU DEN DREI RÖMERN

Markt 40
frühes 18. Jahrhundert
2012–2018, Jordi & Keller Architekten, Berlin

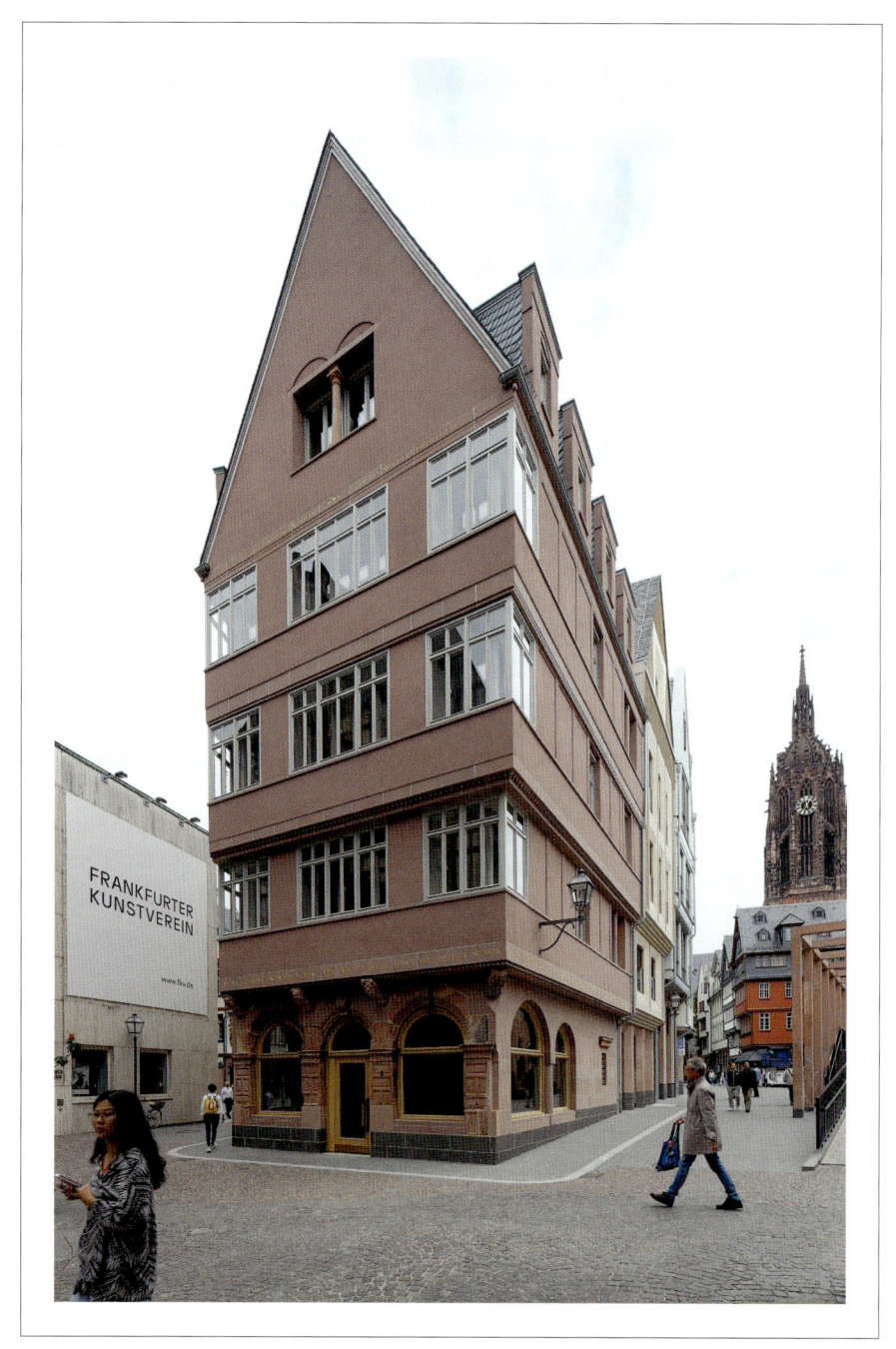

24.1 Jordi und Keller, Haus Zu den drei Römern, Foto: 2018

Das Haus Zu den drei Römern steht an der Gabelung zwischen der wieder errichteten Gasse Hinter dem Lämmchen und dem Krönungsweg. Das viergeschossige Gebäude mit seinen Fassaden aus mit Buntsandsteinsanden durchgefärbtem Putz dient gewissermaßen als westliches Empfangsgebäude der neuen Altstadt.

Anders als sein massiver, barocker Vorgänger und seine neuen östlichen Nachbarhäuser ist der Bau um 90 Grad gedreht, wobei die dem Römerberg zugewandte Giebelseite die prominenteste der drei Schaufassaden darstellt. An ihr wurde unter dem altstadttypischen, steilen Spitzgiebel im obersten Fenster die Spolie eines Säulenfragmentes verbaut, das vom Architekturkritiker und Mitglied des Gestaltungsbeirates des Dom-Römer-Projektes Dieter Bartetzko (1949–2015) über viele Jahre verwahrt wurde.

Das Gebäude wird optisch von drei Renaissance-Bögen aus rotem Sandstein getragen, welche aus dem im Krieg zerstörten Haus Saalgasse 29 stammen. An der Westfront des Hauses verbauten die Architekten eine Balkenkopf-Spolie aus der Spätrenaissance; dieser haben sie drei von Marc Jordi selbst neu entworfene Figuren zur Seite gestellt: eine Groteskenmaske, einen barocken Wassermann und ein manieristisches Mensch-Tier-Wesen.

Die Integration historischer Relikte sowie deren Neuinterpretationen im Erdgeschoss verweisen auf die Geschichte der mittelalterlichen Altstadt. In den darüber liegenden vorspringenden Obergeschossen zitieren die Architekten mit der Fassadengliederung und den Übereckfenstern hingegen die Moderne der 1920er Jahre.

Peter Körner

24.2

24.2 Haus Zu den drei Römern, Foto: ca. 1935

STADT MAILAND

Markt 38 / Hinter dem Lämmchen 11 (Hinterhaus)
18. Jahrhundert / 18. Jahrhundert
2012–2018, Landes & Partner, Frankfurt am Main

25.1

Besonderes Merkmal des traufständigen Vorgängerbaus aus dem 18. Jahrhundert war die Auskragung über dem Erdgeschoss, die auf mächtigen Konsolsteinen ruhte – die darüber liegende verputzte Fachwerkfassade hatte fünf Fensterachsen. Die Fassade des Hinterhauses zeigte mit einem Mansarddach und Zwerchhaus zurückhaltend barocke Formen. Beim Neubau unterscheiden sich Nord- und Südfassade nur minimal. Roter Mainsandstein prägt jeweils das Erdgeschoss mit seinen drei angedeuteten Bogenstellungen. Im Gegensatz zum Vorgängerbau gibt es weniger, dafür größere Fenster. Der erste Stock wird durch breitere Fenster und von ihn fassenden abgetreppten Gesimsbändern hervorgehoben. Alle Fenster sind von abgeschrägten Fensterlaibungen gerahmt und die verbleibenden Flächen mit horizontal geriffeltem Kammputz versehen.

Während die schmale, aber lange Parzelle, die giebelständige Ausrichtung und die Auskragungen an mittelalterliche Bauten erinnern, verweist die Fassadenaufteilung mit einer betonten Beletage auf die Renaissance. Beides verschränkt Michael Landes zu einem konsequent zeitgenössischen Bau, der historische Vorbilder evoziert.

Stefanie Lampe

25.1 Hinterhäuser Zum Goldenen Haupt und Stadt Mailand sowie das Haus Zum Mohrenkopf (v.l.n.r.), Foto: ca. 1930

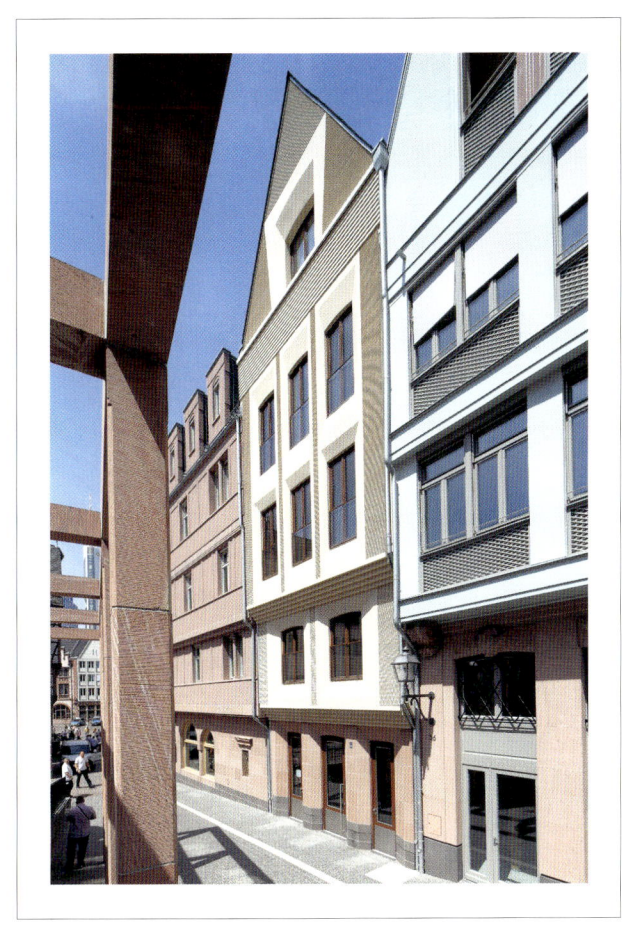

25.2

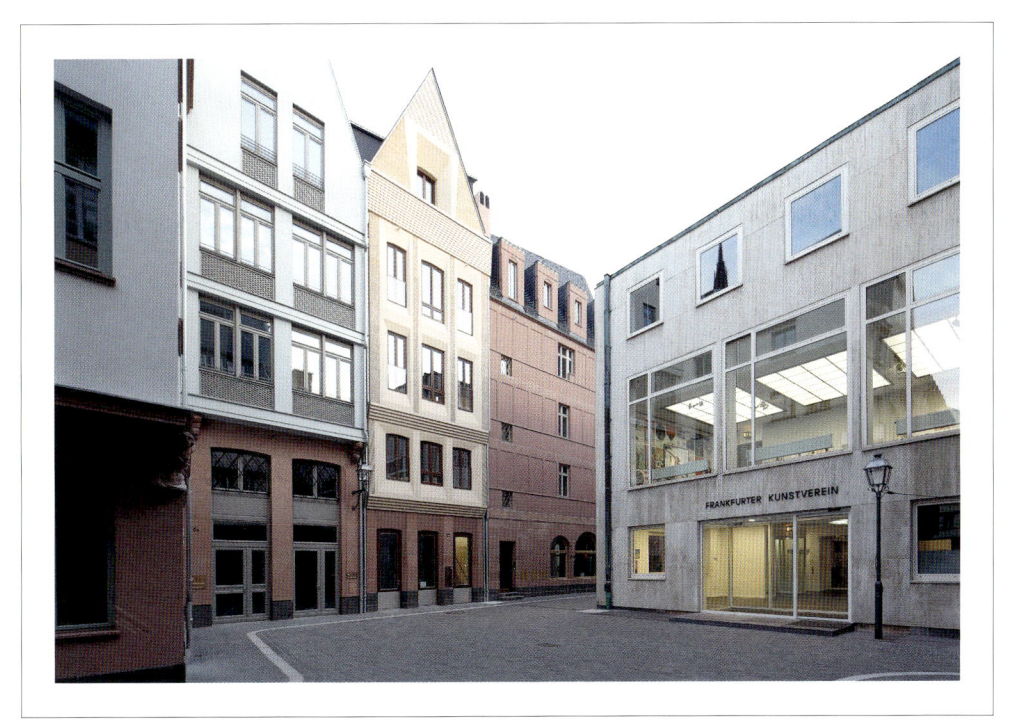

25.3

25.2 Landes und Partner, Haus Stadt Mailand und Dreibund Architekten, Haus Goldenes Haupt, Foto: 2018

25.3 Dreibund Architekten, Haus Goldenes Haupt, Landes und Partner, Haus Stadt Mailand, Jordi und Keller, Haus Zu den drei Römern und Frankfurter Kunstverein (v.l.n.r.), Foto: 2018

ALTER BURGGRAF

Markt 34 / Hinter dem Lämmchen 7 (Hinterhaus)
16. Jahrhundert / 16. Jahrhundert
2012–2018, Francesco Collotti Architetto, Milano

26.1

26.2

Francesco Collotti hat für das schmale Grundstück, auf dem vor der Zerstörung der Altstadt zwei verputzte Fachwerkhäuser standen, ein viergeschossiges Wohnhaus entworfen. Das Erdgeschoss nimmt im südlichen Teil des giebelständigen Baus die Treppe sowie den Aufzug zur U-Bahn-Station und zur Tiefgarage auf. Die Fassade zum Markt, welche durch drei Fensterbänder strukturiert ist, folgt mit einem leichten Knick dem Gassenverlauf. Collottis Idee, das mit Holz verkleidete Haus wie ein Möbelstück an den Krönungsweg zu stellen, kann leider nicht überzeugen. Mehrfach überlagerte Anstriche in einem pastellfarbenen Gelbgrün geben der Fassade eine sterile Wirkung. Der nördliche Teil des Gebäudes lässt zusammen mit dem Kunstverein und dem Haus Klein Nürnberg in der Gasse Hinter dem Lämmchen einen kleinen Platz entstehen. Hell verputzt und mit einer unregelmäßigen Fensteranordnung sowie zwei prägnanten Gauben besticht der Bau hier durch seine Modernität – gebrochen wird diese durch die Spolie eines Atlanten.
Philipp Sturm

26.1 Francesco Collotti, Haus Alter Burggraf, Südansicht, Foto: 2018
26.2 Francesco Collotti, Haus Alter Burggraf, Nordwestansicht, Foto: 2018

PERGOLA

Markt
2015–2017, Francesco Collotti Architetto, Milano
mit Jourdan & Müller, Frankfurt am Main

27.1

27.2

Lange wurde debattiert, wie mit den drei Metern Niveauunterschied zwischen Markt und Schirn-Plateau städtebaulich verfahren werden sollte. Die DomRömer GmbH präferierte eine Freitreppe, der Gestaltungsbeirat machte sich für eine Pergola stark und setzte sich damit schlussendlich durch.

Der von Collotti entworfene sandsteinfarbene Säulengang verläuft parallel zum Markt und führt über eine Treppe auf die Höhe der Schirn, bis er am Ende des Plateaus nach Süden knickt und in einfacher Pfeilerreihung weiter zum Stadthaus läuft.
Philipp Sturm

27.1 Francesco Collotti mit Jourdan und Müller, Pergola zwischen Markt und Schirn, Foto: 2018
27.2 Francesco Collotti mit Jourdan und Müller, Pergola, Modell, 2015

GOLDENE SCHACHTEL

Markt 32 / Hinter dem Lämmchen 5 (Hinterhaus)
16. Jahrhundert / 18. Jahrhundert (Überbauung)
2012–2018, Tillmann Wagner Architekten, Berlin

28.1

28.1 Tillmann Wagner Architekten, Haus Goldene Schachtel, Foto: 2018

28.2

Vor 1945 befanden sich auf der Parzelle der neuen Goldenen Schachtel zwei gotische Häuser mit je drei Geschossen. Zum einen die Goldene Schachtel (Zur neuen Eule) mit einem hölzernen Erdgeschoss mit Bügen zum auskragenden Obergeschoss sowie einem verschieferten Giebel; und zum anderen ein zur Gasse Hinter dem Lämmchen stehendes Hinterhaus, das im 18. Jahrhundert klassizistisch überbaut wurde und ein traufständiges Dach erhielt.

Tillmann Wagner entwarf für das schmale, 24 Meter lange Grundstück ein viergeschossiges Wohnhaus mit raffiniert gefalteter Fassade. Diese nimmt sowohl auf die auskragenden Geschosse ihres Vorgängerbaus Bezug als auch auf den städtebaulichen Ort im Gassenknick des neu angelegten Krönungsweges. Dank ihres besonderen Putzes schimmert die neue Goldene Schachtel dezent im Licht.

Philipp Sturm

28.2 Haus Alter Burggraf, Haus Goldene Schachtel und Altes Kaufhaus (v.l.n.r.), Foto: ca. 1910

ALTES KAUFHAUS

Markt 30 / Hinter dem Lämmchen 3 (Hinterhaus)
15. Jahrhundert / 15. Jahrhundert
2012–2018, Morger + Dettli Architekten, Basel

29.1

29.2

Der aus dem 15. Jahrhundert stammende Vorgängerbau des Alten Kaufhauses, ein schmaler verputzter Fachwerkbau mit gleichem Namen, wies im engen Innenhof eine Besonderheit auf: Jedes Stockwerk hatte vorgelagerte Galerien mit reich verzierten Holzbalustraden – die Schnitzereien zeigten Themen aus dem Alten Testament.

Im Gegensatz dazu setzt sich der Neubau durch seine maximale Reduktion und den dunklen umbrafarbenen Putz deutlich von den ihn umgebenden hellen Häuserzeilen ab. Seine Fassaden sind beinahe asketisch: Zum Markt hin, über dem mit Sandstein verkleideten Erdgeschoss, je Geschoss ein mittig platziertes bodentiefes Fenster, abschließend ein geschlossener Giebel. Nach Norden ist der Bau, im Gegensatz zum früheren Hinterhaus des Alten Kaufhauses, traufständig und jedes Stockwerk hat zwei Fenster. Schmale Auskragungen markieren auch hier die Stockwerke. Im nördlich gelegenen Erdgeschoss wurde die Spolie eines Portals als Portikus integriert. Diese stammt jedoch nicht aus dem historischen Bau an dieser Stelle, sondern wurde 1914 vom ehemaligen Taubenhof hinter der Schillerstraße in den Garten des Liebieghauses und nun in die neue Altstadt transloziert. Das schmale, mit 23 Metern extrem lange Gebäude sticht vom Markt bis Hinter dem Lämmchen durch, wobei der gemeinsame Hof mit den benachbarten Bauten für Tageslicht sorgt. Es ergeben sich trotzdem eher schwierige Grundrisse mit sehr langem Flur, der viel Fläche beansprucht.

Stefanie Lampe

29.1 Haus Goldene Schachtel (links) und Altes Kaufhaus (rechts), Foto: ca. 1935
29.2 Holzbalustraden im Innenhof des Alten Kaufhauses, Foto: 1904

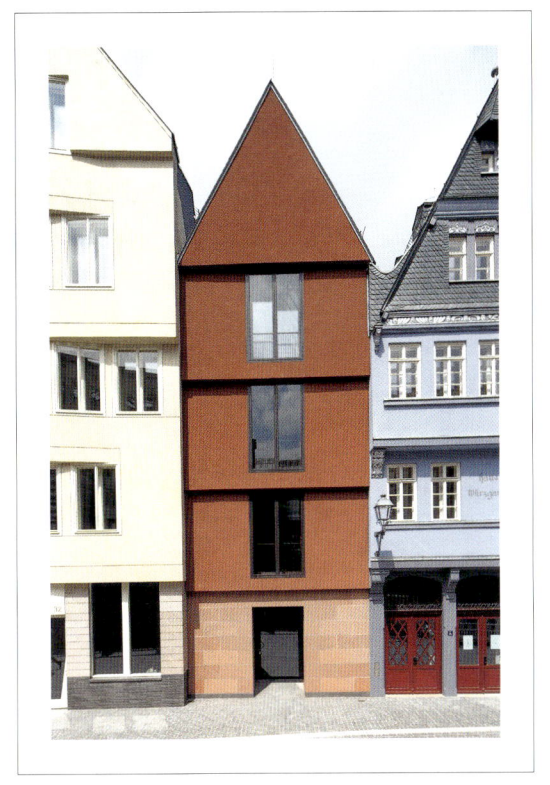

29.3

29.4

29.3 Morger und Dettli, Altes Kaufhaus, Südansicht, Foto: 2018
29.4 Gasse Hinter dem Lämmchen, Altes Kaufhaus mit Portalspolie (rechts), Foto: 2018

ROTES HAUS & NEUES ROTES HAUS

&

Rotes Haus
Markt 17
um 1500
2012–2018, Denkmalkonzept, Bad Nauheim (Entwurf),
Jourdan & Müller, Frankfurt am Main (Ausführung)

&

Neues Rotes Haus
Markt 15
16. Jahrhundert
2012–2018, Denkmalkonzept, Bad Nauheim (Entwurf),
Jourdan & Müller, Frankfurt am Main (Ausführung)

30.1

30.1 Neues Rotes Haus, Markt 17, und Rotes Haus, Markt 15 (v.r.n.l.), Foto: ca. 1927

Der Name des auffälligen, zum Markt hin giebelständigen Hauses Markt 17 leitete sich von seiner roten, verputzten Fassade ab. Ins Auge fiel der spätgotische Bau am Krönungsweg auch aufgrund des fehlenden Erdgeschosses – um den Durchgang zur Gasse Unter den Tuchgaden frei zu halten hatte man das Haus auf drei massiven Eichensäulen aufgeständert und den Eingang in das Nachbarhaus Markt 15 verlegt. Erstes und zweites Stockwerk des Fachwerkbaus waren verputzt, das dritte, wie das Dach, verschiefert. Auf der Westseite wurde es durch ein kleines Zwerchhaus ergänzt. Um das der Metzgerzunft gehörende Gebäude siedelten sich Mitglieder der Zunft an. Das freie Erdgeschoss wurde zum Verkauf von Wurst- und Fleischwaren genutzt, diese wurden an den offenen Seiten durch Vordächer vor der Witterung geschützt. Diesen Anblick hielt der französische Schriftsteller Victor Hugo 1838 für sein Reisetagebuch *Le Rhin* (1842) fest: „Blutige Metzger und rosige Metzgerinnen plaudern anmutig unter den Girlanden von Hammelfleisch. Ein roter Bach, dessen Farbe durch zwei spülende Brunnen kaum gedämpft wird, fließt und raucht inmitten der Straße."

Eine Metzgerei ist für Mitte des 19. Jahrhunderts auch im Roten Haus (Markt 15) nachgewiesen. In seinem steinernen Erdgeschoss waren zwei separate Treppenhäuser untergebracht, das erste erschloss den aufgeständerten Nachbarbau, das zweite diente der eigenen Erschließung. Trotz dieser engen funktionalen Verbindung war das Rote Haus durch seine abweichende Geschosshöhe und Fassadengestaltung als eigenständiger Bau klar erkennbar. Alle drei Obergeschosse waren verputzt und nur das Dach sowie der Giebel verschiefert. Auffällig waren die durchgehenden Fensterbänder, die dem Gebäude eine klare horizontale Gliederung gaben.

Im Zuge der Arbeit an der 2006 angefertigten Dokumentation tauschte man die überlieferten Namen der beiden Gebäude. Gehörte das aufgeständerte Rote Haus (ehemals: Neues Rotes Haus) zu jenen Bauwerken, deren Nachbau die Stadtverordneten bereits 2007 beschlossen hatten, entschied man sich erst später für den Nachbau von Markt 15. Letzteres zeigt indes in seinem Grundriss deutliche Unterschiede zum Vorgängerbau. Ein gemeinsames Treppenhaus für beide Häuser schafft heute mehr Raum für das Ladenlokal, in dem wieder eine Metzgerei untergebracht ist. Im aufgeständerten Roten Haus entstanden Büros für die DomRömer GmbH, in den Obergeschossen von Markt 15 dagegen Wohnraum.
Moritz Röger

30.2

30.3

30.2 Rotes Haus, Markt 15, und Neues Rotes Haus, Markt 17 (v.l.n.r.), Foto: 1943
30.3 Denkmalkonzept, Rotes Haus, Markt 17, und Neues Rotes Haus, Markt 15 (v.r.n.l.), Foto: 2018

SCHLEGEL, EICHHORN & GOLDENE SCHERE

Schlegel
Markt 26
um 1830
2012–2018, Prof. Hans Kollhoff,
Berlin (Entwurf),
Jourdan & Müller Steinhauser PAS,
Frankfurt am Main (Ausführung)

Eichhorn
Markt 24
um 1800
2012–2018, Prof. Hans Kollhoff,
Berlin (Entwurf),
Jourdan & Müller Steinhauser PAS,
Frankfurt am Main (Ausführung)

Goldene Schere
Markt 22
18. Jahrhundert
2012–2018, Prof. Hans Kollhoff,
Berlin (Entwurf),
Jourdan & Müller Steinhauser PAS,
Frankfurt am Main (Ausführung)

31.1

31.2

31.1 Haus Schlegel, Foto: ca. 1930

31.2 Haus Eichhorn und Haus Goldene Schere, Foto: ca. 1930

31.3

Der Hühnermarkt ist auf drei Seiten von Nachbauten umgeben, zu welchen auch die Gebäude an der Westseite gehören. Sie stehen an exakt der Position ihrer historischen Vorgänger und ihr Äußeres war hinreichend dokumentiert, um sie wieder aufbauen zu können. Nachbauten waren an dieser Stelle jedoch nicht von der Stadt vorgegeben, Kollhoffs Wettbewerbsentwürfe von 2011 sahen historisierende Neubauten vor. Der Wunsch nach Rekonstruktion geht hier auf den privaten Käufer zurück. Die Innenräume entsprechen wie bei den meisten der Nachbauten nicht den historischen Vorbildern – es entstanden großzügige Wohnungen mit modernen Grundrissen.

Sowohl die klassizistischen Vorgänger-, als auch die zeitgenössischen Nachbauten sind durch steinerne Gesimsbänder, die sich vom hellen Putz absetzen, stark horizontal gegliedert. Indem die Bänder und Traufhöhen jedoch nicht über die ganze Dreierfront durchgezogen sind, lassen sie die Westseite des Hühnermarkts gewachsen erscheinen. Im Erdgeschoss befinden sich Läden, darüber – die geschweiften Walmdächer mitgerechnet – vier Stockwerke mit Wohnungen beziehungsweise, im Falle des Haus Eichhorn, ein Stadthaus. Während die Fassaden der beiden Eckhäuser keinen weiteren Bauschmuck aufweisen, ist das mittlere Eichhorn deutlich aufwendiger gestaltet. Im dritten Obergeschoss bilden hohe Rundbogenfenster mit dazwischenliegenden Blendfenstern einen dichten Bogenfries. Ein Zinnenfries schließt zur Dachkante hin ab. Die doppelte Gaubenreihe des Haus Eichhorn greift den Fensterrhythmus der Fassade auf. Das südliche Eckhaus Schlegel ist der Nachbau eines um 1830 entstandenen Baus. Im geschwungenen Dach sitzt eine Reihe Gauben, wovon zu jeder Straßenseite mittig jeweils eine große drei Fenster aufweist. Mit sechs Fensterachsen nimmt der Bau zum Hühnermarkt den meisten Platz ein.

Das nördliche Eckhaus, die Goldene Schere, zeigt an seiner Fassade zur Gasse Hinter dem Lämmchen zwei sehr breite Auskragungen, die auf die beiden mittelalterlichen Vorgängerbauten zurückgehen, deren Parzellen zusammengelegt wurden. Auf dem Dach mit zahlreichen Gauben thront eine achteckige Laterne.

Stefanie Lampe

31.3 Hans Kollhoff, Haus Schlegel, Haus Eichhorn und Haus Goldene Schere (v.l.n.r.), Foto: 2018

HAUS ESSLINGER

Hinter dem Lämmchen 2
14. Jahrhundert, 1766 (Überbauung)
2012–2018, Denkmalkonzept, Bad Nauheim (Entwurf),
Dreysse Architekten, Frankfurt am Main (Ausführung)

32.1

32.2

Das Haus Esslinger wurde erstmals 1320 als Besitz von Albertus de Esselingen vermerkt. Um 1400 teilte man den Hof, seitdem sprach man vom Haus zum Esslinger oder zum jungen Esslinger (im Unterschied zum Nachbarhaus Alter Esslinger). 1766 baute der Kaufmann Georg Adolf Melber das gotische Fachwerkhaus nach damaliger Mode um: Es erhielt ein geschwungenes Mansarddach, aus dem ein Giebeldreieck mit Ochsenauge herausragte. Die Fenster wurden mit Steinprofilen umrahmt, flache Rundbögen und Schlusssteine kopierten Elemente der höfischen Architektur. Die spitzen, überhohen Türbögen erhielten nun Rundbögen.

32.1 Denkmalkonzept, Haus Esslinger und Dreysse Architekten, Haus Alter Esslinger (links), Foto: 2018
32.2 Carl Theodor Reiffenstein, Hühnermarkt mit dem Haus Esslinger und dem Haus Zur Flechte (historisierende Darstellung des Zustands vor 1766), 1862

Historische Bedeutung erlangte das Haus als Frankfurter „Goethestätte". Die Hausherrin Johanna Melber war Goethes Tante, als Kind verbrachte der Dichter hier einige Zeit. In seiner Autobiografie *Dichtung und Wahrheit* zeichnete er seine Tante als „lebhaft" und zeigte sich von den Waren des internationalen Handels im melberschen Geschäft beeindruckt. Goethe beschrieb in seinen Erinnerungen bereits vergangene Reichsherrlichkeit. Mit der Altstadt verlor auch der Esslinger an Bedeutung, nach der Neugründung des Reichs flocht eine Kranzbinderei im Erdgeschoss am Heldengedenken. 1906 wurde der rückwärtige Teil bei der Bebauung der Braubachstraße in einen historisierenden Neubau integriert, auch die zwischenzeitlich verdeckten gotischen Spitzbögen wurden Anfang des 20. Jahrhunderts wiederhergestellt. Im ersten reichsweiten Goethejahr 1932 schraubte man zu des Dichters Geburtstag am 28. August ein Reliefportrait von „Tante Melber" an den Esslinger. Während der Bombardements brannte das Gebäude 1944 aus, 1950 wurden die Reste abgerissen.

Seit den ersten Überlegungen zur Wiederbebauung des Areals gehörte das Haus Esslinger zu den vier Leitbauten, die rekonstruiert werden sollten. Auf Ortbeton ruht die verputzte Fachwerkkonstruktion der Seitenwände. Schaustück des Hauses ist die Rekonstruktion der gotischen Holz-Spitzbögen. Rund 200 Jahre alte, bereits anderswo verbaute Eichenbalken tragen die barockisierende Fassade. Das hier neu errichtete Haus Esslinger ist somit die Rekonstruktion eines wiederholt umgebauten Gebäudes, eine weitere Schicht im historischen Geflecht aus Diskurs, Stein und Holz, das man die Frankfurter Altstadt nennt.

Bernhard Unterholzner

32.3

32.4

32.3 Haus Esslinger, Foto: 1943

32.4 Haus Esslinger, Foto: 1928

HAUS SCHILDKNECHT

Markt 18
17. Jahrhundert
2012 – 2018, Dreibund Architekten – Ballerstedt, Helms, Koblank, Bochum

33.1

33.1 Haus Schildknecht, Foto: ca. 1930

Auch wenn der Neubau Haus Schildknecht sich stark an jenem Gebäude orientiert, das an dieser Stelle vor dem Krieg gestanden hat, so ist er doch nur eine blasse Reminiszenz des reich bemalten, ursprünglichen Renaissancebaus. An der Nordostecke des Hühnermarktes errichteten Dreibund Architekten einen viergeschossigen Bau aus zwei orthogonal ineinandergeschobenen Gebäuderiegeln. Dabei lassen die zwei zum Markt hin stehenden Zwerchhäuser, die wie beim Vorgängerbau fast die gesamte Breite der traufständigen Fassaden einnehmen, das Eckgebäude vom Hühnermarkt aus giebelständig erscheinen. In den beiden ersten Geschossen befindet sich ein Wirtshaus, in den darübergelegenen Stockwerken Wohnungen.

Moritz Röger

33.2

33.2 Dreibund Architekten, Haus Schildknecht, Foto: 2018

KLEINES SELIGENECK

Markt 16
um 1935, Karl Olsson, Frankfurt am Main
2012–2018, Van den Valentyn – Architektur, Köln (Entwurf),
Schneider + Schumacher, Frankfurt am Main (Ausführung)

34.1 Karl Olsson, Haus Kleines Seligeneck, Foto: ca. 1935

34.2

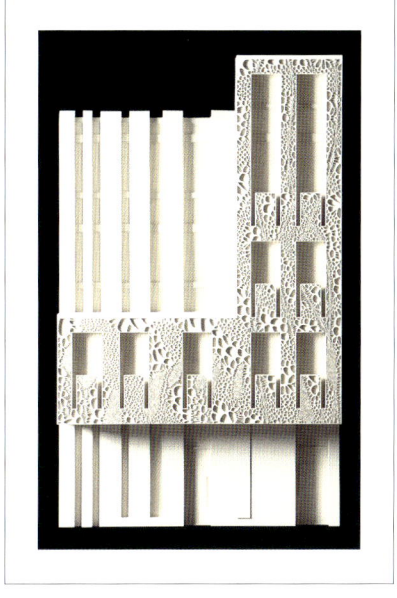

34.3

Auf dem Grundstück wurde 1467 erstmals ein Haus erwähnt. An gleicher Stelle entstand in den 1880er Jahren ein Gebäude mit zurückhaltend klassizistischem Ausdruck, das wiederum Mitte der 1930er Jahre durch einen fünfgeschossigen Neubau von Karl Olsson ersetzt wurde. Dieses im Heimatschutzstil errichtete Haus wies mit horizontal betonten Fensterbändern und einem dreigeschossigen kubischen Erker auch Elemente der Moderne auf. Ein über dem Erdgeschoss und am Erker angebrachtes rotes Sgraffito von Reinhold Schön erzählte hier Geschichten des Frankfurter Dichters Friedrich Stoltze. So konnte das Haus auch als Pendant zur nordwestlich gelegenen „Goethestätte" Haus Esslinger dienen.

Der viergeschossige, traufständige Neubau von Thomas van den Valentyn erinnert mit strenger Fassadengliederung, fünf Fenstern je Geschoss und vier bodentiefen Fenstern im Erdgeschoss stark an den Vorgänger des 19. Jahrhunderts. Ohne Erfolg blieb 2011 Bernhard Franken mit seinem interessanten zeitgenössischen Wettbewerbsentwurf, welcher sich auf Olssons Gebäude bezog.

Philipp Sturm

34.2 Van den Valentyn – Architektur, Haus Kleines Seligeneck (Mitte), Foto: 2018
34.3 Franken Architekten, Wettbewerbsentwurf Haus Kleines Seligeneck, Fassadenmodell, 2011

NEUES PARADIES

Markt 14
um 1800
2012–2018, Johannes Götz und Guido Lohmann, Köln

35.1

35.1 Johannes Götz und Guido Lohmann, Haus Neues Paradies, Foto: 2018

Das unter dem Namen Neues Paradies zu Beginn des 19. Jahrhunderts am Hühnermarkt entstandene traufständige, klassizistische Wohn- und Geschäftshaus mit fünf Geschossen ersetzte dort das ursprünglich giebelständige Haus Mayreis.

Der heute an gleicher Stelle entstandene Neubau hat mit seinem Vorgängerbau nur noch den Namen gemeinsam. Die Architekten, zwei ehemalige Mitarbeiter von Oswald Mathias Ungers, die sich auf traditionsbewusstes Bauen im Bestand spezialisiert haben, interpretierten in ihrem Entwurf historische Gebäude unterschiedlicher Herkunft und verwendeten dafür Materialien mit lokaler Tradition. Die markant gefaltete Fassade ist den Architekten zufolge in ihrer Gestalt der Diamantquaderung des Sockels der Goldenen Waage entlehnt, die wiederum selbst ein Zitat der bossierten Fassade des Palazzo dei Diamanti (1493–1503) von Biagio Rossetti in Ferrara ist. Gleichzeitig ist die Fassade vom Prager Kubismus Josef Chochols inspiriert und steht mit ihrer kantigen, dunklen Oberfläche aus Schiefer im starken Kontrast zu den beiden angrenzenden, eher biederen Nachbargebäuden.

Teresa Fankhänel

35.2 Hühnermarkt mit Freydhofbrunnen, Haus Neues Paradies, Haus Grüne Linde und Rotes Haus (v.l.n.r.), Foto: ca. 1892

35.3 Georg Daniel Haumann, Hühnermarkt von Westen, kolorierter Kupferstich (nach einer Zeichnung von Salomon Kleiner), 1738

SCHÖNAU

Markt 10
15. Jahrhundert
2012–2018, von Ey Architektur, Berlin

36.1

36.1 Von Ey Architekur, Haus Schönau (rechts), Foto: 2018

36.2

Das schmale Haus ist auf historischen Fotos selten ganz zu sehen, niedriger als die Nachbarhäuser, versteckt es sich beinahe. Erstmals wurde 1423 im ursprünglich dreigeschossigen Fachwerkbau eine Apotheke urkundlich vermerkt, später zog eine Arztpraxis gefolgt von einem Zigarrengeschäft ein.

Das Gebäude war nicht zur Rekonstruktion vorgesehen, der Neubau interpretiert allerdings die Bautradition. Am auffälligsten ist die Fassade aus Schieferschindeln, die auf die Verkleidung der barocken Dachaufstockung des Vorgängers rekurriert. Die Formgebung der aus Rahmen-Holzbauteilen konstruierten Fassade kann als postmoderne Metapher einer stofflichen, textilhaften Oberfläche gelesen werden. Gemeinsam mit den Handwerkern erprobten die Architekten, wie man mit Schiefer die Fassade „bespannt" und das Haus „einkleidet". Streng geformt dagegen ist das Erdgeschoss aus rotem Mainsandstein, mit schräg ausgesägten Fenster- und Türöffnungen. Die Architekten interpretierten das Belvederchen als Dachterrasse neu, durch den rückseitigen Lichthof erhält das Innere zusätzliches Tageslicht. Die ausgestellten Erkerfenster bieten Einblicke in die Gasse wie die Eckfenster im Vorgängerbau.

Das Haus Schönau zeigt im Kleinen, wie traditionelle Handwerkstechniken in einem zeitgenössischen Entwurf lebendig werden.

Bernhard Unterholzner

36.2 Blick in den Markt nach Westen, Haus Schönau (rechts) und Haus Weißer Bock (links), Foto: ca. 1900

GROSSER REBSTOCK

Markt 8
1802
2012–2018, Jordi & Keller Architekten, Berlin

37.1

Gegenüber der Goldenen Waage schloss auf einer für die Altstadt ungewöhnlich breiten Parzelle ein hoher klassizistischer Steinbau den nördlich gelegenen Rebstock-Hof ab. Im Erdgeschoss war seine Fassade durch vier Rundbögen gegliedert, der östlichste nahm einen Durchgang gen Norden auf, welcher später mit dem Bau des Hauptzollamtes geschlossen wurde.
Der Rahmenplan für das Areal (2007) lässt den heutigen Neubau aus der Gassenflucht leicht hervorspringen, sodass ein sanfter Übergang zum Haus am Dom erreicht wird. **16.2** In Anlehnung an seinen Vorgänger führt der massig und gleichzeitig elegant wirkende Bau das Thema der Rundbogenfenster in allen Geschossen fort, in einer Strenge, die an den Palazzo della Civiltà Italiana (Rom, 1938–1943) erinnern lässt. Der Clou des Gebäudes ist, dass hinter den zwei offenen Bögen im Erdgeschoss eine großzügige Halle aus rotem Sandstein in das kühle Weiß des U-Bahn-Zugangs von Schneider und Schumacher führt. Über allen Rundbögen ist die Fassade mit „wildem" Fingerputz versehen, der eine Reminiszenz an einen gewachsenen Rebstock darstellen soll. Für den oberen Sockelbereich entwarfen die Architekten außerdem einen Fries mit kleinen Waschbeton-Spolien aus dem Technischen Rathaus. Diese Geste wirkt jedoch aufgrund ihrer Kleinteiligkeit recht verloren.
Philipp Sturm

37.1 Goldene Waage (links) und Haus Großer Rebstock (rechts), Foto: ca. 1935

37.2 Jordi und Keller, Haus Großer Rebstock, Foto: 2018

GOLDENE WAAGE & WEISSER BOCK

Goldene Waage
Markt 5
1619
2012–2018, Jourdan & Müller, Frankfurt am Main

Weißer Bock
Markt 7
16. Jahrhundert
2012–2018, Helmut Riemann Architekten, Lübeck

38.1

38.2

Am östlichen Ende des Krönungsweges steht die prominenteste Rekonstruktion der neuen Altstadt, das Haus Goldene Waage. 1618/19 ließ der niederländische Gewürzhändler Abraham van Hamel an dieser Stelle ein Fachwerkhaus aus dem 14. Jahrhundert abreißen, um stattdessen ein prachtvolles Renaissancehaus mit rheinischem Wellengiebel zu errichten.

Kurz nachdem die Stadt Frankfurt das Haus erworben hatte, wurde das zuvor aus Brandschutzgründen unter Putz gelegte Fachwerk 1899 von Franz von Hoven wieder freigelegt.

Nach der Zerstörung durch die Luftangriffe im Zweiten Weltkrieg wurden Reste des Gebäudes 1959 als Spolien im Privathaus des ehemaligen Intendanten des Hessischen Rundfunks, Eberhard Beckmann, in Dreieich-Götzenhain verbaut, bis diese im Zuge des Wiederaufbaus in die Altstadt zurückkehrten. **38.9**

Wie kein anderes Haus im Quartier vereint die Goldene Waage ein hohes Maß an traditioneller Handwerkskunst mit dem Können ihres Architekten Jochem Jourdan. Zahlreiche Pläne und Fotografien lieferten die Grundlage für den

38.1 Goldene Waage, Foto: vor 1899

38.2 Goldene Waage, Beginn der Sanierungsarbeiten, Foto: 1899

originalgetreuen Aufbau am östlichen Ende des Krönungsweges. Wo sich noch Lücken auftaten, wurden umfangreiche Recherchen angestellt und Originales mit Nachempfundenem verwoben. Dabei erlauben die eingebauten Spolien stets, die Distanz zwischen Rekonstruktion und Original abzuschätzen.

Das tragende Fachwerk der Goldenen Waage, das auf einem Betonkern im Erdgeschoss ruht, besteht aus 500 Jahre altem Eichenholz. Gekrönt wird der Bau durch ein Belvederchen, von dem einige Stufen nach oben in eine kleine Laube führen. Im Inneren der Goldenen Waage setzt sich überall da, wo es die heutigen Bauvorschriften zulassen, der originalgetreue Wiederaufbau fort. Herausragend ist die große, mit biblischen Motiven der Opferung Isaaks versehene Stuckdecke im ersten Geschoss. Die Fassade der Goldenen Waage erzählt auch heute wieder Geschichten: aus der Bibel, über den Erbauer und seine Frau Anna van Litt und über die Waage selbst, die dem Haus einst seinen Namen gab. Jourdan ist es gelungen, diese Geschichten nicht nur lesbar zu machen, sondern sie auch in unsere Zeit fortzuschreiben.

Heute wie 1928, als die Goldene Waage als Beispiel eines Frankfurter Bürgerhauses des frühen 18. Jahrhunderts eingerichtet wurde, werden weite Bereiche des Gebäudes vom Historischen Museum genutzt. **38.7** Auch deshalb wird die Rekonstruktion über einen elliptischen Treppenraum und einen Aufzug im Nachbarhaus Weißer Bock erschlossen, dessen Fassade die Gestaltungssatzung für die Neubauten auf dem Areal umsetzt und sich damit unverkennbar von der Rekonstruktion abhebt. **38.11**

Mirjam Schmidt

38.3

38.4

38.3 Goldene Waage, nach der Sanierung, Foto: ca. 1905
38.4 Jourdan und Müller, Goldene Waage, Nordansicht, Foto: 2018

38.5 Belvederchen der Goldenen Waage, Foto: ca. 1934

38.6 Stuckdecke der Goldenen Waage, Foto: ca. 1925

38.7 Ausstellung *Aus Alt-Frankfurter Bürgerhäusern*, Plakat, 1928

38.8 Goldene Waage, Ost- und Nordansicht, Zeichnung, nach 1900

38.9 Wohnhaus in Dreieich-Götzenhain mit Spolien der Goldenen Waage, Foto: 2008

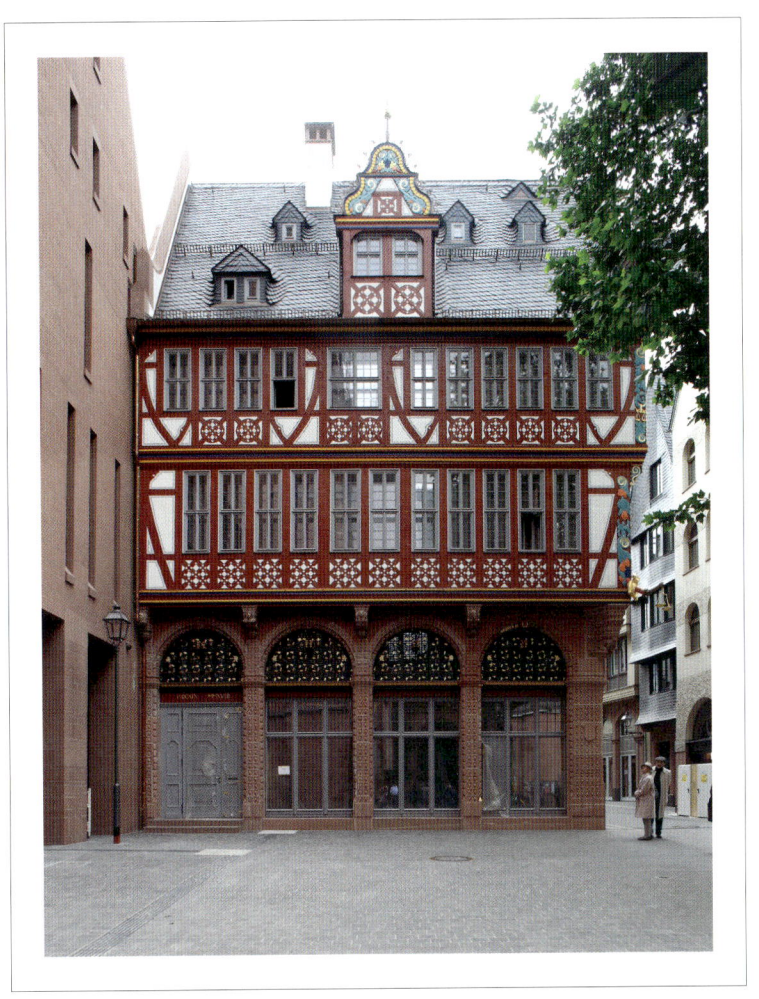

38.10 Jourdan und Müller, Goldene Waage, Ostansicht, Foto: 2018

38.11 Jourdan und Müller, Goldene Waage und Helmut Riemann, Haus Weißer Bock, Foto: 2018

38.12 Schaf und Hirschkäfer, Foto: 2018

STADTHAUS AM MARKT

Markt 1
2012–2016, Meurer Architekten Stadtplaner Ingenieure, Frankfurt am Main
mit cba architectes, Luxemburg

39.1

39.1 Meurer Architekten mit cba architectes, Stadthaus am Markt vom Domturm, Foto: 2018

39.2

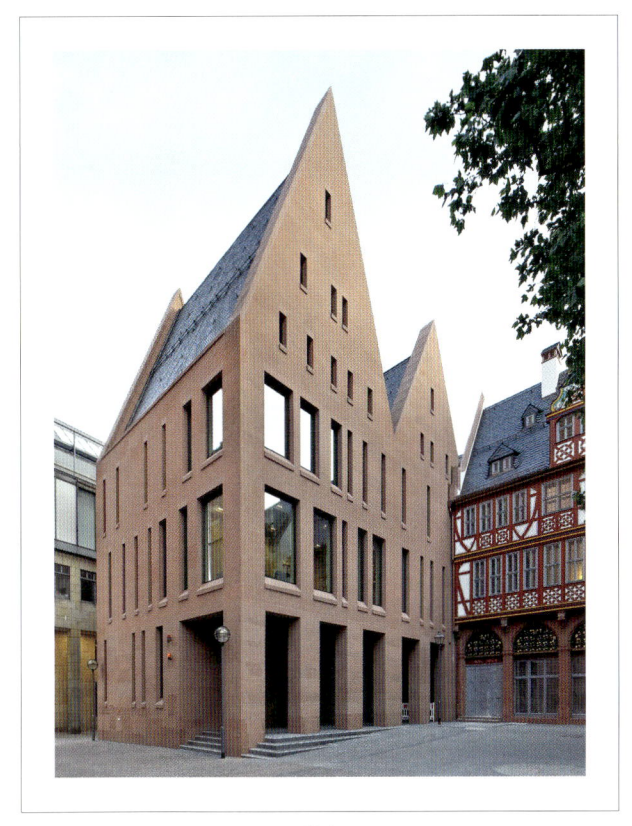

39.3

Die Suche nach einer charakteristischen Altstadttypologie zieht sich wie ein roter Faden durch das neue Quartier zwischen Dom und Römer. Im Rahmen des Wettbewerbs (2009) für das Stadthaus gestaltete es sich schwierig, eine angemessene Lösung für die vielschichtige Aufgabenstellung zu finden: Der Archäologische Garten sollte integriert, die Grundfläche der zerstörten Altstadthäuser berücksichtigt und eine ausreichende Belichtung gewährleistet werden. **16.3–16.8** Hierfür mussten die Vorschläge der vier Preisträger mehrfach überarbeitet werden. Überzeugen konnten schließlich Meurer Architekten mit Christian Bauer (cba architectes), die ursprünglich den 4. Preis erhalten hatten, mit einem neuen Entwurf, der historische und zeitgenössische Formensprachen vereint.

Die Architekten gliedern das Stadthaus in verschiedene Baukörper. So kann es auf die unterschiedlichen stadträumlichen Anforderungen reagieren. Vier aneinandergereihte Häuser fassen einen zentralen Giebelbau, der gleichsam über dem Archäologischen Garten schwebt und einen großzügigen Veranstaltungssaal in sich birgt. Inmitten des Areals wirkt der Saal mit seiner goldfarbenen Kupferverkleidung von Dach und Wänden wie ein kostbarer Schrein. Die Fassaden der kleineren Häuser sind hingegen mit traditionellem roten Mainsandstein verblendet und durch schmalhohe Fenster rhythmisiert.

Zwei der Giebelhäuser bilden im Osten gemeinsam mit der Goldenen Waage einen kleinen Platz. In ihrer Architektur vermitteln sie zwischen historischer Rekonstruktion und postmoderner Schirn. Die einzelnen Häuser ergänzen den Stadtraum um Kunsthalle, Haus am Dom, Rekonstruktionen und Krönungsweg. Das Stadthaus-Ensemble hält durch die Fülle seiner Details sorgfältig die Schwebe zwischen Einst und Jetzt. Es nimmt sich zugunsten einer ausbalancierten Quartiersatmosphäre zurück und verzichtet auf Spektakuläres.

Mirjam Schmidt

39.2 Meurer Architekten mit cba architectes, Stadthaus am Markt, Foto: 2018

39.3 Archäologischer Garten unter dem Stadthaus am Markt, Foto: 2018

BRAUBACHSTRASSE 31 – ZUM GLAUBURGER HOF

Braubachstraße 31 (und 33)
1913/14, Hermann Senf und Clemens Musch, Frankfurt am Main
2012 – 2018, Knerer und Lang Architekten, Dresden

40.1

40.2

An der Stelle, wo die Braubachstraße den mittelalterlichen Nürnberger Hof durchschnitt, ließ die Stadt 1913/14 von Hermann Senf und Clemens Musch zwei repräsentative Häuser errichten. Der westliche Bau mit der Hausnummer 33 integrierte das spätgotische Torgewölbe von Madern Gerthener (1410), während sich im östlichen das gemeinsame Treppenhaus beider Häuser befand. Beherrschendes Element des westlichen Gebäudes ist der über zwei Stockwerke laufende Karyatidenbalkon, das östliche Haus Brauchbachstraße 31 besaß über die ganze Breite einen ornamentalen Schaugiebel. 1970 musste letzteres dem Technischen Rathaus weichen, in das ein neues Treppenhaus für das verbliebene westliche Gebäude integriert wurde. Dieses Treppenhaus blieb auch nach dem Abbruch des Verwaltungsbaus bestehen und wurde von Knerer und Lang in ihren Neubau Zum Glauburger Hof integriert. Entworfen wurde der neue Glauburger Hof als Wohngebäude, dessen Gestaltung sich stark am Vorgängerbau orientiert. **16.12** Geschickt wurden die Jugendstilornamente Senfs abstrahiert und in die reliefartige Sichtbetonfassade übernommen. Ein südlich gelegenes, zweites Treppenhaus erschließt den Neubau sowie das rekonstruierte Nachbarhaus Klein Nürnberg.

Die wechselvolle Geschichte dieses Bauplatzes offenbart sich im Giebel. Zeigt die Entwurfszeichnung von 1913 noch ein Zitat aus Schillers *Wilhelm Tell*, findet sich am realisierten Bau von 1914 ein wilhelminischer Sinnspruch und heute eine freie Abwandlung des ursprünglich geplanten Schiller-Zitats.

Philipp Sturm

40.1 Vorgängerbau des Hauses Braubachstraße 33 im Nürnberger Hof während des Straßendurchbruchs, Foto: 1904

40.2 Hermann Senf und Clemens Musch, Baugruppe am Nürnberger Hof, Ansicht, 1913

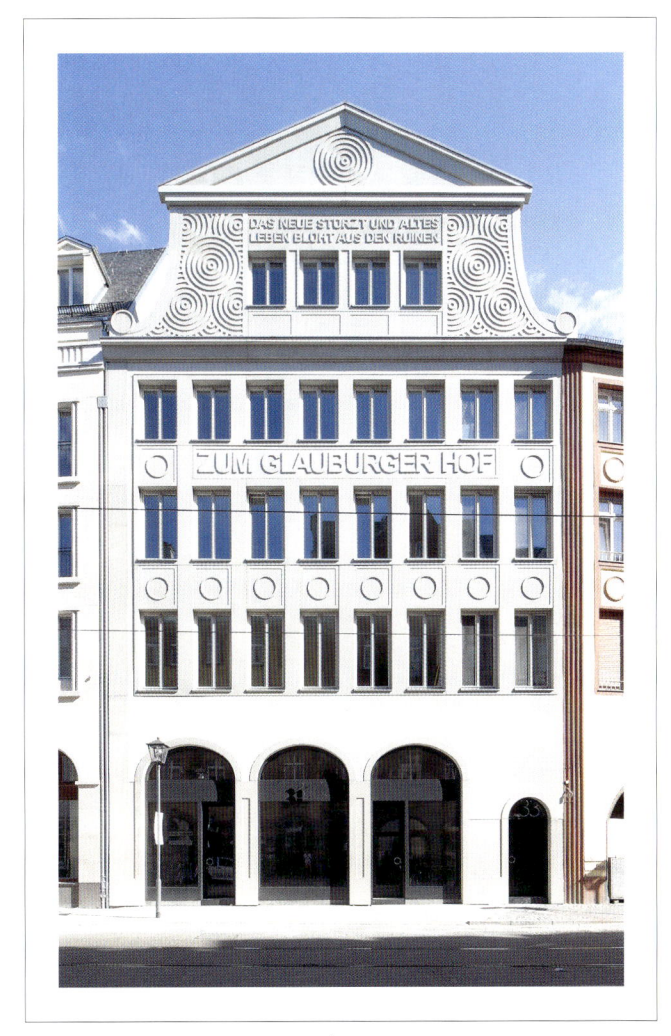

40.3 Hermann Senf und Clemens Musch, Zum Glauburger Hof, Foto: ca. 1915

40.4 Hermann Senf und Clemens Musch, Haus Braubachstraße 33, Foto: 1983

40.5 Knerer und Lang, Zum Glauburger Hof, Foto: 2018

KLEIN NÜRNBERG

Hinter dem Lämmchen 8
16. Jahrhundert
2012 – 2018, ARGE Dreysse Architekten und Jourdan & Müller, Frankfurt am Main

41.1

41.2

41.1 Hinter dem Lämmchen, Blick nach Westen, Haus Klein Nürnberg (Mitte), Haus Zum Mohrenkopf (Hintergrund) und Haus Goldenes Lämmchen (rechts), Foto: ca. 1935

41.2 „Schönstes Äpfelweinlokal Alt-Frankfurts Zum Kapell'che", Postkarte, 1934

Das erstmals 1359 erwähnte Haus Nürnberg war der südliche Eingang zum Nürnberger Hof und wurde im 16. Jahrhundert im Stil der Renaissance umgebaut. Den verputzten Fachwerkbau krönte zur Straßenseite ein breiter, verschieferter Wellengiebel. An der Nordostecke wuchs ein Treppenturm mit prägnanter, schiefergedeckter Kuppel aus dem Dach. Ein Torbogen spannte sich über das Nürnberger Hofgässchen zum Haus Mohrenkopf; dieser konnte bisher nicht wieder errichtet werden, da der denkmalgeschützte moderne Anbau des Steinernen Hauses beeinträchtigt würde.

Besonders prachtvoll war die Erdgeschosshalle mit einem auf Mittelpfeilern lagernden Kreuzrippengewölbe. Genutzt wurde die Halle eher profan: Im 19. Jahrhundert beherbergte sie einen Kolonialwarenladen, später eine Wirtschaft. Immerhin konnte das 1934 eröffnete „Kapell'che" als „schönstes Äpfelweinlokal Alt-Frankfurts" mit dem Gewölbe werben.

Unter dem meisterhaft und aufwendig mit handgesetzten Sandsteinen rekonstruierten Gewölbe wird es zukünftig wohl gesitteter zugehen, das Gebäude hat der Evangelische Regionalverband erworben.

Bernhard Unterholzner

41.3 Dreysse Architekten mit Jourdan und Müller, Haus Klein Nürnberg, Foto: 2018

BRAUBACHSTRASSE 29

Braubachstraße 29
1909–1911, Hermann Senf und Clemens Musch, Frankfurt am Main
2012–2018, Bernd Albers, Berlin

42.1

42.1 Bernd Albers, Haus Braubachstraße 29, Foto: 2018

42.2

42.3

42.4

Das historistische Stadthaus gehörte zu den ersten Gebäuden an der neuen Braubachstraße. Auffällige Elemente waren ein Schmuckgiebel mit Jugendstil-Ornamentik, das zurückgesetzte dritte Obergeschoss, vor dem eine Terrasse lag, und die Nischenskulptur einer Madonna im Fensterband des ersten Geschosses. Im Erdgeschoss befanden sich Ladengeschäfte und ein asymmetrisch platzierter Torbogen, der in den im Zuge des Braubachstraßendurchbruches verkleinerten Hof des Goldenen Lämmchens führte. Auf der Südseite bauten die Architekten die offene Renaissance-Holzgalerie des Hofes nach. Mit nur geringen Kriegsschäden nach 1945 wieder hergestellt, wurde das Haus 1970 abgerissen, um Platz für das Technische Rathaus zu schaffen.

Das hellgelb verputzte Wohnhaus – Bernd Albers spricht von einer „Kritischen Rekonstruktion" – nimmt Bezug auf die „fragmentarische Identität" des Gebäudes zwischen mittelalterlichem Hof und großstädtischer Straßenfassade des frühen 20. Jahrhunderts. Durch die Rekonstruktion des Lämmchen-Hofes ist die Geschosshöhe vorgegeben. Zur Braubachstraße orientiert sich das Gebäude am Vorgängerbau, wurde allerdings um ein Geschoss aufgestockt. Die Bögen im Erdgeschoss waren 1911 unregelmäßig angelegt, heute zeigen sie sich streng symmetrisch. Vor allem die von Erik Steinbrecher neu interpretierte Skulptur drängt sich als Zitat des Gebäudes von Senf und Musch auf. Als Spolien verbaute Wandfiguren aus dem früheren Durchgang komplettieren den Neubau als historisches Pastiche.

Bernhard Unterholzner

42.2 Hermann Senf und Clemens Musch, Haus Braubachstraße 29 (rechts) und Haus Braubachstraße 27 (links), Foto: 1912
42.3 Hermann Senf und Clemens Musch, Haus Braubachstraße 29, wiederaufgebaute Rückseite zum Lämmchen-Hof, Foto: 1912
42.4 Bernd Albers, Haus Braubachstraße 29, rekonstruierte Fassade zum Lämmchen-Hof, Foto: 2018

GOLDENES LÄMMCHEN

Hinter dem Lämmchen 6
um 1750
2012–2018, Claus Giel, Dieburg

43.1

43.1 Haus Goldenes Lämmchen, Foto: ca. 1905

Um 1750 entstand auf einer für die Altstadt relativ breiten Parzelle ein spätbarocker traufständiger Bau mit drei Geschossen und Mansarddach. Während kunstvolle Kragsteine und Fensterbögen das massive Erdgeschoss prägten, war das Fachwerk der oberen Stockwerke verputzt.

Eine vertikale Gliederung erhielt der Bau durch zehn paarweise zusammengefasste Fenster im ersten und zweiten Stockwerk mit jeweils einer mittig darüberliegenden Dachgaube. Eine Madonnenfigur mit Baldachin sowie das Hauswappen, ein in einer Rocaille befindliches goldenes Lamm, schmückten die Fassade des Gebäudes. Die Toreinfahrt führt auf einen von drei Seiten gefassten Innenhof, dieser erhielt 1911 auch einen Zugang zur Braubachstraße. Ihn umlaufende Holzgalerien, offene Treppenanlagen und tiefe, mit Schiefer gedeckte Dächer entfalten eine malerische Wirkung. 4.12 Neben dem Haupthaus wurde auch dieser ehemalige Messehof im Zuge der neuen Altstadt wieder hergestellt.

Moritz Röger

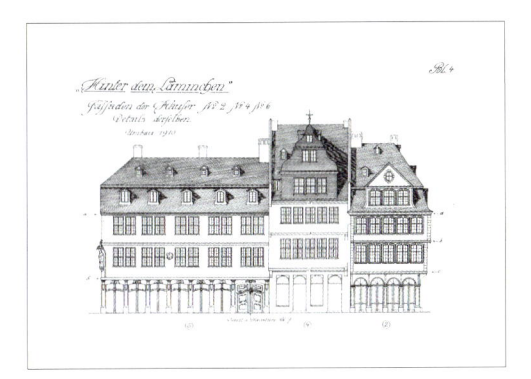

43.2 Fassadenaufriss der Häuser Hinter dem Lämmchen 6, 4 und 2, Zeichnung: K. Dreher, 1910

43.3 Claus Giel, Haus Goldenes Lämmchen, Foto: 2018

43.4

43.5

43.4 Blick in den Lämmchen-Hof, Foto: 1904

43.5 Blick in den Lämmchen-Hof mit Südfassade des Hauses Braubachstraße 29 (rechts), Foto: 2018

BRAUBACHSTRASSE 27

Braubachstraße 27
1912, Hermann Senf und Clemens Musch, Frankfurt am Main
2012–2018, Eckert Negwer Suselbeek, Berlin

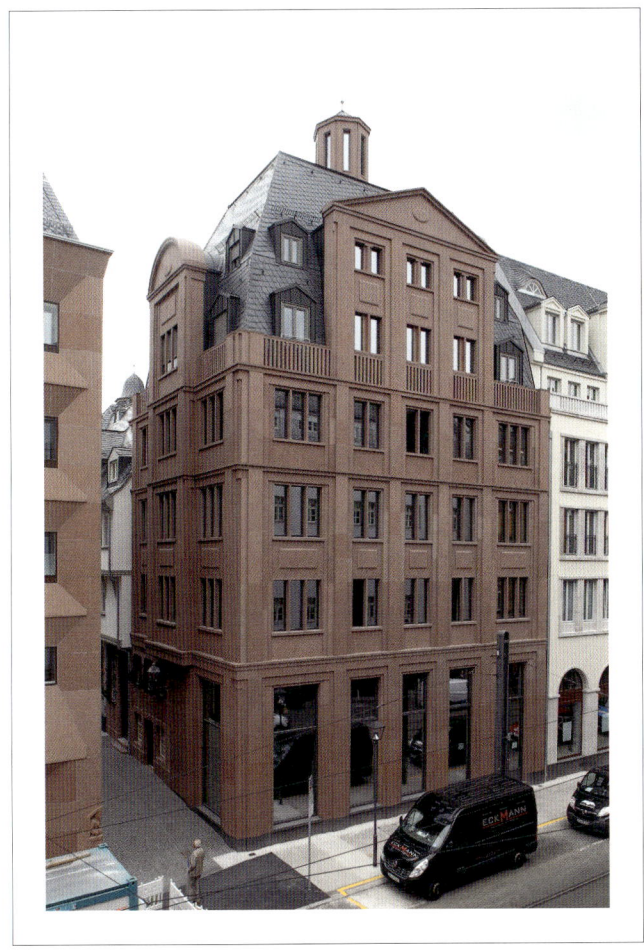

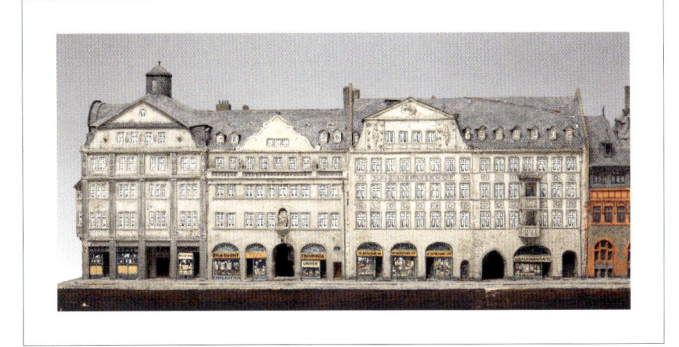

44.1

44.2

Nach dem Durchbruch der Braubachstraße entwarfen Senf und Musch auch für das Eckgrundstück zur Neuen Gasse ein Haus, das klar Vorbild für den heutigen Neubau war. Im Krieg teilweise zerstört, danach sparsam aufgebaut, musste es 1970 dem Technischen Rathaus weichen.

Der im Wettbewerb 2011 prämierte Entwurf übernimmt vom Vorgängerbau die strenge Axialität. Ein schmalerer Giebel und zwei anstelle von drei Fenstern in den drei zentral unter ihm stehenden Fensterachsen betonen den Mittelteil der Nordfassade stärker als beim Vorgängerbau. Mit den zwischen den Fensterachsen befindlichen Lisenen, die bis unter den Giebel reichen, entsteht so der Eindruck eines Mittelrisalits. Gekrönt wird das Gebäude durch eine dekorative Dachlaterne, die aus dem Entwurf von Senf übernommen wurde. Neu ist hingegen die über dem Gesims angebrachte Blendbalustrade. Da das Erdgeschoss für den Einzelhandel vorgesehen ist, liegt der Eingang für die in den Obergeschossen befindlichen Wohnungen seitlich in der Neugasse.

Moritz Röger

44.1 Eckert Negwer Suselbeek, Haus Braubachstraße 27, Foto: 2018
44.2 Hermann und Robert Treuner, Modell der Häuser Braubachstraße 27–33, 1939

BRAUBACHSTRASSE 21 & 23

Braubachstraße 21 (Im Rebstock 3)
16. Jahrhundert
1939/40, Hermann Senf, Frankfurt am Main
2012–2018, Jourdan & Müller, Frankfurt am Main

Braubachstraße 23
1939/40, Hermann Senf, Frankfurt am Main
2012–2018, Eingartner Khorrami Architekten, Leipzig

45.1 Jourdan und Müller, Haus Braubachstraße 21, Foto: 2018

Baugruppe am Hof "Zum Rebstock."

Ansicht Braubachstraße.

H 19/39

Abbildung 1.   Architekt H. Senf.

Neubauten
IN DER FRANKFURTER ALTSTADT

Aus welchen Bestandteilen setzt sich eigentlich — abgesehen von den Bewohnern selbst — ein so wundersames Gebilde wie das einer Altstadt zusammen? Aus Straßen, Gassen, Plätzen, Höfen, aus alten Häusern, umgebauten Häusern und — schließlich auch neuen Häusern. Dazwischen gestreut erheben sich aus der Masse der niedrigen Wohn- und Geschäftshäuser als bauliche Höhepunkte die Dome, Kirchen und öffentlichen Gebäude. Zahlenmäßig beherrschen die alten Häuser das Gesamtbild, daher auch der Name Altstadt. Ihr Bezirk ist von mehr oder weniger breiten Straßenzügen meist klar umrissen, in besonders glücklich gelagerten Fällen wie in Frankfurt am Main bestimmt ein Flußlauf mit seinen reichen Uferbildern ihr Gesicht.

Ginge es lediglich nach Wunsch und Willen der eingefleischten, für vernünftige, zeitgemäße Umbaupläne und Erneuerungsabsichten kaum zugänglichen Altstadtfreunde und damit Altstadtverteidiger um jeden Preis, so gäbe es von den vorerwähnten Hausarten nur eine einzige, nämlich nur a l t e H ä u s e r. Neuzeitliche Baugebilde hätten in dem Tempelbezirk der Altstadt kein Daseinsrecht und müßten dahin verbannt werden, wo nach ihrer sicherlich ebenso ehrlichen wie engherzigen Auffassung der Kulturboden aufhört und die bauliche Unkultur unserer Tage sich breit macht. Wie tausendmal recht hätten zweifellos diese Verteidiger einer alten überlieferungstreuen Gesinnung noch vor etwa 30 Jahren gehabt, als man unter dem Unglücksstern einer hoffnungslos verwilderten, zu allen Schandtaten fähigen Bauauffassung die Schmuckkästen unserer wenigen deutschen Altstadtgebilde vom Geiste des Unverstandes, der Gewinnsucht und der Erneuerungsgier zerschunden und zerkratzt wurden, als man diesen Edelsteinen ihr einzigartiges, stilles Leuchten nahm, als man gesundes Altbaugut abriß, um für lächerliche Gebäudefratzen Platz zu gewinnen und sich mit so verzerrten Schriftzügen in das ewige Buch der Baugeschichte auf seine Weise einzutragen! Und da man Häuser wie Straßen nicht wieder aus dem Gesicht einer Altstadt wegwischen kann, als wären sie nur gezeichnet oder gemalt, wurden diese baulichen Mißgeburten, je mehr die Erkenntnis der nun einmal begangenen Sünden wuchs, zu stummen Anklägern und unbestechlichen Zeugen ihrer Entstehungszeit und damit einer Baugesinnung, wie sie in keinem Abschnitt unserer geschichtlichen Wandlung verwahrloster und heruntergekommener anzutreffen ist.

Letzte Ausläufer dieser Gewissenlosigkeit sind dann schließlich die Verfechter einer Auffassung, die sich in kistenförmigen Bauschöpfungen in der Altstadt ein Denkmal zu setzen schon auf dem Sprunge standen und die dann in einer Verblendung für die es beim besten Willen keine Verteidigungsformel geben kann, statt zu Hammer und Kelle, zum Malerpinsel griffen und die Giftbrühe ihrer Auffassung vom malerischen Bauen in grellen Farben über Hausgesichter und Brandgiebel schmierten. So und nicht anders sah das Schlachtfeld aus, auf dem eine bauliche Unkultur von nicht zu überbietendem Tiefstand ihre Siege feiern durfte, so fanden es die Baumeister vor, als sie die Sünden der Väter erkennen aus ihrer Ohnmacht langsam erwachten, so schreckte es auch unsere echten — nicht die wandelbaren — Altstadtfreunde und Altstadtvorkämpfer ab und trieb sie in einen ehrlichen Verteidigungskampf, als sie die ganze Größe des angerichteten Unheils übersahen. Wer konnte es ihnen daher verübeln, daß sie noch retten und erhalten wollten, was noch zu retten war, daß begründetes Mißtrauen sie befiel, wenn nur der Gedanke an Neubaupläne und Abbruchabsichten in Frankfurts Altstadt auftauchte.

Hatten sie nicht eine scharfe Waffe in der Hand, mit der sie wie zürnende Propheten auf die Stätten der Zerstörung deuteten und beschwörend fragten: Schrecken Euch die Spuren nicht, habt Ihr noch nicht Lehrgeld genug bezahlt, wollt Ihr erneut den traurigen Mut aufbringen, edelstes Erbgut zu opfern und

119

45.2

45.2 Hermann Senf, Baugruppe am Hof Zum Rebstock, Ansicht, 1939, in: *Frankfurter Wochenschau*, 1939, mit Text von Oberbaurat Otto Fischer

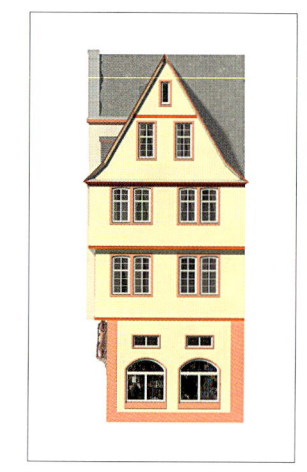

45.3

Die Baugruppe am Hof Zum Rebstock war 1940 das letzte Bauvorhaben an der Braubachstraße und komplettierte 35 Jahre nach deren Durchbruch die sie säumende Bebauung. Der Architekt Hermann Senf hatte hierfür das barocke und nach 1910 verputzte Fachwerkgebäude Im Rebstock 3 dem Stil des Heimatschutz angepasst und dabei die 1905 durch den Straßendurchbruch freigelegte Brandmauer zu einer giebelständigen, durchfensterten Außenfassade umgestaltet. Gleichzeitig errichtete Senf in der westlichen Fortsetzung nach der Braubachstraße einen ebenfalls im Heimatschutzstil gehaltenen, viergeschossigen, traufständigen Neubau und führte dabei die Architektur des Rebstockhofes im obersten Geschoss mit einem Überhang fort. Durch geringe Geschosshöhen konnte im Vergleich zum historischen Nachbargebäude ein zusätzliches Stockwerk gewonnen werden und so die Stadt als Bauherrin in den beiden Gebäuden 16 kleine und mittlere Wohnungen und sieben Läden schaffen; was in der nationalsozialistisch geprägten Presse als soziale Maßnahme gefeiert wurde. Zur Neugasse gelegen befand sich ein offener Laubengang. Der Bildhauer Albrecht Glenz schuf 1940 für die beiden Gebäude Bauplastiken, die angelehnt an den historischen Rebstockhof das Thema Wein und Apfelwein aufnahmen. Nach dem Krieg wurden die teilzerstörten Häuser in vereinfachter Form wiederaufgebaut und 1970 im Zuge der Errichtung des Technischen Rathauses abgerissen.

Das Dilemma von Rekonstruktionsvorhaben mit Stichtag zeigt sich heute paradigmatisch am Haus Braubachstraße 21. Als Orientierung für die schöpferischen Nachbauten galt der Zustand von 1944, da dieser am besten dokumentiert ist. Auch für das Gebäude von Senf präsentierte die DomRömer GmbH einen Vorschlag zum Wiederaufbau. **45.4** Das für den Bau vorgesehene Büro Jourdan und Müller mochte jedoch keine Architektur aus der Zeit des Nationalsozialismus wiederauferstehen lassen, woraufhin man sich auf einen Stichtag kurz nach dem Braubachstraßendurchbruch einigte. **5.1** Das nun errichtete Gebäude kommt heute als obskurer Epochenmix daher. Während die Ostfassade geprägt ist durch Fachwerk und einen verschieferten barocken Wellengiebel, ist die Fassade zur Braubachstraße ein mit Fenstern versehenes Abbild einer Brandwand, welche gemauert aus Naturstein wiederum die spätkarolingische Stadtmauer nachahmt.

45.3 Hermann Senf, Baugruppe am Hof Zum Rebstock, Foto: 1940

45.4 DomRömer GmbH, Entwurf Haus Braubachstraße 21, Visualisierung, 2011

Bei der Verwendung der Spolien wurde jedoch der gesetzte Stichtag ignoriert und die Plastiken von 1940 wurden wieder an den Häusern Braubachstraße 21 und 23 verbaut. Die Winzerfigur, nun unter einem rekonstruierten Kragstein von 1905 angebracht, wirkt, da ihr die tragende Funktion genommen, deplatziert und unbeholfen.

An dem fünfgeschossigen Wohn- und Geschäftshaus Braubachstraße 23 von Peter Eingartner und Alexander Khorrami ist eine Vielzahl von gestalterischen Elementen der umliegenden Bebauung wieder zu entdecken. Die in rotem Naturstein gekleidete plastische Fassade ist geprägt durch dreieckig gefaltete Wandpfeiler, Stürze und Brüstungen sowie unterschiedlich große in Metall gerahmte Fenster. Zusammen mit den gegenüberliegenden Häusern Braubachstraße 14–16 (Franz Roeckle und Hermann Senf, 1926) erzeugt der Neubau ein spannungsreiches Spiel expressionistischer Elemente. Der prägnante Spitzbogeneingang im Erdgeschoss referiert auf den Expressionismus, ist aber gleichzeitig auch ein Motiv der Gotik und verweist so zusammen mit den im Sockelgeschoss eingestreuten Diamantquadern auf die mittelalterliche Altstadt.

Philipp Sturm

45.5 Albrecht Glenz, Apfelweintrinker am Haus Braubachstraße 23, 1940, Foto: 1970

45.6 Hermann Senf, wiederaufgebaute Baugruppe am Hof Zum Rebstock, Foto: 1970

45.7 Peter Eingartner, Haus Braubachstraße 23, Skizze, 2011

45.8 Eingartner Khorrami Architekten, Haus Braubachstraße 23, Foto: 2018

HOF ZUM REBSTOCK

Braubachstraße 15 (Im Rebstock 1)
Mitte 18. Jahrhundert
2012–2018, Jourdan & Müller, Frankfurt am Main

46.1

46.2

46.1 Jourdan und Müller, Häuser Braubachstraße 15 (Rebstock 1) und 21 (Rebstock 3) mit dem Hauptzollamt von Werner Hebebrand (links), Foto: 2018
46.2 Hof zum Rebstock mit Blick nach Norden zur Kruggasse, Foto: vor 1904

46.3

Architektonisch gehörte der im 18. Jahrhundert entstandene Barockbau zu den bedeutendsten Bauwerken Frankfurts. Er war Teil eines Gebäudeensembles, das mit seinen insgesamt neun Bauten bis zum Ende des 19. Jahrhunderts den Rebstock-Hof bildete. Der in Verlängerung zur Kruggasse gelegene Hof zählte zu den größten und wichtigsten Messehöfen der Stadt. Mit den Straßendurchbrüchen Braubachstraße und Domstraße ging ein großer Teil des Ensembles verloren und damit auch dessen Hofcharakter. Für zwei Dekaden entstand so ein freier Blick auf die reichhaltig geschmückten Fassaden der Häuser Im Rebstock 1 und 3. Erst 1927 wurde die Hofsituation mit dem Bau des Hauptzollamtes teilweise wieder hergestellt. Über dem steinernen Parterre standen zwei Fachwerkgeschosse, denen jeweils eine kunstvolle Holzgalerie über die gesamte Breite des Baus vorgehängt war. Abgeschlossen wurde der traufständige Bau mit einem hohen schiefergedeckten Satteldach, welches durch ein zweigeschossiges Zwerchhaus mit rheinischem Wellengiebel und mehrere kleinere Dachgauben ergänzt wurde. Eine ähnliche Gestalt besaß auch die Fassade nach Westen.

Im Zuge der Neubauplanung der Altstadt wurde 2007 beschlossen, das Haus Im Rebstock 1 wiederherzustellen. Wo ursprünglich eine Weinwirtschaft einlud, handelte man um 1900 mit Sauerkraut, Bohnen und Gurken und in den 1920er Jahren mit Kunst; heute trifft man sich hier im Seniorencafé.

Moritz Röger

46.3 Hof zum Rebstock mit den Häusern Rebstock 1 (links) und 3 (rechts), im Vordergrund das zukünftige Baufeld des Hauptzollamtes, Foto: 1908

HAUPTZOLLAMT & HAUS AM DOM

Hauptzollamt
Domstraße 3
1926/27, Werner Hebebrand, Frankfurt am Main
2006/07, Jourdan & Müller, Frankfurt am Main (Umbau)

Haus am Dom
Domplatz 3
2006/07, Jourdan & Müller, Frankfurt am Main

47.1

Das Haus am Dom, ein Tagungszentrum der katholischen Kirche, begrenzt heute das Dom-Römer-Areal im Osten. Der langgezogene, weiß verputzte Gebäuderiegel besteht aus einem dem Dom zugewandten neuen Kopfbau mit Restaurant, Seminar- und Veranstaltungsräumen und einem beinahe expressionistischen, gläsernen Foyer über alle Etagen, welches die Verbindung zum historischen Hauptzollamt von Werner Hebebrand schafft. Die Integration dieses Gebäudes aus der Ära des Neuen Frankfurt, das im Krieg stark zerstört und danach nur notdürftig wiederaufgebaut wurde, war eine Vorgabe des Wettbewerbs 2001. In der Ausführung des Hauses am Dom wurden die baulichen Ergänzungen der Nachkriegszeit abgebrochen und von Hebebrands Gebäude lediglich der Langbau mit seinem eindrucksvollen Treppenhaus im Nordwesten und dem denkmalgeschützten Zollamtsaal erhalten, den heute das benachbarte Museum für Moderne Kunst (Hans Hollein, 1991) als Ausstellungsfläche nutzt.

Auch wenn der Kopfbau des Hauses am Dom mitten in die Flucht des wiederentstandenen Krönungsweges ragt,

47.1 Werner Hebebrand, Hauptzollamt, Fassade zum Rebstockhof, Foto: 1927

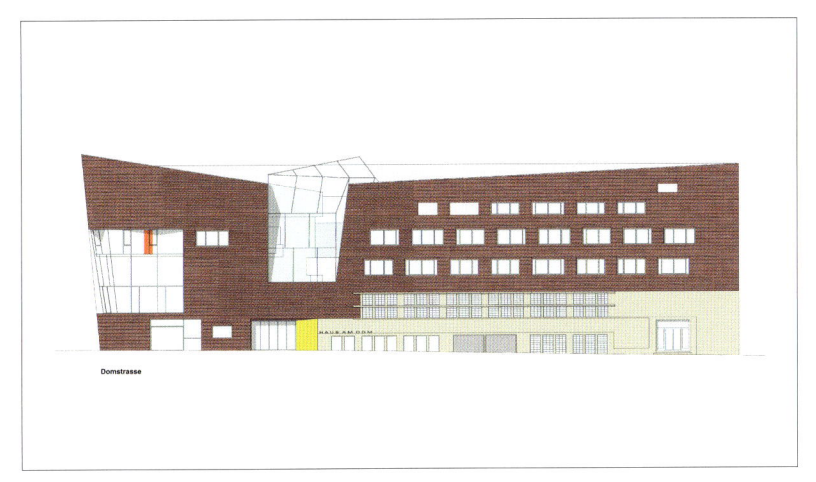

47.2

47.3

orientiert sich die Gliederung des Gebäudes in zwei separate Häuser an der mittelalterlichen Parzellierung. Die Gebäudeteilung wird neben den unterschiedlichen Höhen der Dachgiebel auch durch die freie Positionierung der Fenster im Neubau und die strenge Fensterbandordnung der Moderne im ehemaligen Hauptzollamt deutlich. Somit zeigt bereits die Fassade des Gebäudes ganz offensichtlich den historischen Wandel des Areals. Parallel dazu erweckt das Gebäude durch die von der Traufkante zurückgesetzten Satteldächer aus der Nähe die Anmutung eines Flachdachs, das sowohl Hebebrand als auch Jourdan ursprünglich in ihren Entwürfen vorgeschlagen hatten.

Im zugleich trennenden wie verbindenden Foyer stehen sich die Fassaden der beiden Baukörper wie an einem kleinen Altstadtplatz gegenüber. Balkone und Treppen bieten hier interessante Blickbeziehungen zwischen den Gebäudeteilen und nach Außen zum Domplatz.

Peter Körner

47.2 Jourdan und Müller, Wettbewerbsentwurf Haus am Dom, Zeichnung, 2001

47.3 Jourdan und Müller, Haus am Dom, Foto: 2011

HISTORISCHES MUSEUM FRANKFURT

Saalhof 1
1970–1972, Hochbauamt Frankfurt am Main
2012–2017, LRO Lederer Ragnarsdóttir Oei Architekten, Stuttgart

48.1

Das an alter Stelle neu errichtete Gebäudeensemble, zu dessen Entstehung ein Gutachterverfahren und ein Wettbewerb führten, steht inhaltlich, zeitlich und formal in direkter Beziehung zum Wiederaufbau der neuen Altstadt. Wurde noch 2005 in dem Gutachterverfahren zur Behebung bautechnischer und funktionaler Mängel der Umbau des im Stil des Brutalismus gebauten und von Teilen der Öffentlichkeit als unnahbar empfundenen Bauwerks beschlossen, führte unter anderem die Debatte um den Abriss des gleichermaßen umstrittenen Technischen Rathauses und den Wiederaufbau der Altstadt schließlich 2008 zu einem vom Hochbauamt ausgeschriebenen Wettbewerb. Ziel war nun ein Neubau, verbunden mit der vorangegangenen Renovierung des angrenzenden historischen Gebäudeensembles Saalhof durch Diezinger und Kramer (2008–2012).

Die Tatsache, dass sich der Entwurf von LRO schnell zum Favoriten der Jury entwickelte, überrascht nicht, betrachtet man das fertiggestellte Gebäude. Hatte die Betonhülle des Rohbaus noch eine harte, großmaßstäbliche Anmutung, wurde mittels der Gestaltung der Baukörper in Detail, Struktur und Materialität – neben ortstypischem Basaltsockel und Schieferdach auch die vollständig aus rotem Mainsandstein gemauerte Fassade – eine klar formulierte Anpassung an die benachbarte Bausubstanz erzielt. Fast nahtlos wurde das neue, städtebaulich durch Schaffung eines Vorplatzes klug eingefügte Ensemble an die umgebende Bebauung angeschnitten.

48.1 Lederer Ragnarsdóttir Oei Architekten, Historisches Museum, Foto: 2017

48.2

Welche Einstellung man auch immer zu der gekonnten Kompromissbereitschaft der Architektur im Äußeren hat – im Inneren lassen gut durchdachte und originelle Details den Besuch zu einer kleinen Entdeckungsreise werden. Der Aufteilung in zwei Baukörper geschuldet, ist die Erschließung des Museums zunächst kontraintuitiv. Der Weg zum eigentlichen Ausstellungsbau ist, da er durch vorgeschaltete Sonderflächen wie das interaktiv bespielte Foyer im Untergeschoss läuft, abwechslungsreich, aber lang.

Dort angekommen führt eine wie ein großes Holzmöbel wunderbar gestaltete Doppeltreppe in die Ausstellungsebenen, deren räumlicher Höhepunkt sich im Obergeschoss befindet. Hier ist der von außen so prägnante Doppelgiebel in voller Länge erfahrbar und erzeugt einen luftigen und eleganten Raum. Neben den Exponaten lädt ein auffälliges Fassadenelement – der eingesteckte Glaserker mit seinem Ausblick – zum Erkunden der Stadt ein.

Tanja Nopens

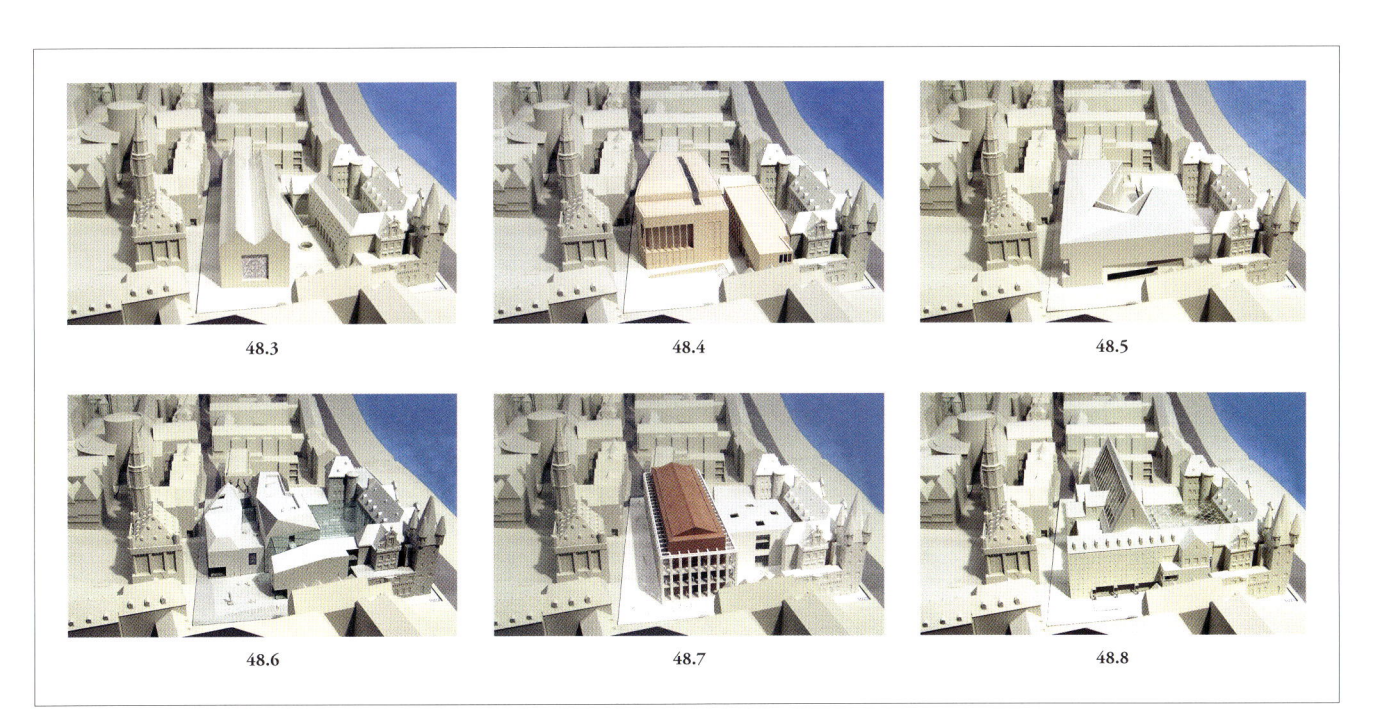

48.3 **48.4** **48.5**

48.6 **48.7** **48.8**

48.2 Lederer Ragnarsdóttir Oei Architekten, Historisches Museum, 2. Obergeschoss, Foto: 2017

48.3–48.8 Wettbewerb Historisches Museum, 2008:

Entwürfe von **48.3** Lederer Ragnarsdóttir Oei Architekten (1. Preis), **48.4** Kleihues und Kleihues (2. Preis), **48.5** Diezinger und Kramer (3. Preis), **48.6** Braun und Schlockermann (Ankauf), **48.7** Michael Landes (Ankauf), **48.8** Mäckler Architekten (Ankauf).

EVANGELISCHE AKADEMIE FRANKFURT

Römerberg 9
1955/56, Ferdinand Wagner, Frankfurt am Main
2005, 2015 – 2017, Meixner Schlüter Wendt Architekten, Frankfurt am Main

49.1 Meixner Schlüter Wendt Architekten, Evangelische Akademie Frankfurt mit Haus Wertheym (links), Foto: 2017

Die Frankfurter Paulsgemeinde zog nach der Zerstörung der Paulskirche im Zweiten Weltkrieg in die nahe Nikolaikirche am Römerberg um. Ein neues Gemeindehaus wurde errichtet, das sich in seiner Schlichtheit eher an den dahinterliegenden, neu entstandenen Zeilenhäusern als an den historischen Bauten orientierte. Es war als Brücke über dem Durchgang zur Alten Mainzer Gasse angelegt und hielt so den Zugang zum Römerberg offen.

Das Gemeindehaus wurde ab 2005 zuerst innen verändert und dann ab 2015 umfangreich umgebaut. Die Tragstruktur des Vorgängerbaus blieb erhalten und ist hinter einer transparenten Vorhangfassade sichtbar, deren Fenster mit Elementen bedruckt sind, die an das historische Fachwerk des Hauses Wertheym und die Ornamentik der umliegenden Bauten aus den 1950er Jahren erinnern sollen. Das Gebäude wurde um ein Stockwerk erweitert und folgt mit seinem Spitzdach dem Revival historischer Gebäudeformen, wie sie auch beim gegenüberliegenden Neubau des Historischen Museums verwendet wurden. Die durchscheinende Fassade betont nun noch stärker den scheinbar stützenlosen Charakter des ursprünglichen Gebäudes – ein Glashaus, das ein Stockwerk über dem Boden schwebt. Trotz der augenzwinkernden Verfremdung und Modernität ist der Umbau nun den originalgetreuen Replikas der neuen Altstadt wesentlich näher als seinem direkten Vorgängerbau aus der Nachkriegszeit.

Teresa Fankhänel

49.2

49.2 Ferdinand Wagner, Gemeindehaus der Paulsgemeinde, Foto: 2005

WOHNHAUS GROSSE FISCHERSTRASSE

Große Fischerstraße 10
2010–2012, Mäckler Architekten, Frankfurt am Main

50.1

50.1 Mäckler Architekten, Wohnhaus Große Fischerstraße, Foto: 2014

Nach den massiven Zerstörungen im Zweiten Weltkrieg wurde das Altstadtgebiet südöstlich des Domes in aufgelockerter Zeilenbauweise mit begrünten Wohnhöfen bebaut. Ganz im Sinn der behutsamen Nachverdichtung schloss Christoph Mäckler einen dieser halböffentlichen Höfe räumlich mit einem fünfstöckigen archetypischen Wohngebäude für die FAAG (Frankfurter Aufbau AG). Das Volumen des gesamten Baukörpers mit spitzem, schiefergedecktem Doppelgiebel ist in zwei optisch getrennte Häuser mit insgesamt zwölf Wohnungen gegliedert, die sich einen zentralen Erschließungskern teilen. Die visuelle Unterteilung der beiden schmalen, zueinander leicht verschobenen Baukörper wird durch die unterschiedliche Fassadengestaltung mit weißem Glatt- und rotem Kammputz zusätzlich verstärkt. Einen ähnlichen Gebäudetypus hat Mäckler bereits 2006 mit der Ausstellungshalle Portikus an der nahe gelegenen Alten Brücke errichtet.

Peter Körner

50.2

50.2 Wohnbebauung an der Großen Fischerstraße, 1952–1953, Foto: 1953

GREETING

Peter Feldmann

Frankfurt looks back on a long history as a trade fair city; indeed, it is precisely this history that has made our city into an international service, finance, and expo center it is today. Frankfurt is presently home to more than 730,000 people from 180 nations. The pace between the bank skyscrapers of the city skyline is faster than in many other cities, above all because of the well-developed infrastructure including Frankfurt main station and Frankfurt airport. The quick tempo and constant change characterize life in this cosmopolitan commerce city now as in the past. For this reason, many Frankfurt residents – and numerous tourists – long for spaces of consideration and reflection. Such spaces already exist on the Mainufer, in the city forest, and in the Frankfurt green belt. In the future, the reconstructed small-grained structure of the new old town will be a space in the center of the city, which will radiate a feeling of belonging for some and one of historical meaning for others.

History has been written between the Dom (Imperial Cathedral of Saint Bartholomew) and Römer for many centuries. First mentioned in 794, Frankfurt has been a trade fair city since the Middle Ages. Between 1372 and 1866, it was a Free Imperial City, and until 1806 also the coronation city of the Holy Roman Emperor. The Krönungsweg (Coronation Lane) led from the Imperial Cathedral through the Market to the Römerberg. Numerous trade courtyards, such as the Nürnberg Hof and the Rebstock-Hof, were established around the Krönungsweg. The buildings of this historical era were destroyed to a great extent during the Second World War. After the war, a modern and democratic Frankfurt grew out of the rubble. Some of the buildings constructed between the 1950s and 1970s have already been demolished, and are therefore themselves already part of history. On the site of the former Technisches Rathaus (Technical Town Hall) which was demolished in 2010, 35 new buildings have now been constructed – new buildings and creative reconstructions such as the Goldene Waage or Haus Esslinger. The Stadthaus am Markt (2016) and the new wing of the Historisches Museum (Historical Museum) (2017) are located in the immediate vicinity.

The new construction of the historical city center was preceded by a wide debate about the pros and cons of reconstruction. Is reconstruction an enormous historical falsification or does it help forge the identity of a large portion of the population? To what degree is reconstruction about the forgetting and remembering of past architecture? The unusual exhibition *Forever New: Frankfurt's Old Town. Building between Dom and Römer since 1900* at the Deutsches Architekturmuseum (DAM) examines these and other questions and thus makes an important contribution to reflections about urban and architectural history. The exhibition shows the urban developments of the 20th and 21st centuries for this small area. Various urban design interventions and architecturally ambitious buildings, but also unbuilt designs, are presented in the architectural-historical and sociocultural contexts of their respective time periods.

The historical city center boasts an exciting and politically charged history with regard to architecture and its instrumentalization for identity and tradition, as is clearly described in this exhibition catalog.

Peter Feldmann,
Senior Mayor of the city of Frankfurt am Main and Patron of the exhibition *Forever New: Frankfurt's Old Town. Building between Dom and Römer since 1900*

(Translated by *Mary Dellenbaugh-Losse*)

1.1 View from the old town, photo: 2018

FOREVER NEW: FRANKFURT'S OLD TOWN

Peter Cachola Schmal

Eleven years ago, in the fall of 2007, the Frankfurt city councilors voted for the reconstruction of the former old town on an approximately 7,000-square-meter site between the Dom and the Römerberg. At that point, the site was the location of the Technisches Rathaus (Technical Town Hall) a parking garage and a subway station were located beneath it. The decision was preceded by intense fights among the citizenry about the sense and nonsense of this type of project. In the end, skeptical architects merely looked on from the sidelines; they had lost the sympathy of the wider public following the controversial 2005 competition for the new development of the site. In October 2005, a heated debate also took place at the Deutsches Architekturmuseum (DAM), following an invitation by the urban development advisory council, led by DW Dreysse. The battle lines were drawn: Ernst Ulrich Scheffler, jury member of the competition which KSP Jürgen Engel Architects[1] had won, argued against reconstruction, saying "the historic city center was destroyed because too many people voted for the wrong party. The postwar construction was decided by democratic committees."[2] A group of young men around Wolff Holtz, head of the Frankfurt Young Union, who were obviously already in election campaign mood, spoke out against this and joined an alliance with older women for "urban healing."[3] By 2007, all of the thoughtful admonishers who did not think that authenticity could be restored and who liked the breaks and jumps in Frankfurt's architectural history had been swept to the side; the populist position of a group of old town activists and the free voters BFF (Bürgerbündnis für Frankfurt) had taken the political upper hand. A veritable culture war, much like that of the postwar period around the reconstruction of the Goethe House and the Paulskirche, had been decided.

In 2009, senior mayor Petra Roth established the Dom-Römer GmbH to implement the project. The company was led by managing director Michael Guntersdorf. The project was completed in 2018. **2.1** Construction took five years longer than expected and was twice as expensive as originally claimed by the politicians. Simultaneously, the problematic handling of historic buildings in Alt-Sachsenhausen, the historic city center of Höchst, or the forgotten gate building of the Großen Riederhof **2.2** at Ratswegkreisel showed the value which was given to historical monuments when they are not located in the center of the city and cannot be symbolically inflated.

What is the justification for this type of substantial investment of tax money? Only 80 apartments were built for the upper class, which is forcing its way back into the inner city. It therefore cannot possibly be about housing shortages. The approximately 30 shops are managed like a center, with varying rent prices depending on the concept. So it is also not about profit. Is it rather about an image improvement in city marketing, competition between cities, and booming urban tourism? The number of parking tour buses at the Schaumainkai in Sachsenhausen has been growing for years, the perceived increase in tourists from Asia likewise. In 2017, just over 300,000 overnight stays by guests from China were counted, the second largest group following US Americans. For the last 15 years, the number of visitors to Frankfurt has been growing steadily; in 2019, the city will likely break 10 million overnight hotel stays.[4] Berlin (24 million), Munich (13 million), and Hamburg (12 million) are already part of this European top tier, which is led by London (57 million) and Paris (36 million).[5] From this perspective, the new old town as a tourist destination makes a lot more sense.

Since May 2018, the built results are available for assessment by the public; they have been positively received by all sides and from all political parties. The initial ideological principles of the argument have yielded to pragmatic curiosity over the intervening years of watching the construction sites, even in skeptics like the author.

One looks with disbelief at city views from the past, like those still offered by Google Street View in 2018 (images from 2008). Today we've completely repressed the fact that the Technisches Rathaus used to extend into the city space with such an incredible bulk and height. **2.3 / 2.4** Unfortunately, the Google vehicles could not drive along the Schirn back then, thus the images do not show the former empty urban spaces near the remains of the Carolingian ruins, which opened the urban space disproportionately widely for decades. Today the Schirn – the southern border of the site – is framed through the construction of the Stadthaus; its colonnades finally make sense. The slowly tapering Dom tower is now dramatic. Its proportions to its surroundings and its sky-high jubilant Gothic vertical architecture can achieve their full effect again, and strongly remind the

2.1 Dom-Römer-Area, photo: 2018

2.2 Late Gothic gate of the Großer Riederhof, Frankfurt am Main, 1492, photo: 2018

2.3 Drive through Braubachstraße, Google Street View, 2008

2.4 Braubachstraße, photo: 2018

viewer of the cathedral in the historic city center of Strasbourg. The Dom feels higher and less compact. The space and proportion of the alleyways of the new old town offer a similarly pleasant impression. They are surprisingly vertical and feel extremely dense. Now they are populated by a few residents and, above all, urban tourists. New connections, detours, and shortcuts around the highly frequented new old town will determine the day-to-day routes of the city residents: for example, through the square in front of the Historisches Museum (Historical Museum) designed by Lederer Ragnarsdóttir Oei. The stone benches there, following the example set by the Renaissance, are well used by young women and couples in the evenings, proof of the feeling of security. Then continuing through the Saalgasse, always empty of pedestrians, with its postmodern façades towards the Dom and the Fahrgasse—where the courtyards between the *Zeilenbau* (long parallel building rows) from the 1950s emanate a suburban calm.

What should one think of the architecture of the new old town, aside from its pleasant squares and urban spaces? That is the question! How do we deal with this reconstruction, in particular in direct contrast to the numerous investor buildings which we allow to be built? Loving and technically perfect half-timber reconstructions like the Goldene Waage claim naturally to have existed forever. Despite the fact that I saw their construction with my own eyes, photographed it with no small measure of doubt, and know full well that absurdly thin concrete pylons support the external timber beams, in the meantime I have grown to accept these buildings. It is astonishing how, on the one hand, buildings that once inhabited the space can be erased from our memories so quickly, but on the other hand, how fast a new situation can be seen as given. The reconstructions were accepted quickly. They seem real, maybe a bit too renovated, and remind the viewer of similar buildings in other towns. It is surprising that there are so few skillful new buildings. This may have had to do with the conditions of the strictly regulated competition and the work of the design advisory board that followed.

I still have some issues with some of the more historicizing new additions, especially along Braubachstraße. They feel heavy handed and forced in comparison with the reconstructions; their formal decisions are not easily comprehensible. There are exceptions on the interior, for example the two buildings which are completely cladded with slate: Markt 14 by Johannes Götz and Guido Lohmann (Cologne) and, two houses further on, Markt 10 by Ulrich von Ey Architektur (Berlin). **2.6** In both cases, the material and the structure of the surface are impressive, both as a historical reference and for their contemporary attitude. The most persuasive new construction is however the radical building at Markt 30 by Meinrad Morger and Fortunat Dettli from Basel. **2.5** In this case, the architects reconstructed the historic outline of the original half-timbered building which stood on this spot, including the increasing overhang of the upper stories, and covered it with monotone dark plaster, without recognizable details. The design is so strong that it is even enhanced by the addition of a historic portal.

Fortified by the success and the completion of the new old town, groups of activists developed the courage to make more demands for reconstructions. Ideas were brought forward by individuals and initiatives, which recalled the former small cookshops around the Dom at Weckmarkt or suggested a return to the historic urban lot plan south of the town hall along the Alte Mainzer Gasse. The postwar redesign of the Paulskirche from 1948, which is due for renovations, is also controversial. Its opponents criticized the demonstrative modesty of the redesign by Rudolf Schwarz as no longer contemporary and the low assembly room as uninspiring. Instead, they argue, the original design from 1848 with its upper story should be restored. The initiative for the reconstruction of the two town hall towers "Langer Franz" and "Kleiner Cohn," which was started by the Brückenbauverein led by Christoph Mäckler, has had more success. The proposal concerns the emergency roofs which were put on the two towers after the war. A common coalition contract for their reconstruction was proposed one year ago. The most controversial proposal is the reconstruction of the historical theater building from 1902, since its auditorium is now the material basis for the auditorium of the current opera house. A few fragments of the historical outer walls have even been preserved. The association Pro Altstadt and the AltstadtForum are hoping that, in the course of the further discussions of renovation versus new construction of the city-owned stages, the moment will come when the theater and the opera will be spatially separated once more. Then the question of the reconstruction of the former instead of a new, modern opera house could suddenly become relevant. **2.7**

2.5 Morger and Dettli, Altes Kaufhaus, Markt 30, photo: 2018

2.6 Götz and Lohmann, Neues Paradies, Markt 14 (left) and Ulrich von Ey, Schönau, Markt 10 (middle), photo: 2018

2.7 Demonstration by Pro Altstadt and AltstadtForum for the reconstruction of the historic theater, Frankfurt am Main, photo: 2017

The Exhibition *Forever New: Frankfurt's Old Town. Building between Dom and Römer since 1900*

One of the most successful exhibitions at DAM to date was *Himmelstürmend – Hochhausstadt Frankfurt* (*Skyward: High-Rise City Frankfurt*), which enthralled around 43,000 guests between November 2014 and April 2015. It was curated by Philipp Sturm, a political scientist, who had conducted research about Frankfurt's urban and architectural history. Sturm suggested an examination of the turbulent history of the transformation of the old town similar to his examination of the history of high-rise development – which would remind the public that this site has been repeatedly and massively redesigned over the last 100 years – just as the new old town opened to the public in the fall of 2018.

For this catalog, architects as well as art and architecture historians have contributed comprehensive essays about the construction and planning activities of various decades. Claus-Jürgen Göpfert, head of the Frankfurt editorial office for the *Frankfurter Rundschau*, wrote a political didactic play about the new construction project on the Dom-Römer site and its history since the turn of the millennium. In addition, Sturm and I conducted an interview with the former mayor, Petra Roth, who is decisively connected to the creation of the new old town. More than any other part of the city, the new historical city center has an exciting and politically loaded history with regard to its architecture and its instrumentalization for identity and tradition; this has been critically contextualized by Stephan Trüby and Gerhard Vinken in their articles. Trüby recently kindled an additional culture war; in an article for the *Frankfurter Allgemeine Sonntagszeitung*, he accused the activists for the reconstruction of the historical city center of being led astray by protagonists who were trying to revise history. The novelists Martin Mosebach and Andreas Maier round off the essay section of the publication with literary flair. In addition to the numerous authors, we would also like to thank the designers from Feigenbaumpunkt and Jovis Verlag, who both contributed to making this book a well-rounded finished product.

Many thanks to Philipp Sturm and Moritz Röger for their two years of comprehensive research of archives, documents, and other sources. This book and the exhibition *Forever New: Frankfurt's Old Town. Building between Dom and Römer since 1900* are the result of their research and the material that they gathered. We would also like to thank all those who loaned drawings, plans, photographs, and models. Under the direction of Maren Harnack, students from the Frankfurt University of Applied Sciences focused on Frankfurt's old town in depth for two semesters. Urban design models **2.8** resulted from this work which have also been included in the exhibition; we would like to thank them for their work. The exhibition was designed by the Frankfurt offices Feigenbaumpunkt and Unique Assemblage. As part of the exhibition's program a number of films will be shown in cooperation with the Filmkollektiv Frankfurt (Film Collective Frankfurt), which has done research on rarely shown old town films from the years 1933 to 1985. These films will be shown in the cinema of the Filmmuseum. None of this would have been possible without financial support. We would thus like to thank the Department for Planning and Housing and its director, Mike Josef, and the DomRömer GmbH and its managing director, Michael Guntersdorf. We would also like to thank the Department of Culture and Science and its director, Ina Hartwig, the Polytechnic Foundation of Frankfurt am Main and its chairman, Roland Kaehlbrandt, and the Society of Friends of the DAM and its chairperson, Marietta Andreas.

(Translated by *Mary Dellenbaugh-Losse*)

---

[1] In 2005, the office was still working under the name "KSP Engel and Zimmermann."

[2] Hamm, Jorg, "Hitzige Diskussion um Altstadtbebauung," *Wiesbadener Kurier*, 10/20/2005.

[3] Kcd., "'Mut zum Abschied' oder 'Stadtheilung,'" *Frankfurter Allgemeine Zeitung*, 10/20/2005.

[4] https://www.frankfurt-tourismus.de/Presse/Pressemeldungen/Gaeste-und-Uebernachtungszahlen-Frankfurt-am-Main-2017 (5/30/2018).

[5] https://www.rolandberger.com/de/press/Europäischer-Städtetourismus-über-10-Millionen-Übernachtungen-pro-Jahr----Berlin.html (5/30/2018).

[6] Unterholzner, Bernhard, "Die Frankfurter Altstadt im Film – Konstruktion, Rekonstruktion, Simulation", in Fischl, Felix und Filmkollektiv Frankfurt e.V. (Ed.), *Wandelbares Frankfurt. Dokumentarische und experimentelle Filme zur Architektur und Stadtentwicklung in Frankfurt am Main*, Frankfurt am Main 2018.

2.8 Modelbuilding with molding cutter, Frankfurt University of Applied Sciences, photo: 2018

THE FICTIONAL OLD TOWN – FIVE STORIES ABOUT A NEW BEGINNING

Philipp Sturm

A new old town was somehow always an impossibility. In order to build it, one would have to believe one's own myths. The old town of Frankfurt was not only built over and over again, it was also newly recounted over and over again. The chapters in this book give an account of the recurrence of these fantasies and their interpretation in the real world. This chapter highlights five moments in the debates surrounding the old town.

The Association of Active Friends of the Old Town and the Colorful Old Town

In June 1922, the art historian Fried Lübbecke predicted "dark days for the desolate Frankfurt old town surrounded by modern life." In the same passage, he appealed, "should we just lay our hands in our laps and watch while the artwork of centuries, which is more important for Frankfurt and for Germany than the most beautiful Raphael, meets its fate?"[1] On April 12th of the same year, Lübbecke had founded the Bund tätiger Altstadtfreunde (Association of Active Friends of the Old Town), whose stated purpose was to promote the old town's social, hygienic, and artistic aspects.

To revitalize the outward appearance of the old town, he reached out to Bruno Taut, who had recently painted numerous buildings in Magdeburg. 3.2 Until 1926, more than 300 of the buildings in Frankfurt's old town were also painted. The reception by the city administration was lukewarm. Theodor Derlam, the municipal building officer, claimed that the results were of low quality, therefore the color design of the city-owned buildings did not follow "Taut's theory of drowning out the low quality of an ugly façade through the loudest colors possible; they therefore will not resemble the too-colorful clothing usually worn by ugly women..."[2]

Despite this commentary, on February 21, 1925, Lübbecke's old town association celebrated a large "Masquerade Ball of Colors" in Frankfurt's Römer, at which the satirical commemorative publication *Römer-Maske* (Römer Masks) from sculptor Benno Elkan was distributed. 3.3 In this publication – between articles about the larger Frankfurt metropolitan area by Lübbecke and tunneling under the Main River by engineer Erich Lasswitz – journalist and sociologist Siegfried Kracauer published an article about the "non-existence of the old town." In this work, he ironically lampooned the work of Lübbecke and his association with great linguistic finesse:

"[The old town has] suffered a metamorphosis, which has made it into a new creature. The fact that this creature is still called the old town can only be excused by the fact that this process of dissolution has proceeded unnoticed. ... On the façades, one new color chases the next. The brothels have disappeared, the ghetto has been displaced. The Braubachstraße opens for traffic which does not yet exist. In short: there now exists an entity in the place of the former old town of which the only thing that can be said with certainty is that it in no way matches the definition of the term 'old town'.
If however the old town does not exist, then it must solely be an ideology of the Association of Active Friends of the Old Town. This emerges in a purely empirical way from the fact that only since the creation of the Association – and as a result of its efforts – the name 'Old Town', which was fading away little by little, has in turn gained a fixed meaning ... Ergo: the non-existent old town is the ideology of an active association."[3]

Nationwide, Nationally Important: the Cult of Poets at Hühnermarkt and the Römerberg Festival

Lübbecke's initiative and the progressing renovations in the second half of the 1920s under Ernst May, the director of municipal building, and municipal building officer Theodor Derlam, who was responsible for the historical buildings, resulted in an increased awareness of the old town among residents and visitors.

From 1932, tourism in the old town was additionally stimulated by the Goethe year, which was celebrated nationwide, and the Römerberg Festivals, which were celebrated annually from that point onward. The central festivities began on March 22nd, on the 100th anniversary of Goethe's death, and ended on his birthday, August 28th.[4] The *Frankfurter Nachrichten* reported "we have celebrated Goethe for months, in every direction and in every relationship: the chain of festive days was almost more than one could take."[5] In addition to the Goethe cycle at the theater and the opening of a new museum wing at the Goethe House with a ceremonial address by Thomas Mann, the city also pushed the cult of commemoration at the Hühnermarkt. The "Goethe site" Haus Esslinger, in which Goethe's aunt had lived, received a commemorative plaque for Johanna Melber. From then on, most people referred

3.2 Greetings from colorful Magdeburg, postcard, ca. 1925

3.3 *Römer-Maske*, released for the "Masquerade Ball of Colors" on February 21, 1925

to it as "Aunt Melber's house." **32.2** Friedrich Stoltze, the other poet from Frankfurt, was not forgotten in the ubiquitous commemorations. In addition to the Stoltze fountain (1892), from the mid-1930s onward, the façade of a newly constructed building commemorated the vernacular poet who was born in the neighboring Rebstock Hof: a red sgraffito with images from Stoltze's poems rounded off the cult of poets at Hühnermarkt.[6] **34.1**

The Römerberg Festival, which was initiated in 1932 by Max Michel[7] (SPD), the head of cultural affairs, and Alwin Kronacher, the artistic director of the theater, was more important for the city residents. In the first year, the eight-week theater festival offered its guests open-air performances of works by classical authors like Goethe, Schiller, and Shakespeare. From 1933, Hans Meissner, a friend of the new senior mayor Friedrich Krebs (NSDAP), took over the artistic direction of the theater and the festival. With this step, even the internationally renowned Römerberg Festival became part of National Socialist cultural policies and, according to Krebs, should serve to revive "true national feelings."[8] He unsuccessfully tried to gain the distinction "Reich Festival" from the Reich's propaganda minister, Joseph Goebbels, who was also responsible for theater – in Frankfurt, one had to settle for the distinction "nationally important."[9] **3.4** With the beginning of the war, the Römerberg Festivals were suspended. Five years later, bombs destroyed the medieval setting.

Phoenix Rising from the Ashes

"The ruins do not stand, but rather sink in their own rubble. They often remind me of the mountains of my home. Narrow goat paths trace their way over the hills of debris. What is still standing are the bizarre towers of an eroded ridge. A sewage pipe is silhouetted against the blue sky; three connectors show where the stories were. One tromps around, hands in one's pockets, unsure where to look. It is exactly how it looks in pictures. But sometimes one would be surprised that there is not a reawakening. It remains as it is. The grass that is growing in the buildings. The dandelions in the church. And suddenly one could imagine it continuing to grow, covering our cities like a primeval forest: slowly, unstoppably, a flourishing of nonhuman species, a hush of thistles and moss, an Earth without history, and with it the chirping of the birds, spring, summer and fall, the breath of the years that no one is counting any more—"[10]

In May 1946, one year after the end of the Second World War, the 35-year-old architect and author Max Frisch walked through the remaining walls of the Frankfurt old town. He tried to orient himself – in the rubble and in his thoughts: How can one deal with the material loss of city and architecture? What is the sense of erecting historical mock-ups? **3.1**

At that time, the city administration was undergoing some restructuring: Walter Kolb (SPD) was elected as senior mayor. Eugen Blanck became the head of planning and construction and appointed Werner Hebebrand as the new director of the city planning office. The modernists of the New Frankfurt, who had to suddenly resign at the beginning of the 1930s, now positioned themselves at the controls of the planning apparatus. The large urban planning debates of the early years of the postwar period were fought about the reconstruction of the Goethe House and the Paulskirche.[11]

The Historisches Museum (Historical Museum), then led by Albert Rapp, clearly positioned itself for the reconstruction of the old town. In order to make this position visually plausible, Rapp arranged to extend the model of the city center by the Treuner brothers, who started building it since the 1920s, continuously until 1958 – well noted, the condition before the bombing. **3.5**

In 1950, during the architectural competition to reconstruct the core of the old town, the Historisches Museum presented the exhibition *Unsere Stadt* (*Our City*) in Römer (the Frankfurt city hall); the model was the central exhibit and reminded visitors of the lost old town. The proponents of a modernist new planning also based their cause on a model by the Treuner brothers. This model, which is intended to show the postwar condition of the old town, depicted the destruction to a much larger degree than could be verified in photographs. The modern urban planners attempted to stamp out the longing for reconstruction with this "orchestrated" model and strengthen the desire for a new beginning.[12] **3.6**

In addition to the Goethe House and the Paulskirche, the Römer, a further landmark building – was fundamentally secured directly after the war and then reconstructed from 1950 onward. The architecture collective of Otto Apel, Rudolf Letocha, William Rohrer, and Martin Herdt emerged victorious from a more narrow competition.[13] The following buildings oriented towards the Römerberg were reconstructed without exterior changes: Alt-Limpurg, Zum Römer, and Löwenstein. On the other hand, Haus

3.1 View of the Dom from Fahrgasse, photo: 1950
3.4 Römerberg Festival, 1934, Poster
3.5 Hermann and Robert Treuner, model of the old town of Frankfurt before the war, 1925–58
3.6 Hermann and Robert Treuner, model of the destroyed old town of Frankfurt, 1946/47

Frauenstein and the Salzhaus, which border to the north, were reconstructed as modern buildings with gabled roofs; they were constructed out of ferroconcrete with limestone cladding and glass mosaics. 3.7 The Salzhaus in particular set off a fight. A motion from the conservative minority in the city council to reconstruct the building in its old form was rejected by the Social Democratic majority. The architects however attempted to appease the reconstruction proponents; they integrated six preserved, artfully carved wooden panels from 1595 depicting scenes from the four seasons in the balustrades of the left gable windows. On the north side of the building, on the other hand, the mosaic *Phoenix rising from the Ashes*, designed by graphic artist Wilhelm Geißler in 1956, represented the resurrection of the ruined city.[14] 3.8

In the 1950s, a number of important historical landmark buildings grew out of the rubble. South of the Dom, on the other hand, rows of modern housing with quiet green inner courtyards were constructed, which the "father of the historical city center" Fried Lübbecke, disparagingly called "Bolshevist housing machines."[15]

At the same time, the "Bolshevists" made decisions in other places that Lübbecke would have wanted for Frankfurt. Max Frisch, who visited Poland in 1948, again asked what the point of reconstruction was during a visit to Warsaw: "one realizes that the Poles asked themselves whether they should move back into Warsaw; they did – not least of all because there was a conscious attempt to eradicate Warsaw completely ... Warsaw lost almost every bit of its historical face, which is more than a material loss; on the other hand, one asks oneself to what extent it makes sense to erect historical mock-ups."[16]

In fact, the old town of Warsaw was the largest reconstruction of an old town ensemble. The reconstruction was intended to be an answer to the systematic destruction by the German occupiers, and therefore had an enormous symbolic importance for Polish society. In light of the National Socialist destruction policies, which aimed at the complete eradication of Poland as a cultural nation from 1939 onward, the reconstruction of the old town ensemble (1949–53) with the market square at its center should also be understood as the resurrection of the Polish nation. 3.9 At the same time, the state leadership, which had been instituted by Moscow, was also able to use reconstruction to gain the support of the citizens in the first years after the war.[17]

In the country of the perpetrators, a decision like this one would have had a disastrous signal effect. Thus in the core area of the destroyed old town of Frankfurt, something completely new needed to be built. For this purpose, an international architecture competition with an ambitious construction program for cultural uses was announced in 1963. The goal of the city fathers was to create new spaces for decision-making and opinion formation in the still young democracy.[18]

The Römerberg Asparagus

In the capital city of the German Democratic Republic (GDR), a dominant, new feature for the historical center of Berlin was planned after the demolition of the war-damaged city palace (1950). After the idea of a central government high-rise was abandoned for economic reasons, in 1964 the central committee of the Socialist Unity Party of Germany (SED) decided to construct a television tower on the East-West axis. The 368-meter-tall tower was opened by Walter und Lotte Ulbricht in October 1969; from this point on the GDR also had color television.[19]

Three months later, the *Frankfurter Allgemeine Zeitung* reported that the city fathers and the administrators from the Federal Post Office planned to erect a television tower in Frankfurt's old town as well. According to this newspaper article, up until this point it was assumed that the tower would be built near the Bundesbank (Federal Bank) building, which was under construction at the time. Now, however, Hans Kampffmeyer (SPD), the head of construction, seemed to want to follow the Federal Post Office's suggestion to erect the approximately 300-meter-tall tower on the abandoned lots between the Dom and Römer. The Post ensured the city that the design of the tower, which was cladded in dark sandstone, would take the historical surroundings into effect and that there would be enough space around the base for public institutions and offices. The architecture collective Bartsch, Thürwächter and Weber, which had won the competition for the Dom-Römer site in 1963, were now supposed to design the television tower and its surroundings "with special consideration of the reanimation of the Krönungsweg." A citizens' initiative formed against the planning, and the CDU and FDP expressed strict objections.[20]

The article turned out to be a New Year's prank, but it showed just how ideologically charged the area between

---

3.7 Otto Apel, Rudolf Letocha, William Rohrer, and Martin Herdt, reconstruction of the Römer with the new buildings Haus Frauenstein and Salzhaus (right), 1952–53, photo: 1953

3.8 Wilhelm Geißler, mosaic *Phoenix rising from the Ashes* on the façade of the Salzhaus, 1956, photo: 2007

3.9 Reconstructions at Marked square, Warsaw, façade views 1939 and 1953

Dom and Römer was, and how controversially every change was disputed. Five years later, the new Technisches Rathaus (Technical Town Hall) opened here,[21] and ten years later a new planning was once again debated – this time, reconstruction and postmodernism were the keywords.[22]

**Statements, Self-Sufficient –
(Forfeited) Contemporaneity in Königsweg**

Even before Jürgen Engel's modern design could win the 2005 urban design idea competition Technisches Rathaus, the friends of the old town had already intervened in the process.[23] In the following two years, the proponents of reconstruction succeeded not only in pushing the city government to the reconstruction of a significant portion of the old town, with their sweeping criticism of modern architecture, they also managed to maneuver a significant portion of contemporary architects into a defensive position. This became apparent through the actions of the Frankfurt branch of the Association of German Architects (BDA), which was led by Manuel Cuadra. In May 2006, the BDA put on a three-day workshop in which 32 architects were to develop test designs for 20 lots of the planned construction site. The resulting models, which were subsequently exhibited in the Historisches Museum, were as varied as their architects: there was a conservative Braubachstraße façade from Michael Landes, tried and tested diamond-shaped glass and steel trusses from Schneider and Schumacher, and a scaled façade covered with movable shingles by Norbert Berghof. **3.10** Perhaps some of the architects interpreted the task too experimentally and developed too elitist and futuristic designs. The workshop, which operated on a purely taste-based level, did not facilitate the public discussion about the planned construction at all. On the contrary, the proponents of reconstruction felt vindicated in their rejection of modern architecture.

In June 2009, Bernhard Franken made a similar attempt to design contemporary architecture for the historical city center, once again initiated by the BDA. He curated the small cabinet exhibition *5x5 Jetztzeithäuser* (5x5 present-day buildings) in the Historisches Museum, where he presented five buildings which were in part very futuristic. For his design, the so-called Voronoi-Haus, Franken developed a cellular half-timbered structure and simultaneously explained that it was not a construction suggestion, but rather merely a statement. **3.11** The provocative, pink half-timbered building by Dieter Brell (3deluxe) **3.12** and the glass boxes by Nicole Kerstin Berganski and Andreas Krawczyk (nkbak) were also intended only as commentary. Schneider and Schumacher and Gruber and Kleine-Kraneburg were the only two to take on the construction task and develop a building for Markt 40 made of a steel support structure with a façade of diamond-shaped windows and a building with a perforated skin made of red Main sandstone. The discussion which took place on the evening of the opening once again revealed the irreconcilability of the friends of the old town and contemporary architects. "Please leave the old town alone!" shouted an audience member at architect Michael Schumacher.[24]

The debates surrounding the construction of the new old town were enriched through an artistic intervention by the Schirn. The so-called table, an integral part of the Schirn architecture which was often used by artists for projects in public space, had to yield to the new construction. Despite the objection of the then Schirn director Max Hollein and the architect Dietrich Bangert's copyright, an agreement was reached with the city and the building section was demolished in summer 2012. In the same year, Bettina Pousttchi focused on the old town construction project in her work and developed a large-format, location-specific photo installation *Framework*.[25] **3.13** She developed a repeating pattern of half-timber elements from the building Schwarzer Stern, which adorned the postmodern Schirn as a frieze; the installation could thus be read as a negotiation with the supposed loss of meaning of contemporary architecture and politically opportune construction.

Today, two buildings are seemingly unimpressed by the debates surrounding the design of the old town. The building in Kleine Rittergasse (2014) in Alt-Sachsenhausen by Bernhard Franken **3.14** and the Protestant Academy (2017) on the Römerberg by Meixner Schlüter Wendt show that decidedly contemporary construction is also possible in the context of historical city centers and half-timbering.

(Translated by *Mary Dellenbaugh-Losse*)

---

[1] Lübbecke, Fried, "Von Frankfurts Altstadt," *Frankfurter Zeitung*, 6/8/1922.
[2] Derlam, Theodor, "Farbige Gestaltung von Gebäudefassaden in Frankfurt am Main," *Die farbige Stadt*, no. 3, 1926, p. 43f.

3.10 BDA workshop old town of Frankfurt, test designs by Till Schneider and Michael Schumacher, Felix Jourdan, Marie-Theres Deutsch, Petra Wörner and Stefan Traxler, Norbert Berghof, Kerstin Schultz, Karl Richter, Christian Nasedy (f.l.t.r.), Models, 2006
3.11 Franken Architekten, Voronoi-Haus, 2009
3.12 Cover with "Jetztzeithaus" by Dieter Brell, *Bauwelt*, 2009
3.13 Bettina Pousttchi, installation *Framework* on the Schirn façade, photo: 2012
3.14 Franken Architekten, building Kleine Rittergasse 11, photo: 2014

[3] Kracauer, Siegfried, "Die Nichtexistenz der Altstadt. Eine philosophische Deduktion," in Elkan, Benno (Ed.), *Römer-Maske. Eine Festschrift phantastischer Satire und satirischer Phantasie*, Frankfurt am Main 1925, pp. 43f.

[4] Hock, Sabine, "Vom Kanonendonner zu 'Radio Goethe.' Ein Rückblick auf die Goethefeiern in Frankfurt am Main 1815–1982," unpublished typescript, 1999. http://www.sabinehock.de/downloads/goethefeiern.pdf (4/27/2018).

[5] *Frankfurter Nachrichten*, 8/30/1932.

[6] S., "Neugestaltung Frankfurter Altstadthäuser," *Zentralblatt der Bauverwaltung*, no. 13, 1939, p. 357, 359.

[7] Max Michel (1888–1941) was the head of culture affairs for the city from 1927 until 1933. In 1932, he implemented the Goethe year. In contrast to May, Michel was committed to the maintenance of the old town. In 1933, Michel was fired both for his Jewish heritage and for political reasons. In 1939, he emigrated to the United States. See: Schilling, Jörg, "Michel, Max Friedrich," in Brockhoff, Evelyn, et. al. (Ed.), *Akteure des Neuen Frankfurt*, Frankfurt 2016, p. 153.

[8] Drummer, Heike and Jutta Zwilling, "'Bayreuth der deutschen Klassik?' Frankfurt und die Römerberg-Festspiele," Frankfurt am Main 2010. http://www.ffmhist.de/ffm33-45/portal01/druck.php?dateiname=t_ak_roemberg_festspiele_01 (4/27/2018).

[9] Ibid.

[10] Frisch, Max, *Die Tagebücher: 1946–1949, 1966–1971*, Frankfurt am Main 1983, pp. 32f.

[11] See Wolfgang Voigt in this book, pp. 266–272.

[12] Gerchow, Jan, "Vom Abbild zum Urbild. Das Altstadtmodell des historischen Museums," in Gerchow, Jan and Petra Spona (Ed.), *Das Frankfurter Altstadtmodell der Brüder Treuner*, Frankfurt am Main 2011, pp. 8f.

[13] The building program for the reconstruction competition was set up by Theodor Derlam. The ARGE Apel-Letocha-Rohrer-Herdt, Gottlob Schaupp, Walter Maria Schultz, and the office of Max Meid and Helmut Romeick submitted designs. See: Meinert, Hermann and Theodor Derlam (Ed.), *Das Frankfurter Rathaus. Seine Geschichte und sein Wiederaufbau*, Frankfurt am Main 1952, pp. 30–39.

[14] In his original design for the mosaic, Wilhelm Geißler a graphic designer and artist from Wuppertal, had included stylized bombers in the sky. However, he was asked not to include the martial depiction in order not to upset the American occupiers. See: Wissenbach, Björn, Study for the Frankfurt Department for Monument Protection, *Bauschmuck der 1950er Jahre auf dem Gebiet der Frankfurter Altstadt*, 2013, unpublished.

[15] Quoted from a letter from the director of the Historisches Museum, Albert Rapp, to senior mayor Walter Kolb, Frankfurt am Main, 10/2/1948. See: Durth, Werner and Niels Gutschow, *Träume in Trümmern*, Vol. 2, Braunschweig 1988, pp. 527–532.

[16] Frisch 1983, pp. 265–267.

[17] Bartetzky, Arnold, "Altstadt von Warschau, Polen," in Nerdinger, Winfried (Ed.), *Geschichte der Rekonstruktion. Konstruktion der Geschichte*, Munich 2010, pp. 280–282.

[18] See Philipp Sturm in this book, pp. 274–277.

[19] Pfeiffer-Kloss, Verena, *Die Macht der Abwesenheit. Zur städtebaulichen Gestaltungsdebatte um den Stadtplatz unter dem Berliner Fernsehturm*, Berlin 2015.

[20] Ech., "Barbarische Verschandelung des Stadtkerns," *Frankfurter Allgemeine Zeitung*, 12/31/1969.

[21] See Maximilian Liesner in this book, pp. 277–280.

[22] See Moritz Röger in this book, pp. 281–283.

[23] See Claus-Jürgen Göpfert in this book, pp. 289–295.

[24] Ballhausen, Nils and Doris Kleilein, "Lassen Sie bitte die Altstadt in Ruhe!" *Bauwelt*, no. 27/28, 2009, p. 48.

[25] Hollein, Max and Katharina Dohm, exhibition catalog for "Bettina Pousttchi Framework," [Schirn Kunsthalle Frankfurt, 4/19–6/17/2012], Cologne 2012.

THE ARCHITECTURAL DEVELOPMENT OF FRANKFURT UNTIL THE NINETEENTH CENTURY AND ITS ROMANTICIZATION IN THE AQUARELLES OF CARL THEODOR REIFFENSTEIN

Björn Wissenbach

The beginning of the architectural development of the settlement franconofurt, first mentioned in 794, lies in the darkness of history. In the area of the Hühnermarkt (chicken market) and the Dom, Roman finds have been made again and again since the eighteenth century. It is assumed that a Roman military base was located on the Domhügel, however, what is certain is the presence of a Carolingian chamber court, which was later expanded to a palatinate.

As sources,[1] a large number of building certificates are preserved that give an impression of the buildings and problems within the old city; they were first evaluated in the eighteenth century by the historian and priest Johann Georg Battonn (1740–1827). As early illustrations, the siege plan created in 1552 by the painter Conrad Faber (~1500–53) helps, which probably also served as the inspiration for Georg Braun (1541–1622) and Frans Hogenberg (1535–90) in 1572. This, now practiced view of the city was taken up by the engraver and publisher Matthäus Merian (1593–1650), who presented his extraordinarily accurate bird's-eye view in 1628, which was further developed well into the eighteenth century. **4.4**

In the nineteenth century, the scenic artist of the Frankfurt theater, Carl Theodor Reiffenstein[2] (1820–93), captured the old building corners of the medieval city in mostly small-format aquarelles, whereby the Romantic moment of the time becomes clear in the play of light in the paintings. Reiffenstein's interest in painting the old town can be seen as a direct reaction towards its apparent fading, because he often described on his sheets in short texts that the building depicted was either undergoing a process of change or was completely demolished.[3] At the beginning of Frankfurt's transformation into a city in the modern sense, photographers such as Carl Friedrich Mylius (1827–1916) and Carl Abt (1853–1922) came to his aid. **4.1 / 4.2 / 4.3 / 4.11**

4.1 Carl Theodor Reiffenstein, The Markt, view from the Neues Rotes Haus, 1864
4.2 Carl Theodor Reiffenstein, Courtyard of the building at Kruggasse 13, 1875
4.3 Carl Abt, courtyard of the building at Kruggasse 13, photo: 1904
4.4 Matthäus Merian the Elder, aerial view of Frankfurt from southwest, 1628
4.11 Carl Friedrich Mylius, the Leinwandhaus at the Weckmarkt, to the left the Bestätteramt and Stadtwaage, 1873

The Development of the Settlement Area

In Carolingian times, Frankfurt developed on four flood-free hills, which are known to us today as Domhügel, Samstagsberg, Römerberg, and Karmeliterhügel. Subsequently, the lowlands between the hills were filled up, so that one settlement island emerged parallel to the Main, which was bounded in the north by a tributary of the Main – the Braubach. A late Carolingian city fortification secured the area.

While in the Ottonian and Salian periods the settlement area at the ford was sufficient, the city area grew under the Staufer dynasty. It was protected and enclosed in the period between 1170 and 1200 by a ring wall. The wall can still be seen today in the area of the Konstablerwache and the Liebfrauenkirche and is marked by the course of the streets along the former moat (Großer and Kleiner Hirschgraben, Holzgraben, An der Staufenmauer). From these years, the first evidence of a stone bridge (1222) has been preserved, and it can be concluded that the present district Sachsenhausen – on the left bank of the Main – was also extended and walled. The task of securing the bridgehead fell to Sachsenhausen.

In the fourteenth century, a further expansion of the city area took place, which was referred to as Neustadt (New Town) and whose settlement edge is now visible through the Eschenheimer Turm (1428) and the Anlagenring as the former site of the city wall. The last city expansion step from the old days is the Fischerfeld east of the Fahrgasse, which was developed for new buildings from 1780 and shone in buildings of late rococo style and classicism.

Organization of the City

The Staufer core city was oriented to the river, which was shown by a variety of narrow alleyways in the city layout, which led from the Main into the city, where the fairs took place. Running laterally to this were only a few narrow alleyways, which still exist today as Alte Mainzer Gasse, Saalgasse, and Berliner Straße (formerly Schnurgasse). As the most important road, the Fahrgasse ran from the Main Bridge in a straight line through the city in the east. 4.5 Important gates before the city expansion under Ludwig the Bavarian in the fourteenth century were in the west at the end of Münzgasse, the later walled Guldenpforte, in the northwest the Katharinenpforte, and in the northeast the Bornheimer Pforte.

In the Staufer town, density prevailed and the side by the river also did not provide free space – it was separated by a wall from the shore, because the Main was an extraterritorial area and was considered a royal prerogative.

Medieval cities were usually organized according to guilds, organizational procedures, and with particular regard to dealing with fire. There was a mill on the Frankfurt Main Bridge that produced flour from the grain delivered, which was then delivered to the bakers via the Mehlwaage (Grain Scale) in the Fahrgasse; the bakers later offered their goods in the Weckmarkt at the Dom. 4.7 In the immediate vicinity of the Main was the slaughterhouse next to the Metzgerviertel (butchers' quarter) with the long Schirn, so that in a short distance, one could obtain bread and meat products. 4.6 The Krautmarkt (cabbage market), Hühnermarkt, and Kräutermarkt (herb market) were not far away.

Many Frankfurt residents had a garden in front of the city wall where they cultivated fruit and vegetables. They claimed these grasslands on the outskirts of the city against the will of the surrounding territorial princes, who insisted that the boundary of the royal city was the city wall. 4.8 It was not until the end of the fifteenth century that the Landwehr (light fortification) was established, which was now binding and accepted by all parties. Watchtowers were built at the intersections of this city and state border with the national roads.

Anyone who was traveling parallel to the Main on the Frankfurt side had to go around the city in order to avoid going through the formalities of a border crossing. Thus, in the northern area in front of the Staufer wall a bypass emerged – today's Zeil. Only with the construction of the Neustadt was the Zeil within the city. Under the city master builder Johann Georg Christian Hess, the city received an exit to the west between 1810 and 1812, with the Taunustor and the Allerheiligentor. Furthermore, the Eschenheimer Tor and the Friedberger Tor were built in the north. In Sachsenhausen, the Oppenheimer Pforte was walled up for military reasons, with only the Affentor remaining.

The Development

Today the only remaining Romanesque buildings are the Saalhofkapelle (1200–15) and the church of St. Leonhardt (1219). What secular buildings looked like is not known. In Gothic times the buildings stood, mostly executed in half-timbered framing, with the gable to the alley and were

4.5 Carl Theodor Reiffenstein, Fahrgasse at the corner of Schnurgasse with the Johanniterkommende, 1871
4.6 Carl Theodor Reiffenstein, Tuchgaden, 1871
4.7 Carl Theodor Reiffenstein, Fahrgasse with the Mehlwaage to the right, behind it the building Haus Zum Fürsteneck (view to the south), 1845
4.8 Carl Theodor Reiffenstein, view from the Goethehaus to the west, 1858

separated by so-called *Traufgässchen* from the neighboring house. Later, many of the gaps were blocked with firewalls to prevent city fires. While on the Frankfurt side in the old town center four-story buildings were not uncommon, in the Neustadt and in Sachsenhausen they were usually only two stories. The small Fischerhäuschen building, Schellgasse 8 (1292), in Sachsenhausen has survived to this day. On the Frankfurt side, the Krawallschachtel in Alte Gasse 24 (1526) represents the oldest Gothic building.

The Gothic half-timbered houses still stood in large numbers until the destruction of the old town in 1944. Contrary to some claims, the Frankfurt old town was never a coherent Gothic timber framework unit. All generations have rebuilt, expanded, or even demolished and rebuilt the structures according to their usage requirements.

The buildings were constructed in the Franconian framework, because there were large forests around Frankfurt and there were no sufficient natural stone deposits in the immediate vicinity. The red sandstone often found in Frankfurt came from the distant Lower Franconian Miltenberg and was therefore used as sparingly as possible in the few stone buildings. Only special buildings were built as solid constructions. These included the churches[4] and monasteries that shaped the city's silhouette, as well as a few patrician residential buildings, such as the Römer, Zum Laderam (Alten-Limpurg), and Löwenstein, the Fürsteneck on the Fahrgasse, the Steinernes Haus am Markt, as well as the Stalburg at the Großer Kornmarkt. **4.9** The municipal buildings—such as the Leinwandhaus, the Stadt- and Mehlwaage, and the Findelhaus (Konstablerwache)—were also solid constructions. **4.10 / 4.11**

The Trade Fair City

Twice a year, trade fairs were held in Frankfurt. During these market periods, the buildings between the Dom and the Römer had an additional function—they served as exhibition halls. The old town buildings were originally vacant on the ground floor and only in the course of the Renaissance were they closed. The vacant ground floors had the advantage that the sales area was covered in large parts, without special buildings having to be erected. **4.13**

The last building, which like the Michelstädter Rathaus (1484) was raised above an open space, was the Neues Rotes Haus (today: Rotes Haus) am Markt. The open space under the building had to be kept clear because it served as the entrance to the alley Tuchgaden. **4.6 / 4.1** With this history in mind, it becomes clear why the alley between the Dom and the Römer was called Markt; in view of the later built-in ground floors, this is no longer obvious. To accommodate the large commercial convoys, fair yards emerged in the in the city—with their accommodation blocks, sheds, stables, and magazines—which were often booked for centuries by trading companies from Nuremberg, Ulm, and Augsburg. Frankfurt was favored as a trade fair city, thus in 1361 at the autumn fair, goods were offered for sale in 117 buildings, and at the outbreak of the Thirty Years' War in 1618 there were already 600 fair vaults and 460 booths. **4.12 / 4.13** The fair yards, electoral quarters, and monastic settlements were separate villages within the city, where a large number of buildings lay on private alleys, often separated from the neighborhood by fortified gate buildings.

Modern Development

During the Renaissance, the citizenry was in full bloom and built magnificent houses with decorative timber framing, which was meant to put the older buildings in the shade. The upper stories were placed on a "stone floor" and thus was created the characteristic ground floor zones in arcuate positions with diamond-cut ashlars, keystones, grotesque heads, as well as wonderfully crafted corbels, which led to the wooden upper floors. Each building was allowed to have two overhangs, the first a cubit and the second a three-quarters of a cubit wide.

In the seventeenth century, the public space was almost paved throughout with so-called *Katzenköpfe* (cobblestone pavement) made of basalt. In the alleys and squares, there was a variety of wells for water supply, which were gradually modernized to pump wells from the second half of the eighteenth century due to the risk of accidents. Public greenery did not exist, so that the medieval and early modern city painted a very stony picture. Apple and nut trees in churchyards were exceptions. Mulberry trees were the first public greenery; they were planted in the middle of the eighteenth century for economic reasons—for silkworm breeding—at the Roßmarkt on today's Goetheplatz. Together with the Zeil, the Roßmarkt was considered to be a noble business address. The first shops were built here in the eighteenth century and, together with upper-class hotels, shaped the streetscape. The business center moved north from the old town. **4.14 / 4.15**

4.9 Carl Theodor Reiffenstein, Steinernes Haus, 1845

4.10 Carl Theodor Reiffenstein, The Weckmarkt with Stadtwaage, Beställeramt, and Leinwandhaus (left), and the southern transept of the Dom (right), 1870

4.12 Carl Theodor Reiffenstein, the courtyard of the Goldenes Lämmchen, 1856

4.13 Carl Theodor Reiffenstein, Nürnberger Hof, entrance to Hinter dem Lämmchen, 1875

It was not until the razing of the fortifications beginning in 1806 that the chance arose to create a new settlement edge, which now offered citizens the opportunity to build modern houses. From then on, the edge of the settlement was dominated by white, pistachio green, and pink classicist houses with large wall gardens.

From then on there was a segregation of the core city population. This created a social imbalance between the poorer old town population and a wealthier one in the new city quarters, which could not be rectified until the destruction of the old town in 1944. The oldest parts of the city served from then on as a Romantic motif for artists and for all those interested in its history; "modern life" took place in the Neustadt. Thus began the farewell to the old town. Because of strong population growth, new traffic axes were driven through the city – such as the demolitions for road construction from Roßmarkt to the western train stations in the Kaiserstraße (1872/73), and the extension of the Zeil to the east (1881). This initially concerned the flourishing Neustadt, while the Stauferstadt remained untouched. It was only during the term of senior mayor Franz Adickes, between 1890 and 1912, that changes were also forced here. Connected to the major interventions at the beginning of the Gründerzeit was an attitude of the municipality to the old town, which Adickes put in a nutshell: the old town was a place of prostitution and crime. The creeping change in the historic building structure had now become a program – the construction of Braubachstraße and the new buildings of the Rathaus were the two major projects to renew the old town. For this, the city administration planned to buy and demolish a bulk of the old town blocks; only the buildings of art-historical significance were to be preserved. What remained beyond that are the old town aquarelles by Carl Theodor Reiffenstein.

(Translated by *Mary Dellenbaugh-Losse*)

---

[1] The Institut für Stadtgeschichte (ISG) preserves 3,371 building certificates of urban provenance from the period between 1290 and 1948. In addition, the archive received a much larger number of building certificates through private referrals.

[2] Carl Theodor Reiffenstein, son of a beer brewer and innkeeper, was supposed to take over his father's job. As a child, he had already developed special skills in painting and drawing. After school, he apprenticed with the theatrical painter Meiler. Later he received his education at the Städelschule under Friedrich Maximilian Hessemer, Eduard Schmidt von der Launitz, and Jakob Becker in architecture, anatomy and landscape painting. He refined his landscape painting while traveling in Germany, Switzerland, and Italy. The works aroused great interest in Frankfurt's citizenry.
Reiffenstein gained special significance as a chronicler of his native city. He recorded the medieval Frankfurt in about 1,700 drawings, aquarelles, and paintings, before it was changed by the interventions of the Gründerzeit and later destroyed. Reiffenstein married Caroline Mansfeld at the age of 47 and led a withdrawn life. The city of Frankfurt bought most of his pictures for a life annuity. He died in Frankfurt in 1893.

[3] Lohne, Hans, *Frankfurt um 1850 – nach Aquarellen und Beschreibungen von Carl Theodor Reiffenstein*, Frankfurt am Main 1967.

[4] The churches of Frankfurt city center, which have been owned by the city since secularization in 1803, were rebuilt almost entirely by the municipality after the destruction of the Second World War as identity-creating buildings.

4.14 Carl Theodor Reiffenstein, The Neue Kräme, 1854

4.15 August Ravenstein, Geometric plan of Frankfurt am Main, sheet 5, 1862

BY ELECTRIC STREETCAR IN THE OLD TOWN – A NEW CITY HALL AND FAÇADES ON BRAUBACHSTRASSE

Melchior Fischli

After the old town of Frankfurt had been increasingly presented in images during the nineteenth century, around 1900 it experienced under senior mayor Franz Adickes the first profound transformation under the banner of modern urban planning: the demolitions for the construction of Braubachstraße and the building of the new (since the interwar period old) city hall. The demand for demolitions related to street construction corresponded to a widespread textbook opinion of the nineteenth century. What was new about the Frankfurt urban redevelopment campaigns was that here they were trying to preserve the cityscape of the old town at the same time – and in doing so, encroached even more deeply in the existence of its buildings. From urban planning to tongue-in-cheek historicism at the costume festival, a whole panorama of projects opened up, in which the "old town" was a main theme of urban building activity.[1]

A Crooked Street

The old town is a topic of modernity in Frankfurt as elsewhere.[2] Perhaps it made its first major appearance in contemporary construction at the International Electrotechnical Exhibition of 1891. It was at this celebration of modernity and technology, which became a fixture in the world history of electrification, that there was a large exhibition hall clad with a picturesque backdrop of medieval towers and gates.[3] 5.2 The façade, designed by architect Ferdinand Luthmer (1842–1921), was one of those old town replicas belonging to the repertoire of major world and industrial exhibitions at the end of the nineteenth century and created there a welcome compensation space for technical progress.[4] It is hardly a coincidence that in the same years, the old town itself moved into the focus of urban planning.

In April 1893, when the municipal authorities submitted to the city council a project for the construction of a street through the innermost areas of the old town, the general necessity of the project was widely accepted.[5] As modern urban planning taught, traffic development was to bring about a modernization and upgrading of the old town, which was increasingly regarded as a relic in need of renovation. In particular, a cross-connection from east to west and a better connection to the central train station, which had opened in 1888, were high on the agenda of urban development building policy. The actual and sometimes supposed hygienic grievances, however, only became the favorite topic of city planners somewhat later. A controversy developed, of course, about the concrete approach. The architect Christof Welb (1847–1922), who as a member of the city council was soon the notorious opponent of the city administration in almost all building matters, thereby still represented the established urban planning practice of the nineteenth century: in his proposal, a straight road axis ran in the middle of the Römerberg to embellish the square and city hall and to stage the Dom tower as a point de vue; in the process, the city structure as a whole was of no heritage value.[6] 5.3

The municipal authorities under senior mayor Franz Adickes, on the other hand, had presented a completely new project for the planned Braubachstraße: a multiply curved course, which also passed tangentially close by the Römerberg. 5.3 Thus the municipal authority now saw in a street construction on the Römerberg the "danger of destroying the old character of this historically strange district,"[7] which is why they wanted to preserve the unity of the square. When Adickes once again had to defend the crooked street against criticism a few years later in a council debate, he said that one "ruins the whole old town, admired by all art-loving strangers, when one starts to work in it with the ruler."[8] For the first time ever, it was proposed on a larger scale to reproduce the morphology of the old town with irregular building lines in order to reconcile urban planning of the time with the preservation of the cityscape – an approach entirely in line with the artistic, urban planning that draws on Camillo Sitte. In addition, the irregular curved lines had the advantage that they could be better adapted to the available land.

Even before the demolition was completed, it was propagated as a model in the then lively old town debate.[9] The demolition and street construction project was being handled, which with the innovative solution is perhaps astonishing, by the otherwise unknown Ferdinand Beutel, director of municipal building.[10] It was mainly influenced by Adickes himself, who after his election in 1890 energetically followed different urban development themes and often dealt personally with the projects for the old town.[11] Sometimes Adickes acted quite autocratically, so that he was accused in 1893, not for the last time, that the project had been developed in camera and the city council was presented with *faits accomplis*.[12]

5.2 Ferdinand Luthmer, façade of the *Halle für Verteilung und Werkstätten* (left) at the International Electrotechnical Exhibition, Frankfurt am Main, photo: 1891

5.3 Christof Welb, Schüppengassen project (proposal by the municipal authorities) and Münz-Gassen project (Welb's proposal), variations on routing the street construction, drawing, 1893

The project presented by the municipal authorities in 1893 was carried out a few years later with minor adjustments and with the usual deadlines for urban development projects. From 1900 to 1903, together with the new city hall, the western part of the street emerged, which followed the widened course of Schüppen- and Paulsgasse and was now called Bethmannstraße; a little later, the actual Braubachstraße followed on a new route. For the time being, the desire to preserve the old town had resulted in extensive demolitions and exactly the same amount of new construction work. 5.1 In the middle of the demolition work's rubble field, the electric streetcar commenced operations on Braubachstraße. The modern age had arrived punctually in the old town.

A New City Hall

Parallel to the urban development project, plans became more concrete for a new administration building, which, as the new city hall, ultimately had a determining influence on the implementation of the demolitions and street construction.[13] Increasingly important local governments as well as rising needs for representation ensured a veritable euphoria in the construction of city halls in the late nineteenth century.[14] While not a few German cities thereby replaced their old city halls with new buildings, it was decided in Frankfurt in 1886 to continue to use the Römer as the city hall because of its historical importance.[15] Of course, the fact that the building and the square named after it had once served as the scene of the emperor's coronation was particularly emphasized, because the identity of the city had been badly damaged with the Prussian annexation in 1866. However, it was difficult to deal with the lack of monumentality of the gradually growing complex of buildings. It was, as was later said in an official publication on the new building, "actually only an irregular group of residential buildings," which "was patched together into a makeshift public building."[16] In 1889, an attempt was made to remedy the famous three-gable façade's lack of ornamentation with an architectural competition. From 1896 to 1900, Max Meckel, winner of the competition, was finally able to realize a project that had been revised several times, which was already more restrained compared to the original design, but still involved a considerable transformation.[17] 5.4 / 5.5

This did not change the administration's space requirements. When the municipal authorities bought more private houses in the vicinity of the Römer in 1892 and wanted to realize rather modest new buildings there, the already well-known architect Welb gave an important impetus for a more generous planning, with a memorandum and a push in the city council. This was pursued by the municipal authorities, largely on their own, whereby the project gradually took shape over several years and grew steadily.[18] After the city council rejected a first study in 1895 by city building inspector Carl Wolff, a second draft was presented to the Römer building commission, which henceforth also shaped the planning of the new building in addition to the restoration. Their recommendation to have further studies prepared by "local architects"[19] resulted in an assignment for the four commission members Franz von Hoven (1842–1924), Ferdinand Luthmer (1841–1921), Ludwig Neher (1850–1916), and Heinrich Schmidt (1843–1904). In a further step, the municipal authorities commissioned von Hoven and Neher to develop a joint project.

When the municipal authorities transferred the execution directly to them and wanted to have this procedure approved in January 1898, almost in an urgent procedure by the town councilors, they received biting criticism. One of many newspaper articles was indignant at "what tremendous changes … should be so quietly decided and put into action," and from various sides an architectural competition was demanded, which would have been in accordance with common practice.[20] As was the case several times before, Adickes managed to grant the rather reluctant permission for the commission to the two architects. From 1900 to 1904, the main part of the complex was built as designed by von Hovens and Neher; by 1908, the western part of the north building was also completed.[21]

With this, a city hall was created that, unlike most of its counterparts, was not presented as a freestanding monumental building, cast from one mold. Rather, the new building was designed as a scenically composed building ensemble, which inscribed itself into the existing old town structure with its gigantic building mass. 5.6 As a seemingly successive expansion of the Römer, it grouped itself on both sides of the new street and included the former Römergasse as a passage. Such a solution had emerged since Wolff's first project in 1895, and the "appealing, very skillfully solved

5.1 Braubachstraße construction and corresponding demolition, view from the east, photo: 1905

5.4 Frankfurt Römer façades before the transformation, photo: 1855

5.5 Max Meckel, design for the transformation of the Römer façade, drawing, 1890. With a handwritten note from Kaiser Wilhelm II, 1894: "The design is grand, elegant, and artistically and beautifully conceived and designed. It corresponds perfectly to the great traditional importance of the Römer and the beautiful city of Frankfurt. I can congratulate the latter for setting such a noble monument to the emperors and to themselves."

5.6 Franz von Hoven and Ludwig, new city hall building Frankfurt am Main, 1900–04, water color perspective by Franz von Hoven, 1901

connection of the new building to the architecture of the old Römer"²² had also been an argument for the combination of the two designs by von Hovens and Nehers. One explicitly saw in the project a contribution to an actual form of cityscape conservation. The aim had been, said the architect Hellmuth Cuno (1867–1951), "that not only from all approaches picturesque images were created, which harmoniously conformed to the character of our old town and its streetscape, but also that the entire building mass in its silhouette enriched the cityscape with its many charming towers."²³

The main façade toward Paulsplatz presented itself as a collage-like compendium of Frankfurt's architectural history and with its diversity was intended to serve "to not overwhelm the Römer's old building ensemble with the much larger new building."²⁴ **5.6** In the background of the bridge-like passageway towered the seventy-meter-high city hall tower, an approximate replica of the Sachsenhausen bridge tower, which had been demolished 150 years earlier, which von Hoven dubbed "Der Lange Franz" (the tall Franz) after the senior mayor, when he fit the tower ball.²⁵ **5.7** The play of old and new also continued inside, where the council hall, with its grand staircase, provided access to the new ballroom at Paulsplatz, and with its Gothic rib vaulting appeared as a lush and clear paraphrase of the old Römer hall and the imperial staircase. **5.8**

Of all people, Ferdinand Luthmer–not only the author of failed city hall project, but also the old town setting of 1891–now saw in the scenic juxtaposition of different architectural styles "a recent disease, spread and promoted by the historical fairs of our exhibitions."²⁶ Otherwise, such a form of cityscape conservation met with broad approval in the professional world at the time of execution. A possible architectural model was the also picturesque and irregularly designed extension of the Nuremberg city hall (1885–89) by August Essenwein.²⁷ Directly comparable is the simultaneously realized Aachener Stadthaus (1898–1903) by Friedrich Pützer.²⁸ The new building in Frankfurt was probably also an inspiration for the partially built Stadthaus project (1897–1914) by Gustav Gull in Zurich: a megalomaniacal complex of administrative buildings, which, as a painterly assembly, equally sought urban integration.²⁹ **5.9** While the Römer was remembered in the collective memory above all as the imperial coronation site,³⁰ the new city hall was located–in terms of identity politics–in an urban-bourgeois context. Not only architecture and décor served the reassurance of the "good old days"; a programmatic focal point was also the Rathskeller. Already in the early phase of the planning in 1896, one found that it was not only suitable "to a charming architectural design," but would also provide "the old town with a very desirable new attraction."³¹ In the city hall restaurant, which enjoyed general popularity around 1900, the interior of the cellar-like space is painted to this day with murals by Joseph Correggio, presenting the "old Frankfurt" as a place of cheerful exuberance.³² **5.10** Around 1900, not only did the conversion of the old town into a nightlife and entertainment district begin; in a more popular register, the same reference to local identity was expressed here as in the official representative rooms of the city hall. Perhaps the culmination of this carefree form of old town enthusiasm was the old town Festival of the Architects and Engineers Association and the Artists' Society of 1905. **5.11** With apple wine taverns, show booths, and other installations tuned to the old town, the fun-filled framework for a festival was created in the recently completed new city hall, where costumed architects and artists performed a kind of apotheosis of the old imperial city of Frankfurt with an idea very typical for the time.³³

Façades for Frankfurt

Unlike the western half of the new street construction occupied by the new city hall, the eastern adjoining Braubachstraße–including the perpendicular Domstraße–

5.7 Franz von Hoven and Ludwig Neher, new city hall, Frankfurt am Main, 1901–04, in *Deutschen Bauzeitung*, 1909

5.8 Franz von Hoven and Ludwig Neher, council hall in the new city hall, 1901–04

5.9 Gustav Gull, project for administration buildings on the Oetenbach area, Zürich, partially realized 1897–1914, perspective, 1911

5.10 Joseph Correggio, fair at the Römerberg and Hochheimer Weinschiff, murals in the Rathskeller of the new city hall, Frankfurt am Main, 1904

5.11 Old town festival inside the Frankfurt Römer, organized by the Frankfurt Artists' Association and the Frankfurt Architect and Engineers Association, photo: 1905

5.12 Hermann Senf, Façades for Frankfurt am Main, building ensemble perspective at Domplatz, competition 1903

5.13 Hermann Senf, view into Hof Rebstock, second competition for the new development of Braubachstraße, Frankfurt am Main, drawing, 1905

5.14 Hermann Senf and Clemens Musch, building Zur Maus, corner Braubachstraße/Domstraße, Frankfurt am Main, 1906, photo: 1910

5.15 Hermann Senf and Clemens Musch, building Domstraße 10, 1907/08, photo: ca. 1938

5.12 / 5.16 – 5.31 *Façades for Frankfurt am Main*, building ensemble perspective at Domplatz, competition 1903. Designs by:

5.16 Otto Sturm, 5.17 Fritz Geldmacher, 5.18 Fritz Göttelmann, 5.19 Franz von Hoven, 5.20 Heinrich Kaysser, 5.21 Georg Wilhelm Landgrebe,

5.22 Alexander von Lersner, 5.23 Claus Mehs, 5.24 W. Mössinger, 5.25 Ludwig Neher, 5.26 Karl Poppe and Artur Hartmann, 5.27 Josef H. Richter,

5.28 Julius Ruppert and Wilhelm Barth, 5.29 Friedrich Sander, 5.30 Theodor Martin, 5.31 Stefan Simon.

was intended to be developed with individual buildings right from the start.³⁹ To obtain a sample collection for this street, the city sponsored a façade competition in 1903 and published the award-winning projects in an elaborate portfolio titled *Fassaden für Frankfurt am Main*³⁵ (Façades for Frankfurt am Main), **5.12 / 5.13 – 5.29** – an approach that enjoyed a boom in German cities after a competition in Hildesheim in 1899.³⁶ Probably at the suggestion of the new city master builder Gustav Schaumann (1861–1937), who had organized a façade competition in Lübeck before his appointment to Frankfurt, the municipal authorities decided to construct some prominently located "trendsetting buildings"³⁷ on their own account, for which in 1905 among the winners of the façades competition a tender for concrete building sites was organized. **5.13 / 5.32**

With a certain variance in the details, the winning entries in both competitions were all committed to an "old-German," late-historicism, which – much like the city hall – used a custom "Frankfurt" world of motifs, with its curved slate gables, visible half timbering, and reddish Main sandstone. Some competition projects were subsequently realized more or less unchanged.³⁸ For example, Hermann Senf – for whom the competition success was the beginning of a forty-year career as a new building architect in the old town³⁹ – together with his associate Clemens Musch realized two large-volume, picturesquely structured buildings at the intersection of Domstraße, which lay under a correspondingly complicated roof landscape and embellished with different applications of attached timber framing and slate gables. **5.14 / 5.15** Remaining unrealized because of objections, however, was courtyard-like rebuilding of the Rebstock by Senf. Similarly, from 1909 – with the Lämmchenhof **42.3** and the gate passageway of the Nürnberger Hof – Senf integrated existing parts of the buildings into two new buildings that were created independently of the competition. In 1906, the city hall architect Franz von Hoven presented an original combination of old and new forms in the clubhouse for the architects and artists – also erected independently of the competition – whose top floor was designed as an arrangement of several slated pavilions with large glass fronts. **5.33** A controversy was sparked as a result of the second competition for the northern line of the Römerberg, which was demolished in the course of the street construction, in order to subsequently rebuild it as the spatial completion of the square. Some architects now demanded that the Römerberg should be "rebuilt exactly as it was,"⁴⁰ and the bustling Welb, who also made himself the spokesman, illustrated this with the view of square by Christian Georg Schütz, Sr. created 150 years earlier. **5.32** Ultimately, however, the decision on the corner building was a completely new building with three slate gables (1908) based on Friedrich Sander's revised competition project. **5.34** In a report, the architects Paul Wallot, Friedrich Bluntschli, and Gabriel von Seidl had remarkably judged that this corresponded "more to the character of the Römerberg"⁴¹ than a reconstruction of the baroque building that had just recently been demolished. Even at the neighboring building (von Hoven, 1909), the "character" retained the upper hand over the actual former state, after the Kommission zur Erhaltung des altertümlichen Gepräges der Altstadt (Commission for the Preservation of the Ancient Character of the old town) discouraged the planned reconstruction of three narrow, gabled buildings and recommended a freely designed new building, which had only to "fit in harmoniously with the image of the northern front."⁴² The corbel stones on the ground floor, maintained to the present day, are a special feature of the corner building Zum Kranich, for which they used spolia specifically from the demolition work.

Although the new buildings still cited quite freely from the collection of Frankfurterian architectural motifs, compared to the late-historical opulence of the competition, however, the wealth of forms was already significantly reduced. In fact, with the emerging reform architecture, a more general change in architecture can be seen, which was also reflected in a new attitude towards the old town.⁴³ On Monument Preservation Day in 1902 in Düsseldorf, façade competitions were still recommended as an effective means to "prevent the disfigurement of the old streetscape."⁴⁴ A few years later, the late-historical motif wealth in most of the projects published in opulent portfolios was already completely outmoded. "While leafing through these hundreds of often undeniably charming designs, in which a whole host of German master builders put so much diligent study of antiquity, a mild scare assails the non-romantics," wrote the Jena art historian Paul Weber in 1904 in the magazine *Der Städtebau* (Urban Development).⁴⁵ What was needed was an architecture that aimed primarily at the ensemble effect, but was kept as simple as possible in its individual forms. Illustrating this is the construction of the Stuttgart Geißplatz district in Stuttgart (Karl Hengerer, 1905 – 09),

5.32 Report on the second competition for the construction of buildings along the new Braubachstraße, presented: Christian Georg Schütz, Römerberg Frankfurt, painting, 1754, and Franz von Hoven, competition design Römerberg-Nordzeile, drawing 1905, in: Zentralblatt der Bauverwaltung, 1905

5.33 Franz von Hoven, northern addition to Steinernes Haus, club house of the Frankfurt Architect and Engineers Association and the Frankfurt Artists' Association, 1906, postcard

5.34 Friedrich Sander, the new building of Römerberg 36, 1908 (left) and Franz von Hoven, the new buildings of Römerberg 32/34, 1909 (right), photo: ca. 1935

5.35 / 5.36 – a project that, after its execution, immediately became the general reference for building in the old town.[46] The change in the general attitude toward the old town certainly explains the later lack of interest in the new buildings along the breach created by the street construction, as well as the new city hall. By way of example, in 1921 one could read in Otto Schilling's popular manual on urban renewal that Braubachstraße was "a thoroughly modern creation" in terms of urban planning, but unfortunately "architecture is not in harmony with it."[47] As early as 1907, the Frankfurt volume of the series *Stätten der Kultur* (Sites of Culture) was more polemical, mockingly remarking on the motif-laden architecture of the Braubachstraße: "So much is being done by the city administration for 'art' that there is nothing left for the time to come."[48]

Yet there was still a lot left. The many vacant lots that still existed along Braubachstraße filled up much more slowly than had been hoped, whereby the new buildings with their forms accordingly tended to be the architectural conceptions of the time – initially neoclassicism (Braubachstraße 11 / Domstraße 6, Georg Wilhelm Landgrebe, 1912; Braubachstraße 33, Hermann Senf, 1914) and later expressionism (Braubachstraße 14–16, Franz Roeckle and Senf, 1926). Ironically, today the new street survives as one of the oldest parts of the Frankfurt "old town" – and we are far enough away to understand this attempt at a supposed reconciliation of old and new as a genuine expression of the time around 1900.

(Translated by *Inez Templeton*)

---

[1] The history of the street construction and related demolitions is documented in the archives of the Institut für Stadtgeschichte (ISG)–in particular in the municipal authorities' corresponding files and reports, as well as the city council's files and protocols–and summarized in what follows based on these sources. However, the actual building files were burned during the destruction of the old town in 1944. On the subject in general, see in particular Mohr, Christoph, "Frankfurt Innere Stadt – Modernisierung – Bewahrung – Verlust – 'Wiederaufbau'. Konzepte 1900–1955", in *Gemeinsame Wurzeln – getrennte Wege? Über den Schutz von gebauter Umwelt, Natur und Heimat seit 1900*, Münster 2007, pp. 193–201 as well as Nordmeyer, Helmut and Tobias Picard, *Zwischen Dom und Römerberg*, Frankfurt am Main 2006; from contemporary literature Schilling, Otto, *Innere Stadterweiterung*, Berlin 1921, pp. 104–25, as well as Bangert, Wolfgang, *Baupolitik und Stadtgestaltung in Frankfurt a.M. Ein Beitrag zur Entwicklungsgeschichte des deutschen Städtebaues in den letzten 100 Jahren*, Würzburg 1936, pp. 44–47. As introduction to the entire inventory of files, Köhler's analysis, which was admittedly hardly geared to urban development, was important: Köhler, Jörg R., *Städtebau und Stadtpolitik im Wilhelminischen Frankfurt. Eine Sozialgeschichte*, Frankfurt am Main 1995. The author dealt with the topic in connection with his dissertation.

[2] About the old towns in general around 1900, see in particular Sonne, Wolfgang, "Stadterhaltung und Stadtgestaltung. Schönheit als Aufgabe der städtebaulichen Denkmalpflege," in Meier, Hans-Rudolf, Wolfgang Sonne, and Ingrid Scheurmann (Ed.), *Werte. Begründungen der Denkmalpflege in Geschichte und Gegenwart*, Berlin 2013, pp. 158–79; Vinken, Gerhard, *Zone Heimat. Altstadt im modernen Städtebau*, Munich et. al. 2010; Enss, Carmen M. and Gerhard Vinken (Ed.), *Produkt Altstadt. Historische Stadtzentren in Städtebau und Denkmalpflege*, Bielefeld 2016. A particularly well-researched city, especially in terms of cultural history, is Vienna; see Kos, Wolfgang and Christian Rapp (Ed.), *Alt-Wien. Die Stadt, die niemals war*, Exhibition Catalog, Vienna 2004.

[3] On the electrotechnical exhibition in general, see Steen, Jürgen, *"Eine neue Zeit...!" Die Internationale Elektrotechnische Ausstellung 1891*, Exhibition Catalog, Frankfurt am Main 1991; on its importance in the history of electrification, also see Gugerli, David, *Redeströme. Zur Elektrifizierung der Schweiz 1880–1914*, Zürich 1996, pp. 104–125.

[4] See Wörner, Martin, *Vergnügung und Belehrung. Volkskultur auf den Weltausstellungen, 1851–1900*, Münster 1999, pp. 49–144.

[5] The urban development project is documented in ISG, Magistratsakte T 1139/1a; Stadtverordnetenversammlung 508; Protokoll Stadtverordnetenversammlung; Magistratsbericht.

[6] On Welb, see Zeller, Thomas, *Die Architekten und ihre Bautätigkeit in Frankfurt am Main in der Zeit von 1870 bis 1950*, Frankfurt am Main 2004, p. 398.

[7] ISG, Protokoll Stadtverordnetenversammlung, no. 295, 4/18/1893, p. 141.

[8] Quoted in *Deutsche Bauzeitung (DBZ)*, no. 32, 1898, p. 556.

[9] See in particular the remarks in Stübben, Josef, *Der Städtebau* (Handbuch der Architektur, 4. Teil, 9. Halbbd.), 2. Ed., Stuttgart 1907, p. 232, which traces back to a presentation in 1903 at Monument Preservation Day in Erfurt 1903.

[10] Beutel's role is known only from a letter to Adickes, 3/30/1893, in ISG, Stadtverordnetenversammlung 508.

[11] Adickes (1846–1915) was senior mayor in Frankfurt until 1912. On his role in urban development, see Koch, Rainer, "Oberbürgermeister Franz Adickes und die Stadtentwicklung in Frankfurt am Main 1890–1912," in *Frankfurt am Main und seine Universität. Vorträge der Frankfurter Geographischen Gesellschaft anläßlich der 75-Jahr-Feier der Johann Wolfgang Goethe-Universität im Jahre 1989*, Frankfurt am Main 1991, pp. 9–32; also see Bleicher, Heinrich, "Franz Adickes als Kommunalpolitiker," in *Franz Adickes. Sein Leben und Werk*, Frankfurt am Main 1929, pp. 253–373, here pp. 296f.; Bangert 1936, pp. 36–44. Many files were personally drawn by Adickes.

[12] See ISG, Protokoll Stadtverordnetenversammlung, no. 195, 4/18/1893, pp. 139–150; no. 428, 7/4/1893, pp. 199–201.

[13] The building was largley forgotten by architectural histiography. The best depictions of its ultimate realization are found in Schomann, Heinz, *Frankfurt am Main und Umgebung. Von der Pfalzsiedlung zum Bankenzentrum*. DuMont Kunst-Reiseführer, Cologne 1996, pp. 84–88, and Traut, Hermann, *Der Römer und die neuen Rathausbauten zu Frankfurt a.M.*, 3. Ed., Frankfurt am Main 1924, but without a closer connection to the demolition an subsequent road construction.

[14] See Mai, Ekkehard, Jürgen Paul, and Stephan Waetzoldt (Ed.), *Das Rathaus im Kaiserreich. Kunstpolitische Aspekte einer Bauaufgabe des 19. Jahrhunderts*, West Berlin 1982; Kranz-Michaelis, Charlotte, *Rathäuser im deutschen Kaiserreich, 1871–1918*, Munich 1976.

[15] See ISG, Magistratsbericht 1885/86, p. IX.

[16] Cuno, Hellmuth, "Das neue Rathaus in Frankfurt a.M.," in *Das neue Rathaus in Frankfurt a.M.*, Frankfurt am Main 1904, p. 3 (special edition from the *Frankfurter Nachrichten*, 1903). See also the similar opinion in Bluntschli, Friedrich and Georg Lasius, "Stadt- und Rathäuser," in *Gebäude für Verwaltung, Rechtspflege und Gesetzgebung; Militärbauten*. Handbuch der Architektur, 4. Teil, 7. Halbband, Heft 1, Stuttgart 1900 (1. Ed. 1887), p. 34.

[17] Wolf-Holzäpfel, Werner, *Der Architekt Max Meckel (1847–1910). Studien zur Architektur und zum Kirchenbau des Historismus in Deutschland*,

---

5.35 Geißplatz before the renovation, Stuttgart, photo: ca. 1900

5.36 Karl Hengerer, renovation of Geißplatz, Stuttgart, 1905–09

18. Lindenberg 2000, pp. 129–146; Stubenvoll, Willi, "Das Frankfurter Rathaus 1896–1901," in Mai, et. al. 1982, pp. 415–451; Wolff, Carl and Rudolf Jung, *Die Baudenkmäler in Frankfurt am Main, Bd. 2: Weltliche Bauten*, Frankfurt am Main 1898, pp. 226–235.
18. Planning and building history according to ISG, Magistratsakte R 1071; Magistratsakte R 1074/1–4; Protokoll Stadtverordnetenversammlung; Cuno 1904; Traut 1924.
19. Statement by members of the Römer building commission, 11/10/1896, ISG, Magistratsakte R 1074/1.
20. See Protokoll Stadtverordnetenversammlung, no. 102, 2/8/1898, as well as newspaper clippings in Magistratsakte R 1071; quote in *General-Anzeiger*, 2/5/1898.
21. On von Hoven, see *Allgemeines Künstlerlexikon (AKL)*, Bd. 75, Berlin 2012, p. 118; on Neher, see Zeller 2004, p. 264f.
22. *DBZ*, no. 32, 1898, p.366 (Quote after a report from the united building construction and civil engineering committees).
23. Cuno 1904, p. 4.
24. Ibid., p. 6.
25. See a copy of the tower ball certificate, 10/17/1902, in ISG, Magistratsakte R 1074/2.
26. *Frankfurter Zeitung*, 6/30/1898, ISG, Magistratsakte R 1071.
27. Brix, Michael, *Nürnberg und Lübeck im 19. Jahrhundert. Denkmalpflege, Stadtbildpflege, Stadtumbau*, Munich 1981, pp. 153–164.
28. Key data on the construction in Kranz-Michaelis 1976, p. 149 (catalog).
29. See Gutbrod, Cristina, "Gustav Gull (1858–1942) – Architekt der Stadt Zürich 1890–1911 zwischen Vision und Baupolitik," Dissertation ETH Zürich 2009, pp. 215–264.
30. See Stubenvoll 1981.
31. Report from municipal authorities' commission about senior mayor Adickes, 10/3/1896, ISG, Magistratsakte R 1074/1.
32. Traut 1924, pp. 114–116; on Joseph Correggio (1870–1962), see *AKL*, Bd. 21, Berlin 1999, p. 315.
33. See Askenasy, Alexander (Ed.), *Altstädtisches Fest im Römer und Rathaus am 6., 7. und 8. April 1905. Unter dem Protektorate des Magistrats der Stadt Frankfurt am Main veranstaltet von der Frankfurter Künstlergesellschaft und dem Frankfurter Architekten- und Ingenieur-Verein. Erinnerungsblätter zum Einzug in das Steinerne Haus*, Frankfurt am Main 1907.
34. Redevelopment, see ISG, Magistratsakte T 1139/2–3; Stadtverordnetenversammlung 487; Protokoll Stadtverordnetenversammlung; Magistratsbericht.
35. Fifty-three offices participated in the competition. The jury members senior mayor Franz Adickes, City Councilor Gustav Behnke, Karl Hofmann (Darmstadt), Hermann Ritter (Frankfurt am Main), and Paul Wallot (Dresden) met on June 12, 1903 in Frankfurt's Klingerschule and equally awarded twenty designs, of which eighteen were later published in the façade portfolio for Frankfurt am Main. See *Fassaden für Frankfurt am Main. Bauten an der Braubachstrasse. 18 Preisgekrönte Entwürfe des von der Stadt Frankfurt a.M. ausgeschriebenen Wettbewerbs*, Leipzig [1903].
36. On façade competitions in general, see Brix, Michael, "Fassadenwettbewerbe. Ein Programm der Stadtbildpflege um 1900," in Meckseper, Cord and Harald Siebenmorgen (Ed.), *Die alte Stadt – Denkmal oder Lebensraum?*, Göttingen 1985, pp. 67–89; Wohlleben, Marion, *Konservieren oder restaurieren? Zur Diskussion über Aufgaben, Ziele und Probleme der Denkmalpflege um die Jahrhundertwende*, Zürich 1989, pp. 20–28; Haps, Silke, "Erhaltung und Gestaltung von Altstadtbereichen. Fassadenwettbewerbe und Wertvorstellungen im Städtebau des frühen 20. Jahrhunderts," in *Die Denkmalpflege*, no. 1, 2011, pp. 25–33.
37. ISG, Protokoll, Stadtverordnetenversammlung, no. 742, 7/18/1905, p. 448.
38. On the realized buildings, see *Frankfurt am Main, 1886–1910. Ein Führer durch seine Bauten. Den Teilnehmern an der Wanderversammlung des Verbandes Deutscher Architekten- und Ingenieur-Vereine gewidmet vom Frankfurter Architekten- u. Ingenieur-Verein*, Frankfurt am Main [1910]; Schomann, Heinz, et al., *Denkmaltopographie Stadt Frankfurt am Main*, Braunschweig, Wiesbaden 1986; Dreysse, DW, Volkmar Hepp, and Björn Wissenbach, *Dokumentation Altstadt. Planung Bereich Dom-Römer*, Frankfurt am Main 2006.
39. On Hermann Senf (1878–1979), see Klötzer, Wolfgang, *Frankfurter Biographie. Personengeschichtliches Lexikon*, Bd. 2, Frankfurt am Main 1994–1996, p. 383, as well as ISG, Estate of Hermann Senf, S1–299.
40. Memorandum Welb, 1908, p. 1, ISG, Magistratsakte T 1139/3.
41. Report from the building department 4/8/1908, p. 2 (Assessment Bluntschli and Wallot), ISG, Magistratsakte U 600.
42. Ibid., p. 1.
43. See Fischli, Melchoir, "Die Restaurierung der Stadt. Stadtmorphologische Denkfiguren in der deutschen Altstadtdebatte um 1900," in Enss/Vinken 2016, pp. 43–57; Sonne 2013.
44. Oechelhaeuser, Adolf von (Ed.), *Denkmalpflege. Auszug aus den stenographischen Berichten des Tages für Denkmalpflege*, Bd. I, Leipzig 1910, p. 363.
45. Weber, Paul, "Ungesunde Altertümelei im Städtebau," in *Der Städtebau*, 1904, pp. 55–58, here p. 56.
46. See Langner, Bernd, *Gemeinnütziger Wohnungsbau um 1900. Karl Hengerers Bauten für den Stuttgarter Verein für das Wohl der arbeitenden Klassen*, Stuttgart 1994, pp. 148–212 and Langner, Bernd, *Inszeniertes Glück. Die erneuerte Stuttgarter Altstadt 1909*, Stuttgart 2009.
47. Schilling 1921, p. 114.
48. Schmidt, Paul Ferdinand, *Frankfurt a.M. (Stätten der Kultur*, vol. 2), Leipzig [1907], p. 144.

TOTAL RECOVERY – ON DEALING WITH THE OLD TOWNS IN FRANKFURT AM MAIN AND DRESDEN IN THE NINETEEN-TWENTIES AND THIRTIES

Claudia Quiring

After the First World War, "Old Frankfurt" mostly still had its medieval, Gothic city structure. But multiple extensions and additions to the buildings for commercial and residential purposes in the once free courtyards of the area – bounded by Hirschgraben, Holzgraben, Wollgraben, and the Main River – had long deteriorated housing conditions dramatically. 6.1 Those who could afford it had therefore settled in the newly formed city districts after the town wall was razed in the nineteenth century. Due to a lack of financial resources, however, a large part of the population had to remain in the city center, where housing conditions were becoming increasingly cramped due to an influx in the population, a high birth rate, as well as new buildings and additions.[1] In 1905, there was a large intervention in this grown structure, with the demolition of more than one hundred old town buildings around the Bethmannstraße for the new Braubachstraße – yet this was primarily due to business and transport policy reasons, rather than the improvement of the housing situation. In addition, numerous municipal purchases of properties for planned demolitions further aggravated the situation. The buildings were only rented again for short-term cost recovery.

In Dresden, the situation was similar, even if the buildings and structures here mainly went back to the heyday of Baroque architecture. 6.2 Larger interventions, like the tearing down of entire old quarters, were made at the end of the nineteenth century, also only for traffic engineering considerations – for example, for the new construction of the König-Johann-Straße (today: Wilsdruffer Straße) to create a continuous inner-city, east-west road link.

Larger and planned reorganizations embedded in an overall development were omitted in both cities. Construction interruptions during the First World War and the subsequent population growth had led to further worsening. Thus, there was an urgent need for action, however the economic situation after the war was often an obstacle.

Big Plans, Small Results: "Reorganization" Planning in the Nineteen-twenties

From 1925, a new spirit came to the city of Frankfurt with Ernst May, the new director of municipal building. Although May concentrated more on new settlements on the outskirts of the city due to the massive lack of housing, in 1926 the Settlement Office also created a detailed survey of the old town buildings, in order to obtain a solid basis for further planning.[2] As a result, the maintenance of a large number of old town buildings was classified as unprofitable due to massive housing hygiene problems, and the preparation of a reorganization plan was proposed. Theodor Derlam,[3] the municipal building officer, recalled that 400 old town buildings owned by the city – most of which were dilapidated – were to be demolished within five years.[4] In 1925, after twenty houses with sixty apartments had been torn down already, the annual demolition from 1926 to 1933 was now planned for seventy to one hundred apartments owned by the city in the old town, as well as other parts of the city. In the demolition plan drawn up by Derlam, a distinction was made between "culturally worthless" buildings and individual buildings worthy of protection (such as the Römer), as well as streets that should be renovated for tourism policy considerations.[5] In the area of densely packed ensembles, the plan was to achieve a permanent improvement of the ventilation and lighting of the living and working areas by *Auskernung* – that is, the removal of "wild" courtyard developments. In 1930, however, the circa thirty-five-acre area north of the Dom between Töngesgasse and Schnurgasse (today: Berliner Straße) was intended for a "restoration" – whereby at that time restoration meant demolition. This was meant to create space for a new commercial district. "Valuable monuments" and parts of the old town, which were "often still in a satisfactory structural condition" and in private hands, "unfortunately" stood in the way of a swift implementation.[6]

The southern part of the old town center between the Dom and the Römer was judged to be valuable and worth preserving – from a cultural historical point of view, as well as for economic reasons. However, "energetic refurbishment" would also have had to take place here in the form of structural loosening, the demolition of rear buildings, and the improvement of sanitary equipment. Nevertheless, there were only demolitions in the "worst slum district of the old town" – the Schlachthausgasse and Metzgergasse area. 6.3 / 6.4

6.1 Old town center, Frankfurt am Main, aerial view: 1936
6.2 Western old town, Dresden, aerial view: 1925
6.3 Demolition plan for the buildings on Metzgergasse, Schlachthausgasse, and Am Schlachthaus, Frankfurt am Main, 1928
6.4 Slum dwelling in Metzgergasse, Frankfurt am Main, photo: 1928

For the period between 1927 and 1930, Derlam reported the demolition of several half-timbered houses and the creation of three playgrounds in their place.[7]

Under May, there were only relatively minor interventions in the old town building fabric. The big exception was the main customs office built by Werner Hebebrand between Rebstockhof and Domstrasse in 1927, although the site had been vacated since the demolitions for the construction of Braubachstraße. One reason for the otherwise low activity in the old town area also lay in a gradually more active engagement by monument preservationists beginning in 1928. May himself was a member of the Bezirkskommission zur Erforschung und Erhaltung der Denkmäler innerhalb des Regierungsbezirks Wiesbaden (District Commission for the Study and Conservation of Monuments within the Administrative Region of Wiesbaden). His attitude to the old town becomes clear when seen that he pleaded for a contrasting coexistence of old and new buildings without any "compliant adaptation" and a "dynamic tension in the urban development situation."[8] Fritz Wichert – the director of the art school who was also active as a district conservationist, but nevertheless open with regards to modern trends – concentrated on the historical substance as ordered, yet argued thereby in a future-oriented manner. In 1929 he was able to obtain, using the preparatory work of the Bund tätiger Altstadtfreunde (Active Friends of the Old Town Association),[9] the creation of a so-called old town cadastre. This was intended – learning from mistakes – to be analyzable for urban development of the future: "The evaluation of the material obtained for modern urban planning and its demands is to be regarded as the actual goal of the whole enterprise."[10] The directory, which was subsidized by the district president, was handled by the building authority, the district monument conservator, and the Bund tätiger Altstadtfreunde; thereby, not only were the art historical, conservation, and structural conditions of the buildings examined, but the social, cultural, and health conditions of their inhabitants were also evaluated.[11] **6.5** The time-consuming collection of information, which was initially scheduled for two years, caused the postponement of the old town restoration due to the volume of the collected data.[12]

Instead of demolition or conversion, only cosmetic interventions were carried out on the surface. The façade paintings – which were begun in 1922 before May's term of office and then oriented to Bruno Taut's "color storms" in Magdeburg – were redefined in the *Richtlinien für die farbige Gestaltung* (Guidelines for Colored Design) and were now intended to reflect the "simplicity sought after in modern architecture"[13] through subtler color values. **6.6 / 6.7** Based on this argument, in 1927 the Römer's three crow-stepped gables received a uniform red paint, for which parts of the neo-Gothic ornamentation – which had been created just over twenty-five years earlier – were also removed.[14]

Otherwise, more old town buildings were cleared for restoration and some demolished; however, others were filled again with tenants by the housing authority, due to the large housing shortage and despite vehement opposition of the building authority. The new – also for the old town residents – planned apartments in the Römerstadt, Praunheim, etc. were usually too expensive for them, and they were also only granted a "minor relocation allowance" for the move.[15] The planned decentralization, and thus decongestion of the old town, could not be achieved under May. The wind had been taken out of his sails by unfavorable circumstances.[15]

There are many parallels in Dresden to the developments in Frankfurt. In the Saxon capital, at that time one of the ten largest cities in Germany, Paul Wolf[16] took over as head of the building authority in 1922 after a short interlude by Hans Poelzig. Wolf was confronted with the fact that a housing inspection by building inspectors required a "removal of defects" by the housing authority in more than a third of all old housing estates in Dresden.[17] The problems were concentrated in the Inner Old Town, in parts of the Inner New Town, and in the old village centers suburbs that had been incorporated in 1921.[18] Especially in the old town area, urban development intervention seemed urgent.[19] However the building authority rejected a "systematic, listed compilation" of all buildings similar to the Frankfurt cadastre – suggested by city councilors – as "unnecessary paper work."[20] Planned in 1929, however, was only the "traffic relief" of the demolition and road construction to continue the ring to Wettiner Platz, which had been in planning since 1926.[21] **6.8** This concerned an area encompassed by Stiftstraße, Freiberger Platz, Annenstraße, Große Zwinger Straße, and Wettiner Straße, comprising several building blocks, in which the majority of the development was to be completely reshaped or replaced by all new building blocks on widened and straightened roads. A skyscraper was also planned – Wolf had already repeatedly suggested this option for the edge of the ring. Later, in the plans for the then major project called the "Fischhofplatz renovation," there is also an

6.5 Frankfurt old town cadastre, entry sheet, front and reverse side, 1932
6.6 Hans Leistikow, concept for color design of the Frankfurt old town (Saalgasse 20, 18 and 17), 1926
6.7 Color design of the Frankfurt old town (Saalgasse 20, 18 and 17), postcard, ca. 1938
6.8 Paul Wolf, restoration plan with demolition and street construction from Wettiner Platz (top left), Dresden, model, 1925

annotation for a large garage construction.²² **6.9** In implementing this ruthless planning similar to that in Frankfurt, little would have been left of the existing, small-scale substance due to the resulting jump in scale. However, the plans remained completely unrealized.

Old Plans, New Goals:
The "Recovery" of the Old Town

After the political change in 1933, the old plans were retrieved from desk drawers in the cities willing to renovate, mostly together with preliminary investigations into the restoration areas, which were meanwhile generally referred to as "social, hygienic, political, and last but not least morally dangerous."²³ Financial support from the Reich Ministry of Employment attracted attention. Critical voices, which demanded to the extent possible the preservation of older structures for building cultural as well as economic and social reasons, remained singular in the following years.²⁴ In contrast, the motivation for a sociostructural exchange became ever clearer, because now "a hitherto pursued defensive hygienism" was transformed "into an offensive biologism."²⁵

In Frankfurt, "Old Town Father" Theodor Derlam was able to continue working on the restoration plans, now called "recovery plans," even after the political changes under the staunch National Socialist Friedrich Krebs as the new senior mayor. In April 1933, he presented a revised version of his restoration memorandum from 1930.²⁶ Derlam continued to focus on the two zones previously defined, but adjusted the wording. Now the discussion was about the "transplantation of asocial elements into various outer and suburban quarters,"²⁷ and about a "hatchet and ax" approach in the second zone north of Braubachstraße.²⁸ senior mayor Krebs spoke concretely about the "eradication of the resistance nests of communist and other antisocial elements."²⁹ **6.10** In July 1934, an ideas competition was announced for four new construction projects in the old town area. **6.11** These included the street construction and corresponding demolitions and the rebuilding of the Schüppengasse and surroundings; the widening of the Wedelgasse; the development of the gap at Fahrgasse 35–39; and the expansion of Löhergasse in Sachsenhausen. The 125 submitted works were evaluated and found not entirely convincing by the jury, which included the director of municipal building Reinhold Niemeyer³⁰ (who represented the incapacitated senior mayor Krebs); the municipal building authority officials Derlam and Herbert Boehm; deputy district conservator from Wiesbaden states building officer Hermann Müller; and as external reviewer, the art historian Wilhelm Pinder (Munich), well known for his nationalist historiography building director Senator Karl Köster (Hamburg); the NSDAP advisor for urban development Peter Grund (Dusseldorf); and Heinrich Tessenow (Berlin).³¹ Nevertheless, in 1935 they were incorporated into Derlam's designs for eleven construction projects. **6.12**

Until the beginning of 1936, the preparatory work had progressed as far as possible after submission to the district president, so that there was as much clarity as possible about the further course of action. Only regarding the Schüppengasse (where more than seventy old town buildings were to be demolished and replaced by "standard buildings"³²) and the Löhergasse (with ten demolished buildings) was there still disagreement with the monument preservation, which was integrated in the expert report. With Schüppengasse, the city ultimately ignored the resistance—by referencing its 500-year tradition of being a *Dirnenviertel* (prostitutes' district)—and had the area demolished.³³ The Heydentanz building, important in terms of architectural history, was taken down and stored in 1938; there were plans to rebuild it later in the old town center, at the corner of Bendergasse and Lange Schirn.³⁴ **6.13** However, the Löhergasse planning was dropped—much to the delight of the residents, who had already turned to Krebs in 1934 to prevent the pending destruction of their street once again, after May's already passed plans (1927) to dam the old town for protection against floods.³⁵ The realization of the decided measures occurred mainly between 1936 and 1939; thereby the city council's municipal building officer, Otto Fischer, had the artistic supervision.³⁶ Where buildings were demolished, residents moved to other parts of the city or were relocated to easily controllable, compensatory buildings on the outskirts of the city.³⁷ Theodor Derlam proudly presented the work carried out during site inspections to the press and

6.9 Paul Wolf, planning for the Fischhofplatz, Dresden, 1937

6.10 View into Gelnhäuser Gasse, Frankfurt am Main, photo: 1932/33. The bars Schmids Bierstübl and Zum Guschi, at the corner of Schnurgasse, were popular with communists.

6.11 "Hier setzt die Sanierung ein. Der Ideenwettbewerb um die Frankfurter Altstadt"
(The redevelopment begins here. The ideas competition for the Frankfurt old town), *Frankfurter Zeitung*, July 26, 1934

6.12 Old town redevelopment plan for Frankfurt am Main, 1936. The Roman numerals indicated the redevelopment blocks, the Arabic numerals the individual projects.

6.13 Heydentanz Building planned for demolition, Rothekreuzgasse, Frankfurt am Main, photo: 1937

interested groups, and reported about it in numerous publications; the city published brochures, and a cinematic documentary was included in the advertising film *Besuch in Frankfurt*[38] (A Visit to Frankfurt.) **6.14** At the *Deutsche Bau- und Siedlungsausstellung* (German Building and Settlement Exhibition) in Frankfurt in 1938, a model of the Handwerkerhöfchen built by the Treuner Brothers was used for propaganda purposes, illustrating the *Altstadtauskernung* and *Altstadtgesundung*[39] (Old Town Recovery). **6.15**

For restoration work in the modern sense – that is, the improvement of existing housing through conversion and expansion – Frankfurt provided comparatively limited financial resources.[40] Most of the funds were already exhausted through buying and demolishing land. Rent in the mostly new buildings, rather than conversions, rose as expected after the restorations, so that a displacement of the former residents ensued. At that time, stores, workshops, and commercial enterprises also left the city center, thus the creation of the city forged clearly ahead – and this had little to do with the politically, so strongly propagated "City of Handicrafts."

Ernst Zörner, a National Socialist of the first hour, took office in Dresden as mayor in August 1933. At site visits he stated, among other things, the goal "… to remove all hereditarily healthy and racially high-quality families with many children from the stuffy living conditions and house them in healthy, appropriate housing meeting all hygienic requirements."[41] The plans that had been deferred in 1932 for economic reasons were taken up again, and in the following years repeatedly given as success stories in the propaganda machine. In the daily press, the redevelopment areas were presented as "herds of treacherous diseases and hotbeds of political incitement."[42] But one appeared to be optimistic that the "chapter on slum dwellings" – and thus the dispersion of political opponents – would soon be closed.[43] In 1938, a first report came up about an existing overall recovery plan and work that had already begun.[44]

In Dresden, the main focus was on three restoration areas: the Salzgasse area and Rampische Straße near the Frauenkirche; the Kleine and Große Frohngasse (later Marktstraßen); and the Fischhof complex. The choice of the restoration areas Frohngassen and Fischhof complex was there by justified with hygiene problems and the circumstance, "that were a larger number of brothels to be found here, in whose immediate neighborhood a large number of children and adolescents grew up."[45] In addition, it was the constituency Inner Old Town with a high proportion of SPD and KPD voters – thus a "hotbed of political incitement" – whose networks could now be destroyed by the displacement mechanisms associated with the restoration.[46] In Salzgasse and Rampischer Straße, it was a matter of a "total redevelopment" – that is, the demolition of buildings. **6.16 / 6.17 / 6.18** Twenty-two old plots with one hundred apartments were affected. However, the monument preservation authority successfully vetoed several plots of land and in August 1939, after some demolition, the works finally had to be set aside in favor of the Frohngassen redevelopment area. At that time, parts of the oldest development in the city still stood there. **6.19** The "recovery plans" for this area had been planned since 1934 and were executed from 1936 onwards. The project resulted in the gutting of the entire block Weiße Gasse, Kreuzstraße, König-Johann-Straße, Moritz- and Gewandhausstraße. Like the buildings designed by private architects for property developers in the area of Salzgasse and Rampische Straße, the mostly five-story buildings with flats, shops, and workshops erected here by Gemeinnützige Wohnungsbau-Aktiengesellschaft (GEWOBAG, Charitable Public Company for Housing Construction) exhibit a somewhat eager tie-in with historical traditions. The rather sterile façades, however, obviously corresponded to the urban desire to preserve an "individual character" within the framework of a "uniform overall picture."[47] In photographs they appear strikingly clean.[48] **6.20** The demolition work was recorded in film,[49] photos in in the daily press and municipal publications presented the results achieved.[50]

For the third redevelopment area Fischhof,[51] which had been resumed since 1935, the "vacancy" of 267 apartments was planned; forty-nine companies had to move out.[52] Almost all historic buildings were to be demolished, historic squares were to be expanded significantly, and the northern area was to be redesigned on a completely new urban layout. For the "traffic as well as … residential renovation"[53] – in this order! – Wolf also planned in the pursuit of his "favorite idea," but subordinately, the creation of green spaces, so that "demolitions for road construction in connection with

6.14 "Diese wundervolle Märchenstadt, so schön, so schön!" (This Wonderful Fairy-tale City, so Beautiful, so Beautiful), *Frankfurter Volksblatt*, November 9, 1936

6.15 Model of the Handwerkerhöfchen for demonstration of the "Altstadtauskernung," *Deutsche Bau- und Siedlungsausstellung*, Frankfurt am Main, photo: 1938

6.16 Paul Wolf, map of the Salzgasse redevelopment, Dresden, 1939

6.17 Salzgasse before redevelopment, Dresden, photo: 1907/08

6.18 Salzgasse after redevelopment (right) and Albertinum (left), Dresden, photo: 1936

6.19 Building Frohngasse 1 before demolition, Dresden, photo: ca. 1920

6.20 New building on Marktstraße (formerly Frohngasse), Dresden, photo: 1938

promenades" and a connection with the Elbe riverbank would arise. But in September 1940, it had to be admitted that the project "had not gone beyond sketchy preliminary drafts."[54] The funds put into the budget in 1939 and 1940 for the restoration of the old town were never retrieved.[55] In 1939, when the Deutsche Gesellschaft für Wohnungswesen (German Association for Housing) carried out a nationwide survey on remedial measures for the Reich Ministry of Employment, Dresden "could not provide any material in the desired detail, because the work had just begun," while Frankfurt reported a first completed section with eleven different restoration projects and a few more, mostly demolition projects.[56] The most prominent examples are the Handwerkerhöfchen at the Fünffingerplatz, the Kirschgarten at the Kleine Fischergasse, and the "removal" at the Karmeliterkirche. **6.21** The restoration of the old town was discontinued as a special program in 1941/42. Derlam had been dismissed in 1946 because of his NSDAP membership, but reinstated the same year after various letters of exoneration and the classification as a "follower" in the *Spruchkammerverfahren* (civilian tribunal process). In 1958, he bragged in retrospect, still quite in the characteristic style of a biologist, that it was "a matter of *real* restorations in which the 'patient' old town – freed from all foreign bodies and overgrowths by an internal operation! – was brought to *recovery*!"[57] **6.23** Of course, it could not be a real old town after this "total recovery." It was an "old town construction"[58] – then as now. The restoration projects carried out in Frankfurt and Dresden – in Frankfurt earlier, through the cadastre more thoroughly prepared, and in the implementation more extensive – are representative of an approach taken in many European cities. In Frankfurt, only a part of the new buildings that emerged around 1938 in the redevelopment area XI of Hainer Hof by Gottlob Schaupp and Adam Aßmann **6.22** survived the bombing raids in the Second World War – the severest of which took place on March 22, 1944. In Dresden, the restoration projects were completely destroyed, especially by the bombings from February 13–15, 1945. This created a tabula rasa for new plans in the sense of a relaxed, green, illuminated, and ventilated city – precisely, a "recovered city." (Translated by *Inez Templeton*)

[1] Frankfurter Mieterverein (Ed.), *Das Wohnungselend und seine Abhilfe in Frankfurt a. M. Dargestellt nach einer Untersuchung des Frankfurter Mietervereins vom Herbst 1897*, Frankfurt am Main 1898.

[2] Cunitz, Olaf, "Stadtsanierung in Frankfurt am Main 1933–1945," Magisterarbeit Johann-Wolfgang-Goethe-Universität, Frankfurt am Main 1996, publikationen.ub.uni-frankfurt.de/frontdoor/index/index/docId/2310 (3/20/2018). Also noteworthy is the biographical dictionary, which presents a wealth of information in its entries on the people involved (above all Theodor Derlam, Fried Lübbecke, Ernst May, Reinhold Niemeyer, Fritz Wichert), see Brockhoff, Evelyn et al. (Ed.), Akteure des Neuen Frankfurt, Frankfurt 2016.

[3] Derlam (1886–1970) worked almost continuously from 1913 to 1956 in the Frankfurt building authority, where his focus was on the restoration of the old town. See Reinsberg, Julius, "Derlam, Theodor," in Brockhoff 2016, pp. 98–99.

[4] Derlam, Theodor, "Aus dem Leben des letzten Frankfurter Altstadt-Baumeisters," unpublished memories, after 1958, ISG, S 5242, vol. 1, p. 74.

[5] Derlam 1958, pp. 74f.

[6] "Die Altstadtsanierung in Frankfurt a. M.," Bericht für den Kongreß der Internationalen Vereinigung für Wohnungswesen und Städtebau 1931 in Berlin, 10/15/1930, ISG, Magistratsakte 6206, pp. 4–7, here p. 2.

[7] Ibid., p. 3.

[8] Thus, among others, at Monument Preservation Day in 1928 in Würzburg under the motto "Old Town and Modern Times." Cited by Bier, Justus in *Das Neue Frankfurt*, no. 1, 1928, p. 19. See also *Das Neue Frankfurt*, no. 10, 1928, Mitteilungen, and Wichert, Fritz, *Die Denkmalpflege im Regierungsbezirk Wiesbaden. Bericht des Bezirkskonservators über die Jahre 1924–1928*, Frankfurt 1929, p. 16. (below Wichert, *Denkmalpflege*)

[9] The Bund tätiger Altstadtfreunde was founded in 1922 by the art historian Fried Lübbecke (1883–1965) and felt committed to the social, hygienic, and artistic revival of the old town. In 1929, it had–according to Lübbeckes–1,300 members. In 1966, the association was reestablished as Freunde Frankfurts (Friends of Frankfurt).

[10] [Amt für Wissenschaft, Kunst und Volksbildung], Organisationsplan zur Bearbeitung des Altstadtproblems in Frankfurt am Main, undated [1929], ISG, Magistratsakte S 1.459, p. 13–15., here p. 14.

[11] "Die Altstadtsanierung in Frankfurt a. M.," 1930, p. 4. The historic buildings were graphically recorded for the Cultural Department by Claus Mehs. Many of the drawings of have been preserved and are kept in the Institut für Stadtgeschichte Frankfurt am Main (ISG).

[12] The work on the cadastre was discontinued in 1933. With a small exception, it was destroyed in 1944 by a bombing raid.

[13] Derlam, Theodor, "Farbige Gestaltung von Gebäudefassaden in Frankfurt am Main," in *Die farbige Stadt*, no. 3, 1926, pp. 43–44, here p. 44. The orientation toward Magdeburg primarily came from Fried Lübbecke.

[14] Only due to purely economic reasons was a complete removal of the entire ornamentation attached at the time abandoned. See Wichert, Denkmalpflege, p. 113.

[15] "Die Altstadtsanierung in Frankfurt a. M.," 1930, p. 6.

[16] Wolf (1879–1957) was an architect and city planner and held the position of head of the municipal planning and building control office in Dresden from 1922 to 1945. After 1945, his continued employment was rejected, due to political pressure. He therefore tried to be involved in the reconstruction for five years as a freelance architect in Dresden. From 1950 until his retirement in 1952, he worked again as a consultant for urban planning at the GDR Ministry of Construction in East Berlin.

[17] Übersicht über den Stand der Wohnungsaufsicht, Report by the department of housing, 10/18/1928, Stadtarchiv Dresden (SAD), 2.3.15/ 1090, vol. 2, 12. The total number of residences was estimated to be 22,500.

[18] In the Inner Old Town, the area was bordered by Wettinerstraße, Kleine Zwingerstraße, Annenstraße, Freiberger Platz, Stiftstraße, as well as a part of Rosenstraße; in the Inner New Town it was a matter of the district between Königsbrücker Straße, Bautzner Straße, Prießnitzstraße, and Bischofsweg.

6.21 Restoration Am Kirschgarten, Frankfurt am Main, photo: ca. 1938

6.22 Gottlob Schaupp and Adam Aßmann, Hainer Hof, Frankfurt am Main, photo: 1938

6.23 Hermann Mäckler, "Ham'mern endlich sauber? Sanierung in der Altstadt," drawing, 1946. The office Giefer and Mäckler congratulated Theodor Derlam on his classification as "follower" in the civilian tribunal process.

19 Because this was a matter of larger properties, fewer personal contributions were expected. [Baupolizei] to [Rat zu Dresden], 2/15/1929, SAD, 2.3.15/1090, vol. 2, 15.

20 Schiedstelle to Wohnungsamt, 7/6/1932, SAD, 2.3.15/1090, 32. The residences that were not yet inspected were to be examined "in the course of the next few years."

21 Statistisches Amt der Stadt Dresden (Ed.), *Die Verwaltung der Stadt Dresden 1926*, Dresden 1928, p. 65; Wolf, Paul, "Die gesunde Stadt unter Berücksichtigung des Ergebnisses der Internationalen Hygiene-Ausstellung in Dresden 1930/31," in *DBZ*, no. 65, 1931, Beilage Stadt und Siedlung, pp. 109–113, here p. 113 (photo) and p. 114.

22 Wolf, Paul, project "recovery Fischhofplatz," 12/9/1937, Stadtplanungsamt, Dresden, Negativnr. XIII 3805.

23 "Die Beseitigung verwahrloster Wohnviertel," in *XIII. Internationaler Kongreß für Wohnungswesen und Städtebau*, Bd. II: Programm und Generalberichte, Berlin 1931, pp. 25–29, here p. 25.

24 Jasieński, Henryk, "Die Frage der Altstadtsanierung," in *Die Wohnung. Zeitschrift für Bau- und Wohnungswesen*, no. 2, 1936, pp. 33–35.

25 Zalewski, Paul, "Kriminologie, Biologismus, Stadtsanierung. Hannovers Altstadt 1932–39," in Enss, Carmen M. and Gerhard Vinken (Ed.), *Produkt Altstadt. Historische Stadtzentren in Städtebau und Denkmalpflege*, Bielefeld 2016, pp. 107–121.

26 Denkschrift zur Altstadtsanierung vom April 1933, ISG, Magistratsakte 3360, Bd. 1.

27 Ibid.

28 Derlam, Theodor, "Die Frankfurter Altstadtgesundung," in *Deutsche Technik. Technopol*, 1937, pp. 384–386, here p. 385; quoted in Petz, Ursula, *Stadtsanierung im Dritten Reich*, Dortmund 1987, p. 103.

29 Senior mayor Krebs to the Reich Finance Minister, 8/14/1933, quoted in Cunitz 1996, p. 57.

30 Niemeyer (1885–1959) was an architect and city planner, and from 1931 to 1938 the successor to Ernst May as the director of municipal building. From 1943 on, he worked as a department manager in the reconstruction task force in Albert Speer's ministry.

31 The jury met on October 6–7, 1934 in the Großmarkthalle. Winners of the four building assignments were for Schüppengasse, Franz Hermann Willy Kramer (1st prize), Johannes Solzer and Wilhelm Henß (2nd prize), Bernhard Hermkes and Heinrich Füller (3rd prize); for Wedelgasse, August Keune (1st prize), Franz Hermann Willy Kramer (2nd prize), Karl Olsson (3rd prize prize); for Fahrgasse, Heinz Buff and Walter Junior (1st prize), Gottlob Schaupp (2nd prize), Adam Aßmann and Fr. Beil (3rd prize); and for Löhergasse, Gottlob Schaupp (1st prize), Karl Gräf (2nd prize), Bernhard Hermkes and Heinrich Füller (3rd prize). See "Der erste öffentliche Schritt zu Frankfurts Altstadtsanierung," *Städtisches Anzeigeblatt*, 10/19/1934, ISG, Magistratsakte 6206, p. 152.

32 District conservator Müller to senior mayor Krebs, 10/2/1935, ISG, Magistratsakte 6206, p. 249.

33 This argument was probably also the attempt to acquire information about venereal disease of the Schüppengasse residents through clinical inquiries. However, the district conservator pointed out that sexually transmitted diseases could not be linked to the housing conditions. See Conservator for the district Wiesbaden to senior mayor Krebs, 2/25/1936, ISG, Magistratsakte 6206, p. 273.

34 Fischer, Otto, "Neubauten in der Frankfurter Altstadt," in *Frankfurter Wochenschau*, no. 11, 1939, p. 122.

35 Bewohner der Löhergasse an OB Krebs, 9/1934, ISG, Magistratsakte 6206, pp. 161–164. There were also protests from other sources, from the Bund der Altstadtfreunde as well as from art and history associations, which eventually led to the appointment of a monument conservationist. See Gehebe-Gernhardt, Almut, "Die Altstadt muss noch schöner werden – Altstadtsanierung 1933–1945 in Frankfurt am Main," in Fleiter, Michael (Ed.), *Heimat/Front. Frankfurt am Main im Luftkrieg*, Frankfurt am Main 2013, pp. 231–241, here pp. 235–236. On May's embankment project, see Quiring, Claudia, "Das Neue Frankfurt – Architektur als Motor der Moderne," in Brockhoff, Evelyn (Ed.), *Von der Steinzeit bis in die Gegenwart*, Frankfurt am Main 2016, pp. 109–124, here p. 119.

36 After jobs in Chemnitz and Dresden, Fischer (1889–1963) moved to Frankfurt am Main in 1937, where he was head of the building authority until 1951. See ISG, Sammlung Personengeschichte, S2, Sig. 2.186.

37 Derlam, Theodor, "Die Frankfurter Altstadt und ihre Gesundung," in *Der soziale Wohnungsbau in Deutschland*, no. 4, 1942, p. 118–23; quoted in Flagmeyer, Michael, "Zwischen Nostalgie und sozialer Säuberung. Stadtsanierung im Dritten Reich," in Krauskopf, Kai, Hans-Georg Lippert, and Kerstin Zaschke (Ed.), *Neue Tradition. Konzepte einer antimodernen Moderne in Deutschland von 1900 bis 1960*, Dresden 2009, pp. 221–44, here p. 236.

38 On these and other promotional activities, see Cunitz 1996, pp. 84–85. However, the film came out already in 1936, unlike noted there.

39 Morr, Oliver and Petra Spona, "Das Modell 'Altstadtauskernung 1936' – ein Modell der Brüder Treuner," in Gerchow, Jan and Petra Spona (Ed.), *Das Frankfurter Altstadtmodell der Brüder Treuner*, Frankfurt am Main 2011, pp. 28–29.

40 Cunitz 1996, pp. 74–80.

41 "Systematische Beseitigung der Elendswohnungen. Die erfolgreiche Arbeit der Dresdner Wohnungsstelle," *Dresdner Anzeiger*, 2/18/1937, no. 49, p. 5, SAD, 2.3.15/1090, vol. 2, 57.

42 Ibid.

43 Ibid.

44 Wolf, Paul, "Historische Stadtform und künftige Gestaltung der Stadt Dresden," in *DBZ*, no. 42, 1938, pp. 1137–1143, here p. 1143.

45 Wolf, Paul, Städtebau, (manuscript), 1948, SAD, 16.2.14 (Nachlass Paul Wolf)/1.2.12. Quoted in Benz-Rababah, Eva, "Leben und Werk des Städtebauers Paul Wolf (1879–1957): unter besonderer Berücksichtigung seiner 1914–1922 entstandenen Siedlungsentwürfe für Hannover," (Dissertation Universität Hannover 1991) 1993, p. 87.

46 Ulbricht, Gunda, "'Altstadtgesundung' in Dresden und Leipzig 1935 bis 1939 – Städteplanung im Nationalsozialismus," in Hermann, Konstantin (Ed.), *Führerschule, Thingplatz, 'Judenhaus.' Topographie der NS-Herrschaft in Sachsen*, Dresden 2004, pp. 270–273, here p. 272.

47 Besprechung zur Neuregelung der Bebauung in der Salzgasse, 3/15/1933, SAD, 2.3.15/1239, p. 2.

48 Statistisches Amt der Stadt Dresden, *Die Verwaltung der Stadt Dresden 1937*, Dresden 1938, p. 47; as well as GEWOBAG an Abteilung Wohnung und Siedlung, 11/4/1938, SAD, 2.3.14, 418. Photo of a new building in Wolf, Paul, "Historische Stadtform und künftige Gestaltung der Stadt Dresden," in DBZ, no. 42, 1938, pp. 1137–1143, here p. 1142.

49 Boehner-Film Dresden, 145-meter-long silent film. It was lost and only a few stills are known today. See Borchert, Christian (Ed.), *Dresden: Flug in die Vergangenheit. Bilder aus Dokumentarfilmen 1910–1949*, Dresden et. al. 1993, p. 294.

50 Statistisches Amt der Stadt Dresden, *Die Verwaltung der Stadt Dresden 1935*, Dresden 1937, p. 51 and photos pp. 52f.; *Adreßbuch der Landeshauptadt Dresden, Freital, Radebeul, Vororte*, Dresden 1937, pp. 14f.

51 Ibid., p. 54.

52 Minutes of the meeting, 3/6/1937, SAD, 2.3.14/79, pp. 7–9, here p. 7.

53 Minutes of the meeting, 3/6/1937, SAD, 2.3.14/79, pp. 5–6, here p. 5; also see *Niederschrift zur technischen Besprechung*, 11/9/1936, SAD, 2.3.14/79, pp. 1–4.

54 Stadtplanung an Abteilung Wohnung und Siedlung, 9/17/1940, SAD, 2.3.14/79, p. 26. The first mention of a "present hopelessness of restoration" was made in February, Resolution from 2/20/1939, SAD, 2.3.14/79, p. 24.

55 Itemization from 11/5/1938, SAD, 2.3.14/427, p. 24.

56 Deutsche Gesellschaft für Wohnungswesen (Ed.), *Altstadtsanierung mit Reichhilfe 1933–1938*, Berlin 1940, p. 9 and 48. Through questionnaires that were sent in April 1939, a total of forty-one cities were interviewed, of which only ten cities provided full details, due to the war.

57 Derlam 1958, p. 112f. Emphasis in the original.

58 http://das-neue-dresden.de/altstadtsanierung-1935-38.html (2/20/2018).

"CALL OF THE RUINS" OR RECONSTRUCTION – THE OLD TOWN, PAULSKIRCHE AND GOETHE HOUSE AFTER THE BOMBINGS OF THE SECOND WORLD WAR

Wolfgang Voigt

When the Second World War ended in 1945, large areas of Frankfurt's inner city were a rubble field.[1] The old town was the target of multiple successive bombings in Spring 1944. In the worst bombing night on March 22nd, approximately 1,000 people died. The mostly half-timbered structures located along narrow lanes were completely destroyed. The churches still stood in the core of the old town, however they were burned out and their roofs had been destroyed. Little more than the three-gabled front of the historical Römer city hall remained. 7.1 / 7.2

"Call of the Ruins," "In Stone as in Spirit" – The New Paulskirche

There were two special ruins among the debris: the Paulskirche and the Goethe House. They were considered to be national relics whose fate was mourned not only in Frankfurt, but also in the whole country. Only the side firewalls and a part of the ground floor façade remained of the 18th-century building on Großen Hirschgraben in which Johann Wolfgang Goethe had been born. More remained of the classicist Paulskirche; here the tower still rose above the 23-meter-high, completely burned-out oval of the assembly-hall, which was wholly open to the elements.[2] 7.3 / 7.5 Both buildings possessed a high symbolic status.

In 1848, the first national parliament to be elected in a general election met in the Paulskirche.[3] The building gained high relevance as an unblemished symbol of democracy, unity and political freedom after 1945. Walter Kolb (SPD), who was elected senior mayor in the summer of 1946, made its reconstruction part of his political agenda; the municipal administration passed a corresponding resolution. In January 1947, a call which had been circulated through the entire country placed the following demands on the city of Frankfurt: "All of Germany must reconstruct the Paulskirche from outside and inside, in stone as in spirit."[4] The building was scheduled to be finished just 16 months later, so that the celebration of the 100th anniversary of the parliament of 1848 could be celebrated in it. During the first years after the war, the country's most important, political construction project was located here.

It is not without reason that Frankfurt had ambitions to become the seat of the German postwar government. While the divided Berlin did not even enter the equation as a result of its political island position, Frankfurt seemed to get its chance. The British and the Americans had united the economic sections of their occupied zones into a "Bizone" and established its administration in Frankfurt at the beginning of 1947. In the new Paulskirche, the furnishing of the hall with a raised government bench and seating, which could also be used for parliamentary functions, was meant to be understood as an invitation for a future National Assembly. 7.7 The plan was to establish the Paulskirche not only as a symbol of a spiritually renewed Germany, but also simultaneously as a concrete location for a pan-German federal future. No one could know at this time that Frankfurt's hopes of becoming the capital of West Germany would not bear fruit.

After a competition in the fall of 1946, the contract went to a planning office which was founded specifically for this project and led by architect Rudolf Schwarz, who had stood out before 1933 with his exemplary modern religious buildings.[5] For Schwarz and Johannes Krahn, who completed a large portion of the design, reconstruction of the classicist church hall was out of the question. The experience of the ruins of the church were formative for the design; Schwarz found them "considerably more beautiful than the former building, an enormous round made of naked, burned-out stones of a nearly Roman starkness. The building was never as beautiful, and we were able to make sure that it stayed that way."[6] 7.4 / 7.6 The ruin as a potential form for new design was not only discovered in Frankfurt. The architect Reinhard Riemerschmid from Munich also traveled through West Germany in 1946 with his talk entitled "Call of the Ruins."[7]

Freed of the stucco-work decoration and its wooden gallery, the oval of the Paulskirche took on a simple monumentality, which had to be kept. Schwarz and his colleagues removed the stumps of the columns which had held the gallery,

7.1 View from the Dom towards Römerberg, photo: 1944
7.2 Hermann Mäckler, view from the Alte Brücke of the ruins of the old town, sketch, 1948
7.3 View of the destroyed Paulskirche from the tower of the city hall, photo: 1947
7.4 Rudolf Schwarz with Eugen Blanck, Gottlob Schaupp and Johannes Krahn, reconstruction of the Paulskirche, 1947/48, photo: 1956
7.5 Interior of the destroyed Paulskirche, photo: 1947
7.6 Johannes Krahn, reconstruction of the Paulskirche, Interior view, drawing, 1946
7.7 Rudolf Schwarz with Eugen Blanck, Gottlob Schaupp and Johannes Krahn, reconstruction of the Paulskirche, floor plan of the plenary hall, drawing, 1946

raised the hall by one story, and thus created a lower foyer with very little light. The staircases which huddled against the curved walls were adapted from baroque installations by Balthasar Neumann and their effects. When ascending the stairs, the observer thus has a consciously orchestrated spatial experience: "the experience of the ascension out of the darkness and closeness into light and openness is strong and intentional."[8]

In place of the destroyed pitched roof, the architects placed a copper-covered flat cupola with a light opening, which lent the building the impression of a Roman pantheon. The aluminum panels, which were hung in the stairwells, were left over from airplane construction for the NS-Luftwaffe, and symbolized the conversion from war to peace. "We kept the building in a nearly monastic severity. It became more church than festival hall."[9] The simplicity of the white room, which was kept free of any architectural decoration whatsoever, was programmatic. Rudolf Schwarz may have believed that the new form, which radiated clarity and purity, would have a cathartic effect on brains tainted by national socialism when he wrote: "the room ... has such a sober severity, that it should be impossible to utter an untrue word in it."[10]

"Frankfurt's Cultural Sanctum" – Call for the Reconstruction of the Goethe House

Long before the Goethe House burned to the ground, Ernst Beutler, the director of the Freie Deutsche Hochstift and the landlord of "Frankfurt's cultural sanctum" (Thomas Mann) had already made provisions for the worst case scenario. Shortly after war broke out in 1939, work was begun to move the complete inventory – including all mementos of the poet and his family – to a new location.[11] As the Allied bombings on German cities began to increase in intensity in 1942, the architect Fritz Josseaux meticulously documented the building with photographs and drawings.

When the worst case happened, Beutler had the rubble searched for parts which could be reused in the reconstruction – something that was nearly reality in his mind's eye. Two months after the destruction, a call "for the new construction of the Goethe House" went out to the members and friends of the Hochstift; the call pleaded for solidarity in adversity and declared that the reconstruction of the house on the same site was an indispensable necessity, since "where else could all the furnishings and pictures from the house which have been saved be arranged than in precisely this building." Only the moment for the reconstruction was unknown, "but it will come someday."[12]

The response bolstered Beutler; authors like Hermann Hesse and Karl Jaspers expressed their sympathy and supported the concept of reconstruction. Significant donations flowed in. During the last period of the war and after its end, there were numerous new membership applications to the Hochstift, so that the number of members rose from 2,000 in 1942 to 6,400 in 1948.[13] The call continued to be used after the end of the war with only marginal changes; for example, the "enemy" was replaced with the innocuous "war" as the source of the destruction of the house. After the city was captured by the Americans on March 28, 1945, Wilhelm Hollbach was named mayor of Frankfurt. During his 99-day administration, Beutler, who was politically untainted, served as his head of culture affairs.[14] As the Paulskirche project began to take shape in 1946, the planning for the Goethe House was also begun with the approval of the city.

"The Destruction Has its Own Validity" – Criticism about the Reconstruction of the Goethe House

A lively debate of the pros and cons accompanied the years of planning and construction. The approval that the project received from Ricarda Huch, Karl Jaspers, Benno Reifenberg, and Dolf Sternberger in Germany, and André Gide, Albert Schweitzer, Hermann Hesse, and Thomas Mann from overseas was confronted by a raft of critics who took offense to the planned reconstruction. It was, however, much more than a debate about a famous building. In the end, it was a fight about the direction of the coming rebuilding in West Germany in connection with what would later be called the reappraisal of (*Aufarbeitung*) and coping with (*Bewältigung*) the National Socialist past.[15]

Of the critical voices, the most important are mentioned in the following. The Catholic author Reinhold Schneider kicked off the criticism in December 1945 with his allegation that, with the resurrection of the Goethe House, one wanted "to help us cope with our losses, our pain, and the bane of our past with a lie."[16] In the city administration, the newly appointed director of municipal building, Eugen Blanck, and city planner Werner Hebebrand, who had both been active during Ernst May's "New Frankfurt," were decidedly against the reconstruction, but they were not able to assert their position in the city administration.[17] The Deutsche Werkbund, which was refounded after the war, was also against reconstruction.

The most prominent criticism, "Courage to Say Goodbye," was penned in 1947 by Walter Dirks for the newly founded newspaper *Frankfurter Hefte*, which played a significant role in the intellectual regeneration after National Socialism. The Goethe House was "not destroyed by a flatiron fire or a lightning strike or arson. ... If the people of poets and thinkers (and with them all of Europe) had not fallen away from

Goethe's spirit, from the spirit of moderation and humanity, then they would not have waged this war and provoked the destruction of this house."[18] The idea of "forcing the loved but lost back into reality" seemed to Dirks to be a form of political restoration, that would stand in the way of the change in thinking about democracy, which was needed now. In his opinion, the loss was to be accepted as a result of history because "it has a bitter logic that the Goethe House sank into the rubble. It was not an accident that needs to be corrected, not a mishap which just happened to occur. The destruction has its own validity. And for that reason, one should accept it."[19]

"There should not be a copy in Hirschgraben!" was architect Hermann Mäckler's demand; he represented the modern direction and would play an important role in the reconstruction of the city.[20] After nearly nothing was left of the Goethe House, the planned reconstruction could bring nothing other than "those fakes, those pseudo-greats, those faux façades" of 19th-century historicism. In a street which would one day be built with modern buildings, the reconstruction would look like none other "than a joke," wrote Mäckler in the *Frankfurter Neue Presse*.[21] Similar to Blanck, Hebebrand, and the members of the Werkbund, he feared nothing other than a signal effect with consequences for the entire development. Here the decision would be made whether the city – which held a unique position during the Ernst May era, with its spectacular Buildings in the style of the Neues Bauen – would stay in the lead or "become the laughing stock."[22]

Architect Otto Bartning represented a conciliatory position. He attested a special feeling for the destroyed house: crossing the same threshold "that Goethe's foot also crossed, that makes a place worthy of a pilgrimage." The reconstruction made "a pseudo-Goethe House, in which one could no longer decide what was real and what was, 'real-imitated', in which one no longer knew whether one was touching things which Goethe touched or whether it is a deceptively similar copy."[23] He pleaded for a neutral new construction on the same location with simple rooms, "that have exactly the same proportions and light conditions of the former rooms, so that the rescued furniture, machines, and pictures achieve the same effect in them."[24] He suggested Heinrich Tessenow as the appropriate architect for this task; Tessenow, in his opinion, would have been able to master this task like no other.

The Freie Deutsche Hochstift –
Pro Reconstruction, "Admittedly no longer the house in which Goethe was born"

Realizing the fight that reconstruction would unleash, Ernst Beutler had already inserted arguments into the 1944 call, which conceded the ambivalence of reconstruction while attempting to refute the accusation that it was just a built lie. The list of small and large components, which were still located at their original position on the lot or had been recovered from the rubble, was long and awakened the expectation that the planned reconstruction would be conducted using original elements. However, "what will be created is admittedly no longer the house in which Goethe was born. That is history." The result, he wrote, will nevertheless be a "faithful restoration."[25] The reconstruction would give a solitary example of the burgher houses which were once typical for Frankfurt. The fully documented house was the only one in the entire city which could be developed as a house museum. But even in the destroyed house, which had been sold by Goethe's mother in 1795, the furnishings, etc. had not been 100 percent original. Between the original sale and the purchase in 1863 by the Hochstift, many things had been changed which were later "restored."[26] "We are aware: Le mort ne revient pas," he reiterated in 1947 in a conversation with Walter Kolb. For that reason, the new building should no longer be called the Goethe House, but rather a department of the Goethe Museum; in the end, the old name remained.[27]

Beutler and Bartning were invited as experts to the decisive meeting of the city administration in April 1947. Bartning was not able to change Walter Kolb's mind, and thus the city administration decided for a reconstruction by the architect Theo Kellner following Beutler's specifications. An impending celebration also put pressure on the situation; the reconstruction was supposed to be completed in time for Goethe's 200th birthday in 1949. However, due to financial difficulties within the Hochstift following the currency reform, it took two years longer.[28] On May 10, 1951, the grand opening finally took place.[29] One of the honored guests was the American high commissioner in Germany, John Jay McCloy, who had been deputy minister of war for the USA between 1941 and 1945. **7.8 / 7.9**

7.8 Theo Kellner, Reconstruction of the Goethe House, roofing ceremony, photo: 1949

7.9 Theo Kellner, reconstruction of the Goethe House, 1947–51, photo: 1951

"Hate must become sacred here" – The Frankfurt Historic City Center as a National Socialist Ruin Park

The beginnings of the West German reconstruction, for which the reconstruction of the Goethe House was just a prelude, have produced a stable narrative over the past decades, which has been retold many times.[30] However, one episode is always neglected which poses an unexpected history of "the call of the ruins."

In order to pick up the trail, one must take a look at the National Socialist press and its handling of the aerial warfare before, during, and after the nights of bombing in Frankfurt in March 1944. In the preceding year, Albert Speer, at the behest of Adolf Hitler, had founded a rebuilding department which was secretly developing plans for the future of certain affected cities.[31] In public, the topic was handled in a way which can only be described as demagogic in Hitler's traditional speech about the putsch attempt of 1923 on November 9, 1943. Rebuilding, he said, is only a question of several million cubic meters of concrete, so that two to three years after victory "the apartments will be there again in full ... no matter how many they destroy."[32]

As a rule, reporting about the bombings and their effects was limited to places where the Allied bomber fleets had just attacked, i.e. in the local press of the affected cities. There, secrecy was not only pointless, the press also needed to offer the victims some minimum of solace, always combined with slogans of endurance and denouncements of the British and Americans. Information about where food was being handed out, the recovery of household goods, evacuation, and immediate measures for the most necessary rubble clearing were equally unavoidable. The factual air supremacy of the Allies and the extent of the destruction in an increasing number of cities should however remain concealed. Instead, from June 1944 onward, there were increased reports about successful attacks on British targets with the V1 and V2 missiles, which were praised as "wonder weapons" and with which the final victory would be achieved.

On the day after a series of bombings, which began on March 19, 1944, the *Frankfurter Anzeiger* reported about the destruction of the old town, "sacred soil of our homeland and classic field of German art and history," which had been turned into "a plaintive and shrieking field of sacred rubble."[33] There was as yet no mention of the Goethe House, which burned to the ground two days later.

On May 7th, the official National Socialist *Völkische Beobachter* published an article about the Goethe House penned by art historian Ernst Benkard, which, on the one hand, was intended to be an empathetic obituary for the ghost who had inhabited this space and on the other a contradiction of the Hochstift's intention, which had just been printed in the call for reconstruction. The ruins had already been allotted a future role; they should become a memorial to the crimes of the enemy. Großer Hirschgraben 23 is a rubble field, he wrote, and that must be "seen today with open eyes and accepted"; the building is "gone and extinguished for all time." With the "murderous flames," the enemy had "created a debt in front of the entire civilized world which can never be paid back."[34]

With this, the cue was given for a thundering indictment which would be repeated in varying forms and applied to both the Goethe House and the old town. "Hate must become sacred here" read the title of an article in the *Rhein-Mainische Zeitung*, which raised the great poet to a national titan with international standing: "the genius words pressed out of the walls of our city, jumped over the border of our Reich, and went around the world." In the Goethe House, "a relic of the civilized world, ... humanity bowed its head and fell silent when confronted with the power of the German spirit." Now, it was about "taking leave forever, accompanied by a curse on all those who gave the orders for this inhumane act."[35]

Not only the ruins of the Goethe House, but also the relics of the old town, should serve no other purpose than to fuel hatred for the enemy. A report by the *Frankfurter Anzeiger* from May 18, 1944 with the title "What will happen to the ruins?" announced that Frankfurt's old town was to be exempt from Hitler's promise of reconstruction. The only content was the repetition of an announcement which had been published shortly before in the *Völkischen Beobachter*, "about the currently lively conversation."[36] The concept described here clearly rejected any form of nostalgia with regard to the "rebuilding of our cities, which were murdered by barbaric attacks from the air." "Recreating Frankfurt am Main as it once was," the report continues "is a monstrous idea." Today, one must "be ready for the radical decision to let what has died rest in peace." In the historical city center, one would "only conserve the burned-out landmarks of the city (churches and individual important buildings), as far as their structures are still intact, ... as uplifting ruins and as a perpetual indictment." The remains of the other buildings would be removed. How could one imagine that as a city space?

For this, the *Völkische Beobachter* cited a famous model: "on the site of the once flourishing and healthy city there is now a 'Forum Romanum,' whose monuments are to be viewed from the green areas between them. Even as ruins, these monuments will act as a witness which will continually shame our enemy and wake melancholy in our hearts."[37] In individual cases, one could fill empty lots with "new construction with a public character (museums)", as long as these did not "overwhelm" the effect of the conserved ruins. The text closes with an affirmation of contemporary architecture, which must be kept free of "burdening with historical prejudices." Thus, the rebuilding of the cities may "not have any whiff of a compromise. ... Only one resolution may guide the minds of the rebuilders: creating something new in the spirit of our time without restrictive inhibitions, after the old and revered has been given its eternal rest."[38]

No objection á la the "Friends of the old town," who were active up until their office was destroyed in March 1944,[39] should delay this plan. In summary, one has the image of a loosely grouped ensemble of ruins in a park on the site of the widely destroyed old town. One must assume that the museums strewn between the ruins would not only commemorate the city destroyed in the bombings but also immortalize the Allies as the perpetrators of this destruction.

During the war, the Third Reich prepared a network of memorial squares for the period after the hoped-for victory and the decades that followed. A large number of these locations had already been set. Adolf Hitler prepared a sketch of his own mausoleum, which was integrated into Hermann Giesler's planning of Munich as the "City of Movement."[40] To memorialize the battles and victories of the Second World War, which was started by the National Socialists, designs were drawn up by the "General Head of Construction for the German Warrior Cemeteries" Wilhelm Kreis for memorials and military cemeteries, which would be located at 36 sites in France, Norway, North Africa, and the Soviet Union.[41] A monumental "Soldier Hall" for the military cult of heroes and a world war museum was also planned for Berlin, both designed by Kreis.[42]

The concept of a Frankfurt ruin park – perhaps also as a proxy for the other affected cities – should be thought of in connection with these projects as an orchestrated space of memory for the air warfare of the Second World War, which would make the hatred for the enemy of the National Socialist empire "sacred" and conserve it for all time. An author is not named, thus the source of the suggestion, for which no sketch or plan have survived, can only be speculated. The unusually clear announcement of a reconstruction "in the spirit of our time" and not constricted through any considerations of history would lead an architect to think that the author was familiar with thinking in the categories of modernism.

Nothing is known about a possible implementation of ruin plan in Frankfurt. The fact that it did not receive undivided acceptance can be derived from the accompanying comments in the *Frankfurter Anzeiger*, that one "could have a variety of opinions about the content of the suggestions made."[43] The Freie Deutsche Hochstift rejected the "taking leave for ever" which had been suggested to them, and also did not follow the 1945 demand to forego reconstruction. Two weeks after the publication of the ruin plan, they began to send out the above-mentioned call;[44] in July, 1944, it was also printed up in the *Frankfurter Anzeiger*.[45]

The concept of making the old town of Frankfurt into a ruin park is unparalleled in connection with the rebuilding of German. In individual cases, destroyed churches were designed as cautionary memorials of the war and therefore conserved in their ruined state; prominent examples include the Kaiser-Wilhelm-Gedächtniskirche[46] in West Berlin, the Aegidienkirche[47] in Hanover, and the Nikolaikirche[48] in Hamburg. In other cases, they were left standing in their debris cone, like the Frauenkriche in Dresden until its reconstruction (1993–2005), which was begun decades later.[49] The extent of a cautionary memorial in a field of ruins in the scale of a neighborhood or district the size of the Frankfurt old town never existed in Germany. It was a different case in France, where a similar concept for the memorialization of one of the war crimes committed by the Waffen-SS was realized in the village Oradour-sur-Glane. The village, which was made up of about 80 buildings, was completely destroyed during the massacre of its 653 residents and has been conserved as a ruin ensemble.[50] 7.10

Ruins pars pro toto? –
The Goethe House Fight as a Prelude to German Memory Culture

A close look at the controversy surrounding the Goethe House, which was already in motion in 1944 and continued in the reconstruction years, makes clear that the memory culture vis-à-vis the Second World War never had a Stunde Null (zero hour). The confrontation about the type and location of remembering began already during the Third Reich. After 1942, the ruin landscapes had become a permanent part of ever more cities; it comes perhaps as no surprise that, once they were freed of their rubble, they developed an attraction similar to the ruins of the antique and the fantasy ruins of the romantic.

A sketch from 1947 by architect Gerhard Weber, who had studied at the Bauhaus in Dessau, showed how the Goethe House ruins could look as a conserved cautionary memorial. One recognizes the western fire wall and a part of the back wall; both rise several meters into the heavens. Similar to the ruin park, the admonishing remains of the house

7.10 Ruin ensemble of the village Oradour-sur-Glane in France, which was destroyed by the Waffen-SS in 1944, photo: 2006

stand isolated, surrounded by green space. Only in the far distance, one recognizes the grid façade of planned new construction.[51] **7.11**

The "call of the ruins"—which determined the Paulskirche and which, however, failed with the Goethe House–had already reached the architects. In addition to the ruins, the topics "renunciation," "taking leave," "rejection of reconstruction," and "reconstruction of the city without restrictive compromises" were already part of the discourse in 1944 and were later revisited. After that point, the ruin park shrank, the demand for non-rebuilding was only applied to the prominent Goethe House lot: the cleared ruins pars pro toto as a caution of the bitter truth. The topics in the fight about words begun after the war was not new. However, there was a new turn away from hate towards barbaric enemies, and towards regret and the necessary recognition of German guilt.

The idea was not foreign to Ernst Beutler after his repeated rejections of the demands to forgo reconstruction. He handled the members of the Hochstift, on whose support the reconstruction of the new-old Goethe House was dependent, gently: "how can we tell our people that without hurting them," he asked Eugen Kogon in 1946, who published the *Frankfurter Hefte* together with Walter Dirks. "We are sore all over. We have pain in every joint and it rubs and chafes everywhere. To tell a patient like that it is their own fault is a psychological balancing act. And yet it must still be said."[52]

(Translated by *Mary Dellenbaugh-Losse*)

[1] Fleiter, Michael (Ed.), *Heimat/Front. Frankfurt am Main im Luftkrieg*, Frankfurt am Main 2013.
[2] Pehnt, Wolfgang and Hilde Strohl, *Rudolf Schwarz 1897–1961. Architekt einer anderen Moderne*, Ostfildern-Ruit 1997.
[3] Stadt Frankfurt am Main, Baudezernat (Ed.), *Die Paulskirche in Frankfurt am Main, Schriftenreihe des Hochbauamtes zu Bauaufgaben der Stadt Frankfurt am Main*, Frankfurt am Main 1988.
[4] Göpfert, Claus-Jürgen, "Zeichen der Demut," in *Frankfurter Rundschau Geschichte. Die Nachkriegsjahre in Frankfurt*, vol. 6, Frankfurt am Main 2015, pp. 42–45.
[5] Leitl, Alfons, "Berichte über Baupläne (I). Der Wiederaufbau der Paulskirche," *Baukunst und Werkform*, no. 1, 1947, pp. 99–103; Durth, Werner and Niels Gutschow, *Träume in Trümmern. Planungen zum Wiederaufbau zerstörter Städte im Westen Deutschlands 1940–1950*, vol. 2, Braunschweig 1988, pp. 479–485.
[6] Schwarz, Rudolf, *Kirchenbau. Welt vor der Schwelle*, Heidelberg 1960, p. 94.
[7] Kappel, Kai, *Memento 1945? Kirchenbau aus Kriegsruinen und Trümmersteinen in den Westzonen und in der Bundesrepublik Deutschland*, Berlin 2008, p. 44; Kappel, Kai, "Der Umgang mit Ruinen und Trümmersteinen des Zweiten Weltkriegs," in Nerdinger, Winfried and Inez Florschütz (Ed.), *Architektur der Wunderkinder. Aufbruch und Verdrängung in Bayern 1945–1960*, Salzburg 2005, pp. 24–31.
[8] Schwarz 1960, p. 94.
[9] Ibid.
[10] Ibid.
[11] Seng, Joachim, *Goethe-Enthusiasmus und Bürgersinn. Das Freie Deutsche Hochstift – Frankfurter Goethe-Museum 1881–1960*, Göttingen 2009, pp. 453f.
[12] Seng 2009, pp. 466f.
[13] "Für den Neubau des Goethehauses. Ein Aufruf des Freien Deutschen Hochstifts," *Frankfurter Anzeiger*, 7/13/1944.
[14] Seng 2009, p. 473.
[15] Fischer, Torben and Matthias N. Lorenz (Ed.), *Lexikon der 'Vergangenheitsbewältigung' in Deutschland. Debatten- und Diskursgeschichte des Nationalsozialismus nach 1945*, Bielefeld 2015.
[16] Schneider, Reinhold, "Goetheverehrung oder Goethekult? Eine Frage," *Freiburger Nachrichten*, 12/14/1945.
[17] Durth, Gutschow 1988, pp. 485f.; Gräwe, Christina, "Blanck, Eugen," and Quiring, Claudia and Thomas Flierl, "Hebebrand, Werner Bernhard," in Brockhoff, Evelyn et. al. (Ed.), *Akteure des Neuen Frankfurt*, Frankfurt am Main 2016, pp. 87f., pp. 115f.
[18] Dirks, Walter, "Mut zum Abschied. Zur Wiederherstellung des Frankfurter Goethehauses," *Frankfurter Hefte*, no. 8, 1947, pp. 819–828.
[19] Dirks 1947, p. 826.
[20] Gehebe-Gernhardt, Almut, *Architektur der 50er Jahre in Frankfurt am Main – Am Beispiel der Architektengemeinschaft Alois Giefer und Hermann Mäckler*, Frankfurt am Main 2011.
[21] Mäckler, Hermann, "Wiederaufbau des Goethehauses – eine umstrittene Entscheidung. Ein Architekt eröffnet die Diskussion," *Frankfurter Neue Presse*, 5/14/1947.
[22] Ibid.
[23] Bartning, Otto, "Entscheidung zwischen Wahrheit und Lüge," *Baukunst und Werkform*, no. 2, 1948, pp. 28f.
[24] Ibid.
[25] "Für den Neubau des Goethehauses. Ein Aufruf des Freien Deutschen Hochstifts," *Frankfurter Anzeiger*, 7/13/1944.
[26] Ibid.
[27] From Ernst Beutler to senior mayor Walter Kolb, 4/10/1947. ISG, Magistratsakten 8.116. Quoted following Seng 2009, p. 509.
[28] Rodenstein, Marianne, "Goethehaus Frankfurt am Main," in Nerdinger, Winfried with Markus Eisen and Hilde Strobl, *Geschichte der Rekonstruktion. Konstruktion der Geschichte*, Munich 2010, p. 434–436.
[29] Freies Deutsches Hochstift (Ed.), *Einweihung des Goethehauses. Frankfurt am Main, den 10. Mai 1951*, Frankfurt am Main 1951.
[30] Durth, Gutschow 1988; von Beyme, Klaus, "Frankfurt am Main. Stadt mit Höhendrang," in von Beyme, Klaus et. al. (Ed.), *Neue Städte aus Ruinen. Deutscher Städtebau der Nachkriegszeit*, Munich 1992, pp. 197–216; Pehnt, Wolfgang, *Deutsche Architektur seit 1900*, Munich 2005, pp. 260f.; Durth, Werner and Paul Sigel, *Baukultur. Spiegel gesellschaftlichen Wandels*, Berlin 2009, pp. 405–420; Gehebe-Gernhardt 2011, pp. 57–71.
[31] Durth, Gutschow 1988, pp. 55–118.
[32] Hitler, Adolf, Speech on November 8, 1943, *Völkischer Beobachter*, 11/9/1943.
[33] "Trauer in der Altstadt. Terror gegen Wohnungen und Kostbarkeiten der Kultur," *Frankfurter Anzeiger*, 3/20/1944.
[34] Benkard, Ernst, "Großer Hirschgraben Nr. 23. Zur Vernichtung von Goethes Geburtshaus," *Völkischer Beobachter* (South German edition), 5/7/1944.
[35] Stadler, Otto, "Hier muß Haß heilig werden," *Rhein-Mainische Zeitung*, 6/18/1944.
[36] "Was wird aus den Ruinen? Eine Betrachtung im 'Völkischen Beobachter,'" *Frankfurter Anzeiger*, 5/18/1944.
[37] Ibid.
[38] Ibid.
[39] Lübbecke, Fried, *Der Muschelsaal*, Frankfurt am Main 1960, p. 415.
[40] Früchtel, Michael, *Der Architekt Hermann Giesler. Leben und Werk (1898–1987)*, n.p. 2008, pp. 211-213.
[41] Mai, Ekkehard, "Von 1930 bis 1945: Ehrenmäler und Totenburgen," in Nerdinger, Winfried and Ekkehard Mai (Ed.), *Wilhelm Kreis. Architekt zwischen Kaiserreich und Demokratie 1873–1955*, Munich 1994, pp. 156–167, 268f.
[42] Arndt, Karl, "Problematischer Ruhm – die Großaufträge in Berlin 1937–1943," in Nerdinger, Mai 1994, pp. 168–187, 266.

7.11 Gerhard Weber, concept for the redesign of the Goethe House ruins, sketch, 1947

[43] "Was wird aus den Ruinen? Eine Betrachtung im 'Völkischen Beobachter,'" *Frankfurter Anzeiger*, 5/18/1944.
[44] Seng 2009, p. 467.
[45] "Für den Neubau des Goethehauses. Ein Aufruf des Freien Deutschen Hochstifts," *Frankfurter Anzeiger*, 7/13/1944.
[46] Kappel, Kai, "Eine kurze Geschichte der Kaiser-Wilhelm-Gedächtniskirche bis 1955," in Kappel, Kai and Evangelische Kaiser-Wilhelm-Gedächtnis-Kirchengemeinde Berlin (Ed.), *Egon Eiermann. Kaiser-Wilhelm-Gedächtnis-Kirche Berlin 1961/2011*, Lindenberg im Allgäu 2011, pp. 8–13.
[47] Rogacki-Thiemann, Birte, "Aegidienkirche," in Puschmann, Wolfgang (Ed.), *Hannovers Kirchen*, Hermannsburg 2005, p. 32–35.
[48] Hirschfeld, Gerhard, *Geschichte des Mahnmals und der Kirchenbauten von St. Nikolai in Hamburg*, Hamburg 2010.
[49] Glaser, Gerhard and Stiftung Frauenkirche Dresden (Ed.) *Die Frauenkirche zu Dresden. Werden – Wirken – Wiederaufbau*, Dresden 2005.
[50] Fouché, Jean-Jacques, Oradour, Paris 2001.
[51] Frank, Hartmut, "Trümmer. Traditionelle und moderne Architekturen im Nachkriegsdeutschland," in Schulz, Bernhard (Ed.), *Grauzonen, Farbwelten. Kunst und Zeitbilder 1945–1955*, Berlin 1983, pp. 43–83, Image p. 54.
[52] Seng 2009, p. 481.

THE COMPETITION OLD TOWN CENTER, 1950 AND THE RÖMERBERG COMPETITION, 1951

Philipp Sturm

After 1949, with the decision to declare Bonn the seat of the German federal government, the plans for a government district in the Frankfurt old town area were off the table. Now there were three planning proposals up for discussion for the redesign of the area. The proposal of the city planning office, under the direction of Herbert Boehm, was based on the traffic concept of the general alignment plan of 1948 and intended for *Zeilenbauten* (long parallel building rows) north and south of the new Berliner Strasse, for which numerous building monuments were to be sacrificed. **8.2** For their part, the municipal building authority called on two groups at the same time to draw up plans for the reconstruction. The group Altstadtfreunde[1] (Friends of the old town) planned a small-scale reconstruction on the medieval town layout bearing in mind the still existing buildings, as well as the reconstruction of the Römerberg Ostzeile. **8.4** A working group of freelance architects,[2] on the other hand, planned *Zeilenbauten* in a strict north-south orientation, similar to the design of the city planners. **8.3** The architects tried to integrate individual existing buildings into their design, which was oriented toward the ideas of modernity. The designs were presented in the halls of the Römer in October 1949 and triggered a public dispute between "traditionalists" and "modernists." The consequence was that the city council decided to announce an ideas competition for proposals for the construction of the old town center.

The Competition for the Development of the Old Town Center between the Dom and the Römer, 1950

Moritz Wolf (FDP), head of the planning department, already stated in the competition brief, that all hopes the "earlier sociological structure" could form the basis for the reconstruction proved to be an illusion. The same would apply to a minor correction of the road network as well as the plot plan.[3] The task for the architects was to develop a city planning design proposal that included residential buildings, stores, and workshops in the cultural sector, as well as well-kept restaurants. The density and height of the development should respond adequately to the Dom and the monuments to be preserved, and at the same time provide sufficient light and air, in keeping with the spirit of

8.2 City planning office, redesign of the city center, 1949

8.3 Working group Correggio, Drevermann, Dierschke, Giefer, Hebebrand, Schaupp, Scheinpflug, Schultz, Scotti, old town development proposal, 1949

8.4 H. K. Zimmermann, development proposal for the old town center, 1949

modernity. The aim was to provide housing for the intellectual and economic leaders in the core of the city.[4]

When the jury, chaired by Wolf, met in the Paulskirche on July 14, 1950,[5] there were seventy-one works to choose from, of which seventeen were shortlisted. Since none of the designs met all requirements, three first prizes were awarded in equal parts to Wilhelm Massing, **8.5** Werner Dierschke with Karl Dahm, **8.6** and Ferdinand Wagner. **8.7** With this selection, the jury clearly positioned itself in favor of modern designs. Massing suggested, in addition to a large-scale market, a further square towards the Main riverbank, and a large concert hall between the emerging open spaces, whereby he largely ignored the historical layout of the town. The jury criticized his Römerberg Ostzeile, saying that, "reviving medieval gabled buildings with a concrete skeleton must be somewhat problematic."[6] The designs by Wagner and Dierschke were also characterized by loosened building rows. Wagner arranged his rows strictly and completed the Römer in a decidedly modern fashion; the jury praised the incorporation of preserved architectural monuments into contemporary buildings. Dierschke planned gable roofs on the Zeilenbauten and thus came closest to the character of the old town; the jury criticized the extension of the square along Saalgasse, while the *Frankfurter Allgemeine Zeitung*, in contrast, praised the layout of the square around the Dom.[7]

The first acquisition was the work of Werner Hebebrand, Kurt Freiwald, and Walter Schlempp. The jury evaluated the idea to maintain the historical alleyways with ground-floor shops and orthogonally to this to build a new city with modern multistory rows as "original."[8] **8.14** The range of the remaining ideas is shown by the following two design examples. Walter Schwagenscheidt proposed making the historic old town disappear completely in a radical urban modernity, above which only the Dom towered. **8.14** An unknown architect escapes the urban planning dispute between tradition and modernity. His design recommended replacing the old town ruins between the Dom and the Römer with a park featuring a pond.[9] **8.9**

Primarily following Massing's design, the city planning office under Herbert Boehm drew up a plan in 1952/53, which was implemented in the southeast of the Dom the following year. **8.15** The building developer, the Frankfurter Aufbau-AG, commissioned three architectural firms to implement it—Wilhelm Massing, Werner Dierschke, as well as Max Meid and Helmut Romeick. **8.1**

The Römerberg Competition, 1951

Just one year after the old town competition, the city administration sponsored a follow-up competition, based on which a proposal for the development of the Römerberg's east wall was to be found. Under the chairmanship of Otto Bartning, the jury discussed the sixty-two submitted works in the Paulskirche on July 14. The award winners—Helmuth Hartwig, 1st prize; **8.16** Franz Hufnagel and Rudolf Dörr, 2nd prize; and Rudolf Rosenfeld, 3rd prize—were neither traditionally conservative nor decidedly modern in their designs,[10] but according to Heinrich Henning "offered simply washed-out compromises."[11] The designs by Alois Giefer and Hermann Mäckler **8.20**, Werner Dierschke and Friedel Steinmeyer **8.18**, Johannes Krahn **8.17**, and Ferdinand Wagner **8.19**, on the other hand, seemed reservedly modern. Wilhelm Massing, the 1950 prizewinner, worked on

8.1 Old town development, areal view: 1955

8.5 Wilhelm Massing, competition design old town center (1st prize), site plan, 1950

8.6 Werner Dierschke with Karl Dahm, competition design old town center (1st prize), isometrics, 1950

8.7 Ferdinand Wagner, competition design old town center (1st prize), isometrics, 1950

8.8 Walter Schwagenscheidt, competition design old town center, isometrics, 1950

8.9 unknown, competition design old town center, isometrics, 1950

8.10 Gerhard Weber, competition design old town center, isometrics, 1950

8.11 unknown, competition design old town center, isometrics, 1950

8.12 Fritz Schad, competition design old town center, isometrics, 1950

8.13 unknown, competition design old town center, perspective from Römerberg to the Dom, 1950

8.14 Werner Hebebrand, Kurt Freiwald and Walter Schlempp, competition design old town center (1st acquisition), isometrics, 1950

8.15 City planning office, development plan for the city center, drawing by Karl Sippel, 1953

8.16 Helmuth Hartwig, competition design Römerberg east wall (1st prize), drawing, 1951

8.17 Johannes Krahn, competition design Römerberg east wall, drawing, 1951

8.18 Werner Dierschke and Friedel Steinmeyer, competition design Römerberg east wall, drawing, 1951

8.19 Ferdinand Wagner, competition design Römerberg east and north wall (acquisition), drawing, 1951

8.20 Alois Giefer and Hermann Mäckler, competition design Römerberg east wall, drawing, 1951

8.21 Wilhelm Massing, competition design Römerberg east wall, drawing, 1951

his idea of a closure of the square with gabled buildings, but could not convince the jury. **8.21** It is noteworthy that only one competitor spoke in favor of the reconstruction of the Ostzeile, but this proposal was eliminated in the first round.¹²

Until the mid nineteen-fifties, the second-place winners Hufnagel and Dörr were able to realize a part of the Ostzeile with two buildings, thus at least partially giving the square a wall again. **8.22**

(Translated by *Inez Templeton*)

---

¹ The Altstadtfreunde group was formed around Fried Lübbecke, founder of the Bund tätiger Altstadtfreunde (Active Friends of the Old Town Association) and H. K. Zimmerman, head of the Frankfurt branch of the Hessian State Conservation. Other members were Theodor Kellner (architect of the rebuilt Goethe House), Franz Carl Throll, Albert Rapp (Director of the Historisches Museum), as well as Theodor Derlam and Otto Fischer (both from the municipal building authority).
² The architects were Sepp Correggio, Wolf Klaus Drevermann, Werner Dierschke, Alois Giefer, Werner Hebebrand, Gottlob Schaupp, Gustav Scheinpflug, Walter Maria Schultz, and Georg Scotti.
³ Stadt Frankfurt a. M., Bauverwaltung – Hochbau (Ed.), *Ideenwettbewerb zur Erlangung von Vorschlägen für den Aufbau des Altstadtkernes zwischen Römer und Dom in Frankfurt am Main*, 3/27/1950, DAM 002-085-001.
⁴ Ibid.
⁵ Other jurors were city councilor Adolf Miersch, architect and city councilor Max Kemper, Martin Elsaesser (Munich), Franz Schuster (Vienna), the Hessian state conservator Friedrich Bleibaum, financier Michael Hauck, A. Mettenheimer, shipping agent Georg Delliehausen, head of the planning office Herbert Boehm, as well as Theodor Derlam (building authority).
⁶ Protokoll über die Sitzung des Preisgerichts beim Wettbewerb zur Erlangung von Vorschlägen für den Aufbau des Altstadtkernes zwischen Römer und Dom in Frankfurt a. Main, 7/15/1950; ISG, Estate of Adolf Miersch, S1-297/36.
⁷ Ius., "Handwerkerhöfe und Erhaltung des Alten," *Frankfurter Allgemeine Zeitung*, 7/18/1950.
⁸ Protokoll über die Sitzung des Preisgerichts beim Wettbewerb zur Erlangung von Vorschlägen für den Aufbau des Altstadtkernes zwischen Römer und Dom in Frankfurt a. Main, 7/15/1950; ISG, Estate of Adolf Miersch, S1-297/36.
⁹ "Das Problem der alten Stadt," *Baukunst und Werkform*, no. 6, 1951, p. 11.
¹⁰ In addition to the three winners, five designs by Emil Schmidt, Theo Find, Johannes Krahn, Ferdinand Wagner, and Gustav Friedrich Scheinpflug were acquired. See Ius., "Römerberg-Wettbewerb – Eintritt frei!" *Frankfurter Allgemeine Zeitung*, 7/16/1951.
¹¹ Henning, Heinrich, "Anmerkung zu einem Altstadtwettbewerb," *Die Neue Stadt*, no. 8, 1951, pp. 308–309.
¹² Ius., "Römerberg-Wettbewerb – Eintritt frei!" *Frankfurter Allgemeine Zeitung*, 7/16/1951.

THE COMPETITION DOM-RÖMERBERG AREA, 1962/63

Philipp Sturm

In the early summer of 1963, two temporary buildings stood on the area between the Dom and the Römer, which had been derelict since the end of the war. The so-called Brandt-Blase – a spherical pavilion with an open stairway – showed interested citizens the exhibition *Die ersten 100 Jahre SPD* (The first 100 years of the SPD), **9.2**. In its shadow, a closely guarded, rectangular tent was set up, in which fifty-six drafts from the Dom-Römerberg area competition – and thus the future shape of the historic center – were discussed in camera.¹ Debated here, in particular, was the social democratic postwar architecture of Frankfurt.

The Situation

Until the mid nineteen-fifties, publicly funded residential buildings were created in the immediate vicinity of the Dom and the Römerberg as a result of the old town competition of 1950.² Although the core element between the Dom and the Römer was also part of the competition at that time, it remained undeveloped due to growing uncertainty about the future determination of this historic site. **9.1** The question arose as to whether more residential buildings should be erected on this location.

At the beginning of the nineteen-sixties, the head of the planning department Hans Kampffmeyer (SPD) brought the approximately two-hectare area up for discussion again – with the support of senior mayor Werner Bockelmann (SPD) – and arranged for a new competition in 1962. Already in the call for submissions, Kampffmeyer rejected the request by the Friends of the old town, organized around Fried Lübbecke and the opposition CDU, who suggested a reconstruction of the old town that was true to the original.³ His argument was that the old building types would only result again in a residential use with small shops. He also rejected the idea of keeping the place clear or transforming it into a green space, in order to leave the urban development decision to the postwar generation.⁴

Building Program and Building Task

In contrast to the ideas competition of 1950, the city planning office worked out a detailed usage concept, toward

---

8.22 Franz Hufnagel and Rudolf Dörr, Römerberg-Ostzeile, photo: 1961

9.1 Dom-Römer-Area, View from the Dom, photo: 1961

9.2 Temporary exhibition pavilion on the Römerberg, photo: 1963

which the competitors were intended to orient themselves. The notion of the American writer Thornton Wilder, that only modern democracy would enable all people to participate in cultural life, was taken up and became the principle of the competition brief.[5] The building program called for a central library, a music school, a youth center, restaurants and a hotel, shops, a housing consultation, an art gallery, a cabaret, artists' studio, and the exhibition house Frankfurt und die Welt (Frankfurt and the World), which was of particular importance. In changing exhibitions, bridges were to be built between the city and all the countries that were related to it.[6]

The largest single project of the projected development was the building for the technical offices, the later Technische Rathaus (Technical Town Hall). It was to make up almost half of the total planning, with 10,000 square meters of space between Braubachstraße and Krönungsweg. For this purpose, the city planning office had already made a preliminary draft in 1962, which was to be integrated into the competition only in terms of urban development.[7] Access to the traffic calmed area was to be carried out through the underground parking levels. In 1963, the subway was still planned to be under the Berliner Straße, with a station at the Paulskirche.

All in all, high expectations were placed on the competition. The architects' proposals were intended to restore the city center's functions to the area between the Dom and the Römer, and at the same time serve as a symbol of democratic reconstruction.

The Competition and Its Designs

All architects based in the Federal Republic were invited to participate in the competition. Separately invited were Georges Candilis, Alexis Josic, Shadrach Woods (Paris), Fred Forbat (Stockholm), Walter Gropius (Cambridge, USA), Arne Jacobsen (Copenhagen), Ernst May (Hamburg), Frode Rinnan (Oslo), Hans Scharoun (Berlin), and Albert Steiner (Zurich).[8] Rudolf Hillebrecht, director of municipal building for the city of Hanover, was elected chairman of the jury, which met from June 5–7, 1963 in that tent on the Römerberg.[9] **9.3**

Already at the first consideration of the entries, the judges came to the agreement that high and monolithic structures were out of place on the site, because they would disturb the polarity between the Dom and the Römer – an astonishing point when one thinks of the Technisches Rathaus, whose construction began seven years later.[10] In addition, the exhibition house, the gastronomy, and the hotel were to be positioned on the Römerberg. After three rounds, nineteen drafts remained on the shortlist.[11]

With a clear commitment, the jury ultimately decided in favor of the design by Wolfgang Bartsch, Anselm Thürwächter, and Hans H. Weber, which received the first prize. **9.4 / 9.5 / 9.6** A second prize was not awarded, but four third prizes were awarded to the offices of Hans Scharoun, Werner Böninger and Peter Biedermann, Otto Apel and Hannsgeorg Beckert, as well as Hans Peter Burmester and Gerhard Ostermann. With this decision, the jury sent a clear message to politicians and city planners for the implementation of the first prize.

In terms of the winning design, the jury mainly praised the architectural complex of exhibition house and youth center in a building with a polygonal floor plan resting on piers, which was planned next to the Römerberg. They also positively mentioned the resulting squares in front of the Steinernes Haus (Stone Building), behind the Nikolaikirche and the southwest corner of the Dom, as well as the successful attempt to open the building for the technical offices to Braubachstraße and Krönungsweg with shops and cafes for pedestrians; in return, the competition winners proposed the demolition of the Hauptzollamt.[12] Helene Rahms, the architecture critic for the *Frankfurter Allgemeine Zeitung* (FAZ), pointed out the compromise of the jury's decision concerning the urban development: the design does not show "the dollhouse intimacy that some old Frankfurters hoped for, but also no surprisingly original architecture, as radically minded youth perhaps expect."[13]

The four third-place contenders also proposed modern and large-scale structures. Scharoun, who was the only award-winner among the specially invited architects, developed intertwined, heterogeneous constructions along the Krönungsweg. Apel and Beckert grouped their freestanding, cuboid buildings at the Römerberg and planned a large open space in front of the Dom.[14] **9.7 / 9.8**

The most radical proposal came from the French office of

9.3 Jury meeting with NN, Hans Kampffmeyer, Rudolf Hillebrecht, NN, Rudolf Menzer, and Werner Bockelmann (f.l.t.r.), photo: June 7, 1963
9.4 / 9.5 / 9.6 Wolfgang Bartsch, Anselm Thürwächter and Hans H. Weber, competition design (1st prize), model, sketch, floor plan (ground floor), 1963
9.7–9.12 Dom-Römerberg-Area competition, 1963. Designs by:
9.7 Hans Scharoun (3rd prize), **9.8** Otto Apel und Hannsgeorg Beckert (3rd prize), **9.9** Christa und Fritz Seelinger,
9.10 Walter Schwagenscheidt and Tassilo Sittmann, **9.11** Jochen Kuhn, **9.12** Ernst May.
9.13 Georges Candilis, Alexis Josic, and Shadrach Woods, competition design, floor plan ground floor, 1963
9.14 Georges Candilis, Alexis Josic, and Shadrach Woods, competition design, model, 1963

Candilis, Josic, and Woods. The architects designed a four-level, orthogonal city structure that extended to the Main River, which resembled a synthesis of medieval alleys and labyrinthine, medina quarters.[15] The planned concrete structures were to create a connection to the riverbank, yet took no account of the surroundings and completely negated the site's building history. This was probably the reason the draft was not even short-listed. Rahms, on the other hand, praised the urban concept of the work as "witty," "seemingly Provençal," and "by no means Frankfurterian."[16] 9.13 / 9.14 Similarly large scale is the design by Christa and Fritz Seelinger; they organized all building tasks in an expressive, mountainous form.[17] 9.9 In their proposal, Walter Schwagenscheidt and Tassilo Sittmann–who had recently been commissioned with the construction of the Frankfurt Nordweststadt–took an opposite approach to the task. They did not plan large monoliths, but an ensemble of small-scale structures, squares, and paths.[18] 9.10 The design by Jochen Kuhn also suggested a small-scale development, however, the jury objected to the extraordinarily strong picturesque aspect.[19] 9.11

Criticism

Precisely this picturesque aspect is what Fried Lübbecke, from the Bund tätiger Altstadtfreunde (Association of Active Friends of the Old Town), missed in the competition result. He criticized in the *Neue Presse*: "Instead of the jagged script of Goethe and Bismarck, all of the architects wrote in the gentle style Sütterlin and had–it seems–heeded the words put in the mouth of the former Frankfurt city planning director B[oehm]: 'He who builds a steep roof, also steals silver spoons.'"[20] His advice–to keep the place clear for the time being and to decide on a case-by-case basis–was ultimately followed unintentionally.

Ernst May, former head of planning, also criticized the jury's decision. What disturbed him about the winning design was the "uniform functionalism of Miesian character."[21] On the other hand, his own competition entry, a sequence of different structures made of red sandstone, looked very regional and was not considered by the jury.[22] 9.12

The architecture critic Eberhard Schulz asked in the *FAZ*, "[B]ut why does no one build a stone square? Why has the baroque ... ceased to exist? Why no forum or a Greek agora[?]"[23] He also criticized the small dimension of most of the designs and suggested instead "converting the fallow field of destruction into a free space, where the spirits of history were present and the shadow of the Dom wielded its silent rule."[24]

On the whole, not only were the individual works criticized, but also the city's construction program itself. Helene Rahms formulated a hope: "Maybe even worthier purposes are to be found for the buildings that are to frame the square, and thus also clearer, more graceful forms of architecture. Perhaps the insight grows, with the years that the development of the square will take, that the fullness of history ... cannot be ended by an act of administration."[25]

Out of Competition: Student High-rises and an Unknown Late Work

The competition task was also addressed in Architectural Education. For one semester, Max Guther from the Chair of Design at the Technische Hochschule Darmstadt tackled the redesign in Frankfurt's old town.[26] His students DW Dreysse, Dieter Hofmann, and Ingo Tiedemann worked on a draft that provided a dense business and residential development with a uniform design, in the midst of large pedestrian areas. The city skyline between the Paulskirche and the Dom was to be supplemented by a series of high-rises. 9.63 At the age of eighty-four, Hermann Senf, who had built a large number of buildings along the Braubachstraße

---

9.15–9.62 Dom-Römerberg-Area competition, 1963. Designs by:

9.15 Rudolf Lederer, **9.16** Werner Böninger, Peter Biedermann, (3rd prize), **9.17** Rudolf Ostermayer, Peter Steckeweh, **9.18** Richard Heller, Günther Eckert, **9.19** Dirk Didden, Friedrich Zorn, **9.20** Herbert Rimpl, **9.21** Justus Herrenberger, Yalcin Dalokay, **9.22** Csaba Mikecz, Jürgen Stockhausen, Josef Radics, **9.23** Frode Rinnan, **9.24** Wolfgang Matthes, **9.25** Robert Kämpf, **9.26** Udo von Schauroth, Peter Schröder, **9.27** Hartmut Thimel, **9.28** Walter Effenberger, **9.29** Wilhelm von Wolff, **9.30** Etta Menzel, **9.31** Walter Nickerl, Siegfried Hoyer, **9.32** Theodor Triebsee, **9.33** Fred Forbat, Heinrich Nitschke, **9.34** Klaus Poppe, **9.35** Hermann Huber, **9.36** Horst Günther, **9.37** Ulrich S. von Altenstadt, **9.38** Hans Dieter Luckhardt, Gerhard Dreier, **9.39** Gerhard Balser, Hubertus von Allwörden, Rolf Schloen, **9.40** Günter Schwerbrock, **9.41** Walter Semmer, **9.42** Walter Nicol, **9.43** Heinrich Geierstanger, Erwin Liewehr, **9.44** Kettner, Weidling + Weidling, **9.45** Franz Gill, Dieter Gill, Gottfried Pfeiffer, **9.46** Günter Fischer, Karl Heinz Walter, Manfred Grosbüsch, Werner Laux, **9.47** Günter Lange, Wolfgang Ebinger, **9.48** Rudolf Letocha, William Rohrer, Walter Maria Schultz, **9.49** Klaus Pfeffer, **9.50** Eike Rollenhagen, **9.51** Heinz Mahnke, **9.52** Walter Gropius, Louis A. McMillen, **9.53** Hans Peter Burmester, Gerhard Ostermann (3rd prize), **9.54** Joseph Siebenrock, **9.55** Klaus Kirsten, Heinz Nather, **9.56** Karl Heinz Gassmann, **9.57** Johannes Schmidt, F. J. Mühlenhoff, **9.58** Ferdinand Wagner, **9.59** J. M. Michel, K. Wirth, **9.60** Jochen Dramekehr, **9.61** Günter Bock, Carlfried Mutschler, Peter Buddeberg, **9.62** Eugen Söder, Volker Wagner.

9.63 Ingo Tiedemann, Dieter Hofmann, and DW Dreysse with the model for their proposal, 1962

between 1905 and 1940, also drew a development proposal for the area. His design was based on a broad Krönungsweg to the Dom and a hexagonal exhibition building on the Römerberg. Why he did not submit this proposal is unknown.[27] **9.64**

(Translated by *Inez Templeton*)

---

[1] Rahms, Helene, "Der neue Platz vor dem Römer in Frankfurt," *Frankfurter Allgemeine Zeitung*, 6/11/1963.
[2] See Philipp Sturm in this book, pp. 272–274.
[3] Lübbecke, Fried, "Das künftige Gesicht des Römerbergs. 'Entscheidet von Fall zu Fall,'" *Frankfurter Neue Presse*, 6/22/1963; motion by the CDU faction to the city council, 12/2/1959 and 12/17/1959; resolution of the city council 3/10/1960, ISG, Protokoll Stadtverordnetenversammlung, P 1.114.
[4] Kampffmeyer, Hans and Erhard Weiss, *Dom-Römerberg-Bereich. Wege zur neuen Stadt*, vol. 1, Frankfurt am Main 1964, p. 7.
[5] Thornton Wilder (1897–1975) received the Peace Prize of the German Book Trade on October 6, 1957 in the Paulskirche in Frankfurt. See Wilder, Thornton, *Kultur in einer Demokratie*, Frankfurt am Main 1957; Kampffmeyer 1964, pp. 8 and 11.
[6] Kampffmeyer 1964, pp. 12 and 21.
[7] Ibid., pp. 12, 21, 24–25.
[8] Jacobsen and Steiner had to cancel due to other obligations. See ibid., p. 9.
[9] Other expert judges were the head of the planning department, Hans Kampffmeyer; the Frankfurt architects Johannes Krahn and Max Meid; Franz Schuster (Vienna); head of the city planning office, Erhard Weiss (Frankfurt); and Cornelis van Traa (Rotterdam). The specialist judges were senior mayor Werner Bockelmann, city councilor Ewald Geißler, city treasurer Georg Klingler, principal city councilor Heinrich Kraft, city councilor Karl vom Rath, and Mayor Rudolf Menzer from Frankfurt, as well as the Hans Feldtkeller, Head of Hessian State Conservation as expert reviewer. See ibid., p. 33.
[10] See Maximilian Liesner in this book, pp. 277–280.
[11] Kampffmeyer 1964, p. 35.
[12] Ibid., pp. 39–43.
[13] Rahms, Helene, "Der neue Platz vor dem Römer in Frankfurt," *Frankfurter Allgemeine Zeitung*, 6/11/1963.
[14] Kampffmeyer 1964, pp. 44–46 and 50–52.
[15] Ibid., pp. 72–73.
[16] Rahms, Helene, "Der neue Platz vor dem Römer in Frankfurt," *Frankfurter Allgemeine Zeitung*, 6/11/1963.
[17] Kampffmeyer 1964, p. 91.
[18] Ibid., p. 84.
[19] Ibid., p. 67; Huf, Beate, "Frankfurt, Metropole am Main – eine Stadt plant in die Zukunft," in Wentz, Martin (Ed.), *Hans Kampffmeyer. Planungsdezernent in Frankfurt am Main 1956-1972*, Frankfurt am Main 2000, pp. 116–118.
[20] Lübbecke, Fried, "Das künftige Gesicht des Römerbergs. Entscheidet von Fall zu Fall,'" *Frankfurter Neue Presse*, 6/22/1963.
[21] Stromberg, Kyra, "Das Loch in der Geschichte," *Deutsche Zeitung*, 7/11/1963.
[22] Kampffmeyer 1964, pp. 80–81.
[23] Schulz, Eberhard, "Ein Forum für Kultur?," *Frankfurter Allgemeine Zeitung*, 9/14/1963.
[24] Ibid.
[25] Rahms, Helene, "Der neue Platz vor dem Römer in Frankfurt," *Frankfurter Allgemeine Zeitung*, 6/11/1963.
[26] "Berichte von den Lehrstühlen," *Der Architekt*, no. 13, 1964, pp. 96–108.
[27] ISG, Estate of Hermann Senf, S1-299/47.

BETWEEN RADICALISM AND CONSIDERATION – THE TECHNISCHES RATHAUS AND THE HISTORISCHES MUSEUM

Maximilian Liesner

The spirit of optimism between the Dom and the Römer, fueled by the 1963 competition,[1] disappeared with the recession of 1966/67, which ended the economic miracle. Because the city itself lacked the resources, it initially hoped in vain for investments from the private sector. A hotel company showed interest, but because of the limited space – which did not allow the necessary number of beds – it rejected this plan soon after.[2] It was only in 1969, after the West German economic boom, that urban construction activity awoke again. The highest priority at that time, however, was the construction of the subway. Because this did not run as originally planned under the Berliner Straße, but directly under the Römerberg, the implementation of the competition design began at least in parts.[3] To this end, the Technisches Rathaus (Technical Town Hall) with an underground car park and the Historisches Museum (Historical Museum), which had already been considered since the mid nineteen-fifties, were chosen.[4] Both buildings were demolished again in 2010/11. With their fair-faced concrete surfaces and visible construction, they displayed central features of brutalism – the Historisches Museum more clearly than the Technisches Rathaus, which strove more for elegance. Because neither of the two buildings sculpturally exaggerated their forms, they were comparatively sober representatives of this style.

The Technisches Rathaus

The Technisches Rathaus had caused heated discussions before construction began, because in comparison to the draft of 1963, the requisites had changed. The spatial requirements of the technical offices were now estimated at around two-thirds higher; in addition, the main customs office, which had actually been intended for demolition, was to be retained.[5] That meant less space for more volume. In order not to sacrifice any urban open space, Bartsch, Thürwächter, Weber decided to split the mass into three closely spaced towers with heights of seven, ten, and thirteen stories. This approach had shortly before impressed Anselm Thürwächter – theü head of the project within the office – in London at the Economist Cluster (1962–64) by Alison and Peter Smithson.[6] **10.3** While pleading for free-standing towers

9.64 Hermann Senf, development proposal, floor plan ground floor, 1963

10.3 Alison and Peter Smithson, Economist Cluster, London, 1962–64, photo: 1965

following this model, the building authorities however demanded a common base over several stories.[7] **10.4 / 10.5 / 10.6** This was to balance the difference in height between Krönungsweg and Braubachstraße. Shops and restaurants were situated on the lower levels, clustered around a courtyard and in the low pavilion in the direction of the Römer. The two tallest towers lined Braubachstraße, in order not to compete against the Dom tower. When designing the façade, Thürwächter also took the environment into consideration by working with beveled building edges and roof edges. He also took up a principle by Egon Eiermann, who almost simultaneously loosened the façade of his Olivetti towers in Frankfurt-Niederrad (1968–72) with galleries and a filigree metal frame.[8] As a material for cladding the parapets, Thürwächter chose exposed aggregate concrete. Shortly before, the head of the planning department, Hans Kampffmeyer (SPD), had wanted natural stone[9] and had the architects make a 1:1 façade mock-up of red tuff, but with National Socialist buildings in mind, Thürwächter felt an "aversion to natural stone."[10]

The criticism received by the building was not directed primarily against a modern architecture in the old town, but against the built compromise between radicalism and consideration. As Eberhard Schulz wrote in the *Frankfurter Allgemeine Zeitung* (*FAZ*), it was a matter of towers that "neither want to aim to high, nor duck too much,"[11] and thus they stuck out of the old town "as an unholy 'nonetheless,'"[12] Bizarre effects on the way to this compromise were three large balloons, with which the height of the towers was simulated,[13] and the linguistic contortions that the SPD made – out of fear of its threatening effect – by just calling it "tall building structure."[14] **10.7** Even before construction began, calls for reconstructions gained the upper hand in public opinion. Above all, the "Friends of Frankfurt" wanted a historically faithful reconstruction.[15] **14.3** They were unable to push through their proposal to build the Technisches Rathaus instead on Dominikanerplatz (today: Börneplatz),[16] though the technical offices are now ironically based at this location. While the architects were attested to have done high-quality work by professors[17] and architectural critics,[18] civic anger turned against the planning department and its leader Kampffmeyer. Against the backdrop of the housing struggle in Westend, he was accused of "pushing the project through"[19] as well as "autocratic administration."[20] The fact that the building would become the seat of the municipal building authorities themselves,[21] whose exploding spatial requirements remained opaque,[22] also allowed the project to appear in an unfavorable light. As the clients who commissioned the project, the municipal authorities wanted to prevent such associations by renouncing any comfort inside. The *FAZ* reported from a first tour shortly after occupation: "You only see gray linoleum floors, bare white walls ... and spartan furniture."[23] **10.8** Kampffmeyer's successor Hanns Adrian (SPD) justified the exposed situation with the democratic opening of the administration.[24] And indeed, Wilfried Ehrlich, an architecture critic for the *FAZ*, noted a reconciliation of many former adversaries with the Technisches Rathaus – "or even the admission that they had not imagined it so beautifully from the plans."[25] **10.1 / 10.2 / 10.9**

The Historisches Museum

At the same time, the new building for the Historisches Museum was built – incorporating the old buildings of the Saalhof, where the institution founded in 1878 had been housed since 1951 after several moves.[26] Previously, the building design by Ferdinand Wagner and Theo Kellner from 1955[27] to 1962 had not been implemented. **10.12** The reasons were initially financial,[28] later aesthetic. In 1969, many city councilors found the design too massive, so that the design department of the municipal building authority, under the direction of Friedrich W. Jung and the collaboration of Bernhard Nagel, took over the planning process.[29] **10.11** This design was widely applauded. Helene Rahms praised the approach of a clearly modern annex building, which in the process "really accepted a subordinate role"[30] to the historical environment. Heinrich Heym even used the design as a counterexample to the "gigantomania"[31] of the Technisches Rathaus. However, the further the construction progressed, which was executed together with the Schanty architecture firm, the more the mood tipped. Many felt fooled by the design. The *FAZ* missed the texture of the concrete surfaces and found that the horizontal orientation of the new building in the middle of the vertically structured neighboring buildings had not been clear in the model.[32] Suddenly catch phrases like "bunker architecture"[33] or "parking garage"[34] were used. The fact that the

---

10.1 / 10.2 Bartsch, Thürwächter and Weber, Technisches Rathaus, postcards, ca. 1975
10.4 Model of the Technisches Rathaus and the Historisches Museum in the city council conference room of the Römer, photo: ca. 1970
10.5 / 10.6 Bartsch, Thürwächter and Weber, Technisches Rathaus, view from the north and the south, 1969
10.7 Bartsch, Thürwächter and Weber, Technisches Rathaus under construction, view from the west, photo: 1971
10.8 Bartsch, Thürwächter and Weber, Technisches Rathaus, Interior photographs and floor plans, in *Bauwelt*, 1973
10.9 Weekly market at the so-called Höckerzone, with Steinernes Haus and Technisches Rathaus, photo: 1973

existing, sometimes even floor-to-ceiling ribbon windows were cut deep into the façade[35] did not contribute to the invalidation of this impression. The reference to the surrounding half-timbered architecture made by the cantilevered concrete consoles could not reverse such judgments. **10.10** And even the argument that the historical parts of the area come from different epochs, and that they are a good match for a radically modern extension no longer counted.[36] The also newly developed permanent exhibition, under Director Hans Stubenvoll and Cultural Affairs Director Hilmar Hoffmann (SPD), was dedicated to the progressive policy "culture for all."[37] For this purpose, Herbert W. Kapitzki embedded the exhibits in an innovative system of visual communication using new media.[38] As a result of the architectural and emerging conceptual difficulties of the museum, it was not long before the city commissioned Günter Bock, head of the Städelschule Architecture Class, to rework the façade in 1978. Together with the painter Hermann Markard, he presented two designs of an "emancipated façade."[39] With attractive features, such as the museum café and new colonnades, it was to open up to the outside and thus "[form] a kind of premuseum that is not built didactically, but casually and entertainingly, abstractedly agreeable."[40] **10.13**

The Dream of the Cultural Affairs Director: A Frankfurt Centre Pompidou

Between the Technisches Rathaus and the Historisches Museum remained the so-called *Höckerzone* (hump zone), out of which the name-giving junctions for the future development sprouted up from the underground parking garage. However, the next steps were delayed due to financial constraints, so the area initially served as a public space. In the competition of 1963, the area was intended for cultural use. In 1971, Hilmar Hoffmann had a vision of a "center of urban communication"[41]—combination of public library, community college, administrative seminar, and media center in the spirit of the Centre Pompidou emerging in Paris at the same time.[42] Bartsch, Thürwächter, Weber[43] were responsible for planning the project, for which they built a simplified model to evaluate the needed building volume as a basis for discussion. **10.14** This showed that the desired building program would be accommodated in an elongated, four-story building. For cost reasons, the planning was soon divided into two stages. The first included 70 percent of the volume and proposed a reduced space allocation plan with a strong focus on the library, which, however, should respond in its exact form to contributions from the upcoming public debate. For this reason, the function of the second construction phase was deliberately left open for the time being.[44] However, the discussion did not ignite the question of use, but of the architectural style, as the majority of the population rejected a modern design vocabulary.[45] Critics complained that the creative leeway was too small, because the Höckerzone already created too many specifications. They feared that the model created by Bartsch, Thürwächter, and Weber would only be developed marginally.[46] A year later, the political will to reconstruct the Ostzeile had been consolidated. The architects were then commissioned to consider this in their further planning and to propose a modern development behind it, whose scope was again completely open, because the public library moved to the eastern Zeil and Hoffmann's communication center thus lost its foundation.[47] One of the designs featured a purely modern design vocabulary, by equipping it with a gable-shaped shed roof towards the Römerberg.[48] **10.15** This proposal could not stop the flow of events, so that as part of the decision on the reconstruction of the Ostzeile in 1978, the city council also renounced the results of the 1963 competition—as well as the cooperation with Bartsch, Thürwächter, Weber—and launched a new competition.[50]

(Translated by *Inez Templeton*)

[1] See Philipp Sturm in this book, pp. 274–277.
[2] Heym, Heinrich, "Im Spannungsfeld zwischen Dom und Römer," *Frankfurter Allgemeine Zeitung*, 11/29/1969.
[3] Müller-Raemisch, Hans-Reiner, *Frankfurt am Main. Stadtentwicklung und Planungsgeschichte seit 1945*, Frankfurt am Main, New York 1996, pp. 343–345.
[4] Ech., "Fünfundvierzig Millionen für das Technische Rathaus," *Frankfurter Allgemeine Zeitung*, 12/2/1969.
[5] Thürwächter, Anselm, "Die Planung für den Dom-Römerberg-Bereich 1969–1972," *Bauwelt*, no. 32, 1973, pp. 1398–1399, here p. 1399.
[6] Anselm Thürwächter in an interview for this book on April 6, 2017. The interview was conducted by Philipp Sturm and Maximilian Liesner.
[7] Ibid.
[8] Ibid.
[9] "Das Herz," *Frankfurter Allgemeine Zeitung*, 3/11/1969.
[10] See note 6.
[11] Schulz, Eberhard, "Der kleine Koloß am Frankfurter Dom," *Frankfurter Allgemeine Zeitung*, 11/28/1969.
[12] Ibid.

10.10 Historisches Museum (left) with the Wertheym building (right), photo: 1972
10.11 Municipal building authority of Frankfurt am Main, Historisches Museum, view from the west, 1970
10.12 Ferdinand Wagner and Theo Kellner, design for the Historisches Museum, model, 1959
10.13 Günter Bock and Hermann Markard, "Emanzipierte Fassade" (emancipated façade) for the Historisches Museum, drawing, 1978
10.14 Bartsch, Thürwächter and Weber, planning proposal for the cultural center, model, 1972
10.15 Bartsch, Thürwächter and Weber, revised plans for the cultural center with façade proposal to Römerberg, drawing, 1978

13 Ech., "Die Türme werden nicht zu hoch sein," *Frankfurter Allgemeine Zeitung*, 6/14/1969.
14 Ech., "'Eine relativ vernünftige Lösung,'" *Frankfurter Allgemeine Zeitung*, 1/17/1970.
15 Freunde Frankfurts (Ed.), "Bürger Frankfurts wehrt Euch" (Leaflet against the Technisches Rathaus), 1969, HMF, C 44335.
16 Müller-Raemisch 1996, p. 344.
17 Heym, Heinrich, "Die Türme schreien," *Frankfurter Allgemeine Zeitung*, 1/12/1970.
18 Conrads, Ulrich, "Das alte neue Herz Frankfurts. Ausgespart oder liegengeblieben?" *Bauwelt*, no. 32, 1973, p. 1391.
19 Heym, Heinrich, "Im Spannungsfeld zwischen Dom und Römer," *Frankfurter Allgemeine Zeitung*, 11/29/1969.
20 Bt., "Stadtplanung bitte deutlicher," *Frankfurter Allgemeine Zeitung*, 1/14/1972.
21 Rahms, Helene, "Selbstdarstellung der Bürokratie," *Frankfurter Allgemeine Zeitung*, 12/1/1969.
22 Heym, Heinrich, "Im Spannungsfeld zwischen Dom und Römer," *Frankfurter Allgemeine Zeitung*, 11/29/1969.
23 Hes., "'Trutzburg' mit ein paar Blumentöpfen," *Frankfurter Allgemeine Zeitung*, 1/20/1973.
24 Adrian, Hanns, "Von den Schwierigkeiten, eine alte Stadtmitte neu zu beleben," *Bauwelt*, no. 32, 1973, pp. 1396–1397, here p. 1397.
25 Ehrlich, Wilfried, "Die Zukunft am Dom ist doch verbaut," *Frankfurter Allgemeine Zeitung*, 9/2/1972.
26 Cilleßen, Wolfgang P. and Jan Gerchow, "Die Baudenkmäler des Historischen Museums Frankfurt," in: Historisches Museum Frankfurt (Ed.), *Cura 2010*, Frankfurt am Main 2010, pp. 8–31, here pp. 9–12.
27 D.S., "Der Neubau des Historischen Museums," *Frankfurter Allgemeine Zeitung*, 3/15/1955.
28 Stadt Frankfurt am Main. Der Magistrat – Baudezernat (Ed.), *Dom-Römerberg-Bereich. Wettbewerb 1980*, Braunschweig et. al. 1980, p. 18.
29 A handwritten curricullum vitae (CV) by Bernhard Nagel states that the preliminary draft, the main draft, and the management of the design process were done by him. The CV is available at the DAM.
30 Rahms, Helene, "Selbstdarstellung der Bürokratie," *Frankfurter Allgemeine Zeitung*, 12/1/1969.
31 Heym, Heinrich, "Im Spannungsfeld zwischen Dom und Römer," *Frankfurter Allgemeine Zeitung*, 11/29/1969.
32 Bt., "Stadtplanung bitte deutlicher," *Frankfurter Allgemeine Zeitung*, 1/14/1972.
33 Ibid.
34 Ibid.
35 Jung, Friedrich W., "Das Historische Museum," *Bauwelt*, no. 32, 1973, pp. 1406–1408, here p. 1408.
36 Ehrlich, Wilfried, "'Frankfurter Kontraste,'" *Frankfurter Allgemeine Zeitung*, 6/10/1972.
37 Hoffmann, Hilmar, *Das Frankfurter Museumsufer*, Frankfurt am Main 2009, p. 118.
38 Ze., "Kein Ort für sterile Ausstellungen," *Frankfurter Allgemeine Zeitung*, 5/12/1972.
39 Bock, Günter, *Gedachtes und Gebautes*, Frankfurt am Main 1998.
40 Ibid.
41 Hoffmann, Hilmar, "Ein Zentrum der urbanen Kommunikation," in Presse- und Informationsamt der Stadt Frankfurt am Main (Ed.), *Zur Diskussion: was kommt zwischen Dom und Römer*, Frankfurt am Main 1975.
42 "Ein Vorschlag für die Bebauung der Mittelzone zwischen Römer und Dom," *Bauwelt*, no. 32, 1973, p. 1409.
43 Stadt Frankfurt am Main. Der Magistrat – Baudezernat (Ed.), *Dom-Römerberg-Bereich. Wettbewerb 1980*, Braunschweig et. al. 1980, p. 20.
44 Thürwächter, Anselm, "Der Architekt zu seinem Vorschlag," in Presse- und Informationsamt der Stadt Frankfurt am Main (Ed.), *Zur Diskussion: was kommt zwischen Dom und Römer*, Frankfurt am Main 1975.
45 See Moritz Röger in this book, pp. 281–233.
46 Ehrlich, Wilfried, "Die Zukunft am Dom ist doch verbaut," *Frankfurter Allgemeine Zeitung*, 9/2/1972.
47 Ehrlich, Wilfried, "Hinter historischen Fassaden Gasthäuser oder Audiovision?" *Frankfurter Allgemeine Zeitung*, 1/27/1977.
48 Ehrlich, Wilfried, "Lüge ist, was die Architekten nicht wollen," *Frankfurter Allgemeine Zeitung*, 8/3/1978.
49 Magistrats-Beschluss Nr. 2302, "Bebauung des Dom-Römer-Bereichs", Frankfurt am Main, 7/31/1978; See Stadt Frankfurt am Main. Der Magistrat – Baudezernat (Ed.), *Dom-Römerberg-Bereich. Wettbewerb 1980*, Braunschweig et. al. 1980, p. 20.
50 See Oliver Elser in this book, pp. 284–287.

(RE)CONSTRUCTION OF HISTORY – THE DEBATE ABOUT THE RÖMERBERG-OSTZEILE

Moritz Röger

In 1983, when the Christmas market took place for the first time against the backdrop of the rebuilt Römerberg-Ostzeile, the *Abendpost* headlined: "Everyone agrees. The Christmas market has never before been so beautiful."[1] The opening ceremony was the occasion for senior mayor Walter Wallmann (CDU) to hand over the six buildings across from the Römer as well as the Schwarzer Stern to the citizens of Frankfurt. 11.1 Preceding the construction project was a vigorous controversy between city politicians, architects, conservationists, and committed citizens. While the municipal authorities had pushed ahead with the project, it was above all Gottfried Kiesow – the state's chief conservationist – who spoke out against the reproductions.

The Debate about the Ostzeile

The discussion began in 1974, when senior mayor Rudi Arndt (SPD) proposed the construction of the Ostzeile in a historicized style. That this impetus came from Arndt, who had earned the nickname "Dynamite Rudi" in 1965 – when he spoke out for the demolition of the Old Opera ruin – was not without irony.[2] Heinrich Klotz, the founding director of the Deutsches Architekturmuseum, asked in the course of the debate about the Ostzeile, how can it be that a "Dynamite Rudi" becomes "Half-Timber-Rudi"?[3] The *Frankfurter Allgemeine Zeitung* took up the idea in the spring of 1975, but was of the opinion that a complete reconstruction of the original Ostzeile was not worthwhile. The newspaper proposed integrating the also destroyed Goldene Waage and Haus Lichtenstein into the new Ostzeile, next to the buildings Kleiner Engel and Schwarzer Stern.[4] 11.2

In March 1975, the Press and Information Office distributed a booklet on the Römerberg development to interested citizens.[5] Due to the speculation and the housing battle in the Westend, as well as the construction of the Technisches Rathaus (Technical Town Hall) in the old town, the city administration had been heavily criticized in the early nineteen-seventies and now tried to counteract this with a participatory planning policy. The booklet was accompanied by a questionnaire in which the citizens could indicate which buildings they wanted. They were able to choose between a modern construction, buildings in a historically adapted style, and the reconstruction of historic buildings. It was unclear what was to emerge on the grounds behind it; this is strikingly visible on the drawings by Ferry Ahrlé in the brochure. 11.3 The survey revealed that closing the building front was a major concern, regardless of what was behind it; 41 percent were in favor of the reconstruction, 46 percent for historicizing development, and only 4 percent for modern buildings.[6] Thus, with the population's seemingly broad support, municipal authorities could make the decision on July 31, 1978 "[to rebuild] the east side of the Römerberg (Samstagsberg) historically as before the destruction of Frankfurt's old town," likewise for the Schwarzer Stern and the Leinwandhaus.[7] At the same time, the decision was made to organize a competition for the development up to the Dom.[8]

Panel Discussion on the Design of Römerberg and Monument Preservation

The debate about the Ostzeile was not yet ended with the decision by the municipal authorities. In the Steinernes Haus, the seat of the Frankfurter Kunstverein (Frankfurt Art Association), a lively discussion took place in January 1979, in which Heinrich Klotz and Gottfried Kiesow also took part.[9] 11.4 Hermann-Josef Kreling (CDU) criticized the fact that the competitions of the last few decades had not produced a satisfactory result and that it was now time for a historically accurate development, not a historicizing one.[10] Erwin Schöppner (SPD) agreed with Kreling in the assessment of postwar architecture, which he described as a "sterile and monotonous assembly line and precast architecture," which was characterized by a "brutal and killing coldness."[11] Nevertheless, he rejected a copy of the past, because this would lead to a "dollhouse reconstruction" without the necessary potential for identification.[12] Volkwin Marg, the BDA representative, regarded the political plan with skepticism: the area must be considered as a whole and no part should be selected in isolation. He felt that the government's responsibility was to make decisions that were also unpopular with the population.[13]

Gottfried Kiesow positioned himself in the discussion clearly against the desire for reconstruction. While he acknowledged that the historicizing construction was a

11.1 Ernst Schirmacher, Römerberg-Ostzeile, Klaus Peter Heinrici and Karl-Georg Geiger, Schwarzer Stern, 1981–83, photo: 1985

11.2 Proposal for the development of the Römerberg-Ostzeile, drawing by Krahwinkel in the *Frankfurter Allgemeine Zeitung*, March 8, 1975

11.3 Ferry Ahrlé, Das Dom Römer Areal (The Dom Römer Area), drawing, 1975

11.4 Panel discussion at Steinernes Haus, Gottfried Kiesow, Helene Rahms, Iring Fetscher, Hanns Adrian, Volkwin Marg, unknown, and Heinrich Klotz (f.l.t.r.), photo: January 26, 1979

democratic decision that needed to be respected, he made it clear at the same time that this has nothing to do with monument protection, which presupposes the original structure. With their loss, the work was lost forever. One should only resort to the reproduction of certain building sections if it were possible to integrate still existing parts of the buildings. The art historian and preservationist Georg Dehio had already made it clear in 1905, "monument preservation wants to preserve the existing, and restoration wants to recreate the "non-existent". ... Nothing is more justifiable than grief and anger over a disfigured, destroyed work of art; but here we face a fact that we have to accept, like the fact of old age and death in general; we do not want to seek comfort in delusion."[14] Consistently following the idea of the material restrictions of the building, Kiesow laudably set the old town design by Werner Hebebrand, Kurt Freiwald, and Walter Schlempp from 1950 against the new design of the Ostzeile. At that time, the architects had proposed to erect modern buildings on the still intact ground floors of the former old town houses.[15] Kiesow was astonished by the fact that for the construction of the Schwarzer Stern, "not a single original stone was used,"[16] although fragments of the ground floor had still been stored at the end of the nineteen-seventies. He also contradicted the urban planners that the buildings were so well documented that they could be reconstructed.[17] Essentially, with the Technisches Rathaus and the subway, facts had been created that completely destroyed any "chance for a recreation of the medieval town layout with a small-scale development on the old plots."[18]

Building on Römerberg

Prior to the competition for the development of the Dom-Römerberg area, the architects Ernst Schirmacher (for the Ostzeile) and Klaus Peter Heinrici and Karl-Georg Geiger (for the Schwarzer Stern) each prepared a preliminary study in 1979 for the reproductions – including connecting buildings for development and for the urban integration. 11.5 After the competition decision, they received the order for the reproductions, while the connecting buildings were designed by the competition winners Dietrich Bangert, Bernd Jansen, Stefan Scholz, and Axel Schultes. 11.6 With Wallmann's symbolic strike of the pick, the construction work began in 1981. 11.7 To counter the criticism of the project and the accusation of façade architecture, the building authority placed great emphasis on historical construction and building techniques.[19] Both the Schwarzer Stern as well as the buildings of the Ostzeile are similar in design and construction to the original buildings, but inside there are significant modifications to meet modern requirements. However, the open, fabricated half-timbered structure forms the most conspicuous difference to the slated and plastered façades of the prewar era. The first two floors accommodate commercial spaces and apartments, which are accessed via the connecting buildings. It should be noted, however, that the last documentation of the lost buildings on the Ostzeile was already an "invented tradition" from the turn of the century.[20] Architectural historian Winfried Nerdinger writes, "Homeland was artificially created in industrial cities, and what is ... admired today as a typical cityscape is regional romanticism, 'invention of tradition,' or at least the transformation of older buildings and ensembles according to the then ideas of the respective homeland's image."[21] 11.8 / 11.9 / 11.10

Back to the Good Old Days

Frankfurt was not the only city where a historic spatial situation was restored in the nineteen-eighties. In Hildesheim, parts of the former marketplace development were rebuilt until 1989.[22] As in Frankfurt, the city and traffic planners there decided in favor of modern development at the beginning of the nineteen-fifties. In the mid nineteen-seventies, demands for a renewed transformation of the spatial situation also arose here. The reconstruction of the Knochenhaueramtshaus (Butcher's Guild Hall), which had been decided in 1983, had to yield to a modern building, the Hotel Rose (1962–64, Dieter Oesterlen). 11.11
The desire for reconstruction was not limited to West German cities, as is demonstrated by the Nikolaiviertel in East Berlin, which was pushed by the SED leadership. Until 1987 – in time for the 750th anniversary of Berlin – the historic quarter around the Nikolaikirche could be reconstructed in a modified form according to an urban design by Günter Stahn – partly in prefabricated construction and partly with

---

11.5 Ernst Schirmacher, preliminary study on Ostzeile with connecting buildings, north view, 1979

11.6 Bangert Jansen Scholz Schultes, Ostzeile connecting buildings, model, 1980

11.7 Senior mayor Walter Wallmann breaking ground with Hilmar Hoffmann (right), on January 31, 1981

11.8 Römerberg-Ostzeile, photo: ca.1938

11.9 Römerberg-Ostzeile with Schwarzer Stern, photo: ca. 1940

11.10 Römerberg-Ostzeile, Schwarzer Stern, and Nikolaikirche, photo: 1986

11.11 Heinz Geyer, Knochenhaueramtshaus, Hildesheim 1987–89, photo: 2007

11.12 Günter Stahn, Nikolaiviertel, Ost-Berlin, cover *Architektur der DDR*, no. 4 (1982)

historic model structures, such as the Ephraim-Palais and the Gasthaus Zum Nussbaum.²³ **11.12**

Although many urban planners deliberately chose not to rebuild after the war, projects of the late nineteen-seventies and eighties are now characterized by an effort to partially restore a lost urban development situation. Mostly with the argument of giving places their identity back, because therein postwar architecture had failed.

The fact that postwar architecture also found quality solutions for historically sensitive places was demonstrated in 1951 with the competition for the development of the square's building front, the then planned Römerberg Ostzeile.²⁴ Indeed, only two buildings were constructed according to the designs of Franz Hufnagel and Rudolf Dörr, which were demolished a few years later. **8.22** In a restrained language of form typical of the nineteen-fifties and the simultaneous use of side-gabled roofs, the buildings reacted sensitively to the site.

What remains unanswered are the questions of where the desire for this return to old forms comes from, and what explains the need for the coziness of a (re)constructed past.
(Translated by *Inez Templeton*)

---

1. "Alle sind sich einig. So schön war der Weihnachtsmarkt noch nie," *Abendausgabe der Abendpost*, 11/25/1983.
2. Ner., "Dynamit-Million," *Frankfurter Allgemeine Zeitung*, 10/26/1965; W.F., "Knall," *Frankfurter Allgemeine Zeitung*, 11/11/1965.
3. Dezernat Bau (Ed.), "Dom-Römerberg Bebauung. Protokoll einer Podiumsdiskussion zur künftigen Gestaltung des Dom-Römerberg," Frankfurt am Main 1979, p. 25, DAM library.
4. Ehrlich, Wilfried, "Attrappe, Disneyland oder Nostalgie – aber schön," *Frankfurter Allgemeine Zeitung*, 3/8/1975.
5. Presse-und Informationsamt der Stadt Frankfurt am Main (Ed.), "Zur Diskussion: was kommt zwischen Dom und Römer," Frankfurt am Main 1975.
6. Empirically, the survey should be treated with caution. For example, the office points out that it did not conduct a representative survey. Regardless of the fact that only few questionnaires were returned–961 of 70,000–it can be assumed that mainly interested citizens participated. See Bürgerinformation des Presse- und Informationsamtes der Stadt Frankfurt am Main, "Das Ergebnis der Fragebogenaktion," Frankfurt am Main 1975, Archive Luise King, Berlin.
7. Magistrats-Beschluss, no. 2302, "Bebauung des Dom-Römer-Bereichs," Frankfurt am Main, 7/31/1978.
8. See Oliver Elser in this book, pp. 284–287.
9. Helene Rahms, Gottfried Kiesow, Hanns Adrian, Volkwin Marg, Heinrich Klotz, Hermann-Josef Kreling, Erwin Schöppner, Rudi Saftig (FDP), and Iring Fetscher participated in the discussion. See Dezernat Bau (Ed.), "Dom-Römerberg Bebauung. Protokoll einer Podiumsdiskussion zur künftigen Gestaltung des Dom-Römerberg," Frankfurt am Main 1979, DAM library.
10. Ibid., pp. 3f.
11. Ibid., pp. 4f.
12. Ibid., p. 5.
13. Ibid., p. 14.
14. Dehio, Georg, "Denkmalschutz und Denkmalpflege im neunzehnten Jahrhundert. Festrede an der Kaiser-Wilhelms-Universität zu Straßburg, den 27. Januar 1905," in Dehio, Georg and Alois Riegel (Ed.), *Konservieren nicht restaurieren. Streitschriften zur Denkmalpflege um 1900*, Bauwelt Fundamente 80, Braunschweig 1988, p. 97.
15. See Philipp Sturm in this book, pp. 272–274.
16. Kiesow, Gottfried, "Die Neubauten des Dom-Römerberg-Bereiches in Frankfurt am Main," *Deutsche Kunst und Denkmalpflege*, no. 1, 1984, p. 7.
17. There was apparently a fundamental disagreement about the level of documentation. The call to competition reads, "The Hessian conservator's concern that the buildings of the Ostzeile were not sufficiently documented and thus unable to be fully reconstructed could meanwhile be rebutted." See "Auslobung der Stadt Frankfurt am Main. Realisierungs-Wettbewerb zur Bebauung des Dom-Römerberg-Bereichs," in the text version from October 1979, p. 42, DAM, Estate of Max Bächer.
18. Kiesow, Gottfried, "Die Neubauten des Dom-Römerberg-Bereiches in Frankfurt am Main," *Deutsche Kunst und Denkmalpflege*, no. 1, 1984, p. 4f.
19. In this point, buildings of the Ostzeile differ from the new old town, because some of them there are only superimposed–e.g., on the building Zur Flechte, Markt 20.
20. Nerdinger, Winfried, "Die 'Erfindung der Tradition' in der deutschen Architektur 1870–1914," in Nerdinger, Winfried, *Geschichte Macht Architektur*, Munich 2012, pp. 69ff.
21. Ibid., p. 76.
22. Paul, Jürgen, "Der Streit um das Knochenhaueramtshaus in Hildesheim," *Deutsche Kunst und Denkmalpflege*, nos. 1/2, 1980, pp. 64–76.
23. "Rund um die Berliner Nikolaikirche," *Architektur der DDR*, no. 4, 1982, pp. 218–225; "Bauen am Marx-Engels-Forum," *Architektur der DDR*, no. 5, 1987, pp. 9–33; Bernau, Nikolaus, *Architekturführer Nikolaiviertel Berlin*, Berlin 2009.
24. Ius., "Römerberg Wettbewerb – Eintritt frei," *Frankfurter Allgemeine Zeitung*, 7/16/1951.

THE SCHIRN – MURDER AT THE DOM OR LIBERATION?

Oliver Elser

The jury discussion went on for four days, twice until eleven at night, once until ten, before the senior mayor of Frankfurt, Walter Wallmann (CDU), announced the result to the press on June 22, 1980. In an unusually long meeting, the committee led by Max Bächer had unanimously decided that the Berlin architecture group Bangert Jansen Scholz Schultes (BJSS) had submitted the best design for the Dom-Römerberg site.[2] **12.1 / 12.2** In order to highlight the top place among the 92 accepted designs even more, the prize money, which was quite generous for the time, was rearranged. The winners then received 120,000 DM, since their design "deserved an emphasis through an increase in the offered prize."[3]

But was there really consensus? Had they finally achieved the master stroke that would bring the decades-long debate to a preliminary end? By no means. The fronts were as hardened as they had been before. The competition had been drafted in an ingenious way: two questions were actually up for a vote. On the one side, the competition was about the new construction of a cultural center which, in reference to the *Schirnen* (sales stands) which had been located here since the Middle Ages, was called the "Kulturschirn." At the same time, the competition also had the goal of giving a final expert approval to the construction of the quite freely-interpreted half-timbered reconstruction of the Römerberg-Ostzeile by incorporating it into an overall concept which everyone could agree on. The *historische Zeile* (historic row) had already been decided on 1978.[4] However, resistance in parts of the public, in particular among architects and monument conservators, was intense. The Association of German Architects (BDA) issued a position paper by Luise King already in 1976.[5] In 1979, there was a discussion in the Frankfurter Kunstverein (Frankfurt Art Association).[6] Derisive articles about Frankfurt's "Mickey Mouse Middle Ages"[7] and "trivialities in urban design"[8] were published in the national press. In order to free itself of this situation, the city of Frankfurt chose a tactical maneuver, a form of "legitimization through process" (Niklas Luhmann), which attempted to avoid the appearance of an authoritarian settlement: the final decision was delegated to an expert committee in the form of a competition jury. In a gesture of supposed openness, the participating architectural offices were even allowed to submit an additional "version which does not consider the intended historical buildings."[9] In other words: let the architects embarrass themselves by trying to do it better! Those, however, who accepted the Ostzeile and proved that a contemporary cultural center could be built behind it subsequently confirmed the correctness of the decision to reconstruct it. The jury awarded special prizes to the variants without reconstruction from Gerkan, Marg and Partner, BJSS, and Baustudio 32 (Althoff and Wüst, Wäschle).[10] **12.3–12.9**

What in hindsight easily seems like a farce – the pretense of a pseudo-alternative, despite the fact that all of the decisions had already been made – was absolutely justified in the politically heated dynamic of the situation back then. The founding director of the Deutsches Architekturmuseum (DAM), Heinrich Klotz, recalls that there was a sort of stalemate. In a preliminary meeting, the architects in the competition jury threatened to break off the process if "equal rights for the 'modern design'" were not guaranteed.[11]

However, it was not just the architects who had significant doubts. Monument protection, as personified by Gottfried Kiesow, the chief conservationist for the state, was strictly against the historic row.

The most significant skepticism, however, came from a completely different direction. The result of the Schirn competition was strongly criticized in the influential local section of the *Frankfurter Allgemeinen Zeitung* (FAZ) using arguments which are still leveled against the building today: "without consideration," "stubborn," and "lacking a relationship to the past."[12] In the years that followed, the *FAZ* stayed its course. In 1986, the scathing critique of the completed Schirn, which appeared in the Saturday special edition "Bilder und Zeiten", was titled "Murder at the Dom."[13] The special edition was illustrated with a no less drastic photo by photographer Barbara Klemm. Even Dieter Bartetzko, who at that time was working as a freelance architecture critic and was more or less part of the left-liberal milieu of the city, criticized the Schirn using similar arguments: "the message of the façades, the overall

---

12.1 Dietrich Bangert, Bernd Jansen, Stefan Scholz, Axel Schultes (BJSS), competition design Dom-Römerberg site (1st prize), model[1], 1980

12.2 Jury meeting with Heinrich Klotz, the conducting head Max Bächer, Klaus Müller-Ibold, Leo Hugot, NN, NN, Frolinde Balser, Walter Wallmann, NN, Alois Giefer, Christa-Mette Mumm von Schwarzenstein, Günther Rotermund and Wolfram Brück (f.l.t.r.), photo: June 20, 1980

12.3–12.9 Competition Dom-Römerberg site, 1980. Prize-winning designs without the reconstruction of the Ostzeile by:

12.3 Gerkan, Marg and Partner (1st special prize), **12.4** BJSS (2nd special prize), **12.5** Baustudio 32, Ernst Althoff, Urs Wüst and Walter Wäschle (3rd special prize), **12.6** Nicolas Fritz with Jo Eisele and Udo Meckel, Special purchase (1st prize), **12.7** Werkfabrik, Helga Medenbach, Rita Müner, Guido Spütz and H. P. Winkes, special purchase (2nd prize), **12.8** Luise King and Günter Bock, special purchase (3rd prize), **12.9** Axel Spellenberg (special purchase).

design of the buildings is what dominates. Both communicate the impression of inviolable dignity and a nearly violent spatial demand."[14] The German-language architectural press was the only medium to depict a considerably more positive image than the newspapers, despite occasional skepticism. According to the *Baumeister*, "the alarming arcade row, this cut through the old town, is somehow liberating."[15] It is often cited how vigorously contested the building was in the popular press, including the accusation of Nazi architecture. The critic Ulf Jonak summarizes the resonance as follows: "barrier, battering ram, hose, machine gun aimed at the Dom, faschistoid monument."[16] The critic from the *Architectural Review* also did not shy away from such tones: "Albert Speer would have been proud of its powerful, lifeless monumentality."[17] **12.10 / 12.11 / 12.12**

Does it seem plausible that BJSS' Schirn design won for exactly the characteristics for which it has been accused time and again since the jury's decision? The first sentence of the jury's written statement praises the winning design's courage, its negating refusal, which did not seek to blend in, but rather gave "what can be described as a dialectical principle"[18] as an answer to the disparate situation and which seemed like the only correct solution. The winning design does in fact show one main difference in comparison with the other submitted designs. It seems as though BJSS had much less cubic capacity to distribute on the site than the competition. While nearly all of the other participants honestly tried to design a small urban district, the relationship between figure and ground in the first prize design was reversed. BJSS designed a building, not a district. In nearly all of the designs, the plot is filled to the borders with building volume crisscrossed by small lanes and frequently also containing the 1980s cliche of urbanity, a glass-covered passage following models from 19th-century Paris. **12.13–12.30** The second-place design from the Project Group Architecture and Urban Design (PAS Projektgruppe Architektur und Städtebau) by Jochem Jourdan and Bernhard Müller even combined both with one another – historical lanes and passages. **12.13**

In BJSS' design, however, it is reversed. The parts of other designs which are passages, i.e. negative space, is in their design a positive form – an elongated block from the Nikolaikirche to the Dom tower. This design contains outlines of the first instance of an idea that Axel Schultes, one of the partners at BJSS, would vary in later competitions and finally be able to realize from 1993 onward in the "Band des Bundes," a highly symbolic East-West bridge in the Berlin government quarter on the Spreebogen. The hub of the Schirn rotunda, on the other hand, is a direct citation of James Stirling's New State Gallery in Stuttgart.

The designs by Charles Moore and Adolfo Natalini also took on a special role among the remaining competition submissions. Heinrich Klotz lobbied strongly for Moore's work, but had to realize that the design and the rose-colored model were rejected by the other jury members.[19] The idea of bringing the top of the New York Chrysler Building to Frankfurt was something that only Klotz understood. **12.17 / 12.35** Natalini on the other hand, submitted his design, which was the result of an initiative by Günter Bock for a seminar at the Städelschule, under the name "out of competition" and completely ignored the spatial program. Oswald Mathias Ungers wrote a text for the competition documentation in which he describes the design as an "architectural poem." Natalini suggested constructing a type of vitrine over the entire competition area, which would connect to the Römerberg with façades of corten steel in the dimensions of the old row of houses. In one drawing, there are flag-waving demonstrators moving through a hall that was intended to be constructed on pylons over the "Höckerzone," which itself was located on an underground parking

12.10 / 12.11 / 12.12 Dietrich Bangert, Bernd Jansen, Stefan Scholz, Axel Schultes (BJSS), Schirn Kunsthalle, 1983–86, photo: 1986

12.13–12.30 Competition Dom-Römerberg site, 1980. Prize-winning designs with the reconstruction of the Ostzeile by:

12.13 PAS Jochem Jourdan, Bernhard Müller (2nd prize), **12.14** Thomas Hadamczik (3rd prize), **12.15** Heinz Peter Maurer (4th prize),

12.16 Wolfgang-Michael Pax (5th prize), **12.17** Charles W. Moore (6th prize), **12.18** Hartmut and Ingeborg Rüdiger (7th prize),

12.19 Erich Grimbacher, Bruno Schagenhauf (8th prize), **12.20** Michael A. Landes, Wolfgang Rang (special purchase, 9th prize),

12.21 Peter A. Herms (special purchase, 10th prize), **12.22** Detlef Unglaub, Wilhelm Horwath (special purchase, 11th prize),

12.23 Gerhard Wittner (special purchase, 12th prize), **12.24** von Gerkan, Marg and Partner (special purchase, 13th prize),

12.25 Hermann and Christoph Mäckler (special purchase, 14th prize), **12.26** H. Hohmann, G. Bremmer, H. Bremmer, B. Lorenz (special purchase, 15th prize),

12.27 Lothar G. Possinke, Werner Quarg (16th prize) **12.28** Helmut Joos, Reinhard Schulze (17th prize), **12.29** Diedrich Praeckel, Albert Speer (18th prize),

12.30 ABB Architekten, Gilbert Becker, Walter Hanig, Heinz Scheid, Johannes Schmidt.

12.31 / 12.32 Superstudio, Adolfo Natalini with Roy Barris, Martine Bedin, Giovanni de Carolis, Demetz & Ploner, Chris Stephens, Römerberg project, suggestion for construction between Römerberg and the Dom, perspective, 1979

12.33 / 12.34 Superstudio, Adolfo Natalini with Roy Barris, Martine Bedin, Giovanni de Carolis, Demetz & Ploner, Chris Stephens, Römerberg project, suggestion for construction between Römerberg and the Dom, bird's-eye view and isometry, 1979

12.35 Charles W. Moore, competition design Dom-Römerberg site (6th prize), cross-section north view, 1980

garage. The fragments of the planning to date were declared to be artworks. 12.31–12.34

Despite all of the architectural and urban design critique which was expressed about the competition results at the time, in the course of the debates about the old town after the turn of the millennium, the Schirn as a whole was never seriously the topic of discussion, even when Christoph Mäckler suggested demolishing the rotunda.[20] The director of the Schirn, Max Hollein, was asked with great reverence whether the entrance would still be visible enough and what his opinion of the plans for the old town was.[21] The "table" next to the cafe had been demolished, however the arcade, which had been justifiably criticized as lifeless, finally experienced its true destiny as a spatially formative pathway to the Dom through its new counterpart, the Stadthaus.

Today, the Schirn is a natural part, and often a driving force, of the Frankfurter cultural scene. But we should note: there was never a master plan to solve both problems at the Römerberg in one blow – the "Gut Stubb" of the Ostzeile in the front and the purring exhibition machine with an international reach in the back, which complements the Museumsufer (Museum Waterfront) constructed during the era of Walter Wallmann and Hilmar Hoffmann (SPD), his head of culture affairs. No, in contrast, it was difficult. In the spatial planning of the 1979 competition, the part that is known today as the Schirn was supposed to be a new teaching center for the Volkshochschule (VHS). At first, there was no mention of an art museum. In the competition announcement, the exhibition area comprised a scant 600 square meters. Through a planning revision during the construction phase, the exhibition space grew to 2,000 square meters, which made the establishment of an exhibition program under the first director Christoph Vitali possible. Only the youth music school on the first floor remained from the "Schirntreff," a low-threshold cultural offering. This is all pretty surprising, since Hilmar Hoffmann had developed the seemingly ambitious plans for an "audiovisual center"[22] already in the early 1970s; as he remembers it, however, he abandoned these plans during senior mayor Rudi Arndt's (SPD) time in office. In 1977, the "audiovisual center" made another appearance in the press. In January 1979, Heinrich Klotz mentioned a radio interview with Hilmar Hoffmann in which he had gushed about the possibility of something like the Centre Pompidou or the Stockholmer Kulturhuset at Römerberg.[23] In August of the same year, a survey of the situation of the museums in Frankfurt was published which demanded a collective hall for special exhibits be constructed at the Römerberg.[24] The fact that, at first, nothing of the sort was included in the competition can only be understood as meaning that the political power plays in the city of Frankfurt did not always follow the direction of the self-confident heads of culture affairs.

The bitter fight about the reconstruction of the Ostzeile apparently inhibited all of those involved to such an extent that a rational discussion of what was "behind" could not be concluded, even though suggestions had been made for quite some time. It was a tense situation, which repeated itself during the old town debates around 2010: one has only to think about the completely undefined Stadthaus. Nevertheless, let us fantasize history for a moment in this direction: the fact that in 1979/1980 an ingenious double strategy of reconstruction on one hand and the avant garde center Schirn on the other could be politically implemented should be a model to us. We should ask ourselves where the complementary contemporary element to the new old town is in Frankfurt today. Nowhere? Apparently the chance to gain the necessary momentum from political rivalries was missed.

(Translated by *Mary Dellenbaugh-Losse*)

---

[1] The model of the surrounding urban space was also used by the municipal building authorities for the competition for the Museum für Moderne Kunst, 1982/83. This is visible through the small model (left edge of the picture) by Hans Hollein.

[2] The other expert judges were Hanns Adrian (Hanover), Fred Angerer (Munich), Helge Bofinger (Wiesbaden), Gottfried Böhm (Cologne), Alexander von Branca (Munich), Alois Giefer (Frankfurt am Main), Leo Hugot (Aachen), Frank van Klingeren (Zaandijk, NL), Klaus Müller-Ibold (Hamburg), the head of the Structural Engineering Department Günther Rotermund (Frankfurt am Main), Peter C. von Seidlein (Munich), and Oswald Mathias Ungers (Cologne). The following officials were also included in the jury: (head) senior mayor Walter Wallmann, city council members Ernst Gerhardt, Wolfram Brück, Hans-Erhard Haverkamp, Hilmar Hoffmann, Hans Küppers, Bernhard Mihm, and Karl-Heinrich Trageser and city councilors Hans-Ulrich Korenke (CDU), Hermann-Josef Kreling (CDU), Friedrich Franz Sackenheim (SPD), and Klaus von Lindeiner-Wildau (FDP). Non-voting specialists included the director of the Deutsches Architekturmuseum (DAM) Heinrich Klotz, the municipal head of monumental protection Heinz Schomann, the state's chief conservationist Gottfried Kiesow, and Jerzy Buszkiewicz (Poznan, PL). See Stadt Frankfurt am Main, Baudezernat (Ed.), *Dom-Römerberg-Bereich. Wettbewerb 1980*, Braunschweig 1980, pp. 162f.

[3] Ibid., p. 38.

[4] See Moritz Röger in this book, pp. 81–83.

[5] King, Luise and Bund Deutscher Architekten (Ed.), *Zur Diskussion. Was kommt zwischen Dom und Römer*, Frankfurt am Main 1976.

[6] See Moritz Röger in this book, pp. 81–83.

[7] Sack, Manfred, "Lüge mit der Geschichte," *Die Zeit*, no. 30, 7/21/1978.

[8] "Verlogene Kulisse," *Der Spiegel*, no. 2, 1/8/1979.

[9] Stadt Frankfurt am Main, Baudezernat 1980, p. 27.

[10] Further special prizes for variants without reconstruction went to Nicolas Fritz, the Werkfabrik from Helga Medenbach, Rita Müner, Guido Spütz and H. P. Winkes, Luise King and Günter Bock, and Axel Spellenberg. See Stadt Frankfurt am Main, Baudezernat 1980, pp. 102–108.

[11] Die Klotz-Tapes. Das Making-of der Postmoderne, *ARCH+*, vol. 216, 2014, pp. 65f.

[12] Ehrlich, Wilfried, "'Ohne die historische Zeile geht es nicht,'" *Frankfurter Allgemeine Zeitung*, 6/23/1980.

[13] Schreiber, Mathias, "Mord am Dom," *Frankfurter Allgemeine Zeitung*, 3/1/1986.

14 Bartetzko, Dieter, "Die Kulturschirn – Baucollage, Barriere und Rammbock," *Deutsches Architektenblatt*, no. 12, 1987, p. 1486.
15 Peters, Paulhans, "Die Kulturschirn in Frankfurt," *Baumeister*, no. 3, 1987, pp. 34–43.
16 Jonak, Ulf, "Frankfurts Politik: Musées au Chocolat," *Archithese*, no. 5, 1986, pp. 88–90. See also Rumpf, Peter, "Zwischen Puppenstube und Weltstadt," *Bauwelt*, no. 29, 1980, p. 1260–1261; Jaeger, Falk, "Frankfurt. Die Gestaltung der neuen Kulturbauten auf dem Römerberg," *db. deutsche bauzeitung*, no. 1, 1987, pp. 44–48.
17 Davey, Peter, "Rationalism is not enough," *Architectural Review*, no. 1088, 1987, pp. 70–75.
18 Stadt Frankfurt am Main, Baudezernat 1980, p. 45.
19 *ARCH+* 2014, p. 95, 97.
20 Trö./emm., "Abriss der Schirn-Rotunde 'nicht koalitionsfähig,'" *Frankfurter Allgemeine Zeitung*, 6/19/2007.
21 Ibid.
22 See Maximilian Liesner in this book, pp. 277–280.
23 Stadt Frankfurt am Main, Dezernat Bau (Ed.), *Dom-Römerberg Bebauung. Protokoll einer Podiumsdiskussion zur künftigen Gestaltung des Dom-Römerbergs*, Frankfurt am Main 1979, p. 36.
24 Stadt Frankfurt am Main, Dezernat Kultur und Freizeit (Ed.), *Entwurf für einen Museumsentwicklungsplan der städtischen Museen in Frankfurt am Main*, Frankfurt am Main 1979.

THE POSTMODERN SAALGASSE – ARE THE BUILDINGS FROM 1986 THE BLUEPRINT FOR THE NEW OLD TOWN?

Peter Cachola Schmal

With the design and construction of the Schirn Kunsthalle (1980, 1983–86) by the Berlin architectural firm Bangert Jansen Scholz Schultes (BJSS), considerable adjustment problems arose between the vast new arrangement, the over 150-meter-long "backbone" of the exhibition hall in east-west direction from Dom to Römerberg, and its existing surroundings. In the north to the Kunstverein and the Technisches Rathaus (Technical Town Hall), the rotunda, and the table, which was demolished in 2012 in the run-up to the construction of the new old town, mediated as a joint. Now a sandstone wall with a pergola, designed by Francesco Collotti, is supposed to overcome the height difference from the Krönungsweg to the Schirn and the transition from the large to the small scale. Between Schirn and Römerberg lies the reconstructed Römerbergzeile, with two additional slender buildings as a backup in the rear, which follow the course of the medieval streets and in which next to living space the necessary technical services – such as staircases and elevators – are located. As an intermediate to the southerly adjacent residential district from the postwar period up to the Mainkai embankment, BJSS proposed a new peripheral development along the former Saalgasse in east-west direction. A transversal lecture hall on the upper floor of the Schirn was to visually show its presence in the Saalgasse and lead pedestrians directly into the rotunda and the entrance to the Schirn. Today, this hall serves as part of the exhibition space.

A reconstruction of the Saalgasse townhouses was not considered by the building authority in 1980. After the competition, it was decided to develop the series of fourteen townhouses that would be as diverse as the former old town. To achieve this, the buildings were to be designed by different architects.[1] This was also in line with plans for the reconstruction of the northern end of the Römerberg from the nineteen-fifties. The idea was to maintain the plot structure and the scale – as a crucial element of continuity in the urban development – while formal execution could be contemporary. Both complexes, the Römerberg Nord of the nineteen-fifties and the Saalgasse of the nineteen-eighties, can thus be regarded as direct role models for the twenty new buildings of the new old town of 2018.[2] Each plot on the Saalgasse is 7.5 meters wide and 10 meters deep. The buildings have four stories and are gabled, serve as residences apart from the ground floor, and had to comply with some design guidelines: the base zone should be emphasized, the plaster light-colored, and the roof covered with slate or zinc. **13.2** Of the fourteen total plots, BJSS constructed three buildings directly adjacent to the Schirn toward the Dom (Buildings 12, 13, 14)[3] to ensure a harmonious transition. The first building (Building 1), by the Frankfurt architects Heinrici and Geiger, is a special case because on the front it includes the reconstruction of the historic inn Schwarzer Stern at Römerberg, while the underground car park exit had to be accommodated to Saalgasse. The architects solved the problem by reducing the scale of the wide building by a series of four gables and adapting them to the width of the neighboring houses. The remaining ten architects were selected on November 27, 1980 from the prizes and acquisitions of the Schirn competition, with the two better-known international architects—Adolfo Natalini / Superstudio from Florence (Italy) and Charles W. Moore from Santa Monica (USA)—were preferred in the choice of location, as they were assigned the slightly wider plots to the left and right of the Schirn's transverse arcade building.[4]

In a series of workshops, under the leadership of the head of municipal building authority Roland Burgard, the designs were coordinated and developed in a participatory process over a year and a half. This approach proved to be very time-consuming and inefficient in the later building stages, because the individual architects organized the allocation and development of their small parcels independently of the others. These risks were avoided by DomRömer GmbH during the construction of the new old town, where Schneider + Schumacher were given the contract in 2009, in order to control the awarding and coordinate the overall construction work from a central location. Thereby, the individual design architects remained involved.

The designs for the Saalgasse were celebrated and journalistically promoted as part of a broad postmodern renewal in architecture by my predecessor, Heinrich Klotz, the founding director of the Deutsches Architekturmuseum. Unfortunately, the realized results could not match the published, highly poetic presentations. Thus, little remains of the dramatic reconciliation of German-Italian culture by Adolfo Natalini in the form of copper branches of an oak and a lemon tree protruding ninety centimeters from the wall.[5] **13.1 / 13.3** The massive building (Building 4) made of light-red concrete blocks and a dark-red colored light metal façade—with a large cylindrical pillar at the corner to the left of the steps leading up to the Schirn—seems rather hermetic today. Even the joke of Charles W. Moore's building (Building 5), which to the right of the stairway purports to lead to a small alley between two houses inside, turned out to be a pun without functional advantages for the residents.[6] **13.4** In terms of color and ornamentation, the loudest soloist (Building 6)[7] of the former group Berghof Landes Rang Architekten was one of the few renovated in recent years and shines again in bright red with a blue-yellow tiled base, with a unicorn and a dragon on the roof, as well as comic-like, star-shaped openings in the façade. **13.5** Others are of a quiet, inconspicuous shape, such as the building by Christoph Mäckler (Building 9), with a bay window reminiscent of Unger's square windows[8] **13.6** or its white neighbor (Building 10) by the Hamburg office of Gerkan, Marg and Partners, with its central forty-five-degree bay window. Jourdan, Müller and Albrecht (Building 3)[9] were also involved at that time, after making a name for themselves in dealing with renovations in rural areas and also building Klotz's private house in Marburg. **13.8** But only the stubborn construction (Building 8) of the then young bearers of hope Jo Eisele and Nicolas Fritz (eisele + fritz) from Darmstadt—who fought against the design statute by declaring a stainless steel chimney supported by robes as a pediment and executed their façade as a light gray, colorless metal frame construction—now falls pleasantly out of line and presents itself creatively as slightly ahead of its time[10] **13.7 / 13.9** One could easily estimate it to be twenty years younger.

Hardly known and even less used is the rear pedestrian connection of the Saalgasse buildings. It illustrates the impossibility of obscuring the lack of scale at the back of the Schirn with its long front to the south by the insertion of more scale townhouses on the one hand and, of creating an appealing environment for the inhabitants of the buildings on the other hand. This inner-city lane, used by nobody, does not do anything, except to ensure the spatial distance between Schirn and the buildings.

13.1 Adolfo Natalini/Superstudio, Saalgasse Building 4, bronze model, 1981/82

13.2 Saalgasse, drawing, 1983

13.3 Adolfo Natalini/Superstudio, Saalgasse Building 4 with Italia and Germania (based on Friedrich Overbeck, 1828), drawing, 1981/82

13.4 Charles W. Moore, Saalgasse Building 5, drawing, 1981

13.5 Berghof Landes Rang Architekten, Saalgasse Building 6, collage, 1981

13.6 Christoph Mäckler, Saalgasse Building 9, drawing, 1981

13.7 eisele + fritz, Saalgasse Building 8, collage, 1981

13.8 Jochem Jourdan, Saalgasse Building 3 (right) with Building 4 by Adolfo Natalini (left), drawing, 1981

13.9 eisele + fritz, Saalgasse Building 8, model, 1981

How are the Saalgasse buildings to be evaluated today in the light of the new old town buildings? In the nineteen-eighties, the postmodern buildings of the Saalgasse were publicized a number of times in advance and the buildings therefore perhaps overrated. The high expectations thus generated could not be fulfilled in reality, and today they are even almost forgotten. **13.10 / 13.11**

For the new old town buildings in the Dom-Römer area, it seems exactly the opposite: they were morally punished, contemptuously ridiculed, or at best ignored by a large part of the architectural scene, architectural criticism, and (so far) also by the author. But one or the other work will find its way into the discourse in a positive way. The first signs are already visible today. Thus the troublemakers in the new old town, the architects Meinrad Morger and Fortunat Dettli from Basel with their simple façade (Markt 30), which is meant to express a "datable timelessness," are guaranteed to find friends. The exalted, slated façade of Markt 14 (by Johannes Götz and Guido Lohmann, Cologne) and Markt 10 (by of Ey Architektur, Berlin) also stir plenty of curiosity. Who knows how we will confront these buildings in thirty years?

(Translated by *Inez Templeton*)

---

[1] Borchers, Wilfried, "Der neue Römerberg," in Klotz, Heinrich (Ed.), *Jahrbuch für Architektur 1984. Das Neue Frankfurt 1*, Braunschweig 1984, p. 27.

[2] Schmal, Peter Cachola, "Die postmoderne Altstadt der 1980er Jahre und die Korrespondenz zwischen Saalgasse und der geplanten Altstadt," *Denkmalpflege & Kulturgeschichte*, no. 2, 2013, pp. 14–18.

[3] The numbering of the buildings in this chapter follows a linear counting of the buildings in the overall Saalgasse project and does not correspond to the addressing in the street.

[4] Borchers 1984, p. 29.

[5] "Adolfo Natalini. Haus Saalgasse 4," in Klotz, Heinrich (Ed.), *Jahrbuch für Architektur 1984. Das Neue Frankfurt 1*, Braunschweig 1984, pp. 46–51.

[6] "Charles Moore. Haus Saalgasse 5," in Klotz, Heinrich (Ed.), *Jahrbuch für Architektur 1984. Das Neue Frankfurt 1*, Braunschweig 1984, p. 52.

[7] "Berghof, Landes, Rang. Haus Saalgasse 6," in Klotz, Heinrich (Ed.), *Jahrbuch für Architektur 1984. Das Neue Frankfurt 1*, Braunschweig 1984, pp. 53–58.

[8] "Christoph Mäckler. Ein Haus in der Saalgasse. Römerberg – Frankfurt a. M.," in *Jahrbuch für Architektur 1981/1982*, Braunschweig 1981, pp. 84–85.

[9] "Jochem Jourdan/Bernhard Müller. Römerberg, Frankfurt am Main," in *Jahrbuch für Architektur 1981/1982*, Braunschweig 1981, pp. 78–83.

[10] "Eisele und Fritz. Haus Saalgasse 8," in Klotz, Heinrich (Ed.), *Jahrbuch für Architektur 1984. Das Neue Frankfurt 1*, Braunschweig 1984, pp. 59–65.

THE OLD TOWN – A POLITICAL LESSON

Claus-Jürgen Göpfert

Prologue:
Between Amusement Park and the Soul of the City

It is a political lesson that plays out over a relatively small space. The new old town in Frankfurt am Main comprises only 7,700 square meters. Once upon a time, the Technisches Rathaus (Technical Town Hall) stood here; today, 35 smaller buildings inhabit the same space, crowding around the central Hühnermarkt (chicken market) along the Krönungsweg between the Römer and the Dom. Fifteen of these are reconstructions of buildings which were destroyed in the 1944 bombings during the Second World War. The other twenty are historical "reinterpretations," which "orient" on characteristic style elements of the old town, as the city-owned DomRömer GmbH put it, which acted as the developer.

Frankfurt officially invested about 200 million euros in this project. However, that is not the whole truth, since some items, such as the opening celebration in September 2018, were included in other budgets. Financially, the district is not a success. After the sale of owner-occupied apartments for just over 200 people, the city still had a budget shortfall of between 90 and 100 million euros. The DomRömer GmbH has until 2020 to present the final account.

However, the old town was not about money. From the beginning, this district was politically overstated, philosophically loaded, praised to the heavens by its proponents, and condemned and ridiculed by its critics. The senior mayor, Peter Feldmann (SPD), proclaimed no less than "we are giving our people a part of their soul back." "It is only a Disneyland. It will work excellently as a tourist magnet," prophesied another Social Democrat, the former head of the planning department and current project developer Martin Wentz. And architect Jürgen Engel critically described the district as an artificially constructed "amusement park" and a "great attraction for tourists."

In talking with those involved, it becomes clear that the new old town tells the story of the state of German society at the beginning of the 21st century. It represents "a defeat for modern and for contemporary architecture," as the Green city councilman Stefan Majer openly admits. "Modern architecture does not create good public spaces," decrees architect Christoph Mäckler, head of the old town design advisory board succinctly. He speaks simultaneously of

13.10 Saalgasse, view to the west, photo: 2018
13.11 Saalgasse, view to the east, photo: 2018

the "social instability in our globalized world." Modern architecture, he posits further, is not able to offer an answer to people's "rootlessness" or to quiet their "longing" for an emotional "homeland." The new old town offers this. The former mayor Petra Roth (CDU) summarizes her opinion as follows: "the old town, that is a piece of home!"

The architect Jochem Jourdan, who was responsible for the reconstruction of the Goldene Waage, the most sumptuous and, at a price of nine million euros, also the most expensive building in the district, stated "a city should not lose its memory. ... Through the old town, Frankfurt is winning its historical heart back." **14.2** The architect DW Dreysse, on the other hand, sees the proof for "the amazing power of populist actions" throughout the entire project. According to him, the citizens' initiatives which initially fought for the reconstruction of the old town were "not numerous, but loud."

"Our initial starting point was actually hopeless," confirmed the right-wing populist Wolfgang Hübner; fifteen years ago, he was one of the first activists for the reconstruction of the district. Today, he says: "I am satisfied with the old town. It turned into more than we had hoped for." But why is that? Why did the Frankfurt city government slowly adopt the demands of small but loud groups?

The answer lies in the political coalition between the CDU and the Green Party, which governed Frankfurt during the decisive period. The old town became a showcase project of the black-green Römer coalition, which governed from 2006 until 2016. Two bourgeois political parties converged in surprising ways in this multimillion-euro project. They tenaciously held onto the old town against all adversities, even when the finances got out of hand. In spring 2013, the costs, which had originally been set at 77 million euros, had already risen to 150 million euros. The mayor at the time, Olaf Cunitz (Greens), and the treasurer, Uwe Becker (CDU), published a comprehensive fidelity statement for the old town on April 16, 2013. This document contains astonishing sentences which perfectly describe the position of the CDU and the Green Party. The city is "naturally required to work in an economically efficient way, however the normal standards from other projects are not applicable here." The old town was a "100-year project." The acquittal for all further increases in price followed: "questions about the amount of the project costs are of secondary concern."

It is no surprise today that the old town has many fathers and mothers. **14.1** The former head of the planning department, Edwin Schwarz (CDU), says without much ado: "without me, there would be no old town." And the former head of the Frankfurt SPD reminds us that his party "helped carry" the decision for the urban design competition for the old town in 2006 and that he spoke about a "right to half-timbering" in his mayoral candidacy in 2007.

The actual events are more complicated than that and not free of contradictions.

Chapter 1:
Taking Leave of the Technisches Rathaus

The Technisches Rathaus: hardly any other building in Frankfurt elicited such emotions in the postwar period. The complex in Braubachstraße was opened in 1974. The design from the architecture office Bartsch, Thürwächter, Weber contained the technical city offices, but also shops and restaurants. The concrete building in the brutalist style, typical for postwar modernism in the city, already provoked protests during its planning phase. The association Freunde Frankfurts (Friends of Frankfurt) distributed flyers in 1970 with the appeal "citizens, defend yourselves!" **14.3**

After its opening, the Technisches Rathaus, in which the controversial head of the planning department, Hans Kampffmeyer (SPD), had his office, became a symbol of the flawed planning policies of the absolute SPD majority in the 1970s. In the late 1990s, the first prominent politicians began to campaign for the demolition of the Technisches Rathaus. Achim Vandreike, then the designated mayoral candidate for the SPD party, stated in September 2000 that "it would be best to just blow that thing up!" The new head of the planning department, Edwin Schwarz (CDU), also jumped on the bandwagon. CDU speaker Burkhard Palmowsky ensured the *Frankfurter Rundschau* (*FR*) that "the city council has not loved that building for the last 20 years." The municipal monument conservator, Heinz Schomann, rejected monumental protection for the building on the grounds that it was a "scaleless building" without historical value.

Senior mayor Petra Roth (CDU) named the head of construction Martin Wentz (SPD) the "appointee" for the Technisches Rathaus. The building was in fact heavily contaminated by asbestos. Wentz, who had previously been the head of the planning department for eleven years, began confidential negotiations with potential investors. In December 2000, he presented a surprising solution. The Technisches

---

14.1 Topping-out ceremony for the Dom-Römer project. Ulrich Baier, Edwin Schwarz, Uwe Becker, Petra Roth, Mike Josef, Peter Feldmann, Francesco Collotti, DW Dreysse, Dieter von Lüpke, Michael Landes, Corinna Endreß, Nicolai Steinhauser, Felix Jourdan (f.l.t.r.), photo: October 15, 2016

14.2 Jochem Jourdan, Goldene Waage, façade painting, photo: 2017

14.3 Flyer from the Freunde Frankfurts "Citizens of Frankfurt resist!", 1970

Rathaus should be demolished and a five-star hotel, a shopping arcade, and an office building should take its place. The investor was Feuring Hotelconsulting GmbH. **15.2**

The Greens in Römer were open to negotiation: "we support all solutions which lead to the Technisches Rathaus being torn down as quickly as possible," said the then chairman of the Greens in Römer, Lutz Sikorski. But the CDU was obstructive. "I was bothered by the volume of the hotel. It was a huge block. We could have just left the Technisches Rathaus standing," said the former head of planning Schwarz. The treasurer Albrecht Glaser (CDU) rejected the solution, citing the overly high costs. "Glaser shot it down," sums up Wentz.

The main drawback of the new construction was that the city would have needed to buy back the Technisches Rathaus from its owner, the Deutsche Immobilien Leasing (DIL). This would have costed Glaser more than 50 million euros, which was too expensive from his point of view. Petra Roth demanded that the squabblers Wentz, Schwarz, and Glaser develop a common concept for the site of the Technisches Rathaus by January 2001. But it never came to that.

Instead, the city declared the restoration of the building that the CDU, SPD, and Green Party had been lobbying to demolish. But the genie was out of the bottle. The demolition of the Technisches Rathaus could no longer be stopped. A competition for the site was planned for the end of the contract between the city and the DIL in 2007 at the latest. In fact, it went much faster.

Chapter 2:
The Haus am Dom – Prelude to the Old Town

The 2001 local election upset the fragile political balance in the Frankfurt city hall. A black-green coalition in the Römer seemed possible for the first time, and both parties were determined to give this cooperation a try. The political constellation which later made the reconstruction of the old town possible was on the horizon.

The situation began to get serious in April 2001. The Frankfurt Greens declared that there was "no longer a contact ban" with the CDU, despite the Hessian CDU's xenophobic double-passport campaign in 1999. However, a regional assembly of the Green Party showed that the coalition was hotly debated within the party; on June 19, 2001, the incomplete black-green coalition fell apart once again, because a CDU town councilor gave his vote to a right-wing extremist Republican city councilor in a secret ballot. The only option was a fragile four-way coalition made up of the CDU, the SPD, the Greens, and the FDP. Now every decision was an uphill battle; the development on the site of the Technisches Rathaus was slowed to a halt.

During this period, a fight about a site near the city hall began, which anticipated many aspects of the later conflict about the old town. In 2001, the office Jourdan and Müller won a competition which had been issued by the diocese of Limburg. **14.4 / 47.2** The old Central Customs Office (1927) should be restructured into a communication center. The Catholic Church wanted to present itself in a modern building and thus work towards revamping its reputation for being outdated. Jourdan and Müller designed a red brick building with an oversized window front and a flat roof. But local politicians intervened. The senior mayor announced that she would reject this design; "I think it's just awful!" Today, Jochem Jourdan explains it more diplomatically: "the senior mayor told me that she did not want that design."

Roth and the CDU were particularly bothered by the flat roof and demanded historicized gabled roofs. Today, Roth says "I wanted the architecture at this location in the old town to be harmonious." The former treasurer Ernst Gerhardt (CDU) arranged a four-way meeting between Bishop Franz Kamphaus, Roth, Gerhardt, and Jourdan. Roth remembers: "to my surprise, the Bishop also said that he was not a fan of the flat roof." And with that, a redesign was decided; according to the former senior mayor, "Jourdan was angry for a long time." As Jourdan explains, "I then developed a new design for the roofs which entailed two jointed pitched roofs."

It was a test-run for the successful intervention of politics in the design of the old town. At the beginning of 2002, the planning department began to prepare the urban design idea competition for the site on which the Technisches Rathaus was located. The head of the city planning office, Dirk Zimmermann, told the *FR* that construction of maximum six stories along Braubachstraße would take the place of the enormous concrete building. It must be oriented on the old urban scale. In April 2002, Schwarz, who was head of the planning department, surprised everyone by declaring that he could still imagine a hotel being built on the site, but "a mix of apartments and offices" was also possible. For a long time, no further steps were taken as a result of the fragile four-way coalition of the CDU, SPD, Greens, and FDP. The competition was not announced. None of the governing parties wanted to commit to anything concrete. On July, 2004, Schwarz told the *FR*, "I do not want to have an idea competition anymore because it would be a waste of money. We would get too many good ideas which no one could build." Instead, he wanted to wait to see which

14.4 Jourdan and Müller, Haus am Dom, photo: 2016

investor would get the approval to construct a building to replace the Technisches Rathaus and leave the new design of the site to them.

At the beginning of 2005, the city planning office finally committed to the urban design idea competition. While the public was waiting for the results of the competition, which were set to be released in fall 2005, Wolfgang Hübner, the only city councilman from the populist right-wing party Bürger für Frankfurt (BFF, Citizens for Frankfurt), pushed ahead. "We wanted to set a new standard," says Hübner today. His motion, number 1988 from August 20, 2005, was titled "Technisches Rathaus: Using demolition as a chance!" In this text, the BFF demanded that the new construction should orient itself "on the appearance of the old town before the destruction of the Second World War" and that "historically valuable buildings" should be reconstructed. In the justification section of the motion was written that this solution respected the architectural and urban history, promised "high popularity," and would bring "an important degree of urban healing."

At that point, the motion was rejected by the four-way coalition. But, in fact, it described what happened later exactly. Today, Hüber describes it as follows: "a small window of opportunity presented itself and we used it. That does not happen often in life."

Chapter 3:
Revolt against Modernism

The jury for the urban design competition, led by Arno Lederer, met on September 15, 2005. The jury selected the design from the architecture office KSP Engel and Zimmermann (today KSP Jürgen Engel Architekten) as the winner.[1] 14.5 The head of planning, Schwarz (CDU), and the head of the city planning office, Dieter von Lüpke, were among the judges. The decision was unanimous. The speaker for planning policy from the Green Party, Ulrich Baier, was also a member of the jury. Today, he says, "what happened back then is one of the most negative experiences in these types of competitions that I have ever had."

The jury explicitly praised the district layout and the "exciting, persuasive sequence of various lanes and squares," which "are of high quality." Christoph Mäckler remembers it completely differently; "I was outraged by the KSP's design. They completely abandoned the old city layout." Today, the former head of planning Schwarz, who voted for the design, also says "everyone was outraged." Michael Guntersdorf, later managing director of the city-owned DomRömer GmbH, states "there was an enormous public outcry" and remembers that Petra Roth "became a spokeswoman against the winning design." Today, Roth says that she "always rejected" KSP's plans; the main reason she names is their "disharmony." The Green Party member Stefan Majer recalls that the "large blocks" that the KSP had designed were heavily criticized in 2005.

The CDU and Green Party both rejected the planning. The BFF and the Freunde Frankfurts publicly mobilized against the winning design. It was the beginning of a difficult period for Jürgen Engel, who remembers, "the whole situation took on a life of its own. The argumentation was completely irrational. I was scathingly attacked at public committee meetings." Nevertheless, Engel was awarded the official assignment from the city to continue developing his design. The lots for individual buildings were made smaller and the buildings themselves were outfitted with pitched roofs. 14.6

But it was of no use. "The city capitulated to the cries of the old town supporters," says former head of planning Wentz. This turn of events was primarily thanks to a newfound closeness between the CDU and the Greens. In summer 2006, only a few months after the competition decision, the coalition between the CDU and the Greens was officially agreed upon. And one of the central projects in the coalition agreement was the old town. Petra Roth remembers that it was not difficult to convince the negotiators from the Greens about the project. "I knew my Greens," she said. They were on the one hand "very conscious of nostalgia" and on the other "trustworthy and responsible." In hindsight, Roth praises the then Green floor leader in Römer, Lutz Sikorski, in particular: "a man with vision." Sebastian Popp, today speaker for cultural policies for the Greens, sees it more levelheadedly: "the Greens wanted the coalition with the CDU at any costs, and accepted the old town as part of that deal."

Chapter 4:
Local Politicians Ignore the Experts

At the end of 2005, it all went quickly. On September 26th, shortly after the competition results were published, the CDU demanded a new small-grained district, "like the old town was until its destruction in 1944." The Green Ulrich Baier was outraged and asked "do you want the late medieval sanitary conditions back, too?" On October 6, 2005, the BFF organized a large assembly in the Historisches Museum (Historical Museum) to campaign for the reconstruction of the old town.

14.5 KSP Engel and Zimmermann, urban design idea competition Technisches Rathaus, competition design, 1st prize, visualization, September 2005
14.6 KSP Engel and Zimmermann, reworked competition design, visualization, November 2005

A few days later, the opposition met. On October 18th, the urban development advisory board held a podium discussion at the Deutsches Architekturmuseum (DAM). DW Dreysse, then head of the urban development advisory board, was among the podium guests. "The room was packed and the discussion was heated. I vehemently pleaded against reconstruction," says Dreysse today. The majority of the speakers spoke out against reconstruction. Dreysse suggested that modern buildings should be constructed following the small-scale structure of the former old town. And Jochem Jourdan calculated that the reconstruction of half-timbered buildings would be about ten times as expensive as modern construction techniques.

But the politicians ignored the experts. A race developed between the CDU and the SPD around the design of the old town which defined the conflict until the local elections on March 26, 2006. On October 20, 2005, SPD floor leader Franz Frey demanded "as much reference to the original old town as possible" and asserted that "the citizens have a right to half-timbering." On November 8, 2005, senior mayor Roth decided to buy the Technisches Rathaus back from the DIL in 2007, and thus to gain control over the development of the old town.

A string of events with intense discussions followed in the months after. On November 18, 2005, the planning department organized a public hearing about the old town and presented the reworked design from KSP Engel and Zimmermann. On November 24th, a town hall meeting in the city parliament followed. On December 19th, the Association of German Architects (BDA) gave advice. The Römerberg talks on January 21, 2006 were dedicated to the topic "rebuilding the city."

The local elections on March 26, 2006 set the political stage. The CDU and the Green Party formed a black-green coalition and went about their cooperation with great enthusiasm. The SPD, on the other hand, lost heavily and had to switch to the opposition party position. Politically speaking, the way was paved for the new old town, which would become an important aspect of the coalition agreement.

The architect DW Dreysse received a contract from the city planning office to conduct a study gathering any and all documentation about the historical buildings which had stood on the site. At the beginning of May, the BDA held a workshop which resulted in design models for the old town; they were all modern buildings, no reconstructions. 14.7 But it was too late. The idea of a reconstruction received a large amount of support through a model which was created by a young civil engineer from Offenbach, Dominik Mangelmann, as part of his Diplom thesis at the University of Applied Sciences in Mainz. 14.8 With the support of the Friends of Frankfurt and the BFF, Mangelmann, who was a member of the conservative Young Union, presented his model at the newly established special committee Dom-Römer. In March 2016, the geographer Jörg Ott, added an extensive virtual old town model to the work of Mangelmann. 14.9 The pressure on architect Jürgen Engel and his design increased in the various parliamentary committees. "I was personally attacked," he says today. "There was a veritable campaign which was vigorously pushed by a certain Frankfurt newspaper." Engel is referring to the *Frankfurter Allgemeine* (*FAZ*), whose regional section led by Günter Mick repeatedly campaigned for reconstruction.

After the local elections of 2006, Engel exasperatedly threw in the towel and returned the contract for the urban design of the site to the city. "I was disappointed," says Engel looking back, but at the same time "happy, that I decided that way. It was a defeat for contemporary architecture. I would have preferred a modern quarter, with a cultural center, a Centre Pompidou of Frankfurt, instead of a residential neighborhood with nostalgic old town houses." The former head of the planning department Wentz described his experience of the developments in 2006 like this: "the CDU and the Greens decided on a political horse trade for the old town. The result was a disaster for modern architecture."

Chapter 5:
The CDU and Greens Pave the Way

On September 5, 2006, the new black-green Römer coalition decided to buy back the Technisches Rathaus for 72 million euros, thus taking control of the site.

On October 6th and 7th, the planning department organized a planning workshop for the old town – one of the Greens' central demands. The result was that the new construction should follow the historical layout of the city center and that four buildings of central importance from an art history perspective should be reconstructed.

Within the Green Party itself, there was a "vehement discussion" during this period; at least, that's how Stefan Majer (Green) remembers it. Should the party agree to a reconstruction of parts of the old town? "For a number of people, this approach was too conservative," says Majer. Nevertheless, city councilor Ulrich Baier remembers that "the political weight shifted towards reconstruction." But why? Majer

14.7 BDA workshop about the construction of the Dom-Römer site in the Technisches Rathaus, photo: May 5th, 2006
14.8 Dominik Mangelmann, digital old town model, 2005
14.9 Jörg Ott, virtual old town model, the Hühnermarkt, 2006

thinks that the disappointment about the architecture of the postwar period played an important role. In Frankfurt especially, the rebuilding of the city after the national socialist reign of terror was promoted in an "unbelievably authoritarian" way. The Greens "always defended" buildings from the postwar period, says Majer, but also had to recognize that many people had "phantom pains" through the amputation of historical buildings.

"Large portions of the modern construction in the Frankfurt city center never won me over," said Baier. "I'm a fan of ornament and small-scale structures." Baier became the driving force for the old town in the Green Party together with the later head of planning Olaf Cunitz. Cunitz had written his Magister thesis about the old town and was a passionate proponent of it.

The CDU showed a significantly larger consensus concerning the old town project. "People simply have a need for harmony and individuality," explained Petra Roth. She assured that, "the old town is not a vote of no confidence towards modern architecture." Edwin Schwarz admitted "I had and have a problem with the architecture of the 1950s." During his time in office, he even suggested that the historically protected apartment buildings in Berliner Straße and Kleinmarkthalle (1954), designed by Gerhard Weber, should be demolished; he was, however, not able to realize this plan. Schwarz describes his motive for the old town: "people long for buildings with which they can identify, they long for warmth."

On November 8, 2006, only a few weeks before the mayoral elections on January 28, 2007, the CDU and Greens decided on "key points for the further planning" of the old town site. These included the reconstruction of at least six of the original buildings (Junger Esslinger, Alter Esslinger, Goldenes Lämmchen, Klein Nürnberg, Goldene Waage, Rotes Haus and, if possible, Großer Rebstock). The SPD voted against this motion. At the same time, mayoral candidate Franz Frey attempted to use the apparent sentiment for the construction of the old town. In a statement from the period, he said "the people long for stable touchstones in the city." The SPD "did not want to leave a term like homeland to the right wing." The then speaker for social policies for the SPD party, Peter Feldmann, remembered fighting "for the term 'social homeland'" in 2006/07. He rejected the reconstruction of the old town as "too expensive."

It was no use. The SPD lost the mayoral election by a wide margin; Petra Roth won in the first round of elections with more than 60 percent. Today, architect Christoph Mäckler sarcastically describes the SPD's expertise; "the SPD had no idea about architecture back then."

In March 2007, a delegation of city councilors went on a research trip; they visited old towns in Dresden, Nuremberg, and Ulm. The politicians were particularly intrigued by the reconstruction of Dresden. **14.10** From Stefan Majer's perspective, this trip brought about a political breakthrough: "on the trip, the Greens and the CDU agreed upon a compromise." This compromise envisaged the reconstruction of only a few specific "landmark buildings." Majer states further that the city councilors definitely did not want a "fake à la Dresden"–i. e., modern concrete buildings with a historicized façades mounted to them. **14.10**

On June 20, 2007, the black-green municipal administration approved motion M 112, entitled "New Construction of the Dom-Römer Site." From that point onward, this document was the basis for further negotiations. The decision envisioned the reconstruction of six historic buildings in addition to the Großen Rebstock. The "items to be financed by the city" totaled 105.9 million euros, which did not include the purchase of the Technical Town Hall for 72 million euros. **14.11** This number did not appear in any future calculations.

The city-owned Frankfurter Aufbau AG (FAAG), run by Frank Junker, and OFB Project Development Corporation were to manage the project. Junker proudly declared "we can do it!" But events unfolded differently.

Chapter 6:
The Critical Voices Become Quiet

By this point, the only critical voices left were architects and planners. On October 16, 2007, in his final interview with the *FR* before leaving office, the head of construction, Franz Zimmermann (FDP), said "I really could have also imagined modern architecture." In 2006, the head of the city planning office, Dieter von Lüpke, even dared to describe the reconstruction of the old town buildings as "a sign of the lack of courage of an urban society, which is backing down from the challenges and dangers of 'globalization'" in a magazine issued by his office.

On September 4, 2008, Architect Bernhard Franken told the *FR* in an interview that "the fact that the politicians in Frankfurt lobbied so strongly for the reconstruction of the historical buildings is, in my opinion, pure populism before the local elections."

But this did not stop the development of the old town. The city decided to put the project in the hands of a city-owned corporation; the city-owned DomRömer GmbH was founded on May 15, 2009 and confirmed in city parliament

---

14.10 Kai von Döring, reconstructed landmark buildings at Neumarkt (Quartier I), Dresden, 2004–06, photo: 2008

14.11 Demolition of the Technisches Rathaus, initial "groundbreaking" by senior mayor Petra Roth, photo: April 12, 2010

in July. The head of planning Schwarz nominated a close friend, project developer Werner Pfaff, to be the managing director. However, after only three months in office, he had to resign. The Frankfurt district attorney had confirmed that Pfaff had admitted to paying bribes.

He was followed by Michael Guntersdorf, a move which proved quite fortunate. The architect had managed the new construction of the state central bank and the Dresdner Bank in the 1980s and 1990s. Today, he says openly that "back then, the old town was not a project yet, but rather a fixed idea among the politicians." Guntersdorf used the positive attitude of the CDU and the Greens towards the old town in translating this idea into practice; "they had recognized that they could achieve polity through the project." On December 10, 2009, the city administration approved the design statutes for the new district and appointed a design advisory board led by Christoph Mäckler. The board's task was to determine and monitor the details of construction, from gabled roofs to the height of the eaves, from construction materials to façade cladding. "The politicians had no idea about any of these things," Mäckler says openly. In fall 2010, the DomRömer GmbH announced the architectural competition for the old town. Architect DW Dreysse, once a vocal critic, did not take part in the competition but ended up completing two of the reconstructions, Klein-Nürnberg and Alter Esslinger. When asked about this change of heart, he says today "we were pushed into it by the city planning office," and admits "it was never really straightforward for me."

In March 2011, a jury selected the winning designs. 14.12 In total, the work of 56 offices was selected. "The public was extremely positive about the results of the competition," says Guntersdorf. From that point onward, his work was "easy;" "all of the politicians began to use the old town to their advantage."

With the backing of the black-green coalition, the DomRömer GmbH allowed the purchasers of the 35 lots to choose whether they preferred historical reconstructions or modern "reinterpretations." In this way, the number of reconstructed buildings rose to fifteen. "The politicians gave in; ultimately, there were too many reconstructions," criticizes Mäckler today. At the same time, he complains that local politicians lost interest in the concrete design after 2011. Here, the architect praises only the Greens, mentioning Ulrich Baier, the head of the special committee Dom-Römer, by name: "he took a strong interest and propelled many things forward."

According to Mäckler, the ground floors of the historical reconstructions are open to the public and the public spaces are of high quality thanks to the work of the design board.

Epilogue:
The Reconstruction of a Dream

Today, the new old town has grown up where the bombings of 1944 left a wasteland. It is the reconstruction of a dream and wishful thinking. The original old town was never as clean and tidy as the district is today. In reality, it was considered the dirty core that one preferred not to go into. Descriptions of the narrow lanes, dark apartments, and precarious sanitary conditions can be read in numerous historical texts, from Goethe to Victor Hugo. The experts that were involved in the project know that, of course. Even still, Jochem Jourdan, who was responsible for the reconstruction of the Goldene Waage, the most sumptuous building in the district, praises the old town as "a great achievement of urban heritage conservation."

The supporters of the district, like the former senior mayor, Petra Roth, or the former head of planning, Edwin Schwarz, still speak about the "homeland" that the new district offers. 14.13 How homeless, how rootless must people be to need this backdrop? Ulrich Baier from the Greens even calls the old town "a necessary and healing provocation." It's about "immaterial values which can not be measured financially." The architect Jürgen Engel, whose modern design was superseded, knows that "many people have romantic ideas about the past today which do not reflect reality." Frankfurt am Main's new old town asks the intriguing question how confidence our society is still today, in modern architecture.
(Translated by *Mary Dellenbaugh-Losse*)

14.12 Jury for the new buildings on the Dom-Römer site in the Commerzbank-Arena, with: NN, Christoph Mäckler, Petra Roth, Michael Guntersdorf, Ulrich Baier, and Edwin Schwarz (f.l.t.r.), photo: March 2011

14.13 Laying the cornerstone for the Dom-Römer project. Petra Roth, Edwin Schwarz and Michael Guntersdorf (f.l.t.r.), photo: January 23, 2012

THE URBAN DEVELOPMENT IDEAS COMPETITION TECHNISCHES RATHAUS, 2005

Philipp Sturm

After the plans for a new wedge-shaped hotel 15.2 based on a design by Richard Martinet (2000)[1] and later for a conversion of the Technisches Rathaus (Technical Town Hall) into residential towers 15.3 by Stefan Forster (2004)[2] found no political majorities, the city government prepared a comprehensive new development of the area. Deutsche Immobilien Leasing (DIL), which had bought the Technisches Rathaus from the city in 1994, was negotiating with the city administration about an extension of the lease or a possible repurchase.[3] In December 2004, the city council commissioned the municipal authorities to carry out a limited ideas competition for the development of the area between the Dom and the Römer.

The Building Task

The aim of the competition was to develop a spatial program with a 20,000-square-meter gross floor area (GFA) for housing, retail, offices, restaurants, a hotel, as well as space for the public library. A possible overbuilding of the Archeological Garden was estimated with an additional 7,000-square-meter GFA. In the urban planning department's announcement, it was stated that the preservation of the Technisches Rathaus was not desired by large parts of the population.[4] In addition, with the overall measure, the market – known as Krönungsweg – should be restored to its original level and thus lowered a few meters.

The Jury and its Decision

For the Europe-wide competition, twenty offices were selected from sixty-one applicants. The jury, which was chaired by Arno Lederer from Stuttgart, met on September 15, 2005 at the Technisches Rathaus.[5] The scale of the development, the Krönungsweg and the visual relationship to the Dom, and the overbuilding of the Archeological Garden were of particular interest to the jury. From six shortlisted works, the design by KSP Engel and Zimmermann emerged unanimously as the winner.[6] 15.1 / 15.23

The design consists of a narrow overbuilding of the Archeological Garden for cultural use, a triangular office building with an acute angle to the Römerberg, a three-part residential complex to Braubachstraße, and a large hotel building in the east parallel to the former main customs office. Contrary to the historical situation, Jürgen Engel relocated the Krönungsweg to the south, allowing it to run directly to the tower of the Dom and not the entrance.[7] In their assessment, the jury praised the economic layout of the concept, and Edwin Schwarz (CDU) reported that DIL, as an investor, also favored the first prize winner.[8] In Engel's design, the jury criticized the ahistorical flat roofs, the acute-angled building formation to the Römerberg, as well as the position of the Krönungsweg, and recommended a revision.

The second-place design came from the office PAS Jourdan and Müller and takes up the historical city layout with Krönungsweg and Hühnermarkt in simplified form; in addition, the roof landscape appears more differentiated thanks to numerous gables. 15.4 The non-award-winning designs by Christoph Mäckler and Zvonko Turkali were similarly based on the historical situation. 15.6 / 15.7 The design by Kramm and Strigl – which was awarded the third prize and was also based on the former city layout – has a special charm, but at the same time offers a progressive roof landscape with carved gables. However, the jury considered these roofs to be "artificial and forced."[9] 15.5

Criticism

Dieter Bartetzko, architecture critic of the *Frankfurter Allgemeine*, clearly criticizes the first prize winner. He objected to the flat roofs and the proposed materials – travertine, granite, and exposed concrete. Bartetzko wrote that the "proposal indeed passes brilliantly in the eyes of every follower of the current so-called Second Modernity. To put it mildly, however, it deals laxly with the special

---

15.1 KSP Engel and Zimmermann, competition design (1st prize), model, 2005

15.2 Richard Martinet, hotel project at the market, visualization, 2000

15.3 Stefan Forster, revitalization of the Technisches Rathaus into residential towers, visualization, 2004

15.4–15.22 Urban ideas competition Technisches Rathaus, 2005. Designs by:

15.4 Jourdan and Müller (2nd prize), 15.5 Kramm and Strigl (3rd prize), 15.6 Mäckler Architekten, 15.7 Zvonko Turkali,

15.8 Schneider and Schumacher, 15.9 Marzluf Maschita Zürcher, 15.10 Schultze and Schulze, 15.11 Albert Speer and Partner, 15.12 Hans Struhk,

15.13 Dierks Blume Nasedy, 15.14 Stefan Forster, 15.15 Kalmbacher and Ludwig, 15.16 Atelier 30, 15.17 Jo. Franzke, Magnus Kaminiarz,

15.18 Karl Dudler, Max Dudler, 15.19 Michael Frielinghaus, 15.20 Kissler and Effgen Architekten with Harald Neu, 15.21 Gruber and Kleine-Kraneburg,

15.22 Ferdinand Heide.

15.23 KSP Engel and Zimmermann, competition design, (1st prize), site plan, November 2005

nature of the task and the location."[10] Ursula Kleefisch-Jobst represented a contrary position in *Bauwelt*. She appreciated the distribution of the building masses, as well as the distinguishable structures of the individual areas. In general, however, she criticized the strong focus on Frankfurt offices and the "escape to the past" underlying the competition, because both prevent a wider range of possibilities.[11]

Second Attempt with Gables

Only two months after the jury's decision, Jürgen Engel presented a revised draft. It now had a roofscape with gables and a shift to the north for Krönungsweg. **15.24 / 15.25** For the four reconstructions, which were demanded in the old town debate that had meanwhile been triggered, Engel proposed a grouped reconstruction in the construction field between Krönungsweg and the alleyway Hinter dem Lämmchen.[12] This odd way of dealing with reconstruction did not have to be discussed for much longer, as the approaching municipal election campaign had generally set a different urban development direction for the area.
(Translated by *Inez Templeton*)

---

[1] Bartetzko, Dieter, "Wir wären gern gut anstatt so roh," *Frankfurter Allgemeine Zeitung*, 12/19/2000.

[2] Alexander, Matthias, "Umbau statt Abriß," *Frankfurter Allgemeine Zeitung*, 11/9/2004.

[3] Alexander, Matthias, "Spannungsvolle Folge von Gassen und Plätzen," *Frankfurter Allgemeine Zeitung*, 9/17/2005.

[4] Stadt Frankfurt am Main, Dezernat Planung und Sicherheit, Stadtplanungsamt (Ed.), *Städtebauliche und architektonische Neuordnung zwischen Dom und Römer. Beiträge zum Expertenhearing des Stadtplanungsamtes, Frankfurt am Main vom 18.11.2005*, Frankfurt am Main 2006, pp. 49–50.

[5] The other jurors were Johann Eisele (Darmstadt), Dörte Gatermann (Cologne), Ulrike Lauber (Munich), Ernst Ulrich Scheffler (Frankfurt am Main), Edwin Schwarz (Head of planning, Frankfurt am Main), Dieter von Lüpke (Head of the city planning office, Frankfurt am Main), as well as the city councilors Ulrich Baier (Greens), Jürgen Hupe (SPD), Volker Stein (FDP), and Klaus Vowinckel (CDU). For the jury's first evaluative tour, the senior mayor Petra Roth was also a guest. See ibid., p. 51.

[6] Today the office KSP Engel and Zimmermann Architekten goes under the name KSP Jürgen Engel Architekten. In addition to the three prizewinners, works by Dierks Blume Nasedy Architekten, Atelier 30, and Struhk Architekten were also acquired. See ibid., p. 61.

[7] Ibid., pp. 57–58.

[8] Alexander, Matthias, "Spannungsvolle Folge von Gassen und Plätzen," *Frankfurter Allgemeine Zeitung*, 9/17/2005.

[9] Stadt Frankfurt am Main, Dezernat Planung und Sicherheit, Stadtplanungsamt 2006, p. 56.

[10] Bartetzko, Dieter, "Die Oberbürgermeisterin möchte, daß alles in den Main kippt," *Frankfurter Allgemeine Zeitung*, 11/15/2005.

[11] Kleefisch-Jobst, Ursula, "Technisches Rathaus: Neues Altstadtquartier am Römerberg," *Bauwelt*, no. 39, 2005, p. 10.

[12] Alexander, Matthias, "Fachwerkhäuser an neuem Ort," *Frankfurter Allgemeine Zeitung*, 11/19/2005.

15.24 KSP Engel and Zimmermann, revised competition design, site plan, November 2005

15.25 KSP Engel and Zimmermann, revised competition design, Hühnermarkt, visualization, November 2005

THE COMPETITIONS
STADTHAUS AM MARKT, 2009
AND THE DOM-RÖMER AREA, 2011

Moritz Röger

In September 2007, the city council decided on a new urban development framework plan, which had been prepared in advance in the city planning office, taking into account the results of a planning workshop the year before. **16.2** In addition to design guidelines setting out further architectural details, the decision also provided for the establishment of a municipal company for the organization and implementation of the project, as well as for quarter management.[1] Part of this plan was an "as true to the original as possible" reconstruction of the old town buildings Goldene Waage and Rotes Haus, as well as the northern row of buildings on the alleyway Hinter dem Lämmchen.[2] Following the decision, DomRömer GmbH was founded in May 2009, and Werner Pfaff became the first managing director. In the same year the design advisory board was formed, to which – along with the voting members Christoph Mäckler, Arno Lederer, and Fritz Neumeyer – Petra Kahlfeldt and Björn Wissenbach belong to present day. **16.10** The city sponsored two competitions for the development of the area through DomRömer GmbH.

The Competition for Stadthaus, 2009

Of the 105 offices that applied to participate in the closed competition for the overbuilding of the Archeological Garden with a Stadthaus, twenty-six were successful – another four offices had been set beforehand. Criticism came from the side of the Bund Deutscher Architekten (BDA, Association of German Architects), who found fault with the missing space and utilization program for the future Stadthaus,[3] a problem that remains unresolved. Despite this criticism, the competition took place as planned and at the jury meeting on December 17, 2009, under the chairmanship of Franz Pesch from Stuttgart,[4] the office Bernhard Winking Architekten with Martin Froh was chosen as the winner; Kleihues and Kleihues won second place, Braun and Schlockermann third place, and Meurer Architekten with Christian Bauer fourth place. **16.3–16.6** In essence, the judges decided in favor of designs that would mediate between the future old town development and the large Schirn construction volume. Some offices were inspired by the roofscape of the ruined old town, for example the offices Wandel Hoefer Lorch and Meixner Schlüter Wendt. **16.7 / 16.8** After the revision of the four winning drafts, it was decided in September 2010 to implement the proposal by Meurer Architekten.[5] **16.9**

The Competition for the New Buildings at the Dom-Römer Area, 2011

A much larger building mass was negotiated in the competition for the new buildings of the new old town. After successful application, thirty-eight offices were admitted to the competition, eighteen others were already set, so that fifty-six offices could submit their proposals. As organizer, DomRömer GmbH had planned a special procedure for the competition, which up to that time was still without a model. Thus, the urban development framework plan specified the city layout, as it existed before the destruction in the Second World War. This resulted in thirty-five plots to

---

16.2 City planning office, framework plan for the development of the Dom-Römer area, May 2007

16.3–16.8 Competition Stadthaus, 2009. Designs by:

16.3 Bernhard Winking Architekten with Martin Froh (1st prize), **16.4** Kleihues + Kleihues (2nd prize), **16.5** Braun and Schlockermann (3rd prize),

16.6 Meurer Architekten with Christian Bauer (4th prize), **16.7** Meixner Schlüter Wendt Architekten, **16.8** Wandel Hoefer Lorch Architekten

16.9 Thomas Meurer, Stadthaus with Schirn, revised design, sketch, 2010.

16.10 Design advisory board at Ilse Schreiber's sausage stand in the Kleinmarkthalle, with Christoph Mäckler, Petra Kahlfeldt, Fritz Neumeyer, Björn Wissenbach, Patrik Brummermann, and Dieter Bartetzko (f.l.t.r.), photo: 2011

16.11 Competition Dom-Römer area, 2011, façade designs for plot 52 – Markt 40, lot 5:

521 Meurer Architekten (2nd prize), 522 Jan Schulz ARGE, 523 Hans Kollhoff, 524 Knerer and Lang Architekten, and 525 Stephan Höhne.

16.12 Competition Dom-Römer area, 2011, façade designs for plot 53 – Braubachstraße 29 (today: Braubachstraße 31), lot 5:

531 Meurer Architekten, 532 Jan Schulz ARGE, 533 Hans Kollhoff, 534 Knerer and Lang Architekten (1st prize), and 535 Stephan Höhne.

16.13 Competition Dom-Römer area, 2011, façade designs for plot 33 – Markt 14, lot 3:

331 Johannes Götz and Guido Lohmann (1st prize), 332 Hild and K Architekten, 333 Peter W. Schmidt, 334 Jessen Vollenweider Architektur (2nd prize), 335 Architekten Stein Hemmes Wirtz, 336 Schneider and Schumacher, 337 Eingartner Khorrami Architekten (1st prize), and 338 Jóse Rafael Moneo Vallés.

16.14 Competition Dom-Römer area, 2011, façade designs for plot 23 – Markt 8, lot 2:

231 Jourdan and Müller PAS, 232 Helmut Riemann Architekten (2nd prize), 233 Tillmann Wagner, 234 Nöfer Architekten, 235 KK Gesellschaft von Architekten, Christoph Kohl, 236 Jordi and Keller Architekten (1st prize), 237 Büro CO A., Jakob Koenig, and 238 Walter A. Noebel.

be covered with buildings; for eight of them the construction of "creative replicas" had already been decided and were financially secured by municipal funding. On another nine plots, the city promised such reproductions if buyers were to take over the resulting additional costs. Irrespective of this, the twenty-seven remaining open plots were divided into seven lots for the competition, which included three to four nonadjacent plots. Five to eight architects' offices were each assigned to one of these lots in order to keep the design work manageable. **16.11–16.14** In order to ensure that the new individual designed buildings would form a unified whole, a rigid design statute took effect, which was drafted in 2009 by the design advisory board and approved by the city council. In addition to steep and gabled roofs covered with slate, it also stipulated a strict façade structure – basalt lava base levels, ground floors with red sandstone, vertical windows, and no street-side balconies. In addition, the use of existing spolia was expressly desired.

When the jury, chaired by Christoph Mäckler, met in the Commerzbank-Arena on March 21 and 22, 2011 and debated the designs, the focus was on the overall impression of the area and thus on the effect of the individual buildings in their neighborly context.[6] **16.1** According to the jury, the competition had not yielded a satisfactory solution for the plots Markt 40, prominently located to the Römerberg, and Markt 7. A follow-up competition was won by Jordi and Keller (Markt 40) and Helmut Riemann (Markt 7). Despite award-winning new building designs, the buyers of seven plots decided against them and instead for creative reproductions, such as the buildings Zur Flechte (Markt 20) and Grüne Linde (Markt 13).

(Translated by *Inez Templeton*)

---

[1] Municipal authority's presentation to the city council M112, 6/20/2007.

[2] The demand at this point for the reconstruction as true to the original as possible is surprising, since the *Dokumentation Altstadt* 2006, prepared by DW Dreysse states that the documentation status for the area permits only an "approximate reconstruction" of some buildings. See Dreysse, DW, Volkmar Hepp, Björn Wissenbach, and Peter Bierling, *Dokumentation Altstadt*, Frankfurt am Main 2006, p. 7.

[3] Alexander, Matthias, "BDA fordert neue Ausschreibung für Stadthaus," *Frankfurter Allgemeine Zeitung*, 7/20/2009; Comment by the BDA, "Der Murks am Markt ist programmiert," 7/16/2009, http://bda-hessen. de/2009/07/der-murks-am-markt-ist-programmiert/ (5/30/2018)

[4] Other jurors were the architect of the Schirn Dietrich Bangert (Berlin), Michael Guntersdorf (DomRömer GmbH), Vittorio Lampugnani (Zürich), Dieter von Lüpke (city planning office, Frankfurt am Main), Florian Nagler (Munich), Edwin Schwarz (head of planning, Frankfurt am Main), Felix Waechter (Darmstadt), Gerd Weiß (state conservator, Wiesbaden), as well as city councilor Heike Hambrock (Greens), Elke Sautner (SPD), and Klaus Vowinckel (CDU).

[5] See Mirjam Schmidt in this book, p. 333.

[6] Other jurors were Elisabeth Boesch (Zürich), Dietrich Fink (Munich), Regina Fehler (Hauptamt, Frankfurt am Main), Michael Guntersdorf (DomRömer GmbH), Hans Klumpp (Stuttgart), Arno Lederer (Stuttgart), Dieter von Lüpke (city planning office, Frankfurt am Main), Silvia Malcovati (Milano), Fritz Neumeyer (Berlin), Edwin Schwarz (Head of Planning, Frankfurt am Main), as well as the city councilors and board members of DomRömer GmbH Ulrich Baier (Greens), Jochem Heumann (CDU), Brigitte Reifschneider-Groß (FDP), and Elke Sautner (SPD).

16.1 Jury for the new buildings on the Dom-Römer area in the Commerzbank-Arena, Edwin Schwarz, Petra Roth, Michael Guntersdorf, and Christoph Mäckler (f.l.t.r.), photo: March 2011

FOREVER NEW: FRANKFURT'S OLD TOWN – PETER CACHOLA SCHMAL AND PHILIPP STURM IN A DISCUSSION WITH PETRA ROTH

Deutsches Architekturmuseum, January 26, 2018

Philipp Sturm: At the beginning of the two-thousands, you and your head of planning Edwin Schwarz pushed ahead with the demolition of the Technisches Rathaus (Technical Town Hall) and a new development in this location. For this purpose, an ideas competition was organized in 2005, which KSP Jürgen Engel won with a typical, contemporary design. How did you feel about the result of this competition?

Petra Roth: This design did not appeal to me, because it was predominantly developed with flat roofs. Even if it was just a design idea to represent the building masses, my criticism persisted. Because once the pictures are public, they are quickly in everyone's heads. Subsequently, the design was returned to revise it with regard to the distribution of the building masses and roof shapes. Similar to the historical buildings, these were to be gable roofs.

Sturm: In September 2005, all relevant political forces – CDU, SPD, Greens, FDP – supported the planning department and the jury decision. A few days earlier, Wolfgang Hübner of the populist, right-wing, election group Bürgerbündnis für Frankfurt (BFF, Citizens for Frankfurt) filed a motion in the city parliament for small-scale development. The reconstruction of the old town was the goal. How did you position yourself as senior mayor and head of the Römerbündnis (Römer Alliance) in this situation?

Roth: In general, I can say that the old town, as we see it today, has benefited from the ideas of all factions in the Römer. It is true that a group around Mr. Hübner demanded small-scale development. Others pursued modern, cuboid shapes. From this, the compromise was born to discuss the reemergence of the old town. The question was, what point in time did we want to restore. The old town, as it perished in 1944, did not exist in 1910 and not in 1815, and above all it did not exist in 1648 after the Thirty Years' War. The old town, which we saw before our mind's eyes, is on the city layout of about 1720. As a result, the new old town is the outcome of a civic engagement by all of Frankfurt. The citizens of Frankfurt have reclaimed the heart of the city.

Sturm: In your party, the civil engineering student Dominik Mangelmann and the Junge Union began to promote a reconstruction as extensive as possible. This happened in the local election campaign 2005/06, so that the parties came under pressure and the current project new old town could arise.

Roth: I would not say, came under pressure! Because the old town became a citizens' issue, many initiatives and ideas emerged. Mr. Mangelmann had precise as well as visually imagined ideas of what could be done. The forms and utilizations of the individual buildings have always been decided by public opinion. There was no referendum, but we have always taken the opinion of the citizens seriously, changed our proposals, adapted, and led to parliamentary success.

Sturm: Today there are almost only fans of the old town. Senior mayor Peter Feldmann – before his term of office rather an opponent of the project – has changed his attitude and promotes the Dom-Römer project. At the beginning, even you were for only four reconstructions, and today you are an avid friend of the old town. How do you explain this change in consciousness?

Roth: I was in favor of four reconstructions, because in December 2005 not many photos, spolia, and the like were found to reconstruct more buildings. Then a kind of pioneering spirit awoke in Frankfurt. Suddenly spolia were found everywhere, which were checked by experts. There were wonderful stories of families who had installed spolia in their gardens, which they had taken after the war. It was then possible to reconstruct several more buildings. It depended on how many spolia were available.

A philosophical dispute erupted among the architects – what is a reconstruction, and what is a new building. Discussions between the administration, architects, politicians, and citizens showed that we could make four reconstructions possible. Then I said, we can do six or more. Today we have fifteen reconstructions and twenty new buildings. I am convinced that with this large number of spolia, it has been possible to give the impression of what the buildings looked like back then. It is amazing how tall the buildings are. They are taller than the high-rise guidelines, some over twenty-two meters high. This shows the wealth that prevailed at that time in the merchant city of Frankfurt. A town of stone buildings, not of half-timbered houses as in Hessenpark. Of course there was and is timber framing underneath, but it was plastered to show that one has a stone building.

This also makes it clear what type of craftsmanship prevailed in Germany 300 years ago. In the construction of the old town buildings, tree trunks up to 400 years old were used and historical production processes for the filling of the timber framework with grasses and loam were further developed. As in the past, different sandstones were used today; the Aschaffenburg sandstone is different from the one from Mainz. And that is recovered history!

Peter Cachola Schmal: In December 2009, you appointed Michael Guntersdorf as head of DomRömer GmbH. How did you come to him?

17.1 / 17.2 / 17.3 Petra Roth, Peter Cachola Schmal, and Philipp Sturm, photo: 2018

Roth: From October 2009, the former managing director Werner Pfaff was no longer available. That was a small crisis, because a large number of other business connections were already in planning. Mr. Guntersdorf, who always had a great interest in restructuring and at the time was at OFB Projektentwicklung – a subsidiary of Helaba (Landesbank Hessen-Thüringen) – offered his services. I found him credible and qualified and said, do it! He has done a wonderful job!

Remember, the new old town is based on just one development plan and everything will be finished together. In addition, there are many companies that must be coordinated – and that with the exact schedules. All this requires a person who can manage and is a strong leader! And now quite personally, I have noticed in recent years, Mr. Guntersdorf is living for this construction site. And that is nice. Nothing is more successful than enthusiasm and conviction.

Schmal: How did Christoph Mäckler become head of the design advisory board?

Roth: The idea of setting up a design advisory board came from Mr. Mäckler. The question of whether a buyer wants to have a red building or a yellow or a green checkered one had to be answered. Can we advise such a thing in the city council? The consulting architects said, children, you cannot do that just because you think it's beautiful! This has something to do with aesthetics, urban development, and history. Mr. Mäckler then proposed a design advisory board. And so, in addition to DomRömer GmbH, the design advisory board was also founded. I also sat in here and there as a listener, because the discussions fascinated me.

Schmal: Dresden's old town has been reconstructed without subsidies. The planning policy there had the method to develop and reconstruct the individual blocks from the eighteenth century as mini-malls. Behind the façades one can take escalators to the various shopping levels. In the city of Frankfurt, the decision was made to do it differently. We do not want the city to become a mall. We have to manage it in a different way financially.

Roth: That is exactly right. Dresden was no model for the reconstruction of the Frankfurt old town. The municipal authorities and the city council decided to take over as clients and lease the land in the heart of the city. It is an urban project. In this process, the citizens of Frankfurt get back their historic old town.

Schmal: And DomRömer GmbH remains and will manage the quarter.

Roth: … yes, it is also about this. The buyers cannot come here and buy, meaning buy a building lease, and then sell again the day after tomorrow. Some said that was socialism. But it is something that the people of Frankfurt give to their city: there is no possibility of speculation between the Dom and the Römer. This speaks for the citizens of this city and the urban idea of a free city. The citizens are building their city. In the future, not only Frankfurt's impressive skyline but also it's historic old town – from the twentyfirst century – will find its place in the specialist literature with its innovative engineering achievements.

Sturm: When you walk through the old town today, how do you feel about the mix of new buildings and reconstructions? Would you have wished to add one or the other bolder contemporary pieces of architecture?

Roth: So I saw the designs, we all chose them. I think that what we have today in terms of modern buildings is absolutely successful. I also find the buildings on Braubachstraße with their façades were superbly achieved.

Sturm: In your eyes, how should the old town area develop? Are further reconstructions desirable – for example, a development south of the City Hall, the Rathaustürme (City Hall Towers), or how do you stand on rebuilding the historic theater?

Roth: I am personally involved in the reconstruction of the Rathausturm "Langer Franz." The towers are not really historical reminders, but a question of harmony in architecture. To reconstruct the Rathaustürme would be in line with my claim to restore the Rathaus harmoniously.

To the second point, the area south of the Limpurgergasse and around the Wertheym building, next to which this glass construction stands: you cannot rebuild the whole city. Today's development with the Historisches Museum (Historical Museum) and the Evangelische Akademie (Evangelical Academy) is a successful symbiosis of Frankfurt's postwar architecture. At the Weckmarkt and along the Fahrgasse, where small galleries have emerged, the architecture of the nineteen-fifties should persist.

Finally on the theater: in my time we planned with Semmelroth, head of Cultural Affairs, to examine the building fabric. It was clear that it has to be renovated. Whether it has to be renovated now for about 900 million euros, or if there may be other plans for the renovation, has to be determined by further assessments. In my eyes, this location is set. The given underground traffic junction secures the cultural location factor for Frankfurt – the cultural city!

Schmal: There is a group – the Verein Pro Altstadt – which says that on the basis of the old town's success: we accomplished the old town, now we can tackle the next big thing with the theater.

Roth: Ok I understand that. But this is a project that also has to be decided by parliament. Now it is 2018, until that would be pushed through, it would be 2025 and the built result might be 2030? One has to consider how the benefit of a reconstruction would look then. I don't see it.

In summary: the old town was accomplished! A centerpiece of my policy becomes visible. It is also the path of a democratic process of municipal bodies. And the future rebuilding and changes in the city currently in question will continue to require a democratic civic dialogue based on facts.
(Translated by *Inez Templeton*)

HOW DOES ONE BUILD AN OLD TOWN IN THE TWENTY-FIRST CENTURY?

Till Schneider and Joachim Wendt

"Hands off the city layout!" In the nineteen-eighties, this was the clear demand by Max Bächer, who held the chair of spatial design at the Technical University of Darmstadt at the time. Thereby, he deliberately did not protect the individual building but the urban space, because this is where the collective memory can be found. The wasteland that followed the destruction of the old town in the Second World War could not correspond to Bächer's axiom any more than the Technisches Rathaus (Technical Town Hall) of 1974. It took around sixty years until the memory of this urban nucleus–initially in terms of planning–was able to take up space again.

In 2009, Schneider and Schumacher took over the master planning for the Dom-Römer quarter and subsequently prepared the architectural competition on this basis. For five years, our office acted as project architect for the overall planning and the construction supervision. For the implementation of a project of this magnitude, it required different components, which in their interaction resulted in today's outcome.

To answer the question of how to build a new old town, the project participants are first introduced, followed by a presentation of the project's process.

The Players

Let us start with urban society and its representatives, whose moral and substantive support was an essential prerequisite for the project's success. They accompanied all progress critically, but at the same time benevolently. The majority of the city council and municipal authorities, as well as former senior mayor Petra Roth, supported the project and anchored it in the local political arena. This institutional support was very valuable, because it protected the project from discussions on principles and thus enabled goal-oriented project work.

DomRömer GmbH acted as the client, who commissioned the project. This was a smart move, insofar as a decisive structure was available with the privately organized GmbH (limited liability company). The goal was to implement a project and not just manage it, which is by no means self-evident in municipal projects.

The design advisory board, chaired by Christoph Mäckler, served as advisor on all matters relating to planning. With the help of the advisory board, a high standard of quality was ensured. The members discussed various aspects of architecture, urban design, detailing, as well as the colors and materials to use. **18.2**

The architects and engineers were important project participants. After a competition (2011), they were assigned the planning of the individual buildings. The reconstructions were commissioned directly. The focus was on the required special expertise in dealing with historical constructions and building materials.

The craftsmen were another central component for the realization of the Dom-Römer project. Compared to other current construction projects in which the talk is of "implementing companies," craftsmen were specifically contracted in this case. The execution required – not least because the buildings are smaller than most current building projects – an intensive cooperation and excellent expertise in trades such as timber construction, masonry, plaster, window construction, and roofing.

The building inspection, the fire department, and urban planning also approached the project extremely constructively and cooperatively. Considering that the Hessian building code was written with the intent never to allow prewar urban planning conditions again, the construction of a new "Gothic old town" required a high degree of creativity. This was a big challenge for the administration. For example, it required studies on the exposure to light to demonstrate the adequate illumination of the living space. **18.1**

Last but not least is our work as a project architects. From urban planning designs and object planning to construction and project management, Schneider and Schumacher not only supervised the planning, but also supervised the execution. In the course of the project, following the submission of the building application for the entire area, our office was responsible for the tendering procedures and the awarding of all construction work for the new buildings, as well as individual works for the reconstructions. Furthermore, we coordinated the planning of the thirty-five buildings with each other and the companies involved. One of the goals was to create synergy effects – for example, through the use of similar construction materials – despite the diversity of individual buildings.

The view of the project architects on the whole project made it possible to counteract sudden problems or delays. Overarching solutions were found without compromising the individuality and high quality of the individual projects. It was just as important to exchange ideas with all those involved in the project – the architects, craftsmen, suppliers, and the authorities – and to join them in the discourse.

Since we acted as project architects from a meta-level and were able to follow all individual work steps directly, we automatically took on a mediating role and were thus – in addition to the project management of the client, Dom-Römer GmbH – the soul of the project, in a sense.

The Process

The process began in 2007, with the municipal motion M 112 on the construction of the new old town in the urban development fundamentals of the historic old town. In 2009, the urban planning department drew up a plot map of the future quarter, which was to become the basis for all planning. A design statute, which defined elements typical of the old town – such as basalt bases, red sandstone, plaster, and façade rules – was also issued in 2009.

Within this framework, we were commissioned in 2009 with the creation of a master plan. On the basis of the urban development history, we prepared a test design for each building that was able to prove usability for housing, shops, and restaurants. For example, urbanistic references – such as the routing with visual links between Rebstockhof and the baroque façade of the Esslinger building in Neugasse – were adapted by moving the planned new Goldenes Kreuz building in the Neugasse to the south, for the benefit of the historical view. **16.2**

Also, the structurally important decision to build each building individually on its plot, constructionally independent of its neighbors, as in an evolved city, was made on the basis of the test designs. Theoretically, a building can now be replaced by a new one without disrupting the neighboring buildings, as has happened for centuries in cities. **18.3**

The commissioning of the master plan also linked with constructive planning, which made the technical requirements plausible by the demolition of the Technisches Rathaus, the load changes on its basement floors, and the vulnerabilities of the subway line under the site.

The foundation of the new old town is the two-story underground parking garage of the former Technisches Rathaus, under which the subway line runs. Because of this arrangement, maintaining the basements was mandatory; a demolition for reasons of different setting was not possible. Structurally, the small-scale, twisted old town development differs fundamentally from the ordered grid structure of the construction and founding of the previous building. Under far-reaching assumptions from the master plan on construction, location, and loads of houses to be built, the

18.1 Schneider and Schumacher, Dom-Römer area, lighting study, 2013
18.2 Markus Schlegel (Hochschule Hildesheim), color concept for the development at Hühnermarkt (in front of the former Bundesrechnungshof), photo: 2014
18.3 Schneider and Schumacher, Dom-Römer area, component qualities, 2nd floor, 2013

first basement was rebuilt and adapted to the above-ground structure so that the new loads could be directed into the regular columns and foundations of the second basement. **18.4 / 18.5** The subway exit had to be relocated from its original location, where the Goldene Waage stands today, to the ground floor of the opposite building Großer Rebstock (Markt 8). **18.6** As part of the renovation, the underground parking garage was redesigned and the mural by Benno Walldorf was integrated as a reminder of the Technisches Rathaus. **18.7**

In cooperation with the structural engineers RSP and the client, decisions were made that were equal to a balancing act between the preservation of freedoms in favor of the later designs, and the necessary specifications for the planning. All of this culminated in the competition announcement, on whose basis the architects designed buildings. We also participated in the competition with designs (Markt 14, Markt 26, and Braubachstraße 23). **18.8 / 16.13**

So how does one build an old town in the twenty-first century? From the point of view of a direct and central participant, some decisions turned out to be positive, important, perhaps indispensable; on the other hand, some would be different today, after just a short period of time. The role of the client Dom-Römer GmbH as a small, effective, and constant unit seemed important to us.

Consistency, trust, and reliability are essential keywords that characterize the project. Without them and with possibly constantly changing participants, constructive cooperation and solution-oriented collaboration would have been difficult.

A second, important, basic decision was to keep the project in city hands from start to finish, having a developer who builds himself. In other cities—for example, Dresden and Lübeck—individual parcels were sold after preparation of the master plan, thereby increasing the likelihood of a reciprocal neighbor blockade. In Frankfurt, where the buyers took over their apartments and buildings only after completion, the project could be planned and built in one go. Issues such as fire protection, lighting, and clearances could be planned in one go—with the help of legal expertise—and coordinated with the authorities.

Thus, it remains to note in closing that the most important components for the work on the Dom-Römer project—from our perspective as the project architects—were the high quality assurance at different levels, the close cooperation with the actors involved, and the individuality in the execution of the quarter, the buildings, and the details.

(Translated by *Inez Templeton*)

18.4 Construction site of the Dom-Römer area, in the background the Haus am Dom, photo: 2012
18.5 Construction site of the Stadthaus with Goldene Waage, photo: 2012
18.6 Schneider and Schumacher, redesign of the Dom/Römer subway station, visualisation, 2011
18.7 Schneider and Schumacher, redesign of the Dom/Römer parking garage, photo: 2013
18.8 Schneider and Schumacher, design of Braubachstraße 23, 2011

BEYOND PRAGMATIC BUILDING BLOCKS – ARCHITECTS AND THE NEW OLD TOWN

Uwe Bresan

Apart from the reconstruction of the Berliner Stadtschloss (Berlin Palace), hardly any building project in recent years has been so passionately rejected by the majority of German architects as the reconstruction of Frankfurt's old town. **19.1** This expectable as well as reflexive rejection was shared and borne not least by numerous specialist media. By way of example, reference should be made here to the continuing reporting by *Bauwelt*, in which the central lines of argument of the reconstruction critics are becoming visible on a pars per toto basis.

Thus in 2009, *Bauwelt* still favored the result of the first urban design ideas competition held in 2005, during which the architecture firm KSP Engel and Zimmermann was able to prevail with a solution consisting of "pragmatic building blocks." However, in the process of the 2007 framework planning, they had been "ground into thirty irrationally distorted little gabled buildings."[1] Note the diction! In 2011, the competition designs for the development of the individual parcels were condemned en bloc as "imitations and plagiarism,"[2] while in 2017 one claimed that the meanwhile completed buildings attempted "to dream of an alleged homogeneity, rather than represent their own time." The initially openly formulated question to readers, of whether the new old town of Frankfurt was now to be evaluated as "overdue city repair or pure nostalgia," *Bauwelt* answered unceremoniously itself.[3]

However, the blanket condemnation of the entire project by the vast majority of architects does not benefit anyone. Rather, it prevents the long overdue, critical examination of the profession with the urban development and architectural models of late modernism. Architecture should be pragmatic, innovative and true! These are the three guidelines that have shaped German architecture since the middle of the last century; with their help, the critics of the new old town argue against reconstruction. And so, based on traditional principles, prejudices are maintained and judgments are made – a process that is less and less accessible to outsiders. This can also be observed in the Frankfurt example as if under a magnifying glass.

The Vocabulary of the City

The Dom, around which a piece of the old town has been rebuilt, is considered a central monument of German history. Since the devastation of the Second World War, a painful wound was gaping at his feet: the area was an urban development *Unort* ("nonplace") without a face and structure, in the heart of the city. After numerous interventions, the last gap between the Technisches Rathaus (Technical Town Hall) and the Schirn was uneven terrain, which was cut up by the lowered level of the Archeological Garden, as well as subway and underground parking garages. The emptiness in which the Kaiserdom stood for almost three-quarters of a century made it shrink in its urban and historical significance to the size of an ordinary city church. Anyone who, as an architect or architectural critic, is still seriously mourning this bleak situation today, should at some point reconsider his suitability for the job.

It was only with the reconstruction of the old town that the Dom regained its own enclosure, in which the grandeur and height of its shape are again emphasized by the small and inconspicuous that has grown around it. This form of hierarchical urban development with a city crown – which rises from a sea of small, everyday buildings that give it the necessary scale – is a well-known motif. Today, it can be observed wherever historic European cityscapes have remained intact. Viewed impartially, the new old town therefore only takes up ideas that shaped premodern European urban planning over the centuries. **19.2**

This is also reflected in the detail: in the exciting interplay of narrow and wide streets; in the rhythmic array of intimate courtyards, squares, and opening spaces; in the conscious construction of passages, arcades, and loggias. It is hard to imagine that "pragmatic building blocks" could have yielded such a variety of urban development vocabularies. Rather, it shows the special quality of a small-scale parceling, which, as stipulated in the master plan, is based on the "historical plot structure" – that is "on the historical street and square structure" as well as the "building lines of long ago."[4] The necessary adjustments to the current legal requirements – for example, with regard to fire protection and minimum clearance – were solved by the master plan drawn up by the Schneider and Schumacher offices. Certainly, there would have been solutions that were more pragmatic and easier to implement, but would their effects have been comparable in the approach?

19.1 The new old town from the Dom, Frankfurt am Main, photo: 2017

19.2 Old town, Frankfurt am Main, aerial view: 1938

The Tools of Architecture

The small-scale, urban development granulation creates an exciting and differentiated façade image. "The fact that every single building has to be understood as part of the ensemble and that the overall effect of the area is above everything,"[5] is testimony to the builders' clever attitude. The builders wanted to avoid an architectural curiosity cabinet, as in the neighboring Saalgasse, in any case. The ensemble idea–as advocated by the representatives of New Urbanism[6] in the Anglo-Saxon area since the late nineteen-eighties–is still regarded by critics in Germany as mere façade magic, as an amusement park or gated community phenomenon.[7]

It is also doubtful whether the missing original building substance of its buildings plays a role in the evaluation of the new quarter, as intended by the discussion of "imitations and plagiarism." Rather, this argument reveals above all the ahistorical view of modernity on architecture, whose development from antiquity until well into the nineteenth century was determined by traditional forms and traditional symbols. It is only since modernity that the takeover and the continuation of a tried and tested canon of forms can be regarded as a flaw; revolution is more important than evolution.

The architects of the new old town have consciously decided on a break with modernity. Their buildings are not pragmatic, original, or innovative–and maybe not true. The qualities of the buildings lie beyond these parameters, in architecture's very own expressive values: in space and proportion, in material and color, in detail and light, and last but not least in ornamentation and symbolism. These are the tools of the architect, which the builders of the Frankfurt old town used freely and without prejudice. If one looks for comparison to the variety of faceless but supposedly contemporary new buildings that arise every day in inner cities, where each window resembles the other, no projection or cornice provides a vibrant drop shadow, and the eye does not catch any detail, then one can only welcome a development like that in Frankfurt.

The Effect of the Ensemble

It is clear that the correct handling of the tools was forgotten for too long. The architects first had to relearn a lot. It is also clear that mistakes were made. This can be seen less in the fifteen reconstructed buildings than in the twenty new buildings, which–as required in the design statute–were meant to indicate the "characteristic of small-scale quarter, shaped by the typical old town density."[8] In this regard, many new buildings are a bit clumsy. The uncertainty in dealing with the regained repertoire of forms is sometimes clearly noticeable–but also easily forgivable within the ensemble. Elsewhere, small, fine masterpieces have been created in which the traditional vocabulary has been creatively developed. Of particular note here are the Altes Kaufhaus by Morger and Dettli, which subtly invokes the staggering arrangement of stories in historic half-timbered buildings; the Neue Paradies by Götz and Lohmann, who translated the theme of the slate façade into an almost expressionistic form; or the Großer Rebstock by Jordi and Keller, the façade of which is finely divided by horizontal roughcast strips.

All in all, the result shows an amazing effect. A real city block has emerged–with emphasis on the word "city." Its success with the general public is certain. Entering the area via the Braubachstraße, one is greeted by proud townhouses with large arched windows on the ground floor, with high-stretched façades adorned with pilaster strips, and mighty attic rooms as a completion. The small courtyards, which hide behind the Braubachstraße, surprise again with wooden verandas and arcades, with stair towers and bay windows. Countless dormers adorn the roofs. Through the courtyards, one reaches the alleyway Hinter dem Lämmchen. To the right is the Kunstverein, whose strict postwar construction edges into the axis. The eye wanders slightly around it, thoughts hasten to meet the Römer. The feet, however, carry the visitor to the left to the Hühnermarkt. It is a real market square; no car path, like so many other squares. The Hühmermarkt is not so big that one loses oneself in it. People meet here instead of pass by each other. Yes, they may even dress nicely when they come here, because the place has made itself attractive–with its window cornices, its extravagant gables, and its innumerable architectural details. People are looking up at the hundreds of windows. Everybody can tell a different story. By contrast, how boring are the glass fronts along the Zeil. And then you leave the Hühnermarkt on its open side and stand on the Krönungsweg–on the left the Dom, on the right the Schirn. On the ground floor of the Rotes Haus, an open arbor protects against rain and sun. At the other end of the road, the reconstruction of the Goldene Waage and the new Großer Rebstock create a charming pair of siblings. They are different, but visibly belong to a family. They amicably guide the visitor to the Dom.

In the architecture, the old town reveals a renewed understanding of the effect of proportions, the profiling of façades, of roof and window shapes, colors, and jewelry. On the urban planning side, in turn, it can be seen that the historical model can be combined with today's infrastructural, building law, and fire safety requirements. Taken together, these are not the worst advances toward an architecture that no longer relies solely on outstanding creator personalities whose work has the power to declare an era, but towards an architecture that is again based on a common canon of practiced forms and learned effects. A vibrant and livable city needs both!

(Translated by *Inez Templeton*)

[1] Ballhausen, Nils and Doris Kleilein, "Lassen Sie bitte die Altstadt in Ruhe!" *Bauwelt*, nos. 27/28, 2009, pp. 42–49.
[2] Santifaller, Enrico, "Imitate und Plagiate: Wiederaufbau der Altstadt in Frankfurt am Main," *Bauwelt*, nos. 15/16, 2011, pp. 10–14.
[3] Crone, Benedikt, "Dom-Römer-Areal," *Bauwelt*, no. 16, 2017, pp. 30–37.
[4] Account given by the municipal authorities to the city parliament M 112, "Neubebauung des Dom-Römer-Areals," Frankfurt am Main, 6/20/2007.
[5] N.N., "Die Weiterentwicklung von Fassaden," *DomRömerZeitung – Informationen zum Wiederaufbau der Frankfurter Altstadt*, vol. 12, 07/2013, p. 3.
[6] New Urbanism is an urban development movement that emerged in the late nineteen-eighties, early nineties and opposed the surbanization of cities. See Katz, Peter, *The New Urbanism: Toward an Architecture of Community*, New York 1993.
[7] Roost, Frank, *Die Disneyfizierung der Städte*, Wiesbaden 2000.
[8] "Gestaltungssatzung für das Dom-Römer-Areal," *Amtsblatt der Stadt Frankfurt am Main*, 2/16/2010, p. 127.

HISTORY IS MADE – THINGS ARE PROGRESSING? THE NEW FRANKFURT OLD TOWN IS AS BANAL AS IT IS DISASTROUS

Gerhard Vinken

"We're planning the old town,"[1] that was the self-confident promise in 2010, and now it's done: the Frankfurt Dom-Römer area, celebrated as the new old town, has been completed.[2] **20.1 / 20.2** And the new old town is, so it seems, almost as beautiful as its digital model. **20.3 / 20.4** If one was able to perceive the announcement "planning an old town"– depending on mood and attitude – as a provocative pun, promise, or threat, today the construction of the more or less "historical" quarter seems to belong firmly to the repertoire of the city planners.[3] How can the project be classified after the battle noise has cleared? And last but not least, what do these reconstructive structures represent?

It is apparent that pseudo-historical old town clones find broad support. Not only did conservative pressure groups – such as Pro Altstadt and the Freunde Frankfurts (Friends of Frankfurt), successor of the Bundes tätiger Alstadtfreunde (Association of Active Friends of the Old Town) founded in 1922 – made the reconstruction project their own, but also chastened architects and planners, the local retail trade association (City Forum ProFrankfurt e.V.), the agency Equipe Marketing, and finally the CDU, which promised momentum from the project in the local election campaign in 2005/06, as Walter Wallmann had done in the late nineteen-seventies with the reconstruction of the so-called Ostzeile at the Römerberg. Yet in the 2018 mayoral campaign, even SPD senior mayor Peter Feldmann did not miss the opportunity to personally introduce the almost completed old town to the public. What needs, desires, and aspirations are expressed in these revisionist constructs, beyond the fantasies of the real estate markets and the retail trade? Is there a new societal and urban model looming in the small-scale coziness in contrast to the homogenized pedestrian zone and the equally consumer-oriented city mall?

Historical Theme Architecture

It is obvious that this project can be seen in the context of an international boom of old town-clad construction projects. At the point of the complete disengagement of the old

20.1 Dom-Römer area, photo: 2018
20.2 Dom-Römer area construction site, photo: 2012
20.3 Hühnermarkt, south side, visualisation, 2011
20.4 Hühnermarkt, south side, photo: 2018

town from actually being old, the proximity of these projects to another field of the real estate sector becomes apparent – namely, the historicizing theme architecture,[4] which is celebrating great international success. Created in the consumer worlds of amusement parks and gambling paradises, their early icons are Las Vegas – with the Bridge of Sighs, the Eiffel Tower, and the Pyramids – and of course Main Street in Disneyland as a perpetual reenactment of the perfect, small-town American dream. But the "historical" sceneries, which were conceived as the backdrops of a consumption-oriented leisure pursuits, have long since arrived in the real world. While shopping malls, at least in the United States (US) are beginning to attracted attention as abandoned and – in magnificent ruined beauty – decaying witnesses of past worlds of consumption,[5] so-called outlet villages, which are based on historical and regional small-town patterns, are booming everywhere. The deep salesrooms of the stores in the outlet villages near Wertheim or Berlin are lined up side by side behind small-scale storefronts, which are reinforced with gables and dormers. These architectural pastiches are made with few, rather coarse elements, in the surroundings of Berlin, with clear echoes of preindustrial-regional forms, such as "Märkisch" brick Gothic and Prussian classicism. **20.5 / 20.6** The historical references are limited to the essentials, urban elements and set pieces only sketchily quoted. Comparable to the Frankfurt "old town," however, is the desired cozy mood and consumer-friendly effect of these spaces with small-town dimensions, which imitate established structures that are safe and manageable – and in an intangible way seem familiar. The Frankfurt Dom-Römer area fulfills these requirements – with increased expenditures in every respect – however, not in a suburban location with motorway access, but in the heart of the banking metropolis, just a few steps from the Dom, Schirn, and city hall.

The theoretical analysis of theme parks and outlet villages has opened up enlightening insights and profoundly influenced the history of architecture – for example, with *Learning from Las Vegas*[6] – but seen architecturally, they are classed with pariahs and outcasts. The path of thematic architecture into the real world was paved by a variety of new urbanism, which in the US was originally directed with good arguments against the landscape and resource waste of urban sprawl. A new, condensed, and traditional building should be a counter model to the anonymity and amorphous extensiveness of suburban neighborhoods. However, the reactivation of spatial and aesthetic patterns of provincially and preindustrially organized neighborhoods has become a compliant and arbitrary historical theme architecture in many places. It was particularly successful in the high-end real estate sector – for example, in Seaside, Florida, which also served as the setting for the film *The Truman Show* (1998), and in Celebration, Florida, which was built by the Disney Company.[7] **20.7** Probably the most spectacular example in Europe was created by Léon Krier, supported by Prince Charles, in 1993 near Dorchester.[8] Poundbury, so energetically old English, is a large-scale suburban settlement in tastefully preindustrial forms. **20.8 / 20.9** Significantly, Frankfurt's Altstadtfreunde definitely see a model in this artificial – and managing without any "reconstruction" – Old England clone. On the homepage of the association Pro Altstadt, they point to Léon Krier's projects as successful examples of a traditional and antimodernist construction.[9] This middle-calls suburb in the form of an Old English small town is currently being considerably expanded due to the great demand and is increasingly suffocating the city center of Dorchester, which has significantly more right to call itself historic. At the beginning of the twenty-tens, the right-wing populist UK Independence Party (UKIP) highlighted its commercial, "Building for the Future," over long stretches with images from Poundbury, which is celebrated as traditional English architecture and contrasted with a modern-day building, which is branded as an "eyesore" and approved for demolition.[10]

It is hardly surprising that the centrally governed city planning of the boom cities in China cannot miss out on this successful concept. Around the megacity Shanghai, numerous satellite cities emerged under the project name "One City, Nine Towns," not only in the Old English style, but in a whole range of European theme architectures. **20.10** In contrast, the canal city of New Amsterdam, which was built in northern China, is now an investment ruin, because the fundamental needs of Chinese living remained unconsidered.[11]

Dieter Hassenpflug has called the Chinese satellite cities in the old European style "citytainment."[12] From my point of view, this term applies quite precisely to what is currently happening in Frankfurt and elsewhere in Germany. There are emerging – in the middle of our cities! – gentrified, feel-good quarters of preindustrial, small-town flair for middle class households with a high disposable income. Once an emblem of civil protests after 1968, and in 1975 the European Year of Preservation an identification model for

20.5 / 20.6 Designer Outlet Berlin, Wustermark, photo: 2017
20.7 Seaside (Florida), USA, with Jim Carrey in the film *The Truman Show*, 1998
20.8 / 20.9 Poundbury near Dorchester, United Kingdom, photo: 2010
20.10 Thames Town near Shanghai, China, photo: 2006

professionals and the population alike, the old town has now become a product of choice, an architecture pattern that can be called up at any time and anywhere, which reproduces certain sentiments, seems highly consensual, and can be successfully marketed.[13]

Old town is no longer a conservation or revitalization theme in Germany today, but often a new construction project with antimodern thrust. Because Frankfurt is not alone, from Hildesheim to Frankfurt, from Dresden to Potsdam, the list of clones is becoming increasingly longer. In Lübeck's old town – at least a World Heritage Site – a brand new quarter is also currently being built in a historicizing ambience.[14] Here, too, the demolition of postwar architecture offered the opportunity for an urban development revision. The Gründungsviertel (founding quarter) or Kaufmannsviertel (merchant quarter) in the heart of the city was destroyed in air raids in 1942, and rebuilt from 1954 to 1961 in a looser construction. Among other things, sprawling schools emerged here in "local" brick and modern forms, which were vilified in the *Süddeutsche Zeitung* as "unimaginative, dead straight, brick style of the 50s."[15] After an otherwise exemplary participatory process, the public, expert panels, and the Lübeck World Heritage and Design Advisory Board agreed to build here again "on a historical scale." Roads and historic parcels are to be revived and the newly created streets with gabled houses built according to the "the complete historical image." **20.12** The internationally advertised competition had similarly strict construction guidelines as the one in Frankfurt; the builders were free to stick to the winning designs, or even create reproductions of prewar buildings. Critical observers noticed that the alleged geographical reference of the designs is very superficial, which partly repeat "literally gothic gables from Stralsund or Wismar," and partly offer "cozy traditional, rural architecture."[16] *Baunetz* accurately called the competition a "costume drama."[17] **20.11 / 20.12**

Critical Reconstruction?

In general, however, these projects are negotiated under quite different slogans – namely, those of healing, repairing, and rebuilding. Till Briegleb welcomed the new, supposedly "in the city's history and developed structure" founding quarter of Lübeck as a "reachievement" of *Heimat* (home) and spoke of critical reconstruction.[18] This term, with which a link is made to the sophisticated theory debates of the nineteen-seventies and eighties, is often used to legitimize such and similar projects – but it is grossly misleading. Critical reconstruction, first set in motion in Germany by Joseph Kleihues with the IBA Berlin (1977–87), meant a "further construction" of the city with reference to the typologies and designs that were preformed there, with recourse to the city plan as well as the historic plaza and street spaces.[19] With this departure in urban development – which stood under the heading of a careful urban renewal and urban repair – the historical, in all its complexity and inconsistency, had its say again, as an antithesis to the functionalism of avant-garde modernism. With Robert Venturi or Kevin Lynch, pictoriality and symbolism were again established as qualities in architecture and urban development;[20] Aldo Rossi's *The Architecture of the City* advocated a site-specific architecture, in which the individual urban typologies, structures, and monuments were to launch a renewal of architecture in confrontation with the existing building stock.[21] Postmodern theory has not spoken here in favor of a formalist reconstructivism, but tries to connect to the qualities of the often invoked "European" city with a historically informed architecture, after the urban excesses of a technological planning phase hostile to the city, which tackled the established heterogeneity and density of the core cities with the wrecking ball.

Critical reconstruction is the "analysis of the historical and creative values of the existing"[22] – that is, to subject what is encountered in each case to a judging and assessing evaluation, in order to find points of contact for a sustainable (the word came into fashion later) design. Yet precisely this existing – the postwar architecture – is being flattened in Potsdam, Frankfurt, Dresden, and Hildesheim without any need for revisionist and naively reconstructive projects. Had not we just learned to take the "place" seriously? In the Frankfurt city center, the Technisches Rathaus (Technical Town Hall), whose demolition first made the old town project possible, was not the first and only leap in scale. The battered course of the Braubachstraße, created around 1900, had already irreversibly changed the structure, just as the typologically, completely inappropriate suburban development with row buildings on the southern side of the Saalgasse in the reconstruction work. The Archeological Garden, the subway construction, especially the ambitious Kunsthalle Schirn project, and later the Haus am Dom have radically changed the environment in their own way: and a critical reconstruction would have to make exactly this heterogeneous urban space their starting point. Just as the building between Römer and Schirn demonstrated, which strives for a historically informed architecture – behind the rightly criticized Ostzeile with its

20.11 Building site project Gründungsviertel, Lübeck, photo: 2016
20.12 Mäckler Architekten, Gründungsviertel, Lübeck, rendering, 2015

half-timbered buildings–by frequently referring to local historical structures without losing sight of the urban conditions and spatial requirements.

It is no coincidence that reconstructive projects such as the Dom-Römer area are often architecturally banal. Where in addition to façade reconstructions new designs are also allowed–as in Frankfurt or Lübeck–the respective calls for tender specify a rigid, formalistic corset, which is characterized by a mistrust of the abilities of contemporary architecture, and in the determination of "historical" materials as well as roof and window forms are reminiscent of design statutes for monument preservation zones. With a similarly formalistic approach, Hans Stimmann had already attempted to domesticate the boom in Berlin after the fall of the Berlin Wall, and there, as here, it was a wonder when individual architectural teams, despite these oppressive requirements, still found sophisticated solutions. However, these procedures have nothing in common with the free and abstract approach of critical reconstruction, which wanted to recover the Berlin block structurally shaped by mixed use in Berlin, as a formal and *social* organizational structure.

Reconstruction and Revisionism

To its credit, the Dom-Römer area was able to avert the total architectural admission of failure: the total reconstruction of the city quarter as in the prewar state, as demanded by the Altstadtfreunde. The secret motor, the ideal of all reconstructive projects is the historicizing façadeism à la Dresden or the complete copy. Rebuilding in Germany is the magic word of reconstructive and historicizing planning. After all, fifteen "lost" townhouses have also been rebuilt in Frankfurt. Furthermore in Lübeck, a critic of the competition hoped that it would be possible to "reconstruct one or the other real" façade "as an authentic starting point for the history of the district."[23]

The popular interpretation of the projects in Potsdam, Lübeck, or Frankfurt as reconstruction is at least astonishing, seventy years after the end of the war. Looking more closely at the patterns of argumentation, two aspects become clear: a revisionist view of architecture and urban planning with an antimodern thrust; and despite its vagueness, a disturbing view of history and the realities of our society.

At the beginning of the Dom-Römer project–as well as the reconstructions in Hildesheim, Dresden, Berlin, or Potsdam–there was a naïvely seeming desire to have something back: "… until its destruction during the war in May 1944, the old town of Frankfurt was one of the most beautiful gothic old towns in Germany. The more than 1,200 buildings, many of them historically important, fell victim to a terrible hail of bombs. Now, after the demolition of the Technisches Rathaus in 2010, over 65 years after the destruction, Frankfurt has for the first time the chance to reconstruct about 30 old townhouses and thus to get back a valuable piece of its old town."[24] The chance to get back, a valuable piece of a "gothic" old town, thus under the suppression of 500 years of city history and all of the urban development and monument preservation activities of the nineteenth and twentieth centuries. This old town apparently has no social or civic reality. Our demands on urban areas are incompatible with prewar realities–let alone the Middle Ages. It is an idealized image that feeds all longing for reconstruction as original, pure, and genuine, whose realization in a "reconstruction" is intended to create an identity against the ambiguities, confusion, and impositions of all kinds.

In its mélange, this unstable construction requires stabilization by a whole arsenal of stability anchors. Thus it was not said in Frankfurt, which would have been true, the Hühnermarkt would be recreated, but there is construction "at the Hühnermarkt"–as if the small square had always been there, which first the war and then the colossus of the Technisches Rathaus made completely disappear. Here, the buildings are "resurrected," whose mnemonic names already guarantee age and aura: Goldene Waage, Goldenes Lämmchen, Alter Esslinger, etc. And architectural spolia–which were salvaged after the war and stored as a precaution, and were now in part arbitrarily installed as "living witnesses of the past"[25]–ultimately have to serve as "seals of quality" and substantively tangible statements of authenticity.

In this revisionist historical view, two levels are erased, and that is significant. On the one hand, in the Alstadtfreunde's already quoted manner of speaking, the wound of the war is not traced back to National Socialism and the Third Reich's aggressive annihilation policy, but the destruction is ascribed to a "terrible hail of bombs" that out of the blue makes the city a "victim." On the other hand, everything that is disruptive and disturbing is erased, and here it is above all postwar modernism that made the city a victim for the second time, in this perspective. In Hildesheim, Lübeck, and Frankfurt, the witnesses of a postwar modernism declared unsuccessful are promptly cleared away, just as GDR modernism was and is subject to negotiation in Dresden and Potsdam. Historical witnesses, even uncomfortable ones, have had to and must give way to a pseudo-historical, glossy façadeism. **20.13 / 20.14**

20.13 Hilmer & Sattler und Albrecht, reconstruction of Palast Barberini at the Alter Markt, Potsdam, 2013–17, photo: 2016

20.14 Sepp Weber, former university of applied sciences at the Alter Markt, Potsdam 1970–74, photo: 2017

Now the architecture of the postwar period in Frankfurt and elsewhere has not just covered itself in glory. Rightly, the inhospitality of our (modernly resurrected) cities was criticized by Alexander Mitscherlich;[26] the inability to mourn lamented by the same author, however, has taken on completely new dimensions for the old town clones.[27] What can be the social function of a building that, in the invocation of the good old days, comes across so locally proud, so faithfully German? This planning and building, I fear, makes the case for a questionable German dominant culture and the faithful commitment to a homeland, which nevertheless always encourages the bipolarity of inside and outside, of *dahoam* (at home) and *nei'gschmeckt* (newcomer), belonging and alienating. *On est chez nous* (we are at home) was the central – and quite xenophobic – advertising slogan of the Front National in the French election campaign of 2017. However, architecture and urban development must positively take up the challenges of a heterogeneous and fractured society and history, especially in the public and key spaces of our cities. The fact that a Federal Ministry of the Interior, Building, and Community is now emerging in Germany fits the picture, and the outlook is not optimistic with regard to building. The last stanza of the Fehlfarben song[28] quoted in the title is, "Gray B-Film Heroes / Soon governing the World / Things are progressing." Oh well.
(Translated by *Inez Templeton*)

---

[1] N.N., "Wir planen die Altstadt," *DomRömerZeitung – Informationen zum Wiederaufbau der Frankfurter Altstadt*, issue 1, 10/2010, p. 1.

[2] On the Dom-Römer area, see Wenzel, Ursula and Deutscher Werkbund Hessen (Ed.), *Standpunkte. Zur Bebauung des Frankfurter Römerbergs*, Frankfurt am Main 2007; Hansen, Astrid, "Die Frankfurter Altstadtdebatte - Zur Rekonstruktion eines 'gefühlten Denkmals,'" *Die Denkmalpflege* vol. 65, no. 1, 2008, p. 5–17; Vinken, Gerhard, "Unstillbarer Hunger nach Echtem. Frankfurts neue Altstadt zwischen Rekonstruktion und Themenarchitektur," *Forum Stadt. Zeitschrift für Stadtgeschichte, Stadtsoziologie, Denkmalpflege und Stadtentwicklung* vol. 40, no. 2, 2013, p. 119–36; Crone, Benedikt, "Dom-Römer-Areal in Frankfurt am Main," *Bauwelt*, no. 16, 2017, p. 30–37.

[3] Vinken, Gerhard, "Im Namen der Altstadt. Stadtplanung zwischen Modernisierung und Identitätspolitik. Einführung in eine wechselhafte Geschichte," in Enss, Carmen M. and Gerhard Vinken (Ed.), *Produkt Altstadt. Historische Stadtzentren in Städtebau und Denkmalpflege*, Bielefeld 2016, p. 9–26.

[4] Vinken 2013, p. 134–36.

[5] Schwartz, Nelson D., "The Economics (and Nostalgia) of Dead Malls," *The New York Times*, 1/3/2015, https://www.nytimes.com/2015/01/04/business/the-economics-and-nostalgia-of-dead-malls.html (3/14/2018).

[6] Venturi, Robert, Denise Scott Brown, and Steven Izenour, *Learning from Las Vegas*, Cambridge MA 1972.

[7] Walker, Alissa, "Why is New Urbanism So Gosh Darn Creepy?" *Gizmodo*, 4/18/2014, http://gizmodo.com/why-is-new-urbanism-so-gosh-darn-creepy-1564337026 (3/14/2018).

[8] HRH Charles, Prince of Wales, *A Vision of Britain. A Personal View of Architecture*, New York 1989; Krier, Leon, *Architecture: Choice or Fate*, Winterbourne (UK) 1998.

[9] http://www.pro-altstadt-frankfurt.de/index.php/component/content/article/13-stimmen/9-leon-krier (5/30/2018).

[10] UK Independence Party (UKIP), "Building for the Future," https://youtu.be/L0EkIahdooM (5/30/2018).

[11] Hassenpflug, Dieter, *Der urbane Code Chinas*, Basel 2008; Den Hartog, Harry, "Urbanisation of the Countryside," in Den Hartog, Harry (Ed.), *Shanghai New Towns: Searching for community and identity in a sprawling metropolis*, Rotterdam 2010, p. 7–42.

[12] Hassenpflug, Dieter, "Citytainment oder die Zukunft des öffentlichen Raums," in Matejovski, Dirk (Ed.), *Metropolen, Laboratorien der Moderne*, Frankfurt am Main et al. 2000, p. 308–20.

[13] Enss, Vinken 2016.

[14] For documentation on the founding district and several contributions on the new building project, see *Bürgernachrichten. Zeitschrift der Bürgerinitiative Rettet Lübeck*, for example nos. 113–115, 2013–2015.

[15] Briegleb, Till, "Die Zukunft des Giebelhauses," *Süddeutsche Zeitung*, 2/16/2015.

[16] Finke, Manfred, "Ein ungewohntes Ereignis: Müssen wir ein solches Gründerviertel wollen?", *Bürgernachrichten. Zeitschrift der Bürgerinitiative Rettet Lübeck*, no. 115, 2015, p. 5.

[17] "Gründungsviertel Lübeck. Ein Wettbewerb als Kostümfilm," *Baunetz*, 2/23/2015, http://www.baunetz.de/meldungen/Meldungen-Ein_Wettbewerb_als_Kostuemfilm_4234983.html (3/12/2018).

[18] Briegleb, Till, "Die Zukunft des Giebelhauses," *Süddeutsche Zeitung*, 2/16/2015.

[19] Bauausstellung Berlin GmbH (Ed.), *Internationale Bauausstellung Berlin 1987, Projektübersicht*, Offizieller Katalog, Berlin 1987.

[20] Venturi, Scott Brown, Izenour 1972; Lynch, Kevin A., *Image of the City*, Cambridge MA 1960.

[21] Rossi, Aldo, *L'architettura della città*, Padua 1966.

[22] Joseph Kleihues with reference to Rossi. See Brichetti, Katharina, *Die Paradoxie des postmodernen Historismus: Stadtumbau und städtebauliche Denkmalpflege vom 19. bis zum 21. Jahrhundert am Beispiel von Berlin und Beirut*, Berlin 2009, p. 138–52, here pp. 162f.

[23] Finke, Manfred, "Ein ungewohntes Ereignis: Müssen wir ein solches Gründerviertel wollen?", *Bürgernachrichten. Zeitschrift der Bürgerinitiative Rettet Lübeck*, no. 115, 2015, p. 5.

[24] http://www.altstadtforum-frankfurt.de/ (5/30/2018).

[25] Bartetzko, Dieter, "Lebendige Boten des Vergangenen," *Frankfurter Allgemeine Zeitung*, 4/22/2015; also see Bartetzko, Dieter, "Aus alt macht neu. Plädoyer für eine wahrhaft alte Altstadt," in Wenzel, Ursula and Deutscher Werkbund Hessen (Ed.), *Standpunkte. Zur Bebauung des Frankfurter Römerbergs*, Frankfurt am Main 2007, p. 52–55.

[26] Mitscherlich, Alexander, *Die Unwirtlichkeit unserer Städte. Anstiftung zum Unfrieden*, Frankfurt am Main 1965.

[27] Mitscherlich, Alexander and Margarete Mitscherlich, *Die Unfähigkeit zu trauern. Grundlagen kollektiven Verhaltens*, Munich 1967.

[28] From the song "Ein Jahr (Es geht voran)" by Fehlfarben, 1980.

THE POCKET HANDKERCHIEFING OF BRUTALIZED BOURGEOIS CULTURE – HOW THE RIGHT IN FRANKFURT AND ELSEWHERE IS TRYING TO RECONSTRUCT AN ALTERNATIVE GERMAN HISTORY

Stephan Trüby

A picture of both high symbolic value and unclear provenance has floated for considerable time in the Internet: some Dresdener – it may well be assumed a Dresden right-winger – has in an original manner tattooed on his back, not a swastika, SS runes, or something similar, but a picture of the Frauenkirche Dresden, which was built from 1726 to 1743 based on a design by Georg Bähr, ruined in the firestorm of February 13–14, 1945, and finally rebuilt from 1994 to 2005.[1] Above it, there is no Nazi saying – such as "My honor is called loyalty" – but Dresden's nickname, which became widely used from the beginning of the nineteenth century and today continues to internationally push Saxon capital's marketing: "Elbflorenz" (Florence on the Elbe). **21.2** The picture is suitable as memorandum of a hitherto barely noticed, but all the more threatening, development of recent years: architecture – more precisely, reconstructed architecture – seems to have become a key medium of the authoritarian, völkisch, historically revisionist right. And not just in Dresden. In other German cities, hiding behind the gleaming architectural surfaces of newly constructed or to be constructed views of history, there are sometimes machinations of right-wing radicals who, with the help of a seemingly aesthetics-only discourse, can increasingly register political gains in the locally proud, culturally interested, but partly also politically naïve, cultural middle class. Specifically: at the beginning of at least two central reconstruction projects in Germany – namely the Garnisonkirche in Potsdam and the new old town in Frankfurt am Main – are the words of pseudo-conservative revolutionaries, who try to give their political upheaval project a harmless, conservative-preserving veneer with the help of supposedly popular retro buildings.

Not only does reconstruction architecture seem to have become a key medium of the right wing, but reporting on architecture in New Right media has also intensified considerably in recent years – not least because today there are more publications from this political spectrum than about twenty years ago. At that time, right-wing art historians, such as Richard W. Eichler[2] (1921–2014) could only publish their books – e.g., *Die Wiederkehr des Schönen* (1984,

The Return of the Beautiful) or *Baukultur gegen Formzerstörung* (1999, Building Culture against the Destruction of Form) – in the grubby milieu of the Tübingen Grabert-Verlag, which was monitored by the Federal Office for the Protection of the Constitution. Today's writers with kindred spirits have publishing opportunities with essentially more sophisticated, eye-catching visuals, completely unobserved by federal agents.

Above all, the journal *Cato* – first published in 2017 and launched by the Göttingen high school teacher and New Right journalist Karlheinz Weißmann and whose editorial is headed by longtime *Junge-Freiheit* (Young Freedom) author Andreas Lombard – has become the most pretentious among the new antimodern magazines, with the issues published to date. The journal, which calls itself in the subtitle "Magazin für Neue Sachlichkeit" (Magazine for New Objectivity) – in cultural historico-cultural cluelessness or in perfidious fake news readiness – operates a systematic unobjectification of cultural discourse in general, and the architectural discourse in particular. In issue 1, for example, British wine connoisseur, homophobe,[3] and feminism critic Roger Scruton was allowed to publish an ill-tempered "swan song on the narcissistic eccentricity of modernity"; following in issue 2 – accompanied by a hymn from Weißmann to Peter Zumthor's Brother Klaus Chapel (2005–07) in the Eifel and a home story by the notoriously resentful Hans-Jürgen Syberberg – was an inspection of the Humboldtforum construction site with Wilhelm von Boddien, the managing director of the Förderverein für den Wiederaufbau des Berliner Schloss (Friends' Association for the Reconstruction of the Berlin Castle). And in the issue 3, the Luxembourg architect and Albert Speer senior fan Léon Krier is committed to cultivating genius in his own right under the title "Berufen oder Arbeitslos" (Qualified or Unemployed) – and is also allowed to publish a racist drawing from his own production, which defames "modernist pluralism" as "degenerate" and celebrates "traditional pluralism" as "racial purity. **21.3** The "pocket handkerchiefing" of brutalized bourgeois culture forges ahead.

David Irving and the Consequences

The reconstruction-affective programs of pseudo-sophistication – which are found both on the pages of *Cato* and the tattooed backs of the at least local patriotic, if not neo-Nazi, Dresdeners – are doing the groundwork for a Germany, about which the architectural theorist Philipp Oswalt also once wrote critically and with good reason, it would "not

---

21.2 Tattoo "Elbflorenz" with Dresden's Frauenkirche, photo: unknown

21.3 Léon Krier, Traditional pluralism and modern pluralism, drawing, 1985

dream of another future, but of another history."⁴ One could also say, of a historical revisionism, in which Germany would finally no longer be perpetrators, but victims. Historically speaking, the initiator of this reassessment movement most teeming with results may be the Briton David Irving (*1938), who became known in Germany for the first time in 1963 with his successful publication *The Destruction of Dresden*, followed a year later by *Und Deutschlands Städte starben nicht* (And Germany's Cities did not Die). Both publications document the central idea of "cultural annihilation" during the Second World War – and mistakenly attempt to assign the United Kingdom (UK) the villain's role. Seen in the cold light of day, however, it was the German bombing of Coventry on November 14, 1940 – which bore the cynical operation name "Moonlight Sonata" – that became the turning point of the Second World War, in that it was the first time that armaments and industrial installations were not destroyed, but a cultural asset. At the latest in April 1942, the situation escalated, and Gustaf Braun von Stumm – legation councilor in the Federal Foreign Office – announced that from now on the German Air Force would bomb every building in the UK with three stars in the *Baedeker*.⁵ Soon, British media warned against the so-called Baedeker raids, which were supposed to break the morale of the civilian population, but had exactly the opposite effect. No one should have been surprised that this dynamic finally reached its sad climax in the destruction of Dresden in autumn 1944. Nor should anyone today. No more than it should be surprising that Irving's other "career" as a Holocaust denier resulted him entry bans in several countries, including Germany.

On the keyboard of historical revisionism, bombing victimization, perpetrator-victim reversal, and identity excess assembled by Irving and others, the innumerable reconstruction-related cityscape associations are currently playing their song of architectural harmony. Without historical contextualization, for example, the website of the umbrella organization Stadtbild Deutschland e.V. (German Cityscapes) complains: "As the ludicrous amount of 1.3 million tons of explosive and incendiary bombs rained down on the centuries-old cores of German cities within a few years, as the resultant area-wide fires transformed the architectural testimony of as many as 30 generations into ash and dust, and as a total of 97 Central European cityscapes ceased to exist, not one of the founding members of Stadtbild Deutschland had been born."⁶ The latter may be true, yet should not it be the responsibility of younger generations to ask about the historical conditions that led to the devastation, instead of perpetuating a sacrificial myth? It is not surprising that the historical revisionist climate – which on the website of Stadtbild Deutschland is discharged as an architectural populism enamored of the past – also offers right-wing populists a podium. Thus, Harald Streck, board member and until April 2018 national chairman of the association, co-signed the "Erklärung 2018" (Declaration 2018), in which Andreas Lombard and Karlheinz Weißmann – together with Michael Klonovsky (the personal advisor to AfD politician Alexander Gauland), Dieter Stein (founder, editor-in-chief and managing director of *Junge Freiheit*), and other right-wingers – rail against "illegal mass immigration." For example, board member (until April 2018) Markus Rothhaar – holder of the endowed professorship for bioethics at the Catholic University of Eichstätt-Ingolstadt – prefers articles in social media from *Tichys Einblick* (Tichy's View), criticizes diversity concepts in companies, deplores the critical handling of Rolf Peter Sieferle's extreme right-wing late work, and rants about the "blight of snooping into people's views, denunciation, and pseudo-moralism," which Angela Merkel and her "henchmen from the press, churches, and politics have placed over the country."

The nexus of right-wing ideas, historical revisionism, and reconstruction commitment can be particularly well understood in the Garnisonkirche reconstruction project in Potsdam, which is vehemently supported by the Stadtbild Deutschland e.V. **21.4** Built in 1735 by Johann Philipp Gerlach, heavily destroyed in the Second World War, and then demolished in 1968, the church had become a "symbol of German militarism" in the GDR – also because during the Weimar Republic, the church was extremely popular in nationalist, antidemocratic, and right-wing circles⁷ – and accordingly was chosen as the site of the notorious Hitler-Hindenburg handshake on March 21, 1933, thus the place of alliance between National Socialists and conservative German nationals. The reconstruction plans go back to activities of the Traditionsgemeinschaft Potsdamer Glockenspiel e.V. (based in Iserlohn) and its former chairman Max Klaar, a retired lieutenant colonel, who from the mid nineteen-eighties not only had the Glockenspiel of the Garnisonkirche reconstructed in order to officially present it to the city of Potsdam in 1991, but also collected six million euros for the complete reconstruction of the church – but please "not for one in which gays are married or conscientious objectors are advised."⁸ Klaar, who repeatedly questioned Germany's guilt for the outbreak of the Second World War and was classified with his association

21.4 Press release by the AfD faction Brandenburg, "Wiederaufbau der Potsdamer Garnisonkirche muss gesichert werden!" (The reconstruction of the Garnisonkirche in Potsdam must be assured), October 20, 2016

of German soldiers and the magazine *Soldat im Volk* by the German Defense Minister as a right-wing extremists, withdrew from the reconstruction project in 2005, but was nevertheless successful. The church has been under construction since 2017, supported by a broad coalition of churches, politics, business, and the public. The reconstruction project was supported scholarly by, among others, art historian Peter Stephan, who in 2015 carried out a symposium on the Garnisonkirche as Professor of Architectural Theory and History at the Potsdam University of Applied Sciences – in cooperation with the Garnisonkirche Potsdam Foundation and the Fördergesellschaft für Wiederaufbau (Patrons for Reconstruction). Stephan's political positions have been known since an *ARCH+* article by the author of this essay, in which the scholar's Facebook journalism was made public: it is characterized by an understanding of Pegida, a trivialization of the Crusades, as well as Islamophobia, and, among other things, is directed against a "left-wing dictatorship," against the "shit" of a language that is favorable to women and migrants.[9]

The New Frankfurt Old Town: The Initiative of a Right-wing Extremist

While in Potsdam, the initiative of a right-wing extremist is only leading to a (albeit highly symbolic) single building with the Garnisonkirche, with the new old town in Frankfurt am Main, **21.5** it led to the central district of the most important financial metropolis on the European continent – thanks to the efforts of Claus Wolfschlag. Born in 1966, Wolfschlag is a nationalist author from the New Right – he also signed the "Erklärung 2018" – who tries to maintain his respectable side with sporadic publications in the *Frankfurter Allgemeine Zeitung* and the *Offenbach-Post*, but his first essays in the late nineteen-eighties were published in *Europa*, a magazine close to the NPD. Since then, he has also published in staunchly right-wing papers such as *Junge Freiheit, Burschenschaftliche Blätter, Preußische Allgemeine Zeitung*, and Götz Kubitschek's right-wing *Sezession* and contributed his work to openly anti-Semitic papers, such as *Zur Zeit*[10] and national-revolutionary to extreme right-wing oriented magazines *Wir selbst* and *Volkslust*. It was this Claus Wolfschlag who, as an assistant to the faction, formulated Motion No. 1988 of the Freien Wähler Bürgerbündnis für Frankfurt (BFF, Free Voters - Citizens' Coalition for Frankfurt) in August 2005 and handed it over to his city councilor Wolfgang Hübner for submission to the city council.[11] Although this motion was indeed rejected by a large majority in the city council, it describes exactly what the black-green coalition put through the city parliament in 2006 and what has now been built. As a result, the Pro Altstadt e.V. – closely associated with the BFF and founded in 2006 (under the chairmanship of BFF member Cornelia Bensinger and today a so-called friendly association of Stadtbild Germany e.V.) – toppled the then award-winning competition design for the area by KSP Engel and Zimmermann and gradually cleared the way for the reconstruction of the fifteen old town buildings between the Dom and the Römer. The Pro Altstadt e.V. website names Wolfschlag and Hübner today as "fathers of the reconstruction initiative."[12] **21.1** When asked if he sees himself as the "father of the new old town," Wolfschlag recently said that the whole thing was like a gas cloud in the air that he only needed to ignite.

Wolfschlag's brilliant idea was easy to achieve in a metropolis where museumization and historicization tendencies in the old town had already begun around 1900.[13] After 1945, it was above all the reconstruction of the Goethe House, completed in 1951 by Theo Kellner, which may be considered the "key building of local and national self-location after the 'zero hour.'"[14] Walter Dirks, coeditor of the *Frankfurter Hefte*, was one of the most articulate opponents of this reconstruction. He justified his negative attitude by the fact that only the acceptance of fate is worthy of Goethe; that it is crucial "to have the strength to say goodbye, to say the irrevocable farewell;" that one should not "fool oneself nor anyone else in pious deception," that the building was "actually there."[15] Behind Dirk's attitude – from today's point of view quite rightly – was the concern that with the reconstruction, one wanted to erase the traces of National Socialism and thus also their own guilt.[16] A little later Frankfurt went fully into history revisionism, namely with the reconstruction of the Ostzeile of the Römerberg (1981–83). Under the great protest of many architects and monument preservationists, and on the basis of the thinnest building history information, a quarter emerged of partly fictitious history simulation. Frankfurt under senior mayor Walter Wallmann – between 1977 and 1986, in which the completion of the Ostzeile occurs – gave rise to the first attempt by a Western European city to emphasize the local, using historicizing references in the service of a global location positioning.[17]

Nevertheless, it is a neoliberal location positioning, which is currently in the risk of going of the rails because it could be used to feed illiberal ideologies into the mainstream of allegedly culture-oriented urbanity. Wolfschlag's architectural

21.1 Website of Pro Altstadt e.V., 2018

21.5 Esslinger building, Frankfurt am Main, photo: 2018

theory – which is summarized in a longer essay, "Heimat bauen" (Building Home), from 1995 – stands for nothing else. The text was published in the anthology *Opposition für Deutschland* (Opposition for Germany) – which was edited by the former NPD and DVU official Andreas Molau, and in which the Stuttgart right-wing extremist and building contractor Hans-Ulrich Kopp (Lautenschlager and Kopp), the Munich NPD activist Karl Richter, and the Holocaust denier and neo-Nazi Germar Rudolf are represented with contributions. In his text, Wolfschlag pleads for a better appreciation of the architectural theme in right-wing and extreme right-wing circles: "… whoever wants to talk about the people and their homeland can certainly not remain silent about the architecture (in and with which the people ultimately live)."[18] In what follows, he complains about the "asylum lobby" and "the desired foreign peoples"[19] and recommends an immediate moratorium on new buildings: "Any further building activity seals additional, ecologically valuable grassland or at least promotes the further urbanization of the German settlement area."[20] Wolfschlag fundamentally rejects modern architecture, especially "because it is ashamed of the earth": "A human architecture wants to make its roots with the earth visible again."[21] Although he sympathizes with historicizing model cities – such as Poundbury in Dorset, which was built by Léon Krier for Prince Charles – Wolfschlag sees the future of building not in a Krierian classicism (to him Krier is still too internationalist), but in a more nationalistic design language: "Grand monuments – such as the Monument to the Battle of Nations in Leipzig from 1913, numerous Bismarck towers, the temple designs based on organic Art Nouveau by the artist Fidus, or the Ordensburg Vogelsang completed during the Nazi era – can serve as suggestions for what a carefully placed, non-antique monumentality could look like. Powerful natural stone blocks that seem to radiate into the landscape like a prehistoric megalithic tomb. Roundings and caves fit more in the northern climes than smooth marble rows of pillars."[22] Exactly ten years later, in the old town reconstruction motion from the BFF fraction in Römer, the same ideologist paraphrased the same ideology in harmless words and campaigned successfully for a "city cure," for the recovery of a Frankfurt "soul" – only to speak clearly again in a an article published in the quarterly journal *Neue Ordnung* in 2007, which is classified by the Documentation Centre of Austrian Resistance (DÖW) as being part of the alt-right. Under the title "Rekonstruktion. Zur Wiedergewinnung architektonischer Identität" (Reconstruction: On the Recovery of Architectural Identity), Wolfschlag calls for the end of the "cult of guilt" by "reclaiming historic built heritage."[23]

One-Dimensional, Idyllic World Building

To avoid misunderstandings: this is neither a call for the demolition of half-timbered buildings,[24] nor a matter of accusing all supporters of reconstructions of right-wing ideas. Nor is it about objecting reconstruction projects at all. Reconstructions in the sense of recoveries after catastrophes and wars are a historical matter of course. Thus, the reconstruction after the Second World War produced a considerable range of different culturally convincing forms of reconstructions,[25] of which the "compromise forms"[26] between the two extreme positions of "idealizing reconstruction" and "demolition of war ruins and modern new building" – one thinks of Rudolf Schwarz's Paulskirche in Frankfurt am Main (1947–48) or Hans Döllgasts Alte Pinakothek in Munich (1946–57) – led to masterpieces of lasting value. **21.6 / 21.7** Not least with these role models in mind, the team led by David Chipperfield went on reconstructing the Neues Museum in Berlin (1997–2009), with the completely destroyed northwest wing and the southwest avant-corps rebuilt closely following the original volumes and spatial sequences and the retained building components restored and supplemented. The result is a virtuoso amalgam of past and present, which keeps the breaks of history visible and also offers future generations complex illustrative material for the discontinuities of the course of time. **21.8** Quite different is the new Frankfurt old town. What is scandalous here is that the initiative of a right-wing radical led to a district with seemingly unbroken repetition architectures, without any noteworthy opposition from civil society; historically informed design degenerates into the hardly differentiated *Heile-Welt-Gebaue* (building of an idyllic world), which works to reduce the mental enfeeblement of its admirers by reducing history to a one-dimensional request program. For this audience, the past should run smoothly in the direction of an alternative history for Germany. A history in which National Socialism, the German wars of aggression, and the Holocaust threaten to become at most anecdotes.

(Translated by *Inez Templeton*)

21.6 Johannes Krahn, reconstruction of the Paulskirche, Staircase, drawing, 1946
21.7 Hans Döllgast, reconstruction of Alte Pinakothek, Munich, 1946–57, photo: 2012
21.8 David Chipperfield, reconstruction of the Neues Museum, Berlin, 1997–2009, photo: 2009

1. This article is the long version of an essay that was published in the *Frankfurter Allgemeine Sonntagszeitung* on April 8, 2018 under the title "Wir haben das Haus am rechten Fleck gebaut" (We erected the building in the right spot). The publication was followed by a shitstorm from the reconstruction milieu, which was unleashed among others on the right-wing blogs *PI-News / Politically Incorrect*, the blog by Claus Wolfschlag, and the right-wing conservative website *Tichys Einblick*. See Hübner, Wolfgang, Neue Altstadt in Frankfurt: Sind schönere Städte 'rechtsradikal'? Zum Denunziationsversuch eines Modernisten," *PI-News*, 4/9/2018, http://www.pi-news.net/2018/04/neue-altstadt-in-frankfurt-sind-schoenere-staedte-rechtsradikal/ (5/30/2018); Wolfschlag, Claus, "Frankfurts Neue Altstadt – Das Herz am rechten Fleck. Eine Antwort," 4/9/2018, https://clauswolfschlag.wordpress.com/2018/04/09/frankfurts-neue-altstadt-das-herz-am-rechten-fleck-eine-antwort/ (5/30/2018); Tichy, Roland, "Jagd auf Rechte: Jetzt sind die Fachwerkhäuser dran!" *Tichys Einblick*, 4/12/2018, https://www.tichyseinblick.de/tichys-einblick/jagd-auf-rechte-jetzt-sind-die-fachwerkhaeuser-dran/ (5/30/2018); Wolfschlag, Claus, "Trüby, Oswalt, Sauerbrei und Arch+ – eine weitere Antwort zur modernistischen Seilschaft," 5/11/2018, https://clauswolfschlag.wordpress.com/2018/05/11/trueby-oswalt-sauerbrei-und-arch-eine-weitere-antwort-zur-modernistischen-seilschaft/ (5/30/2018). The newspaper *Die Welt* also responded with two articles and the weekly paper *Junge Freiheit* conducted an interview with Claus Wolfschlag. See Guratzsch, Dankwart, "Ist Fachwerk faschistisch?" *Die Welt*, 4/23/2018; Poschardt, Ulf, "Fachwerk ist antifaschistisch," *Die Welt*, 5/4/2018; Wolfschlag, Claus, "'Mit Disneyland hat das nichts zu tun'," *Junge Freiheit*, no. 21, 2018, 5/18/2018.
2. The art historian Richard W. Eichler (1921–2014) worked as an editor for Hans F.K. Günther, Paul Schultze-Naumburg, and Wolfgang Willrich during National Socialism. In the nineteen-eighties, he wrote contributions for the right-wing, neopagan Thule seminar, and was awarded the seal of the right-wing association Dichterstein Offenhausen in 1990.
3. In his essay "Sexual morality and the liberal consensus" (1989), Scruton describes homosexuality as a perversion. He believes he can argue that homosexuals are unable to contribute to a socially stable future, because they do not want to have children. See https://en.wikipedia.org/wiki/Roger_Scruton (5/30/2018).
4. Oswalt, Philipp, *Stadt ohne Form. Strategien einer anderen Architektur*, Munich et. al. 2000, p. 56.
5. Grayling, A. C., *Among the Dead Cities*, London 2006.
6. See https://stadtbild-deutschland.org/anliegen-und-leitbild/ (30/5/2018).
7. Grünzig, Matthias, *Für Deutschtum und Vaterland. Die Potsdamer Garnisonkirche im 20. Jahrhundert*, Berlin 2017.
8. Quoted in Weidner, Anselm, "Kirchlicher Glanz für militärisches Gloria," *die tageszeitung*, 10/13/2012, http://www.taz.de/!550903/ (30/5/2018).
9. Trüby, Stephan, "Rechte Räume – Über die architektonische 'Metapolitik' von Rechtspopulisten und -extremisten in Deutschland," *ARCH+ 228: Stadtland – Der neue Rurbanismus*, April 2017, pp. 154–161. A few days after the publication of this article, Peter Stephan deleted his Facebook profile.
10. In 1999, the magazine wrote about Adolf Hitler as a "great social revolutionary," who was not to blame for the outbreak of the Second World War; Winston Churchill was the guilty party. In 2000, under the pseudonym Norbert Niemann, an "end to coming to terms with the past" was demanded; the impression was also given that Jews were responsible for anti-Semitism. See https://de.wikipedia.org/wiki/Zur_Zeit (3/21/2018).
11. Thanks to Philipp Sturm for the information about the BFF motion, its author Claus Wolfschlag, and the founding of the Pro Altstadt e.V. Together with Moritz Röger, he had a conversation with Wolfgang Hübner on January 15, 2018 and one with Claus Wolfschlag on January 31, 2018.
12. See http://www.pro-altstadt-frankfurt.de/index.php/wiederherstellung (5/30/2018).
13. In the nineteen-twenties, for example, the Frankfurt old town became the compensatory equivalent of the "New Frankfurt" at the gates of the city. See Welzbacher, Christian, *Durchs wilde Rekonstruktistan. Über gebaute Geschichtsbilder*, Berlin 2010, p. 49.
14. Ibid., p. 63.
15. Quoted in Rodenstein, Marianne, "Goethehaus, Frankfurt am Main," in Nerdinger, Winfried (Ed.), *Geschichte der Rekonstruktion. Konstruktion der Geschichte*, Munich 2010, p. 434.
16. Ibid.
17. Bideau, André, Architektur und symbolisches Kapital. Bilderzählungen und Identitätsproduktion bei O.M. Ungers, Bauwelt Fundamente 147, Basel 2011, p. 90.
18. Wolfschlag, Claus, "Heimat bauen. Für eine menschliche Architektur," in Molau, Andreas (Ed.), *Opposition für Deutschland. Widerspruch und Erneuerung*, Berg am See 1995, pp. 113–52, here p. 114.
19. Ibid., p. 115.
20. Ibid.
21. Ibid., p. 127.
22. Ibid., p. 134.
23. Wolfschlag, Claus, "Rekonstruktion. Zur Wiedergewinnung architektonischer Identität," *Neue Ordnung*, no. 1, 2007, p. 25.
24. The author was accused of this by Roland Tichy in a deliberately misinformed reply to "Wir haben das Haus am rechten Fleck gebaut," *Frankfurter Allgemeine Sonntagszeitung*, 4/8/2018. See Tichy, Roland, "Jagd auf Rechte. Jetzt sind die Fachwerkhäuser dran!" *Tichys Einblick*, 4/12/2018, https://www.tichyseinblick.de/tichys-einblick/jagd-auf-rechte-jetzt-sind-die-fachwerkhaeuser-dran/ (5/30/2018).
25. Falser, Michael S., "Trauerarbeit in Ruinen. Kategorien des Wiederaufbaus nach 1945," in Braum, Michael and Ursula Baus (Ed.), *Rekonstruktion in Deutschland. Positionen zu einem umstrittenen Thema*, Basel 2009, p. 60.
26. Ibid.

LIKE THE MOTHER HEN OVER ITS CHICKS – A FRAME FOR THE FRANKFURT DOM TOWER

Martin Mosebach

For a long time, I experienced the space between the Dom and the Römer as an empty, sandy area. Nowhere was the destruction of the city in the Second World War as present as it was here. At the same time, it was clear why the otherwise unrestrained rebuilding of the city – which also carelessly allowed the most miserable solutions – stopped here at the nucleus of Frankfurt. The empty space was bordered on the west by the Rathaus (city hall) with its famous stepped gable and the old exhibition halls on the ground floor, above which the Roman-German emperors held their coronation banquet, and in the east by the Kaiserdom (imperial cathedral), where these emperors had been elected and crowned. Between these numinous buildings, the newly crowned Emperor discharged his duties for the first time, because the procession under a baldachin was understood in this sacral monarchy to be an official act in which the Emperor took possession of his empire.

During the years of rebuilding, Frankfurt had decidedly thrown off the burden of history; until the nineteen-eighties, it seemed as if the city fathers basically wanted to regard the city as a new foundation and saw the remains spared from the bombs as obstacles to be eliminated. Respect for even awe of the past were alien to this sentiment – all the more inexplicable that for so long, one was reluctant to fill in the great desert between the Römer and the Dom in the same way as in all other quarters of the perished old town. Incidentally, it is in line with the laws of history that this old town was recognized in its unique quality only shortly before its destruction. In the nineteenth century, like many old towns in Europe, it was a slum; it was restored and rescued only just before it was reduced to rubble – a campaign that was associated with the art historian Fried Lübbecke and has earned him the honorary title *Altstadt-Vater* (Father of the old town). Particularly now, given the reconstructions that are essentially a continuation of his work, his name should be gratefully acknowledged.

I must confess that I was highly skeptical when they began to discuss the plan to reconstruct parts of the old town structure between the Dom and the Römer. That something had to be done in order to heal the gigantic wound was obvious. The most precious building in Frankfurt, Madern Gerthener's tower of the Dom – this rising sculpture with the spire representing the imperial crown – had been spoiled by the brutalist concrete mountain of the Technisches Rathaus (Technical Town Hall). One of my childhood memories is gathering signatures as a pupil against this building – a lost battle at the time. But even if, at the sight of these building masses, with the quaint slate roofs quoting the old town, one could dream of seeing them disappear one day – because the crushing volumes of contemporary architecture often do not have a long viability – the notion that one could at least suggestively restore an impression of the small-scale old town at the foot of the tower seemed hopeless to me.

A castle, a church with traditional architectural drawings by the hands of well-known architects – certainly, that could be rebuilt, I thought. But the collective work of many generations – small buildings that had undergone innumerable changes over the centuries, pressed together in the narrowness of the wall-bound space, matted together – which was irretrievably lost once it had been burned down. And at the same time the tower of the Dom demanded these surroundings, this interlocking structure of narrow buildings with pointed gables. In the past, the tower had been compared to a mother hen that spread its wings over its chicks – the small scale that closely approached its massiveness was the frame that suited it alone. A development around the Dom, which was in keeping with the scale of the tower, had to have this dense small scale – precisely what is often most difficult for contemporary architecture, which simply thinks in large and oversized masses, wide squares, and broad avenues. Impossible at this location – but was not a reconstruction of old town buildings not just as impossible? This was a real problem – unsolvable, it seemed. All of the arguments put forward against any reconstruction project in Germany have been invoked against even partial reconstruction. Goethe's birthplace would not have been rebuilt had it been for the aesthetic and political concerns that spoke against it. Part of this debate – which is currently being conducted around the Potsdam Garnisonkirche – is that the compelling reasoning is always with the opponents of reconstruction, who are often enough to win their case, and that the much less philosophically and politically minded proponents of reconstruction, plunging as it were through the discussion and when the project seems to be finally buried, prevail and create a fait accompli. Then suddenly, that which was just thought to be impossible suddenly stands there turned into stone. One cannot reconstruct an old town – unless one does it.

However, it was done in a way that is highly atypical for major projects of the present day. The growth over centuries

22.1 Imperial Cathedral of Saint Bartholomew, Frankfurt am Main, photo: ca. 1935

22.2 View through the Krönungsweg, Frankfurt am Main, photo: 2018

22.3 View from the Dom, Frankfurt am Main, photo: ca. 1935

could not be imitated, but the mixture of individual buildings and community planning could. Many cooks had to make the broth edible. All were subject to many requirements, but at the same time there was the confidence that the hand of the individual would more or less provide clear visibility. When I heard about the big project, the plan worried me not to completely reconstruct the quarter, but to establish it with new designs that, however, had to submit to the old cadastre. Such new buildings, which approximated an old town silhouette—as they had tried in the first phase of reconstruction Cologne and Nuremberg, or Frankfurt for example with the Alten Limpurg building next to the Römer—have often obtained some artistic craftsmanship, self-consciously fluctuating between the deeply separated aesthetic categories of traditional and industrial building. More than through the single special building, an old town has an effect through the ensemble of buildings, its entire unit of individual buildings has already learned here and there, which is precisely what current urban building would have to learn from the old European cities. Would the buildings that were released for contemporary design not thwart the formation of this whole? Would they not give the impression of a building exhibition or create unwelcome dissonance in juxtaposition with the reconstructed houses?

It is one of the big surprises that this coexistence has not only been generally successful, but has contributed decisively to the success of the project. When discussing such plans for reconstruction, the fatal term "Disneyland" inevitably falls into the public debate; it now seems time to say goodbye to that word. Anyone who still uses it in connection with the Dom-Römer quarter only proves that he is in love with his prejudices and refuses to open his eyes. It is not just a scene compiled from stage-like medieval fantasies, but streets and squares with some spectacular buildings—but with normal urban standards—whose function consists in being a link in the spatial whole of the quarter. The newly designed buildings between the "old" ones give the streets a natural look—no Rothenburg was created, to name a second stereotype—but the image of a largely preserved, yet here and there with gaps due to destruction or demolition, city that continued to be built in the twentieth and twenty-first centuries. In this context, a hymn of praise is sung to those architects who have resisted the temptation to set a memorial with their reinterpretations of an old town building. What sometimes looks like a lack of imagination might also be an expression of good taste, which modestly knows exactly what role it should play in a particular place and in the context of other prominent buildings. The old town quarter consisted not only of treasures such as the Goldene Waage, but also of many narrow craftsman's houses—among them then the large warehouses for the imperially privileged fairs, held in the city since the Middle Ages in times of countless customs barriers. When this quarter came into existence, it was dominated by buildings that today would have to be called "functional buildings"—as if a magnificent patrician residence had not also served a purpose.

In the reconstruction of the Ostzeile of the Römerberg during the legislative period of senior mayor Wallmann—which was an important prerequisite, perhaps the most important for the now completed work—the buildings' rich timber framing had been left visible for understandable reasons, because such elaborate carpentry work has great appeal. As prewar photos show, however, the half-timbered framing of many buildings in the old town was not visible, but plastered. The traditional wooden construction was once thought to be nonurban, the buildings should have looked like stone buildings, or they were covered with shingles over the whole façade. In the Dom-Römer quarter, which largely consists of expert half-timbered buildings, one has now repeatedly plastered such a half-timbered building in the old way to good effect on the whole; it has deliberately dampened the postcard and Christmas romanticism, because the people who will live here are looking for a historical rather than a theatrical atmosphere.

However, the unplanned growth of Frankfurt's old town, which was shaped by the strangulating wall rings, was almost imitated in the recreation. Surely one would not have built two large buildings on the terrain in the shape they have today, if the old town planning had already been a reality: the Schirn Kunsthalle and the Haus am Dom. As if this had not already been corset enough for the reconstruction, a *Stadthaus* of presently unclear function was also found to be necessary. Its pale "old town" façade now presses on the seemingly fragile Goldene Waage, the showpiece of the entire area, which is squeezed from the other side by the uninspired massive Haus am Dom. There are unfortunate clashes elsewhere too, of course, but if I do not go into that here, it is only because the big picture has been so extraordinarily successful in an incomprehensible victory over many improbabilities. The principle of the many cooks has precisely not spoiled the broth; it should also be an example for urban planning of completely new quarters "in the open countryside," such as the new district on the A5, and become an object of study.

The strict specifications for the new architecture in the Dom-Römer quarter have produced some great things. The Schönau building should be mentioned here, on a tiny floor plan with its wavy slate façade; the Großer Rebstock, which hides a subway access, a perfectly classical building; and the Glauburger Hof with its façade of polished concrete, which carries in his gable in large letters the witty reversal of the famous Schiller quotation from *William Tell*: "The new topples and old life grows out of the ruins." That could be experienced in the Braubachstraße in the months when the gigantic mountain of the Technisches Rathaus was removed. After a long tour of the new quarter, one is stunned to learn that the whole multifaceted composition, this memorial to the ruined Frankfurt old town, is no larger than the washed-concrete colossus that only just soared at this spot, as if built for eternity.

(Translated by *Inez Templeton*)

OLD TOWN, THE GAME

Andreas Maier

Historical reconstructions can each entail a different meaning. On the one hand, this concerns the idea underlying the reconstruction or new construction – that is, the telos of the planners or those who have recommended a reconstruction. This also applies to the subsequent interpretation by the opinion-leading majority in the general public or by individuals (for example, me). Original telos and subsequent interpretations can more or less coincide or diverge.

Let us take, as an example of a smaller format the Römerberg-Ostzeile. Because it is not regarded as important and representing the interests of the state, a wide variety of comments were able to run out of control, without the respective speaker having to fear greater accusations. After all, the inhabitants of Frankfurt have an unbroken relationship with the Ostzeile of the Römer, because they do not take it seriously in architectural terms, and rightly so: the façades are partly invented, the ceiling heights aligned, the back of the complex consists of a pure concrete construction. Ostensibly, the *Zeile* (row) should "produce the history" and make the old square visible once again – in general display the Römerberg's formerly familiar structure. Location structure and façade face. Admittedly it occupies an exposed, but only smaller part in an ensemble; it is a partial decision and thus an interpretive solitaire. By talking about the Ostzeile, we are not talking about the entire Römerberg or the old town, but always only about the Ostzeile itself. That saves it. One can explain and approve of this Zeile without having to value it as architecture, and this justifies its general acceptance by the public. One can see that the reception of the Ostzeile of the Römerberg could be a rather dialectical issue.

I would like to give two examples, in which the telos of the reconstruction is obvious and the public opinion of the majority and my personal opinion do not deviate further from the underlying idea: the Warsaw old town and the Knochenhaueramtshaus (butcher's guild hall) in Hildesheim. Similar to the Römerzeile Ost, Warsaw's old town is not a substantial architectural reconstruction, but a reconstruction of façades and building arrangements. Structurally, this is anything but authentic. Some of the buildings are experiencing completely different uses and show different interior structures than in its predestruction condition. But what idea underlay the decision for the so-called reconstruction? The point was not to leave the victory *post festum* to the National Socialists, who had reduced the old town to

23.1 Hühnermarkt, Frankfurt am Main, photo: 2018

rubble, but to demonstrate that at least in this place and in this one urban development aspect, their annihilation policy could be destroyed and the erasing could in turn be erased. This idea is sharply contoured. One could never speak so clearly about the reestablishment of the Römerberg Ostzeile.

From a restoration point of view, the Knochenhaueramtshaus in Hildesheim is a high-quality building that was built in the nineteen-eighties, as far as possible by means of historical handicraft techniques. The original was destroyed around the end of the war in 1945. The rebuilding was debated in Hildesheim for a long time. The preceding building had never completely disappeared from residents' consciousness, even after a new hotel building had been built in its place. One can find this, and it was also discussed, problematic in its political and historical implications; this problematization is appropriate in almost every reconstruction in the Federal Republic. Now the Knochenhaueramtshaus is no mere façade (blend) art, but stands obliquely as an example to almost all other less crafted reproductions. Parts of the façade, whose figurative painting could no longer be reproduced (the soffits), were released for a new artistic design. Found there now are contemporary paintings, some of which deal with war and destruction, others with completely different themes. On a museum floor in the building, the controversial discussion about the reconstruction, which has been going on since the postwar era – and not just the *post festum* significance of the building for the city, which has been firmly established by the rebuilding – is precisely documented. The idea underlying this historical reconstruction was to restore the building in such a way that the illusion of an original condition was avoided and the problematic of rebuilding was not eradicated, but is shown. The building conveys to its observer: I am here in all my splendor and beauty, but that has its pros and cons, and instead of dazzling you and fooling you, I want to enlighten you. For restoring a beautiful old time, I am useless.

This gesture reflects an unusually sophisticated approach to the phenomenon of historical reconstruction, in terms of artisanal, intellectual, and moral considerations.

It is immediately apparent that Frankfurt's newly built old town was not conceived along such a clear line. It will not be perceived as such subsequently. It is less fragmentary than the Römerberg-Ostzeile, no one will just let it pass with a shrug. As a major project, it elicits more consent and identification or even rejection, which the public debate preceding the construction has already proved.

The new old town should neither erase a wound as in Warsaw, through the apparent identification with the original – that would be a catastrophic thought – nor show only historical building techniques, nor should it didactically problematize itself. Instead, underlying this project is a mixture of compromises; its Telos is probably most precisely described with the formulation, to build "somehow something like the old city."

For a while, then, the city was busy formulating in more detail this "somehow something like …" Some buildings were to be reconstructed exactly in accordance with their condition on March 22, 1944 – that is, usually in the plastered and not in the "original" condition – others are to be freely reinvented.

One wanted to be guided by the old streetscape. The new buildings were meant to convey associations such as "old" or "historic" – and not just by erecting gables, filling in the old cubature, and setting the eaves at the former height.

In short, the new old town should in certain details be the old town, but at the same time it should *not*. It was intended as a complex to make the old visible, without having to authentically embody it as a whole.

So what is this, that stands there now, where the Frankfurt old town – the "real" one – once stood? You do not walk there between antiquated façades. If one disregards the Goldene Waage as the showpiece of the ensemble, the uniform exuberance of the Römerberg-Ostzeile is missing. Each building of the new old town stands noticeably for itself and has its own weight. Each of them is really a building and not a fake – that is to say, it is what it represents, a residential building, sometimes with shops on the ground floor.[1] Because the freely invented buildings are noticeable in themselves and possess a creative character, even the terrain gives the impression of not being planned on the drawing board, but growing bit by bit. The architecture of these buildings draws on set pieces from different eras. If you look more closely, the space-time continuum dissolves around it. Some of these buildings could just as well stand in Prague, Bayreuth, or Colmar and have emerged in different centuries.

Let's take Haus Schönau, Markt 10. It looks undoubtedly like an old town building in the sense that it fits into the overall structure, which is supposed to be "somehow" old town. However, if I saw Haus Schönau in a different environment, I probably would not even think that it was a building that looked like an old town building. To this day, there is nothing wrong with building gable roofs and working with slate down to the lower floors of the façade. This building could probably also stand in New York.

On some of the individual buildings in the new old town, there are forms from the Gründerzeit as well as Art Nouveau; many seem almost as if the architects had cubism in mind, not without a good portion of irony. The consistently historic, photographically reconstructed façades recharge the nonhistoric buildings in their neighborhood with their historicity. But only through proximity. If the old city is unique in one aspect, it is that it remains historically vague. So what is this old town? Shouldn't we simply call it a "new district"? Then the reference to the old town would be lost. Should it just be called "old town"? That would also be absurd. Does "exhibition grounds for buildings with specific structural requirements that refer to a formerly existing old town" describe what we have in front of us? What will people think, going through this artificial entity? Will they reflect on how we deal with time and history, in order to solve the mystery of Frankfurt's new old town?

Already during the first walk through the new old town, I had an association. Here, in often successful architecture and to avoid boredom and seriality, work is done on the abolition of history, by contrasting different parts of the history of architecture as on a playing field and giving them common rules of the game – predetermined cubature, eaves height, streets, roof shape, etc. We would have expected something like that one or two television generations earlier on the holodeck of the spaceship *Enterprise*. There you could switch fictitious historical states on and off, switch between them as you wish, and revel in the worlds of yours for a long time, sometimes over several episodes. Computer games also want to lure you into the world made by the developers and create an appetite precisely through their loving and detailed design. The new Frankfurt old town has brought the idea of the holodeck and the virtual game into physical materiality. One can now live in simulation and experience his or her own, modern history there – as a citizen of Frankfurt, with a child, profession, and all that. "Become an old town resident in Frankfurt!" For me, that forms the interpretive core of everything: the area is not a theater backdrop, but a walk-in and habitable fiction of the past, created not with the 3D printer, but with the means of classical architecture consisting of real buildings that rarely mimic the past and often conform to contemporary aesthetic standards. Thus, the new old town of Frankfurt differs from other previous reconstruction projects. It is the most expensive and modern *game* on the market.

(Translated by *Inez Templeton*)

---

[1] Unlike, for example, the infamous Braunschweiger Residenzschloss, which, after its reconstruction outwardly depicts a castle, but houses a huge department store (and other related types of use).

HOUSES BETWEEN DOM AND RÖMER

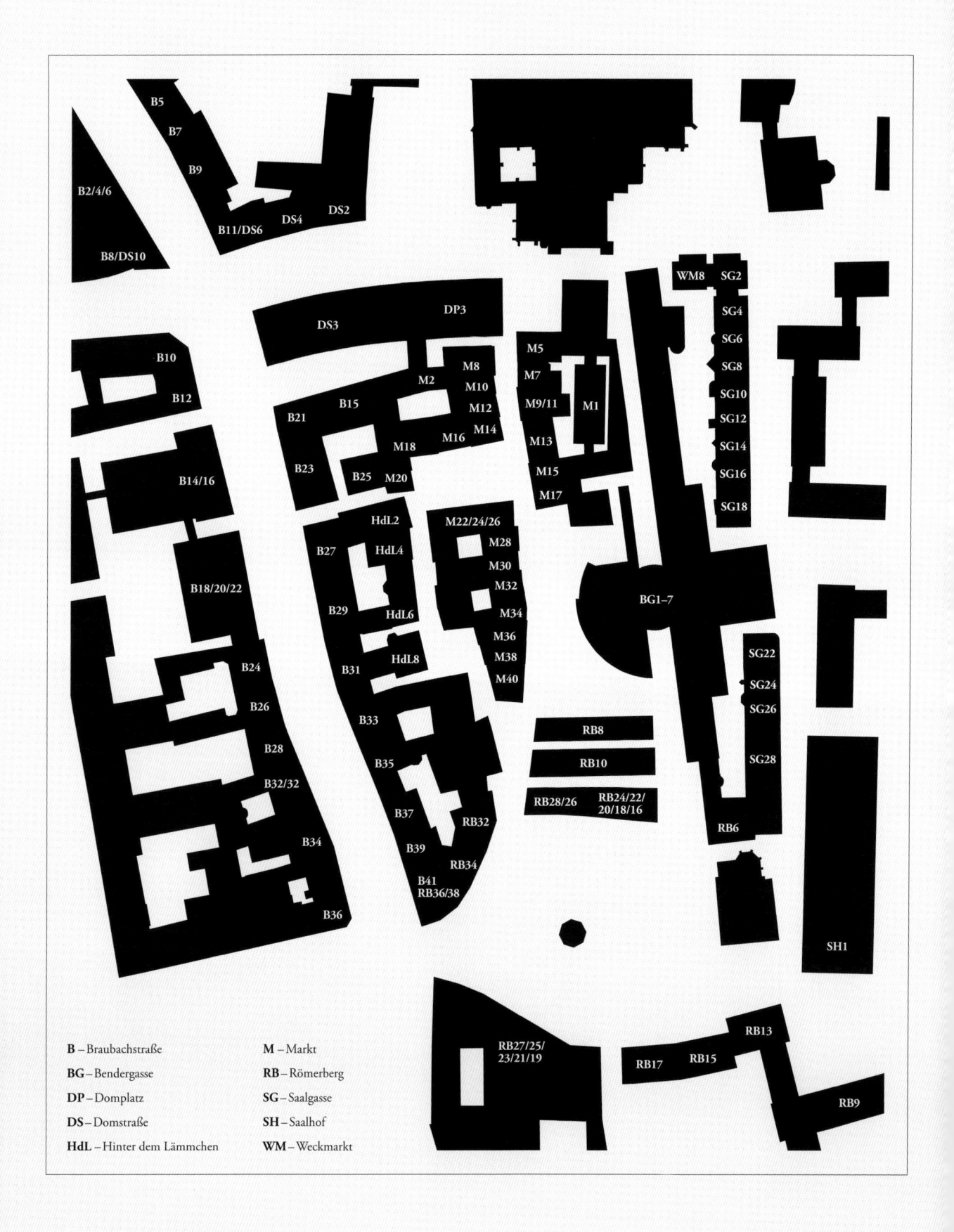

B – Braubachstraße
BG – Bendergasse
DP – Domplatz
DS – Domstraße
HdL – Hinter dem Lämmchen
M – Markt
RB – Römerberg
SG – Saalgasse
SH – Saalhof
WM – Weckmarkt

B2/4/6 – 1927, Josef H. Richter / 1991, Hans Hollein

B5 – 1913, Josef H. Richter

B7 – 1913, Josef H. Richter

B8/DS10 – 1905, Hermann Senf, Clemens Musch / 1991, Hans Hollein

B9 – 1913, Josef H. Richter

B10 – 1906, Hermann Senf, Clemens Musch / 1990, Hans-Jörg Kny, Winfried Gladis

B12 – 1925, Hermann Senf

B14/16 – 1926, Franz Roeckle, Hermann Senf

B15 – 2018, Jourdan and Müller – p. 337

B18/20/22 – 1926, Paul Vincent Paravicini

B21 – 1940, Hermann Senf / 2018, Jourdan and Müller – p. 336

B23 – 1940, Hermann Senf / 2018, Eingartner Khorrami – p. 336

B24 – 1910, Alexander von Lersner

B25 – 2018, Bernd Albers

B26 – 1910, Alexander von Lersner

B27 – 1912, Hermann Senf, Clemens Musch / 2018, Eckert Negwer Suselbeek – p. 336

B28 – 1913, Alexander von Lersner

B29 – 1911, Hermann Senf, Clemens Musch / 2018, Bernd Albers – p. 335

B30/32 – 1927, Adam Aßmann

B31 – 1914, Hermann Senf, Clemens Musch / 2018, Knerer and Lang – p. 334

B33 – 1914, Hermann Senf, Clemens Musch – p. 334

B34 – 1907, Fritz Geldmacher

B35 – 1906, Franz von Hoven / 1950er, Hochbauamt Frankfurt

B36 – 1906, Fritz Geldmacher

B37 – 1906, Friedrich Sander

B39 – 1907, Friedrich Sander

B41/RB36/38 – 1908, Friedrich Sander / 1950er, Hochbauamt Frankfurt

BG1-7 – 1986, Bangert Jansen Scholz Schultes

DP3 – 2007, Jourdan and Müller – p. 338

DS2 – 1912, Georg Wilhelm Landgrebe

DS3 – 1927, Werner Hebebrand – p. 338

DS4 – 1912, Georg Wilhelm Landgrebe

DS6/B11 – 1912, Georg Wilhelm Landgrebe

HdL2 – 2018, Denkmalkonzept – p. 329

HdL4 – 2018, DW Dreysse Architekten

HdL6 – 2018, Claus Giel – p. 335

HdL8 – 2018, DW Dreysse Architekten, Jourdan and Müller – p. 334

M1 – 2016, Meurer Architekten and cba architectes – p. 333

M2 – 2018, Meurer Architekten

M5 – 2018, Jourdan and Müller – p. 332

M7 – 2018, Helmut Riemann – p. 332

M8 – 2018, Jordi and Keller – p. 332

M9/11 – 2018, Dreibund Architekten

M10 – 2018, Ulrich von Ey – p. 331

M12 – 2018, Dreibund Architekten

M13 – 2018, Claus Giel

M14 – 2018, Götz and Lohmann – p. 331

M15 – 2018, Denkmalkonzept – p. 327

M16 – 1935, Karl Olsson / 2018, Thomas van den Valentyn – p. 330

M17 – 2018, Denkmalkonzept – p. 327

M18 – 2018, Dreibund Architekten – p. 330

M20 – 2018, Denkmalkonzept

M22/24/26 – 2018, Hans Kollhoff – p. 328

M28 – 2018, Denkmalkonzept

M30 – 2018, Morger and Dettli – p. 326

M32 – 2018, Tillmann Wagner – p. 326

M34 – 2018, Francesco Collotti – p. 325

M36 – 2018, Dreibund Architekten

M38 – 2018, Michael Landes – p. 324

M40 – 2018, Jordi and Keller – p. 324

RB6 – 1983, Klaus Peter Heinrici, Karl-Georg Geiger

RB8 – 1983, Bangert Jansen Scholz Schultes

RB9 – 1956, Ferdinand Wagner / 2017, Meixner Schlüter Wendt – p. 340

RB10 – 1983, Bangert Jansen Scholz Schultes

RB13 – 1950er, Ferdinand Wagner

RB15 – 1950er, Ferdinand Wagner

RB17 – 1950er, Ferdinand Wagner

RB24/22/20/18/16 – 1983, Ernst Schirmacher

RB27/25/23/21/19 – 1904, Franz von Hoven, Ludwig Neher / 1953, Otto Apel, Rudolf Letocha, William Rohrer, Martin Herdt

RB28/26 – 1950er, Franz Hufnagel, Rudolf Dörr / 1983, Ernst Schirmacher

RB32 – 1909, Franz von Hoven / 1964, Rudolf Letocha, William Rohrer

RB34 – 1909, Franz von Hoven / 1950er, Ferdinand Wagner

SH1 – 1972, Hochbauamt Frankfurt / 2017, LRO Lederer Ragnarsdóttir Oei – p. 339

SG2 – 1986, Bangert Jansen Scholz Schultes

SG4 – 1986, Bangert Jansen Scholz Schultes

SG6 – 1986, Peter A. Herms

SG8 – 1986, von Gerkan, Marg

SG10 – 1986, Christoph Mäckler

SG12 – 1986, Eisele + Fritz

SG14 – 1986, Detlef Unglaub, Wilhelm Horvath

SG16 – 1986, Berghof Landes Rang

SG18 – 1986, Charles W. Moore

SG22 – 1986, Adolfo Natalini/Superstudio

SG24 – 1986, Jourdan Müller Albrecht

SG26 – 1986, Fischer Glaser Kretschmer

SG28 – 1986, Klaus Peter Heinrici, Karl-Georg Geiger

WM8 – 1986, Bangert Jansen Scholz Schultes

ZU DEN DREI RÖMERN

Markt 40
Early Eighteenth Century
2012–18, Jordi & Keller Architekten, Berlin

The building Zu den drei Römern stands at the intersection between the restored lane Hinter dem Lämmchen and the Krönungsweg. The four-story building, with its façade of plaster tinted with red sandstone grains, serves to some extent as the western entry point to the new old town.

In contrast to its massive, baroque predecessor and its new eastern neighbors, the building is turned 90 degrees; the gable side facing the Römerberg is the most prominent of the three façades. Under the steeply pitched pointed gable typical of the old town, a column fragment was installed in the top window of this façade; this spolia had been preserved and stored by Dieter Bartetzko (1949–2015), architecture critic and member of the Dom-Römer project design advisory board, for many years. Optically, the building is supported by three Renaissance arches made of red sandstone which are originally from a building located at Saalgasse 29 which was destroyed in the war. On the west façade, the architects installed an abutment spolia from the late Renaissance; this figure was complemented with three new abutment decorations designed by Marc Jordi: a grotesque face, a baroque merman, and a mannerist human-animal hybrid. The integration of historical relics and their new interpretations on the ground floor call to mind the history of the medieval old town. In contrast, in the protruding stories above the architects' choice of façade layout and corner windows reference 1920s modernism.
Peter Körner
(Translated by *Mary Dellenbaugh-Losse*)

STADT MAILAND

Markt 38 / Hinter dem Lämmchen 11 (Rear Building)
Eighteenth Century / Eighteenth Century
2012–18, Landes & Partner, Frankfurt am Main

A special feature of the eighteenth-century, side-gabled, precursor building was the projection above the ground floor, which rested on mighty corbels – the plastered half-timbered façade above had five window axes. The façade of the rear building, with its mansard roof and dormer showed restrained, baroque forms.

In the new building, the north and south façades differ only minimally. Red Main sandstone characterizes each ground floor with its three indicated arch positions. In contrast to the previous building, there are fewer, but larger windows. The first floor is highlighted by wider windows and stepped cornice bands. All windows are framed by beveled reveals, and the remaining surfaces are furnished with horizontally ribbed comb plaster.

While the narrow but long plot, the side-gable alignment, and the overhangs are reminiscent of medieval buildings, the façade layout with an accented *bel étage* points to the Renaissance. Michael Landes intertwined both into a consistently contemporary building that evokes historical models.
Stefanie Lampe
(Translated by *Inez Templeton*)

24.1 Jordi and Keller, Zu den drei Römern building, photo: 2018
24.2 Zu den drei Römern building, photo: ca. 1935
25.1 Rear buildings of the buildings Zum Goldenen Haupt, Stadt Mailand, and Haus zum Mohrenkopf (f.l.t.r.), photo: ca. 1930
25.2 Landes and Partner, Stadt Mailand and Dreibund Architekten, Haus Goldenes Haupt, photo: 2018
25.3 Dreibund Architekten, Goldenes Haupt, Landes and Partner, Stadt Mailand, Jordi and Keller, Zu den drei Römern and Frankfurter Kunstverein (f.l.t.r.), photo: 2018

ALTER BURGGRAF

Markt 34 / Hinter dem Lämmchen 7 (Rear Building)
Sixteenth Century / Sixteenth Century
2012–18, Francesco Collotti Architetto, Milan

Francesco Collotti designed a five-story residential building for the narrow plot of land on which two plastered, half-timbered buildings stood before the destruction of the old town. The ground floor in the southern part of the front-gabled building incorporates the stairs and the elevator to the subway station and the underground parking garage. The façade facing the market, which is structured by three bands of windows, follows the alleyway with a slight bend. Unfortunately, Collotti's idea of positioning the building on Krönungsweg, clad in wood like a piece of furniture, is not convincing. Multiple layers of pastel-colored, yellow-green paint give the façade a sterile effect. The northern part of the building, together with the Kunstverein and the building Klein Nürnberg, creates a small square in the alley Hinter dem Lämmchen. Brightly plastered and with an irregular window arrangement and two distinctive dormers, the building convinces here through its modernity – broken by the spolia of atlases.
Philipp Sturm
(Translated by *Inez Templeton*)

PERGOLA

Markt
2015–17, Francesco Collotti Architetto, Milan
with Jourdan & Müller, Frankfurt am Main

It was long debated how to proceed with the three-meter difference in level between the Markt and Schirn plateau in terms of urban development. The DomRömer GmbH preferred a staircase, while the design advisory board campaigned for a pergola and ultimately prevailed. The red sandstone pergola, designed by Collotti, runs parallel to the Markt and leads up a flight of steps to the height of the Schirn, until at the end of the plateau it bends to the south and continues in a simple row of pillars to the Stadthaus.
Philipp Sturm
(Translated by *Inez Templeton*)

26.1 Francesco Collotti, Alter Burggraf, south view, photo: 2018
26.2 Francesco Collotti, Alter Burggraf, northwest view, photo: 2018
27.1 Francesco Collotti with Jourdan and Müller, Pergola between the Markt and Schirn, photo: 2018
27.2 Francesco Collotti with Jourdan and Müller, Pergola, model, 2015

GOLDENE SCHACHTEL

Markt 32 / Hinter dem Lämmchen 5 (Rear Building)
Sixteenth Century / Eighteenth Century (overbuilding)
2012–18, Tillmann Wagner Architekten, Berlin

Before 1945, there were two Gothic buildings on the plot of the new Goldene Schachtel, each with three stories. One was the Goldene Schachtel, with a wooden ground floor with braces to the cantilevered upper floor, as well as a slate gable; the other was a rear building to the alley Hinter dem Lämmchen, which was classically overbuilt in the eighteenth century and received a side-gable roof.

For the narrow, twenty-four-meter-long plot, Tillmann Wagner designed a four-story residential building with a sophisticatedly folded façade. This refers both to the cantilevered floors of the previous building, as well as to the situation in the street bend of the newly created Krönungsweg. Thanks to its special plaster, the new Goldene Schachtel shimmers discreetly in the light.

Philipp Sturm
(Translated by *Inez Templeton*)

ALTES KAUFHAUS

Markt 30 / Hinter dem Lämmchen 3 (Rear Building)
Fifteenth Century / Fifteenth Century
2012–18, Morger + Dettli Architekten, Basel

The fifteenth-century building that preceded the Altes Kaufhaus (Old Department Store), a narrow, plastered half-timbered building with the same name, had a special feature in the narrow, inner courtyard: each floor had galleries with richly ornamented wooden balustrades – the carvings depicted themes from the Old Testament.

As opposed to this, the new building – with its maximum reduction and the dark, umber-colored plaster – clearly contrasts with the surrounding bright rows of houses. Its façades are almost ascetic: toward the market, above the sandstone-clad ground floor, each floor with a centrally placed floor-to-ceiling window, finally a closed gable. To the north, in contrast to the former rear building of the Altes Kaufhaus, the building is side-gabled and each floor has two windows. Narrow projections mark the floors here as well. In the northern ground floor, the spolia of a portal was integrated as a portico. However, this does not come from the historic building at this location, but was transposed in 1914 by the former Taubenhof behind the Schillerstraße in the garden of Liebieghaus and now in the new old town. The narrow – twenty-three meters – extremely long building cuts through from the Markt to Hinter dem Lämmchen, whereby the shared courtyard with the neighboring buildings provides daylight. Nevertheless, there are rather difficult floor plans with a very long corridor, which takes up a lot of space.

Stefanie Lampe
(Translated by *Inez Templeton*)

28.1 Tillmann Wagner Architekten, Goldene Schachtel, photo: 2018
28.2 Alter Burggraf, Goldene Schachtel, and Altes Kaufhaus (f. l. t. r.), photo: ca. 1910
29.1 Goldene Schachtel (left) and Altes Kaufhaus (right), photo: ca. 1935
29.2 Wooden balustrades inside the courtyard of Altes Kaufhaus, photo: 1904
29.3 Morger and Dettli, Altes Kaufhaus, south view, photo: 2018
29.4 Alleyway Hinter dem Lämmchen, Altes Kaufhaus and spolia of a portal (right), photo: 2018

ROTES HAUS & NEUES ROTES HAUS

Rotes Haus
Markt 17
around 1500
2012–18, Denkmalkonzept, Bad Nauheim (design),
Jourdan & Müller, Frankfurt am Main (execution)

Neues Rotes Haus
Markt 15
Sixteenth Century
2012–18, Denkmalkonzept, Bad Nauheim (design),
Jourdan & Müller, Frankfurt am Main (execution)

The name of Markt 17 – the striking front-gabled-building to the Markt – was derived from its red, plastered façade. The late Gothic building on Krönungsweg also caught the eye, due to the missing ground floor; in order to keep the passage to the alley Unter den Tuchgaden open, the building had been raised on three massive oak pillars, and the entrance had to be located in the neighboring building, Markt 15. The first and second floors of the half-timbered building were plastered, the third, like the roof, was slated. On the west side, it was supplemented by a small dormer. Members of the butcher's guild, which owned the building, located their home around the building. The free ground floor was used for the sale of sausage and meat products, which were protected from the weather on the open sides by canopies. In 1838, the French writer Victor Hugo recorded this view in his travel diary *Le Rhin* (1842): "Bloody male butchers and rosy female butchers chatter gracefully under the garlands of mutton. A red stream, whose color is hardly dampened by two flushing fountains, flows and reeks in the middle of the street."

A butcher's shop has also been verified in the Rotes Haus (Markt 15) for the middle of the nineteenth century. Two separate staircases were housed in its stone ground floor – the first enabled access to the elevated neighboring building, the second served the building itself. Despite this close functional connection, the Rotes Haus was clearly recognizable as an independent building, due to its different floor height and façade design. All three upper floors were plastered, and only the roof and the gable slated. The continuous ribbon windows that gave the building a clear horizontal structure were prominent.

As part of the work on the documentation prepared in 2006, the traditional names of the two buildings were switched. If the elevated Rotes Haus (formerly: Neues Rotes Haus) belonged to those buildings whose reconstruction the city councilors had already decided in 2007, it was not decided until later to reconstruction Markt 15. In its layout, however, the latter shows clear differences from its predecessor. A common staircase for both buildings now creates more space for the shop, in which a butcher is situated once again. In the elevated Rotes Haus, offices were built for DomRömer GmbH, while on the upper floors of Markt 15, residential space was created.

Moritz Röger
(Translated by *Inez Templeton*)

30.1 Neues Rotes Haus (Markt 17), photo: ca. 1927
30.2 Rotes Haus (Markt 15) and Neues Rotes Haus (Markt 17), photo: 1943
30.3 Denkmalkonzept, Rotes Haus (middle), and Neues Rotes Haus (left), photo: 2018

SCHLEGEL, EICHHORN & GOLDENE SCHERE

∽

Schlegel
Markt 26
around 1830
2012–18, Hans Kollhoff, Berlin (design),
Jourdan & Müller Steinhauser PAS, Frankfurt am Main
(execution)

∽

Eichhorn
Markt 24
around 1800
2012–18, Hans Kollhoff, Berlin (design),
Jourdan & Müller Steinhauser PAS, Frankfurt am Main
(execution)

∽

Goldene Schere
Markt 22
Eighteenth Century
2012–18, Hans Kollhoff, Berlin (design),
Jourdan & Müller Steinhauser PAS, Frankfurt am Main
(execution)

The Hühnermarkt is surrounded on three sides by reconstructions, which also include the buildings on the west side. They are in exactly the same position as their historical predecessors and their appearance was sufficiently documented, in order to be capable of rebuilding them. However, reconstructions were not specified by the city at this location; Kollhoff's competition designs of 2011 provided for historicizing new buildings. The desire for reconstruction here goes back to the private buyers. As with most of the reconstructions, the interior spaces do not correspond to the historical models–generous apartments with modern layouts were created.

Both the classicist predecessors as well as the contemporary reconstructions are strongly structured horizontally by stone cornice bands, which contrast with the light plaster. However, because the bands and eaves heights are not followed through in all the three building fronts, they make the west side of the Hühnermarkt seem enlarged. On the ground floor, there are stores, above it four floors–the curved hipped roofs included–with apartments or, in the case of the Eichhorn building, a townhouse.

While the façades of the two corner houses have no further architectural decoration, the central Eichhorn is much more elaborately designed. On the third floor, high round-arched windows with false windows in between form a dense, arched frieze. A pinnacle frieze closes towards the roof edge. The two rows of dormers of the Eichhorn building picks up the window rhythm of the façade. The Schlegel building on the southern corner is a replica of a structure built in 1830. Both sides of the curved roof show a series of dormers, the ones in the middle being large with three windows. With six window axes, the construction takes up most of the space of the Hühnermarkt.

The northern corner building, the Goldene Schere, shows two very broad projections on its façade to the alley Hinter dem Lämmchen, which go back to the two medieval predecessors whose plots were merged. An octagonal lantern is enthroned on the roof with several dormers.

Stefanie Lampe
(Translated by *Inez Templeton*)

31.1 Schlegel building, photo: ca. 1930
31.2 Eichhorn building and the Goldene Schere, photo: ca. 1930
31.3 Hans Kollhoff, the Schlegel, Eichhorn, and Goldene Schere buildings, (f. l. t. r.), photo: 2018

ESSLINGER BUILDING

Hinter dem Lämmchen 2
Fourteenth Century, 1766 (overbuilding)
2012–18, Denkmalkonzept, Bad Nauheim (design),
Dreysse Architekten, Frankfurt am Main (execution)

The Esslinger building was first noted in 1320 as the property of Albertus de Esselingen. Around 1400, the courtyard was divided; since that time, reference was made either to Haus zum Esslinger or zum jungen Esslinger (in contrast to the neighboring house Alter Esslinger). In 1766, the merchant Georg Adolf Melber rebuilt the Gothic, half-timbered house in the style of the time: it received a curved mansard roof, from which a pediment with an *oeil-de-boeuf* protruded. The windows were framed with stone profiles; flat arches and keystones copied elements of courtly architecture. The pointed, over-high door arches now received round arches.

The building gained historical significance as the "Goethestätte" (Goethe site) in Frankfurt. The landlady, Johanna Melber, was Goethe's aunt, and as a child the poet spent some time here. In his autobiography *From my Life: Poetry and Truth*, he described his aunt as "vivacious" and was impressed by the international goods in Melber's business. In his memoirs, Goethe described an imperial glory already past. With the old town, the "Esslinger" also lost its importance. After the reestablishment of the empire, a wreath maker's shop on the ground floor created heroes' memorials. In 1906, the rear part was integrated in the development of the Braubachstraße in a historicizing new building, and the meanwhile hidden Gothic arches were restored at the beginning of the twentieth century. In 1932, the first empire-wide Goethe Year, a relief portrait of "Aunt Melber" was screwed to the façade of the Esslinger on the poet's birthday on August 28. The building burned down during the bombardment in 1944, and the remains were demolished in 1950.

Since the first considerations for the rebuilding of the area, the Esslinger building belonged to the four leading buildings that should be reconstructed. The plastered, timber framework construction of the sidewalls rests on in-situ concrete. The showpiece of the building is the reconstruction of the Gothic wooden pointed arches. Oak beams around 200 years old, which had already been installed elsewhere, support the baroque façade. The newly built Esslinger building is thus the reconstruction of a repeatedly rebuilt structure – another layer in the historical network of discourse, stone, and wood that one calls the Frankfurt old town.

Bernhard Unterholzner
(Translated by *Inez Templeton*)

32.1 Denkmalkonzept, Esslinger building and Dreysse Architekten, Alter Esslinger (left), photo: 2018

32.2 Carl Theodor Reiffenstein, Hühnermarkt with the Esslinger building and the building Zur Flechte (historical representation of the situation before 1766), 1862

32.3 Esslinger building, photo: 1943

32.4 Esslinger building, photo: 1928

SCHILDKNECHT BUILDING
☙

Markt 18
Seventeenth Century
2012–18, Dreibund Architekten –
Ballerstedt, Helms, Koblank, Bochum

The newly constructed Haus Schildknecht is strongly oriented on the building which was located here before the war; nevertheless, the new construction is still just a pale memory of the richly painted original Renaissance building. On the northeast corner of the Hühnermarkt (chicken market), Dreibund Architekten designed a four-story construction made up of two intersecting orthogonal building sections. The two gabled dormers facing the market square, which, similar to the original building, cover nearly the entire width lengthwise, give the corner building the impression of a gable-ended house when seen from the Hühnermarkt. A pub is located in the first two stories; the upper stories house apartments.

Moritz Röger
(Translated by *Mary Dellenbaugh-Losse*)

KLEINES SELIGENECK
☙

Markt 16
around 1935, Karl Olsson, Frankfurt am Main
2012–18, Van den Valentyn Architektur, Cologne (design),
Schneider + Schumacher, Frankfurt am Main (execution)

A building was first mentioned on the property in 1467. At the same location, a building was erected in the eighteen-eighties with restrained classicist expression, which in turn was replaced in the mid nineteen-thirties by a new five-story building by Karl Olsson. This *Heimatschutzstil*-building, with horizontally accented ribbon windows and a three-story cubic oriel, also featured elements of modernity. A red sgraffito by Reinhold Schön, fixed to the ground floor and the oriel, relates stories by the Frankfurt poet Friedrich Stoltze. Thus, the house was able to serve as counterpart to the "Goethe site," Haus Esslinger, to the northwest.

With the façade's rigorous horizontal composition, five windows per floor, and four floor-to-ceiling windows on the ground floor, the four-story, side-gabled new building by Thomas van den Valentyn is strongly reminiscent of the previous building from the nineteenth century. Bernhard Franken was unsuccessful in 2011 with his interesting contemporary competition design, which referred to Olsson's building.

Philipp Sturm
(Translated by *Inez Templeton*)

33.1 Schildknecht building, photo: ca. 1930
33.2 Dreibund Architekten, Schildknecht building, photo: 2018
34.1 Karl Olsson, Kleines Seligeneck building, photo: ca. 1935
34.2 Van den Valentyn Architektur, Kleines Seligeneck building, photo: 2018
34.3 Franken Architekten, competition design for Kleines Seligeneck building, façade model, 2011

NEUES PARADIES

Markt 14
around 1800
2012–18, Johannes Götz und Guido Lohmann, Cologne

The side-gabled, neoclassical residential and commercial building with five stories known as Neues Paradies emerged at the beginning of the nineteenth century at the Hühnermarkt, and replaced the original, front-gabled Mayreis building.

Today, the new building, which was built on the same site, has only the name in common with the previous building. The architects–two former employees of Oswald Mathias Ungers, who specialize in traditional building construction–have interpreted historic buildings of various origins in their design, using materials with a local tradition. According to the architects, the strikingly folded façade derived its shape from the diamond setting on the base of the Goldene Waage, which itself is a quote from the embossed façade of the Palazzo dei Diamanti (1493–1503) by Biagio Rossetti in Ferrara. At the same time, the façade is inspired by the Prague cubism of Josef Chochol and, with its angular, dark slate surface, stands in stark contrast to the two adjoining, rather staid neighboring buildings.

Teresa Fankhänel
(Translated by *Inez Templeton*)

SCHÖNAU

Markt 10
Fifteenth Century
2012–18, von Ey Architektur, Berlin

This narrow house is rarely seen in historical photos–lower than the neighboring houses, it almost hides. First, a pharmacy was documented in the original three-story, half-timbered building in 1423, later a doctor's office moved in, followed by a cigar business.

The building was not intended for reconstruction, but the new building interprets the building tradition. Most striking is the façade of slate shingles, which recalls the cladding of the baroque roof topping of its predecessor. The design of the façade, which is constructed of wooden frame components, can be read as a postmodern metaphor of a material, textile-like surface. Together with the craftsmen, the architects tested how one could "cover" the façade with slate and "dress" the house. Strictly shaped, on the other hand, the ground floor is made of red Main sandstone, with obliquely sawn window and door openings. The architects reinterpreted the belvedere as a roof terrace, while the adjoining atrium gives the interior additional daylight. The displayed bay windows offer views into the alley, like the corner windows in the previous building.

The Schönau building shows on a small scale, how traditional craft techniques come to life in a contemporary design.

Bernhard Unterholzner
(Translated by *Inez Templeton*)

35.1 Johannes Götz and Guido Lohmann, Neues Paradies, photo: 2018
35.2 Hühnermarkt with Freydhof fountain, Neues Paradies, Grüne Linde, and Neues Rotes Haus (f.l.t.r.), photo: ca. 1892
35.3 Georg Daniel Haumann (according to a drawing by Salomon Kleiner), Hühnermarkt from the west, colored copperplate engraving, 1738
36.1 Von Ey Architekur, Schönau (right), photo: 2018
36.2 View into the Markt to the west, Schönau building (right), and Weißer Bock (left), photo: ca. 1900

GROSSER REBSTOCK

Markt 8
1802
2012–18, Jordi & Keller Architekten, Berlin

Across from the Goldene Waage – on an unusually wide plot for the old town – a tall, classicist stone building completed the Rebstock Hof situated to the north. On the ground floor, its façade was divided by four arches, the easternmost one started a passage to the north, which was later closed with the construction of the main customs office.

The framework plan for the area (2007) allows the current new building to jut out from the alleyway easily, so that a gentle transition to the Haus am Dom is achieved. **16.2** Following its predecessor, the massive, and at the same time elegant, building continues the theme of the arched windows on all floors. It does that with a rigor that brings the Palazzo della Civiltà Italiana (Rome, 1938–43) to mind. The highlight of the building is that behind the two open arches on the ground floor, a spacious hall of red sandstone leads into the cool white of the subway entrance by Schneider and Schumacher. Over these arches, the façade is furnished with "wild" finger plaster, which is intended to be reminiscent of a grown vine. For the upper base area, the architects also designed a frieze with small exposed aggregate concrete spolia from the Technisches Rathaus (Technical Town Hall). However, this gesture seems lost because of its dimensions.

Philipp Sturm
(Translated by *Inez Templeton*)

GOLDENE WAAGE & WEISSER BOCK

Goldene Waage
Markt 5
1619
2012–18, Jourdan & Müller, Frankfurt am Main

Weißer Bock
Markt 7
Sixteenth Century
2012–18, Helmut Riemann Architekten, Lübeck

At the eastern end of Krönungsweg stands the most prominent reconstruction of the new old town, the Goldene Waage (Golden Scale) building. In 1618/19, the Dutch spice merchant Abraham van Hamel demolished a fourteenth-century, half-timbered building in order to erect a splendid Renaissance building with a Rhenish wave gable. Shortly after the city of Frankfurt had acquired the building, the timber framework – which was plastered prior to this for fire protection reasons – was exposed again in 1899 by Franz von Hoven. After the destruction by the air raids in the Second World War, remnants of the building were used in 1959 as spolia in the private house of the former director of Hessian Broadcasting, Eberhard Beckmann, in Dreieich-Götzenhain, until they returned to the old town in the course of reconstruction. **38.9**

Like no other building in the district, the Goldene Waage unites a high degree of traditional craftsmanship with the skills of its architect, Jochem Jourdan. Numerous plans and photographs provided the basis for the true to original construction at the eastern end of Krönungsweg. Where there were still gaps, extensive research was done and original pieces were interwoven with imitation ones. Thereby, the incorporated spolia always allow the estimation of the distance between reconstruction and original.

37.1 Goldene Waage (left) and Großer Rebstock (right), photo: ca. 1935
37.2 Jordi and Keller, Großer Rebstock, photo: 2018
38.1 Goldene Waage, photo: before 1899
38.2 Goldene Waage, beginning of the restoration work, photo: 1899
38.3 Goldene Waage, after restoration, photo: ca. 1905
38.4 Jourdan and Müller, Goldene Waage, north view, photo: 2018
38.5 The Goldene Waage's small belvedere, photo: ca. 1934
38.6 The Goldene Waage's stuccoed ceiling, photo: ca. 1925
38.7 Exhibition *Aus Alt-Frankfurter Bürgerhäusern*, poster, 1928
38.8 Goldene Waage, east and north view, drawing, after 1900
38.9 Residence in Dreieich-Götzenhain with spolia from the Goldene Waage, photo: 2008
38.10 Jourdan and Müller, Goldene Waage, east view, photo: 2018
38.11 Jourdan and Müller, Goldene Waage, and Helmut Riemann, Weißer Bock, photo: 2018
38.12 Sheep and stag beetle, photo: 2018

The supporting framework of the Goldene Waage, which rests on a concrete core on the ground floor, consists of 500-year-old oak wood. The building is crowned by a small belvedere, from which a few steps lead upwards into a small arbor. In the interior of the Goldene Waage, where the current building regulations permit, the true to original reconstruction continues throughout. Outstanding is the large stucco ceiling on the first floor, decorated with biblical motifs of the sacrifice of Isaac.

The façade of the Goldene Waage continues to tell stories today: from the Bible, about the builder and his wife Anna van Litt, and about the scale that once gave the building its name. Jourdan has not only been able to make these stories legible, but to continue them in our time.

Today, as in 1928, when the Goldene Waage was established as an example of an early eighteenth-century Frankfurt burgher house, large areas of the building are used by the Historisches Museum (Historical Museum). **38.7** This is one of the reasons the reconstruction is accessible via an elliptical stairwell and an elevator in the neighboring Weißer Bock building, whose façade implements the design statute for the new buildings on the site, thus unmistakably distinguishing itself from the reconstruction. **38.11**

Mirjam Schmidt
(Translated by *Inez Templeton*)

STADTHAUS AM MARKT

Markt 1
2012–16, Meurer Architekten Stadtplaner Ingenieure,
Frankfurt am Main with cba architectes, Luxembourg

The search for a characteristic old town typology runs like a common thread through the new quarter between the Dom and the Römer. As part of the competition for the Stadthaus, it proved difficult to find an appropriate solution to the multifaceted task: the Archeological Garden was to be integrated, the area of the destroyed old town buildings taken into account, and sufficient lighting ensured. For this, the proposals of the four prizewinners had to be revised several times. Ultimately, Meurer Architekten with Christian Bauer (cba architectes), who had originally received the fourth prize, were convincing with a new design that unites historical and contemporary design language.

The architects divide the Stadthaus into various structures. Thus it can respond to the different urban development requirements. Four adjoining buildings hold a central gabled structure that floats, as it were, above the Archeological Garden and includes a spacious event hall. In the middle of the area, the hall seems like a precious shrine with its gold-colored copper cladding of the roof and walls. In contrast, the façades of the smaller buildings are veneered with traditional red sandstone and rhythmically composed with narrow windows.

Two of the gabled buildings form a small square in the east, together with the Goldene Waage. In their architecture, they mediate between historical reconstruction and the postmodern Schirn. The individual buildings complement the urban space around the Kunsthalle, Haus am Dom, reconstructions, and Krönungsweg. Through the richness of detail, the Stadthaus ensemble carefully holds the balance between the past and the present and foregoes the spectacular by restraining itself for the benefit of a balanced neighborhood atmosphere.

Mirjam Schmidt
(Translated by *Inez Templeton*)

39.1 Meurer Architekten with cba architectes, Stadthaus am Markt from the Dom tower, photo: 2018
39.2 Meurer Architekten with cba architectes, Stadthaus am Markt, photo: 2018
39.3 Archeological Garden underneath the Stadthaus am Markt, photo: 2018

BRAUBACHSTRASSE 31 – ZUM GLAUBURGER HOF

Braubachstraße 31 (and 33)
1913/14 Hermann Senf and Clemens Musch,
Frankfurt am Main
2012–18, Knerer und Lang Architekten, Dresden

There, where the Braubachstraße cuts through the medieval Nürnberger Hof, the city had Hermann Senf construct two representative buildings in 1913/14. The western structure, with the house number 33, integrated the late Gothic gate vault by Madern Gerthener (1410), while the common staircase of both buildings was located in the eastern structure. The dominant element of the western building is the two-story caryatid balcony; Brauchbachstraße 31 had an ornamental window over the entire width. In 1970, the latter had to give way to the Technisches Rathaus (Technical Town Hall), into which a new stairwell for the remaining western building was integrated. This staircase also remained after the demolition of the administrative building and was integrated by Knerer and Lang into their new building Zum Glauburger Hof.

The Glauburger Hof was designed as a residential building, whose appearance is strongly oriented toward Senf's predecessor building. 16.12 Senf's Art Nouveau ornaments were cleverly abstracted and carried over into the relief-like exposed concrete façade. A south-facing, second staircase opens up the new building and the reconstructed neighboring Klein Nürnberg.

The eventful history of this building site is revealed in the gable. The design drawing from 1913 still shows a quotation from Schiller's *Wilhelm Tell*, on the realized building of 1914 there is a Wilhelminian saying, and today there is a free modification of the originally planned Schiller quotation.

Philipp Sturm
(Translated by *Inez Templeton*)

KLEIN NÜRNBERG

Hinter dem Lämmchen 8
Sixteenth Century
2012–18, ARGE Dreysse Architekten and Jourdan & Müller,
Frankfurt am Main

First mentioned in 1359, Haus Nürnberg was the southern entrance to the Nürnberger Hof and was rebuilt in the sixteenth century in Renaissance style. Toward the street side, the plastered half-timbered building was crowned by a broad, slate wave gable. At the northeast corner, a stair tower with a striking, slate-roofed dome grew from the roof. An archway stretched across the Nürnberger Hofgässchen to the building Mohrenkopf; this could not be rebuilt in 2018, because the protected modern extension of the Steinernes Haus would have been affected.

Particularly magnificent was the ground floor hall with a ribbed vault on central pillars. The hall was used rather secularly: in the nineteenth century, it housed a grocery store, later a bar. After all, with the vault the "Kapell'che," which opened in 1934, was able to advertise as the "most beautiful apple wine bar in Frankfurt."

Under the masterfully and elaborately reconstructed vault with hand-set sandstones, there will be a more well-mannered approach in the future – the Evangelischer Regionalverband (Evangelical Regional Association) has acquired the building.

Bernhard Unterholzner
(Translated by *Inez Templeton*)

40.1 Predecessor of the building Braubachstraße 33 in the Nürnberger Hof during the construction of the street, photo: 1904
40.2 Hermann Senf and Clemens Musch, Building unit at Nürnberger Hof, view, 1913
40.3 Hermann Senf and Clemens Musch, Zum Glauburger Hof, photo: ca. 1915
40.4 Hermann Senf and Clemens Musch, Braubachstraße 33, photo: 1983
40.5 Knerer and Lang, Zum Glauburger Hof, photo: 2018
41.1 Hinter dem Lämmchen, view to the west, building Klein Nürnberg (center), building Zum Mohrenkopf (background), and Goldenes Lämmchen (right), photo: ca. 1935
41.2 "Most beautiful apple wine bar in Frankfurt Kapell'che," postcard, 1934
41.3 Dreysse Architekten with Jourdan and Müller, Klein Nürnberg, photo: 2018

BRAUBACHSTRASSE 29

Braubachstraße 29
1909–11, Hermann Senf and Clemens Musch,
Frankfurt am Main
2012–18, Bernd Albers, Berlin

The historic townhouse was one of the first buildings on the new Braubachstraße. Striking elements were an ornamental gable with Art Nouveau ornamentation, the recessed third floor, in front of which lay a terrace, and the niche sculpture of a Madonna in the ribbon window of the first floor. There were stores on the ground floor; a passageway to the courtyard of the Goldenes Lämmchen – which had been made smaller in the course of the construction of Braubachstraße – led through an asymmetrically placed archway. On the south side, the architects recreated the wooden Renaissance gallery, facing the courtyard. Restored with only minor war damage after 1945, the building was demolished in 1970 to make room for the Technisches Rathaus (Technical Town Hall).

The pale yellow, plastered residential building – Bernd Albers speaks of a "critical reconstruction" – refers to the "fragmentary identity" of the building between the medieval courtyard and the urban street façade of the early twentieth century. Due to the reconstruction of the Lämmchen-Hof the floor height was predetermined. Toward Braubachstraße, the building is based on the predecessor building, but was increased by one story. The arches on the ground floor were irregularly laid out in 1911; today they are strictly symmetrical. Above all, the newly interpreted sculpture by Erik Steinbrecher intrudes as a quote of the building by Senf and Musch. Used as spolia, wall figurines from the former passageway complete the new building as historic pastiche.

Bernhard Unterholzner
(Translated by *Inez Templeton*)

GOLDENES LÄMMCHEN

Hinter dem Lämmchen 6
around 1750
2012–18, Claus Giel, Dieburg

A late baroque building with three stories and a mansard roof was built around 1750 on a relatively wide plot for the old town. While ornate corbels and window arches characterized the massive ground floor, the upper floors were plastered.

The building was vertically divided by ten pairs of windows on the first and second floors, each with a centrally positioned dormer above them. A Madonna figure with a baldachin and the building coat of arms, a golden lamb in rocaille style adorned the building's façade. The entrance gate leads to a courtyard enclosed by three sides, which in 1911 also gained access to Braubachstraße. Its surrounding wooden galleries, open staircases, and deep, slate roofs display a picturesque effect. **4.12** In addition to the main building, this former trade fair courtyard was also restored.

Moritz Röger
(Translated by *Inez Templeton*)

42.1 Bernd Albers, Braubachstraße 29 building, photo: 2018
42.2 Hermann Senf and Clemens Musch, Braubachstraße 29 building (right) and Braubachstraße 27 building (left), photo: 1912
42.3 Hermann Senf and Clemens Musch, Braubachstraße 29 building, the rebuilt rear side to the Lämmchen-Hof, photo: 1912
42.4 Bernd Albers, Braubachstraße 29 building, reconstructed façade facing the Lämmchen-Hof, photo: 2018
43.1 Goldenes Lämmchen, photo: ca. 1905
43.2 Façade front elevation of buildings on Hinter dem Lämmchen 6, 4, and 2, drawing: K. Dreher, 1910
43.3 Claus Giel, Goldenes Lämmchen, photo: 2018
43.4 Goldenes Lämmchen rear courtyard, photo: 1904
43.5 Goldenes Lämmchen rear courtyard with the reconstructed façade of Braubachstraße 29 building (right), photo: 2018

BRAUBACHSTRASSE 27

Braubachstraße 27
1912, Hermann Senf and Clemens Musch,
Frankfurt am Main
2012–18, Eckert Negwer Suselbeek, Berlin

After Braubachstraße was laid out, Senf designed a building for the lot on the corner of Neuen Gasse on which today's new construction was clearly modeled. The building was partially destroyed during the war and then sparingly reconstructed; in 1970, it was demolished to make way for the Technische Rathaus (Technical Town Hall).

The award-winning design from the 2011 competition adopted the strict alignment from Senf's building. A narrow gable and two, instead of three, windows in the three window axes centrally located below it accentuate the middle portion of the north façade more strongly than the previous building. The pilaster strips located between the window axes, which extend to the edge of the gable, give the impression of a median avant-corps. The building is topped with a decorative roof lantern, which was adopted from Senf's design. In contrast to the previous building, the new one incorporates a balustrade above the cornice. Since the ground floor is intended for retail use, the entry for the apartments on the upper floors is located around the corner in the new Neugasse.

Moritz Röger
(Translated by *Mary Dellenbaugh-Losse*)

BRAUBACHSTRASSE 21 & 23

Braubachstraße 21 (In Rebstock 3)
Sixteenth Century
1939/40, Hermann Senf, Frankfurt am Main
2012–18, Jourdan & Müller, Frankfurt am Main

Braubachstraße 23
1939/40, Hermann Senf, Frankfurt am Main
2012–18, Eingartner Khorrami Architekten, Leipzig

The building ensemble at the Hof zum Rebstock was the last construction project on Braubachstraße in 1940. It completed the bordering development along Braubachstraße, thirty-five years after the breach created by demolitions for the street's construction. The architect Hermann Senf had adjusted the baroque and after 1910 plastered half-timbered building Im Rebstock 3 to the style of the Heimatschutz. In the process, he also redesigned the firewall – exposed by the street's construction in 1905 – into a gabled, windowed outer façade. At the same time, in the western continuation after the Braubachstraße, Senf also built a four-story, side-gabled new building, also in the Heimatschutz style, and in doing so continued the architecture of the Rebstockhof on the top floor with an overhang. Low story heights meant that an additional story could be gained compared to the historic neighboring building, and thus the city, as the owner of the two buildings, could create sixteen small and medium-sized apartments and seven shops; this was celebrated in the National Socialist press as a social measure. Towards Neugasse, there was an open arcade. In 1940, the sculptor Albrecht Glenz created architectural sculptures for the buildings, which – based on the historic Rebstockhof – took up the theme of wine and *Apfelwein* (apple wine). After the war, the two partially destroyed buildings were reconstructed in a simplified form and demolished in 1970 in the course of the establishment of the Technisches Rathaus (Technical Town Hall).

44.1 Eckert Negwer Suselbeek, Braubachstraße 27 building, photo: 2018
44.2 Hermann and Robert Treuner, model of the Braubachstraße 27–33 buildings, 1939
45.1 Jourdan and Müller, Braubachstraße 21 building, photo: 2018
45.2 Hermann Senf, Building ensemble at Hof Zum Rebstock, view, 1939, in *Frankfurter Wochenschau*, 1939, with text by Chief Building Officer Otto Fischer
45.3 Hermann Senf, building ensemble at Hof zum Rebstock, photo: 1940
45.4 DomRömer GmbH, design for the Braubachstraße 21 building, visualization, 2011
45.5 Albrecht Glenz, apple wine drinker on the Braubachstraße 23 building, 1940, photo: 1970
45.6 Hermann Senf, rebuilt building ensemble at Hof Zum Rebstock, photo: 1970
45.7 Peter Eingartner, Braubachstraße 23 building, sketch, 2011
45.8 Eingartner Khorrami Architekten, Braubachstraße 23 building, photo: 2018

The dilemma of reconstruction projects with a given reference date becomes paradigmatically apparent today on the building of Braubachstraße 21. As orientation for the creative reproductions, DomRömer GmbH decided on the situation from 1944, since this was best documented. DomRömer GmbH also presented a proposal for the reconstruction of Senf's former building. 45.4 However Jourdan and Müller, the office intended for the construction, did not want to resurrect architecture from the period of National Socialism, after which a different reference date – shortly after the construction of Braubachstraße and the corresponding demolitions – was agreed upon. 5.1 Today, the building that was ultimately built is an obscure mix of epochs. While the eastern façade is characterized by its half-timber structure and a baroque wave-shaped gable, the façade to Braubachstraße is an image of a firewall with windows. The latter, which in turn is made of natural stone, also tries to simulate the late Carolingian city wall. With the use of the spolia, however, the set reference date was ignored; the sculptures from 1940 were reinstalled on the buildings Braubachstraße 21 and 23. The winemaker figure on the corner of the Rebstockhof now seems quite out of place, because it has lost its supporting function under a corbel from pre-1940.

At the five-story residential and commercial building Braubachstraße 23, by Peter Eingartner and Alexander Khorrami, a variety of design elements from the surrounding buildings can be rediscovered. The sculptural façade, clad in red natural stone, is characterized by triangular-shaped, creased pilasters, lintels, and parapets, as well as differently sized, metal-framed windows. Together with the building opposite, Braubachstraße 14–16 (built by Franz Roeckle and Hermann Senf in 1926), the new building creates a tense play of expressionist elements. The striking, pointed arched entrance on the ground floor refers to expressionism; at the same time, it is also a Gothic motif and thus, together with the diamond blocks scattered in the base story, refers to the medieval old town.

Philipp Sturm
(Translated by *Inez Templeton*)

HOF ZUM REBSTOCK

Braubachstraße 15 (Im Rebstock 1)
Mid Eighteenth Century
2012–18, Jourdan & Müller, Frankfurt am Main

The baroque building constructed in the 18th century was architecturally one of the most important buildings in Frankfurt. It was part of an ensemble of nine buildings in total which made up the Rebstock Hof until the end of the 19th century. The Hof (courtyard), which was located lengthwise along the Kruggasse, was one of the biggest and most important trade fair courtyards in the city. In order to lay out Braubachstraße and Domstraße, a large portion of the ensemble had to be demolished, taking the character of the courtyard with it. This meant that, for two decades, one had a clear view of the richly decorated façades of the buildings Im Rebstock 1 and 3. In 1927, the courtyard situation was partially restored through the construction of the Hauptzollamt.

Two half-timbered stories were located above a stone ground floor; the upper stories were each decorated with an artful wooden gallery that stretched along the entire width of the building. The lengthwise building was capped by a high slate gabled roof, which was supplemented with a two-story gabled dormer with a Rhenish wave-shaped gable and several smaller dormers. The western façade had a similar design.

In the course of the new planning for the new old town in 2007, the decision was made to restore the Im Rebstock building. What was once a wine bar became a shop for sauerkraut, beans, and cucumbers around 1900, and later, in the 1920s, an art shop; today, there is a café for elderly people.

Moritz Röger
(Translated by *Mary Dellenbaugh-Losse*)

46.1 Jourdan and Müller, Braubachstraße 15 (Rebstock 1) and 21 (Rebstock 3), with the Hauptzollamt by Werner Hebebrand (left), photo: 2018
46.2 Hof zum Rebstock, view to the north toward Kruggasse, photo: before 1904
46.3 Hof zum Rebstock with the buildings Rebstock 1 (left) and 3 (right), in the foreground building ground for the to-be Hauptzollamt, photo: 1908

HAUPTZOLLAMT & HAUS AM DOM

Hauptzollamt
Domstraße 3
1926–27, Werner Hebebrand, Frankfurt am Main
2006–07, Jourdan & Müller, Frankfurt am Main
(modification)

Haus am Dom
Domplatz 3
2006–07, Jourdan & Müller, Frankfurt am Main

The Haus am Dom from Jourdan and Müller, a conference center for the Catholic Church, today borders the eastern side of the Dom-Römer site. The elongated building has a white plaster façade and is made up of a new front building building facing the Dom, with a restaurant and seminar and event spaces and a nearly expressionist glass foyer that spans the height of the building and creates a connection to the historical Hauptzollamt (Central Customs Office) from Werner Hebebrand. The integration of this building from the New Frankfurt era, which was badly damaged during the war and then only provisionally reconstructed in the postwar period, was a requirement of the 2001 competition. During the construction of the Haus am Dom, the supplementary building parts from the postwar period were demolished. Only the long building from Hebebrand's design, with its impressive northwest stairs, and the customs hall, which is under historical protection, were preserved. The latter is used today by the neighboring Museum für Moderne Kunst MMK (Hans Hollein, 1991) as an exhibition space.

Even though the front building building of the Haus am Dom protrudes into the reinstated Krönungsweg, the organization of the building into two parts actually follows the medieval plot lines. This division of the building is made even more apparent through differing gable heights and the free window positioning in the new construction, contrasted with the strict early modernist window organization of the former Hauptzollamt. In this way, even the building's façade makes the historical transformation of the site very apparent. At the same time, the building's pitched roofs are recessed from the eaves, which, when observed from close proximity, give the impression of a flat roof; in fact, both Hebebrand and Jourdan had originally suggested flat roofs in their designs.

In the foyer, which simultaneously connects and separates, the building sections face each other as if across a small old town square. Balconies and staircases offer interesting visual connections between the building sections and outwards to the Domplatz.

Peter Körner
(Translated by *Mary Dellenbaugh-Losse*)

47.1 Werner Hebebrand, Hauptzollamt, façade toward the Rebstockhof, photo: 1927
47.2 Jourdan and Müller, competition design Haus am Dom, 2001
47.3 Jourdan and Müller, Haus am Dom, photo: 2011

HISTORISCHES MUSEUM FRANKFURT
☙

Saalhof 1
1970–72, Hochbauamt Frankfurt am Main
2012–17, LRO Lederer Ragnarsdóttir Oei Architekten, Stuttgart

The building ensemble – which was the result of a review process and a subsequent competition and which was rebuilt on the old site – has a direct, temporal, and formal relationship to the reconstruction of the new old town. In the experts' review process in 2005, it was decided to remedy structural and functional deficiencies of the building, which was built in the style of brutalism and perceived by parts of the public as an inaccessible structure; the debate – among others, over the demolition of the equally controversial Technisches Rathaus (Technical Town Hall) and the reconstruction of the old town – ultimately led to a competition organized by the building department in 2008. A new building was now the goal, connected with the previous renovation of the adjacent historic ensemble Saalhof by Diezinger and Kramer (2008–12).

The fact that the design by LRO quickly became the jury's favorite is not surprising given the finished building. The concrete shell of the structure still had a hard, large-scale appearance; through the design of the building in detail, structure, and materiality – the typical basalt base, slate roof, and the masonry façade of red Main sandstone – a clearly formulated adaptation to the neighboring building fabric was achieved. By creating a forecourt, the cleverly inserted new ensemble was almost seamlessly tailored to the surrounding buildings.

Whatever attitude one has towards the skillful spirit of compromise of the exterior architecture, thoughtful and original details in the interior make a visit here a little journey of discovery. Due to the division into two structures, the access to the museum is initially counterintuitive. The way to the actual exhibition structure is varied but long, because it runs through special areas, such as the interactive foyer in the basement.

Once there, a wonderfully designed double staircase – like a large wooden piece of furniture – leads to the exhibition levels, whose spatial highlight is on the upper floor. Here visitors can experience the full-length double gable, which is so prominent from the outside and creates an uncongested and elegant space. In addition to the exhibits, an eye-catching façade element – the inserted glass bay with its view – invites visitors to explore the city.

Tanja Nopens
(Translated by *Inez Templeton*)

48.1 Lederer Ragnarsdóttir Oei Architekten, Historisches Museum, photo: 2017
48.2 Lederer Ragnarsdóttir Oei Architekten, Historisches Museum, 2nd floor, photo: 2017
48.3 – 48.8 Historisches Museum, competition, 2008 Competition designs by
48.3 Lederer Ragnarsdóttir Oei Architekten, (1st prize), **48.4** Kleihues and Kleihues, (2nd prize), **48.5** Diezinger and Kramer, (3rd prize),
48.6 Braun and Schlockermann, **48.7** Michael Landes, **48.8** Mäckler Architekten

EVANGELISCHE AKADEMIE FRANKFURT

Römerberg 9
1955/56, Ferdinand Wagner, Frankfurt am Main
2005, 2015–17, Meixner Schlüter Wendt, Frankfurt am Main

After the destruction of Paulskirche in the Second World War, the congregation moved to the nearby Nikolaikirche am Römerberg. A new parish hall was built, which in its simplicity was based more on the newly built row houses behind it, than on the historic buildings. It was designed as a bridge over the passage to the Alte Mainzer Gasse, thus keeping access to the Römerberg open.

The parish hall was first renovated in the interior from 2005, and then extensively rebuilt from 2015. The supporting structure of the previous building has been preserved and is visible behind a transparent curtain wall, whose windows are printed with elements reminiscent of the historic framework of the Wertheym building and the ornamentation of the surrounding buildings from the nineteen-fifties. The building has been extended by one floor and, with its pointed roof, follows the revival of historic building forms, as used in the new Historisches Museum (Historical Museum) directly opposite. The translucent façade emphasizes even more the seemingly unsupported character of the original building–a glasshouse that floats one floor above the ground. Despite the tongue-in-cheek alteration and modernity, the renovation is now much closer to the replicas of the new old town than to its predecessor from the postwar era.

Teresa Fankhänel
(Translated by *Inez Templeton*)

APARTMENT BUILDING GROSSE FISCHERSTRASSE

Große Fischerstraße 10
2010–12, Mäckler Architekten, Frankfurt am Main

The area of the old town southeast of the Dom was massively destroyed during the Second World War; in the postwar period, the majority of this area was the site of lower-density development in the form of *Zeilenbauten* with green courtyards.

Fully in line with the concept of sensible densification, Christoph Mäckler spatially closed one of these semiprivate courtyards southeast of the Dom with a five-story archetypal apartment building constructed for the Frankfurter Aufbau AG. The volume of the building, which has a pointed slate double gable, is divided into two optically separate buildings with a total of twelve apartments which share a central service core. The two building sections are slightly skewed towards one another. The visual separation of the two narrow building sections is additionally reinforced through the differing façade decorations: one section has smooth white stucco, while the other has structured red stucco. Mäckler designed a similar building type, the exhibition hall Portikus located at the nearby Alte Brücke, in 2006.

Peter Körner
(Translated by *Mary Dellenbaugh-Losse*)

49.1 Meixner Schlüter Wendt Architekten, Evangelische Akademie Frankfurt with the Wertheym building (left), photo: 2017
49.2 Ferdinand Wagner, parish hall of the Paulsgemeinde, photo: 2005
50.1 Mäckler Architekten, apartment building Große Fischerstraße, photo: 2014
50.2 Apartment buildings in Große Fischerstraße, 1952–53, photo: 1953

AUSGEWÄHLTE LITERATUR | SELECTED BIBLIOGRAPHY

Alexander, Matthias (Hg.), *Die neue Altstadt*, 2 Bde., Frankfurt am Main 2018.

Bangert, Wolfgang, *Baupolitik und Stadtgestaltung in Frankfurt a.M.: ein Beitrag zur Entwicklungsgeschichte des deutschen Städtebaues in den letzten 100 Jahren*, Würzburg 1937.

Bartetzko, Dieter (Hg.), *Sprung in die Moderne. Frankfurt am Main, die Stadt der 50er Jahre*, Frankfurt am Main u.a. 1994.

Battonn, Johann Georg, *Oertliche Beschreibung der Stadt Frankfurt am Main*, 7 Bde., Frankfurt am Main 1861–1875.

Bernau, Nikolaus, *Architekturführer Nikolaiviertel Berlin*, Berlin 2009.

Beseler, Hartwig und Niels Gutschow, *Kriegsschicksale Deutscher Architektur. Verlust – Schäden – Wiederaufbau und eine Dokumentation für das Gebiet der Bundesrepublik Deutschland. Band 2: Süd*, Neumünster 1988.

Bock, Günter, *Gedachtes und Gebautes*, Frankfurt am Main 1998.

Brockhoff, Evelyn (Hg.), *Akteure des Neuen Frankfurt. Biografien aus Architektur, Politik und Kultur. Archiv für Frankfurter Geschichte und Kunst 75*, Frankfurt am Main 2016.

Brockhoff, Evelyn (Hg.), *Von der Steinzeit bis in die Gegenwart. 8.000 Jahre städtebauliche Entwicklung in Frankfurt am Main. Archiv für Frankfurter Geschichte und Kunst 76*, Frankfurt am Main 2016.

Burgard, Roland, u.a., Kulturgesellschaft Frankfurt mbH (Hg.), *Schirn am Römerberg Frankfurt am Main*, Frankfurt am Main 1986.

Buttlar, Adrian von und Gabi Dolff-Bonekämper u.a. (Hg.), *Denkmalpflege statt Attrappenkult, Gegen die Rekonstruktion von Baudenkmälern – eine Anthologie*, Basel u.a. 2013.

Cunitz, Olaf, *Stadtsanierung in Frankfurt am Main 1933–1945*, Magisterarbeit Johann-Wolfgang-Goethe-Universität, Frankfurt am Main 1996.

Dauer, Hans und Karl Maury, *Frankfurt baut in die Zukunft*, Frankfurt am Main 1953.

Dehio, Georg und Alois Riegel, *Konservieren nicht restaurieren. Streitschriften zur Denkmalpflege um 1900.* Bauwelt Fundamente 80, Braunschweig 1988.

Derlam, Theodor, *Aus dem Leben des letzten Frankfurter Altstadt-Baumeisters*, unveröffentlichte Lebenserinnerungen, nach 1958. (ISG, S 5242)

Dietz, Alexander, *Frankfurter Handelsgeschichte*, 4 Bde., Frankfurt am Main 1921–1925.

Dreysse, DW und Björn Wissenbach u.a., *Dokumentation Altstadt. Planung Bereich Dom-Römer*, Frankfurt am Main 2006.

Durth, Werner und Niels Gutschow, *Träume in Trümmern. Planungen zum Wiederaufbau zerstörter Städte im Westen Deutschlands 1940–1950*, 2 Bde., Wiesbaden 1988.

Engel, Barbara (Hg.), *Historisch versus Modern. Identität durch Imitat?*, Berlin 2018.

Enss, Carmen M. und Gerhard Vinken (Hg.), *Produkt Altstadt. Historische Stadtzentren in Städtebau und Denkmalpflege*, Bielefeld 2016.

Feulner, Adolf, *Frankfurt/M. Aufgenommen von der Staatlichen Bildstelle beschrieben von Adolf Feulner*, Berlin 1938.

Fischl, Felix und Filmkollektiv Frankfurt e.V. (Hg.), *Wandelbares Frankfurt. Dokumentarische und experimentelle Filme zur Architektur und Stadtentwicklung in Frankfurt am Main*, Frankfurt am Main 2018.

Fleiter, Michael (Hg.), *Heimat/Front. Frankfurt am Main im Luftkrieg*, Frankfurt am Main 2013.

Frankfurter Architekten- und Ingenieur-Verein, *Frankfurt am Main und seine Bauten*, Frankfurt am Main 1886.

Frankfurter Architekten- und Ingenieur-Verein, *Frankfurt am Main, 1886–1910: ein Führer durch seine Bauten*, den Teilnehmern an der Wanderversammlung des Verbandes Deutscher Architekten-und Ingenieur-Vereine gewidmet, Frankfurt am Main 1910.

Frankfurter Historische Kommission (Hg.), *Frankfurt am Main – die Geschichte der Stadt in neun Beiträgen*, Sigmaringen 1994.

Gerchow, Jan und Petra Spona (Hg.), *Das Frankfurter Altstadtmodell der Brüder Treuner. Kunststücke des historischen museums frankfurt*, Bd. 1, Frankfurt am Main 2011.

Harnack, Maren und Robert Fischer (Hg.), *Die immer neue Altstadt. Ergebnisse eines städtebaulichen Seminars am Fachbereich 1 der Frankfurt University of Applied Sciences*, Frankfurt am Main 2018.

Hartmann, Georg, *Alt-Frankfurt. Ein Vermächtnis*, Frankfurt am Main 1950.

Hils, Evelin, *Johann Friedrich Christian Hess – Stadtbaumeister des Klassizismus in Frankfurt am Main von 1816–1845*, Frankfurt am Main 1988.

Jungwirth, Nikolaus und Gerhard Kromschröder, *Ein deutscher Platz. Zeitgeschehen auf dem Frankfurter Römerberg von der Jahrhundertwende bis heute*, Frankfurt am Main 1980.

Kampffmeyer, Hans und Erhard Weiss, *Dom-Römerberg-Bereich. Wege zur neuen Stadt*, Bd. 1, Frankfurt am Main 1964.

King, Luise und Bund Deutscher Architekten (Hg.), *Zur Diskussion. Was kommt zwischen Dom und Römer*, Frankfurt am Main 1976.

Kleinstück, Erwin, *Antlitz und Zukunft der Stadt. Zum Wiederaufbau der Frankfurter Innenstadt*, Frankfurt am Main 1956.

Klotz, Heinrich (Hg.), *Jahrbuch für Architektur 1984. Das Neue Frankfurt 1*, Braunschweig 1984.

Klötzer, Wolfgang (Hg.), *Die Frankfurter Altstadt. Eine Erinnerung*, Frankfurt am Main 1983.

Klötzer, Wolfgang (Hg.), *Frankfurt in Fotografien von Paul Wolff 1927–1943*, München 1991.

Klötzer, Wolfgang (Hg.), *Frankfurt am Main in Fotografien von Gottfried Vömel 1900–1943*, München 1992.

Köhler, Jörg R., *Städtebau und Stadtpolitik im Wilhelminischen Frankfurt. Eine Sozialgeschichte*. Studien zur Frankfurter Geschichte Bd. 37, Frankfurt am Main 1995.

Kracauer, Siegfried, *Das bunte Frankfurt. Ausgewählte Feuilletons*, Frankfurt am Main 2018.

Krämer, Karl und Gerhard Beier, ‚Christbäume' über Frankfurt 1943, Frankfurt am Main 1983.

Kranz-Michaelis, Charlotte, *Rathäuser im deutschen Kaiserreich, 1871–1918*, München 1976.

Lachner, Walter und Christian Welzbacher, *Paulskirche*, Berlin 2015.

von Lersner, Achilles August und Georg August von Lersner, *Nachgeholhte, vermehrte, und continuirte Chronica der weitberühmten freyen Reichs-, Wahl- und Handelsstadt Franckfurth am Mayn*, 2 Bde., Frankfurt am Main 1706/1734.

Likursi, Bertram, *Geschichte als Anhäufung von Gewesenem*, o. O. 1968.

Lohne, Hans, *Frankfurt um 1850 – nach Aquarellen und Beschreibungen von Carl Theodor Reiffenstein*, Frankfurt am Main 1967.

Lübbecke, Fried, Treuner's Alt-Frankfurt. *Das Altstadtmodell im Historischen Museum*, Frankfurt am Main 1955.

Mai, Ekkehard und Jürgen Paul u.a (Hg.), *Das Rathaus im Kaiserreich. Kunstpolitische Aspekte einer Bauaufgabe des 19. Jahrhunderts*, Berlin (West) 1982.

Maaß, Philipp, *Die Moderne Rekonstruktion. Eine Emanzipation der Bürgerschaft in Architektur und Städtebau*, Regensburg 2015.

Mayer-Wegelin, Eberhard, *Das Alte Frankfurt am Main. Photographien 1855–1890 von Carl Friedrich Mylius*, München 2014.

Meckseper, Cord und Harald Siebenmorgen (Hg.), *Die alte Stadt – Denkmal oder Lebensraum?*, Göttingen 1985.

Meinert, Hermann und Theo Derlam (Hg.), *Das Frankfurter Rathaus. Seine Geschichte und sein Wiederaufbau*, Frankfurt am Main 1952.

Mohr, Christoph, „Frankfurt Innere Stadt – Modernisierung – Bewahrung – Verlust – ‚Wiederaufbau'. Konzepte 1900–1955", in: *Gemeinsame Wurzeln – getrennte Wege? Über den Schutz von gebauter Umwelt, Natur und Heimat seit 1900* [etc.], Münster 2007, S. 193–201.

Müller-Raemisch, Hans-Reiner, *Frankfurt am Main. Stadtentwicklung und Planungsgeschichte seit 1945*, Frankfurt am Main u.a. 1996.

Natalini, Adolfo und Superstudio, *Note in margine al Römerberg Project, 1979. A cura di Adolfo Natalini/Superstudio*, I quaderni Bianchi, n. 10, Florenz 1979.

Nerdinger, Winfried mit Markus Eisen und Hilde Strobl, *Geschichte der Rekonstruktion. Konstruktion der Geschichte*, München u.a. 2010.

Nordmeyer, Helmut und Tobias Picard, *Zwischen Dom und Römerberg*, Frankfurt am Main 2006.

Pfeiffer, Georg Wilhelm, *Repertorium zur Geschichte der Reichsstadt Frankfurt am Main*, Frankfurt am Main 1856.

Picard, Tobias, *Frankfurt am Main. Farbdias 1936 bis 1943*, Erfurt 2018.

Reifenberg, Benno, *Das Frankfurt in dem wir heute Leben*, Frankfurt am Main 1964.

Reiffenstein, Carl Theodor, *Verzeichnis der Häusernamen in Frankfurt und Sachsenhausen*, Frankfurt o. J.

Rittweger, Franz (Hg.), *Das alte Frankfurt am Main – Fotos von Carl Friedrich Fay*, Petersberg 2006.

Rotermund, Günther und Volker Fischer (Hg.), *Jahrbuch für Architektur 1984. Das Neue Frankfurt 2, Hallen, Tunnel Energiebauten, Brücken, Türme*, Braunschweig 1984.

Setzepfandt, Christian, *101 neue Altstadtorte in Frankfurt*, Frankfurt am Main 2018.

Sewing, Werner, *No more learning from Las Vegas. Stadt, Wohnen oder Themenparks*, Leipzig 2016.

Stadt Frankfurt am Main, Bauverwaltung Hochbau (Hg.), *Ideenwettbewerb zur Erlangung von Vorschlägen für den Aufbau des Altstadtkernes zwischen Römer und Dom in Frankfurt am Main*, 27.3.1950. (DAM 002-085-001)

Stadt Frankfurt am Main, Presse- und Informationsamt (Hg.), *Frankfurt baut auf. Bauherr – Architekt – Baugewerbe berichten über Planung und Ausführung der Aufbaujahre 1948–1953*, Wirtschafts-Monographien Folge 3, Stuttgart 1954.

Stadt Frankfurt am Main, Presse- und Informationsamt (Hg.), *Frankfurt baut 2*, Monographien des Bauwesens Folge 25, Stuttgart 1963.

Stadt Frankfurt am Main, Presse- und Informationsamt (Hg.), *Zur Diskussion: was kommt zwischen Dom und Römer*, Frankfurt am Main 1975.

Stadt Frankfurt am Main, Baudezernat und Stadtwerke (Hg.), *Zur Diskussion: Was kommt zwischen Dom und Römer. Planungsstudie zum Wiederaufbau*, Frankfurt am Main 1977.

Stadt Frankfurt am Main (Hg.), *Realisierungs-Wettbewerb zur Bebauung des Dom-Römer-Bereichs, in der Textfassung von Oktober 1979*, Frankfurt am Main 1979.

Stadt Frankfurt am Main, Dezernat Bau (Hg.) *Dom-Römerberg Bebauung. Protokoll einer Podiumsdiskussion zur künftigen Gestaltung des Dom-Römerberg*, Frankfurt am Main 1979.

Stadt Frankfurt am Main, Baudezernat (Hg.), *Dom-Römerberg-Bereich. Wettbewerb 1980*, Braunschweig u.a. 1980.

Stadt Frankfurt am Main, Baudezernat (Hg.), *Bauen für Frankfurt. Dom-Römerberg-Bereich Erster Bauabschnitt. Schwarzer Stern, Ostzeile, Anschlußbauten*, Schriftenreihe des Hochbauamtes zu Bauaufgaben der Stadt Frankfurt am Main, Frankfurt am Main 1983.

Stadt Frankfurt am Main, Dezernat Planung (Hg.), *Städtebaulicher Gutachterwettbewerb. Die Umgebung der Paulskirche*, Frankfurt am Main 1983.

Stadt Frankfurt am Main, Baudezernat (Hg.), *Die Paulskirche in Frankfurt am Main*, Schriftenreihe des Hochbauamtes zu Bauaufgaben der Stadt Frankfurt am Main, Frankfurt am Main 1988.

Stadt Frankfurt am Main, Presse- und Informationsamt (Hg.), *Frankfurt am Main präsentiert: Der Römer. Mehr als ein Rathaus*, Frankfurt am Main 2005.

Stadt Frankfurt am Main, Dezernat Planung und Sicherheit, Stadtplanungsamt (Hg.), *Städtebauliche und architektonische Neuordnung zwischen Dom und Römer. Beiträge zum Expertenhearing des Stadtplanungsamtes, Frankfurt am Main vom 18.11.2005*, Frankfurt am Main 2006.

Stadt Frankfurt am Main, Dezernat Bau und Immobilien, Reformprojekte, Bürgerservice und IT (Hg.), *Historisches Museum Frankfurt. Vorgeschichte, Architekturwettbewerb & Bauverlauf*, Frankfurt am Main 2017.

Stübben, Josef, *Handbuch der Architektur. Der Städtebau*, Stuttgart 1907.

Tüffers, Bettina, *Der Braune Magistrat. Personalstruktur und Machtverhältnisse in der Frankfurter Stadtregierung 1933–1945*, Studien zu Frankfurter Geschichte Bd. 54, Frankfurt am Main 2004.

Vinken, Gerhard, *Zone Heimat. Altstadt im modernen Städtebau*, München u.a. 2010.

Voelker, Heinrich, *Die Altstadt in Frankfurt am Main innerhalb der Hohenstaufenmauer*, Frankfurt am Main 1937.

Vogt, Günther, *Frankfurter Bürgerhäuser des 19. Jahrhunderts: ein Stadtbild des Klassizismus*, Frankfurt am Main 1970.

Welzbacher, Christian, *Durchs wilde Rekonstruktistan. Über gebaute Geschichtsbilder*, Berlin 2010.

Wenzel, Ursula und Deutscher Werkbund Hessen (Hg.), *Standpunkte. Zur Bebauung des Frankfurter Römerbergs*, Frankfurt am Main 2007.

Wissenbach, Björn, *Bauschmuck der 1950er Jahre auf dem Gebiet der Frankfurter Altstadt*, (Studie im Auftrag des Denkmalamtes Frankfurt am Main), unveröffentlicht 2013.

Wolff, Carl und Rudolf Jung, *Die Baudenkmäler der Stadt Frankfurt*, 3 Bde., Frankfurt am Main 1895–1914.

Zeller, Thomas, *Die Architekten und ihre Bautätigkeit in Frankfurt am Main in der Zeit von 1870 bis 1950*, Frankfurt am Main 2004.

ABBILDUNGSNACHWEIS | IMAGE CREDITS

1.1 Uwe Dettmar **2.1** Uwe Dettmar **2.2** Moritz Röger **2.3** Google **2.4** Uwe Dettmar **2.5** Barbara Staubach **2.6** Uwe Dettmar **2.7** Philipp Sturm **2.8** Philipp Sturm **3.1** ISG, S7Z 1998/100 **3.2** Postkarte **3.3** Elkan, *Römer-Maske*, 1925 **3.4** Backhaus, *Und keiner hat für uns Kaddisch gesagt ...*, 2004 **3.5** HMF, X28139, Foto: Uwe Dettmar **3.6** HMF, X.2009.2961a-b, Foto: Uwe Dettmar **3.7** ISG, S7C 1998/3761 **3.8** Mylius (CC BY-SA 3.0) **3.9** Zachwatowicz, *Die Altstadt in Warschau*, 1956 **3.10** BDA Hessen **3.11** Franken Architekten **3.12** *Bauwelt*, 2009, H. 27/28 **3.13** Schirn, Foto: Norbert Miguletz **3.14** Franken Architekten, Foto: Eibe Sönnecken **4.1** HMF, R 0576 **4.2** HMF, R 0461 **4.3** HMF, C.13.845 **4.4** HMF, C 09379 **4.5** HMF, R 0184 **4.6** HMF, R 0579 **4.7** HMF, C 16.227 **4.8** HMF, C 09290 **4.9** HMF, C 16.226 **4.10** HMF, R 0370 **4.11** HMF, C19974 **4.12** HMF, R 0432 **4.13** HMF, R 0412 **4.14** HMF, C 28.184 **4.15** Verlag des Geographischen Instituts, Frankfurt am Main, 1862 **5.1** ISG, S7A 1998/2566, Foto: Carl Friedrich Fay **5.2** HMF, Ph4317,7 **5.3** ISG, StVV 508 **5.4** Städel Museum, Foto: Carl Friedrich Mylius **5.5** HMF **5.6** Hauptamt, Frankfurt am Main, Foto: Uwe Dettmar **5.7** *DBZ*, 1909, H. 1/2 **5.8** HMF, C23042b, Foto: Carl Abt **5.9** Gull, *Erläuterungen zu dem Projekt für die Überbauung des Werdmühle- und Oetenbach-Areals und ein alle Verwaltungsabteilungen umfassendes Stadthaus in Zürich*, 1911 **5.10** Denkmalamt, Frankfurt am Main **5.11** Askenasy, *Altstädtisches Fest im Römer und Rathaus*, 1907, Tf. 17 **5.12** *Fassaden für Frankfurt am Main*, 1903, Tf. 52 **5.13** ISG, NL Senf, S1-299/47 **5.14** *DBZ*, 1910, Abb. 74 **5.15** ISG, S7A 1998/2688 **5.16** *Fassaden für Frankfurt am Main*, 1903, Tf. 1 **5.17** *Fassaden für Frankfurt am Main*, 1903, Tf. 5 **5.18** *Fassaden für Frankfurt am Main*, 1903, Tf. 8 **5.19** *Fassaden für Frankfurt am Main*, 1903, Tf. 13 **5.20** *Fassaden für Frankfurt am Main*, 1903, Tf. 16 **5.21** *Fassaden für Frankfurt am Main*, 1903, Tf. 21 **5.22** *Fassaden für Frankfurt am Main*, 1903, Tf. 24 **5.23** *Fassaden für Frankfurt am Main*, 1903, Tf. 26 **5.24** *Fassaden für Frankfurt am Main*, 1903, Tf. 29 **5.25** *Fassaden für Frankfurt am Main*, 1903, Tf. 32 **5.26** *Fassaden für Frankfurt am Main*, 1903, Tf. 35 **5.27** *Fassaden für Frankfurt am Main*, 1903, Tf. 39 **5.28** *Fassaden für Frankfurt am Main*, 1903, Tf. 42 **5.29** *Fassaden für Frankfurt am Main*, 1903, Tf. 47 **5.30** *Fassaden für Frankfurt am Main*, 1903, Tf. 49 **5.31** *Fassaden für Frankfurt am Main*, 1903, Tf. 56 **5.32** *ZdB*, 1905, H. 59, S. 366 **5.33** Archiv Laurenz Hungerbühler, St. Gallen **5.34** ISG, S7A 1998/5961 **5.35** Lambert, *Alt-Stuttgarts Baukunst*, 1906, Tf. 14 **5.36** Lambert, *Alt-Stuttgarts Baukunst*, 1906, Tf. 12 **6.1** ISG, S7A 1998/1854 **6.2** SLUB/Deutsche Fotothek, 0304956, Foto: Walter Hahn **6.3** ISG, Mag.Akte T728, S. 173 **6.4** Derlam, *Aus dem Leben des letzten Frankfurter Altstadt-Baumeisters*, nach 1958, ISG, S5/243, Bd. 2, S. 97 **6.5** ISG, Mag.Akte 7885, Altstadtkataster **6.6** *Die farbige Stadt*, 1926, H. 3, Tafel 1 **6.7** ISG, Ansichtskarte S17/352-15 **6.8** *DBZ*, Beilage Stadt und Siedlung, 1931, H. 13, S. 113 **6.9** Stadtplanungsamt Dresden, Negativnr. XIII 3805 **6.10** ISG, S7A 1998/3316 **6.11** ISG, Mag.Akte 6206, Altstadtsanierung Wettbewerb, S. 110 **6.12** *Frankfurter Wochenschau*, 1938, H. 1, S. 8 **6.13** Feulner, *Frankfurt/M*, 1938, S. 103, Foto: Staatliche Bildstelle, Berlin **6.14** Derlam, *Aus dem Leben des letzten Frankfurter Altstadt-Baumeisters*, nach 1958, ISG, S5/243, Bd. 2, S. 66 **6.15** HMF, Ph20769, Foto: Otto Emmel **6.16** Stadtplanungsamt Dresden, Negativnr. 10231, Fotoalb. 113/11, Dia 1385 **6.17** Stadtplanungsamt Dresden, Negativnr. 3509 **6.18** Stadtplanungsamt Dresden, Negativnr. 6628, Fotoalb. 80, S. 30 **6.19** SLUB/Deutsche Fotothek, 0031712 **6.20** *DBZ*, 1938, H. 42, S. 1142, Foto: Bergmann und Burchadi, Dresden **6.21** ISG, S14 Col/291 **6.22** ISG, S7A 1998/3965 **6.23** Derlam, *Aus dem Leben des letzten Frankfurter Altstadt-Baumeisters*, nach 1958, ISG, S5/242, Bd. 1, S. 150 **7.1** Hartmann, *Alt-Frankfurt*, 1950, S. 255, Foto: Max Göllner **7.2** DAM, NL Hermann Mäckler **7.3** Hartmann, *Alt-Frankfurt*, 1950, S. 252, Foto: Elisabeth Hase **7.4** ISG, S7C 1998/6549 **7.5** Hartmann, *Alt-Frankfurt*, 1950, S. 269, Foto: Elisabeth Hase **7.6** DAM 002-017-029 **7.7** DAM 002-017-XXX **7.8** ISG, S7C 1998/5191 **7.9** ISG, S7C 1998/5209 **7.10** Calibas (CC BY-SA 3.0) **7.11** Müller-Raemisch, *Frankfurt am Main. Stadtentwicklung und Planungsgeschichte seit 1945*, 1996, S. 45 **8.1** ISG, S7C 1998/6333, Foto: Aero-Lux **8.2** *Die neue Stadt*, 1949, H. 10, S. 304 **8.3** *Die neue Stadt*, 1950, H. 8, S. 302 **8.4** *Die neue Stadt*, 1949, H. 10, S. 307 **8.5** ISG, S8-1/2.377/Bl.1 **8.6** ISG, S8-1/2.379/Bl.2 **8.7** ISG, S8-1/2.380/Bl.1 **8.8** Durth, *Träume in Trümmern*, 1988, S. 509 **8.9** *Baukunst und Werkform*, 1951, H. 6, S. 11 **8.10** *Die neue Stadt*, 1950, H. 8, S. 309 **8.11** *Baukunst und Werkform*, 1951, H. 6, S. 9 **8.12** ISG, S8-1/3.640/Bl.6 **8.13** ISG, S8-2/630/Bl.3 **8.14** *Die neue Stadt*, 1950, H. 8, S. 311 **8.15** Durth, *Träume in Trümmern*, 1988, S. 511 **8.16** ISG, S8-2/325 **8.17** *Die neue Stadt*, 1951, H. 8, S. 308 **8.18** *Die neue Stadt*, 1951, H. 8, S. 309 **8.19** ISG, S8-2/324 **8.20** DAM 422-105-001 **8.21** ISG, S8-2/323 **8.22** ISG, S7C 1998/3908, Foto: Ludwig Klaas **9.1** ISG, S7C 1998/854 **9.2** ISG, S7Z 1963/62, Foto: DPA **9.3** ISG, S7Z 1963/60, Foto: Lutz Kleinhans **9.4** Kampffmeyer, *Dom-Römerberg-Bereich*, 1964 **9.5** Kampffmeyer, *Dom-Römerberg-Bereich*, 1964 **9.6** Kampffmeyer, *Dom-Römerberg-Bereich*, 1964 **9.7** Kampffmeyer, *Dom-Römerberg-Bereich*, 1964 **9.8** DAM 426-005-002, Foto: Ulfert Beckert **9.9** Kampffmeyer, *Dom-Römerberg-Bereich*, 1964 **9.10** Kampffmeyer, *Dom-Römerberg-Bereich*, 1964 **9.11** Kampffmeyer, *Dom-Römerberg-Bereich*, 1964 **9.12** Kampffmeyer, *Dom-Römerberg-Bereich*, 1964 **9.13** SIAF/Cité de l'architecture et du patrimoine/Archives d'architecture du XXe siècle, Fonds Georges Candilis, NR-23-05-05-07 **9.14** Kampffmeyer, *Dom-Römerberg-Bereich*, 1964 **9.15** Kampffmeyer, *Dom-Römerberg-Bereich*, 1964 **9.16** Kampffmeyer, *Dom-Römerberg-Bereich*, 1964 **9.17** Kampffmeyer, *Dom-Römerberg-Bereich*, 1964 **9.18** Kampffmeyer, *Dom-Römerberg-Bereich*, 1964 **9.19** Kampffmeyer, *Dom-Römerberg-Bereich*, 1964 **9.20** Kampffmeyer, *Dom-Römerberg-Bereich*, 1964 **9.21** Kampffmeyer, *Dom-Römerberg-Bereich*, 1964 **9.22** Kampffmcyer, *Dom-Römerberg-Bereich*, 1964 **9.23** Kampffmeyer, *Dom-Römerberg-Bereich*, 1964 **9.24** Kampffmeyer, *Dom-Römerberg-Bereich*, 1964 **9.25** Kampffmeyer, *Dom-Römerberg-Bereich*, 1964 **9.26** Kampffmeyer, *Dom-Römerberg-Bereich*, 1964 **9.27** Kampffmeyer, *Dom-Römerberg-Bereich*, 1964 **9.28** Kampffmeyer, *Dom-Römerberg-Bereich*, 1964 **9.29** Kampffmeyer, *Dom-Römerberg-Bereich*, 1964 **9.30** Kampffmeyer, *Dom-Römerberg-Bereich*, 1964 **9.31** Kampffmeyer, *Dom-Römerberg-Bereich*, 1964 **9.32** Kampffmeyer, *Dom-Römerberg-Bereich*, 1964 **9.33** Kampffmeyer, *Dom-Römerberg-Bereich*, 1964 **9.34** Kampffmeyer, *Dom-Römerberg-Bereich*, 1964 **9.35** Kampffmeyer, *Dom-Römerberg-Bereich*, 1964 **9.36** Kampffmeyer, *Dom-Römerberg-Bereich*, 1964 **9.37** Kampffmeyer, *Dom-Römerberg-Bereich*, 1964 **9.38** Kampffmeyer, *Dom-Römerberg-Bereich*, 1964 **9.39** Kampffmeyer, *Dom-Römerberg-Bereich*, 1964 **9.40** Kampffmeyer, *Dom-Römerberg-Bereich*, 1964 **9.41** Kampffmeyer, *Dom-Römerberg-Bereich*, 1964 **9.42** Kampffmeyer, *Dom-Römerberg-Bereich*, 1964 **9.43** Kampffmeyer, *Dom-Römerberg-Bereich*, 1964 **9.44** Kampffmeyer, *Dom-Römerberg-Bereich*, 1964 **9.45** Kampffmeyer, *Dom-Römerberg-Bereich*, 1964 **9.46** Kampffmeyer, *Dom-Römerberg-Bereich*, 1964 **9.47** Kampffmeyer, *Dom-Römerberg-Bereich*, 1964 **9.48** Kampffmeyer, *Dom-Römerberg-Bereich*, 1964 **9.49** Kampffmeyer, *Dom-Römerberg-Bereich*, 1964 **9.50** Kampffmeyer, *Dom-Römerberg-Bereich*, 1964 **9.51** Kampffmeyer, *Dom-Römerberg-Bereich*, 1964 **9.52** Kampffmeyer, *Dom-Römerberg-Bereich*, 1964 **9.53** Kampffmeyer, *Dom-Römerberg-Bereich*, 1964 **9.54** Kampffmeyer, *Dom-Römerberg-Bereich*, 1964 **9.55** Kampffmeyer, *Dom-Römerberg-Bereich*, 1964 **9.56** Kampffmeyer, *Dom-Römerberg-Bereich*, 1964 **9.57** Kampffmeyer, *Dom-Römerberg-Bereich*, 1964 **9.58** Kampffmeyer, *Dom-Römerberg-Bereich*, 1964 **9.59** Kampffmeyer, *Dom-Römerberg-Bereich*, 1964 **9.60** Kampffmeyer, *Dom-Römerberg-Bereich*, 1964 **9.61** Kampffmeyer, *Dom-Römerberg-Bereich*, 1964 **9.62** Kampffmeyer, *Dom-Römerberg-Bereich*, 1964 **9.63** Archiv DW Dreysse, Frankfurt am Main **9.64** ISG, NL Senf, S1-299/47 **10.1** Verlag Arthur F. Krüger, Hamburg **10.2** Anco-Vertrieb, Lübeck **10.3** *Baumeister*, 1965, H. 9, S. 947 **10.4** ISG, S7C 1998/2993 **10.5** Bauaufsicht Frankfurt am Main, Bauakte **10.6** Bauaufsicht Frankfurt am Main, Bauakte **10.7** ISG, S7C 1998/2961 **10.8** *Bauwelt*, 1973, H. 31, S.1404 **10.9** ISG, S7C 1998/3808 **10.10** ISG S7C 1998/4147 **10.11** Bauaufsicht Frankfurt am Main, Bauakte **10.12** ISG, S7C 1998/4154, Foto: Ursula Edelmann **10.13** DAM 026-006-008 **10.14** Presse- und Informationsamt, *Zur Diskussion: was kommt zwischen Dom und Römer*, 1975 **10.15** Bartsch, Thürwächter und Weber, *FAZ*, 3.8.1978 **11.1** ISG, S7C 1998/3963 **11.2** Krahwinkel, *FAZ*, 8.3.1975 **11.3** Ferry Ahrlé, Presse- und Informationsamt, *Zur Diskussion: was kommt zwischen Dom und Römer*, 1975 **11.4** ISG, S7Z 1979/04.01.01, Foto: Klaus Meier-Ude **11.5** Hochbauamt, *Dom-Römer-Bereich Wettbewerb*, Anlage 3.16, 1979 **11.6** ISG, S7C 1998/3914 **11.7** ISG, S7Z 1981/20, Foto: Tadeusz Drabrowski **11.8** ISG, S14 Col/736 **11.9** ISG, S14 Col/265 **11.10** ISG, S7C 1998/3860 **11.11** Torbenbrinker (CC BY 3.0) **11.12** *Architektur der DDR*, 1982, H. 4, Cover **12.1** DAM 015-001-019, Foto: Uwe Dettmar **12.2** DAM 408-061-004, Foto: Lutz Kleinhans **12.3** *Dom-Römerberg-Wettbewerb*, 1980 **12.4** *Dom-Römerberg-Wettbewerb*, 1980 **12.5** Amt für Bau und Immobilien, Frankfurt am Main **12.6** Amt für Bau und Immobilien, Frankfurt am Main **12.7** Amt für Bau und Immoblien, Frankfurt am Main **12.8** Amt für Bau und Immobilien, Frankfurt am Main **12.9** *Dom-Römerberg-Wettbewerb*, 1980 **12.10** ISG, S7C 1998/2756, Foto:

Renate Dabrowski **12.11** ISG, S7C 1998/2939, Foto: Renate Dabrowski **12.12** ISG, S7C 1998/2938, Foto: Tadeusz Dabrowski **12.13** Amt für Bau und Immobilien, Frankfurt am Main **12.14** Amt für Bau und Immobilien, Frankfurt am Main **12.15** *Dom-Römerberg-Wettbewerb*, 1980 **12.16** Amt für Bau und Immobilien, Frankfurt am Main **12.17** DAM 172-033-001, Foto: Uwe Dettmar **12.18** Amt für Bau und Immobilien, Frankfurt am Main **12.19** Amt für Bau und Immobilien, Frankfurt am Main **12.20** Amt für Bau und Immobilien, Frankfurt am Main **12.21** DAM 714-001-001, Foto: Uwe Dettmar **12.22** Amt für Bau und Immobilien, Frankfurt am Main **12.23** *Dom-Römerberg-Wettbewerb*, 1980 **12.24** Amt für Bau und Immobilien, Frankfurt am Main **12.25** DAM 716-001-001, Foto: Uwe Dettmar **12.26** Amt für Bau und Immobilien, Frankfurt am Main **12.27** *Dom-Römerberg-Wettbewerb*, 1980 **12.28** *Dom-Römerberg-Wettbewerb*, 1980 **12.29** *Dom-Römerberg-Wettbewerb*, 1980 **12.30** *Dom-Römerberg-Wettbewerb*, 1980 **12.31** DAM 178-005-003 **12.32** DAM 178-005-004 **12.33** DAM 178-005-001 **12.34** DAM 178-005-002 **12.35** *Dom-Römerberg-Wettbewerb*, 1980 **13.1** DAM 178-007-024, Foto: Uwe Dettmar **13.2** Klotz, *Jahrbuch für Architektur 1984/I*, 1984, S. 44 **13.3** DAM 178-007-001 **13.4** DAM 172-008-001 **13.5** DAM 021-005-001 **13.6** DAM 156-003-007 **13.7** DAM 065-004-001 **13.8** DAM 127-006-001 **13.9** DAM 065-004-004 **13.10** Uwe Dettmar **13.11** Uwe Dettmar **14.1** DomRömer GmbH, Foto: Uwe Dettmar **14.2** Uwe Dettmar **14.3** HMF, C 44335 **14.4** Simsalabimbam (CC BY-SA 4.0) **14.5** KSP Jürgen Engel Architekten, Frankfurt am Main **14.6** KSP Jürgen Engel Architekten, Frankfurt am Main **14.7** BDA Frankfurt am Main **14.8** Dominik Mangelmann **14.9** Jörg Ott **14.10** Kolossos (CC BY-SA 3.0) **14.11** DomRömer GmbH, Foto: Uwe Dettmar **14.12** DomRömer GmbH, Foto: Uwe Dettmar **14.13** DomRömer GmbH, Foto: Uwe Dettmar **15.1** ANP, Kassel **15.2** Richard Martinet, Paris **15.3** Stefan Forster Architekten, Frankfurt am Main **15.4** ANP, Kassel **15.5** ANP, Kassel **15.6** ANP, Kassel **15.7** ANP, Kassel **15.8** ANP, Kassel **15.9** ANP, Kassel **15.10** ANP, Kassel **15.11** ANP, Kassel **15.12** ANP, Kassel **15.13** ANP, Kassel **15.14** ANP, Kassel **15.15** ANP, Kassel **15.16** ANP, Kassel **15.17** ANP, Kassel **15.18** ANP, Kassel **15.19** ANP, Kassel **15.20** ANP, Kassel **15.21** ANP, Kassel **15.22** ANP, Kassel **15.23** KSP Jürgen Engel Architekten, Frankfurt am Main **15.24** KSP Jürgen Engel Architekten, Frankfurt am Main **15.25** KSP Jürgen Engel Architekten, Frankfurt am Main **16.1** DomRömer GmbH, Foto: Uwe Dettmar **16.2** Stadtplanungsamt, Frankfurt am Main **16.3** ANP, Kassel **16.4** ANP, Kassel **16.5** ANP, Kassel **16.6** ANP, Kassel **16.7** ANP, Kassel **16.8** ANP, Kassel **16.9** Meurer Architekten, Frankfurt am Main **16.10** Uwe Dettmar **16.11** DomRömer GmbH **16.12** DomRömer GmbH **16.13** DomRömer GmbH **16.14** DomRömer GmbH **17.1** Katrin Binner **17.2** Katrin Binner **17.3** Katrin Binner **18.1** Schneider + Schumacher Architekten, Frankfurt am Main **18.2** Uwe Dettmar **18.3** Schneider + Schumacher Architekten, Frankfurt am Main **18.4** Uwe Dettmar **18.5** Uwe Dettmar **18.6** Schneider + Schumacher Architekten, Frankfurt am Main **18.7** Uwe Dettmar **18.8** Schneider + Schumacher Architekten, Frankfurt am Main **19.1** Uwe Dettmar **19.2** Bildarchiv Foto Marburg und Kieler Luftbildarchiv **20.1** Uwe Dettmar **20.2** Uwe Dettmar **20.3** DomRömer GmbH, HH Vision **20.4** Uwe Dettmar **20.5** Gerhard Vinken **20.6** Gerhard Vinken **20.7** Paramount Pictures, 1998 **20.8** Richard Dorrell (CC BY-SA 2.0) **20.9** Richard Ivey (CC BY-SA 2.0) **20.10** Huai-Chun Hsu (CC BY 2.0) **20.11** Gerhard Vinken **20.12** Mäckler Architekten, Frankfurt am Main **20.13** Frank Burchert **20.14** o. V. **21.1** pro-altstadt-frankfurt.de (30.5.2018) **21.2** o. V. **21.3** Léon Krier, *CATO*, 2018, H. 2 **21.4** afd-fraktion-brandenburg.de, 26.10.2016, (30.5.2018) **21.5** Uwe Dettmar **21.6** DAM 002-017-031 **21.7** Gras-Ober (CC BY-SA 3.0) **21.8** Janericloebe **22.1** ISG, S7A 1998/1845 **22.2** Uwe Dettmar **22.3** ISG, S7A 1998/2192, Foto: Max Göllner **23.1** Uwe Dettmar **24.1** Uwe Dettmar **24.2** ISG, S7A 1998/5044 **25.1** HMF, C 31548 **25.2** Uwe Dettmar **25.3** Uwe Dettmar **26.1** Uwe Dettmar **26.2** Uwe Dettmar **27.1** Uwe Dettmar **27.2** DomRömer GmbH **28.1** Uwe Dettmar **28.2** ISG, S7A 1998/5022, Foto: Dieter Schirg **29.1** ISG, S7A1998/5019 **29.2** ISG, S7 Vö/778, Foto: Gottfried Vömel **29.3** Uwe Dettmar **29.4** Uwe Dettmar **30.1** HMF, C 31543 **30.2** Alfred Erhardt Stiftung, ISG, S7 Ehr/270, Foto: Alfred Ehrhardt **30.3** Uwe Dettmar **31.1** ISG, S7A 1998/4364 **31.2** ISG, S7A 1998/4362 **31.3** Uwe Dettmar **32.1** Uwe Dettmar **32.2** HMF C 9.308 **32.3** Alfred Erhardt Stiftung, ISG, S7 Ehr/274, Foto: Alfred Ehrhardt **32.4** ISG, S7A 1998/2898, Foto: Dr. Wolff & Tritschler **33.1** ISG, S7A 1998/4353, Foto: H. Stürtz **33.2** Uwe Dettmar **34.1** ISG, S7A 1998/4340, Foto: Max Göllner **34.2** Uwe Dettmar **34.3** Franken Architekten, Frankfurt am Main **35.1** Uwe Dettmar **35.2** ISG, S7 Vö/704 **35.3** HMF **36.1** Barbara Staubach **36.2** HMF, C 29633 **37.1** ISG, S7A 1998/2059 **37.2** Barbara Staubach **38.1** Carl Friedrich Fay **38.2** ISG, S7A 1998/7026 **38.3** HMF, Ph 02965 **38.4** Uwe Dettmar **38.5** ISG, S7A 1998/7132 **38.6** HMF, C 31644 **38.7** ISG, S9-1/01457 **38.8** HMF, C 26074a **38.9** Archiv DW Dreysse, Frankfurt am Main **38.10** Uwe Dettmar **38.11** Barbara Staubach **38.12** Uwe Dettmar **39.2** Uwe Dettmar **39.3** Uwe Dettmar **40.1** ISG, S7 Vö/82X, Foto: Gottfried Vömel **40.2** ISG, NL Senf, S1-299/47:2 **40.3** ISG, NL Senf, S1-299/47:1 **40.4** ISG, S7C 1998/4847 **40.5** Uwe Dettmar **41.1** HMF, C 31549 **41.2** Archiv Bernhard Unterholzner, Frankfurt am Main **41.3** Uwe Dettmar **42.1** Uwe Dettmar **42.2** *Kleine Presse*, 23.11.1912 **42.3** ISG, NL Senf, S1-299/48:3 **42.4** Uwe Dettmar **43.1** HMF, F 12.00371, Foto: Carl Abt **43.2** HMF, C 18340 **43.3** Uwe Dettmar **43.4** HMF, F 12.01116, Foto: Carl Abt **43.5** Uwe Dettmar **44.1** Uwe Dettmar **44.2** HMF, X28139,20, Foto: Uwe Dettmar **45.1** Uwe Dettmar **45.2** ISG, NL Senf, S1-299/19 **45.3** ISG, S7A 1998/2583, Foto: Beckstein **45.4** Dom Römer GmbH **45.5** ISG, S7C 1998/4.803, Foto: Hans Rempfer **45.6** ISG, S7C 1998/4.791, Foto: Hans Rempfer **45.7** Eingartner Khorrami Architekten, Leipzig **46.1** Uwe Dettmar **46.2** Archiv Laurenz Hungerbühler, St. Gallen **46.3** HMF, F 18.00922 **47.1** ISG, S7A 1998/4047 **47.2** Jourdan und Müller, Frankfurt am Main **47.3** Architektur-Bildarchiv, Foto: Thomas Robbin **48.1** Robert Halbe **48.2** Robert Halbe **48.3** Amt für Bau und Immobilien, Frankfurt am Main **48.4** Amt für Bau und Immobilien, Frankfurt am Main **48.5** Amt für Bau und Immobilien, Frankfurt am Main **48.6** Amt für Bau und Immobilien, Frankfurt am Main **48.7** Amt für Bau und Immobilien, Frankfurt am Main **48.8** Amt für Bau und Immobilien, Frankfurt am Main **49.1** Christoph Kraneburg **49.2** Meixner Schlüter Wendt Architekten, Frankfurt am Main **50.1** Thomas Eicken **50.2** Dauer, *Frankfurt Baut in die Zukunft*, 1953, S. 49, Foto: Jupp Falke **51.1** Philipp Sturm **52.1** Hagen Stier.

Wir haben uns bemüht, für alle Abbildungen die entsprechenden Rechteinhaber zu ermitteln. Sollten dennoch Ansprüche offen sein, bitten wir um Benachrichtigung. | We have made every effort to identify the copyright holders for all images. Should any claims still be open, please notify us.

AUTOREN

Uwe Bresan, geb. 1980 in Dresden, studierte Architektur an der Bauhaus-Universität Weimar. Daneben arbeitete er von 2004 bis 2006 als wissenschaftlicher Mitarbeiter am Deutschen Architekturmuseum in Frankfurt am Main. Seit 2008 ist er Redakteur der Architekturzeitschrift *AIT*, seit 2017 deren stellvertretender Chefredakteur. 2015 promovierte er an der Universität Siegen mit einer Arbeit über Adalbert Stifters fiktives Rosenhaus. Aktuell lehrt er an der Hochschule für Technik in Stuttgart Geschichte und Theorie der Architektur.

Oliver Elser, geb. 1972 in Rüsselsheim, seit 2007 Kurator am Deutschen Architekturmuseum und im Jahr 2016 Kurator von *Making Heimat* im Deutschen Pavillon auf der 15. Internationalen Architekturausstellung – La Biennale di Venezia. Ausstellungen am DAM zum Brutalismus, zur Postmoderne, über Architekturmodelle im 20. Jahrhundert und zu Simon Ungers. Architekturkritiker u.a. für die *Frankfurter Allgemeine Zeitung*, *Texte zur Kunst*, *frieze*, *uncube*, *Bauwelt*.

Teresa Fankhänel, geb. 1986 in Dresden, Kuratorin. Seit 2017 am Architekturmuseum der TUM, München.

Melchior Fischli, geb. 1978 in Zürich, Kunsthistoriker. Er lebt in Zürich und ist in der Denkmalpflege und Kunstgeschichte tätig, er forscht u.a. zur Geschichte der städtebaulichen Denkmalpflege. Wichtigste Publikationen: *Geplante Altstadt. Zürich, 1920–1960* (2012); „Die Restaurierung der Stadt" (im Band *Produkt Altstadt*, 2016).

Claus-Jürgen Göpfert, geb. 1955 in Wiesbaden, arbeitet seit 1976 als Journalist für Rundfunk und Print, u. a. bei der *Frankfurter Neuen Presse*. Seit 1985 arbeitet er bei der *Frankfurter Rundschau* und ist dort leitender Redakteur für die Ressorts Frankfurt und Rhein-Main. Zuletzt erschienen von ihm die Bücher *Die Hoffnung war mal grün* (2016) und *Das Jahr der Revolte: Frankfurt 1968* (2017).

Peter Körner, geb. 1981 in Frankfurt am Main, Innenarchitekt. Seit 2010 freier Kurator am Deutschen Architekturmuseum, Frankfurt am Main. Ausstellungen u.a.: *Internationaler Hochhaus Preis* (2014, 2016 und 2018) und *Linie Form Funktion – Die Bauten von Ferdinand Kramer* (2015). Seit 2017 Öffentlichkeitsarbeit bei Meixner Schlüter Wendt.

Stefanie Lampe, geb. 1984 in Heilbronn. Studium der Kunstgeschichte und Angewandten Kulturwissenschaften am Karlsruher Institut für Technologie (KIT). Seit 2009 am Deutschen Architekturmuseum, Frankfurt am Main als freie Mitarbeiterin in der Presse- und Öffentlichkeitsarbeit und als wissenschaftliche Mitarbeiterin tätig.

Maximilian Liesner, geb. 1989 in Coesfeld. Studium der Urbanistik, Kunstgeschichte und Germanistik in Essen, Tübingen und Istanbul. Von 2016 bis 2018 wissenschaftlicher Volontär am Deutschen Architekturmuseum, Frankfurt am Main; kuratorische Mitarbeit u.a. an der Ausstellung *SOS Brutalismus – Rettet die Betonmonster!* (2017).

Andreas Maier, geb. 1967 in Bad Nauheim. Er studierte Altphilologie, Germanistik und Philosophie in Frankfurt am Main und ist Doktor der Philosophie im Bereich Germanistik. Zuletzt erschien sein Buch *Die Universität* (2018) aus dem auf elf Teile angelegten Romanzyklus „Ortsumgehung".

Martin Mosebach, geb. 1951 in Frankfurt am Main, Jurist. Seit 1980 freier Schriftsteller in seiner Geburtsstadt. Zuletzt erschienen von ihm die Bücher *Mogador* (2016) und *Die 21. Eine Reise ins Land der koptischen Märtyrer* (2018).

Tanja Nopens, geb. 1973 in Frankfurt am Main, Architektin. Konzeption und Management von stadtraumbezogenen Kunst- und Forschungsprojekten (*Architektursommer Rhein-Main 2011* und *sound OF* mit bb22 Architekten, *Entlang der Mainzer* für die Evangelische Akademie, Frankfurt am Main, 2012). Seit 2014 Architektin bei ttsp hwp seidel Planungsgesellschaft, Frankfurt am Main.

Claudia Quiring, geb. 1971 in Hofgeismar, Kunsthistorikerin. Kuratorin u.a. von Ausstellungen zu Fritz Höger (Museum für Kunst und Gewerbe, Hamburg, 2003), Ernst May (Deutsches Architekturmuseum, Frankfurt am Main, 2011 und Architekturmuseum Breslau, 2012). Lehraufträge zur Architekturgeschichte und -fotografie an der Universität Bielefeld (2006–2009), Vertretungsprofessur für Architekturtheorie an der Hochschule Ostwestfalen-Lippe (2014/15). Seit 2016 Kustodin für Baugeschichte und Stadtentwicklung am Stadtmuseum Dresden.

Moritz Röger, geb. 1989 in Mülheim an der Ruhr, studiert in Frankfurt am Main Kunstgeschichte, Soziologie und Politikwissenschaften. Studentische Mitarbeit am Deutschen Architekturmuseum für die Ausstellung *Himmelstürmend – Hochhausstadt Frankfurt* (2014) und Ko-Kurator der Ausstellung *Die immer Neue Altstadt – Bauen zwischen Dom und Römer seit 1900*.

Petra Roth, geb. 1944 in Bremen, lebt seit 1964 in Frankfurt am Main und war von 1977 bis 1989 sowie von 1993 bis 1995 CDU-Abgeordnete in der Frankfurter Stadtverordnetenversammlung. Von 1995 bis 2012 war Roth Oberbürgermeisterin der Stadt Frankfurt am Main.

Peter Cachola Schmal, geb. 1960 in Altötting, Architekt und Publizist. Seit 2000 Kurator und seit 2006 Direktor des Deutschen Architekturmuseums, Frankfurt am Main. 2016 Generalkommissar des Deutschen Pavillon auf der 15. Internationalen Architekturausstellung – La Biennale di Venezia.

Mirjam Schmidt, geb. 1977 in Kulmbach, Kunsthistorikerin. Seit 2013 Öffentlichkeitsarbeit und Assistenz bei Mäckler Architekten sowie seit 2018 Leitung der Kommunikation des Deutschen Instituts für Stadtbaukunst in Frankfurt am Main. Seit 2016 Konzeption und Leitung der Europakampagne „It's Yourope!" für Bündnis 90 / Die Grünen Frankfurt am Main.

Till Schneider, geb. 1959 in Koblenz, studierte Architektur an der Universität Kaiserslautern, der TU Darmstadt und der Städelschule Frankfurt am Main bei Peter Cook. Freie Mitarbeit bei Eisele + Fritz und Prof. Mürb. Seit 1988 mit Michael Schumacher Büroinhaber von schneider + schumacher Frankfurt am Main mit weiteren Niederlassungen in Wien und Tianjin (China). Vertretungsprofessor an der TU Darmstadt im Jahr 2005, Vorsitzender der Frankfurter BDA-Gruppe von 2010 bis 2014, seit 2015 Stiftungsbeirat im Frankfurter Museum Angewandte Kunst.

Philipp Sturm, geb. 1976 in Suhl, Politologe. Seit 2008 freier Kurator und Autor am Deutschen Architekturmuseum, Frankfurt am Main. Ausstellungen u.a.: *Himmelstürmend – Hochhausstadt Frankfurt* (2014), *Linie Form Funktion – Die Bauten von Ferdinand Kramer* (2015), *Zukunft von gestern – Visionäre Entwürfe von Future Systems und Archigram* (2016) und *Die immer Neue Altstadt – Bauen zwischen Dom und Römer seit 1900*.

Stephan Trüby, geb. 1970 in Stuttgart, ist Professor für Architektur und Kulturtheorie und Direktor des Instituts Grundlagen moderner Architektur und Entwerfen (IGMA) der Universität Stuttgart. Er studierte Architektur an der AA School in London, unterrichtete an der Hochschule für Gestaltung (HfG) in Karlsruhe, der Zürcher Hochschule der Künste (ZHdK), der Graduate School of Design (GSD) der Harvard University und der TU München. Zuletzt erschienen: *Die deutschen Beiträge zur Architekturbiennale Venedig seit 1991 – Eine Oral History* (2016), *Absolute Architekturbeginner: Schriften 2004–2014* (2017). Derzeit schreibt er an einem Buch über „Rechte Räume" in Europa, Russland und den USA.

Bernhard Unterholzner, geb. 1980 in Obing, Historiker. Studierte Medienwissenschaft und Geschichte in Potsdam, München und Budapest. Derzeit Promotion in osteuropäischer Geschichte an der Universität Gießen. Seit 2017 in Darmstadt in der Jugend- und Erwachsenenbildung tätig. Schwerpunkte Kultur-, Architektur- und Wissenschaftsgeschichte.

Gerhard Vinken, geb. 1961 in Hannover, Kunsthistoriker. Seit 2012 Lehrstuhl für Denkmalpflege an der Otto-Friedrich-Universität Bamberg. Zuletzt erschienen: *Produkt Altstadt. Historische Stadtzentren in Städtebau und Denkmalpflege* (Hg., zusammen mit Carmen M. Enss), Bielefeld 2016; *Das Erbe der Anderen. Denkmalpflegerisches Handeln im Zeichen der Globalisierung* (Hg.), Bamberg 2015.

Wolfgang Voigt, geb. 1950 in Hamburg, Architekt. Von 1997 bis 2015 wissenschaftlicher Mitarbeiter und stellvertretender Direktor am Deutschen Architekturmuseum, Frankfurt am Main. Kurator und Autor zahlreicher Ausstellungen und Publikationen zur Architekturgeschichte des 20. Jahrhunderts.

Joachim Wendt, geb. 1965 in Krefeld, studierte zunächst Volkswirtschaft an der Universität Würzburg und der State University of New York, Albany, USA; Master of Arts in Economics. Anschließend wechselte er an die TU Darmstadt und graduierte dort 1996. Seit 2005 bei schneider + schumacher; seit 2009 Geschäftsführer der schneider + schumacher StädteBauProjekte und seit 2013 der schneider + schumacher Architects Design Consulting, der Niederlassung im chinesischen Tianjin.

Björn Wissenbach, geb. 1969 in Darmstadt, Städtebauer und Historiker. Er studierte von 1994 bis 2003 Architektur und Geschichte mit Fokus auf Städtebau sowie Bau- und Kulturgeschichte in Frankfurt am Main. Er forscht zur Entwicklung der Stadt Frankfurt am Main und ist seit 2009 nicht stimmberechtigtes Mitglied im Gestaltungsbeirat für das Dom-Römer-Areal und seit 2016 Vertreter im Denkmalbeirat der Stadt Frankfurt am Main.

AUTHORS

Uwe Bresan, born in 1980 in Dresden, studied architecture at the Bauhaus University in Weimar. Parallel to his studies, he worked as a research assistant at the Deutsches Architekturmuseum in Frankfurt am Main from 2004 until 2006. He has been the editor of the architecture magazine *AIT* since 2008; since 2017, he has been the deputy editor-in-chief there. In 2015, he completed his doctorate at the University of Siegen, where he wrote about Adalbert Stifter's fictional Rosenhaus. Currently, he teaches architectural history and theory at the University of Technology in Stuttgart.

Oliver Elser, born in 1972 in Rüsselsheim, has been a curator at the Deutsches Architekturmuseum since 2007. In 2016, he was the curator of *Making Heimat* in the German pavilion at the 15th international architectural exhibition – La Biennale di Venezia. He has curated exhibitions at the Deutsches Architekturmuseum about brutalism, postmodernism, architecture models in the 20th century, and Simon Ungers. He is an architecture critic for the *Frankfurter Allgemeine Zeitung*, *Texte zur Kunst*, *frieze*, *uncube*, and *Bauwelt*, among others.

Teresa Fankhänel, born in 1986 in Dresden. Curator. She has held a position at the Architekturmuseum der TUM since 2017.

Melchior Fischli, born in 1978 in Zurich. Art historian. He lives in Zurich and works in monument protection and art history. He conducts research about the history of urban monument protection, among other things. His most important publications include: *Geplante Altstadt. Zürich, 1920–1960* (2012) and "Die Restaurierung der Stadt" (in *Produkt Altstadt*, 2016).

Claus-Jürgen Göpfert, born in 1955 in Wiesbaden. He has been working as a journalist for radio and print media since 1976, including for the *Frankfurter Neuen Presse*. He has worked for the *Frankfurter Rundschau* since 1985, where he is the managing editor for the Frankfurt and Rhein-Main sections. He has recently published the books *Die Hoffnung war mal grün* (2016) and *Das Jahr der Revolte: Frankfurt 1968* (2017).

Peter Körner, born in 1981 in Frankfurt am Main. Interior designer. Independent curator at the Deutsches Architekturmuseum in Frankfurt am Main since 2010. His exhibitions include: *The International Highrise Award* (2014, 2016 and 2018) and *Line Form Function – The Buildings of Ferdinand Kramer* (2015). Since 2017, he is also in charge of public relations for Meixner Schlüter Wendt.

Stefanie Lampe, born in 1984 in Heilbronn. She studied art history and applied cultural studies at the Karlsruhe Institute for Technology (KIT). She has been a freelance employee at the Deutsches Architekturmuseum since 2009, where she has held positions in the press and public relations department and as a research assistant.

Maximilian Liesner, born in 1989 in Coesfeld, studied urbanism, art history, and German in Essen, Tübingen, and Istanbul. Between 2016 and 2018, he was a research trainee at the Deutsches Architekturmuseum in Frankfurt am Main. Curatorial work on the exhibition *SOS Brutalism – Save the Concrete Monsters!* (2017), among others.

Andreas Maier, born in 1967 in Bad Nauheim. He studied classical philology, German, and philosophy in Frankfurt am Main and holds a PhD in German. Most recently, he published the book *Die Universität* (2018) from the eleven-part novel series "Ortsumgehung."

Martin Mosebach, born in 1951 in Frankfurt am Main. Attorney. Since 1980, he is an author in his birth city. His most recent publications include *Mogador* (2016) and *Die 21. Eine Reise ins Land der koptischen Märtyrer* (2018).

Tanja Nopens, born in 1973 in Frankfurt am Main. Architect. Conceptualization and management of urban art and research projects (Architektursommer Rhein-Main 2011 and sound OF with bb22 Architects, Entlang der Mainzer for the Evangelische Akademie, Frankfurt am Main, 2012). She has worked as an architect at ttsp hwp seidel Planungsgesellschaft, Frankfurt am Main, since 2014.

Claudia Quiring, born in 1971 in Hofgeismar. Art historian. Curator of exhibition about Fritz Höger (Museum für Kunst und Gewerbe, Hamburg, 2003), Ernst May (Deutsches Architekturmuseum, Frankfurt am Main, 2011 and the Museum of Architecture, Wrocław, 2012). Adjunct for architectural history and photography at the University of Bielefeld from 2006 to 2009. Deputy professorship for architecture theory at the University of Ostwestfalen-Lippe in 2014 & 2015. Since 2016, curator for architectural history and urban development at the Stadtmuseum Dresden.

Moritz Röger, born in 1989 in Mülheim an der Ruhr. Studied art history, sociology, and political science in Frankfurt am Main. Student assistant at the Deutsches Architekturmuseum for the exhibition *Skyward: High-Rise City Frankfurt* (2014) and co-curator of the exhibition *Forever New: Frankfurt's Old Town – Building between Dom and Römer since 1900*.

Petra Roth, born in 1944 in Bremen. She has lived in Frankfurt am Main since 1964. From 1977 until 1989 and 1993 until 1995, she was a representative of the CDU in the Frankfurt city council. From 1995 until 2012, she was the head mayor of the city of Frankfurt am Main.

Peter Cachola Schmal, born in 1960 in Altötting. Architect and author. He has worked as a curator at the Deutsches Architekturmuseum in Frankfurt am Main since 2000; he has been the director there since 2006. In 2016, he was the general commissioner of the German pavilion at the 15th international architectural exhibition - La Biennale di Venezia.

Mirjam Schmidt, born in 1977 in Kulmbach. Art historian. Since 2013, public relations and assistant at Mäckler Architekten. In addition, since 2018 she is the head of communication for the Deutsches Institut für Stadtbaukunst in Frankfurt am Main. Since 2016, conceptualization and management of the Europe campaign "It's Yourope!" for Bündnis 90 / Die Grünen Frankfurt am Main.

Till Schneider, born in 1959 in Koblenz. Studied architecture at the University of Kaiserslautern, at the Technical University Darmstadt, and at the Städelschule in Frankfurt am Main under Peter Cook. Freelance employee at Eisele + Fritz and for Prof. Mürb. Together with Michael Schumacher, he founded the office schneider + schumacher in Frankfurt am Main in 1988; the office has branches in Vienna and Tianjin (China). Deputy professor at the Technical University Darmstadt in 2005. Chairman of the Frankfurt chapter of the Association of German Architects (BDA) from 2010 until 2014. Since 2015, he sits on the Foundation Advisory Board at the Museum Angewandte Kunst, Frankfurt am Main.

Philipp Sturm, born in 1976 in Suhl. Political scientist. Since 2008, freelance curator and author at the Deutsches Architekturmuseum in Frankfurt am Main. His exhibitions include: *Skyward: High-Rise City Frankfurt* (2014), *Line Form Function – The Buildings of Ferdinand Kramer* (2015), *Yesterday's Future – Visionary Designs by Future Systems and Archigram* (2016) and *Forever New: Frankfurt's Old Town – Building between Dom and Römer since 1900*.

Stephan Trüby, born in 1970 in Stuttgart, is professor for architecture and cultural theory and director of the Institute for Principles of Modern Architecture (Design and Theory) (IGMA) at the University of Stuttgart. He studied architecture at the AA School in London, has taught at the University for Design (HfG) in Karlsruhe, the Zurich University of the Arts (ZhdK), the Graduate School of Design (GSD) at Harvard University, and the Technical University of Munich.

His most recent publications include: *Die deutschen Beiträge zur Architekturbiennale Venedig seit 1991 – Eine Oral History* (2016) and *Absolute Architekturbeginner: Schriften 2004–2014* (2017). Currently, he is writing a book about "right-wing spaces" in Europe, Russia, and the USA.

Bernhard Unterholzner, born in 1980 in Obing. Historian. Studied media studies and history in Potsdam, Munich, and Budapest. He is currently completing a doctorate in Eastern European history at the University of Gießen. He has worked in youth and adult education in Darmstadt since 2017. His focus is on cultural, architectural, and scientific history.

Gerhard Vinken, born in 1961 in Hanover. Art historian. Since 2012, he has held the chair for monument protection at the Otto Friedrich University in Bamberg. His most recent publications include: *Produkt Altstadt. Historische Stadtzentren in Städtebau und Denkmalpflege* (edited together with Carmen M. Enss), Bielefeld 2016 and *Das Erbe der Anderen. Denkmalpflegerisches Handeln im Zeichen der Globalisierung* (Ed.), Bamberg 2015.

Wolfgang Voigt, born in 1950 in Hamburg. Architect. From 1997 until 2015, he was a research assistant and the deputy director of the Deutsches Architekturmuseum in Frankfurt am Main. He is a curator of numerous exhibitions and the author of many publications about the architectural history of the 20th century.

Joachim Wendt, born in 1965 in Krefeld, studied economics at the University of Würzburg and the State University of New York, Albany, USA; Master of Arts in Economics. He switched to the Technical University of Darmstadt, from which he graduated in 1996. He has worked at schneider + schumacher since 2005. Since 2009, he has been the managing director of schneider + schumacher StädteBauProjekte GmbH & Co. KG. Since 2013, he is the managing director of schneider + schumacher Architects Design Consulting, their branch in Tianjin, China.

Björn Wissenbach, born in 1969 in Darmstadt. Urban planner and historian. He studied architecture and history with a focus on urban planning and architectural and cultural history from 1994 until 2003 in Frankfurt am Main. He conducts research about the development of the city of Frankfurt am Main. He has been a nonvoting member of the design advisory board for the Dom-Römer site since 2009, and a representative in the monumental protection committee for the city of Frankfurt am Main since 2016.

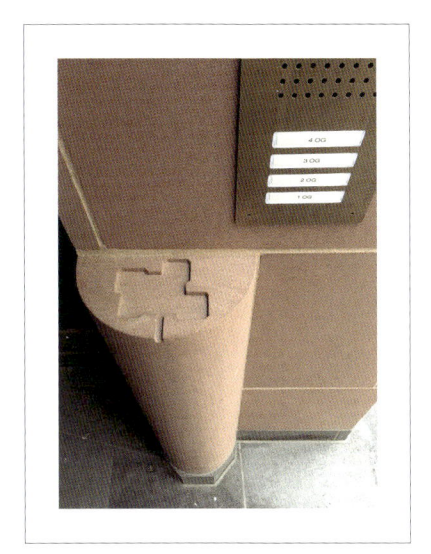

51.1 Jordi und Keller, Haus Großer Rebstock, Detail, Foto: 2018 | Jordi and Keller, Großer Rebstock, detail, photo: 2018

REGISTER | INDEX

A

Abt, Carl 27 | 250
Adickes, Franz 33, 36, 37, 40, 41 | 253, 254, 255
Adrian, Hanns 96, 102, 117 | 278, 281, 286
Ahrlé, Ferry 101, 102 | 281
Albers, Bernd 154, 185, 222, 223 | 335, 323
Albrecht 121,185 | 288, 323
Albrecht, Thomas 166 | 310
von Allwörden, Hubertus 89 | 276
von Altenstadt, Ulrich S. 88 | 276
Althoff, Ernst 109, 110 | 284
Andreas, Marietta 15 | 245
Angerer, Fred 117 | 286
Apel, Otto 20, 21, 85, 87, 185 | 247, 248, 275, 323
Arndt, Rudi 100, 101, 116 | 281, 286
Aßmann, Adam 61, 62, 63, 185 | 264, 265, 323

B

Bächer, Max 109, 151 | 284, 302
Bähr, Georg 168 | 312
Baier, Ulrich 124, 128, 129, 130, 131, 132, 133, 139, 145 | 290, 292, 293, 294, 295, 297, 299
Ballerstedt, Olaf 185, 189, 202, 203 | 323, 324, 330
Balser, Frolinde 109 | 284
Balser, Gerhard 89 | 276
Bangert, Dietrich 24, 102, 103, 108, 109, 111, 119, 145, 185 | 249, 282, 284, 285, 287, 299, 323
Barris, Roy 114, 115 | 285
Bartetzko, Dieter 110, 136, 143, 187 | 284, 296, 298, 324
Barth, Wilhelm 45 | 256
Bartning, Otto 69, 70, 79 | 268, 273
Bartsch, Wolfgang 23, 84, 92, 93, 94, 95, 98, 99, 125 | 248, 275, 277, 278, 279, 290
Battonn, Johann Georg 26 | 250
Bauer, Christian 141, 142, 185, 216, 217 | 298, 323, 333
Becker, Gilbert 113 | 285
Becker, Jakob 33 | 253
Becker, Uwe 124, 125 | 290
Beckert, Hannsgeorg 85, 87 | 275
Beckmann, Eberhard 212 | 332
Bedin, Martine 114, 115 | 285
Behnke, Gustav 48 | 259
Beil, Fr. 63 | 265
Benkard, Ernst 70 | 269
Bensinger, Cornelia 172 | 314
Berganski, Nicole Kerstin 24 | 249
Berghof, Norbert 22, 23, 120, 121, 185 | 249, 288, 323
Beutel, Ferdinand 40 | 254
Beutler, Ernst 68, 69, 70, 72 | 267, 268, 271
Biedermann, Peter 85, 88 | 275, 276
von Bismarck, Otto 87, 173 | 276, 315
Blanck, Eugen 20, 66, 67, 68, 69 | 247, 266, 267, 268
Bleibaum, Friedrich 81 | 274
Blume, Jörg 137 | 296
Bluntschli, Friedrich 46 | 257
Bock, Günter 89, 97, 98, 110, 113 | 276, 279, 284, 285
Bockelmann, Werner 83, 91 | 274, 275, 277
von Boddien, Wilhelm 169 | 312
Boehm, Herbert 55, 75, 79, 81 | 262, 272, 273, 274
Boesch, Elisabeth 145 | 299
Bofinger, Helge 117 | 286
Böninger, Werner 85, 88 | 275, 276
von Branca, Alexander 117 | 286
Brandt, Willy 83 | 274
Braun von Stumm, Gustaf 170 | 313

Braun, Georg 26 | 250
Braun, Helmut 141, 142, 237 | 298, 339
Brell, Dieter 22, 24 | 249
Bremmer, G. 113 | 285
Bremmer, H. 113 | 285
Briegleb, Till 164 | 309
Brück, Wolfram 109, 117 | 284, 286
Brummermann, Patrik 143 | 298
Buddeberg, Peter 89 | 276
Buff, Heinz 63 | 265
Burgard, Roland 120 | 288
Burmester, Hans Peter 85, 89 | 275, 276
Buszkiewicz, Jerzy 117 | 286

C

Candilis, Georges 84, 86, 87 | 275, 276
Carolis, Giovanni de 114, 115 | 285
Carrey, Jim 162 | 308
Charles, Prince of Wales 163, 173 | 308, 315
Chipperfield, David 174 | 315
Chochol, Josef 207 | 331
Collotti, Francesco 119, 124, 185, 190, 191 | 287, 290, 323, 325
Correggio, Joseph 42 | 256
Correggio, Sepp 75 | 272
Creutzig, Ole 137 | 296
Cuadra, Manuel 23 | 249
Cunitz, Olaf 125, 131 | 290, 294
Cuno, Hellmuth 41 | 256

D

Dahm, Karl 76, 78 | 273
Dalokay, Yalcin 88 | 276
Dehio, Georg 103 | 282
Delliehausen, Georg 81 | 274
Demetz 114, 115 | 285
Derlam, Theodor 17, 18, 53, 54, 55, 58, 61, 62 | 246, 260, 261, 262, 264
Dettli, Fortunat 13, 122, 158, 185, 194, 195 | 244, 289, 306, 323, 326
Deutsch, Marie-Theres 22 | 249
Didden, Dirk 88 | 276
Dierks, Frank 137 | 296
Dierschke, Werner 75, 76, 78, 79 | 272, 273
Diezinger, Norbert 236, 237 | 339
Dirks, Walter 68, 72, 172 | 267, 268, 271, 314
Döllgast, Hans 174 | 315
von Döring, Kai 131 | 294
Dörr, Rudolf 79, 80, 106, 185 | 273, 274, 283, 323
Dramekehr, Jochen 89 | 276
Dreher, K. 225 | 335
Dreier, Gerhard 88 | 276
Drevermann, Wolf Klaus 75 | 272
Dreysse, DW 11, 90, 124, 125, 129, 130, 133, 185, 200, 220, 221 | 243, 276, 290, 293, 295, 323, 329, 334
Dudler, Karl 137 | 296
Dudler, Max 137 | 296

E

Ebinger, Wolfgang 89 | 276
Eckert, Dieter 185, 227 | 323, 336
Eckert, Günther 88 | 276
Effenberger, Walter 88 | 276
Effgen, Roland Gert 137 | 296
Ehrlich, Wilfried 96 | 278
Eichler, Richard W. 169 | 312
Eiermann, Egon 93 | 278
Eingartner, Peter 145, 185, 228, 231 | 298, 323, 336, 337

Eisele, Jo 110, 121, 139, 185 | 284, 288, 297, 323
Elkan, Benno 17 | 246
Elsaesser, Martin 81 | 274
Endreß, Corinna 124 | 290
Engel, Jürgen 11, 23, 125, 128, 129, 130, 133, 134, 135, 138, 146, 156, 172 | 243, 249, 289, 292, 293, 295, 296, 297, 300, 305, 314
Esselingen, Albertus de 200 | 329
Essenwein, August 42 | 256
von Ey, Ulrich 13, 122, 185, 208 | 244, 323, 331

F
Faber, Conrad 26 | 250
Fehler, Regina 145 | 299
Feldmann, Peter 124, 125, 131, 147, 161 | 289, 290, 294, 300, 307
Feldtkeller, Hans 91 | 277
Fetscher, Iring 102 | 281
Fidus 173 | 315
Find, Theo 81 | 274
Fink, Dietrich 145 | 299
Fischer, Günter 89 | 276
Fischer, Otto 58, 81, 229 | 262, 274, 336
Fischer, Peter 185 | 323
Fischer, Thomas 137 | 296
Forbat, Fred 84, 88 | 275, 276
Forster, Stefan 135, 137 | 296
Franken, Bernhard 22, 23, 24, 132, 205 | 249, 294, 330
Franzke, Jo. 137 | 296
Freiwald, Kurt 77, 78, 103 | 273, 282
Frey, Franz 125, 129, 131 | 293, 294
Frielinghaus, Michael 137 | 296
Frisch, Max 18, 22 | 247, 248
Fritz, Nicolas 110, 121, 185 | 284, 288, 323
Froh, Martin 141, 142 | 298
Füller, Heinrich 63 | 265

G
Gassmann, Karl Heinz 89 | 276
Gatermann, Dörte 139 | 297
Gauland, Alexander 171 | 313
Geierstanger, Heinrich 89 | 276
Geiger, Karl-Georg 100, 103, 119, 185 | 281, 282, 288, 323
Geißler, Ewald 91 | 277
Geißler, Wilhelm 20, 21 | 248
Geldmacher, Fritz 44, 185 | 256, 323
Gerhardt, Ernst 117, 127 | 286, 291
von Gerkan, Meinhard 109, 110, 113, 121, 185 | 284, 285, 288, 323
Gerlach, Johann Philipp 171 | 313
Gerthener, Madern 177, 218 | 317, 334
Gide, André 68 | 267
Giefer, Alois 62, 75, 79, 80, 109, 117 | 264, 272, 273, 284, 286
Giel, Claus 185, 224, 225 | 323, 335
Giesler, Hermann 71 | 270
Gill, Dieter 89 | 276
Gill, Franz 89 | 276
Gladis, Winfried 185 | 323
Glaser, Albrecht 127 | 291
Glaser, Dieter 185 | 323
Glenz, Albrecht 230, 231 | 336
Goebbels, Joseph 18 | 247
von Goethe, Johann Wolfgang 11, 18, 20, 30, 32, 64, 65, 68, 69, 70, 72, 87, 133, 172, 177, 201, 205 | 243, 246, 247, 251, 252, 266, 267, 268, 269, 270, 271, 276, 295, 314, 329
Göpfert, Claus-Jürgen 14 | 245
Göttelmann, Fritz 44 | 256
Götz, Johannes 13, 122, 145, 158, 185, 206 | 244, 289, 298, 306, 323, 331
Gräf, Karl 63 | 265
Grimbacher, Erich 112 | 285
Gropius, Walter 84, 89 | 275, 276

Grosbüsch, Manfred 89 | 276
Gruber, Martin 24, 137 | 249, 296
Grund, Peter 55 | 262
Gull, Gustav 40, 42 | 256
Guntersdorf, Michael 11, 15, 128, 132, 133, 140, 145, 147 | 243, 245, 292, 295, 299, 300, 301
Günther, Horst 88 | 276
Guther, Max 90 | 276

H
Hadamczik, Thomas 112 | 285
Hambrock, Heike 145 | 299
van Hamel, Abraham 212 | 332
Hanig, Walter 113 | 285
Harnack, Maren 15 | 245
Hartmann, Artur 45 | 256
Hartwig, Helmuth 78, 79 | 273
Hartwig, Ina 15 | 245
Hassenpflug, Dieter 163 | 308
Hauck, Michael 81 | 274
Haverkampf, Hans-Erhard 117 | 286
Hebebrand, Werner 20, 53, 68, 69, 75, 77, 78, 103, 185, 232, 234, 235 | 247, 261, 267, 268, 272, 273, 282, 323, 337, 338
Heide, Ferdinand 137 | 296
Heinrici, Klaus Peter 100, 103, 119, 185 | 281, 282, 288, 323
Heller, Richard 88 | 276
Helms, Thomas 185, 189, 202, 203 | 323, 324, 330
Hemmes, Thomas 145 | 298
Hengerer, Karl 47 | 257, 258
Henning, Heinrich 79 | 273
Henß, Wilhelm 63 | 265
Herdt, Martin 20, 21, 185 | 247, 248, 323
Hermkes, Bernhard 63 | 265
Herms, Peter A. 112, 185 | 285, 323
Herrenberger, Justus 88 | 276
Hess, Johann Georg Christian 31 | 251
Hesse, Hermann 68 | 267
Hessemer, Friedrich Maximilian 33 | 253
Heumann, Jochem 145 | 299
Heym, Heinrich 98 | 278
Hild, Andreas 145 | 298
Hillebrecht, Rudolf 83, 84 | 275
Hilmer, Heinz 166 | 310
von Hindenburg, Paul 171 | 313
Hitler, Adolf 70, 71, 171 | 269, 270, 313
Hoefer, Andreas 142, 143 | 298
Hoffmann, Hilmar 98, 99, 102, 116, 117 | 279, 282, 286
Hofmann, Dieter 90 | 276
Hofmann, Karl 48 | 259
Hogenberg, Frans 26 | 250
Hohmann, H. 113 | 285
Höhne, Stephan 144 | 298
Hollbach, Wilhelm 68 | 267
Hollein, Hans 117, 185, 234 | 286, 323, 338
Hollein, Max 24, 116 | 249, 286
Holtz, Wolff 11 | 243
Horwath, Wilhelm 113, 185 | 285, 323
von Hoven, Franz 39, 40, 41, 44, 46, 47, 185, 212 | 255, 256, 257, 323, 332
Hoyer, Siegfried 88 | 276
Huber, Hermann 88 | 276
Hübner, Wolfgang 125, 128, 147, 172 | 290, 292, 300, 314
Huch, Ricarda 68 | 267
Hufnagel, Franz 79, 80, 106, 185 | 273, 274, 283, 323
Hugo, Victor 133, 197 | 295, 327
Hugot, Leo 109, 117 | 284, 286
Hupe, Jürgen 139 | 297

I
Irving, David 170 | 312
Isaak 213 | 333

J
Jacobsen, Arne 84, 91 | 275, 277
Jansen, Bernd 102, 103, 108, 109, 111, 112, 113, 119, 185 | 282, 284, 285, 287, 288, 323
Jaspers, Karl 68 | 267
Jessen, Anna 145 | 298
Jonak, Ulf 110 | 285
Joos, Helmut 113 | 285
Jordi, Marc 144, 145, 159, 185, 186, 187, 189, 210, 211, 353 | 298, 299, 306, 323, 324, 332, 353
Josef, Mike 15, 124 | 245, 290
Josic, Alexis 84, 86, 87 | 275, 276
Josseaux, Fritz 68 | 267
Jourdan, Felix 22, 124, 228, 230, 232 | 249, 290, 336, 337
Jourdan, Jochem 112, 121, 125, 126, 127, 129, 133, 135, 136, 145, 185, 191, 196, 198, 212, 213, 215, 220, 221, 228, 230, 232, 234, 235 | 285, 288, 290, 291, 293, 295, 296, 298, 323, 325, 327, 328, 332, 333, 334, 336, 337, 338
Jung, Friedrich W. 98 | 278
Jung, Gustav 185, 196, 197, 200 | 323, 327, 329
Junior, Walter 63 | 265
Junker, Frank 132 | 294

K
Kaehlbrandt, Roland 15 | 245
Kahlfeldt, Petra 141, 143 | 298
Kalmbacher, Alfred 137 | 296
Kaminiarz, Magnus 137 | 296
Kämpf, Robert 88 | 276
Kampffmeyer, Hans 22, 83, 91, 93, 96, 125 | 248, 274, 275, 277, 278, 290
Kamphaus, Franz 127 | 291
Kapitzki, Herbert W. 98 | 279
Kaysser, Heinrich 44 | 256
Keller, Susanne 144, 145, 159, 185, 186, 187, 189, 210, 211, 353 | 298, 299, 306, 323, 324, 332, 353
Kellner, Theo 69, 70, 96, 97, 172 | 268, 278, 279, 314
Kemper, Max 81 | 274
Kettner, Erhart 89 | 276
Keune, August 63 | 265
Khorrami, Alexander 145, 185, 228, 231 | 298, 323, 336, 337
Kiesow, Gottfried 100, 102, 103, 107, 109, 117 | 281, 282, 283, 284, 286
King, Luise 109, 110 | 284
Kirsten, Klaus 89 | 276
Kissler, Hans-Peter Maria 137 | 296
Klaar, Max 171 | 313
Kleefisch-Jobst, Ursula 136 | 297
Kleihues, Jan 141, 142, 237 | 298, 339
Kleihues, Joseph 164 | 309
Kleine-Kraneburg, Helmut 24, 137 | 249, 296
Kleiner, Salomon 207 | 331
Klemm, Barbara 110 | 284
van Klingeren, Frank 117 | 286
Klingler, Georg 91 | 277
Klonovsky, Michael 171 | 313
Klotz, Clemens 173 | 315
Klotz, Heinrich 101, 102, 103, 107, 109, 113, 116, 117, 120, 121 | 281, 283, 284, 285, 286, 288
Klumpp, Hans 145 | 299
Knerer, Thomas 144, 185, 218, 219 | 298, 323, 334
Kny, Hans-Jörg 185 | 323
Koblank, René 185, 189, 202, 203 | 323, 324, 330
Koenig, Jakob 145 | 298
Kogon, Eugen 72 | 271
Kohl, Christoph 145 | 298
Kolb, Walter 20, 65, 69, 70 | 247, 266, 268

Kollhoff, Hans 144, 185, 198, 199 | 298, 323, 328
Kopp, Hans-Ulrich 172 | 315
Korenke, Hans-Ulrich 117 | 286
Köster, Karl 55 | 262
Kracauer, Siegfried 17 | 246
Kraft, Heinrich 91 | 277
Krahn, Johannes 65, 66, 67, 78, 79, 81, 91, 173 | 266, 273, 277, 315
Kramer, Franz Hermann Willy 63 | 265
Kramer, Gerhard 236, 237 | 339
Kramm, Rüdiger 135, 136 | 296
Krawczyk, Andreas 24 | 249
Krebs, Friedrich 18, 54, 55, 58 | 247, 262
Kreis, Wilhelm 71 | 270
Kreling, Hermann-Josef 103, 107, 117 | 281, 283, 286
Kretschmer, Dietrich 185 | 323
Krier, Léon 163, 169, 173 | 308, 312, 315
Kronacher, Alwin 18 | 247
Kubitschek, Götz 172 | 314
Küffner, Elisa 160
Küffner, Johannes 160
Kuhn, Jochen 85, 87 | 275, 276
Küppers, Hans 117 | 286

L
Lampugnani, Vittorio 145 | 299
Landes, Michael 23, 112, 120, 121, 124, 185, 188, 189, 237 | 249, 285, 288, 290, 323, 324, 329
Landgrebe, Georg Wilhelm 44, 47, 185 | 256, 258, 323
Lang, Eva Maria 144, 185, 218, 219 | 298, 323, 334
Lange, Günter 89 | 276
Lauber, Ulrike 139 | 297
Laux, Werner 89 | 276
Lederer, Arno 12, 128, 135, 141, 145, 185, 236, 237 | 244, 292, 296, 298, 299, 323, 339
Lederer, Rudolf 88 | 276
Leistikow, Hans 54 | 261
von Lersner, Alexander 45, 185 | 256, 323
Letocha, Rudolf 20, 21, 89, 185 | 247, 248, 276, 323
Liewehr, Erwin 89 | 276
von Lindeiner-Wildau, Klaus 117 | 286
van Litt, Anna 213 | 333
Lohmann, Guido 13, 122, 145, 158, 185, 206 | 244, 289, 298, 306, 323, 331
Lombard, Andreas 169, 171 | 312, 313
Lorch, Wolfgang 142, 143 | 298
Lorenz, B. 113 | 285
Lübbecke, Fried 17, 20, 22, 83, 87, 177 | 246, 248, 274, 276, 317
Luckhardt, Hans Dieter 88 | 276
Ludwig, Fritz 137 | 296
Luhmann, Niklas 109 | 284
von Lüpke, Dieter 124, 128, 132, 139, 145 | 290, 292, 294, 297, 299
Luthmer, Ferdinand 37, 41 | 254, 255, 256
Lynch, Kevin 164 | 309

M
Mäckler, Christoph 14, 113, 116, 120, 121, 125, 128, 131, 132, 133, 135, 136, 140, 141, 143, 144, 148, 151, 162, 185, 237, 240, 241 | 244, 285, 286, 288, 289, 292, 294, 295, 296, 298, 299, 301, 302, 309, 323, 339, 340
Mäckler, Hermann 62, 66, 68, 69, 79, 80, 113 | 264, 266, 268, 273, 285
Mahnke, Heinz 89 | 276
Maier, Andreas 15 | 245
Majer, Stefan 125, 128, 130, 131 | 289, 292, 293, 294
Malcovati, Silvia 145 | 299
Mangelmann, Dominik 130, 147 | 293, 300
Mann, Thomas 18, 68 | 246, 267
Mansfeld, Caroline 33 | 253
Marg, Volkwin 102, 103, 107, 109, 110, 113, 121, 185 | 281, 283, 284, 285, 288, 323
Markard, Hermann 97, 98 | 279

Martin, Theodor 45 | 256
Martinet, Richard 135 | 296
Marzluf, Claus 137 | 296
Maschita, Raimund 137 | 296
Massing, Wilhelm 76, 78, 79, 80 | 273
Matthes, Wolfgang 88 | 276
Maurer, Heinz Peter 112 | 285
May, Ernst 17, 51, 53, 58, 68, 69, 84, 85, 87 | 246, 260, 261, 262, 267, 268, 275, 276
McCloy, John Jay 70 | 268
McMillen, Louis A. 89 | 276
Meckel, Max 38, 41 | 255
Meckel, Udo 110 | 284
Medenbach, Helga 110 | 284
Mehs, Claus 45 | 256
Meid, Max 25, 79, 91 | 250, 273, 277
Meissner, Hans 18 | 247
Meixner, Claudia 24, 142, 143, 185, 238 | 249, 298, 323, 340
Melber, Georg Adolf 200 | 329
Melber, Johanna 18, 201 | 246, 247, 329
Menzel, Etta 88 | 276
Menzer, Rudolf 83, 91 | 275, 277
Merian, Matthäus 26, 28 | 250
Merkel, Angela 171 | 313
Mettenheimer, A. 81 | 274
Meurer, Thomas J. 141, 142, 143, 144, 185, 216, 217 | 298, 323, 333
Michel, J. M. 89 | 276
Michel, Max 18 | 247
Mick, Günter 130 | 293
Miersch, Adolf 81 | 274
Mies van der Rohe, Ludwig 87 | 276
Mihm, Bernhard 117 | 286
Mikecz, Csaba 88 | 276
Mitscherlich, Alexander 165 | 311
Molau, Andreas 172 | 315
Moneo Vallés, José Rafael 145 | 298
Moore, Charles W. 112, 113, 116, 120, 121, 185 | 285, 288, 323
Morger, Meinrad 13, 122, 158, 185, 194, 195 | 244, 289, 306, 323, 326
Mosebach, Martin 15 | 245
Mössinger, W. 45 | 256
Mühlenhoff, F. J. 89 | 276
Müller, Bernhard 112, 121, 126, 127, 135, 136, 145, 185, 191, 196, 198, 212, 213, 215, 220, 221, 228, 230, 232, 234, 235 | 285, 288, 291, 296, 298, 323, 325, 327, 328, 332, 334, 336, 337, 338
Müller, Hermann 55 | 262
Müller-Ibold, Klaus 109, 117 | 284, 286
Mumm von Schwarzenstein, Christa-Mette 109 | 284
Müner, Rita 110 | 284
Musch, Clemens 43, 46, 185, 218, 219, 222, 223, 227 | 256, 257, 323, 334, 335, 336
Mutschler, Carlfried 89 | 276
Mylius, Carl Friedrich 27, 32 | 250

N
Nagel, Bernhard 98 | 278
Nagler, Florian 145 | 299
Nasedy, Christian 137 | 296
Natalini, Adolfo 113, 114, 115, 118, 120, 121, 185 | 285, 288, 323
Nather, Heinz 89 | 276
Negwer, Hubertus 185, 227 | 323, 336
Neher, Ludwig 39, 40, 41, 45, 185 | 255, 256, 323
Nerdinger, Winfried 103 | 282
Neu, Harald 137 | 296
Neumann, Balthasar 65 | 267
Neumeyer, Fritz 141, 143, 145 | 298, 299
Nickerl, Walter 88 | 276
Nicol, Walter 89 | 276
Niemeyer, Reinhold 55 | 262

Nitschke, Heinrich 88 | 276
Noebel, Walter A. 145 | 298
Nöfer, Tobias 145 | 298

O
Oei, Marc 12, 185, 236, 237 | 244, 323, 339
Oesterlen, Dieter 106 | 282
Olsson, Karl 63, 185, 204, 205 | 265, 323, 330
Ostermann, Gerhard 85, 89 | 275, 276
Ostermayer, Rudolf 88 | 276
Oswalt, Philipp 170 | 312
Ott, Jörg 130 | 293
Overbeck, Friedrich 120 | 288

P
Palmowsky, Burkhard 126 | 290
Paravicini, Paul Vincent 185 | 323
Pax, Wolfgang-Michael 112 | 285
Pesch, Franz 141 | 298
Pfaff, Werner 132, 141, 147 | 295, 298, 301
Pfeffer, Klaus 89 | 276
Pfeiffer, Gottfried 89 | 276
Pinder, Wilhelm 55 | 262
Ploner 114, 115 | 285
Poelzig, Hans 54 | 261
Popp, Sebastian 129 | 292
Poppe, Karl 45 | 256
Poppe, Klaus 88 | 276
Possinke, Lothar G. 113 | 285
Pousttchi, Bettina 23, 24 | 249
Praeckel, Diedrich 113 | 285
Pützer, Friedrich 42 | 256

Q
Quarg, Werner 113 | 285

R
Radics, Josef 88 | 276
Raffael 17 | 246
Ragnarsdóttir, Jórunn 12, 185, 236, 237 | 244, 323, 339
Rahms, Helene 85, 87, 98, 102 | 275, 276, 278, 281
Rang, Wolfgang 112, 120, 121, 185 | 285, 288, 323
Rapp, Albert 20, 81 | 247, 274
Rath, Karl vom 91 | 277
Ravenstein, August 35 | 253
Reifenberg, Benno 68 | 267
Reiffenstein, Carl Theodor 26, 27, 29, 30, 32, 33, 34, 200 | 250, 251, 252, 253, 329
Reifschneider-Groß, Brigitte 145 | 299
Richter, Josef H. 45, 185 | 256, 323
Richter, Karl 22 | 249
Richter, Karl 173 | 315
Riemann, Helmut 144, 145, 185, 212, 215 | 298, 299, 323, 332
Riemerschmid, Reinhard 65 | 266
Rimpl, Herbert 88 | 276
Rinnan, Frode 84, 88 | 275, 276
Ritter, Hermann 48 | 259
Roeckle, Franz 47, 185, 231 | 258, 323, 337
Röger, Moritz 15 | 245
Rohrer, William 20, 21, 89, 185 | 247, 248, 276, 323
Rollenhagen, Eike 89 | 276
Romeick, Helmut 25, 79 | 250, 273
Rosenfeld, Rudolf 79 | 273
Rossetti, Biagio 207 | 331
Rossi, Aldo 164 | 309
Rotermund, Günther 109, 117 | 284, 286
Roth, Petra 11, 14, 124, 125, 126, 127, 128, 129, 131, 132, 133, 139, 140, 146, 151 | 243, 245, 290, 291, 292, 293, 294, 295, 296, 299, 300, 302

Rothhaar, Markus 171 | 313
Rüdiger, Hartmut 112 | 285
Rüdiger, Ingeborg 112 | 285
Rudolf, Germar 173 | 315
Ruppert, Julius 45 | 256

S
Sackenheim, Friedrich Franz 117 | 286
Saftig, Rudi 107 | 283
Sander, Friedrich 45, 46, 185 | 256, 257, 323
Sattler, Christoph 166 | 310
Sautner, Elke 145 | 299
Schad, Fritz 77 | 273
Schagenhauf, Bruno 112 | 285
Schanty, Rudolf 98 | 278
Scharoun, Hans 84, 85, 87 | 275
Schaumann, Gustav 42 | 257
Schaupp, Gottlob 25, 61, 62, 63, 66, 67, 75 | 250, 264, 265, 266, 272
von Schauroth, Udo 88 | 276
Scheffler, Ernst Ulrich 11, 139 | 243, 297
Scheid, Heinz 113 | 285
Scheinpflug, Gustav Friedrich 75, 81 | 272, 274
Schiller, Friedrich 18, 179, 218 | 247, 319, 334
Schilling, Otto 47 | 258
Schirmacher, Ernst 100, 102, 103, 185 | 281, 282, 323
Schlegel, Markus 151 | 303
Schlempp, Walter 77, 78, 103 | 273, 282
Schlockermann, Martin 141, 142, 237 | 298, 339
Schloen, Rolf 89 | 276
Schlüter, Florian 24, 142, 143, 185, 238 | 249, 298, 323, 340
Schmal, Peter Cachola 146 | 300
Schmidt von der Launitz, Eduard 33 | 253
Schmidt, Emil 81 | 274
Schmidt, Heinrich 41 | 255
Schmidt, Johannes 113 | 285
Schmidt, Peter W. 145 | 298
Schneider, Reinhold 68 | 267
Schneider, Till 22 ,23, 24, 120, 137, 145, 150, 151, 152, 154, 155, 157, 204, 210 | 249, 288, 296, 298, 302, 303, 304, 305, 330, 332
Scholz, Stefan 102, 103, 108, 109, 111, 112, 113, 119, 185 | 282, 284, 285, 287, 288, 323
Schomann, Heinz 117 ,126 | 286, 290
Schön, Reinhold 205 | 330
Schöppner, Erwin 103, 107 | 281, 283
Schreiber, Ilse 143 | 298
Schröder, Peter 88 | 276
Schultes, Axel 102, 103, 108, 109, 111, 112, 113, 119, 185 | 282, 284, 285, 287, 288, 323
Schultz, Kerstin 22 | 249
Schultz, Walter Maria 25, 75, 89 | 250, 272, 276
Schultze, Hans-Uwe 137 | 296
Schulz, Eberhard 87, 96 | 276, 278
Schulz, Jan 144 | 298
Schulze, Reinhard 113 | 285
Schulze, Wolfgang 137 | 296
Schumacher, Michael 22, 23, 24, 120, 137, 145, 150, 151, 152, 154, 155, 157, 204, 210 | 249, 288, 296, 298, 302, 303, 304, 305, 330, 332
Schuster, Franz 81, 91 | 274, 277
Schütz, Christian Georg 46 | 257
Schwagenscheidt, Walter 76, 79, 85, 87 | 273, 275, 276
Schwarz, Edwin 124, 125, 126, 127, 128, 131, 132, 133, 135, 139, 140, 145, 146 | 290, 291, 292, 294, 295, 296, 297, 299, 300
Schwarz, Rudolf 14, 65, 66, 67, 174 | 244, 266, 267, 315
Schweitzer, Albert 68 | 267
Schwerbrock, Günter 89 | 276
Scotti, Georg 75 | 272
Scruton, Roger 169 | 312
Seelinger, Christa 85, 87 | 275, 276

Seelinger, Fritz 85, 87 | 275, 276
von Seidl, Gabriel 46 | 257
von Seidlein, Peter C. 117 | 286
Semmelroth, Felix 149 | 301
Semmer, Walter 89 | 276
Senf, Hermann 43, 46, 47, 90, 185, 218, 219, 222, 223, 227, 228, 229, 230, 231 | 256, 257, 258, 276, 277, 323, 334, 335, 336, 337
Shakespeare, William 18 | 247
Siebenrock, Joseph 89 | 276
Sieferle, Rolf Peter 171 | 313
Sikorski, Lutz 127, 129 | 291, 292
Simon, Stefan 45 | 256
Sippel, Karl 77 | 273
Sitte, Camillo 37 | 254
Sittmann, Tassilo 85, 87 | 275, 276
Smithson, Alison 93 | 277
Smithson, Peter 93 | 277
Söder, Eugen 89 | 276
Solzer, Johannes 63 | 265
Speer, Albert (junior) 113, 137 | 285, 296
Speer, Albert (senior) 70, 112, 169 | 269, 285, 312
Spellenberg, Axel 110 | 284
Spütz, Guido 110 | 284
Stahn, Günter 106 | 282
Steckeweh, Peter 88 | 276
Stein, Dieter 171 | 313
Stein, Hans-Jürgen 145 | 298
Stein, Volker 139 | 297
Steinbrecher, Erik 223 | 335
Steiner, Albert 84, 91 | 275, 277
Steinhauser, Nicolai 124, 198 | 290, 328
Steinmeyer, Friedel 78, 79 | 273
Stephan, Peter 172 | 314
Stephens, Chris 114, 115 | 285
Sternberger, Dolf 68 | 267
Stimmann, Hans 165 | 310
Stirling, James 113 | 285
Stockhausen, Jürgen 88 | 276
Stoltze, Friedrich 18, 205 | 247, 330
Streck, Harald 170 | 313
Strigl, Axel 135, 136 | 296
Struhk, Hans 137 | 296
Stubenvoll, Hans 98 | 279
Sturm, Otto 44 | 256
Sturm, Philipp 14, 15, 146, 175 | 245, 300, 316
Suselbeek, Wouter 185, 227 | 323, 336
Sütterlin, Ludwig 87 | 276
Syberberg, Hans-Jürgen 169 | 312

T
Taut, Bruno 17, 53 | 246, 261
Tessenow, Heinrich 55, 69 | 262, 268
Thimel, Hartmut 88 | 276
Throll, Franz Carl 81 | 274
Thürwächter, Anselm 23, 84, 85, 92, 93, 94, 95, 98, 99, 125 | 248, 275, 277, 278, 279, 290
Tichy, Roland 171 | 313
Tiedemann, Ingo 90 | 276
van Traa, Cornelis 91 | 277
Trageser, Karl-Heinrich 117 | 286
Traxler, Stefan 22 | 249
Treuner, Hermann 19, 20, 58, 227 | 247, 263, 336
Treuner, Robert 19, 20, 58, 227 | 247, 263, 336
Triebsee, Theodor 88 | 276
Trüby, Stephan 15 | 245
Turkali, Zvonko 135, 136 | 296

U
Ulbricht, Lotte 22 | 248
Ulbricht, Walter 22 | 248
Ungers, Oswald Mathias 113, 117, 121, 207 | 285, 286, 331
Unglaub, Detlef 113, 185 | 285, 323

V
van den Valentyn, Thomas 185, 204, 205 | 323, 330
Vandreike, Achim 126 | 290
Venturi, Robert 164 | 309
Vinken, Gerhard 15 | 245
Vitali, Christoph 116 | 286
Vollenweider, Ingemar 145 | 298
Vowinckel, Klaus 139, 145 | 297, 299

W
Waechter, Felix 145 | 299
Wagner, Ferdinand 76, 78, 79, 89, 96, 97, 185, 238, 239 | 273, 276, 278, 279, 323, 340
Wagner, Tillmann 145, 185, 192, 193 | 298, 323, 326
Wagner, Volker 89 | 276
Walldorf, Benno 155 | 304
Wallmann, Walter 100, 102, 103, 109, 116, 117, 161, 172, 178 | 281, 282, 284, 286, 307, 314, 318
Wallot, Paul 46, 48 | 257, 259
Walter, Karl Heinz 89 | 276
Wandel, Andrea 142, 143 | 298
Wäschle, Walter 109, 110 | 284
Weber, Gerhard 72, 77, 131 | 270, 271, 273, 294
Weber, Hans 23, 84, 92, 93, 94, 95, 98, 99, 125 | 248, 275, 277, 278, 279, 290
Weber, Paul 47 | 257
Weber, Sepp 166 | 310
Weidling, Herbert 89 | 276
Weiss, Erhard 91 | 277
Weiß, Gerd 145 | 299
Weißmann, Karlheinz 169, 171 | 312, 313
Welb, Christof 37, 41, 46 | 254, 256, 257
Wendt, Martin 24, 142, 143, 185, 238 | 249, 298, 323, 340
Wentz, Martin 125, 126, 127, 128, 130 | 289, 290, 291, 292, 293
Wichert, Fritz 53 | 261
Wilder, Thornton 83 | 275
Wilhelm II. 38, 218 | 255, 334
Winkes, H. P. 110 | 284
Winking, Bernhard 141, 142 | 298
Wirth, K. 89 | 276
Wirtz, Roger 145 | 298
Wissenbach, Björn 141, 143 | 298
Wittner, Gerhard 113 | 285
Wolf, Moritz 78 | 272
Wolf, Paul 54, 55, 60 | 261, 262, 263
Wolff, Carl 41 | 255
von Wolff, Wilhelm 88 | 276
Wolfschlag, Claus 172, 173 | 314, 315
Woods, Shadrach 84, 86, 87 | 275, 276
Wörner, Petra 22 | 249
Wüst, Urs 109, 110 | 284

Z
Zimmermann, Dirk 127 | 291
Zimmermann, Franz 132 | 294
Zimmermann, H. K. 75, 81 | 272, 274
Zimmermann, Michael 11, 128, 129, 134, 135, 138, 146, 156, 172 | 243, 292, 293, 296, 297, 300, 305, 314
Zorn, Friedrich 88 | 276
Zörner, Ernst 59 | 263
Zumthor, Peter 169 | 312
Zürcher, Thomas 137 | 296

DANK | ACKNOWLEDGMENTS

Bernd Albers, Berlin

Matthias Alexander, Frankfurt am Main

Amt für Bau und Immobilien, Frankfurt am Main
Elisabeth Hainer, Stefan Liebs, Jörg Winkler

Ulrich Baier, Frankfurt am Main

Bauaufsicht Frankfurt, Frankfurt am Main
Simone Zapke, Oliver Mühlebach, Antje Schott

BDA Hessen, Frankfurt am Main
Christian Holl, Martina Kempf

Katrin Binner, Frankfurt am Main

Axel Braun, Offenbach am Main

Roland Burgard, Frankfurt am Main

CDU Fraktion, Frankfurt am Main
Joachim Rotberg

Cité de l'Architecture et du Patrimoine, Paris
Alexandre Ragois

Uwe Dettmar, Frankfurt am Main

Deutsches Filmmuseum, Frankfurt am Main
Natascha Gikas

Dezernat für Kultur und Wissenschaft, Frankfurt am Main
Ina Hartwig, David Dilmaghani

Dezernat für Planen und Wohnen, Frankfurt am Main
Mike Josef, Marcus Gwechenberger, Mark Gellert

DomRömer GmbH, Frankfurt am Main
Michael Guntersdorf, Marion Spanier-Hessenbruch, Verena Hetzel

Dreysse Architekten, Frankfurt am Main
DW Dreysse, Peter Bierling

Eingartner Khorrami Architekten, Leipzig
Peter Eingartner

Oliver Elser, Frankfurt am Main

Eugen Emmerling, Frankfurt am Main

Filmkollektiv Frankfurt
Felix Fischl

Franken Architekten, Frankfurt am Main
Bernhard Franken, Nicole Franken

Tobias Frisch, Frankfurt am Main

Gesellschaft der Freunde des Architekturmuseums
Frankfurt am Main, **Marietta Andreas**

Felix Hanschmann, Frankfurt am Main

Maren Harnack, Frankfurt am Main

Hans-Erhard Haverkampf, Frankfurt am Main

Hauptamt, Büro des Magistrats, Frankfurt am Main
Gisela Leboucher

Peter Heine, Frankfurt am Main

Historisches Museum Frankfurt, Frankfurt am Main
Gabriela Betz, Beate Dannhorn

Wolfgang Hübner, Frankfurt am Main

Institut für Stadtgeschichte, Frankfurt am Main
Evelyn Brockhoff, Sibylle Fachinger, Michael Gerth, Markus Häfner, Ulrike Heinisch, Jan Kaltwasser, Yvonne Künstler, Tobias Picard, Claudia Schüssler, Silvia Stenger

Jo. Franzke Architekten, Frankfurt am Main
Beate Tröger

Jordi & Keller Architekten, Berlin
Marc Jordi

Jourdan und Müller Architekten, Frankfurt am Main
Jochem Jourdan, Felix Jourdan, Kadri Eroglu

Luise King, Berlin

Klaus Klemp, Frankfurt am Main

Knerer und Lang Architekten, Dresden
Thomas Knerer, Eva Maria Lang

Kollhoff Architekten, Berlin
Hans Kollhoff

KSP Jürgen Engel Architekten, Frankfurt am Main
Jürgen Engel, Maximilian Kürten, Sebastian Tokarz

Dieter von Lüpke, Frankfurt am Main

Mäckler Architekten, Frankfurt am Main
Christoph Mäckler, Mirjam Schmidt, Ellen Denk

Dominik Mangelmann, Offenbach am Main

Meixner Schlüter Wendt Architekten, Frankfurt am Main
Florian Schlüter, Peter Körner

Meurer Architekten, Frankfurt am Main
Thomas J. Meurer, Kristina Meurer

Jörg Ott, Griesheim

Pro-Altstadt, Frankfurt am Main
Cornelia Bensinger

Marianne Rodenstein, Frankfurt am Main

Petra Roth, Frankfurt am Main

Ernst Ulrich Scheffler, Frankfurt am Main

Anne-Christin Scheiblauer, Frankfurt am Main

Caspar Schiffner, Frankfurt am Main

Schneider + Schumacher, Frankfurt am Main
Till Schneider, Joachim Wendt, Jessica Witan

Albert Speer (†), Frankfurt am Main

Stadtplanungsamt, Frankfurt am Main
Nils Schalk, Andreas Milcz

Stefan Forster Architekten, Frankfurt am Main
Benjamin Pfeiffer

Stiftung Polytechnische Gesellschaft Frankfurt am Main
Roland Kaehlbrandt, Katharina Kanold, Daphne Lipp

Anselm Thürwächter, Dreieich

Bernhard Unterholzner, Frankfurt am Main

Von Ey Architektur, Berlin
Ulrich von Ey

Karl Weber, Bad Homburg vor der Höhe

IMPRESSUM AUSSTELLUNG | EXHIBITION CREDITS

Die immer Neue Altstadt.
Bauen zwischen Dom und Römer seit 1900
22. September 2018 – 10. März 2019

Forever New: Frankfurt's Old Town.
Building between Dom and Römer since 1900
September 22, 2018 – March 10, 2019

Schirmherrschaft | Patron
Oberbürgermeister | Senior Mayor
Peter Feldmann

Direktor | Director
Peter Cachola Schmal

Stellvertretende Direktorin | Deputy Director
Andrea Jürges

Kurator | Curator
Philipp Sturm

Ko-Kurator | Co-curator
Moritz Röger

Kabinettausstellung | Cabinet exhibition
Schätze aus dem Archiv. 8 – Die Frankfurter Saalgasse. Postmoderne trifft Mittelalter | Treasures from the Archive. 8 – Frankfurt's Saalgasse. Postmodernism meets the Middle Ages
Inge Wolf, Philipp Sturm, Moritz Röger

Praktikanten | Interns
Anton Braun, Anne Etheber, Karla Pohl

Ausstellungsdesign | Exhibition design
Feigenbaumpunkt, Frankfurt am Main,
Arne Ciliox, Jochen Schiffner

Ausstellungsarchitektur | Exhibition architecture
unique assemblage, Frankfurt am Main,
Alex Probst, Ralf Schlachter

Öffentlichkeitsarbeit | Public relations
Brita Köhler, Rebekka Rass

DAM Corporate Design
Gardeners, Frankfurt am Main

Kuratorin Architekturvermittlung | Education Curator
Christina Budde mit | with Bettina Gebhardt,
Arne Winkelmann

Registrar | Registrar
Wolfgang Welker

Sammlungsleitung | Head of Archives
Inge Wolf

Bibliothek | Library
Christiane Eulig

Sekretariat | Director's office
Inka Plechaty

Verwaltung | Administration
Jacqueline Brauer

Aufbau | Installation
Marina Barry, Paolo Brunino, Ulrich Diekmann,
Enrico Hirsekorn, Jannik Hoffmann, Caroline Krause,
Eike Laeuen, Gerhard Winkler, Beate Voigt, Ömer Simsek
unter der Leitung von | under the direction of
Christian Walter

Modellrestaurierung | Model conservation
Christian Walter

Rahmung | Framing
Angela Tonner

Haustechnik | Museum Technician
Joachim Müller-Rahn

Modellbau | Model Building
Frankfurt University of Applied Sciences, Fachbereich 1,
Maren Harnack

Studierende im Wintersemester 2017/18 | students in
winter semester 2017/18:
Büşra Akbulut, Hamid Asasi, Yasemin Aydın,
Caterina Dalsasso, Aycan Durna, Daniela Frahs,
Vittoria Gubiotti, Merve Karaçam, Sibylle Kahraman,
Wagma Khan, Esra Kılıç, Vivien Nusser, Palwascha Zamiri
unter der Betreuung | under the supervision of
Maren Harnack, Robert Fischer

Studierende im Sommersemester 2018 | students in
summer semester 2018:
Beatriz Ebbers Fabiani, Linus Glockengießer,
Kristina Miłkova, Jessica Nebel, Patrycja Piłkowska,
Moritz Sailer, Fabienne Schulz, Sümeyye Ünal
unter der Betreuung | under the supervision of
Maren Harnack, Bastian Amberg

Filmprogramm | Film program
Filmkollektiv Frankfurt, Felix Fischl
in Kooperation mit dem Deutschen Filmmuseum

Leihgeber | Lenders
Bauaufsicht Frankfurt, Frankfurt am Main
DomRömer GmbH, Frankfurt am Main
historisches museum frankfurt, Frankfurt am Main
Institut für Stadtgeschichte, Frankfurt am Main
Hans Kollhoff, Berlin
Christoph Mäckler, Frankfurt am Main
Stadtplanungsamt, Frankfurt am Main

IMPRESSUM KATALOG | CATALOG CREDITS

Diese Publikation erscheint anlässlich der Ausstellung
Die immer Neue Altstadt.
Bauen zwischen Dom und Römer seit 1900
22. September 2018 – 10. März 2019
Deutsches Architekturmuseum,
Dezernat für Kultur und Wissenschaft,
Stadt Frankfurt am Main

This catalog is published in conjunction with the exhibition
Forever New: Frankfurt's Old Town.
Building between Dom and Römer since 1900
September 22, 2018 – March 10, 2019
at Deutsches Architekturmuseum,
Department of Culture and Science,
City of Frankfurt am Main

© 2018 Deutsches Architekturmuseum, Frankfurt am Main und | and jovis Verlag, Berlin

Das Copyright für die Texte liegt bei den Autoren.
Das Copyright für die Abbildungen liegt bei den Fotografen/Inhabern der Bildrechte.
Texts by kind permission of the authors.
Pictures by kind permission of the photographers/holders of the picture rights.

Alle Rechte vorbehalten. | All rights reserved.

Herausgeber | Editors
Philipp Sturm, Peter Cachola Schmal

Redaktion | Editing
Philipp Sturm, Moritz Röger

Redaktionelle Mitarbeit | Editorial assistance
Miriam Kremser

Projektleitung jovis | Project management jovis
Verena Pfeiffer-Kloss, Doris Kleilein

Lektorat | Copy-editing
Verena Pfeiffer-Kloss, Tobias Frisch (Essay Andreas Maier)

Übersetzungen | Translations
Mary Dellenbaugh-Losse, Inez Templeton

Korrektorat deutsch | Proofreading German
Doris Kleilein

Korrektorat englisch | Proofreading English
Inez Templeton

Gestaltung und Satz | Graphic design and typesetting
Feigenbaumpunkt, Frankfurt am Main,
Arne Ciliox, Jochen Schiffner

Herstellung | Production
Susanne Rösler

Lithografie | Lithography
Bild1Druck, Berlin

Schrift | Typeface
Garamond Pro, DIN Cond

Papier | Paper
MultiArt Silk

Gedruckt in der Europäischen Union
Printed in the European Union

Die Deutsche Nationalbibliothek verzeichnet diese
Publikation in der Deutschen Nationalbibliografie;
detaillierte bibliografische Daten sind im Internet über
http://www.dnb.de abrufbar.

The Deutsche Nationalbibliothek holds a record of this
publication in the Deutsche Nationalbibliografie; detailed
bibliographical data can be found under:
http://www.dnb.de

The Library of Congress Cataloguing-in-Publication
data is available.
British Library Cataloguing-in-Publication Data:
a catalogue record for this book is available from the
British Library.

jovis Verlag GmbH
Kurfürstenstraße 15/16
10785 Berlin
www.jovis.de

jovis-Bücher sind weltweit im ausgewählten Buchhandel
erhältlich. Informationen zu unserem internationalen
Vertrieb erhalten Sie von Ihrem Buchhändler oder unter
www.jovis.de.

jovis books are available worldwide in select bookstores.
Please contact your nearest bookseller or visit
www.jovis.de
for information concerning your local distribution.

ISBN 978-3-86859-501-7

52.1

52.1 Flucht in die Altstadt, Frankfurt am Main, Foto: 20.5.2018 | Escape to the old town, Frankfurt am Main, photo: May 20, 2018

Mit freundlicher Unterstützung von | With kind support of